Manual dos Membros
das Assembleias Municipais

Manual dos Membros das Assembleias Municipais

Rui Fernando Moreira Magalhães

2011

PREFÁCIO
Fernando Ruas

**MANUAL DOS MEMBROS
DAS ASSEMBLEIAS MUNICIPAIS**

EDITOR
EDIÇÕES ALMEDINA, S.A.
Rua Fernandes Tomás, n.ᵒˢ 76, 78 e 80
3000-167 Coimbra
Tel.: 239 851 904 · Fax: 239 851 901
www.almedina.net · editora@almedina.net

DESIGN DE CAPA
FBA.

PRÉ-IMPRESSÃO
Jorge Sêco

IMPRESSÃO E ACABAMENTO
PAPELMUNDE, SMG, LDA.

Abril, 2011

DEPÓSITO LEGAL
327146/11

Apesar do cuidado e rigor colocados na elaboração da presente obra, devem os diplomas legais dela constantes ser sempre objecto de confirmação com as publicações oficiais.

Toda a legislação contida na presente obra encontra-se actualizada de acordo com os diplomas publicados em Diário da República, independentemente de terem já iniciado a sua vigência ou não.

Toda a reprodução desta obra, por fotocópia ou outro qualquer processo, sem prévia autorização escrita do Editor, é ilícita e passível de procedimento judicial contra o infractor.

  GRUPOALMEDINA

BIBLIOTECA NACIONAL DE PORTUGAL – CATALOGAÇÃO NA PUBLICAÇÃO

MAGALHÃES, Rui Fernando Moreira
Manual dos membros das assembleias municipais.
– (Manuais profissionais)
ISBN 978-972-40-4510-8
CDU 352

PREFÁCIO

O "Manual dos Membros das Assembleias Municipais", de Rui Fernando Moreira Magalhães, constitui-se, com certeza, em mais um proveitoso trabalho no panorama das instituições autárquicas, que vem enriquecer tão nobre quanto exigente actividade política.

Instância fundamental na organização da vida autárquica, apesar de erradamente secundarizada por alguns em virtude de um absoluto desconhecimento da verdadeira dimensão política que na realidade detêm, as Assembleias Municipais merecem, agora, com justificação inteira, a atenção de Moreira Magalhães, que, recorde-se, iniciou em data recente a sua incursão editorial de cariz autárquico com o trabalho "Manual de Procedimento Administrativo para as Freguesias".

Órgão da maior relevância na estrutura do Poder Local Democrático, cabe à Assembleia Municipal, nas suas funções deliberativas, a definição das estratégias políticas que permitem, sequentemente, a concretização da vasta actividade que, em favor das populações, os Municípios vêm executando.

Agente primeiro de dignificação humana, Escola da Democracia, promotor de progresso e de qualidade de vida, o Poder Local, ancorado na proximidade que particulariza a sua boa e comprovada capacidade gestionária, desempenha um papel insubstituível na concretização dos instrumentos colectivos que asseguram desenvolvimento económico e bem-estar social aos cidadãos.

São as Autarquias que, com efeito, descentralizadamente, nas quatro partidas do país, na cidade grande ou na mais longínqua aldeia, com empreendorismo e notável capacidade realizadora, têm permitido a evolução qualitativa que generalizadamente se reconhece e a todos muito nos orgulha.

Responsável pela democratização do investimento público, corrigindo assimetrias regionais e garantindo os valores de sustentabilidade e de coesão humana no território nacional, o Poder Local tem de ser olhado, crescentemente, como parte insubstituível nas soluções políticas que hão-de afirmar o nosso amanhã colectivo.

A obra entretanto concretizada, ao longo de 36 anos de Poder Local Democrático, não está – e nunca estará – concluída, pelo que importa continuarmos a trabalhar, empenhadamente, na Assembleia Municipal, na Câmara Municipal, na Freguesia, para assegurarmos, junto de cada uma das nossas comunidades, as ferramentas indispensáveis a um desenvolvimento equilibrado e harmonioso.

O "Manual dos Membros das Assembleias Municipais" será, também ele, um contributo.

FERNANDO RUAS
Presidente da Associação Nacional de Municípios Portugueses

1. INTRODUÇÃO

Após publicação do Manual de Procedimento Administrativo para Freguesias, em Maio de 2009, pela Almedina, começamos a germinar a ideia de elaborar um manual orientador para os membros das assembleias municipais, onde se incluem os directamente eleitos e os presidentes de junta que delas fazem parte por inerência. Tal desiderato impunha-se por duas ordens de razão: a inexistência de uma obra pensada exclusivamente para eles e a utilidade para o exercício dessas funções autárquicas. Por outro lado, seria uma excelente oportunidade para partilhar com outros membros e outros leitores a nossa experiência de nove anos, três dos quais como 1º secretário da Mesa da Assembleia Municipal de Mirandela.

A única obra que conhecemos sobre essa temática intitula-se "As Assembleias Municipais Precisam de Reforma", da autoria de António Cândido Oliveira, que traduz a sua experiência enquanto membro da Assembleia Municipal de Vila Nova de Famalicão de 2002 a 2005. O autor considera que é falsa a ideia de que a assembleia municipal se esgota nas sessões que vai tendo algumas vezes por ano. Conclui que em Portugal "a assembleia municipal tem tido ao longo destes 30 anos um papel muito apagado" constituindo um apêndice da "organização municipal". E acrescenta que "o efectivo poder do município está na câmara e, dentro, desta, no respectivo presidente, vigorando entre nós um claro presidencialismo municipal".

Confesso que aproveitaremos, aqui e ali, alguma da matéria constante daquela obra que reputamos como essencial para os membros das assembleias municipais, vulgarmente denominados como "deputados municipais", embora tal não tenha a mínima tradução em qualquer diploma legal reportante à administração local.

Aproveitaremos também alguns dados colhidos nas obras de Roque Laia intituladas "Guia das Assembleias-gerais" e "Como Decidir em Conjunto" que serão devidamente adaptadas à realidade das assembleias municipais.

Embora a prática o desminta, os membros das assembleias municipais integram um órgão autárquico que em termos protocolares está acima da câmara municipal, sendo um órgão deliberativo que toma as decisões mais importantes para a gestão autárquica, nomeadamente a aprovação das Grandes Opções do Plano, Plano Plurianual de Investimentos e Orçamento, dos Documentos de Prestação de Contas e Relatório de Gestão, do Regulamento e Tabela de Taxas e Licenças, entre outros regulamentos com eficácia externa, da contracção de empréstimos, etc. Tem também genericamente o direito e o dever de fiscalizar e acompanhar a actividade da câmara municipal, podendo qualquer membro solicitar as informações que entenda necessárias para o devido controlo.

Com a presente obra pretendemos também dignificar a nobre função do eleito local das assembleias municipais, tantas vezes menorizado e descredibilizado pelo poder político instalado, fornecendo-lhes informações ou dando-lhes pistas para que exerçam essa tarefa com motivação e dignidade.

Não somos peritos na matéria nem temos conhecimentos profundos sobre a metodologia da elaboração de trabalhos deste género. Como tal, seremos humildes nos propósitos e desejamos apenas fornecer pistas para o aprofundamento de temáticas de interesse para os membros das assembleias municipais. Não forjaremos nada de extraordinário e unicamente estruturaremos, coligiremos e daremos coerência aos conhecimentos derivados da nossa formação académica, da pesquisa bibliográfica empreendida e da nossa experiência autárquica.

Seria injusto não agradecer o inefável apoio da minha mulher e dos meus filhos, que sempre foram o meu alimento emocional e intelectual, e do meu grande amigo desde os tempos da Faculdade de Direito da Universidade de Coimbra, Victor Feliciano, que me abriu a mente para cogitações filosóficas essenciais e úteis ao exercício das funções dos eleitos locais e que me facultou com entusiasmo as fontes bibliográficas imprescindíveis numas férias agradáveis numa das maravilhas inspiradoras de Portugal: o Gerês.

2. O MUNICIPALISMO E O PODER LOCAL EM PORTUGAL

Para os eleitos locais tem todo o sentido conhecer as linhas gerais da história do municipalismo em Portugal e, para tal, pediremos achega a artigos e obras que têm sido publicadas sobre essa matéria ([1]), sendo certo que o municipalismo em Portugal tem uma história de mais de 900 anos, tendo as suas origens antes da fundação da Nacionalidade.

Os primeiros concelhos a ser formados foram São João da Pesqueira ([2]), em 1055, Coimbra, em 1085, e Santarém, em 1095.

Os concelhos surgiram e engrandeceram durante a Reconquista Cristã para perpetuar o povoamento do território conquistado aos Mouros. Para tal, os reis fundaram novos concelhos ou concederam cartas de foral, mecanismo a que socorreu muito D. Sancho I, o Povoador. No seu reinado foram criados 34 municípios e segundo outros, ele e a rainha D. Dulce concederam mais de 40 cartas de foral. Contudo, antes do reinado de D. Afonso Henriques já tinham sido atribuídos 19 forais e aquando do seu falecimento o seu número tinha-se elevado para 54 ([3]). As cartas régias de foral eram documentos nos quais se estabeleciam os direitos e as obrigações dos habitantes dos concelhos que desfruíam de enorme autonomia administrativa e de regalias concedidas aos seus moradores (vizinhos). Em cada concelho a autoridade era exercida pela assembleia de notáveis ou homens-bons (proprietários e mercadores mais ricos

---

[1] Como por exemplo, a obra dirigida por César Oliveira, "História dos Municípios e do Poder Local", editada pelo Círculo de Leitores em 1996, ou a obra de António Matos Reis intitulada "Origens dos Municípios Portugueses", publicada em 2002 (2ª edição) pelos Livros Horizonte.

[2] Segundo António Reis, in "Origens dos Municípios Portugueses", p. 37, "além de ser o mais antigo foral de outorga régia, a sua importância é acrescida pelo facto da vigência e influência posterior, dado que foi confirmado diversas vezes, com outorga a várias localidades, e parte das suas cláusulas repetir--se-ão em forais posteriores da Beira Alta e de Trás-os-Montes".

[3] Clotilde Martins Gomes, in Revista de Administração Local, nº 234, Novembro-Dezembro 2009, p. 651.

e conceituados). Dessa forma, os habitantes de uma povoação libertavam-se do jugo senhorial ou feudal e erigiam-se em município (ou concelho) com autonomia municipal. Os Pelourinhos eram um símbolo de poder concelhio e era utilizado como instrumento de justiça.

D. Henrique de Borgonha, pai de D. Afonso Henriques, feneceu em Astorga no dia 24 de Abril de 1122. Antes de morrer disse a seu filho:

"Filho...sê bom companheiro para os fidalgos e dá-lhes sempre os seus soldos bem contados. E respeita os concelhos e faz que tenham os seus direitos, tanto os grandes como os pequenos" ([4]).

Entre 1200 e 1300 são criados 88 municípios em Portugal, assumindo particular importância o rei D. Afonso III.

No século XVI despontam os chamados Forais Novos com o rei D. Manuel I que defendeu a aplicação de leis gerais e uniformes para todo o País corporizadas nas Ordenações Manuelinas. Os Forais antigos estavam obsoletos na linguagem porque estavam escritos em latim e era essencial dar guarida a sucessivas queixas de abusos, de má aplicação da justiça, de violência sobre as populações e de cobrança indevida de direitos reais, faltas cometidas pelos alcaides e governadores dos castelos. O ano mais fecundo foi o de 1514 em que foram criados 29 novos municípios! Segundo João Alves Dias ([5]), em 1527-1532 existiam 762 câmaras municipais, embora seja consensual a ideia de que as contagens existentes não primavam pelo rigor, sendo pouco fidedignas. No seu reinado, em 1512 foi publicada a primeira lei que se conhece sobre as autarquias locais, o Regimento de Oficiais de Vilas e Cidades do Reino (Livro dos Ofícios).

Entre o século XVI e o início do século XIX a continuidade prevaleceu largamente sobre a mudança. Desde os finais da idade média (século XV) que todo o espaço continental da monarquia portuguesa se encontra coberto por concelhos, denominados por cidades, vilas, concelhos, coutos, honras ou terras. A municipalização do espaço político local foi uma das heranças medievais mais importantes. A codificação das fontes do direito desempenhou um papel relevante. Marcos assinaláveis foram a legislação de trezentos sobre os juízes de fora ([6]), os

---

[4] Diário da História de Portugal, de José Hermano Saraiva e Maria Luísa Guerra, Selecções do Reader's Digest, 1998, página 7.

[5] Gentes e Espaços, UNL, 1992.

[6] Estenderam-se a todo o país no reinado de D. Manuel I. Eram uma autoridade do governo central que intervém directamente na actividade do concelho, assistindo às sessões mais importantes, consultando ou ouvindo, como representantes que eram do governo de Lisboa. Tiveram grande impulso por volta da Restauração de 1640 e com a publicação das leis de 1790 e 1792. A maioria dos novos lugares foram criados para serem apresentados por donatários e a pedido destes, em locais onde tinham deixado de poder designar os respectivos ouvidores. Apenas cerca de um quinto dos municípios Portugueses possuía juiz de fora residente no início do século XIX.

corregedores (⁷), a ordenação dos pelouros de 1391 e a reforma manuelina dos forais (1497-1520).

Segundo a Carta de Lei de 20 de Agosto de 1774, existiam 886 concelhos.

A título de curiosidade, diga-se que as Câmaras Municipais (⁸) possuíam tão-só três fontes de rendimentos: impostos municipais (imposições sobre o consumo), as condenações (coimas) e os foros (provenientes dos aforamentos dos baldios). Mais tarde, surgiram as rendas de propriedades. Os gastos administrativos e com pessoal excediam sempre dois terços do total, ficando o restante para obras públicas e equipamentos. Daí o recurso ao trabalho compulsivo para a reparação, por exemplo, das estradas públicas, decidido pelos corregedores.

Apesar dos padrões institucionais comuns, a vida local portuguesa estava marcada pela multiplicidade e pela conflitualidade múltipla. Nessa época, eram também proeminentes os senhorios e toda a estrutura social do Antigo Regime de vínculos, as hierarquias e subordinações, as ordenanças (⁹), as confrarias (¹⁰) e as misericórdias (¹¹).

Embora o objecto deste trabalho não seja a descrição histórica, entendemos como positivo realizar uma breve resenha histórica do Liberalismo (1820 a 1910). A Revolução Liberal iniciou-se no Porto no dia 24 de Agosto de 1820, liderada pelo jurista Manuel Fernandes Tomás que pertencia a uma sociedade secreta chamada Sinédrio.

Em 1821 reuniram-se as Cortes Constituintes, daí tendo surgido a Constituição de 1822. Ela respeitava os direitos e as liberdades pessoais dos cidadãos e os seus defensores eram conhecidos como Vintistas.

D. Pedro IV outorga a Carta Constitucional de 1826, a qual reconhece um poder moderador ao Rei e o direito absoluto sobre as leis das Cortes. Os seus

---

[7] Competia-lhe fiscalizar a actuação das Câmaras, a inquirição das justiças locais, a alocação dos feitos dos juízes ordinários e o conhecimento dos agravos às respectivas decisões e a verificação da eleição local dos juízes e vereações. Os ouvidores substituíam os corregedores. As leis de 1790 e 1792 suprimiram as ouvidorias.

[8] Os vereadores surgiram em meados do século XIV e era comum reunir numa sala (câmara); daí o nome de câmara municipal.

[9] As Ordenanças foram instituídas em 1570 no reinado de D. Sebastião, após várias tentativas de criação de um sistema de organização militar controlado pelo Rei, realizadas nos reinados de D. Manuel I e D. João III, que viesse substituir a milícia concelhia dos Besteiros do Conto, extinta por D. Manuel.

[10] Eram associações religiosas de leigos no catolicismo tradicional, que se reuniam para promover o culto a um santo. Surgiram na Europa durante a Idade Média e espalharam-se nas colónias portuguesas.

[11] Foram fundadas em 1498 por iniciativa da rainha D. Leonor e de Frei Miguel Contreiras; nessa altura eram também comuns as hospedarias, as gafarias ou leprosarias e as mercearias, tendo também surgido os primeiros hospitais; mais tarde foram criados os centros sociais e paroquias, as associações de socorros mútuos ou mutualidades, as associações de solidariedade social e as IPSS's.

partidários eram conhecidos como Cartistas. Em 1928, D. Miguel regressa do exílio, em Viena de Áustria, e proclama-se rei absoluto.

Em 1831, D. Pedro IV dirigiu-se para a Ilha Terceira e desembarca no Porto. Pelo Algarve, chega a Lisboa. Em 1834 é assinada a Convenção de Évora Monte, o que significa a vitória das forças liberais, iniciando-se as reformas de Mouzinho da Silveira.

Em 1836, Passos Manuel repõe a Constituição de 1822, daí nascendo os Setembristas. É elaborada a Constituição de 1838, de curta duração.

Em 1842, Costa Cabral repõe a Carta Constitucional de 1826. Em 1846, é derrotado e substituído pelo Duque de Palmela. Esse processo iniciou-se com a rebelião da Maria da Fonte, com o apoio de miguelistas, setembristas e cartistas dissidentes. Seguiu-se a Guerra Civil da Patuleia, liderada pelos Setembristas, de 8 de Outubro de 1846 a 29 de Junho de 1847. Terminou com a assinatura da Convenção de Gramido.

No dia 22 de Maio de 1851, inicia-se a Regeneração, presidida pelo Duque de Saldanha, tendo como grande figura política Fontes Pereira de Melo. Esse período acaba devido à "Janeirinha", de 1 de Janeiro de 1868. Foi uma reacção contra o impopular imposto de consumo, decretado pelo Governo presidido por Joaquim António de Aguiar. Entre outras localidades, houve tumultos em Mirandela. O Governo demitiu-se e o imposto não chegou a entrar em vigor.

A Geração de 70 foi influenciada sobretudo pelos Cartistas e pelos Setembristas, em termos intelectuais e políticos. É criado o Partido Progressista por Anselmo José Braancamp para combater o Partido Regenerador.

Em fins do século XIX, Portugal viveu um período de crise económica e social, o que aumentou o descontentamento popular e o desejo de mudança. Até 1870, as disputas políticas eram entre aqueles partidos. Contudo, surgiram o Partido Republicano, que teve uma rápida ascensão, e o Partido Socialista, com menor implantação, fundado por José Fontana.

Do ponto de vista político, merecem referência especial a humilhação derivada do Ultimatum Inglês, em 1890, daí tendo surgido a primeira revolta republicana, o 31 de Janeiro, no Porto, e a morte do rei D. Carlos I, em 1908.

Em 1884, existiam 1685 kms de caminho de ferro e, em 1900, já existiam 2356 kms. A população passou de 3.499.000, em 1854, para 5.548.000, em 1911. Entre 1854 e 1914 emigraram cerca de 860.000 pessoas, sobretudo para o Brasil. Em 1854, emigraram 76.000 pessoas e, em 1914, 299.000 indivíduos. Em Portugal, a população rural era de 72,5%, em 1864, e de 67,5%, em 1900. No distrito de Bragança, era de 88,2%, em 1864, e 86,9%, em 1900. Nesse distrito, 85,14% da população era analfabeta. Essa realidade social tinha evidentes reflexos na vida política nacional e local.

O Liberalismo Português instaurou uma administração local centralista e hierarquizada que pretendia o controlo efectivo do território nacional e das comunidades locais pelo Terreiro do Paço. Gerou uma nova realidade autárquica, o distrito, sem nenhuma tradição e que apenas servia para reforçar a hierarquia e o controlo dos ministros do reino.

Segundo César Oliveira, existiam dissemelhanças entre eles mas todos eles comungam de um certo jacobismo, onde a Maçonaria era influente e onde o Estado, o centralismo e o controlo das comunidades locais esteve sempre presente.

Muitas vezes, as reformas administrativas não vingaram por dificuldades estruturais e por jogos de poder. Além disso, a penetração no Interior era difícil e demorada porque só a partir de 1864-65 o país passou a possuir uma rede ferroviária mínima. O regime liberal enquadrou o Clero na administração e transformou-o num grupo de funcionários públicos. Nos pequenos meios e a nível dos concelhos, eram com frequência angariadores de votos, políticos influentes e notáveis intermediários entre o nível local e a administração central, sendo o agente dos partidos e das frações políticas que disputavam o poder. Fraseando Freitas do Amaral, os códigos administrativos do século XIX variavam quanto a um problema central que foi o grande pomo de discórdia: a opção entre a centralização e a descentralização administrativa.

No tempo de D. João VI existiam seis províncias, 26 divisões eleitorais, 785 concelhos, 4086 freguesias, 765.210 fogos e 3.026.450 habitantes.

Mouzinho da Silveira ([12]) construiu uma divisão político–administrativa a três níveis: Províncias (prefeito), Comarcas (subprefeito) e Concelhos (prefeito). Todas estas autoridades eram nomeadas pelo rei. Os corpos administrativos eram a Junta Geral de Província, a Junta de Comarca e a Câmara Municipal do Concelho. O decreto foi mal recebido, sobretudo nas Câmaras Municipais. Contudo, teve o mérito de ser o "ponto de partida" que permitiu a legislação de 1835 e o código administrativo de 1836 e também a redução do número de concelhos.

Mouzinho da Silveira manteve 796 concelhos só no continente. Passos Manuel ([13]), de uma só vez, suprimiu 455 municípios, ficando o reino com apenas 351 concelhos.

---

[12] Segundo a Infopédia, era um político liberal; José Xavier Mouzinho da Silveira nasceu a 12 de Julho de 1780, em Castelo de Vide, e morreu a 4 de Abril de 1849, em Lisboa. Era filho do médico Francisco Xavier de Gomide e de Domingas da Conceição Mouzinho da Silveira; da obra legislativa de Mouzinho da Silveira salientam-se a abolição dos pequenos vínculos, a extinção ou redução das sisas, a reforma da administração pública e a extinção dos forais e dos bens da Coroa; a reforma da administração pública de Mouzinho da Silveira visa a construção de um novo aparelho de Estado, capaz de garantir o exercício do poder político e a prossecução dos objectivos económicos e sociais. Em três diplomas de 16 de Maio faz a reforma administrativa, financeira e judicial.

[13] Manuel da Silva Passos (São Martinho de Guifões, Bouças, 5 de Janeiro de 1801 – Santarém, 16 de Janeiro de 1862), mais conhecido por Passos Manuel, bacharel formado em Direito, advogado, parlamentar brilhante, ministro em vários ministérios e um dos vultos mais proeminentes das primeiras décadas do liberalismo, encarnando a esquerda do movimento vintista na fase inicial da monarquia constitucional, tendo depois assumido o papel de líder incontestado dos setembristas (wikipédia).

José da Silva Passos foi encarregado da elaboração de um projecto de código administrativo e foi coadjuvado por Olympio Joaquim de Oliveira. Dividiu Portugal em distritos, concelhos e freguesias. Surgiu, assim, a Portaria de 11 de Outubro de 1836 em que eram magistrados administrativos o Administrador-Geral do Distrito, o Administrador do Concelho e o Regedor da Freguesia. Os órgãos colectivos eram a Junta Geral Administrativa do Distrito, a Câmara Municipal e a Junta de Paróquia. Os administradores de concelho e os regedores eram designados por intermédio de um processo curioso; havia listas tríplices ou quíntuplas votadas directamente pelos eleitores, de entre os quais o governo escolhia o que melhor lhe parecesse. As Câmaras Municipais tinham mais autonomia e maiores atribuições e as suas deliberações, ao contrário do regime anterior, eram executadas pelos próprios presidentes. Embora descentralizadora, foi alvo de severas criticas.

A Lei de 29 de Outubro de 1840 restringiu a capacidade eleitoral, criou o Conselho Municipal e o regedor de paróquia passa a ser um mero delegado do administrador do concelho, sendo este nomeado pelo rei. Juntamente com a Lei de 27 de Outubro de 1841 e com Leis de 16 de Novembro de 1841, constituíram intenções de reformar o Código Administrativo de 1838-40, tendo também legislado sobre os orçamentos municipais e limitado a autonomia das câmaras municipais.

O Código Administrativo de Costa Cabral ([14]) de 1842 limitou, substancialmente, a autonomia do poder local e dos municípios, os quais foram reduzidos. Os cargos administrativos de regedor, pároco, administrador do concelho e governador civil deixaram de ser electivos e passaram a ser de nomeação régia (400 administradores, 4000 regedores e 30.000 cabos de polícia), conforme se pode ler no "Diário da História de Portugal", de José Hermano Saraiva e Maria Luísa Guerra, editado pelas Selecções do Reader's Digest.

---

[14] António Bernardo da Costa Cabral (Algodres, 9 de Maio de 1803 – Porto, 1 de Setembro de 1889), o 1.º conde e 1.º marquês de Tomar, mais conhecido simplesmente por Costa Cabral, foi um político português que, entre outros cargos e funções, foi deputado, par do Reino, conselheiro de Estado efectivo, ministro da Justiça e Negócios Eclesiásticos, ministro do Reino e por duas vezes presidiu ao Ministério (cargo equivalente ao do actual Primeiro-Ministro). Defensor da Revolução de Setembro de 1836, a sua conduta política evoluiu num sentido mais moderado e, depois de nomeado administrador de Lisboa, foi o principal obreiro da dissolução da Guarda Nacional. Durante o seu primeiro mandato na presidência do ministério, num período que ficaria conhecido pelo Cabralismo, empreendeu um ambicioso plano de reforma do Estado, lançando os fundamentos do moderno Estado português. Considerado um valido da rainha D. Maria II, apesar das suas origens modestas, foi feito conde de Tomar e depois elevado a marquês de Tomar. Foi uma das figuras mais controversas do período de consolidação do regime liberal, admirado pelo seu talento reformador, mas vilipendiado e acusado de corrupção e nepotismo por muitos. Foi obrigado a exilar-se em Madrid na sequência da Revolução da Maria da Fonte, mas voltaria poucos anos depois, demonstrando uma extraordinária capacidade de recuperação e persistência, a ocupar a chefia do governo (wikipédia).

O Código Administrativo de Rodrigues Sampaio de 1878, introduziu as seguintes novidades:
– Conservação dos distritos e concelhos actuais e respeito às tradições históricas e seculares do país, na manutenção e autonomia dos foros municipais;
– Eleição quadrienal para os corpos administrativos, sendo renovados parcialmente de dois em dois anos;
– Eleição directa das Juntas Gerais do Distrito;
– Organização da fazenda municipal, alargando as faculdades tributárias dos concelhos e habitando-os às receitas necessárias para o desempenho de novos serviços;
– Supressão do Concelho Municipal.
Rodrigues Sampaio afirmou um dia:
"O Município não é uma associação natural. Depois da família, que o Estado não criou, mas achou estabelecida, temos uma associação quase tão natural como ela, e que a lei não poderia suprimir sem violentar a natureza das coisas, é a freguesia ou a paróquia, associação de famílias onde se adora o mesmo Deus, se lhe rende o mesmo culto, se lhe erige o mesmo templo, se lhe levanta o mesmo altar e onde se sepultam os cadáveres dos seus finados, julgar-se-ia uma profanação da administração, extingui-la".

Logo que os Progressistas subiram ao poder, trataram de modificar e reformar o Código Administrativo de 1878. Logo em Janeiro de 1880, José Luciano de Castro propôs a alteração desse código mas não teve sucesso. Ele e Dias Ferreira pretendiam um código que reformasse a vida da administração local e que o Terreiro do Paço controlasse as autarquias e o poder local.

O novo código sancionou a extinção das Juntas Distritais e vigorou até 1910 e durante a sua vigência suprimiu 46 concelhos.

O Projecto de Código Administrativo de José Luciano de Castro de 1900 manteve o sistema anterior mas tem a particularidade de instituir um "conselho" específico para administrar a fábrica da igreja, cuja presidência pertence ao pároco, contando também com a representação da junta respectiva. Quis restaurar uma versão corrigida do seu código de 1886 mas ninguém quis retomar o experimentalismo descentralizador das décadas de 70 e 80.

Paulo Silveira e Sousa faz uma pesquisa à literatura que ilustra esse tempo mas ao contrário dos períodos eleitorais, ou da imagem do deputado ambicioso e sem escrúpulos, não existe nenhum romance no século XIX onde seja retratado o quotidiano de um Presidente de Câmara, de um Vereador ou de um Regedor de Paróquia.

A vida política do Liberalismo, pode ser encontrada nas seguintes obras:

- Eusébio Macário (1879); Coração, cabeça e estômago (1862); A brasileira de Prazins (1882); A corja (1880); Novelas do Minho; O filho natural e o Comendador (1875–1887): Camilo Castelo Branco;

- A ermida de Castromino (1870); O prato de arroz doce (1875); Liberdade Eleitoral (1870): Teixeira de Vasconcelhos;
- Paulo, o salteador (1870); O génio do mal (1850-1857): Armando Gama;
- Cenas da minha terra "O recrutamento"; Para as eleições (1868): Júlio César Machado;
- A morgadinha dos canaviais (1868); Serões de província (1870); Os Fidalgos da casa mourisca; Uma campanha alegre (1890); O conde de Abranhos (1870); Correspondência de Fradique Mendes (1900); A ilustre casa de Ramires (1888): Júlio Dinis.

Eça de Queiroz, afirmou, em 1872, que há concelhos em que nem a Câmara, nem a administração, nem a regedoria se manifestam mais do que atravessar pomposamente a praça, no dia da procissão dos Passos, fazendo reluzir no sol o óleo dos seus penteados. Há Concelhos em que os corpos administrativos se resumem a fazer as eleições sobre as ordens do governador civil, com o auxílio maior ou menor dos caciques e grandes influentes locais.

No século XIX, para os agricultores, o Estado era a Câmara, a justiça, os impostos, o serviço militar, o padre e o mestre-escola, fonte de constantes humilhações, de despesas e obrigações injustificadas. O povo foi resistindo ao Estado Moderno através da recusa ao pagamento de impostos e de taxas municipais, à resposta aos inquéritos oficiais, à introdução de novos pesos e medidas, aos enterros nos cemitérios, à apropriação privada dos baldios, ao cumprimento do serviço militar e ao envio dos filhos para a escola.

Os subsídios oficiais (do estado e dos distritos) constituíram, na maior parte dos casos, grande parte das receitas das Câmaras mas funcionavam as elites e os influentes locais junto do Terreiro do Paço. Tais subsídios eram concebidos, muitas vezes, em função da "compra de voto" para as eleições legislativas.

O estado liberal, na sua empresa de racionalização e hierarquização do terreno, dividiu administrativamente o país em distritos, concelhos e freguesias.

Os governadores civis e os administradores de concelho (ou de bairro) eram os representantes dos governos nessas circunscrições, com competências sobretudo de âmbito policial e fiscalizador. Nas freguesias a função de autoridade administrativa era exercida pelo regedor. Governadores civis e administradores de concelho eram nomeados pelo governo (decreto governamental referendado pelo ministro do reino), os segundos sob proposta dos primeiros. Os regedores eram nomeados pelo governador civil sob proposta dos administradores.

Durante o Liberalismo e segundo a obra dirigida por César Oliveira, os concelhos evoluíram da seguinte forma:

1827: 806;
1832: 796;

1835: 799;
1836: 351;
1842: 413 ou 381 (?);
1878: 290;
1900: 291.

Por exemplo, o concelho de Mirandela, tem actualmente 37 freguesias e algumas delas já foram concelhos, tais como:

- Abreiro (extinto no século XIX);
- Frechas (extinto no século XIX);
- Lamas de Orelhão (extinto em 1853);
- Torre de D. Chama (extinto em 24 de Outubro de 1855);
- Vale de Asnes (extinto na década de 1830).

No dia 5 de Outubro de 1910, é implantada a República, proclamada na varanda da Câmara Municipal de Lisboa, pelo dirigente do Partido Republicano, José Relvas. Na frente militar notabilizou-se Machado dos Santos.

Em 1911, tiveram lugar as eleições para a Assembleia Nacional Constituinte que elaborou a Constituição de 1911 e que instituiu o parlamentarismo. No entanto, a predominância do Parlamento sobre o órgão executivo causou enorme instabilidade política. Entre 1911 e 1926, houve 45 governos e 8 presidentes da república. Os monárquicos e todos os partidos de direita tudo fizeram para derrubar os sucessivos governos. Os partidos nunca se entenderam no Parlamento.

Em 1912, o Partido Republicano dividiu-se em três correntes políticas:

- Partido Unionista: liderado por Brito Camacho;
- Partido Evolucionista: chefiado por António José de Almeida;
- Partido Democrático: presidido por Afonso Costa.

Realizaram-se eleições administrativas durante a 1ª República em 1913, 1917, 1919 e 1925. As eleições municipais de 1922 realizaram-se num clima de exaltação e distúrbios.

O Ministro do Interior, António José de Almeida, nomeou uma Comissão para elaborar um novo Código Administrativo, presidida por José Jacinto Nunes e que integrava ainda o advogado António Macieira, o juiz Sousa Andrade e o médico Francisco António de Almeida.

O Decreto de 13 de Outubro de 1910 procedeu à substituição do código vigente à data da instauração da república, o de 1896, pelo de Rodrigues Sampaio (1878) que fora o mais favorável às autarquias, e do qual se adoptaram os magistrados e organismos administrativos.

O Decreto de 14 de Março de 1911 aprovou a nova lei eleitoral. Concede direito de voto aos maiores de 21 anos que saibam ler e escrever. Também podiam votar os chefes de família, desde que formada há mais de um ano. Os analfabetos foram excluídos, reduzindo substancialmente o número de votantes.

A Lei nº 88, de 7 de Agosto de 1913 promulgou parte da proposta de José Jacinto Nunes, que haveria de constituir o Código Administrativo Republicano. Tinha 198 artigos e 13 títulos. Os corpos administrativos eram a Junta Geral, no distrito, a Câmara Municipal, no concelho, e a Junta de Paróquia, na paróquia civil. Definiu a organização e as competências do governador civil, do administrador do concelho e do regedor. A Lei de 1913 acolhe princípios descentralizadores e autonómicos, afirmando que "os corpos administrativos são independentes dentro da órbita das suas atribuições". As suas deliberações, salvo no caso do referendo, não carecem de qualquer sanção para se tornarem executórias e somente poderão ser modificadas ou anuladas pelos tribunais. Contudo, quando fosse o caso, algumas decisões das juntas de distrito necessitavam de sancionamento pelas câmaras municipais; as destas pelas juntas de paróquia ou pelos habitantes do concelho; e as deliberações das paróquias pelos eleitores respectivos.

Os administradores de concelho eram nomeados pelo Governo, sob proposta dos governadores civis. Os regedores eram nomeados pelos governadores civis, sob proposta dos administradores de concelho.

A Primeira República caracterizou-se por grande endividamento da administração local. No período de 1925-1929 foram alienados muitos baldios, para angariar receitas destinadas à realização de melhoramentos ou a cobrir endividamentos anteriores.

Em 1920 existiriam 296 concelhos, segundo consta na obra dirigida por César Oliveira, publicada em 1996 pelo Círculo de Leitores.

Após várias tentativas fracassadas, um golpe militar, iniciado em Braga e comandado pelo General Gomes da Costa, põe fim, a 28 de Maio de 1926, à 1ª República. Até 1933, assistiu-se a uma Ditadura Militar e, a partir daí, nasce o Estado Novo.

Em 1928, Óscar Carmona foi eleito Presidente da República mas foi o único candidato. Nesse ano, chamou António de Oliveira Salazar para Ministro das Finanças. O autoritarismo salazarista foi marcado pelo isolamento internacional, devido à teimosia em prosseguir com a Guerra Colonial, pela censura e pela repressão e medo.

A primeira oposição ao regime ocorreu em 1945, através do MUD (Movimento de Unidade Democrática) mas os seus dirigentes acabaram por apelar à abstenção. Seguiram-se as eleições presidenciais de 1949, em que o candidato da oposição, General Norton de Matos, foi obrigado a desistir, e as eleições presidenciais de

1958, tendo o General Humberto Delgado perdido para o Almirante Américo Tomás, não obstante a onda de apoio popular. Os resultados eleitorais foram manipulados.

O Decreto-Lei nº 11 875, de 13 de Julho de 1926, dissolveu os corpos administrativos e propôs a instalação de comissões administrativas. Enquanto tal não acontecesse, ficaram entregues ao expediente os governadores civis (nas Juntas Gerais), os administradores dos concelhos (nas Câmaras Municipais) e os regedores (nas Juntas de Freguesia). Os governadores civis enviariam ao Ministério do Interior os cidadãos que integrariam as comissões administrativas. Estas funcionaram durante dez anos e como campo de recrutamento e implantação da União Nacional, sustentando e apoiando a construção do Estado Novo.

Em 1928, Manuel Pires Bento publica um trabalho intitulado "A Questão Municipal (Subsídios para a Reforma Administrativa)", prefaciado pelo advogado Lino Neto Pires. Ele entendia que era urgente "modificar" o actual sistema de constituição das Câmaras, entendendo que a primeira garantia duma boa administração é a publicidade dos actos dos administradores e que as Câmaras Municipais deveriam ter funções de Governo que identificava com as funções de soberania Municipal. Visava, desse jeito, restaurar a descentralização e as prerrogativas perdidas no liberalismo e na 1ª República e como é bom de ver, as suas ideias não vingaram.

O Código Administrativo de 1936-40 é assim conhecido porque o período experimental foi de quatro anos.

O código administrativo, que distinguia os baldios em municipais ou paroquiais, considerando como tal os que há pelo menos trinta anos estivessem no logradouro comum e exclusivo dos moradores, classificava-os ainda pelo critério da utilidade social e da aptidão cultural. O inventário de todos os existentes era organizado pelas câmaras e sujeito a exposição pública para que dele se pudesse reclamar. Os aí classificados como indispensáveis ao logradouro comum dos habitantes, por via do interesse em serem economicamente fruídos, regular-se-iam pelo direito consuetudinário e pelas conveniências da economia local, cabendo a sua administração às câmaras ou às juntas. Os dispensáveis teriam o uso previsto no código e o destino que as autarquias prescrevessem em conformidade, podendo ficar na posse destas (embora aproveitados pelos compartes nos termos a definir nas posturas locais), ser alienados em hasta pública ou divididos em glebas para aforamento ou venda. Editado em 1958, o romance de Aquilino Ribeiro "Quando os Lobos Uivam", ficciona toda a problemática da posse e usufruto dos baldios, postado em defesa da propriedade comunitária, cuja gestão colectiva, titularidade e fruição remontam a tempos ancestrais.

O código administrativo em 1936, fundamentado na constituição de 1933, determina taxativamente que as "circunscrições administrativas só por lei podem ser alteradas" e que é da "competência do governador civil e a junta distrital, resolver as dúvidas acerca dos limites das circunscrições administrativas, fixando--os quando sejam incertos.

Oliveira Salazar não admitiu que houvesse qualquer autonomia das autarquias locais que minasse a eficácia da máquina que gravitava à volta do Ministério das Finanças, estrutura centralizadora e poderosa. Os elementos estruturantes do estado corporativo eram as Freguesias, os Concelhos e as Províncias (a partir de 1959, os distritos, que substituíram as Províncias).

O Decreto-Lei nº 27 995, de 27 Agosto de 1937, manteve a capacidade eleitoral restrita aos chefes de família ou equiparados e só podiam ser vogais das Juntas de Freguesia os chefes de família "que estejam inscritos no respectivo recenseamento e saibam ler e escrever". Incumbiu as operações de recenseamento eleitoral às Juntas de Freguesia. O Presidente da Câmara Municipal assistia e fiscalizava essas operações.

Finalmente, o Decreto-Lei nº 42 536, de 28 de Setembro de 1959 reformou o código administrativo de 1936-1940 e definiu os órgãos de âmbito distrital:

– Concelho de Distrito

De natureza consultiva, podia reunir duas vezes por ano e era formado por um procurador de cada município, com excepção do Porto e de Lisboa, com dois representantes.

– Junta Distrital

Eleita pelo conselho de distrito, era composta por cinco vogais, reuniram duas vezes por mês e coordenavam e supervisionavam os serviços distritais.

Num artigo de Paulo Silveira e Sousa, inserido na obra "História dos Municípios Portugueses e do Poder Local", sob a direcção de César Oliveira, são referidas as obras literárias que espelham o caciquismo e o poder local durante o Estado Novo, nomeadamente:
 – Cinco réis de gente (1948); A via sinuosa (1918); Uma luz ao longe (1948); Andam faunos pelos bosques (1926); Casa roubada (1940); Mina de diamantes (1958); Quando os lobos uivam; e Volfrâmio (1914), de Aquilino Ribeiro;
 – Barranco de cegos (1961): Alves Redol;
 – Mau tempo no canal (1944): Vitorino Nemésio;
 – O pão não cai do céu: José Rodrigues Migueis;
 – Retalhos da vida de um médico (1949); A noite e a madrugada (1951); O trigo e o joio (1954): Fernando Namora;
 – A experiência; A lã e a neve (1944): Ferreira de Castro;

– Pequenos burgueses: Carlos de Oliveira;
– Cerromaior (1943): Seara de vento (1949): Manuel da Fonseca;
– A criação do mundo e o Terceiro dia (1938): Miguel Torga;
– O hóspede de Job (1963): José Cardoso Pires.

Paulo Silveira e Sousa, entre outras afirmações, retirou dessas obras o seguinte:

- O governador civil intervinha na esmagadora maioria das colocações dos funcionários públicos e procurava nomear sempre homens próximos do regime ou fiéis de algum cacique importante.
- Para se ser colocado como médico era forçoso prestar vassalagem ao governador civil que averiguava as qualidades e defeitos do candidato; sem favores e pedidos as portas não se abriam num mundo onde as dependências mútuas e desiguais continuavam a caracterizar as relações de poder.
- O cargo de governador civil podia ser o trampolim para um lugar no aparelho central, como ministro, à frente de uma direcção geral, ou de uma secretaria.
- A ida à vila das pessoas das aldeias era uma fonte de humilhações e de complicadas negociações com os funcionários e com um mundo formal e letrado que desconheciam, e do qual só se lembravam da obrigatoriedade, da reverência, do pagamento de multas, impostos e peitas aos servidores do Estado. Os camponeses conheciam a vida através dos fiscais, das décimas, dos papéis afixados no adro.
- O Presidente da Câmara era íntimo das principais famílias, afável com os poderosos e distante no relacionamento com os camponeses e trabalhadores rurais.
- As Juntas de Freguesia compunham-se de um regedor, nomeado anualmente pelo presidente da Câmara entre os lavradores ricos ou comerciantes locais abastados e de uma Junta de três membros (presidente, secretário e tesoureiro); o regedor ou o presidente da Junta era o padre ou o professor primário. Deixaram de ser defensores da autonomia aldeã e passaram a ser coniventes com o poder.

Durante o Estado Novo estabilizou o número de concelhos/municípios/câmaras municipais. Em 1930 eram 302, em 1950 eram 303 e em 1970 eram 304, contra os actuais 308.

As cidades do Porto e de Lisboa tinham durante o Estado Novo legislação própria; o presidente da câmara não era tido como magistrado administrativo e não existiam regedores, sendo as funções destes exercidas pela Polícia de Segurança Pública. Por outro lado, foram institucionalizadas as Federações Obrigatórias de Municípios nas zonas das duas cidades.

As reformas salazaristas tinham um forte cunho centralizador e as autarquias locais não tinham uma autonomia real e efectiva. O Estado podia dissolver com facilidade os órgãos autárquicos e estes só podiam, em determinadas situações, deliberar com a sanção governamental, além de que recebiam ordens e directrizes do poder central. É preciso ter presente que era o Ministro do Interior quem nomeava o presidente da câmara e este, por sua vez, escolhia os vereadores e os regedores. Os vogais das câmaras municipais eram eleitos pelas juntas de freguesia e pelas corporações de assistência e associações de classe, com mais de 50 associados na sede do concelho, legalmente constituídas há mais de um ano e, numa segunda via, pelos cidadãos portugueses do sexo masculino, maiores de 21 anos, que saibam ler, escrever ou contar ou que estivessem colectados, para efeitos fiscais, em quantia superior a 100$00 e ainda pelas mulheres maiores de 21 anos, com curso secundário ou superior comprovado pelo diploma respectivo. Daí que se possa falar com propriedade em municípios corporativos.

Eram chocantes as carências financeiras das câmaras municipais e as limitações à sua autonomia graças à acção controladora do Ministério do Interior e do Ministério das Finanças. Elas estavam muito dependentes das comparticipações do Estado, do Fundo dos Melhoramentos Rurais, do Fundo do Desemprego e de comissões e ligas de melhoramentos criadas pelas populações. As obras públicas locais dependiam de sobremaneira da influência de poderosos junto do Terreiro do Paço e também dos favores e da boa vontade do Ministério das Obras Públicas. Os critérios eram pouco claros e transparentes.

Os presidentes das câmaras municipais não exerciam o cargo a tempo inteiro e era-lhes abonada apenas uma gratificação mensal, com excepção do Porto e de Lisboa, e careciam de quadros técnicos qualificados, sendo quase ausente o planeamento estratégico e as políticas de desenvolvimento.

Sendo bem conhecidas e mais próximas as circunstâncias em que ocorreu o 25 de Abril de 1974, diremos apenas que um dos aspectos essenciais foi a introdução de uma democracia descentralizada. Reforçou-se o poder local, entendido como um factor de progresso e de vivência democrática, a qual se revelou conturbada nos primeiros anos.

No entanto, não hesitamos em transcrever um texto retirado da obra "História de Portugal", com a coordenação de José Hermano Saraiva:

"Entre as grandes mudanças introduzidas pela nova Constituição está a criação de um novo e decisivo poder: o poder local. Os legisladores, influenciados pela campanha romântica de Alexandre Herculano a favor de uma autonomia municipal pretensamente existente na Idade Média, e realmente dominados pela tendência de eliminação do centralismo administrativo do Estado Novo, viram nas autarquias verdadeiros centros soberanos geradores de poder, e chegaram a utilizar a expressão "policracia". A competência autárquica é considerada como radicada numa espécie de soberania local, apurada pelos meios eleitorais

como moldes pluripartidários. A autarquia é assim um micro-estado. Uma autonomia local impõe recursos económicos que, de facto, não existem, e que foram supridos inicialmente por vultuosas dotações orçamentais, e depois pela Lei das Finanças Locais, aprovada em 2 de Janeiro de 1979, pela qual uma percentagem considerável do Orçamento Geral do Estado e a cobrança de vários impostos reverteria para as autarquias. A injecção de grandes recursos económicos nos orçamentos autárquicos teve por efeito uma renovação generalizada da vida local. A vida nas aldeias melhorou muito.

As obras de saneamento básico e de abastecimento de água e energia eléctrica chegaram a quase todo o território. Vias de comunicação, equipamentos sociais, planos de habitação e urbanismo, em muitos casos iniciativas culturais e animação de juventude são o lado positivo das mudanças do pós 25 de Abril. A outra face da moeda é a insuficiente coordenação, a multiplicação da despesa, a politização nociva dos interesses meramente locais, e a dispersão de recursos com consequente abrandamento dos motores centrais da economia portuguesa".

A Constituição de 1976 consignou às freguesias a manutenção do estatuto autárquico que vinham defendendo. No sistema administrativo português, o nível autárquico de base é preenchido pela freguesia. O seu papel ficou reforçado com a ratificação da Carta Europeia da Autonomia Local, pelo decreto do Presidente da República nº 58/90, de 23 de Outubro.

Segundo César Oliveira, *"uma das manifestações mais vivas do espírito revolucionário do 25 de Abril foi certamente o assalto às câmaras municipais e juntas de freguesia"* que deram origem às comissões administrativas que governaram até às primeiras eleições autárquicas em 12 de Dezembro de 1976. O PS conquistou 115 câmaras, o PPD 109, o PCP 37, o CDS 36 e o PPM 1 (Ribeira de Pena). Ficou demonstrada a certeza de que nas eleições autárquicas tinham uma importância decisiva o carisma, a força e a popularidade dos candidatos.

As sucessivas leis autárquicas têm conferido ao presidente da câmara um papel e uma função primordial de tal forma que a acção da câmara se confunde muitas vezes com as iniciativas do seu presidente, relegando até as assembleias municipais para um papel acessório, embora tenham a natureza de órgão deliberativo.

Um grupo de investigadores do ISCTE (Juan Mozzicafredo, Isabel Guerra, Margarida Fernandes e João Quintela) realizou um estudo que concluiu que impera um forte grau de localismo que permite caracterizar o eleito local como um fervoroso bairrista que ama a sua terra onde vive e onde trabalha, que luta pela defesa dos seus interesses e que é capaz de estabelecer relações com outros para promoção do desenvolvimento do seu concelho.

A actividade dos municípios passou a ser legislada com mais amplitude, surgindo a Lei das Finanças Locais, os instrumentos de gestão territorial, salientando-se os Planos Directores Municipais, os planos de ordenamento do território, a tutela administrativa, o estatuto dos eleitos locais, etc. Tiveram também um impacto considerável na vida das autarquias e no desenvolvimento de Portugal a aplicação dos fundos estruturais após a adesão de Portugal à CEE em 1986. Na altura essas ajudas provinham do FEDER, do FEOGA-Orientação e do FSE Os apoios totais do FEDER às autarquias locais do continente até 1994 ascenderam a 242 milhões de contos, correspondentes a 60% do investimento total realizado. De 1989 a 1993 foi aplicado I QCA (Quadro Comunitário de Apoio), tendo sido concretizados mais dois (1994-1999 e 2000-2006) até surgir o QREN (2007-2013). Este constitui o enquadramento para a aplicação da política comunitária de coesão económica e social e poderá constituir a última oportunidade para Portugal recuperar de alguns estrangulamentos e atrasos ancestrais e efectuar investimentos de dimensão regional decisivos.

3. NOÇÕES ELEMENTARES DE DIREITO CONSTITUCIONAL E DE CIÊNCIA POLÍTICA E ENQUADRAMENTO POLÍTICO DAS ASSEMBLEIAS MUNICIPAIS

Antes do exercício de funções, os membros das assembleias municipais deverão estar seguros de que vivemos num ordem pré-estabelecida e que o homem é, por natureza, um ser eminentemente social, ou seja, só consegue viver e realizar-se em interacção com os outros e numa relação de colaboração e entre-ajuda. Para Aristóteles, a sociedade é algo que nasce da própria natureza humana, sendo o homem um ser norteado interiormente para a vivência social, ou seja, o homem é um animal político. Onde existe o homem, aí existe sociedade (*ubi homo, ibi societas*). Essa ideia foi alicerçada por São Tomás de Aquino, que considerava existirem apenas três casos de não associabilidade humana: o santo, o eremita ou o sábio, o louco e o náufrago. Ernest Hemingway disse mais tarde: *"não perguntes por quem os sinos dobram; eles dobram por ti"*.

Todavia, o homem necessita de regras para subsistir, sejam elas de ordem moral, religiosa, de cortesia ou jurídica. Essas regras permitem resolver conflitos, evitar perturbações e a vivência pacífica entre os homens. São muito importantes as normas jurídicas que são de cumprimento obrigatório e que são estabelecidas ou autorizadas pelo Estado e garantidas pelo seu poder. Possuem como características a imperatividade, a coercibilidade, a generalidade e a abstracção. Concorde-se ou não, é preciso respeitar a ordem jurídica vigente, não esquecendo que "a ignorância da lei não escusa".

Já no direito romano [1] as normas jurídicas preceituavam o *honeste vivere* (viver honestamente), o *alterum non laedere* (não prejudicar ninguém) e o *suum cuique tribuere* (atribuir a cada um o que é seu).

Julgamos pertinente incluir no início deste trabalho matéria que entendemos como basilar para enquadrar e situar os eleitos locais num sistema político global. Os eleitos locais, incluindo membros das assembleias municipais, deverão ter

---

[1] Sebastião Cruz, Direito Romano, I – Introdução. Fontes, Dislivro, 4ª edição, 1984.

noções elementares sobre a organização do poder político em Portugal e sobre a forma de organização da administração pública e, acima de tudo, um conhecimento mínimo da Constituição da República Portuguesa.

Vamos dissecar e clarificar conceitos dos artigos que consideramos mais importantes, socorrendo-nos sobretudo da CRP anotada (artigos 1º a 101º) de Gomes Canotilho e Vital Moreira, 4ª edição revista, publicada pela Coimbra Editora, e também de alguns manuais de direito constitucional e ciência política, mormente a obra "Noções de Direito Constitucional e de Ciência Política", de Manuela Silva e Dora Alves, de 2008, e publicada pela Editora Rei dos Livros.

Para estas últimas autoras, o Direito Constitucional é a parcela da ordem jurídica que rege o próprio Estado enquanto comunidade e enquanto poder, sendo o conjunto de normas (disposições e princípios) que recortam o contexto jurídico correspondente à comunidade política como um todo e aí delimitam os indivíduos e os grupos uns em face dos outros e em relação ao Estado-poder e que, ao mesmo tempo, definem a titularidade do poder, os modos de formação e manifestação da vontade política, os órgãos de que esta carecem e os actos em que se traduz. As normas constitucionais são as mais importantes do ordenamento jurídico e todas as outras lhe devem obediência sob pena de inconstitucionalidade, ocupando o topo da hierarquia das leis.

Por sua vez, elas descrevem a ciência política como uma disciplina que estuda, ordena, sistematiza e dá a conhecer a realidade política e os fenómenos políticos. Estes pressupõem uma relação de Poder entre governante e governado ([2]). Segundo Maurice Duverger, em todas as sociedades humanas existiu um antagonismo entre governantes e governados, entre os que mandam e os que obedecem e entre o poder e os cidadãos. A vontade de poder é um dos conceitos fundamentais de Nietzsche para quem a vida do homem decorre no seio de dois impulsos primordiais: o mandar e o obedecer. A mesma concepção foi defendida por Max Weber, para o qual o Estado é uma relação de domínio de homens sobre homens e para subsistir carece que os dominados acatem a autoridade daqueles que dominam e impõem condutas, regulamentos, normas e leis no sentido de disciplinar a comunidade.

A actual CRP foi elaborada em 2 de Abril de 1976 e entrou em vigor no dia 25 de Abril de 1976, tendo surgido na sequência do 25 de Abril. Conheceu já sete revisões (1982, 1989, 1992, 1997, 2001, 2004 e 2005) e pôs fim ao regime de Estado Novo e à Constituição que o suportava, a Constituição de 1933. A CRP de 1976 é a sexta das constituições portuguesas.

---

[2] A obra "Política" de Aristóteles é um dos grandes clássicos da filosofia política que recomendamos com veemência, em que pulsa o génio aristotélico da apreensão global da realidade e, por isso, segundo ele, é boa máxima afirmar que "não pode mandar quem nunca obedeceu".

Faremos um breve mas elucidativo excurso pelos artigos da CRP que mais interessarão aos eleitos locais.

> **ARTIGO 1º**
> **(República Portuguesa)**
> Portugal é uma República ([3]) soberana, baseada na dignidade da pessoa humana e na vontade popular e empenhada na construção de uma sociedade livre, justa e solidária.

O Estado surgiu como uma necessidade social incontornável no desígnio de satisfazer mais cabalmente as necessidades das pessoas. Para se falar em Estado terá que se referir os seus elementos essenciais: a comunidade, o território e a soberania.

A Comunidade ([4]) é o elemento básico do Estado e, segundo A. Birou ([5]), é uma relação social inspirada num sentimento subjectivo – afectivo ou tradicional – dos participantes no sentido de constituírem um todo ou qualquer coisa de vivido e de sentido. A Nação, por sua vez, é uma comunidade estável, constituída historicamente com base num território, numa língua e com aspirações materiais e espirituais comuns.

A Comunidade também não se confunde com o Povo ([6]), sendo este um conjunto de indivíduos que num dado momento histórico forma a Nação, nem

---

[3] No dia 5 de Outubro de 1910, é implantada a República, proclamada na varanda da Câmara Municipal de Lisboa, pelo dirigente do Partido Republicano, José Relvas. Na frente militar notabilizou-se Machado dos Santos. Em 1911, tiveram lugar as eleições para a Assembleia Nacional Constituinte que elaborou a Constituição de 1911 e que instituiu o parlamentarismo. No entanto, a predominância do Parlamento sobre o órgão executivo causou enorme instabilidade política. Entre 1911 e 1926, houve 45 governos e 8 presidentes da república. Os monárquicos e todos os partidos de direita tudo fizeram para derrubar os sucessivos governos. Os partidos nunca se entenderam no Parlamento. Em 1912, o Partido Republicano dividiu-se em três correntes políticas: Partido Unionista: liderado por Brito Camacho; Partido Evolucionista: chefiado por António José de Almeida e Partido Democrático: presidido por Afonso Costa. Realizaram-se eleições administrativas durante a 1ª República em 1913, 1917, 1919 e 1925. As eleições municipais de 1922 realizaram-se num clima de exaltação e distúrbios. A Constituição de 1911 foi aprovada, após largo debate, em 21 de Agosto de 1911, pela Assembleia Nacional Constituinte, eleita por sufrágio directo, em consequência da revolução republicana de Outubro de 1910.
[4] Em 1955, G. A. Hillery comparou 94 definições de comunidade diferentes apenas na literatura anglo--saxónica.
[5] BIROU, Alain Dicionário de ciências sociais; trad. Alexandre Gaspar e outros, 5ª edição, Lisboa: Publicações Dom Quixote, 1982.
[6] Karl Popper, in A Vida é uma Aprendizagem, tem uma visão pessimista neste âmbito ao referir que o Povo não governa em parte alguma porque são sempre os governos que exercem o poder e infelizmente também os burocratas e funcionários que só com muita dificuldade podem ser responsabilizados e mesmo assim nem sempre.

com a População que é o conjunto de pessoas que reside habitualmente num determinado território e que pode integrar cidadãos de outras nacionalidades ([7]).

Um Estado com Soberania é um Estado com um poder político supremo, já que não está limitado por qualquer outro na ordem interna e independente na medida em que se encontra ao mesmo nível dos poderes supremos dos outros estados na ordem internacional. Para Alain Renault ([8]), a questão da soberania é na verdade tão antiga como a própria filosofia política, visto que ela obteve com Aristóteles a sua primeira tematização verdadeira.

Este artigo tem a redacção que lhe foi dada pela Lei Constitucional nº 1/89. Segundo Gomes Canotilho e Vital Moreira, o termo República não está utilizado apenas como sistema político do Estado mas como sociedade política ou comunidade política, enfim, de res publica.

Já Aristóteles havia discernido constituições sãs (monarquia, aristocracia e república) de constituições perversas (tirania, oligarquia e demagogia) e foi Maquiavel que distinguiu pela primeira vez a monarquia da república, nestes termos:

- **Monarquia:**

– O poder supremo é exercido por um só titular;
– O exercício do poder soberano cabe a um só indivíduo por direito próprio, resultante de investidura derivada, da alienação inicial da colectividade ou apropriação do poder pela violência, mas subsequentemente legitimada;
– O cargo de Chefe de Estado é hereditário.

- **República:**

– O poder supremo do Estado pertence a um colégio de indivíduos, de maior ou menor extensão, podendo tratar-se de um colégio eleitoral constituído por todos os cidadãos activos;
– A soberania reside no Povo ([9]) ou na Nação, só podendo ser exercida em nome e por delegação da colectividade e através de titulares eleitos, submetidos à lei geral;
– Não existe um Chefe de Estado hereditário.

---

[7] Segundo Pinto Monteiro, in "Sumários de Introdução ao Estudo do Direito", Universidade de Coimbra, 1978, pp. 7 e 8, "vivemos num meio social ordenado, sendo essa ordem jurídica instituída fundamentalmente pelo direito, sendo por este que se definem as coordenadas fundamentais da nossa posição na sociedade em que convivemos ou dele depende o nosso estatuto social".
[8] In A Filosofia, Instituto Piaget, 2010.
[9] Existe um ditado popular que diz "Voz do Povo é Voz de Deus".

Conforme a Wikipédia (10/08/2010), uma República (do latim *Res publica*, "coisa pública") é uma forma de governo na qual um representante, normalmente chamado presidente, é escolhido pelo povo para ser o chefe de país, podendo ou não acumular com o poder executivo. A forma de eleição é normalmente realizada por voto livre e secreto, em intervalos regulares, variando conforme o país. A origem da república está na Roma clássica, quando primeiro surgiram instituições como o Senado.

A primeira república de que se tem notícia é a romana, fundada no século VI A.C., exactamente em contraposição à monarquia etrusca. Na Idade Média houve diversas repúblicas, das quais as mais famosas foram as italianas (por exemplo: Florença) e, depois, a holandesa. Cada uma delas teve características próprias e seu elemento unificador: não eram monarquias.

A CRP possui ao longo do seu texto inúmeras normas que caracterizam a República, nomeadamente as seguintes:

- Existência de um Presidente da República eleito (artigos 120º e ss.);
- Carácter não vitalício dos cargos políticos (118º);
- Responsabilidade dos titulares de cargos políticos (117º);
- Limitações à renovação de cargos políticos;
- Consagração dos símbolos republicanos como símbolos nacionais;
- Separação entre o Estado e a Igreja.

Para Gomes Canotilho e Vital Moreira, o termo soberania não é utilizado apenas em sentido político mas de sobremaneira no sentido de autodeterminação, de autonomia e de capacidade do Estado em dotar-se das suas próprias normas e da sua própria ordem jurídica. De acordo com Jean Bodin, a soberania refere-se a uma entidade que não conhece superior na ordem externa nem igual na ordem interna.

As bases da República são a dignidade da pessoa humana e a vontade popular que estão organicamente ligados. O princípio da dignidade da pessoa humana é, segundo aqueles autores, trave mestra da sustentação e legitimação da República, é linha de fronteira contra totalitarismos e contra experiências históricas de aniquilação do ser humano, sustenta e justifica direitos fundamentais e alimenta materialmente o princípio da igualdade e é um bem e valor autónomo que exige respeito e protecção e que legitima a socialidade e a garantia de condições mínimas de existência.

São exteriorização da vontade popular o sufrágio universal e o referendo no sentido de que o destino da Nação não depende da vontade apenas de um ou de uns poucos mas da colectividade e dos cidadãos no sentido revolucionário de que "o Povo é quem mais ordena".

Segundo a doutrina clássica, o Estado visa atingir três objectivos/finalidades: a segurança pessoal e colectiva, a justiça (contra o arbítrio da violência) e o bem-estar económico e social que se traduz no acesso a serviços e bens fundamentais para a qualidade de vida das pessoas ([10]). Este normativo fala numa sociedade livre, justa e solidária apelando à co-responsabilidade de todos de todos os membros da comunidade uns com os outros e retomando os ideais da Revolução Francesa: Liberdade, Igualdade e Fraternidade.

A liberdade humana é a capacidade humana de auto-determinação, pois a vontade humana, embora condicionada, pode e tem de fazer opções; refere-se à capacidade de agir num quadro de constrangimentos externos ou internos; do ponto de vista metafísico, significa a capacidade de fazer o que se quer independentemente das circunstâncias e das condições concretas, surgindo o conceito de "livre arbítrio" como a possibilidade inerente à natureza humana de poder ou não fazer qualquer coisa ([11]).

A palavra justiça é polissémica, ambígua e difícil de definir ([12]). No sentido bíblico, ela é a síntese de todas as virtudes e coisas boas. É também conhecido o conceito clássico de Ulpiano que define a justiça como a vontade perpétua e constante de dar a cada um o seu direito, assim como a distinção de Aristóteles entre:

- Justiça Distributiva (o que a sociedade global deve aos seus membros);
- Justiça Comutativa (o que é devido pelos membros da sociedade uns aos outros);
- Justiça Geral ou Legal (o que os membros devem à sociedade).

Aliás, segundo Alain Renault ([13]) a política nada mais é do que um conjunto de actividades através das quais as sociedades humanas são governadas de maneira a que os indivíduos e os grupos que a formam possam coexistir da melhor maneira possível.

A solidariedade exige que cada um ajude quem precise de forma individual ou de forma organizada em instituições particulares de solidariedade social (IPSS's). As Instituições Particulares de Solidariedade Social (IPSS) são instituições constituídas sem finalidade lucrativa, por iniciativa de particulares, com o propósito de dar expressão organizada ao dever moral de solidariedade e de justiça entre

---

[10] Oliveira Ascensão, in "O Direito: Introdução e Teoria Geral / Uma Perspectiva Luso-Brasileira" dá ênfase à importância das instituições referindo que "o que representa o elemento essencial e toda a sociedade, e constitui o fundamento profundo da ordem existente, são as instituições que lhe são próprias".
[11] In "Mini-Dicionário de Filosofia", de Fátima Alves, José Aredes e José Carvalho, Texto Editora, 2003.
[12] Direito, Almerinda Dinis, Evangelina Henriques e Isidra Contreiras, Texto Editora, 5ª edição, 1991.
[13] In Filosofia, Instituto Piaget, 2010.

os indivíduos e desde que não sejam administradas pelo Estado ou por um corpo autárquico ([14]). Para levar a cabo os objectivos da segurança social e de acordo com as necessidades locais, os Centro Distritais de Segurança Social/Instituto Segurança Social, podem celebrar **Acordos de Cooperação** com as Instituições Particulares de Solidariedade Social ou equiparadas, através dos quais garantem a concessão directa de prestações em equipamentos e serviços à população, ou **Acordos de Gestão** através dos quais transferem a gestão de serviços e equipamentos pertencentes ao Estado.

Além dos apoios financeiros previstos nestes acordos, que concorrem para o funcionamento de estabelecimentos de equipamento social, são-lhe ainda concedidos apoio técnico específico e outros apoios financeiros destinados a investimentos na criação ou remodelação dos estabelecimentos, através de vários programas e medidas.

Recomendamos a obra de Licínio Lopes Martins "As Instituições Particulares de Solidariedade Social" publicada pela Almedina em 2009 ([15]).

Outras entidades privadas, para além das IPSS, podem exercer, com ou sem fins lucrativos, actividades de apoio social do âmbito da acção social relativas a crianças, jovens, pessoas idosas ou pessoas com deficiência, bem como as destinadas à prevenção e reparação de situações de carência, de disfunção e de marginalização social. A sua actividade está sujeita a licenciamento e à inspecção e fiscalização dos serviços competentes do Ministério do Trabalho e da Solidariedade Social.

> **ARTIGO 2º**
> **(Estado de direito democrático)**
>
> A República Portuguesa é um Estado de direito democrático, baseado na soberania popular, no pluralismo de expressão e organização política democráticas, no respeito e na garantia de efectivação dos direitos e liberdades fundamentais e na separação e interdependência de poderes, visando a realização da democracia económica, social e cultural e o aprofundamento da democracia participativa.

Democracia provém de dêmos (povo) e de krátos (poder). Nessa época de ouro da democracia ateniense, sobressaíram Clístenes que decretou a igualdade de direitos políticos de todos os cidadãos e estabeleceu o ostracismo e

---

[14] Decreto-Lei nº 119/83, de 25 de Fevereiro.
[15] É actualmente docente na Faculdade de Direito da Universidade de Coimbra e foi nosso colega de curso e de residência, a Bernardo Albuquerque.

Péricles (461-429 a. C.) que instituiu uma remuneração para todos os que desempenhassem cargos políticos. Segundo Péricles "formamos uma democracia porque o poder se encontra nas mãos de uma maioria e não de uma minoria". Uma das expressões mais conhecidas sobre democracia é de Abraham Lincoln, segundo o qual "a democracia é o governo do povo, pelo povo e para o povo" ([16]).

A Democracia é a regime político em que o povo se governa a si próprio e ela seria pura se todos os cidadãos pudessem tomar parte directa nas decisões, tal como acontece na democracia directa, só possível em comunidades de pequena dimensão e de reduzida complexidade. Como tal, a única decisão é a democracia representativa em que o povo é governado por representantes que escolhe por meio de votação.

Cohen ([17]), por sua vez, entende que o sucesso da democracia exige que cada um dos traços caracterológicos exista em percentagem considerável numa boa porção da comunidade e durante um espaço de tempo considerável. Assim, os cidadãos e os eleitos, numa democracia, devem possuir as seguintes condições psicológicas: devem ser conscientes da falibilidade, de espírito experiente, críticos, adaptáveis, realistas, abertos à cedência, tolerantes, objectivos e confiantes.

Além disso, Cohen menciona também as condições materiais (ambientais, mecânicas e económicas), constitucionais (liberdades, direitos e garantias), intelectuais e protectoras contra a ameaça externa e a ameaça interna.

Para ele, a democracia é o sistema político que melhor probabilidades tem de conduzir a uma política sábia, que melhor pode alcançar a justiça retributiva, que tem melhores condições para a resolução pacífica de conflitos pelo grau de participação que potencia, que mais hipóteses tem de desenvolver uma lealdade profunda entre os seus cidadãos e que promove em toda a linha a liberdade de expressão e o desenvolvimento intelectual.

A democracia local, que é o que ora nos interessa mais, traduz o direito dos cidadãos eleitores das comunidades locais (organizadas em autarquias locais, no âmbito do Estado de direito democrático) de deliberar directamente ou através dos órgãos por eles eleitos e perante eles responsáveis, sobre os assuntos relativos às respectivas comunidades (de acordo com o princípio da subsidiariedade).

---

[16] Célebre foi também a afirmação de Churchill de que "a democracia é a pior forma de governo que existe, excluindo-se as demais formas experimentadas de tempos em tempos". Ou seja, é o sistema menos imperfeito que existe e existiu.

[17] A Democracia Local (Aspectos Jurídicos), de António Cândido de Oliveira), Coimbra Editora, 2005, p. 14.

São ideias fortes ligadas ao conceito de democracia as seguintes:

- Existência de um contrato social entre o governo e o povo em que este abdica da sua liberdade em troca de protecção, ideias essas defendidas por Thomas Hobbes (1588-1679), John Locke (1632-1704) e Jean Jacques Rousseau (1712-1778) ([18]);
- Exercício do poder através sobretudo de partidos políticos ([19]);
- Princípio da separação de poderes (legislativo, executivo e judicial), tal como o preconizou Montesquieu no século XVIII.

Em Portugal, são órgãos de soberania o Presidente da República, a Assembleia da República, o Governo e os Tribunais ([20]).

- Existência de sondagens de opinião ([21])

A Lei distingue o inquérito de opinião, como a notação dos fenómenos através de um mero processo de recolha de informação junto de todo ou de parte do universo estatístico, da sondagem de opinião como a notação dos fenómenos, cujo estudo se efectua através do método estatístico quando o número de casos observados não integra todo o universo estatístico, representando apenas uma amostra.

- Pluralismo e liberdade de opinião
- Primado do direito
- Representação proporcional
- Existência de um regime de direitos, liberdades e garantias

Para Manuela Silva e Dora Alves, na obra citada, no sistema democrático entende-se que o poder democrático pertence originalmente a toda a colectividade e a todo o povo, podendo ser directo, semi-directo ou representativo. Este último é o mais frequente nas democracias políticas modernas e contemporâneas.

---

[18] O projecto contratualista foi retomado por John Rawls em "A Teoria da Justiça", que é considerada uma das obras mais importantes da filosofia política do século XX.
[19] Contudo, actualmente o nosso sistema jurídico admite listas de cidadãos para as eleições autárquicas e a concorrência de cidadãos para as eleições presidenciais, observados certos requisitos, tais como a idade (35 anos no mínimo) e um mínimo de 7.500 assinaturas proponentes.
[20] Constituição da República Portuguesa, artigos 123º a 226º.
[21] A Lei n.º 10/2000, de 21 de Junho, aprovou o regime jurídico da publicação ou difusão de sondagens e inquéritos de opinião.

Conquanto o poder pertença à colectividade, ele é exercido por órgãos que actuam por autoridade e em nome dela e tendo por titulares indivíduos escolhidos com intervenção dos cidadãos que a compõem ([22]).

Para Gomes Canotilho e Vital Moreira, este normativo, mormente a ideia de Estado de Direito Democrático, tem subjacente a sujeição do poder a princípios e regras jurídicas para garantir aos cidadãos liberdade, igualdade e segurança, nomeadamente os seguintes:

- Princípio da constitucionalidade (artigo 3º);
- Fiscalização da constitucionalidade (277º e ss.);
- Acesso ao direito e à tutela jurisdicional efectiva (20º),
- Protecção dos direitos, liberdade e garantias (24º e ss.);
- Princípio da legalidade da administração (266º);
- Direito à justiça administrativa (268º);
- Direito à responsabilidade do Estado pelos danos causados aos cidadãos (22º);
- Reserva da função jurisdicional para os tribunais (202º);
- Independência dos juízes (216º);
- Limitações à admissibilidade de leis retroactivas (18º, 29º e 103º);
- Limitação das medidas de polícia.

Por outro lado, visa-se proteger os cidadãos contra a prepotência, o arbítrio e a injustiça, o que é garantido por várias normas constitucionais, como, por exemplo, o direito è reparação de danos, o direito de contraditório ou o direito de recurso a tribunais.

Segundo os mesmos autores, o Estado é democrático porque se baseia na soberania popular, porque o poder político é exercido através do sufrágio universal, igual, directo e secreto e porque permite a participação democrática dos cidadãos na resolução dos problemas nacionais mas também porque é um Estado descentralizado por intermédio da autonomia regional e local.

Como não podia deixar de ser, a democracia precisa de estabilidade e de condições para se desenvolver. Entre elas estão a educação cívica e moral dos cidadãos, para que se consciencializem dos seus direitos e deveres, nos planos social e pessoal. Só assim a democracia será um verdadeiro regime que respeita o homem em vez de o desprezar.

A ignorância é o inimigo número um da verdadeira democracia. Sem cidadãos conscientes não há democracia. Esta tem de visar a dignificação do homem, o bem-estar de cada indivíduo e a pacificação da sociedade ([23]).

---

[22] Marcelo Caetano. Manual de Ciência Política e Direito Constitucional, Tomo I, 6ª edição, Almedina, 1992, p. 362.
[23] Isabel Marnoto, Luísa Ferreira e Manuel Garrão, in Filosofia, 10º ano, Texto Editora, 1984, p. 274.

A garantia de pluralismo político foi uma das grandes conquistas do 25 de Abril, acabando de vez com a censura política e outras formas de totalitarismo. Abrange a liberdade de expressão e manifestação de opinião políticas e a liberdade de organização política.

O conceito de democracia económica, social e cultural remete-nos para o Estado Social e que consiste na responsabilidade pública do Estado para desenvolver politicas de promoção do bem-estar social, concretizadoras da igualdade real entre cidadãos.

Devido a esta obrigação, o Estado tem a obrigação de criar e de manter um sistema de justiça, um sistema de saúde, um sistema de educação, um sistema de segurança social, com carácter universal disponível a todos os cidadãos, sem excepções ou discriminações, corrigindo as desigualdades e injustiças sociais.

Finalmente, referir que, segundo Gomes Canotilho e Vital Moreira, a democracia participativa respeita à intervenção dos cidadãos, individualmente ou através de organizações sociais ou profissionais, nas tomadas de decisão das instâncias de poder, ou nos próprios órgãos do poder. As suas formas de expressão podem ir desde a simples participação consultiva até às formas de autodeterminação e de autogoverno dos grupos interessados.

Esse conceito é aberto e dinâmico e a CRP defende até a participação directa e activa de homens e mulheres na vida política (artigo 109º) e na resolução de problemas nacionais (9º).

No Facebook existe uma página dedicada à Democracia Participativa, onde de podia ler em Agosto de 2010:

"O regime da democracia participativa é um regime onde se pretende que existam efectivos mecanismos de controle da sociedade civil sob a administração pública, não se reduzindo o papel democrático apenas ao voto, mas também estendendo a democracia para o esfera social. A democracia participativa ou democracia deliberativa é considerada como um modelo ou ideal de justificação do exercício do poder político pautado no debate público entre cidadãos livres e em condições iguais de participação.

Advoga que a legitimidade das decisões políticas advêm de processos de discussão que, orientados pelos princípios da inclusão, do pluralismo, da igualdade participativa, da autonomia e da justiça social, conferem um reordenamento na lógica de poder político tradicional.

Os defensores da Democracia Participativa argumentam que o real sentido da palavra democracia foi esvaziado ao longo dos tempos, e foi reduzida a mera escolha de dirigentes, sem participação efectiva da sociedade civil organizada na administração de seus respectivos governos eleitos.

Um exemplo de democracia participativa é o Orçamento Participativo, que tem o intuito de submeter o destino de parte dos recursos públicos à consulta pública, através de reuniões comunitárias abertas aos cidadãos, onde primeiro são colectadas propostas, depois votadas as prioridades, e encaminhadas ao governo para que ele atenda a solicitação através de investimento público".

A democracia favorece, por outro lado, o espírito crítico e as qualidades oratórias, intimando àqueles que possuem ambições políticas dotes oratórios e de persuasão que sobressaem nas assembleias, matéria de que nos ocuparemos mais adiante com mais detalhe.

> **ARTIGO 3º**
> **(Soberania e legalidade)**
>
> 1. A soberania, una e indivisível, reside no povo, que a exerce segundo as formas previstas na Constituição.
> 2. O Estado subordina-se à Constituição e funda-se na legalidade democrática.
> 3. A validade das leis e dos demais actos do Estado, das regiões autónomas, do poder local e de quaisquer outras entidades públicas depende da sua conformidade com a Constituição.

A soberania pode ser **interna** (poder do Estado sobre o seu território e a sua população) ou **externa** (independência e autonomia do Estado face aos restantes membros da comunidade internacional). Ela é o poder político supremo e independente que o Estado tem dentro do seu território e difere do poder político que é o poder ou a competência que um Estado ou órgão de um Estado tem para elaborar leis e impô-las coactivamente.

Sem povo, sem território e sem poder político, não existe Estado. Uma comunidade sem território poder ser uma Nação mas nunca um Estado.

Segundo Gomes Canotilho, o objecto principal desta norma é o princípio da constitucionalidade, sendo que a unidade não incompatível com a pluralidade e separação de órgãos nem com a existência de entes territoriais autónomos do poder regional e local, que o termo "povo" significa o conjunto ou colectividade de todos os cidadãos, que essa norma constitui um limite absoluto a formas do exercício do poder político não previstas na CRP e fora das modalidades nela previstas e que a eficácia do princípio da constitucionalidade exige um sistema de fiscalização e controlo da constitucionalidade.

Mais refere [24] que desse princípio decorrem outros elementos constitutivos do princípio do Estado de Direito:

- Vinculação do legislador à Constituição;
- Vinculação de todos os restantes actos do Estado à Constituição;
- Princípio da reserva de Constituição;
- Força normativa da Constituição.

[24] Direito Constitucional, II Volume, Almedina, 1981.

O reconhecimento de um certo poder discricionário ([25]) não é incompatível com o Estado de Direito já que ela é de escolha e de decisão mas já não quanto aos pressupostos de facto. Outrossim, são proibidos os excessos e abusos, assim como as autorizações em branco.

> ARTIGO 5º
> (Território)
> 1. Portugal abrange o território historicamente definido no continente europeu e os arquipélagos dos Açores e da Madeira.
> 2. A lei define a extensão e o limite das águas territoriais, a zona económica exclusiva e os direitos de Portugal aos fundos marinhos contíguos.
> 3. O Estado não aliena qualquer parte do território português ou dos direitos de soberania que sobre ele exerce, sem prejuízo da rectificação de fronteiras.

Nenhum Estado pode existir sem a existência de um Território/espaço físico. É aí que ele exerce o seu poder soberano. Integram o território o solo, o subsolo, o espaço aéreo, os navios e aviões de nacionalidade portuguesa, as embaixadas e os consulados e o mar territorial (12 milhas a contar da linha da baixa mar ao longo da costa). Estas 12 milhas surgiram porque era o alcance máximo que as balas de canhão alcançavam.

Fala-se hoje também numa Zona Económica Exclusiva de 200 milhas, segundo a Convenção das Nações Unidas sobre a Lei do Mar, onde o Estado exerce certos poderes limitados, tais como o direito à exploração económica dos recursos marítimos, o controlo da pesca por barcos estrangeiros e a preservação e exploração científica dos recursos naturais.

Segundo Gomes Canotilho e Vital Moreira, "a integridade territorial é uma dimensão da própria independência nacional e unidade do Estado que no contexto constitucional é uma tarefa fundamental do Estado mas também um limite material à revisão".

Albino Soares ([26]) afirmou que *"a importância do território como elemento constitutivo do Estado é muito grande; por um lado, marca o domínio dentro do qual o Estado exerce a sua soberania; em segundo lugar, e referindo-se agora a sua extensão, é um factor de defesa militar e de defesa económica, sobretudo quando à extensão se alia a fertilidade do solo ou a riqueza do subsolo".*

---

[25] Segundo João Caupers, in Introdução ao Direito Administrativo, Âncora Editora, 6ª edição, 2001, "o termo discricionaridade remete-nos para a ideia de escolha, de fazer uma coisa quando se podia ter feito outra, ou seja, quando a lei permitiria que se fizesse outra, mas evoca a ideia de escolha parametrizada, isto é, escolha dentro de certos limites"; discricionaridade e vinculação são formas típicas pelas quais a lei pode modelar a acção da administração.

[26] Lições de Direito Internacional Público, 4ª edição, reimpressão, Coimbra Editora, 1996.

Albino Soares integra no âmbito do território o domínio terrestre, o domínio fluvial, o domínio marítimo (águas interiores, mar territorial, zona contígua, plataforma continental, mares internos, estreitos e canais e alto-mar), o domínio lacustre e o domínio aéreo e o espaço exterior.

A divisão administrativa de Portugal é feita com base no território e a actual configuração geográfica resulta de um história específica que nos marca e que nos identifica como Povo e como Nação. Portugal é um país localizado no sudoeste da Europa e possui uma área de 92.090 km2, sendo a Nação mais ocidental da Europa.

Qualquer eleito local só ganha se tiver um conhecimento mínimo da história de Portugal e da sua região. O território foi sempre muito importante porque é dele que se retiram vantagens essenciais à sobrevivência do homem, sendo também factor de poder e soberania. Por aqui viveram, se fixaram ou estabeleceram relações comerciais povos naturais e provindos de regiões bem distantes como os Celtas, os Celtiberos, os Fenícios, os Cartagineses, Lusitanos, os Romanos, os Povos Bárbaros (Suevos e Visigodos) e os Árabes. Foi nas lutas contra estes que Portugal formou o seu território na época da Reconquista Cristã que terminou em 1249. A nossa independência foi muitas vezes posta em causa devido às ambições de Espanha. Assim aconteceu em 1383-1385 e entre 1580 e 1640 em que estivemos sob domínio filipino. Fomos pequenos demais para a grandiosidade dos Descobrimentos mas legamos ao Mundo novos mundos e expandimos a língua e a cultura pelos quatro cantos do Mundo.

Tradicionalmente Portugal estava dividido em Províncias, embora actualmente essa divisão tenha perdido importância. Assim temos de começar a falar nos 18 distritos do Continente e nas duas Regiões Autónomas, os Açores e a Madeira ([27]).

Eis os 18 distritos por ordem decrescente em termos de área:

Beja	10.225 km2	Guarda	5.518 km2	Leiria	3.517 km2
Évora	7.393 km2	Setúbal	5.064 km2	Aveiro	2.808 km2
Santarém	6.747 km2	Viseu	5.007 km2	Lisboa	2.761 km2
Castelo Branco	6.675 km2	Faro	4.960 km2	Braga	2.673 km2
Bragança	6.608 km2	Vila Real	4.328 km2	Porto	2.395 km2
Portalegre	6.065 km2	Coimbra	3.947 km2	V. Castelo	2.255 km2

Outra das divisões territoriais mais em voga são as NUT's. A NUTS – Nomenclatura das Unidades Territoriais para fins Estatísticos – é utilizada na legislação comunitária referente aos fundos estruturais desde 1988, e designa a

---

[27] Antes de 1976 os Açores tinham os distritos de Angra do Heroísmo, Horta e Ponta Delgada e a Madeira o distrito do Funchal.

classificação europeia criada pelo Serviço de Estatística das Comunidades Europeias (EUROSTAT) com vista a estabelecer uma divisão coerente e estruturada do território económico comunitário, criando uma base territorial comum para efeitos de análise estatística de dados. Esta classificação é hierárquica, subdividindo cada Estado-membro em unidades territoriais ao nível da NUTS 1, cada uma das quais é subdivida em unidades territoriais ao nível da NUTS 1, sendo estas, por sua vez, subdivididas em unidades territoriais ao nível da NUTS 3.

Portugal está dividido, de acordo com esta classificação, da seguinte forma:
– 3 NUTS 1: Continente, Açores e Madeira.
– 5 NUTS 2: Norte, Centro, Lisboa e Vale do Tejo, Alentejo e Algarve.
– 28 NUTS 3:

- NORTE: Ave, Cávado, Douro, Entre Douro e Vouga, Grande Porto, Minho Lima, Tâmega, Trás-os-Montes;
- CENTRO – Baixo Mondego, Baixo Vouga, Beira Interior Norte, Beira Interior Sul, Cova da Beira, Dão Lafões, Pinhal Interior Norte, Pinhal Interior Sul, Pinhal Litoral, Serra da Estrela;
- LVT – Grande Lisboa, Lezíria do Tejo, Médio Tejo, Oeste, Península de Setúbal; ALENTEJO – Alentejo Central, Alentejo Litoral, Alto Alentejo, Baixo Alentejo; ALGARVE;
- MADEIRA;
- AÇORES.

As unidades territoriais ao nível da NUTS 3 correspondem a agrupamentos de concelhos (Decreto-Lei n.º 46/89, de 15 de Fevereiro).

Supomos que a questão da divisão do território tem sido um dos entraves à institucionalização das regiões administrativas porque existem ideias dissonantes e conflituantes e ninguém se entende. Existem também diferentes divisões do território para serviços do Estado como, por exemplo, a das Comissões de Coordenação e Desenvolvimento Regional, além de outras. Trata-se das cinco grandes regiões geridas pelas Comissões de Coordenação e Desenvolvimento Regional (CCDRs), e que correspondem às subdivisões NUTS II para Portugal. Os seus limites atendem aos limites dos municípios, mas não obedecem aos limites dos distritos, que por vezes se espalham por mais do que uma região. São as seguintes:
– Região do Alentejo;
– Região do Algarve;
– Região Centro;
– Região de Lisboa (substituiu em 2002 a região de Lisboa e Vale do Tejo);
– Região Norte.

> **ARTIGO 6º**
> **(Estado unitário)**
>
> 1. O Estado é unitário e respeita na sua organização e funcionamento o regime autonómico insular e os princípios da subsidiariedade, da autonomia das autarquias locais e da descentralização democrática da administração pública.
> 2. Os arquipélagos dos Açores e da Madeira constituem regiões autónomas dotadas de estatutos político-administrativos e de órgãos de governo próprio.

A unicidade do Estado traduz a proibição da existência de um Estado Composto como o Federal e uma só constituição, órgãos de soberania únicos para todo o território nacional, um única ordem jurídica e uma inequívoca definição das competências políticas e legislativa.

São princípios constitucionais sobre a organização administrativa do Estado os seguintes:

- **Princípio da desburocratização**: no sentido de facilitar a vida dos cidadãos, evitando exigências formais e processuais morosas e complexas;
- **Princípio da aproximação dos serviços às populações**: os serviços devem estar próximos das populações, devendo vigorar o princípio da subsidiariedade [28];
- **Princípio da descentralização administrativa**: existe quando os interesses locais são atribuídos a pessoas colectivas territoriais cujos órgãos são dotados de autonomia, podendo agir livremente no desempenho dos poderes locais, estando, contudo, sujeitos à fiscalização da legalidade dos seus actos pelos tribunais [29];
- **Princípio da desconcentração administrativa**: existe quando certos poderes de decisão são delegados pelo superior hierárquico nos seus subordinados (desconcentração vertical) ou quando as diversas atribuições e competências da administração central são repartidas pelos vários departamentos ministeriais e pelas direcções-gerais dentro de cada ministério

---

[28] João Caupers, in "Introdução ao Direito Administrativo", Âncora Editora, Outubro de 2001, 6ª edição, refere a esse propósito que "os interesses das populações devem ser prosseguidos pelas entidades públicas que se encontram mais próximas daquelas, sem prejuízo da eficiência económica e do respeito pelos princípios da igualdade e da solidariedade entre os cidadão".

[29] Para José António Rocha in "Regionalização no Âmbito da Gestão Autárquica", editada pela Almedina, a p. 61, por descentralização entende-se "o processo de transferência de atribuições e poderes de decisão, até aí na esfera de órgãos do Estado" e como ensinou Jorge Miranda, fala-se de "descentralização para designar o fenómenos de atribuição de poderes ou funções públicas a entidades infraestatais".

(desconcentração horizontal); pode ser também originária (quando resulta directamente da lei) ou derivada (quando resulta de delegação) (30).

O Título VII (artigos 225º a 234º) diz respeito às Regiões Autónomas, havendo para cada uma das regiões autónomas um Representante da República, nomeado e exonerado pelo Presidente da República ouvido o Governo.

São órgãos de governo próprio de cada região autónoma a Assembleia Legislativa e o Governo Regional. A Assembleia Legislativa é eleita por sufrágio universal, directo e secreto, de harmonia com o princípio da representação proporcional.

O Governo Regional é politicamente responsável perante a Assembleia Legislativa da região autónoma e o seu presidente é nomeado pelo Representante da República, tendo em conta os resultados eleitorais.

O Representante da República nomeia e exonera os restantes membros do Governo Regional, sob proposta do respectivo presidente. O Governo Regional toma posse perante a Assembleia Legislativa da região autónoma. É da exclusiva competência do Governo Regional a matéria respeitante à sua própria organização e funcionamento. O estatuto dos titulares dos órgãos de governo próprio das regiões autónomas é definido nos respectivos estatutos político-administrativos.

ARTIGO 9º
(Tarefas fundamentais do Estado)

São tarefas fundamentais do Estado:
a) Garantir a independência nacional e criar as condições políticas, económicas, sociais e culturais que a promovam;
b) Garantir os direitos e liberdades fundamentais e o respeito pelos princípios do Estado de direito democrático;
c) Defender a democracia política, assegurar e incentivar a participação democrática dos cidadãos na resolução dos problemas nacionais;
d) Promover o bem-estar e a qualidade de vida do povo e a igualdade real entre os portugueses, bem como a efectivação dos direitos económicos, sociais, culturais e ambientais, mediante a transformação e modernização das estruturas económicas e sociais;
e) Proteger e valorizar o património cultural do povo português, defender a natureza e o ambiente, preservar os recursos naturais e assegurar um correcto ordenamento do território;

---

[30] Para Jorge Figueiredo Dias e Paula Oliveira, in "Direito Administrativo, 2ª edição, reimpressão, publicado pelo CEFA, p. 80, "a desconcentração administrativa diz respeito à organização administrativa dentro de uma pessoa colectiva pública, estando ligada à distribuição (em regra vertical) de poderes pelos diferentes órgãos da pessoa colectiva".

> ARTIGO 9º (cont.)
> (Tarefas fundamentais do Estado)
>
> *f)* Assegurar o ensino e a valorização permanente, defender o uso e promover a difusão internacional da língua portuguesa;
> *g)* Promover o desenvolvimento harmonioso de todo o território nacional, tendo em conta, designadamente, o carácter ultraperiférico dos arquipélagos dos Açores e da Madeira;
> *h)* Promover a igualdade entre homens e mulheres.

Este normativo significa desde logo que o Estado não tem um poder ilimitado e que não é sequer livre na definição dos seus objectivos, estando sujeito ao respeito escrupuloso da CRP e demais legislação. Ele está vinculado aos meios mas também aos fins.

> ARTIGO 10º
> (Sufrágio universal e partidos políticos)
>
> 1. O povo exerce o poder político através do sufrágio universal, igual, directo, secreto e periódico, do referendo e das demais formas previstas na Constituição.
> 2. Os partidos políticos concorrem para a organização e para a expressão da vontade popular, no respeito pelos princípios da independência nacional, da unidade do Estado e da democracia política.

O direito ao voto livre foi uma das maiores conquistas do 25 de Abril. O sufrágio é universal porque cabe a todos os cidadãos, salvo algumas restrições justificadas, é directo porque os cidadãos escolhem directamente sem instâncias intermédias como os colégios eleitorais, é secreto para não denunciar a escolha do eleitor e para que este não seja alvo de pressões e periódico porque se realiza em períodos pré-definidos, não sendo os mandatos vitalícios.

As demais formas previstas na CRP (todas elas no âmbito do poder local) são as assembleias populares deliberativas (plenários dos cidadãos eleitores) e as organizações de moradores previstas nos artigos 263º e ss. (assembleias de moradores e comissões de moradores).

Os partidos políticos participam nos órgãos baseados no sufrágio universal e directo, de acordo com a sua representatividade eleitoral. É reconhecido às minorias o direito de oposição democrática, nos termos da Constituição e da lei. Segundo Marcelo Rebelo de Sousa ([31]), os partidos políticos são agrupamentos duradouros

---

[31] "Os Partidos Políticos no Direito Constitucional Português" (dissertação de doutoramento), Braga, Livraria Cruz, 1983.

de cidadãos organizados, tendo em vista participar no funcionamento das instituições e formar e exprimir organizadamente a vontade popular, para o efeito acedendo, exercendo ou influenciando directamente o exercício do poder político.

Segundo Jean Charlot ([32]), referido por aquele autor, os partidos políticos possuem as seguintes características:

1ª São uma organização durável, ou seja, uma organização cuja esperança de vida política seja superior à dos seus dirigentes;

2ª Constituem uma organização completa até ao escalão local;

3ª Contêm uma vontade deliberada de exercer directamente o poder, só ou com outros, a nível local ou nacional, no sistema político presente ou num sistema político novo;

4ª Manifestam uma vontade de procurar um suporte popular, quer seja ao nível de militantes quer de eleitores.

Os partidos políticos concorrem para a formação e expressão da vontade política, formando a opinião pública, propondo os candidatos à eleição e disciplinando os eleitos.

Em Portugal, a principal legislação que circunscreve a sua actividade é a seguinte:

– Lei n.º 19/2003, de 20 de Junho (Financiamento dos partidos políticos);
– Lei Orgânica n.º 2/2003, de 22 de Agosto (Lei dos Partidos Políticos);
– Lei Orgânica n.º 2/2005, de 10 de Janeiro (Lei de organização e funcionamento da Entidade das Contas e Financiamentos)

Os cidadãos eleitores recenseados no território nacional podem ser chamados a pronunciar-se directamente, a título vinculativo, através de referendo, por decisão do Presidente da República, mediante proposta da Assembleia da República ou do Governo, em matérias das respectivas competências, nos casos e nos termos previstos na Constituição e na lei (art. 115º da CRP), existindo também o referendo local.

ARTIGO 11º
(Símbolos nacionais e língua oficial)

1. A Bandeira Nacional, símbolo da soberania da República, da independência, unidade e integridade de Portugal, é a adoptada pela República instaurada pela Revolução de 5 de Outubro de 1910.
2. O Hino Nacional é *A Portuguesa*.
3. A língua oficial é o Português.

---

[32] Charlot, Jean (org.) (1971), Les Partis Politiques, Paris, Armand Colin.

O Decreto de 19 de Junho de 1911 instituiu os símbolos nacionais e o Decreto-
-Lei nº 150/87, de 30 de Março, definiu regras sobre o uso da bandeira nacional,
tema que voltaremos a abordar no Protocolo Autárquico.

A bandeira e o hino são uma herança da Revolução Republicana de 1911,
sendo os símbolos nacionais, utilizando as palavras de Gomes Canotilho e Vital
Moreira, "valores de referência de toda a colectividade, de comunhão cultural e
religiosa, de identificação e distinção".

Em Portugal, a reacção popular contra os ingleses e contra o governo português, que permitiu esse género de humilhação, manifestou-se de várias formas.
"A Portuguesa" foi composta em 1890, com letra de Henrique Lopes de Mendonça
e música de Alfredo Keil, e foi utilizada desde cedo como símbolo patriótico mas
também republicano.

Aliás, em 31 de Janeiro de 1891, numa tentativa falhada de golpe de Estado
que pretendia implantar a república em Portugal, esta canção já aparecia como
a opção dos republicanos para hino nacional, o que aconteceu, efectivamente,
quando, após a instauração da República a 5 de Outubro de 1910, a Assembleia
Nacional Constituinte a consagrou como símbolo nacional em 19 de Junho de
1911 (wikipédia, em 12 de Agosto de 2010).

A Portuguesa, proibida pelo regime monárquico, que originalmente tinha
uma letra um tanto ou quanto diferente (mesmo a música foi sofrendo algumas
alterações) – onde hoje se diz *"contra os canhões"*, dizia-se *"contra os bretões"*, ou
seja, os ingleses – veio substituir o *Hymno da Carta*, então o hino nacional desde
Maio de 1834.

A Bandeira Nacional é dividida na vertical com duas cores fundamentais:
verde escuro do lado esquerdo (ocupando dois quintos) e encarnado à direita
(ocupando três quintos). Qual é a simbologia da Bandeira Nacional [33]?

- **Vermelho** é uma cor de força, coragem e alegria, que representa o sangue derramado pelos portugueses;
- **Verde**, a cor da esperança e do mar, foi escolhida em honra de uma batalha onde esta cor deu a vitória aos portugueses;
- **Escudo das Armas Nacionais e Esfera Armilar Manuelina**: simbolizam as viagens dos navegadores portugueses pelo Mundo, nos séculos XV e XVI; a esfera armilar foi um símbolo que o Rei D. Manuel I escolheu para representar as descobertas marítimas;
- **Branco:** representa a paz;
- **Escudo:** lembra a defesa do território;

---

[33] In www.junior.te.pt.

- **Quinas:** representam as primeiras batalhas na conquista do País (diz-se que são os cinco reis mouros vencidos na Batalha de Ourique por D. Afonso Henriques);
- **Cinco pontos brancos das quinas:** representam as cinco chagas de Cristo que ajudaram D. Afonso Henriques a vencer essa batalha;
- **Sete castelos amarelos** representam os castelos tomados aos mouros por D. Afonso III.

Sendo a língua oficial o Português, tal significa que ela deve ser utilizada nas cerimónias do Estado e nas missões oficiais dos titulares dos órgãos de soberania, devendo também as normas internacionais vigentes em Portugal ter uma tradução oficial portuguesa.

> **ARTIGO 12º**
> **(Princípio da universalidade)**
> 1. Todos os cidadãos gozam dos direitos e estão sujeitos aos deveres consignados na Constituição.
> 2. As pessoas colectivas gozam dos direitos e estão sujeitas aos deveres compatíveis com a sua natureza.

O regime dos Direitos e Deveres Fundamentais consta da Parte I da CRP, sendo uma das divisões mais extensas e mais densas.

O texto desde artigo mantém a redacção originária e a nível internacional é sempre elementar consultar a Declaração Universal dos Direitos do Homem ([34]), a Convenção Europeia dos Direitos do Homem ([35]) e a Carta dos Direitos Fundamentais da União Europeia ([36]).

---

[34] Adoptada e proclamada pela Assembleia Geral na sua Resolução 217A (III) de 10 de Dezembro de 1948 e publicada no *Diário da República*, I Série A, n.º 57/78, de 9 de Março de 1978, mediante aviso do Ministério dos Negócios Estrangeiros.

[35] Adoptada em Roma, a 4 de Novembro de 1950, entrou em vigor na ordem internacional no dia 3 de Setembro de 1953 e em Portugal foi assinada apenas em 22 de Setembro de 1976;

[36] Em Junho de 1999, o Conselho Europeu de Colónia considerou oportuno consagrar numa Carta os direitos fundamentais em vigor ao nível da EU para lhe dar uma maior visibilidade. De acordo com as expectativas dos Chefes de Estado ou de Governo, essa Carta deveria conter os princípios gerais consagrados na Convenção do Conselho da Europa de 1950, os resultantes das tradições constitucionais comuns dos Estados-Membros, os direitos fundamentais próprios dos cidadãos da União e os direitos económicos e sociais consagrados na Carta Social Europeia e na Carta Comunitária dos Direitos Sociais Fundamentais dos Trabalhadores, bem como os princípios decorrentes da jurisprudência do Tribunal de Justiça e do Tribunal Europeu dos Direitos do Homem. A Carta foi elaborada por uma Convenção composta por representantes dos Chefes de Estado ou de Governo dos Estados-Membros, um representante

De acordo com o princípio da universalidade as pessoas só pelo facto de serem pessoas são titulares de direitos mas também de deveres constitucionais. Por outro lado, a CRP reconhece expressamente capacidade de gozo de direitos às pessoas colectivas que sejam compatíveis com a sua natureza.

Mota Pinto [37] define as pessoas colectivas como organizações constituídas por uma colectividade de pessoas ou por uma massa de bens, dirigidos à realização de bens comuns ou colectivos às quais a ordem jurídica atribui personalidade jurídica. São centros autónomos de relações jurídicas mesmo em relação aos seus membros ou às pessoas que actuam como seus órgãos. O autor refere que existem duas espécies fundamentais de pessoas colectivas:

- **Corporações**: têm um substrato integrado por um agrupamento de pessoas singulares que visam um interesse comum, egoístico ou altruístico.
- **Fundações**: Têm um substrato integrado por um conjunto de bens adstrito pelo fundador (pessoa singular ou colectiva) a um escopo ou interesse de natureza social.

Por sua vez, são pessoas colectivas de mera utilidade pública as associações, fundações ou cooperativas que prossigam fins de interesse geral, ou da comunidade nacional ou de qualquer região ou circunscrição, cooperando com a Administração Central ou a Administração Local, em termos de merecerem da parte desta Administração a declaração de utilidade pública [38].

ARTIGO 13º
(Princípio da igualdade)

1. Todos os cidadãos têm a mesma dignidade social e são iguais perante a lei.
2. Ninguém pode ser privilegiado, beneficiado, prejudicado, privado de qualquer direito ou isento de qualquer dever em razão de ascendência, sexo, raça, língua, território de origem, religião, convicções políticas ou ideológicas, instrução, situação económica, condição social ou orientação sexual.

---

do Presidente da Comissão Europeia, deputados do Parlamento Europeu e deputados dos parlamentos nacionais. Formalmente adoptada em Nice, em Dezembro de 2000, pelos Presidentes do Parlamento Europeu, do Conselho e da Comissão, a Carta representa um compromisso político, sem efeitos jurídicos obrigatórios. No Tratado de Lisboa, que altera os tratados, em processo de ratificação, a Carta é investida de força obrigatória através da introdução de uma menção que lhe reconhece valor jurídico idêntico ao dos Tratados. Para o efeito, a Carta foi proclamada pela segunda vez em Dezembro de 2007.

[37] Teoria Geral do Direito Civil, 2ª edição actualizada, Coimbra Editora, 1983.
[38] Decreto-Lei n.º 460/77, de 7 de Novembro, com as alterações subsequentes, nomeadamente o Decreto-Lei n.º 391/2007, de 13 de Dezembro.

Este é um dos princípios estruturantes de um verdadeiro Estado de Direito Democrático. Infelizmente, será também um dos valores mais colocados em causa e mais vezes violado, com graves prejuízos para o Estado e para os cidadãos.

A igualdade não é um valor absoluto e significa também que as situações desiguais devam ser tratadas também de forma desigual e diferenciada.

Esse princípio apela também para a proibição de discriminações ([39]) e para a proibição do arbítrio, o qual é um limite externo da liberdade de conformação ou decisão dos poderes públicos, segundo Gomes Canotilho e Vital Moreira. Para estes autores, ele é estruturante do Estado de Direito democrático e social na medida em que impõe a igualdade na aplicação do direito, garante a igualdade de participação na vida política da colectividade e o acesso a cargos públicos e funções políticas e, finalmente, exige a eliminação das desigualdades de facto para se assegurar uma igualdade material no plano económico, social e cultural.

ARTIGO 18º
(Força jurídica)

1. Os preceitos constitucionais respeitantes aos direitos, liberdades e garantias são directamente aplicáveis e vinculam as entidades públicas e privadas.

2. A lei só pode restringir os direitos, liberdades e garantias nos casos expressamente previstos na Constituição, devendo as restrições limitar-se ao necessário para salvaguardar outros direitos ou interesses constitucionalmente protegidos.

3. As leis restritivas de direitos, liberdades e garantias têm de revestir carácter geral e abstracto e não podem ter efeito retroactivo nem diminuir a extensão e o alcance do conteúdo essencial dos preceitos constitucionais.

Segundo Gomes Canotilho, o Estado de Direito não se concebe sem um catálogo dos direitos fundamentais a quem cabem importantes funções, tais como:

a) Função democrática: são direitos subjectivos de participação na formação da vontade política, sendo, como tal, considerados "fundamentos funcionais da democracia";

b) Função social: eles são o fundamento de prestações económicas, sociais e culturais do Estado a favor dos cidadãos;

c) Função de garantia do Estado de Direito.

---

[39] Tal não significa uma exigência de igualdade absoluta em todas as situações nem proíbe diferenciações de tratamento.

Os direitos e deveres fundamentais constituem a parte I da Constituição da República Portuguesa, a qual está dividida em três títulos:
Título I: Princípios gerais (artigos 12º a 23º)
Título II: Direitos, liberdades e garantias
Capítulo I: Direitos, liberdades e garantias pessoais (24º a 47º)
Capítulo II: Direitos, liberdades e garantias de participação política (48º a 52º)
Capítulo III: Direitos, liberdades e garantias dos trabalhadores (53º a 57º)
Título III: Direitos e deveres económicos, sociais e culturais (58º a 79º) [40].
Os direitos, liberdades e garantias de participação política englobam os seguintes:

- Participação na vida pública
- Direito de sufrágio
- Direito de acesso a cargos públicos
- Associações e partidos políticos
- Direito de petição e direito de acção popular

Segundo Marcelo Rebelo de Sousa, são princípios essenciais do regime constitucional dos direitos, liberdades e garantias os seguintes:

- São directamente aplicáveis e vinculam as entidades públicas e privadas (art. 18º/1 da Constituição da República Portuguesa-CRP);
- Os direitos só podem ser restringidos por força da lei, nos casos expressamente previstos na CRP (art. 18º/3 da CRP);
- As leis restritivas dos direitos, liberdades e garantias não podem diminuir a extensão e o alcance dos preceitos constitucionais e têm carácter geral e abstracto (art. 18º/3);
- O exercício desses direitos só pode ser suspenso em caso de declaração do estado de sítio ou do estado de emergência, declaração essa executada nos termos constitucionais (art. 19º/1);
- Todos têm o direito de resistir a qualquer ordem formal que ofenda os seus direitos, liberdades e garantias não constitucional e legalmente suspensos (art. 20º/1);
- Os direitos em apreciação constituem um limite para as medidas policiais de prevenção criminal (art. 272ª/3 da CRP);
- A competência para a sua regulamentação legal é reservada, a título exclusivo, à Assembleia da República (art. 167º, alínea c);

---

[40] Segundo Gomes Canotilho, ilustre constitucionalista da Faculdade de Direito da Universidade de Coimbra de que tivemos a honra e o privilégio de sermos seus alunos, estes últimos direitos são direitos e deveres "sob reserva do possível" porque dependentes das reais capacidades económicas e financeiras do país.

- Os princípios fundamentais respeitantes à matéria de direitos, liberdades e garantias são abrangidos pelos limites materiais ao exercício do poder de revisão constitucional (art. 290º da CRP).

Um dos temas caros à ciência política e que marca também nos sistemas democráticos são os **grupos de pressão**. Estes são organizações formadas para a defesa de interesses materiais ou morais e que exercem pressão sobre os poderes públicos com o intuito de obter destes decisões que sirvam os seus interesses, sem pretender ocupar e exercer o poder político.

Não se confundem com os **grupos de interesses** já que estes agem no âmbito privado, sem relação com o poder político, embora, em bom rigor, eles funcionem também como grupos de pressão. São conhecidos e falados os lobbies como grupos de pressão exclusivos que visam exercer pressão política actuando apenas no campo político.

Para quem quiser aprofundar o conhecimento dos direitos humanos, pode consultar ou conhecer os documentos genéricos mais importantes a nível internacional, tais como:

- Magna Carta de 1215;
- Petition of Right, de 1628;
- Habeas Corpus Act, de 1679;
- Bill of Rigths, de 1689;
- Declaração da Independência dos Estados Unidos, em 1776;
- Declaração do Estado de Virgínia, de 1776;
- Declaração dos Direitos do Homem e do Cidadão, de 1789;
- Declaração Universal dos Direitos do Homem, de 1948;
- Carta Social Europeia, de 1965;
- Pacto Internacional dos Direitos Cívicos e Políticos, de 1966;
- Pacto Internacional dos Direitos Económicos, Sociais e Culturais, de 1966.

ARTIGO 48º
(Participação na vida pública)

1. Todos os cidadãos têm o direito de tomar parte na vida política e na direcção dos assuntos públicos do país, directamente ou por intermédio de representantes livremente eleitos.

2. Todos os cidadãos têm o direito de ser esclarecidos objectivamente sobre actos do Estado e demais entidades públicas e de ser informados pelo Governo e outras autoridades acerca da gestão dos assuntos públicos.

O Capítulo II do Título II trata dos direitos, liberdades e garantias de participação política. Os direitos de participação na vida pública são direitos de cidadania e não existiam no texto primitivo da CRP. Os cidadãos podem constituir os órgãos do poder político e participar na formação das suas decisões, de forma directa ou indirecta.

Os cidadãos portugueses, verificadas certas condições, podem ser eleitos como presidentes da república, deputados da Assembleia da República, membros das assembleias legislativas, das assembleias das autarquias locais e dos órgãos executivos locais. Podem também participar em referendos nacionais ou locais.

Além disso, podem também participar na vida democrática da União Europeia, quer através do Parlamento Europeu quer através de procedimentos participativos directos como a iniciativa de propostas para a adopção de actos jurídicos ou o direito de petição no Parlamento Europeu.

O cidadão é literalmente quem vive na cidade e exerce as liberdades públicas e cumpre os deveres sociais, realizando-se plenamente na igualdade perante lei, e que assume o conjunto dos seus direitos e deveres perante si e perante os seus cidadãos [41].

> **ARTIGO 49º**
> **(Direito de sufrágio)**
>
> 1. Têm direito de sufrágio todos os cidadãos maiores de dezoito anos, ressalvadas as incapacidades previstas na lei geral.
> 2. O exercício do direito de sufrágio é pessoal e constitui um dever cívico.

O direito de sufrágio inclui o direito de votar e o direito de ser eleito e assiste a todos os maiores de 18 anos [42], sem prejuízo da previsão de incapacidades eleitorais activas ou passivas ou as penas de suspensão de direitos políticos. É também é corolário do sufrágio o princípio o direito ao recenseamento eleitoral [43], sendo os cadernos de recenseamento eleitoral expostos publicamente durante o mês de Março para consulta e reclamação dos interessados. São também características do direito de sufrágio a pessoalidade do voto, o voto como dever cívico e a sua natureza de direito individual. De acordo com a lei (artigo 234º da Lei Orgânica

---

[41] In "Mini-Dicionário de Filosofia", de Fátima Alves, José Aredes e José Carvalho, Texto Editora, 2003.
[42] Antes do 25 de Abril era de 21 anos a idade mínima para votar.
[43] Lei nº 13/99, de 22 de Março; a partir de 27 de Outubro de 2008 às Comissões Recenseadoras (compostas pelas juntas de freguesia) compete apenas efectuar as inscrições presenciais/recenseamentos dos cidadãos estrangeiros. Os restantes recenseamentos são agora efectuados oficiosa e automaticamente.

nº 1/2001, de 14 de Agosto), as câmaras municipais devem remeter ao STAPE (actual Direcção-Geral de Administração Interna) o nome de todos os eleitos locais do concelho e respectivos cargos, assim as alterações supervenientes que ocorrerem na composição dos órgãos autárquicos.

No cumprimento desse dever é normal as câmaras municipais solicitarem a colaboração das juntas de freguesia para preenchimento das listagens, as quais devem indicar os nomes dos eleitos à junta e à assembleia, e o seu sexo, estado civil e habilitações literárias.

> **ARTIGO 50º**
> **(Direito de acesso a cargos públicos)**
>
> 1. Todos os cidadãos têm o direito de acesso, em condições de igualdade e liberdade, aos cargos públicos.
> 2. Ninguém pode ser prejudicado na sua colocação, no seu emprego, na sua carreira profissional ou nos benefícios sociais a que tenha direito, em virtude do exercício de direitos políticos ou do desempenho de cargos públicos.
> 3. No acesso a cargos electivos a lei só pode estabelecer as inelegibilidades necessárias para garantir a liberdade de escolha dos eleitores e a isenção e independência do exercício dos respectivos cargos.

O direito de sufrágio passivo é consagrado neste artigo e distingue-se do direito de acesso à função pública (artigo 47º/2). Cargos públicos são os titulares de:

- Órgãos de soberania;
- Órgãos das regiões autónomas;
- Órgãos do poder local.

O direito de não ser prejudicado pelo exercício de cargos públicos implica a garantia de estabilidade no emprego, a garantia de dimensões prestacionais e estatutárias e o direito de retomar as funções que exercia antes da tomada de posse do cargo público.

> **ARTIGO 51º**
> **(Associações e partidos políticos)**
>
> 1. A liberdade de associação compreende o direito de constituir ou participar em associações e partidos políticos e de através deles concorrer democraticamente para a formação da vontade popular e a organização do poder político.

> ARTIGO 51º (cont.)
> (Associações e partidos políticos)
>
> 2. Ninguém pode estar inscrito simultaneamente em mais de um partido político nem ser privado do exercício de qualquer direito por estar ou deixar de estar inscrito em algum partido legalmente constituído.
> 3. Os partidos políticos não podem, sem prejuízo da filosofia ou ideologia inspiradora do seu programa, usar denominação que contenha expressões directamente relacionadas com quaisquer religiões ou igrejas, bem como emblemas confundíveis com símbolos nacionais ou religiosos.
> 4. Não podem constituir-se partidos que, pela sua designação ou pelos seus objectivos programáticos, tenham índole ou âmbito regional.
> 5. Os partidos políticos devem reger-se pelos princípios da transparência, da organização e da gestão democráticas e da participação de todos os seus membros.
> 6. A lei estabelece as regras de financiamento dos partidos políticos, nomeadamente quanto aos requisitos e limites do financiamento público, bem como às exigências de publicidade do seu património e das suas contas.

Segundo Gomes Canotilho e Vital Moreira, o que distingue os partidos políticos das associações políticas é que estas não podem, por exemplo, apresentar candidaturas a eleições e muito menos participar na formação dos governos. Este artigo impõe também o princípio da filiação única, prevendo os estatutos dos partidos políticos sanções para militantes que concorram a eleição por outros partidos políticos ou contra o partido do qual é militante e a proibição de partidos regionais para não fragmentar a unidade do Estado e da soberania nacional.

Os partidos políticos estão também obrigados a respeitar princípios estruturantes da democracia, tais como os princípios da transparência, da organização e gestão democrática e da participação de todos os seus membros [44].

> ARTIGO 108º
> (Titularidade e exercício do poder)
>
> O poder político pertence ao povo e é exercido nos termos da Constituição.

A Parte III da CRP trata da organização do poder político, sendo importante que os membros das assembleias municipais tenham alguns conhecimentos sobre a composição, natureza e estrutura da Administração Pública.

---

[44] Gomes Canotilho e Vital Moreira, obra citada, página 686.

> ARTIGO 109º
> (Participação política dos cidadãos)
>
> A participação directa e activa de homens e mulheres na vida política constitui condição e instrumento fundamental de consolidação do sistema democrático, devendo a lei promover a igualdade no exercício dos direitos cívicos e políticos e a não discriminação em função do sexo no acesso a cargos políticos.

O artigo 29.º da Lei dos Partidos Políticos (Lei Orgânica n.º 2/2003 de 22 de Agosto) refere que os estatutos devem assegurar uma participação directa, activa e equilibrada de mulheres e homens na actividade política e garantir a não discriminação em função do sexo no acesso aos órgãos partidários e nas candidaturas apresentadas pelos partidos políticos.

Entendemos como essencial a apreensão ainda dos seguintes artigos da CRP:
Artigo 110º (Órgãos de soberania)
Artigo 111º (Separação e interdependência)
Artigo 114º (Partidos políticos e direito de oposição)
Artigo 116º (Órgãos colegiais)
Artigo 117º (Estatuto dos titulares de cargos políticos)
Artigo 235º (Autarquias locais)
Artigo 236º (Categorias de autarquias locais e divisão administrativa)
Artigo 237º (Descentralização administrativa)
Artigo 238º (Património e finanças locais)
Artigo 239º (Órgãos deliberativos e executivos)
Artigo 240º (Referendo local)
Artigo 241º (Poder regulamentar)
Artigo 242º (Tutela administrativa)
Artigo 243º (Pessoal das autarquias locais)
Artigo 249º (Modificação dos municípios)
Artigo 250º (Órgãos do município)
Artigo 251º (Assembleia municipal)
Artigo 252º (Câmara municipal)
Artigo 254º (Participação nas receitas dos impostos directos)

A doutrina da separação de poderes foi preconizada por Montesquieu, embora a filosofia de soberania como autoridade suprema do Estado tenha nascido no século XVI com o livro "De Republica" de Jean Bodin [45]. A repartição tripar-

---

[45] Nasceu em França em 1530 e faleceu em 1596; as ideias de Bodin retratam o que foi o Estado Absolutista no "ancien régime" de França: um Estado onde se considerava o poder do monarca como absoluto e de origem divina (teoria do "direito divino dos reis"); onde a propriedade privada era inviolável segundo os princípios do direito civil romano ("jus"), contando com forte apoio por parte da burguesia mercantil;

tida de poderes foi defendida também no século XVII por John Locke e Thomas Hobbes ([46]).

É mais que conhecida essa repartição em poder legislativo, poder executivo e poder judicial. Em Portugal são órgãos de soberania o Presidente da República, a Assembleia da República, o Governo e os Tribunais.

O **Presidente da República** representa a República Portuguesa, garante a independência nacional, a unidade do Estado e o regular funcionamento das instituições democráticas e é, por inerência, Comandante Supremo das Forças Armadas (artigo 120º da CRP).

O **Conselho de Estado** é o órgão político de consulta do Presidente da República. O Conselho de Estado é presidido pelo Presidente da República e composto pelos seguintes membros:

a) O Presidente da Assembleia da República;
b) O Primeiro-Ministro;
c) O Presidente do Tribunal Constitucional;
d) O Provedor de Justiça;
e) Os presidentes dos governos regionais;
f) Os antigos presidentes da República eleitos na vigência da Constituição que não hajam sido destituídos do cargo;
g) Cinco cidadãos designados pelo Presidente da República pelo período correspondente à duração do seu mandato;
h) Cinco cidadãos eleitos pela Assembleia da República, de harmonia com o princípio da representação proporcional, pelo período correspondente à duração da legislatura.

Jean Bodin foi o primeiro autor a dar ao tema da soberania um tratamento sistematizado, na sua obra Les six livres de la republique ("Os Seis livros da República"), publicada em 1576. Para ele, a soberania é um poder perpétuo e ilimitado, ou melhor, um poder que tem como únicas limitações a lei divina e a lei natural. A soberania é, para ele, absoluta dentro dos limites estabelecidos por essas leis. A idéia de poder absoluto de Bodin está ligada à sua crença na necessidade de concentrar o poder totalmente nas mãos do governante; o poder soberano só existe quando o povo se despoja do seu poder soberano e o transfere inteiramente ao governante. Para esse autor, o poder conferido ao soberano é o reflexo do poder divino, e, assim, os súbditos devem obediência ao seu soberano (in wikipédia, 07/09/2010).

[46] Thomas Hobbes (1588 – 1679) foi um matemático, um teórico político e filósofo inglês e foi o autor de *Leviatã* (1651) e *Do cidadão* (1651); na obra *Leviatã*, explanou os seus pontos de vista sobre a natureza humana e sobre a necessidade de governos e sociedades. No estado natural, enquanto que alguns homens possam ser mais fortes ou mais inteligentes do que outros, nenhum se ergue tão acima dos demais por forma a estar além do medo de que outro homem lhe possa fazer mal. Por isso, cada um de nós tem direito a tudo, e uma vez que todas as coisas são escassas, existe uma constante guerra de todos contra todos (*Bellum omnia omnes*). No entanto, os homens têm um desejo, que é também em interesse próprio, de acabar com a guerra, e por isso formam sociedades entrando num contrato social (in wikipédia, 07/09/2010).

A **Assembleia da República** é a assembleia representativa de todos os cidadãos portugueses e tem o mínimo de cento e oitenta e o máximo de duzentos e trinta Deputados, nos termos da lei eleitoral (artigos 147º e 148º da CRP).

O **Governo** é o órgão de condução da política geral do país e o órgão superior da administração pública ([47]). É constituído pelo Primeiro-Ministro, pelos Ministros e pelos Secretários e Subsecretários de Estado e pode incluir um ou mais Vice-Primeiros-Ministros. O número, a designação e as atribuições dos ministérios e secretarias de Estado, bem como as formas de coordenação entre eles, serão determinados, consoante os casos, pelos decretos de nomeação dos respectivos titulares ou por decreto-lei.

O **Conselho de Ministros** é constituído pelo Primeiro-Ministro, pelos Vice-Primeiros-Ministros, se os houver, e pelos Ministros. Podem ser convocados para participar nas reuniões do Conselho de Ministros os Secretários e Subsecretários de Estado.

Os **tribunais** são os órgãos de soberania com competência para administrar a justiça em nome do povo. Na administração da justiça incumbe aos tribunais assegurar a defesa dos direitos e interesses legalmente protegidos dos cidadãos, reprimir a violação da legalidade democrática e dirimir os conflitos de interesses públicos e privados.

ARTIGO 266º
(Princípios fundamentais)

1. A Administração Pública visa a prossecução do interesse público, no respeito pelos direitos e interesses legalmente protegidos dos cidadãos.
2. Os órgãos e agentes administrativos estão subordinados à Constituição e à lei e devem actuar, no exercício das suas funções, com respeito pelos princípios da igualdade, da proporcionalidade, da justiça, da imparcialidade e da boa fé.

---

[47] De acordo com o Acórdão do Supremo Tribunal Administrativo de 9 de Dezembro de 2010 (Processo 0855/10), a **função política** consiste na definição e prossecução do interesse geral da colectividade e na correspondente escolha das opções destinadas à melhoria, preservação e desenvolvimento do modelo económico e social escolhido, por forma a que os cidadãos se possam sentir seguros e possam alcançar os bens materiais e espirituais que o mesmo é susceptível de lhes proporcionar, enquanto a **actividade administrativa** funciona a jusante da função política revestindo, no essencial, natureza executiva e complementar visto se destinar a pôr em prática as orientações gerais traçadas pela política com vista a assegurar em concreto a satisfação necessidades colectivas de segurança e de bem-estar das pessoas; deste modo, e porque o Governo tem competências política e administrativa e porque esta última se materializa em actos administrativos que podem estar inclusos em diploma legislativo – pese embora não ser essa a regra – é fundamental apurar se uma determinada decisão decorre da sua da função política ou da sua actividade administrativa pois que só esta é susceptível de controlo judicial.

A Administração Pública é uma realidade vasta, extensa e complexa formada por um amplo conjunto de serviços, organismos e entidades que funcionam de forma disciplinada, regular e contínua para a satisfação das necessidades colectivas.

A administração é um autêntico poder porque delimita a sua própria conduta e possui os meios necessários para impor o respeito desse comportamento.

As suas decisões têm força obrigatória que os particulares têm de respeitar sob pena de, sem necessidade de sentença judicial e contra a oposição dos destinatários, a administração poder impor coercivamente o que decidiu. A isso se chama privilégio da execução prévia [48].

Tradicionalmente, a Administração Pública é entendida num duplo sentido: sentido orgânico e sentido material. No sentido orgânico, a administração pública é o sistema de órgãos, serviços e agentes do Estado e de outras entidades públicas que visam a satisfação regular e contínua das necessidades colectivas; no sentido material, a administração pública é a própria actividade desenvolvida por aqueles órgãos, serviços e agentes.

Considerando o seu sentido orgânico, é possível distinguir, segundo o site da DGAEP, na Administração Pública três grandes grupos de entidades:

- Administração directa do Estado
- Administração indirecta do Estado
- Administração Autónoma

A relação que estes grandes grupos estabelecem com o Governo, na sua qualidade constitucional de órgão supremo da Administração Pública, é diferente e progressivamente mais ténue; assim, as entidades da Administração directa do Estado estão hierarquicamente subordinadas ao Governo (poder de direcção), as entidades da Administração indirecta do Estado estão sujeitas à sua superintendência e tutela (poder de orientação, de fiscalização e de controlo) e as entidades que integram a Administração Autónoma estão apenas sujeitas à tutela (poder de fiscalização e controlo) [49].

A **administração pública central** engloba o conjunto de serviços e órgãos administrativos que prosseguem funções com o intuito de satisfazer necessidades comuns a toda a população, ou seja, de interesse geral.

---

[48] Segundo Freitas do Amaral, in Direito Administrativo (Lições aos alunos do curso de Direito, no ano lectivo 1987-88), Lisboa, 2008, p. 15, esse privilégio é uma das principais manifestações do poder administrativo, tal como o poder regulamentar, o poder de decisão unilateral e o regime especial dos contratos administrativos.

[49] José Figueiredo Dias e Fernanda Oliveira, para quem quiser aprofundar o tema, tratam também na sua obra "Direito AdmInistrativo" publicada em 2004 pelo CEFA, pp. 67 a 79, do tipo de relações funcionais interorgânicas, tais como a hierarquia, a superintendência, a tutela e a delegação de poderes.

a) Administração directa do Estado

A Administração directa do Estado integra todos os órgãos, serviços e agentes integrados na pessoa colectiva Estado que, de modo directo e imediato e sob dependência hierárquica do Governo, desenvolvem uma actividade tendente à satisfação das necessidades colectivas. Digamos que eles fazem parte do aparelho do Estado.

Integram a administração central directa do Estado o Governo (1º Ministro, Ministros, Secretários de Estado e Sub-Secretários de Estado), a Presidência do Conselho de Ministros, os Ministérios, as Secretarias de Estado e as Direcções-Gerais.

Mas nem todos os serviços da Administração directa do Estado têm a mesma competência territorial, pelo que devem distinguir-se:

- Serviços centrais
- Serviços periféricos

Os Serviços centrais têm competência em todo o território nacional, como as Direcções-Gerais organizadas em Ministérios, e os Serviços periféricos têm uma competência territorialmente limitada, como acontece com as Direcções Regionais (de Educação e de Agricultura, por exemplo), das Administrações Regionais de Saúde, as assembleias distritais ou os Governos Civis, cuja competência se circunscreve à área geográfica em que actuam. Serviços periféricos são também os serviços de representação externa do Estado (embaixadas e consulados).

João Caupers distingue também na administração directa a administração subordinada, formada por órgãos e serviços submetidos à hierarquia do Governo, da administração independente, formada por entidades ou serviços cujo estatuto assenta mais numa relação privilegiada com a Assembleia da República, como o Provedor de Justiça e a Comissão Nacional de Eleições.

b) Administração indirecta ou instrumental do Estado

As entidades que a ela pertencem foram criadas com o objectivo de descongestionar e aliviar os serviços do Estado e de permitir uma gestão mais eficaz, eficiente e ágil de certos interesses colectivos. São criadas por lei através do mecanismo de devolução de poderes ou descentralização institucional, o que consiste na entrega a pessoas colectivas de actividade e poderes que, em princípio, deveriam competir e considera-se do Estado.

Luís Carvalheda e Belmiro Cabrito cuidam que ela engloba todas as instituições criadas pelo Estado e a ele ligadas mas juridicamente dele distintas. Elas estão incumbidas de exercer, por devolução de poderes, uma actividade administrativa do Estado, aí se incluindo os institutos públicos (serviços personalizados, fundações públicas e empresas públicas).

Distinção diferente apresenta a DGAEP, em que a Administração indirecta do Estado compreende três tipos de entidades:

- Serviços personalizados
- Fundos personalizados
- Entidades públicas empresariais

Os Serviços personalizados são pessoas colectivas de natureza institucional providas de personalidade jurídica, criadas pelo poder público para, com independência em relação à pessoa colectiva Estado, prosseguirem determinadas funções próprias deste. Desenvolvem uma actividade operacional e de prestação de serviços sem terem as características de empresa. Exemplos:

- Instituto Nacional de Estatística, I.P., que tem por missão a promoção e divulgação da informação estatística oficial;
- Instituto de Emprego e Formação Profissional, I.P., que tem por missão promover a criação e a qualidade do emprego e combater o desemprego através da execução de políticas activas de emprego;
- Laboratório Nacional de Engenharia Civil, I.P., que tem por missão empreender, coordenar e promover a investigação científica e o desenvolvimento tecnológico necessárias ao progresso e à boa prática da engenharia civil;
- Instituto Nacional de Aviação Civil;
- Instituto Nacional de Investigação Agrária e das Pescas;
- Instituto Nacional de Habitação.

São também serviços personalizados do Estado os Hospitais públicos não empresarializados, as Universidades públicas e as Entidades Reguladoras Independentes, com funções de regulação de determinados sectores de actividade.

Os Fundos personalizados (fundações públicas) são pessoas colectivas de direito público, instituídas por acto do poder público, com natureza patrimonial. Trata-se de um património de afectação à prossecução de determinados fins públicos especiais. A sua finalidade é a gestão e administração de um património constituído por bens imóveis ou formado por recursos financeiros. Exemplos:

- Serviços Sociais das forças de segurança;
- INATEL;
- Serviços Sociais do Ministério da Justiça.

As Entidades públicas empresariais (empresas públicas) são pessoas colectivas de natureza empresarial, com fim lucrativo, que visam a prestação de bens ou serviços de interesse público, nas quais o Estado ou outras entidades públicas estaduais detêm a totalidade do capital.

Luís Carvalheda e Belmiro Cabrito, por sua vez, definem as empresas públicas como entidades cujo capital e direcção são pertença do Estado ou de outras pessoas colectivas públicas e que tem por escopo a exploração de actividades de natureza económica ou social, de acordo com o planeamento económico nacional.

Exemplos:

- Hospitais públicos empresarializados, como o Hospital de Santa Maria, EPE ou o Hospital Geral de Santo António, EPE;
- TAP;
- Tabaqueira.

João Caupers fala antes em pessoas colectivas de estatuto público (institutos públicos e entidades públicas empresariais) e fundações e associações criadas por entidades públicas.

É natural que se imponha a necessidade de fiscalizar a acção desses órgãos de forma a garantir a sua actuação de acordo com os interesses colectivos e isso logra-se com o mecanismo da tutela administrativa ([50]).

Segundo Luís Carvalheda e Belmiro Cabrito ([51]), ela pode assumir as seguintes formas:

- **Tutela correctiva**: visa corrigir os inconvenientes que possam advir do conteúdo de actos projectados ou decididos pelos competentes órgãos da entidade tutelada;
- **Tutela inspectiva**: exerce-se por intermédio da fiscalização dos órgãos e serviços da pessoas colectiva tutelada, tendo por objectivo a aplicação de sanções em caso de ilegalidade ou de má gestão;
- **Tutela substitutiva**: surge quando o órgão tutelar tem o poder de suprir as omissões de órgão tutelado, praticando, em vez dele, todos os actos que não tenham sido realizados na devida ocasião pelos órgãos tutelados, contra expressa imposição legal.

---

[50] Esta consiste em conferir a um órgão de uma pessoa colectiva o poder de interferir na gestão de outra pessoa colectiva autónoma com a finalidade de coordenar os interesses próprios da tutela com os interesses mais amplos representados pelo órgão tutelar.
[51] Noções de Administração Pública, 1993, 9ª edição.

Apresentamos o caso da orgânica do Ministério do Ambiente, do Ordenamento do Território e do Desenvolvimento Regional, contida no Decreto-Lei n.º 207/2006, de 27 de Outubro, para elucidar mais cabalmente os conceitos. O MAOTDR prossegue as suas atribuições através de serviços integrados na administração directa do Estado, de organismos integrados na administração indirecta do Estado, de órgãos consultivos, de entidades integradas no sector empresarial do Estado e de outras estruturas.

Integram a administração directa do Estado, no âmbito do MAOTDR, os seguintes serviços centrais:

a) O Departamento de Prospectiva e Planeamento e Relações Internacionais;
b) A Inspecção-Geral do Ambiente e do Ordenamento do Território;
c) A Secretaria-Geral;
d) A Agência Portuguesa do Ambiente;
e) A Direcção-Geral do Ordenamento do Território e Desenvolvimento Urbano;
f) O Instituto Geográfico Português.

Integram ainda a administração directa do Estado, no âmbito do MAOTDR, os seguintes serviços periféricos:

a) A Comissão de Coordenação e Desenvolvimento Regional do Norte;
b) A Comissão de Coordenação e Desenvolvimento Regional do Centro;
c) A Comissão de Coordenação e Desenvolvimento Regional de Lisboa e Vale do Tejo;
d) A Comissão de Coordenação e Desenvolvimento Regional do Alentejo;
e) A Comissão de Coordenação e Desenvolvimento Regional do Algarve.

Prosseguem atribuições do MAOTDR, sob superintendência e tutela do respectivo ministro (administração indirecta do Estado), os seguintes organismos:

a) O Instituto da Água, I. P;
b) O Instituto da Conservação da Natureza e da Biodiversidade, I. P;
c) O Instituto da Habitação e da Reabilitação Urbana, I. P;
d) O Instituto Financeiro para o Desenvolvimento Regional, I. P;
e) A Entidade Reguladora dos Serviços das Águas e dos Resíduos, I. P.

Prosseguem ainda atribuições do MAOTDR, sob superintendência e tutela do respectivo ministro, os seguintes organismos periféricos:

a) A Administração de Região Hidrográfica do Norte, I. P;
b) A Administração de Região Hidrográfica do Centro, I. P;
c) A Administração de Região Hidrográfica do Tejo, I. P;
d) A Administração de Região Hidrográfica do Alentejo, I. P;
e) A Administração de Região Hidrográfica do Algarve, I. P.

São órgãos consultivos no âmbito do MAOTDR:
a) O Conselho Nacional da Água;
b) O Conselho Nacional do Ambiente e do Desenvolvimento Sustentável;
c) A Comissão de Acompanhamento da Gestão de Resíduos.

No âmbito do MAOTDR funcionam ainda outras estruturas:
a) A Comissão para as Alterações Climáticas;
b) A Comissão Nacional da Reserva Ecológica Nacional.

Sem prejuízo dos poderes conferidos por lei ao Conselho de Ministros e ao membro do Governo responsável pela área das Finanças, a competência relativa à definição das orientações das entidades do sector empresarial do Estado com atribuições nos domínios da requalificação ambiental, da prestação de serviços de abastecimento público de água, do saneamento de águas residuais, da redução, tratamento, valorização e eliminação de resíduos e da reabilitação urbana, bem como ao acompanhamento da respectiva execução, é exercida pelo membro do Governo responsável pela área do Ambiente, do Ordenamento do Território e do Desenvolvimento Regional.

O XVIII Governo foi constituído pelos seguintes Ministérios:
– Presidência do Conselho de Ministros;
– Ministério dos Negócios Estrangeiros;
– Ministério das Finanças e da Administração Pública;
– Ministério da Defesa Nacional;
– Ministério da Administração Interna;
– Ministério da Justiça;
– Ministério da Economia, da Inovação e do Desenvolvimento;
– Ministério das Obras Públicas, Transportes e Comunicações;
– Ministério da Agricultura, do Desenvolvimento Rural e das Pescas;
– Ministério do Ambiente e do Ordenamento do Território;
– Ministério do Trabalho e da Solidariedade Social;
– Ministério da Saúde;
– Ministério da Educação;
– Ministério da Ciência, Tecnologia e Ensino Superior;
– Ministério da Cultura.

Fazem também parte dessa orgânica as Estruturas de Missão que são entidades com competências limitadas no tempo e que visam prosseguir objectivos específicos e concretos.

Exemplos:

- Unidade de Missão para o Recenseamento Eleitoral;
- Intervenção Operacional da Administração Pública;

- Estrutura de Missão para a Região do Douro;
- Comissão do Livro Branco para as Relações Laborais.

Finalmente, deve referir-se também nessa orgânica uma figura introduzida na Constituição pela revisão de 1997 (artigo 267º/3) que são as Entidades Administrativas Independentes.
Exemplos:

- Banco de Portugal, o Instituto de Seguros de Portugal e a Comissão do Mercado de Valores Imobiliários ligados aos Ministério das Finanças e da Administração Pública;
- ICP e a Autoridade Nacional de Comunicações do Ministério das Obras Públicas;
- Autoridade da Concorrência e a Entidade Reguladora dos Serviços Energéticos do Ministério da Economia e Inovação;
- Entidade Reguladora da Saúde do Ministério da Saúde.

A Provedoria da Justiça produziu em 2002 um artigo em que esse tema novo foi aflorado. Aí se afirma que a independência dessas entidades é orgânica ou subjectiva, caracterizada sobretudo pela inamovibilidade, ou seja, pela não destituibilidade, pela não revogação do mandato.

É também uma independência funcional porque a sua actividade não está subordinada a ordens, sujeições, instruções, directivas ou recomendações, não estando também sujeita a poderes de tutela integrativa, correctiva ou sancionatória. Além disso, os mandatos dos seus membros são de maior duração do que é normal, possuindo os seus membros um regime de incompatibilidades muito próximo do que têm os juízes.

Esta nova classe de entidades levanta enormes problemas políticos e constitucionais, segundo a Provedoria da Justiça, porque infringe o paradigma clássico da inserção da Administração na estrutura do Estado, alógica da separação de poderes do Estado constitucional representativo e a submissão da Administração ao executivo. Contudo, cumpre dizer que a sua actuação se processo segundo um quadro legal pré-definido e num sistema de Estado de Direito Democrático.

A **Administração Autónoma** trata-se de entidades que prosseguem interesses próprios das pessoas que as constituem e que definem autonomamente e com independência a sua orientação e actividade; estas entidades agrupam-se em três categorias:

A Administração Regional (autónoma) tem a mesma matriz organizacional da Administração directa do Estado e da Administração indirecta do Estado. Por isso, também na Administração Regional (autónoma) é possível distinguir a

Administração directa (com serviços centrais e periféricos) e a Administração indirecta (com Serviços personalizados, Fundos personalizados e Entidades públicas empresariais).

O que distingue a Administração directa e indirecta do Estado da Administração Regional (autónoma) é a sua competência territorial e material. Na verdade, enquanto no caso da administração estadual a competência respeita a todas as matérias e é exercida sobre todo o território nacional, os órgãos, agentes e serviços da administração regional (autónoma) têm competência limitada às matérias de interesse das respectivas populações que não sejam constitucional e estatutariamente limitadas à administração estadual (como acontece com a defesa nacional e relações externas, por exemplo) e exercem a sua competência exclusivamente sobre o território da respectiva região e nos limites da autonomia regional definidos na Constituição da República e nos respectivos estatutos político-administrativos.

Estes estatutos são elaborados pelas Assembleias Legislativas Regionais e enviados para discussão e aprovação à Assembleia da República. Os Açores e a Madeira estão dotados de um regime político-administrativo próprio, o que se fundamenta nas características geográficas, económicas, sociais e culturais bem como nas históricas aspirações de autonomia das suas populações. Além dos órgão das regiões autónomas (Assembleia Regional e Governo Regional), também aí exerce funções o Ministro da República que assume a representação da soberania da República em cada Região Autónoma. É nomeado e exonerado pelo Presidente da República, sob proposta do Governo, ouvido o Conselho de Estado.

A Administração Local (autónoma) é constituída pelas autarquias locais (pessoas colectivas de base territorial, dotadas de órgãos representativos próprios que visam a prossecução de interesses próprios das respectivas populações). A competência dos órgãos e serviços da Administração Local (autónoma) restringe-se também ao território da respectiva autarquia local e às matérias estabelecidas na lei. Falaremos mais adiante das funções, competência e organização desta forma de organização do Estado.

Finalmente, as Associações públicas são pessoas colectivas de natureza associativa, criadas pelo poder público para assegurar a prossecução dos interesses não lucrativos pertencentes a um grupo de pessoas que se organizam para a sua prossecução.

Ordens profissionais, como, por exemplo, a Ordem dos Advogados ou a Ordem dos Médicos;

Câmaras dos Solicitadores, dos Despachantes Oficiais e dos Revisores Oficiais de Contas.

Quem quiser aprofundar outros conceitos de natureza política, pode consultar a Polis, Enciclopédia da Sociedade e do Estado. Pode aí encontrar, entre outros, conceitos e temas sobre acção política, acto administrativo, administração local, alternância, análise política, atitude política, autarquia local, bem comum, burocracia, ciência política, compromisso político, conjuntura política, corrupção, crimes políticos, decisão política, deliberação, democracia, descentralização, domínio público, espaço político, grupo de pressão, ideologia política, liberdade, maioria, minoria, máquina política, marcado político, militante, influência, integração política, pensamento político, plebiscito, referendo, pluralismo, poder, povo, realismo e pragmatismo político, pressão social, processo administrativo, programa político, propaganda política, qualidade de vida, quórum, racionalismo político, razão de Estado, serviço público, sociedade, sondagem, sufrágio, eleição, tacitismo político, teoria política, tolerância, regionalização, regulamento, relações públicas, separação dos poderes ou vontade popular.

A Regionalização em Portugal [52]

A Constituição da República de 1976 previa, no artigo 238º, a existência de regiões administrativas como autarquias locais, além dos municípios e das freguesias. Contudo, na prática nunca foram instituídas seja por omissão do legislador, face à complexidade da questão, seja porque foi referendada no dia 8 de Novembro de 1998, tendo os portugueses respondido "não" por grande maioria (63,51% contra 36,49% dos que responderam "sim"). A abstenção foi elevada, tendo em conta a dignidade e a importância do assunto: 51,7%. [53]

O tema volta a estar na ordem do dia e as opiniões dividem-se, embora nos pareça que há mais gente a tender para o "sim" do que houve em 1998.

O Barómetro Marktest para o DN e a TSF, realizado em Maio de 2007, indicou que os portugueses estavam divididos a meio quanto a um eventual novo referendo sobre a Regionalização: 42,1% contra e 42,1% a favor.

Segundo António Rocha [54] ao discutir as regiões administrativas, estamos a discutir o Poder Local.

Ainda segundo Dray, "cada vez com maior convicção se considera que a base para o desenvolvimento socio-económico integrado que se pretende, para o apro-

---

[52] Segundo Luís Sá (1989), in "Regiões Administrativas – O Poder Local que Falta", editado pela Caminho, "a regionalização do continente de Portugal é uma daqueles temas que regressa ciclicamente ao debate político e científico e que, mesmo quando parece ausente, permanece como uma das questões importantes que se colocam ao regime democrático.

[53] Antes desse referendo foi aprovada a deliberação nº 12-PL de 2 de Maio de 1996, em que se impôs um período de discussão pública com vista à criação das regiões administrativas; daí resultaram mais de 225 pareceres das assembleias municipais, em que 75% foram favoráveis à criação das regiões administrativas.

[54] Acrescenta em "Regionalização no Âmbito da Gestão Autárquica", Almedina, p. 44, que "parece pacífico que o poder local em Portugal ainda pode e deve crescer muito, tal como, também parece pacífico, o reconhecimento geral que é prestado ao desempenho dos autarcas pelo contributo prestado para a considerável melhoria das condições de vida das populações nestes últimos anos".

fundamento da democracia, para o combate à pobreza e ao subdesenvolvimento, o Poder Local é a instância privilegiada" [55]. O assunto continua a ser polémico e os argumentos a favor ou contra proliferam como cogumelos. Uma revisão informática e bibliográfica sobre a Regionalização possibilitou-nos condensar o mais possível os prós e os contras dessa medida.

Para os seus defensores, a Regionalização vai contribuir para:

- Aumentar a massa crítica devido ao ganho de escala;
- Reforçar a coerência das políticas públicas;
- Cumprir o princípio da subsidiariedade porque há decisões que devem ser tomadas não pela administração central ou por organismos dela dependentes mas por órgãos mais próximos das populações;
- Conferir aos autarcas legitimidade democrática directa porque são eleitos por sufrágio universal, respondem perante os cidadãos que os elegeram que podem penalizá-los em futuras eleições caso o seu desempenho não seja considerado satisfatório;
- Aprofundar a democracia representativa, diminuindo o peso excessivo do Estado e o centralismo;
- Contribuir para reforçar o peso das organizações da sociedade civil que actuam em benefício do desenvolvimento local e regional;
- Atenuar as desigualdades e as assimetrias locais e regionais, podendo reforçar o desenvolvimento regional pelo melhor aproveitamento dos recursos endógenos;
- Diminuir as despesas do Estado porque o número de autarcas regionais é diminuto e implicaria o desaparecimento de alguns cargos actualmente existentes na Administração Pública como, por exemplo, os 36 governadores-civis e respectivos vice-governadores civis e também os seus assessores, e os 6 presidentes das comissões de coordenação e desenvolvimento regional e respectivo quadro de pessoal;
- Difundir mais e melhor informação em nome do princípio da transparência;
- Tirar melhor proveito das ajudas e incentivos da União Europeia destinados às regiões;
- Reforçar a capacidade de desenvolvimento auto-sustentável capaz de gerar complementaridade entre o Litoral e o Interior;
- Melhorar as vias de comunicação nos domínios rodoviário, ferroviário e aéreo com ganhos para a mobilidade das populações e para o crescimento da economia;

---

[55] Dray, António, O Desafio da Qualidade na Administração Pública (1995), p. 99.

- Distribuir de forma mais justa, equitativa e racional a riqueza gerada, evitando a excessiva concentração de investimento na zona envolvente de Lisboa.
- Facilitar a fixação de quadros superiores que seriam uma mais valia e que acrescentariam qualidade, desenvolvimento e riqueza.
- Contribuir para que Portugal fosse um país mais moderno, mais próspero, mais eficiente e mais equilibrado do ponto de vista das finanças públicas, servindo como um exemplo a seguir a Espanha e todo o desenvolvimento produzido pela institucionalização de regiões.
- O modelo actual da administração pública é confuso, rígido, burocrático, centralista, excessivamente hierarquizado, não promove a busca de economias de escala nem partilha a informação entre os vários serviços. ([56])

Embora possam existir nesta matéria alguns Velhos do Restelo, não devem desvalorizar-se os argumentos dos que rejeitam a Regionalização ([57]), nomeadamente defendendo as seguintes ideias ou fundamentos:

- Em Portugal não existem acentuadas diferenças naturais, linguísticas, culturais ou étnicas e, como tal, a regionalização pode ser uma ficção criada para reforçar o poder dos políticos locais e o caciquismo local com todo o seu rol de influências e jogos de poder;
- Pode dar origem a vários Terreiros do Paço e em vez de um centralismo termos vários centralismos;
- Seria preferível reforçar os poderes, as atribuições e as competências dos municípios que estarão mais próximos dos cidadãos do que estariam os autarcas regionais e os mecanismos associativos dos municípios, tais como as actuais associações de municípios ou as empresas intermunicipais;
- É praticamente impossível encontrar um modelo ideal quanto às regiões administrativas em concreto e foi isso que impossibilitou a criação das comunidades urbanas instituídas pela Lei nº 11/2003, de 13 de Maio;
- Com a regionalização assistiremos a uma reforço da burocracia e a um aumento de cargos, de despesa pública e da carga fiscal;
- A Regionalização pode pôr em causa a coesão nacional e a integridade do país;

[56] Regionalização no Âmbito da Gestão Autárquica, de José António Rocha, Almedina, Julho de 2005, p. 308.
[57] Um deles é Alfredo Barroso que na sua obra "Contra a Regionalização", publica pela Gradiva em 1998, afirma que "a regionalização do território continental é uma pura ficção política (...) Se for avante, a regionalização pode introduzir, a mais ou menos curto prazo, uma perigosíssima dinâmica de fragmentação do Estado".

- Dada a falta de consensualidade, pode contribuir para criar um clima de conflito permanente entre regiões, potenciando os bairrismos e colocando em causa a solidariedade nacional;
- Dependendo os autarcas regionais do voto dos cidadãos, a melhoria das condições de vida e a satisfação das necessidades básicas e prementes, ligadas à água, saneamento básico, recolha de resíduos sólidos, habitação, etc, poderiam ser preteridas a favor de obras mais vistosas que garantam mais votos dos eleitores locais;
- A Regionalização seria um tiro no escuro e um risco muito grande para o país porque ninguém se entende quanto aos seus custos, os quais variam entre 500 mil euros e 8 ou 9 milhões de euros;
- Será, assim, preferível melhorar o modelo actual e concentrar esforços e recursos para a melhoria da qualidade de vida das pessoas, sobretudo nas áreas da saúde, acção social, habitação, educação e emprego e formação profissional;
- As últimas medidas do Governo de crescente centralização e encerramento de serviços no interior em várias áreas não augura nada de positivo para os defensores da Regionalização.

Para nós, é imperioso pensar a Regionalização não como uma oportunidade de confronto político, partidário e ideológico, mas como um factor de desenvolvimento sustentável, o que se exige cada vez mais face ao clima de crise financeira mundial e nacional e aos últimos dados demográficos publicados pelo Instituto Nacional de Estatística. Essas informações apontam para uma crescente tendência de crescimento do envelhecimento da população, de aumento da longevidade, de fraco saldo natural positivo, de manutenção da taxa de natalidade em simultâneo com o aumento da taxa de mortalidade e de redução da percentagem da população activa e do peso relativo da população jovem cujo futuro parece estar comprometido.

Sem querermos ser mensageiros de desgraças e de maus preságios, se nada se fizer vão agravar-se as desigualdades e as condições de vida e emergirão novos fenómenos sociais que podem agravar o precário e instável clima social em que vivemos. Uma das soluções possíveis, embora não seja a panaceia para todos os males, poderá passar pela regionalização política, administrativa e financeira que tente enfrentar os graves problemas sociais que estamos a viver, devolvendo a fé e a esperança num futuro melhor em que os poderes públicos estarão mais perto dos cidadãos para responder com mais eficácia e eficiência aos seus anseios. Tudo em nome de um direito fundamental: o direito à felicidade de todos, sem excepção e com as diferenças de cada.

4. O PROCESSO ELEITORAL PORTUGUÊS

a) O processo eleitoral autárquico actual, o método d'Hondt, o referendo local e a limitação de mandatos

Actualmente são as seguintes as leis eleitorais em vigor:

- Presidente da República – Decreto-Lei nº 319-A/76, de 3 de Maio;
- Assembleia da República – Lei nº 14/79, de 16 de Maio;
- Autarquias Locais – Lei Orgânica nº 1/2001, de 14 de Agosto;
- Parlamento Europeu – lei nº 14/87, de 29 de Abril;
- Assembleia Regional da Madeira – Decreto-Lei nº 318-E/76, de 30 de Abril;
- Assembleia Regional dos Açores – Decreto-Lei nº 267/80, de 8 de Agosto;
- Referendo Nacional – Lei nº 15-A/98, de 3 de Abril;
- Referendo Local – Lei Orgânica nº 4/2000, de 24 de Agosto;
- Lei n.º 13/99, de 22 de Março;
- Lei n.º 46/2005, de 29 de Agosto;
- Lei nº 47/2008, de 27 de Agosto;
- Directiva 94/80/CE, de 12 de Dezembro.

A Lei Orgânica nº 1/2001, de 14 de Agosto, regula a eleição dos titulares dos órgãos das autarquias locais, com as alterações introduzidas pela Lei Orgânica nº 5-A/2001, de 26 de Novembro ([1]).

A nossa experiência em três eleições e campanhas eleitorais autárquicas leva--nos a concluir que existe por parte dos partidos em geral um evidente défice de formação dos seus eleitos locais. A maioria dos candidatos aos vários órgãos autárquicos assume uma grande e responsabilizante tarefa para a qual não se

---
[1] Existe publicada essa lei anotada e comentada que recomendo vivamente, da autoria de Maria de Fátima Abrantes Mendes e Jorge Miguéis.

encontra devidamente preparada. É verdade que com a experiência autárquica os conhecimentos surjam mas é curial que tenham um conhecimento mínimo das normas de funcionamento das autarquias locais.

Por norma, são as estruturas partidárias que definem os candidatos cabeças-de-lista e estes escolhem depois os restantes candidatos que o acompanham na lista para a assembleia municipal, sobretudo quando são candidatos independentes. Embora possam existir vários modelos possíveis e diferentes modos de actuação, nunca sentimos qualquer pressão por parte das estruturas políticas locais para escolha dos elementos da lista, embora possa haver sugestões.

A organização do processo eleitoral é da responsabilidade das estruturas políticas locais mas os candidatos devem ter conhecimento dele para evitar cometer erros que conduzam a responsabilidade sancionatória ou contra-ordenacional, matéria regulada nos artigos 161º a 219º da Lei Orgânica nº 1/2001, de 14 de Agosto, alterada pela Lei Orgânica nº 5-A/2001, de 26 de Novembro.

Dos vários normativos da Lei Eleitoral Autárquica (235 artigos), importa reter as que se reportam mais directamente com os eleitos locais, em exercício ou futuros. Assim sendo, salientamos os seguintes:

– A capacidade eleitoral activa, ou seja, a capacidade de votar, depende da idade (18 anos) e da cidadania portuguesa, embora possam também votar cidadãos de outros estados mediante certos pressupostos. Essa capacidade está negada aos interditos, aos notoriamente reconhecidos como dementes e aos que estejam privados de direitos políticos.

– Nem todas as pessoas podem ser eleitas para os órgãos das autarquias locais. A lei prevê inelegibilidades gerais (como por exemplo, o Presidente da República ou o director-geral dos Impostos) e inelegibilidades especiais para os directores de finanças, os secretários de justiça, os ministros de qualquer religião ou culto e os funcionários dos órgãos das autarquias locais.

– Na lei original, todos os candidatos, efectivos e suplentes, tinham direito à dispensa do exercício de funções nos 30 dias anteriores à data das eleições mas o legislador acabou por limitar essa benesse à campanha eleitoral (12 dias antes das eleições) e impor restrições (efectivos mais um terço dos suplentes), o que foi sensato devido aos abusos cometidos.

– Para as eleições autárquicas são admissíveis candidaturas de grupos de cidadãos, cujas listas são propostas tendo em conta a seguinte fórmula:

$$n/(3 \times m)$$

n é o número de eleitores da autarquia e m o número de membros da assembleia de freguesia.

– Nas eleições autárquicas costumam aparecer listas de candidatos independentes ou listas de partidos com candidatos independentes. Jorge Cordeiro, coordenador autárquico da CDU, referido por Edgar Vales, declarou em Novembro de 2001 que "as candidaturas independentes estão a ser utilizadas de forma preversa e creio que não existe nenhuma lista concorrente às eleições autárquicas que não esconda atrás de si membros partidários que avançam para candidatura independente por não terem sido escolhidos pela direcção do seu partido, para encobrir estratégias partidárias ou numa atitude de vingança".

– As listas, para lá dos candidatos efectivos, devem indicar os candidatos suplentes em número não inferior a um terço, arredondado por excesso; se for aplicada a lei da paridade, um terço dos candidatos deve ser do sexo oposto mas de três em três um tem de ser do sexo oposto para evitar que as mulheres sejam colocadas no fim das listas apenas para preenchimento desse terço.

– As listas de candidatos devem ser apresentadas perante o juiz da comarca até ao 55º dia anterior à data marcada para as eleições. Assim, se as eleições forem a 15 de Outubro, as listas terão de ser apresentadas até 21 de Julho. Significa que a preparação e a escolha de candidatos se deve iniciar pelo menos seis meses antes das eleições.

– A propaganda eleitoral, que começa meses antes das eleições, obedece a regras apertadas no intuito de garantir igualdade de oportunidades das candidaturas, a neutralidade e imparcialidade das entidades públicas, a liberdade de expressão e de informação, a liberdade de reunião, a propaganda sonora e gráfica e a publicidade comercial.

– A campanha eleitoral propriamente dita inicia-se no 12º dia anterior e finda às 24 horas da antevéspera do dia designado para as eleições e está sujeita também a regras rigorosas, existindo meios específicos de campanha.

– As eleições são organizadas por assembleias e mesas de voto que têm regras de funcionamento. Entre outras pessoas, não podem fazer parte das mesas os membros dos órgãos executivos das autarquias locais e os mandatários das candidaturas. Por norma, as mesas executam bem as suas funções porque são constituídas por pessoas com imensa experiência.

– Os membros das mesas das assembleias de voto gozam do direito a dispensa de actividade profissional ou lectiva no dia da realização das eleições e no dia seguinte, além da senha de presença, direitos não extensíveis aos delegados indicados pelos partidos ou grupos de cidadãos.

– A votação deve decorrer com civismo, tranquilidade e bom senso. Existem modos especiais de votação como o voto para deficientes, o voto antecipado e o voto para estudantes.

– A lei garante a liberdade do sufrágio através da possibilidade de apresentação de dúvidas, reclamações, protestos e contraprotestos, da polícia da assembleia de voto, da proibição de propaganda e da proibição de presença de forças militares e de segurança e casos em que pode comparecer.

– Existem dois tipos de apuramento: o local, realizado pelos membros das mesas, e o geral por uma assembleia constituída para o efeito. No apuramento local é realizada a contagem dos votos, determinados os votos brancos e nulos, afixados os editais com os resultados, elaboram as actas das operações eleitorais e enviam, contra recibo, à assembleia de apuramento geral as actas, os cadernos e demais documentos respeitantes à eleição.

– É normal a junta de freguesia e os seus membros prestarem apoio ao acto de votação e aos locais de funcionamento das mesas, em articulação com as câmaras municipais. A Junta de Freguesia de Mirandela costuma ter em funcionamento em todas as eleições postos de apoio em todos os locais onde decorrem as eleições para obtenção dos números de eleitor para os cidadãos que se esqueceram dos cartões ou que os extraviaram.

– Fazem parte das assembleias de voto de apuramento geral um magistrado judicial, um jurista designado pelo presidente da assembleia de apuramento geral, dois professores que leccionem na área do município, quatro presidentes de assembleia de voto, designados por sorteio efectuado pelo presidente de câmara e o cidadão que exerça o cargo dirigente mais elevado da área administrativa da respectiva câmara municipal, que secretaria sem direito a voto.

– A lei prevê penas de prisão e de multa e coimas pesadas para os vários ilícitos penais e de ordenação social, podendo ainda ser apresentadas queixas à Comissão Nacional de Eleições.

– É incompatível, dentro da área do mesmo município, o exercício simultâneo de funções autárquicas nos seguintes órgãos:

- Câmara municipal e junta de freguesia;
- Câmara municipal e assembleia de freguesia;
- Câmara municipal e assembleia municipal.

– Compete ao presidente do órgão deliberativo cessante ou ao cidadão melhor posicionado na lista vencedora, nos termos da lei, proceder à convocação dos candidatos eleitos para o acto de instalação do órgão, nos cinco dias subsequentes ao apuramento definitivo dos resultados eleitorais.

– A instalação do órgão é feita até ao 20º dia posterior ao apuramento definitivo dos resultados eleitorais e é precedida da verificação da identidade e legitimidade dos eleitos a efectuar pelo responsável pela instalação.

– Em todas as eleições, a escolha dos membros das mesas é realizada em reunião convocada pelo presidente da junta em local pertencente à junta mas o presidente da junta, de acordo com a lei, não deve participar ou interferir na escolha, embora na prática seja comum fazê-lo com a anuência dos representantes das listas.

– É comum o Governador Civil solicitar os resultados de algumas mesas de voto às 12 e às 16 horas para aferir do grau de participação ou abstenção, informação que na freguesia de Mirandela é transmitida pelo Presidente da Junta a um funcionário camarário que se encontra nos Paços do Concelho.

– O financiamento dos partidos políticos e das campanhas está regulado na Lei nº 19/2003, de 20 de Agosto. Em relação a essa matéria, a lei é muito mais exigente e hoje não é fácil conceder apoios aos partidos por baixo da mesa, além de que os partidos devem apresentar contas de forma rigorosa e transparente. Não são permitidos os donativos anónimos de pessoas colectivas como as empresas e os donativos efectuados por pessoas singulares não podem ser superiores a 25 salários mínimos mensais nacionais por doador, devendo ser feitos por cheque ou transferência bancária. As contas são enviadas, para apreciação, ao Tribunal de Contas.

– Além dos donativos, os partidos recebem uma subvenção estatal para financiamento da campanha.

A aplicação do método d'Hondt [2] é um método de representação proporcional adoptado em Portugal para eleição de deputados à Assembleia da República e às Assembleias Gerais das Regiões Autónomas e para os órgãos autárquicos que gera sempre a ainda alguma confusão, embora existam programas informáticos que transformam num curto espaço de tempo os votos em número de mandatos por cada partido ou grupo de cidadãos.

De acordo com o artigo 16º da Lei n.º 14/79, de 16 de Maio, a conversão dos votos em mandatos faz-se de acordo com o método de representação proporcional de Hondt, obedecendo às seguintes regras:

1ª Apura-se em separado o número de votos recebidos por cada lista no círculo eleitoral respectivo;

2ª O número de votos apurados por cada lista é dividido, sucessivamente, por, 1, 2, 3, 4, 5, etc., sendo os quocientes alinhados pela ordem decrescente da sua grandeza numa série de tantos termos quantos os mandatos atribuídos ao círculo eleitoral respectivo;

3ª Os mandatos pertencem às listas a que correspondem os termos da série estabelecida pela regra anterior, recebendo cada uma das listas tantos mandatos quantos os seus termos na série;

4ª No caso de restar um só mandato para distribuir e de os termos seguintes da série serem iguais e de listas diferentes, o mandato cabe à lista que tiver obtido menor número de votos.

---

[2] Segundo a wikipédia, em 05/02/09, Victor D'Hondt (Gante, 20 de Novembro de 1841 – Gante, 30 de Maio de 1901) foi um advogado e professor de Direito Civil e de Direito Fiscal na Universidade de Gante.

Os cadernos de recenseamento eleitoral são expostos publicamente durante o mês de Março para consulta e reclamação dos interessados. Após a extracção dos cadernos foi possível verificar as alterações produzidas pelas novas regras.

Para os eleitos locais, sobretudo para os que vão iniciar mandatos, cumpre ter em devida conta o regime jurídico da limitação de mandatos plasmado na Lei n.º 46/2005, de 29 de Agosto.

O presidente de câmara municipal e o presidente de junta de freguesia só podem ser eleitos para três mandatos consecutivos, salvo se no momento da entrada em vigor da presente lei tiverem cumprido ou estiverem a cumprir, pelo menos, o 3.º mandato consecutivo, circunstância em que poderão ser eleitos para mais um mandato consecutivo. O presidente de câmara municipal e o presidente de junta de freguesia, depois de concluídos os mandatos referidos no número anterior, não podem assumir aquelas funções durante o quadriénio imediatamente subsequente ao último mandato consecutivo permitido. No caso de renúncia ao mandato, os titulares dos órgãos referidos nos números anteriores não podem candidatar-se nas eleições imediatas nem nas que se realizem no quadriénio imediatamente subsequente à renúncia.

Um dos factos que resultaram das eleições autárquicas de 2009 é que os resultados demonstram que os eleitores preferem votar em quem já conhecem e, por isso, as maiorias absolutas nas câmaras municipais continuam a imperar, tendo esse número subido de 271, em 2005, para 281, em 2009, representando 91,23% das câmaras municipais ([3]). Tal situação não ocorre na eleição para as assembleias municipais onde houve maiorias diferenciadas ([4]).

É curioso verificar que nunca há coincidência de votos nas eleições para os diversos órgãos autárquicos (câmara municipal, assembleia municipal e assembleia de freguesia). Significa isso que os eleitores sabem diferenciar os órgãos autárquicos, a sua importância e as qualidades pessoais dos candidatos. Sem qualquer rigor científico, temos a percepção de que por norma a câmara municipal obtém mais votos do que a assembleia municipal ou a assembleia de freguesia. Há mais votantes e menos votos em branco e votos nulos na eleição para as câmaras municipais, comparativamente com as assembleias municipais e com as assembleias de freguesia.

---

[3] Houve apenas maioria relativa os municípios de Alvito, Carrazeda de Ansiães, Figueira da Foz, Oliveira do Hospital, Alandroal, Estremoz, Évora, Silves, Vila do Bispo, Sabugal, Batalha, Leiria, Marinha Grande, Alenquer, Odivelas, Oeiras, Vila Franca de Xira, Portalegre, Gondomar, Matosinhos, Valongo, Chamusca, Tomar, Almada, Mondim de Basto, Vila Nova de Paiva e Santa Cruz.
[4] Revista de Administração Local, Set/Out, 2009, ano 32, p.463.

Eis as votações das eleições autárquicas de 11 de Outubro de 2009:

Partidos e coligações	Assembleia Municipal	Mandatos	Câmara Municipal	Mandatos	Assembleia de Freguesia	Mandatos
PS	2.028.681	2.855	2.084.382	921	2.002.955	13.736
PPD/PSD	1.226.283	2.124	1.270.137	666	1.237.322	11.113
PCP-PEV	588.011	651	539.694	174	606.004	2.266
PSD/CDS	515.145	522	537.247	157	508.264	2.911
BE	231.089	139	167.101	9	163.252	235
CIDADÃOS	204.491	224	225.379	67	337.613	2.673
CDS/PP	195.635	253	171.049	31	128.947	693
PSD/CDS/MPT/PPM	162.016	65	164.051	22	161.368	384
PSD/CDS/PPM	98.414	60	99.838	17	96.927	405
PSD/CDS/PPM/MPT	63.554	22	69.584	9	62.206	168
MPT	11.144	14	11.069	2	8.400	47
PCTP/MRPP	7.421	0	14.275	0	3.329	0
PND	4.898	0	6.946	1	1.693	3
MEP	1.755	0	1.975	0	-	-
MMS	1.739	0	1.569	0	1.801	0
PNR	1.627	6	1.202	0	276	0
PSD/CDS/MPT	1.627	5	1.709	2	1.532	29
PPM	1.338	0	1.461	0	716	3
PTP	1.338	0	732	0	346	0
CDS/MPT	252	0	165	0	542	3
CDS/PPM	205	1	156	0	152	3
TOTAL		**6.941**		**2.078**		**34.672**
Votantes	5.532.839		5.553.834		5.522.360	
%	59%		59,01%		58,99%	
Votos em branco	1,99%		1,72%		2,1%	
Votos nulos	1,28%		1,25%		1,49%	

Se juntarmos os 6.941 membros directamente eleitos aos 4.257 presidentes de junta de freguesia, teremos em Portugal cerca de 11.200 deputados municipais.

b) A lei da paridade de sexos

A Lei da Paridade (Lei Orgânica nº 3/2006, de 21 de Agosto, rectificada pela Declaração de rectificação nº 71/2006, de 4 de Outubro) estabeleceu que as listas para a Assembleia da República, para o Parlamento Europeu e para as autarquias locais são compostas de modo a assegurar a representação mínima de 33% de cada um dos sexos. Essa regra só se aplica aos órgãos das freguesias com mais de 750 eleitores e aos órgãos dos municípios com mais de 7.500 eleitores. À primeira vista parece ser fácil tornear a lei, bastando, por exemplo, colocar os 33% de um dos sexos no fim da lista. Todavia, isso não é possível porque a lei da paridade exige que as listas plurinominais não possam conter mais de dois candidatos do mesmo sexo colocados, consecutivamente, na ordenação da lista. Caso a lista não obedeça a essa lei, o mandatário é notificado para proceder à sua correcção. Caso a lista não seja corrigida, ocorrem as seguintes situações que consubstanciam apenas efeitos políticos e financeiros:

- Afixação pública com a indicação da sua desconformidade com a lei;
- Divulgação dessa situação no sítio da Comissão Nacional de Eleições;
- Redução do montante de subvenções públicas para a campanha eleitoral respectiva.

Esta lei vai acarretar dificuldades acrescidas tendo em conta a realidade nacional em que as mulheres por tradição não participam tanto na vida política e autárquica mas pode contribuir para que se reforce a sua cidadania activa ([5]).

Verificaram-se infelizmente nas últimas eleições autárquicas de Outubro de 2009 situações de clara violação do espírito do legislador com desistências de inúmeras mulheres após as eleições que só integraram as listas para cumprir formalmente a lei da paridade.

Disso nos dava conta o Jornal Público na sua edição on line de 12.09.2009:

"Quase todos os partidos políticos e várias listas de independentes violaram a Lei da Paridade em 63 listas das eleições autárquicas, um problema que obriga apenas a cortes nas subvenções estatais. A Lei da Paridade impõe a presença de pelo menos 33,3 por cento de cada um dos sexos nas listas de candidatura, que não podem ter mais de dois candidatos do mesmo sexo colocados consecutivamente. O diploma foi aprovado pelo Parlamento

---

[5] A cidadania activa constitui um elemento chave do reforço da coesão social e da consolidação da democracia. Tendo isso em conta, o Conselho da União Europeia instituiu o ano de 2011 como o Ano Europeu das Actividades de Voluntariado Que Promovam Uma Cidadania Activa (AEV-2011), através da Decisão n.º 2010/37/CE, de 27 de Novembro de 2009.

em 2006, com os votos a favor do PS, a abstenção do BE e os votos contra da restante oposição, após uma primeira versão, que previa a exclusão das listas eleitorais que não cumprissem, ter sido vetada pelo Presidente da República, Cavaco Silva. O incumprimento da Lei da Paridade implica reduções nas subvenções públicas a que os partidos, coligações ou grupos de cidadãos eleitores, têm direito para pagar as despesas com as campanhas eleitorais. À excepção do POUS e do PNR, todos os partidos cumpriram o critério da paridade nas candidaturas às eleições legislativas, a realizar a 27 de Setembro. Quanto às Europeias, os principais partidos cumpriram com facilidade a Lei da Paridade, mantendo mais ou menos o mesmo número de mulheres que apresentaram em 2004, verificando-se maior impacto nos pequenos partidos, sobretudo na ordenação das listas. Se não foi complicado cumprir a Lei da Paridade nas Europeias – uma lista com 30 candidatos – já seria mais difícil nas eleições autárquicas, às quais os partidos apresentam listas a 308 concelhos, câmaras e assembleias municipais. De acordo com a Comissão Nacional de Eleições (CNE), violaram a lei cinco listas do CDS-PP, duas listas do BE, 19 listas do PS, quatro delas a câmaras (Ferreira do Alentejo, Alijó, Almeida e Vila Nova de Foz Côa), seis listas do PSD, três delas a câmaras (Trancoso, Mafra e Arganil), 21 listas da CDU, uma delas à câmara de Póvoa de Varzim, as listas da coligação PSD/CDS-PP ao município de Almeida e 27 listas de movimentos de cidadãos, uma delas à Câmara de Coruche. A presidente da Comissão para a Igualdade de Género, Elza Pais, que recentemente declarou à Lusa que as eleições de 2009 seriam "um excelente teste" à aplicação da Lei da Paridade, não quis comentar o facto de todos os partidos violarem esta lei por desconhecer as listas às próximas autárquicas. Contudo, Elza Pais, adiantou à Lusa que a comissão vai promover no próximo ano um estudo de avaliação da aplicação da lei em Portugal e só depois fará um balanço da Lei da Paridade. Quanto às sanções, a lei estipula cortes nas subvenções que variam em função do grau de incumprimento. "Se um dos sexos estiver representado na lista de candidatura em percentagem inferior a 20 por cento, é reduzida a subvenção pública em 50 por cento", refere a legislação, que indica outros cortes. Não têm de cumprir a Lei da Paridade as listas que concorram a freguesias com 750 ou menos eleitores e os municípios com menos de 7.500 eleitores. A publicação, no site da CNE, da lista dos incumpridores é uma imposição da própria Lei da Paridade em relação aos partidos, coligações ou movimento que decidiram não as corrigir."

As eleições autárquicas de 2009 não corroboram a intenção da lei na medida em que a presença das mulheres na presidência das câmaras municipais continua a ser diminuta e num total de 308 municípios apenas 23 mulheres são presidentes do órgãos executivo, correspondendo a 7,4%. Em relação a 2005, há apenas mais quatro mulheres na presidência das câmaras municipais.

Maria Antónia Pires de Almeida, investigadora do CIES, ISCTE, estudou no artigo "Elites Locais do Estado Novo à Democracia" publicado na Revista CEDREL de Maio/Junho de 2006, entre outros conteúdos a participação

feminina na política local (página 280), tendo avançado com os seguintes dados:
– Entre 1974 e 1976, época das comissões administrativas, houve 9 mulheres presidentes dessas comissões (1,9% do total);
– De 1976 a 2005 foram eleitas 31 presidentes de câmara (2,8% do total);
– A participação das mulheres nos Governos em Portugal entre 1976 e 1995 resume-se a 6 ministras, 33 secretárias de estado e 4 subsecretárias de estado (5,8% do total);
– O Cargo de governador civil manteve-se um exclusivo masculino até 1980;
– Até 1994 foram nomeadas 4 governadoras civis (3,5% do total);
– As presidentes de câmara revelam maiores habilitações literárias e 71% são de concelhos do litoral;
– O tempo médio dos seus mandatos é de 7,3 anos e são maioritariamente naturais de outros concelhos;
– Apenas 27,3% são naturais do mesmo concelho onde foram eleitas (contra 64,4% do total);
– As opções partidárias das mulheres eleitas repartem-se pelo PSD (38,7%), pelo PS (29%), pelo PCP e suas coligações (29%).

Em 12 concelhos do distrito de Bragança apenas no de Alfândega da Fé existe uma presidente de câmara (8,3% do total), após as eleições autárquicas de 2009. No concelho de Mirandela em 37 freguesias, existem apenas 3 presidentes de junta de freguesia (8,1% do total) e 6 presidentes de assembleia de freguesia (16,2% do total).

c) **A evolução da lei autárquica relativa às assembleias municipais**

António Cândido de Oliveira [6] entende que constituem antecedentes das assembleias municipais os Senados Municipais da I República (1910-1926) e os Conselhos Municipais do Estado Novo (1933-1974).

Na I República, a eleição da Vereação era realizada pelos varões recenseados, maiores de 21, com um certo rendimento, ou, que soubessem ler e escrever, de acordo com a Lei eleitoral em vigor. Os eleitores votavam na Vereação e era a Vereação que, na primeira reunião de cada ano, em Janeiro, procedia à escolha do Presidente da Câmara. As câmaras municipais podiam realizar sessões extraordinárias quando as necessidades do serviço tal exigissem ou por convocação da comissão executiva ou de ¼ dos membros da câmara. Esta comissão alargada tomou o nome na linguagem corrente de Senado Municipal.

---

[6] "As Assembleias Municipais precisam de Reforma", Março de 2006.

Com o Movimento de 28 de Maio de 1926, entra-se na II República sem código administrativo.

Institui-se novamente o regime provisório de Comissão Administrativa, detentora de todo o poder municipal, nela integrando o administrador do concelho, sistema que duraria cerca de dez anos, até ao código do Estado Novo, elaborado por Marcelo Caetano.

Aprovado apenas em 1936, teria uma redacção definitiva em 1940, sendo por isso conhecido por Código de 1936-40.

Passaram a ser órgãos administrativos o Conselho Municipal, a Câmara Municipal e o Presidente da Câmara Municipal.

O **Conselho Municipal**, composto pelo Presidente da Câmara, representantes das juntas de freguesia, da Misericórdia, das Ordens, dos sindicatos, da Casa do Povo, dos grémios ou de outros organismos cooperativos, elegia os vereadores, de quatro em quatro anos. Efectuava duas sessões por ano e podia durar até 15 dias. O Conselho Municipal elegia os vereadores da câmara mas não o presidente e o vice-presidente que eram nomeados pelo Governo. Discutia e votava, sob proposta do presidente da câmara, as bases do orçamento ordinário do município, os relatórios de gerência e os planos de urbanização e expansão.

As assembleias municipais não tinham existência jurídica antes da publicação da **Lei nº 79/77, de 25 de Outubro**, que definiu as atribuições das autarquias e as competências dos respectivos órgãos. Anotemos algumas particularidades desse regime jurídico:

- Tinha 115 artigos contra 98 do Decreto-Lei nº 100/84 e 105 da lei nº 169/99;
- Possuía uma norma (artigo 2º) sobre atribuições, que eram mais reduzidas, quando actualmente existe um diploma específico sobre o quadro de transferências de atribuições e competências para as autarquias locais, a Lei nº 159/99, de 14 de Setembro;
- A instalação das assembleias de freguesia era uma competência do presidente da assembleia municipal, não sendo assim na actualidade;
- A assembleia municipal já era constituída pelos presidentes de junta de freguesia e por membros eleitos pelo colégio eleitoral do município, em número igual ao daqueles mais um; contudo, o número de membros eleitos directamente não podia, em qualquer caso, ser inferior ao quíntuplo do número de membros da respectiva câmara municipal (actualmente não pode ser inferior ao triplo, o que foi consignado no diploma de 1984);
- A mesa era eleita por um período de três anos contra os actuais quatro;
- Competia à mesa declarar a perda de mandato em resultado das faltas quando hoje essa é uma competência dos tribunais administrativos de círculo (número 1. do artigo 11º da Lei nº 27/96, de 1 de Agosto); por outro

lado, está claramente definido o número de faltas injustificadas seguidas ou interpoladas às sessões ou reuniões que fazem incorrer os membros em perda de mandato;
- A assembleia municipal tinha cinco sessões ordinárias, em Fevereiro, Abril, Junho, Setembro e Novembro, e a 1ª e a 5ª sessões destinavam-se, respectivamente, à aprovação do relatório e contas e à aprovação do programa de actividades e orçamento;
- As sessões ordinárias das assembleias municipais podiam ter no máximo dez dias (cinco iniciais e cinco subsequentes) e as sessões extraordinárias seis dias;
- As funções de membro da assembleia municipal eram gratuitas mas já podia ser dispensado da comparência ao emprego ou serviço se as sessões se realizassem em horários incompatíveis com o daqueles;
- Estavam previstas 22 competências concretas das assembleias municipais, contra 27 da Lei nº 100/84 e 43 da Lei nº 169/99;
- Era a assembleia municipal quem determinava, sob proposta da câmara, o número de vereadores em regime de permanência e o número de membros dos conselhos de administração dos serviços municipalizados, o que só desapareceu com o diploma de 1999;
- Já era competência da assembleia municipal o acompanhamento e fiscalização e a apreciação de uma informação do presidente da câmara acerca da actividade municipal;
- Existia uma norma específica para os empréstimos (artigo 49º) e para as concessões (artigo 50º), o que desapareceu nos diplomas subsequentes;
- Estavam apenas previstas 3 competências para o presidente da assembleia municipal contra 4 do diploma de 1984 e 10 do diploma de 1999;
- As competências dos secretários surgiram com o diploma de 1984 e as competências da mesa apenas com o diploma de 1999;
- O presidente da câmara e os vereadores já eram remunerados nos termos da lei;
- Em cada município existia um Conselho Municipal de natureza consultiva constituída por representantes das organizações económicas, sociais, culturais e profissionais;
- Estava prevista a nível distrital a existência de uma assembleia distrital, com funções deliberativas, e um conselho distrital; a assembleia distrital está prevista no Decreto-Lei nº 5/91, de 8 de Janeiro, e tem funções meramente consultivas; o conselho distrital era composto do governador civil, que presidia, de 5 presidentes da câmara, eleitos pela assembleia distrital e por 3 cidadãos especialmente qualificados nos domínios dos sectores económico, social e cultural do distrito, nomeados pelo Conselho de Ministros, sob proposta do governador civil; competia-lhe dar parecer sobre os assuntos

que lhe sejam submetidos pelo governo civil, pela assembleia distrital ou por imposição da lei;
- Possuía também um capítulo dedicado à tutela administrativa, existindo agora um regime jurídico específico, a já referida Lei nº 27/96, de 1 de Agosto;
- Já dispunha de normas referentes à renúncia do mandato e à suspensão do mandato.

O Decreto-Lei n.º 100/84, de 29 de Março, revê a Lei n.º 79/77, de 25 de Outubro, no sentido da actualização e reforço das atribuições das autarquias locais e da competência dos respectivos órgãos [no uso da autorização conferida ao Governo pela alínea a) do artigo 1.º da Lei n.º 19/83, de 6 de Setembro].

Esse diploma consagrou as seguintes inovações e/ou alterações:

- O período do mandato dos titulares dos órgãos eleitos passa a ser de quatro anos;
- Aumentou o número de atribuições das autarquias locais, de 5 para 9, tendo sido acrescentadas a saúde, a educação e ensino, a defesa e protecção do meio ambiente e da qualidade de vida e a protecção civil;
- A instalação das assembleias de freguesia era uma competência do presidente da assembleia municipal, não sendo assim na actualidade;
- A assembleia municipal continua a ter cinco sessões ordinárias anuais, em Fevereiro, Abril, Junho, Setembro e Novembro, e a 5ª sessão destinava-se à aprovação do plano de actividades e orçamento para o ano seguinte;
- As sessões ordinárias das assembleias municipais passaram a ter no máximo seis dias (três iniciais e três subsequentes) e as sessões extraordinárias dois dias;
- Deixou de existir a norma que referia que as funções de membro da assembleia municipal eram gratuitas;
- Passa a ser consignada a participação dos membros da câmara na assembleia municipal (artigo 35º);
- A instalação do Conselho Municipal de natureza consultiva passou a ser facultativa; desapareceram as normas referentes à assembleia distrital e ao conselho distrital;
- A instalação da nova assembleia passa a ter de ser efectuada no prazo máximo de 15 dias a contar do apuramento definitivo dos resultados eleitorais e não 10 dias como constava do diploma anterior;
- É instituído um prazo (dez dias) para justificar as faltas;
- É também previsto, o que não existia, um prazo (de 70 a 80 dias) a contar da data da respectiva marcação para marcar novas eleições na impossibilidade de formar a assembleia por não estar em efectividade de funções a maioria dos seus membros (número 3 do artigo 34º);

- É introduzido um artigo sobre perda de mandato (69º), competindo ao plenário do órgão declarar a perda do mandato dos seus membros;
- Embora na prática tal já acontecesse, o artigo 93º prescreve que os serviços dependentes dos órgãos executivos das autarquias locais prestarão o necessário apoio administrativo aos respectivos órgãos deliberativos.

Finalmente surge a **Lei nº 169/99, de 18 de Setembro**, alterada pela **Lei nº 5-A/2002, de 11 de Janeiro**, que introduz, entre outras, as seguintes novidades ou alterações:

- Desaparece a norma sobre atribuições;
- A instalação da nova assembleia deve ocorrer até ao 20º dia posterior ao apuramento definitivo dos resultados eleitorais;
- As faltas devem ser justificadas no prazo de cinco dias;
- Passam a estar claramente definidas as competências da mesa (artigo 46º-A);
- Existe a possibilidade da associação em grupos municipais (artigo 46º-B);
- As sessões ordinárias anuais são em Fevereiro, Abril, Junho, Setembro e Novembro ou Dezembro e a segunda e a quinta sessões destinam-se, respectivamente, à apreciação do inventário de todos os bens, direitos e obrigações patrimoniais, e respectiva avaliação, e ainda à apreciação e votação dos documentos de prestação de contas, bem como a aprovação das opções do plano e da proposta do orçamento;
- As sessões ordinárias podem ter 10 dias (5 iniciais e 5 por deliberação da assembleia) e as extraordinárias até 2 dias;
- É criado um núcleo de apoio próprio, composto por funcionários do município (artigo 52-A);
- Deixa de existir o Conselho Distrital;
- São introduzidas normas sobre "Período de antes da ordem do dia", "Ordem do dia", "Aprovação especial dos instrumentos previsionais", "Quórum", "Formas de votação" e "Registo na acta do voto de vencido".

É muito rotineiro utilizar-se indiscriminadamente o termo "Sessão" e o termo "Reunião" como sinónimos mas tal não corresponde à verdade. As sessões são privativas dos órgãos deliberativos como as assembleias municipais e as assembleias de freguesia mas também pode falar-se em reunião neste caso. Suponhamos que no dia 12 de Dezembro há uma sessão da Assembleia Municipal que tem de ser interrompida e continuar no dia seguinte. Neste caso, pode dizer-se com toda a propriedade que a sessão da assembleia municipal de Dezembro teve duas reuniões. Estas aplicam-se aos órgãos executivos como as câmaras municipais e as juntas de freguesia.

5. O ACTO DE INSTALAÇÃO E A CONSTITUIÇÃO DA ASSEMBLEIA MUNICIPAL E DA RESPECTIVA MESA

O acto de instalação da assembleia municipal é uma cerimónia de grande solenidade e importância. É nela que se conhecem os novos membros, os directamente eleitos e os presidentes de junta, e a dimensão e força dos grupos municipais. Por tradição, apenas intervêm no acto de instalação, no uso da palavra, um membro por cada grupo municipal. Por exemplo, o Regimento da Assembleia Municipal do Barreiro tem uma norma sobre esta questão que diz que "no acto de Instalação da Assembleia Municipal haverá lugar a uma intervenção não superior a cinco minutos de cada uma das forças políticas representadas na Assembleia, pela ordem do Grupo de menor para o de maior representação, terminando o acto de instalação com a intervenção do Presidente da Assembleia Municipal".

Existe um formulário próprio para a tomada de posse que deve ser assinado por todos os membros presentes. Os faltosos tomam posse na sessão seguinte ou na primeira em que comparecer, a não ser que tenha renunciado ou suspendido o mandato.

Compete ao presidente da assembleia municipal cessante proceder à convocação dos eleitos para o acto de instalação dos órgãos da autarquia, que deve ser conjunto e sucessivo. A convocação é feita nos cinco dias subsequentes ao do apuramento definitivo dos resultados eleitorais, por meio de edital e carta com aviso de recepção ou através de protocolo. Na falta de convocação, no prazo do número anterior, cabe ao cidadão melhor posicionado na lista vencedora das eleições para a assembleia municipal efectuar a convocação em causa, nos cinco dias imediatamente seguintes ao esgotamento do prazo referido.

O presidente da assembleia municipal cessante ou o presidente da comissão administrativa cessante, conforme o caso, ou, na falta ou impedimento daqueles, de entre os presentes, o cidadão melhor posicionado na lista vencedora procede à instalação da nova assembleia até ao 20º dia posterior ao apuramento definitivo dos resultados eleitorais.

Quem proceder à instalação verifica a identidade e a legitimidade dos eleitos e designa, de entre os presentes, quem redige o documento comprovativo do acto, que é assinado, pelo menos, por quem procedeu à instalação e por quem o redigiu. O acto de "investidura" ou de "posse" é o acto-condição que transfere para o membro da assembleia municipal a parcela do poder contida nas funções para que foi eleito, permitindo, consequente, exercê-la. As eleições não seguidas de posse são actos abstractos, destituídos de conteúdo prático e que permanecem incompletos e sem efeito ([1]).

A verificação da identidade e legitimidade dos eleitos que hajam faltado, justificadamente, ao acto de instalação é feita, na primeira reunião do órgão a que compareçam, pelo respectivo presidente.

Nas sessões da assembleia municipal participam os cidadãos que encabeçaram as listas mais votadas na eleição para as assembleias de freguesia da área do município, enquanto estas não forem instaladas (n.º 3 do artigo 42.º). Esta é uma situação muito comum porque muitas vezes o acto de instalação da assembleia municipal ocorre em momento anterior ao acto de instalação das assembleias de freguesias. Quanto a nós, não vislumbramos qualquer ilegalidade aí na medida em que o cidadão que encabeça a lista mais votada para a assembleia de freguesia exercerá o cargo de presidente da junta e é este quem, em princípio, estará na assembleia municipal, sem prejuízo da possibilidade de se fazer representar pelo seu substituto legal.

Até que seja eleito o presidente da assembleia compete ao cidadão que tiver encabeçado a lista mais votada ou, na sua falta, ao cidadão sucessivamente melhor posicionado nessa mesma lista presidir à primeira reunião de funcionamento da assembleia municipal, que se efectua imediatamente a seguir ao acto de instalação, para efeitos de eleição do presidente e secretários da mesa.

Na ausência de disposição regimental, compete à assembleia deliberar se a eleição a que se refere o número anterior é uninominal ou por meio de listas. Verificando-se empate na votação, procede-se a nova eleição obrigatoriamente uninominal. Se o empate persistir nesta última, é declarado eleito para as funções em causa o cidadão que, de entre os membros empatados, se encontrava melhor posicionado nas listas que os concorrentes integraram na eleição para a assembleia municipal, preferindo sucessivamente a mais votada. Enquanto não for aprovado novo regimento, continua em vigor o anteriormente aprovado.

A assembleia municipal dispõe, sob orientação do respectivo presidente, de um núcleo de apoio próprio, composto por funcionários do município, nos termos definidos pela mesa, a afectar pelo presidente da câmara municipal. A assembleia

---

[1] Roque de Laia, Guia das Assembleias-Gerais, 8ª edição, Caminho, 1989.

municipal dispõe igualmente de instalações e equipamentos necessários ao seu funcionamento e representação, a disponibilizar pela câmara municipal.

O artigo 91º de um Regimento da Assembleia Municipal de Vila Nova da Barquinha menciona o seguinte a este nível:

- O **Gabinete de Apoio aos Órgãos Municipais** é um serviço de apoio administrativo da Assembleia Municipal.
- Compete ao Gabinete de Apoio aos Órgãos Municipais, nomeadamente:

    – A execução de todo o expediente referente à Assembleia Municipal;
    – A elaboração, de acordo com as directivas do Presidente da Assembleia Municipal, da agenda das sessões;
    – A assistência às reuniões plenárias da Assembleia Municipal e das respectivas Comissões;
    – A elaboração, de acordo com as directivas dos Secretários da Mesa, das actas da Assembleia;
    – A elaboração das actas das Comissões;
    – A execução de quaisquer outras tarefas determinadas pelo Presidente da Assembleia Municipal e que se prendam com o funcionamento deste órgão.

- O Gabinete de Apoio aos Órgãos Municipais disporá de pessoal administrativo da Câmara Municipal de Vila Nova da Barquinha, aí destacado, bem como de instalações próprias para o exercício das funções referidas.
- Todos os aspectos e questões de subordinação hierárquica e funcional do pessoal do Gabinete de Apoio aos Órgãos Municipais serão acordados entre o Presidente da Assembleia Municipal e o Presidente da Câmara Municipal ou vereador em quem esta delegue competência para o efeito.

No orçamento municipal são inscritas, sob proposta da mesa da assembleia municipal, dotações discriminadas em rubricas próprias para pagamento das senhas de presença, ajudas de custo e subsídios de transporte dos membros da assembleia municipal, bem como para aquisição dos bens e serviços correntes necessários ao seu funcionamento e representação.

Nos termos do número 1. do artigo 42º da Lei nº 169/99, de 18 de Setembro, alterada pela Lei nº 5-A/2002, de 11 de Janeiro, a assembleia municipal é constituída por membros eleitos directamente em número superior ao dos presidentes de junta de freguesia, que a integram.

O número de membros eleitos directamente não pode ser inferior ao triplo do número de membros da respectiva câmara municipal (número 2. do referido artigo). Esta matéria tem de ser conjugada com os artigos 56º e 57º do referido diploma. Assim, reza o artigo 56º que a câmara municipal é constituída por um presidente e por vereadores, um dos quais designado vice-presidente, e é o órgão executivo colegial do município, eleito pelos cidadãos eleitores recenseados na sua área, sendo que a eleição da câmara municipal é simultânea com a da assembleia municipal, salvo no caso de eleição intercalar. Nos termos do artigo 57º, é presidente da câmara municipal o primeiro candidato da lista mais votada ou, no caso de vacatura do cargo, o que se lhe seguir na respectiva lista, de acordo com o disposto no artigo 79º.

Suponhamos dois municípios com cerca de 70.000 eleitores, tendo o primeiro três freguesias e o segundo trinta freguesias. Este terá 61 membros na Assembleia Municipal e aquele teria, em princípio, cinco mas, aplicando a regra de que o número de membros eleitos directamente não pode ser inferior ao triplo do número de membros da respectiva câmara municipal terá dois presidentes de junta e 9 × 3 = 27 + 1 = 28 membros directamente eleitos, ou seja, 31 membros no total.

As Assembleias Municipais com mais membros em Portugal são:
– Barcelos – 89 + 89 + 1 = 179 membros;
– Guimarães – 69 + 69 +1 = 139 membros;
– Braga – 62 + 62 +1 = 125 membros;
– Vila Verde – 58 + 58 +1 = 117 membros;
– Guarda – 55 + 55 + 1 = 111 membros;
– Lisboa – 53 + 53 +1 = 107 membros;
– Arcos de Valdevez – 51 + 51 + 1 = 103 membros;
– Chaves – 51 + 51 + 1 = 103 membros;
– Ponte de Lima – 51 + 51 + 1 = 103 membros;
– Bragança – 49 + 49 + 1 = 99 membros;
– Vila Nova de Famalicão – 49 + 49 + 1 = 99 membros.

Nos termos do artigo 46º, a mesa da assembleia é composta por um presidente, um 1º secretário e um 2º secretário e é eleita, por escrutínio secreto, pela assembleia municipal, de entre os seus membros, sendo eleita pelo período do mandato, podendo os seus membros ser destituídos, em qualquer altura, por deliberação tomada pela maioria do número legal dos membros da assembleia e não dos membros presentes na respectiva sessão.

O presidente é substituído, nas suas faltas e impedimentos, pelo 1º secretário e este pelo 2º secretário. Na ausência simultânea de todos ou da maioria dos membros da mesa, a assembleia elege, por voto secreto, de entre os membros presentes, o número necessário de elementos para integrar a mesa que vai presidir à reunião, salvo disposição contrária constante do regimento. Significa que a mesa pode funcionar com dois elementos apenas e que nesse caso não há necessidade de proceder a qualquer eleição, embora o regimento possa aqui dispor de forma diferente.

Para que não soçobrem dúvidas, devemos asseverar que os presidentes de junta também devem participar na eleição da Mesa e podem fazer parte dela, podendo também participar na votação de destituição de membros eleitos para a Mesa. Suponhamos que o Presidente da Mesa pede a renúncia do mandato. Como é substituído? A resposta pode ser encontrada num parecer da CCDRC da autoria de Maria José L. Castanheira Neves, de 26 de Agosto de 2008:

"Informaram-nos que o Presidente da Assembleia Municipal irá previsivelmente renunciar ao seu mandato de eleito local, pelo que nos solicitam que indiquemos os trâmites legais exigíveis à sua substituição.

A renúncia é uma das formas de cessação do mandato e consubstancia –se num direito de que gozam todos os eleitos locais, dependendo unicamente da manifestação da vontade de renunciar, apresentada pelo eleito quer antes quer depois da instalação do respectivo órgão, estando este direito legalmente consagrado e regulado no artigo 76 º da Lei n º 169/99, de 18/09, na redacção dada pela lei n º 5-A/2002, de 11 de Janeiro.

Esta manifestação de vontade é apresentada por escrito e dirigida a quem deve proceder à instalação ou ao presidente do órgão, consoante o caso, que deve convocar o membro substituto, no período que medeia entre a comunicação da renúncia e a primeira reunião que a seguir se realizar; salvo se a entrega do documento de renúncia coincidir com o acto de instalação ou reunião do órgão e estiver presente o respectivo substituto, situação em que, após a verificação da sua identidade e legitimidade, a substituição se opera de imediato, se o substituto a não recusar por escrito de acordo com o direito que ele próprio tem a renunciar.

No caso apresentado, trata-se da presumível renúncia de um membro da assembleia municipal que simultaneamente foi eleito presidente da mesa do mesmo órgão pelo que também é o Presidente da Assembleia Municipal.

Assim, se o referido membro renunciar ao seu mandato deverá ser substituído enquanto membro da assembleia municipal e enquanto presidente desse mesmo órgão.

Na sua qualidade de membro da assembleia será substituído nos termos do artigo 79 º Lei n º 169/99, de 18/09, na redacção dada pela lei n º 5-A/2002, de 11 de Janeiro, isto é a sua vaga será preenchida pelo cidadão imediatamente a seguir na ordem da respectiva lista ou, tratando-se de coligação, pelo cidadão imediatamente a seguir do partido pelo qual havia sido proposto o membro que deu origem à vaga.

Essa substituição processa-se da seguinte forma:

O primeiro secretário (sendo o próprio presidente do órgão que renuncia a convocação deve ser realizado pelo seu substituto na mesa que, como se sabe, é o primeiro secretário) convoca o membro substituto no período que medeia entre a comunicação de renúncia e a primeira reunião que a seguir se realizar, salvo se a entrega do documento de renúncia coincidir com a própria sessão da assembleia municipal e estiver presente o seu substituto, caso em que a substituição se opera de imediato (veja-se o n º 4 do artigo 76 º da referida lei).

No que respeita à Presidência da mesa da Assembleia a sua substituição deve-se operar da mesma forma em que se realizou a sua eleição para a mesa.

Assim, deverá haver uma nova eleição, eleição realizada por voto secreto pelos membros da assembleia municipal (vide o artigo 45º da Lei nº 169/99, de 18/09, na redacção dada pela lei nº 5-A/2002, de 11 de Janeiro).

No que respeita à questão que nos formularam, se deve haver apenas eleição para presidente da mesa ou se deve eleger-se uma nova mesa, presidente e secretários, só podemos informar que a forma de eleição dependerá dos termos em que estiver regulamentada a eleição da mesa no regimento da vossa assembleia municipal.

Se estiver estipulada eleição uninominal eleger-se-á apenas o presidente da mesa mas se a eleição prevista em regimento for a eleição por listas terão que ser apresentadas listas para a eleição da mesa, ou seja, nesse caso terá que ser eleita uma nova mesa.

Por último, sobre a ordem temporal das substituições em nossa opinião deverá primeiro instalar-se o membro substituto do presidente da mesa enquanto eleito da assembleia municipal que renunciou ao seu mandato de eleito local e de seguida proceder-se à eleição do novo presidente da mesa ou da nova mesa, consoante a eleição seja uninominal ou por listas, devendo sempre ser estes os primeiros pontos da ordem do dia".

O presidente da mesa é o presidente da assembleia municipal. Pode acontecer que venha a ser presidente da mesa um membro que faça parte de uma lista partidária ou de cidadãos que tenha obtido menos votos nas eleições autárquicas, sobretudo quando as vitórias são por maioria relativa.

Quando algum dos membros deixar de fazer parte da assembleia, por morte, renúncia [2], perda de mandato ou por outra razão, é substituído nos termos do artigo 79º [3] pelo novo titular do cargo com direito de integrar o órgão, conforme os casos.

Esgotada a possibilidade de substituição prevista no número anterior e desde que não esteja em efectividade de funções a maioria do número legal dos membros da assembleia, o presidente comunica o facto ao governador civil para que este marque, no prazo máximo de 30 dias, novas eleições, sem prejuízo do disposto no artigo 99º.

As eleições realizam-se no prazo de 40 a 60 dias a contar da data da respectiva marcação. A nova assembleia municipal completa o mandato da anterior.

Os membros eleitos, bem como os presidentes de junta de freguesia eleitos por cada partido ou coligação de partidos ou grupo de cidadãos eleitores, podem associar-se para efeitos de constituição de **grupos municipais**, nos termos da lei e do regimento.

---

[2] Acórdão do STA de 5 de Março de 2009.

[3] De acordo com o artigo 79º as vagas ocorridas nos órgãos autárquicos são preenchidas pelo cidadão imediatamente a seguir na ordem da respectiva lista ou, tratando-se de coligação, pelo cidadão imediatamente a seguir do partido pelo qual havia sido proposto o membro que deu origem à vaga. Quando se torne impossível o preenchimento da vaga por cidadão proposto pelo mesmo partido, o mandato é conferido ao cidadão imediatamente a seguir na ordem de precedência da lista apresentada pela coligação.

A constituição de cada grupo municipal efectua-se mediante comunicação dirigida ao presidente da assembleia municipal, assinada pelos membros que o compõem, indicando a sua designação bem como a respectiva direcção. Cada grupo municipal estabelece a sua organização, devendo qualquer alteração na composição ou direcção do grupo municipal ser comunicada ao presidente da assembleia municipal. Os membros que não integrem qualquer grupo municipal comunicam o facto ao presidente da assembleia e exercem o mandato como independentes.

Sobre este tema podemos socorrer-nos de um parecer da CCDRC da autoria de Elisabete Maria Viegas Frutuoso:

"Em referência ao ofício nº 173, de 06/08/2003, da Assembleia Municipal......, foi-nos solicitado um parecer jurídico sobre a situação que passamos a expor:

De acordo com os factos que nos foram descritos, há um membro dessa Assembleia Municipal que solicitou a sua desvinculação do partido por onde foi eleito e que informou a sua intenção, por um lado, de continuar na Assembleia Municipal como independente e por outro, de poder vir a constituir um grupo municipal autónomo. Sobre o assunto, informamos: Nos termos do nº4 do art. 46º-B da Lei nº 169/99, de 18 de Setembro, com as alterações introduzidas pela Lei nº 5-A/2002, de 11 de Janeiro, "Os membros que não integram qualquer grupo municipal comunicam o facto ao presidente da assembleia e exercem o mandato como independentes." Determina pois este normativo, que no caso de os membros não integrarem qualquer grupo municipal, o seu mandato é exercido como independentes. Não contempla, no entanto, a situação de os referidos membros pertencerem a um grupo municipal e pedirem, posteriormente, a sua desvinculação. Contudo, está esta hipótese expressamente prevista no nº 4 do art. 47º do Regimento da Assembleia Municipal de......

Na verdade, determina este preceito que "Os membros que não integram qualquer grupo municipal ou que dele se desvinculem comunicam o facto ao presidente da assembleia e exercem o seu mandato como independentes."(sublinhado nosso) Assim concluímos, que ocorrendo a desvinculação do grupo municipal a que o membro da Assembleia Municipal pertence, o referido mandato só poderá ser exercido como independente. Ora, face a tal conclusão, não fará então sentido afirmar que o membro em causa, posteriormente à solicitação de desvinculação, continue a integrar o mesmo grupo municipal, ainda que com o estatuto de independente. É de notar que da lei apenas resultam duas formas de exercer o mandato: integrando um grupo municipal ou como independente.

Por último, sobre a questão de o referido membro vir a constituir um grupo municipal autónomo, julgamos que da leitura dos normativos citados não decorre tal hipótese, pelo que somos de concluir pela sua impossibilidade e por conseguinte, como já referimos, pelo exercício do seu mandato apenas como independente".

Num Regimento da Assembleia Municipal de Cinfães (artigo 15º), cada grupo municipal deverá eleger, se o seu número o permitir, uma **Direcção de Bancada Municipal**, composta por um Presidente, um Vice-Presidente e um Secretário, devendo os mesmos ser indicados à mesa logo após a sua eleição, na primeira reunião de cada mandato. Nos casos em que o número de eleitos não o permita, deverá ser indicado à mesa, o representante do partido ou coligação, na Assembleia. A demais organização interna de cada grupo, cabe ao partido ou coligação, sendo que sempre que surjam alterações aos eleitos, deverá o mesmo ser comunicado à mesa imediatamente.

A câmara municipal faz-se representar, obrigatoriamente, nas sessões da assembleia municipal, pelo presidente, que pode intervir nos debates, sem direito a voto. Em caso de justo impedimento, o presidente da câmara pode fazer-se substituir pelo seu substituto legal. Os vereadores devem assistir às sessões da assembleia municipal, sendo-lhes facultado intervir nos debates, sem direito a voto, a solicitação do plenário ou com a anuência do presidente da câmara ou do seu substituto legal. Os vereadores que não se encontrem em regime de permanência ou de meio tempo têm o direito às senhas de presença, nos termos do artigo 10º da Lei nº 29/87, de 30 de Junho. Os vereadores podem ainda intervir para o exercício do direito de defesa da honra [4] [5].

Questão controvertida tem sido a composição das assembleias municipais no que tange aos presidentes das juntas de freguesia. Chegou a ser apresentada uma proposta de alteração da lei autárquica que foi muito discutida em fins de 2007 e no início de 2008 que, entre outras inovações, relativamente à participação dos Presidentes de Junta (deputados municipais por inerência) nas sessões da Assembleia Municipal, vedava a faculdade de se expressarem pelo voto, em situações como a da apreciação e votação das Grandes Opções do Plano e Orçamento. Além disso o elenco para o órgão executivo da Câmara Municipal (à excepção do Presidente da Câmara), estaria sujeito à aprovação da Assembleia Municipal, e não poderia ser votado pelos Presidentes de Junta. Os presidentes de junta e a ANAFRE reagiram com dureza e face às pressões e à falta de acordo entre o PS e o PSD a lei acabou por não vingar.

---

[4] Para Victor Eduardo Gonçalves a honra "é o conjunto de atributos morais, físicos e intelectuais de uma pessoa, que a tornam merecedora de apreço no convívio social e que promovem a sua auto-estima".
[5] Numa perspectiva mais jurídica partilhamos o Acórdão do Tribunal da Relação do Porto de 19-12--2007, para o qual a honra abarca tanto o valor pessoal ou interior que cada pessoa tem por si, como a reputação ou consideração que diz respeito à valoração social que a comunidade tem por essa mesma pessoa. A acção típica destes crimes consistirá na divulgação ou imputação de factos (acontecimentos da realidade), incluindo a suspeição, ou então de considerações (palavras ou expressões) que suscitem juízos de valor ofensivos daquela honra ou consideração, tanto na sua dimensão pessoal, como social. No entanto, tanto os conceitos de honra como de desconsideração não devem estar dependentes da perspectiva ou compreensão que cada um tem dos seus valores "morais" ou "ético-sociais". Daí que os mesmos devam ser insuflados por aqueles valores que emergem do nosso quadro constitucional (art. 26.º, n.º 1 C. Rep.), que alude ao "bom nome e reputação, à imagem", como legislativo (v. g. 70.º, n.º 1 Código Civil), nomeadamente aquela que diz respeito à tutela geral da personalidade ("personalidade física ou moral").

Persistem, no entanto, vozes que propugnam o afastamento dos presidentes de junta das assembleias municipais. Clotilde Gomes, Técnica Superior da Câmara Municipal de São Brás de Alportel [6] defende a expurgação da assembleia municipal dos presidentes de junta porque eles podem desequilibrar o sentido natural do voto dos membros que foram directamente eleitos, pela sua tendência natural de se colocarem em sintonia com o presidente de câmara já que quanto melhores forem os laços institucionais entre os este e aqueles maiores dividendos financeiros e políticos poderão advir para as suas freguesias.

[6] Revista de Administração Local, nº 234, Novembro-Dezembro 2009, pp. 656 e 657.

6. COMPETÊNCIAS DA MESA, DO PRESIDENTE E DA ASSEMBLEIA MUNICIPAL

É indiscutível que os membros das assembleias municipais tenham de ter um conhecimento razoável das competências associadas à assembleia municipal, à respectiva mesa e aos secretários desta.

Compete, assim, à Mesa:

a) Elaborar o projecto de regimento da assembleia municipal ou propor a constituição de um grupo de trabalho para o efeito;

b) Deliberar sobre as questões de interpretação e integração de lacunas do regimento;

c) Elaborar a ordem do dia das sessões e proceder à sua distribuição;

d) Admitir as propostas da câmara municipal obrigatoriamente sujeitas à competência deliberativa da assembleia municipal, verificando a sua conformidade com a lei;

e) Encaminhar, em conformidade com o regimento, as iniciativas dos membros da assembleia, dos grupos municipais e da câmara municipal;

f) Assegurar a redacção final das deliberações;

g) Realizar as acções de que seja incumbida pela assembleia municipal no exercício da competência a que se refere a alínea *d)* do nº 1 do artigo 53º (acompanhar, com base em informação útil da câmara, facultada em tempo oportuno, a actividade desta e os respectivos resultados, nas associações e federações de municípios, empresas, cooperativas, fundações ou outras entidades em que o município detenha alguma participação no respectivo capital social ou equiparado);

h) Encaminhar para a assembleia municipal as petições e queixas dirigidas à mesma;

i) Requerer ao órgão executivo ou aos seus membros a documentação e informação que considere necessárias ao exercício das competências da assembleia bem como ao desempenho das suas funções, nos moldes, nos suportes e com a periodicidade havida por conveniente;

j) Proceder à marcação e justificação de faltas dos membros da assembleia municipal; o pedido de justificação de faltas pelo interessado é feito por escrito e dirigido à mesa, no prazo de cinco dias a contar da data da sessão ou reunião em que a falta se tenha verificado, e a decisão é notificada ao interessado, pessoalmente ou por via postal.

l) Comunicar à assembleia municipal a recusa de prestação de quaisquer informações ou documentos bem como de colaboração por parte do órgão executivo ou dos seus membros;

m) Comunicar à assembleia municipal as decisões judiciais relativas à perda de mandato em que incorra qualquer membro;

n) Dar conhecimento à assembleia municipal do expediente relativo aos assuntos relevantes;

o) Exercer os demais poderes que lhe sejam cometidos pela assembleia municipal.

Das decisões da mesa da assembleia municipal cabe recurso para o plenário.

Compete aos secretários coadjuvar o presidente da mesa da assembleia municipal, assegurar o expediente e, na falta de funcionário nomeado para o efeito, lavrar as actas das reuniões (artigo 55º).

O Presidente da Mesa deve sentar-se ao meio, tendo à sua esquerda o 2º secretário e à direita o 1º secretário já que normalmente a nossa mão direita é a mais utilizada. Convém que na Mesa esteja sempre um exemplar do Regimento e a ordem de trabalhos e documentos de suporte, papel, canetas, relógio, campainha ou pequeno martelo para os avisos sonoros, copos, água, etc.

No dia 21 de Dezembro de 2009, a Mesa da Assembleia Municipal de Mirandela prestou as seguintes informações ao Plenário:

"Sempre numa perspectiva de prestar um serviço com qualidade, eficácia e eficiência e de dignificar a nobre função do eleito local, a Mesa da Assembleia Municipal de Mirandela entendeu por bem agilizar procedimentos e introduzir normas de conduta, tais como:

1º No sentido de evitar que eventuais proposituras de acções de perda de mandato por excesso de faltas injustificadas (3 consecutivas ou 6 interpoladas) sejam arquivadas liminarmente pelo Tribunal Administrativo e Fiscal por falta de provas, a Mesa enviará a todos os deputados municipais a convocatória contendo a ordem de trabalhos das sessões ordinárias ou extraordinárias através de carta registada com aviso de recepção e, em diferente correspondência, a documentação que deve acompanhar a convocatória numa intenção de racionalização de custos;

2º A Mesa continuará a efectuar um controlo das faltas e prestará regularmente informação sobre as mesmas ao plenário da Assembleia Municipal;

3º A Mesa respeitará o estatuído na Lei nº 169/99, de 18 de Setembro, alterada pela Lei nº 5-A/2002, de 11 de Janeiro, quanto à justificação de faltas, rezando o nº 6 do artigo 46º/A

do aludido diploma e o número 2 do artigo 13º do Regimento da Assembleia Municipal de Mirandela o seguinte:
"O pedido de justificação de faltas pelo interessado é feito por escrito e dirigido à Mesa, no prazo de cinco dias a contar da data da sessão ou reunião em que a falta de tenha verificado e a decisão é notificada ao interessado, pessoalmente ou por via postal".

Os cinco dias são dias úteis e, caso a justificação seja enviada por correio, conta a data do carimbo oposto no selo. A Mesa não justificará qualquer falta fora do circunstancialismo descrito.

Compete à Mesa proceder à marcação e justificação de faltas dos membros da assembleia municipal.

4º A Mesa será mais rigorosa no controlo dos boletins itinerários e nas distâncias quilométricas registadas pelos eleitos locais, devendo aqui referir o seguinte:

1 – O regime jurídico a aplicar, com as necessárias adaptações, é o Decreto-Lei n.º 106/98 de 24 de Abril, aplicável a funcionários e agentes da administração central, regional e local e dos institutos públicos, nas modalidades de serviços públicos personalizados e de fundos públicos e o Estatuto dos Eleitos Locais; temos verificado que existem diferenças significativas entre o declarado e o que resulta de uma simples consulta ao google maps ou à via michelin.

2 – Em relação aos funcionários e agentes da administração pública aplica-se o conceito de domicílio necessário (localidade onde se situa o centro da sua actividade funcional, quando não haja local certo para o exercício de funções).

3 – Contudo, o Estatuto dos Eleitos Locais (Lei nº 29/87, de 30 de Junho), garante, entre outros, no seu artigo 5º, o direito a ajudas de custo e subsídio de transporte; os artigos 11º e 12º falam em domicílio no sentido de domicílio necessário correspondente à **residência habitual** *(artigo 82º do Código Civil), o que tem sido vertido e corroborado em vários pareceres de organismos públicos, nomeadamente as comissões de coordenação e desenvolvimento regional; é este o critério que irá ser seguido pela Mesa da Assembleia Municipal, independentemente do que for transcrito pelo deputado municipal do boletim itinerário.*

4 – Só há direito ao abono de ajudas de custo nas deslocações diárias que se realizem para além de 5 km do domicílio e nas deslocações por dias sucessivos que se realizem para além de 20 km do mesmo domicílio.

5 – As distâncias previstas neste diploma são contadas da periferia da localidade onde o eleito local tem o seu domicílio e a partir do ponto mais próximo do local de destino, contando sempre a distância mais curta.

6 – A Mesa será também rigorosa em relação à hora e dia da vinda e do regresso, aplicando aqui critérios de razoabilidade e normalidade, sem exigir esforços desproporcionais aos eleitos locais.

......

Por tudo o que foi dito, a Mesa da Assembleia Municipal exige que haja verdade, transparência e razoabilidade porque os gastos públicos devem ser criteriosos e justificados com objectividade e justiça".

De acordo com o artigo 53º, compete à assembleia municipal:

  a) Eleger, por voto secreto, o presidente da mesa e os dois secretários;
  b) Elaborar e aprovar o seu **regimento**;
  c) Acompanhar e fiscalizar a actividade da câmara municipal, dos serviços municipalizados, das fundações e das empresas municipais;
  d) Acompanhar, com base em informação útil da câmara, facultada em tempo oportuno, a actividade desta e os respectivos resultados, nas associações e federações de municípios, empresas, cooperativas, fundações ou outras entidades em que o município detenha alguma participação no respectivo capital social ou equiparado;
  e) Apreciar, em cada uma da sessões ordinárias, uma informação escrita do presidente da câmara acerca da actividade do município, bem como da situação financeira do mesmo, informação essa que deve ser enviada ao presidente da mesa da assembleia com a antecedência de cinco dias sobre a data do início da sessão, para que conste da respectiva ordem do dia;
  f) Solicitar e receber informações, através da mesa, sobre assuntos de interesse para a autarquia e sobre a execução de deliberações anteriores, o que pode ser requerido por qualquer membro em qualquer momento;
  g) Aprovar **referendos locais**, sob proposta quer de membros da assembleia, quer da câmara municipal, quer dos cidadãos eleitores, nos termos da lei;
  h) Apreciar a recusa, por acção ou omissão, de quaisquer informações e documentos, por parte da câmara municipal ou dos seus membros, que obstem à realização de acções de acompanhamento e fiscalização;
  i) Conhecer e tomar posição sobre os relatórios definitivos, resultantes de **acções tutelares ou de auditorias** executadas sobre a actividade dos órgãos e serviços municipais;
  j) Deliberar sobre a constituição de **delegações, comissões ou grupos de trabalho** para estudo dos problemas relacionados com as atribuições próprias da autarquia, sem interferência no funcionamento e na actividade normal da câmara;
  l) Votar **moções de censura** à câmara municipal, em avaliação da acção desenvolvida pela mesma ou por qualquer dos seus membros;
  m) Discutir, a pedido de quaisquer dos titulares do direito de oposição, o relatório a que se refere o **Estatuto do Direito de Oposição**;
  n) Elaborar e aprovar, nos termos da lei, o regulamento do **conselho municipal de segurança**;

o) Tomar posição perante os órgãos do poder central sobre assuntos de interesse para a autarquia;

p) Deliberar sobre recursos interpostos de marcação de faltas injustificadas aos seus membros;

q) Pronunciar-se e deliberar sobre assuntos que visem a prossecução das atribuições da autarquia;

r) Exercer outras competências que lhe sejam conferidas por lei.

2 – Compete à assembleia municipal, em **matéria regulamentar e de organização e funcionamento**, sob proposta da câmara:

a) Aprovar as **posturas** e **regulamentos** do município com eficácia externa;

b) Aprovar as **opções do plano e a proposta de orçamento**, bem como as respectivas **revisões**;

c) Apreciar o **inventário de todos os bens, direitos e obrigações patrimoniais** e respectiva avaliação, bem como apreciar e votar os documentos de prestação de contas;

d) Aprovar ou autorizar a contratação de **empréstimos** nos termos da lei;

e) Estabelecer, nos termos da lei, **taxas municipais** e fixar os respectivos quantitativos;

f) Fixar anualmente o valor da taxa da **contribuição autárquica** incidente sobre prédios urbanos, bem como autorizar o lançamento de derramas para reforço da capacidade financeira ou no âmbito da celebração de contratos de reequilíbrio financeiro, de acordo com a lei;

g) Pronunciar-se, no prazo legal, sobre o reconhecimento, pelo Governo, de **benefícios fiscais** no âmbito de impostos cuja receita reverte exclusivamente para os municípios;

h) Deliberar em tudo quanto represente o exercício dos **poderes tributários** conferidos por lei ao município;

i) Autorizar a câmara municipal a **adquirir, alienar ou onerar bens imóveis** de valor superior a 1000 vezes o índice 100 das carreiras do regime geral do sistema remuneratório da função pública, fixando as respectivas condições gerais, podendo determinar, nomeadamente, a via da hasta pública, bem como bens ou valores artísticos do município, independentemente do seu valor, sem prejuízo do disposto no nº 9 do artigo 64º;

j) Determinar a remuneração dos membros do conselho de administração dos serviços municipalizados;

l) Municipalizar serviços, autorizar o município, nos termos da lei, a criar **fundações** e **empresas municipais** e a aprovar os respectivos estatutos, bem como a remuneração dos membros dos corpos sociais, assim como a criar e participar em empresas de capitais exclusiva ou maioritariamente públicos, fixando as condições gerais da participação;

m) Autorizar o município, nos termos da lei, a integrar-se em **associações e federações de municípios**, a associar-se com outras entidades públicas, privadas ou cooperativas e a criar ou participar em empresas privadas de âmbito municipal que prossigam fins de reconhecido interesse público local e se contenham dentro das atribuições cometidas aos municípios, em quaisquer dos casos fixando as condições gerais dessa participação;

n) Aprovar, nos termos da lei, a **criação ou reorganização de serviços municipais**;

o) Aprovar os **quadros de pessoal** dos diferentes serviços do município, nos termos da lei;

p) Aprovar **incentivos à fixação de funcionários**, nos termos da lei;

q) Autorizar, nos termos da lei, a câmara municipal a concessionar, por concurso público, a **exploração de obras e serviços públicos**, fixando as respectivas condições gerais;

r) Fixar o **dia feriado anual do município**;

s) Autorizar a câmara municipal a **delegar competências próprias**, designadamente em matéria de investimentos, **nas juntas de freguesia**;

t) Estabelecer, após parecer da **Comissão de Heráldica da Associação dos Arqueólogos Portugueses**, a constituição do brasão, selo e bandeira do município e proceder à sua publicação no *Diário da República*.

3 – É ainda da competência da assembleia municipal, em **matéria de planeamento**, sob proposta ou pedido de autorização da câmara municipal:

a) Aprovar os **planos** necessários à realização das atribuições municipais;

b) Aprovar as medidas, normas, delimitações e outros actos, no âmbito dos **regimes do ordenamento do território e do urbanismo**, nos casos e nos termos conferidos por lei.

4 – É também da competência da assembleia municipal, sob proposta da câmara municipal:

a) Deliberar sobre a criação e a instituição em concreto do **corpo de polícia municipal**, nos termos e com as competências previstos na lei;

b) Deliberar sobre a **afectação ou desafectação de bens do domínio público municipal**, nos termos e condições previstos na lei;

c) Deliberar sobre a criação do **conselho local de educação**, de acordo com a lei;

d) Autorizar a **geminação do município** com outros municípios ou entidades equiparadas de outros países;

e) Autorizar os conselhos de administração dos serviços municipalizados a deliberar sobre a **concessão de apoio financeiro**, ou outro, a instituições legalmente constituídas pelos seus funcionários, tendo por objecto o desenvolvimento das actividades culturais, recreativas e desportivas, bem como a atribuição de subsídios a instituições legalmente existentes, criadas ou participadas pelos serviços municipalizados ou criadas pelos seus funcionários, visando a concessão de benefícios sociais aos mesmos e respectivos familiares.

5 – A acção de fiscalização mencionada na alínea c) do nº 1 consiste numa apreciação casuística e posterior à respectiva prática dos actos da câmara municipal, dos serviços municipalizados, das fundações e das empresas municipais, designadamente através de documentação e informação solicitada para o efeito.

6 – A proposta apresentada pela câmara referente às alíneas b), c), i) e n) do nº 2 não pode ser alterada pela assembleia municipal e carece da devida fundamentação ([7]) quando rejeitada, mas a câmara deve acolher sugestões feitas pela assembleia, quando devidamente fundamentadas, salvo se aquelas enfermarem de previsões de factos que possam ser considerados ilegais ([8]).

7 – Os pedidos de autorização para a contratação de empréstimos a apresentar pela câmara municipal, nos termos da alínea d) do nº 2, serão obrigatoriamente acompanhados de informação sobre as condições praticadas em, pelo menos, três instituições de crédito, bem como do mapa demonstrativo de capacidade de endividamento do município.

8 – As alterações orçamentais por contrapartida da diminuição ou anulação das dotações da assembleia municipal têm de ser aprovadas por este órgão.

Compete ao presidente da assembleia municipal:

a) Representar a assembleia municipal, assegurar o seu regular funcionamento e presidir aos seus trabalhos;

b) Convocar as sessões ordinárias e extraordinárias;

c) Abrir e encerrar os trabalhos das sessões e das reuniões;

d) Dirigir os trabalhos e manter a disciplina das reuniões;

e) Assegurar o cumprimento das leis e a regularidade das deliberações;

f) Suspender ou encerrar antecipadamente as sessões e as reuniões, quando circunstâncias excepcionais o justifiquem, mediante decisão fundamentada a incluir na acta da reunião;

g) Integrar o conselho municipal de segurança;

---

[7] Segundo a jurisprudência uniforme do Supremo Tribunal Administrativo, um acto estará devidamente fundamentado sempre que um destinatário normal possa ficar ciente do sentido dessa mesma decisão e das razões que a sustentam, permitindo-lhe apreender o itinerário cognoscitivo e valorativo seguido pela entidade administrativa e optar conscientemente entre a aceitação do acto ou o accionamento dos meios legais de impugnação; o acórdão do STA de 29-01-2009 acrescenta que "a fundamentação, não necessitando de ser uma exaustiva descrição de todas as razões que determinaram o acto, implica uma exposição suficientemente esclarecedora de tais razões de modo a que o seu destinatário fique ciente porque se decidiu num sentido e não noutro".

[8] Tal significa que, a contrario sensu, as restantes propostas podem ser alteradas pela assembleia municipal como, por exemplo, a proposta de fixação de taxa para cobrança do IMI.

h) Comunicar à assembleia de freguesia ou à câmara municipal as faltas do presidente da junta e do presidente da câmara às reuniões da assembleia municipal;

i) – Comunicar ao representante do Ministério Público competente as faltas injustificadas dos restantes membros da assembleia, para os efeitos legais;

j) – Exercer os demais poderes que lhe sejam atribuídos por lei, pelo regimento ou pela assembleia.

A questão das faltas levanta questões jurídicas interessantes e exige-se algum rigor a esse nível. A esse nível pronunciou-se o parecer da CCDR Alentejo. Pela Junta de Freguesia de Barrancos foram solicitados determinados esclarecimentos em matéria de funcionamento dos órgãos autárquicos. Concretamente e em face do preceituado nos Artigos 38º e 54º, da Lei nº 169/99, de 18 de Setembro, questiona-se:

1 – Quais as consequências legais que advêm das faltas injustificadas do presidente, ou do seu substituto, às sessões da assembleia municipal?

2 – Pode em algum momento o presidente da junta renunciar ao cargo de membro da assembleia municipal, sem que esse facto tenha consequências no desempenho do seu mandato como presidente de junta?

3 – A assembleia de freguesia deve pronunciar-se sobre as faltas do presidente da junta às sessões da assembleia municipal e, caso assim o entenda, considerar justificadas essas mesmas faltas?

4 – O Ministério Público deve ser informado no caso de o presidente da junta ou o seu substituto faltar injustificadamente às sessões da assembleia municipal em número superior ao permitido?

O parecer conclui o seguinte:

1) Nos termos do Artigo 4º, número 3, alínea a), Estatuto dos Eleitos Locais, aprovado pela Lei nº 29/87, de 30 de Junho, constitui um dever dos eleitos locais a participação em reuniões ordinárias e extraordinárias dos órgãos autárquicos a que pertençam.

2) O presidente da junta de freguesia é, por inerência do mandato em que se encontra investido, membro da Assembleia Municipal, conforme prevê o Artigo 38º, número 1, alínea c) da Lei nº 169/99, de 18 de Setembro.

3) Ainda no âmbito da mesma lei, decorre do preceituado nos seus Artigos 46º-A, número 1, alínea j) e 54º, número 1, alínea h), respectivamente, que a marcação e justificação de faltas de todo e qualquer membro do órgão deliberativo do município é da exclusiva competência da mesa da assembleia, competindo ao presidente da assembleia municipal (no caso dos membros que são presidentes de junta de freguesia) a comunicação de tais faltas à assembleia de freguesia da autarquia em causa.

4) Na medida em que, enquanto membro da assembleia municipal, o presidente da junta venha a registar naquele órgão – e sem motivo justificativo – faltas

de comparência a 3 sessões ou 6 reuniões seguidas ou a 6 sessões ou 12 reuniões interpoladas, incorre em perda de mandato, de acordo com o previsto no Artigo 8º, número 1, alínea a) da Lei da Tutela Administrativa (Lei nº 27/96, de 1 de Agosto).

5) Uma vez atingido tal número de faltas, compete ao presidente da assembleia de freguesia a participação ao representante do Ministério Público, para os efeitos legais – assim determina o Artigo 19º, alínea h), da Lei nº 169/99.

6) Face ao disposto nos Artigos 38º, número 1, alínea c) e 75º, número 1, ambos da Lei nº 169/99, não pode o presidente da junta de freguesia renunciar à qualidade de membro da assembleia municipal sem que sem que tenha de renunciar ao seu único mandato: o de presidente do executivo da freguesia.

Compete, ainda, ao presidente da assembleia municipal autorizar a realização de despesas orçamentadas, relativas a senhas de presença, ajudas de custo e subsídios de transporte aos membros da assembleia municipal e de despesas relativas às aquisições de bens e serviços correntes, necessários ao funcionamento e representação do órgão autárquico, informando o presidente da câmara municipal para que este proceda aos respectivos procedimentos administrativos.

O Presidente da Mesa orienta, disciplina, dirige e conduz os trabalhos. Ele deve esforçar-se para evitar o caos e a desorganização e pode até retirar a palavra aos membros, embora deva consultar previamente os secretários antes de tomar essa decisão. Os secretários coadjuvam o presidente a manter a ordem e a disciplina das sessões, cumprindo as suas decisões e orientações ([9]).

---

[9] Roque de Laia, Guia das Assembleias Gerais, 8ª edição, Caminho, 1989.

7. ANÁLISE CONCRETA DE COMPETÊNCIAS DAS ASSEMBLEIAS MUNICIPAIS

Eleição do presidente e do 1º e 2º secretários

Essa eleição é realizada por voto secreto e, nada referindo a lei, cremos que pode ser feita uninominalmente ou por listas, sendo este caso o mais normal. Daí decorre que pode ser eleito presidente da assembleia municipal um membro pertencente a uma lista que não tenha sido vitoriosa nas eleições autárquicas, como já aconteceu em Mirandela.

Elaborar e aprovar o seu regimento

Segundo a lei, compete à mesa da assembleia municipal elaborar o projecto de regimento da assembleia municipal ou propor a constituição de um grupo de trabalho para o efeito, parecendo-nos mais comum esta última hipótese. Aqui das duas uma: ou se indicam representantes dos grupos municipais proporcionalmente à sua representatividade ou um membro de cada grupo municipal, aí se juntando ou não também os elementos da Mesa.

Não existem diferenças significativas entre os vários regimentos, havendo até a tendência para aproveitar a estrutura-base de outros já elaborados. Para além da natureza, composição, competências, condições de exercício do mandato e períodos de intervenção, o que pode fazer a diferença são os tempos atribuídos nos vários períodos de intervenção e do uso da palavra.

Tomando por base o Regimento da Assembleia Municipal de Mirandela (2009--2013), diremos que ele teve por base de trabalho um modelo elaborado pela Associação Nacional de Municípios Portugueses e tem as seguintes características:

- Tem 63 artigos contra 54 do anterior;
- Está dividido em 3 partes: índice, conteúdo normativo e correspondência de normas;

- Foi retirada a matéria da Sessão VI referente aos Regulamentos na medida em essa matéria consta expressamente do CPA;
- Foi eliminado o número 6 do artigo 39º que impedia intervenções do público por parte de quem não fosse residente no Concelho de Mirandela;
- Foram alterados os tempos de intervenção no sentido de evitar a sua monopolização por parte de um grupo restrito de deputados municipais e incentivar o uso da palavra por parte de outros, obrigando a uma melhor organização dos grupos municipais;
- Foram introduzidas algumas inovações, assim como uma diferente estruturação e arrumação das matérias, salientando-se as seguintes:

- Os membros da Assembleia Municipal tomam lugar na sala de acordo com as regras tradicionais e, tendo em conta a perspectiva da Mesa, os grupos municipais devem distribuir-se e localizar-se da seguinte forma:

  – CDU e PS (Sector Esquerdo do Auditório);
  – PSD (Sector Central);
  – CDS/PP e Independentes (Sector Direito).

- Conferiu-se maior operacionalidade à Conferência de Representantes dos Grupos Municipais que é uma instância consultiva do Presidente da Assembleia Municipal, que a ela preside, e é constituída por um representante de cada Grupo Municipal.
- Embora tal já tivesse sido objecto de uma deliberação da AMM, a Comissão entendeu que deveria introduzir uma maior responsabilização dos deputados municipais que sejam eleitos ou designados para representar comissões, conselhos ou estruturas similares, os quais devem apresentar um relatório escrito à Mesa da Assembleia Municipal até 31 de Janeiro da actividade desenvolvida no ano anterior, das reuniões a que compareceu ou a que faltou e de outros dados que considerem relevantes; a Mesa da Assembleia Municipal dará conhecimento ao plenário desses relatórios na sessão de Fevereiro.

- Foi incluída no documento a correspondência com normas da lei autárquica e do CPA, podendo verificar-se que em geral o Regimento traduz normas desses diplomas que são insusceptíveis de alteração, sob pena de ilegalidade.
- Teve a colaboração dos elementos da Mesa e de uma deputada municipal da oposição, não tendo comparecido dois outros representantes da oposição de outros partidos.

Integram esse regimento as seguintes disposições:

Capítulo I
Natureza e Competências da Assembleia
Artigo 1.º – Natureza
Artigo 2.º – Competências da Assembleia Municipal
Capítulo II
Mesa da Assembleia e Competências
Secção I – Mesa da Assembleia
Artigo 3.º – Composição da Mesa
Artigo 4.º – Eleição da Mesa
Secção II – Competências
Artigo 5.º – Competência da Mesa
Artigo 6.º – Competência do Presidente da Assembleia
Artigo 7.º – Competência dos Secretários
Capítulo III
Do Funcionamento da Assembleia
Secção I – Das Sessões
Artigo 8.º – Local das sessões e lugar na sala
Artigo 9.º – Sessões Ordinárias
Artigo 10.º – Sessões Extraordinárias
Artigo 11.º – Duração das sessões
Artigo 12.º – Requisitos das reuniões
Artigo 13.º – Continuidade das reuniões
Secção II – Da Convocatória e Ordem do Dia
Artigo 14.º – Convocatória
Artigo 15.º – Ordem do dia
Artigo 16.º – Elementos que devem constar da informação escrita do Presidente da Câmara
Secção III – Organização dos Trabalhos na Assembleia
Artigo 17.º – Períodos das reuniões
Artigo 18.º – Período de antes da ordem do dia
Artigo 19.º – Período da ordem do dia
Artigo 20.º – Período de intervenção do público
Secção IV – Da Participação de Outros Elementos
Artigo 21.º – Participação dos membros da Câmara Municipal
Artigo 22.º – Participação de eleitores
Secção V – Do Uso da Palavra
Artigo 23.º – Regras do uso da palavra no período de antes da ordem do dia
Artigo 24.º – Regras do uso da palavra para discussão no período da ordem do dia

Artigo 25.º – Regras do uso da palavra pelos membros da Câmara Municipal
Artigo 26.º – Regras do uso da palavra no período de intervenção aberto ao público
Artigo 27.º – Uso da palavra pelos membros da Assembleia
Artigo 28.º – Declarações de voto
Artigo 29.º – Invocação do Regimento ou interpelação da Mesa
Artigo 30.º – Pedidos de esclarecimento
Artigo 31.º – Requerimentos
Artigo 32.º – Ofensas à honra ou à consideração
Artigo 33.º – Interposição de recursos
Secção VI – Das Deliberações e Votações
Artigo 34.º – Maioria
Artigo 35.º – Voto
Artigo 36.º – Formas de votação
Artigo 37.º – Empate na votação
Secção VII – Das Faltas
Artigo 38.º – Verificação de faltas e processo justificativo
Secção VIII – Publicidade dos Trabalhos e dos Actos da Assembleia
Artigo 39.º – Carácter público das reuniões
Artigo 40.º – Actas
Artigo 41.º – Registo na acta do voto de vencido
Artigo 42.º – Publicidade das deliberações
Capítulo IV
Das Comissões ou Grupos de Trabalho
Artigo 43.º – Constituição
Artigo 44.º – Competências
Artigo 45.º – Composição
Artigo 46.º – Funcionamento
Capítulo V
Dos Grupos Municipais
Artigo 47.º – Constituição
Artigo 48.º – Organização
Capítulo VI
Da Conferência de Representantes de Grupos Municipais
Artigo 49.º – Constituição
Artigo 50.º – Funcionamento
Capítulo VII
Dos Direitos e Deveres dos Membros da Assembleia
Secção I – Do Mandato
Artigo 51.º – Duração e continuidade do mandato
Artigo 52.º – Suspensão do mandato

Artigo 53.º – Ausência inferior a 30 dias
Artigo 54.º – Renúncia ao mandato
Artigo 55.º – Substituição do renunciante
Artigo 56.º – Perda de mandato
Artigo 57.º – Preenchimento de vagas
Secção II – Dos Deveres dos Membros da Assembleia
Artigo 58.º – Deveres
Artigo 59.º – Impedimentos e suspeições
Secção III – Dos Direitos dos Membros da Assembleia
Artigo 60.º – Direitos
Capítulo VIII
Do Apoio à Assembleia
Artigo 61.º – Apoio à Assembleia Municipal
Capítulo IX
Disposições Finais
Artigo 62.º – Interpretação e Integração de lacunas
Artigo 63.º – Entrada em vigor

Para a elaboração do referido regimento, foram consultadas os 308 portais dos municípios portugueses de onde se retiraram 86 regimentos. Mais tarde, foi-nos enviado por correio electrónico o Regimento da Assembleia Municipal de Salvaterra de Magos, único município onde venceu o Bloco de Esquerda. Significa que existem inúmeros municípios que não publicam os regimentos das assembleias municipais nas suas páginas, o que não deixa de ser estranho!

Ao longo do mandato podem ser introduzidas alterações ao regimento, embora apenas um reduzido número deles contenha normas sobre essas modificações. Salientamos o artigo 96º do Regimento da Assembleia Municipal de Vila Nova da Barquinha, que refere que cada Deputado Municipal poderá apresentar propostas de alteração ao presente Regimento, as quais só serão admitidas pela Mesa da Assembleia desde que apoiadas pelo mínimo de um quinto dos Deputados Municipais ou desde que tais alterações sejam subscritas por um ou mais Grupos Políticos; admitidas quaisquer propostas de alteração, o Presidente da Assembleia Municipal marcará a sua discussão e votação para a próxima sessão ordinária; as alterações ao Regimento devem ser aprovadas por maioria absoluta dos Deputados Municipais em efectividade de funções; o Regimento, com as alterações inscritas no lugar próprio, será objecto de publicação e de uma edição autónoma.

Segundo o regimento de Anadia (artigo 55º), o Regimento pode ser alterado pela Assembleia Municipal, por proposta da Mesa ou por proposta de um quinto dos Deputados Municipais em efectividade de funções e as alterações ao Regimento devem ser aprovadas por maioria absoluta dos Deputados em efectividade de funções.

De acordo com o artigo 56.º do último regimento, os Deputados Municipais têm direito a uma cópia do Regimento e é igualmente fornecido um exemplar a cada membro da Câmara Municipal. Haverá igualmente uma cópia na sala das reuniões à disposição do público.

Acção de fiscalização, controlo e acompanhamento da actividade da câmara municipal

Esta é uma das mais importantes funções da assembleia municipal, devendo e podendo esta:

- Acompanhar e fiscalizar a actividade da câmara municipal, dos serviços municipalizados, das fundações e das empresas municipais; essa acção de fiscalização consiste numa apreciação casuística e posterior à respectiva prática dos actos da câmara municipal, dos serviços municipalizados, das fundações e das empresas municipais, designadamente através de documentação e informação solicitada para o efeito;
- Acompanhar, com base em informação útil da câmara, facultada em tempo oportuno, a actividade desta e os respectivos resultados, nas associações e federações de municípios, empresas, cooperativas, fundações ou outras entidades em que o município detenha alguma participação no respectivo capital social ou equiparado;
- Apreciar, em cada uma da sessões ordinárias, uma informação escrita do presidente da câmara acerca da actividade do município, bem como da situação financeira do mesmo, informação essa que deve ser enviada ao presidente da mesa da assembleia com a antecedência de cinco dias sobre a data do início da sessão, para que conste da respectiva ordem do dia;
- Solicitar e receber informações, através da mesa, sobre assuntos de interesse para a autarquia e sobre a execução de deliberações anteriores, o que pode ser requerido por qualquer membro em qualquer momento;
- Apreciar a recusa, por acção ou omissão, de quaisquer informações e documentos, por parte da câmara municipal ou dos seus membros, que obstem à realização de acções de acompanhamento e fiscalização;
- Conhecer e tomar posição sobre os relatórios definitivos, resultantes de acções tutelares ou de auditorias executadas sobre a actividade dos órgãos e serviços municipais.

Tendo em conta essa actividade de fiscalização e acompanhamento, é de todo conveniente que os membros das assembleias municipais conheçam a organização, a natureza, a constituição e as competências das câmaras municipais, dos seus presidentes e dos seus vereadores.

A câmara municipal é constituída por um presidente e por vereadores, um dos quais designado vice-presidente, e é o órgão executivo colegial do município, eleito pelos cidadãos eleitores recenseados na sua área.

A eleição da câmara municipal é simultânea com a da assembleia municipal, salvo no caso de eleição intercalar.

É presidente da câmara municipal o primeiro candidato da lista mais votada ou, no caso de vacatura do cargo, o que se lhe seguir na respectiva lista.

Para além do presidente, a câmara municipal é composta por:
a) Dezasseis vereadores em Lisboa;
b) Doze vereadores no Porto;
c) Dez vereadores nos municípios com 100000 ou mais eleitores;
d) Oito vereadores nos municípios com mais de 50000 e menos de 100000 eleitores;
e) Seis vereadores nos municípios com mais de 10000 e até 50000 eleitores;
f) Quatro vereadores nos municípios com 10000 ou menos eleitores.

O presidente designa, de entre os vereadores, o vice-presidente, a quem, para além de outras funções que lhe sejam distribuídas, cabe substituir o primeiro nas suas faltas e impedimentos.

Compete ao presidente da câmara municipal decidir sobre a existência de vereadores em regime de tempo inteiro e meio tempo e fixar o seu número, até aos limites seguintes:
a) Quatro, em Lisboa e no Porto;
b) Três, nos municípios com 100000 ou mais eleitores;
c) Dois, nos municípios com mais de 20000 e menos de 100000 eleitores;
d) Um, nos municípios com 20000 ou menos eleitores.

Compete à câmara municipal, sob proposta do respectivo presidente, fixar o número de vereadores em regime de tempo inteiro e meio tempo que exceda os limites previstos no número anterior.

O presidente da câmara municipal, com respeito pelo disposto nos números anteriores, pode optar pela existência de vereadores a tempo inteiro e a meio tempo, neste caso correspondendo dois vereadores a um vereador a tempo inteiro.

Cabe ao presidente da câmara escolher os vereadores a tempo inteiro e a meio tempo, fixar as suas funções e determinar o regime do respectivo exercício.

A câmara municipal tem uma reunião ordinária semanal, salvo se reconhecer conveniência em que se efectue quinzenalmente.

A câmara municipal ou, na falta de deliberação desta, o respectivo presidente podem estabelecer dia e hora certos para as reuniões ordinárias, devendo neste caso publicar editais, que dispensam outras formas de convocação.

Quaisquer alterações ao dia e hora marcados para as reuniões devem ser comunicadas a todos os membros do órgão, com três dias de antecedência, por carta com aviso de recepção ou através de protocolo.

As reuniões extraordinárias podem ser convocadas por iniciativa do presidente ou a requerimento de, pelo menos, um terço dos respectivos membros, não podendo, neste caso, ser recusada a convocatória.

As reuniões extraordinárias são convocadas com, pelo menos, dois dias úteis de antecedência, sendo comunicadas a todos os membros por edital e através de protocolo.

O presidente convoca a reunião para um dos oito dias subsequentes à recepção do requerimento.

Quando o presidente não efectue a convocação que lhe tenha sido requerida ou não o faça, podem os requerentes efectuá-la directamente, com invocação dessa circunstância, observando o disposto no número anterior com as devidas adaptações e publicitando-a nos locais habituais.

COMPETÊNCIAS EXCLUSIVAS E DELEGADAS DAS CÂMARAS MUNICIPAIS

Competências exclusivas das câmaras municipais	Delegáveis no presidente da câmara municipal	Sub-delegáveis pelo presidente nos vereadores
Elaborar e aprovar o regimento ([1])		
Executar e velar pelo cumprimento das deliberações da assembleia municipal	X	X
Proceder à marcação e justificação das faltas dos seus membros	X	X
Deliberar sobre a locação e aquisição de bens móveis e serviços, nos termos da lei	X	X
Alienar os bens móveis que se tornem dispensáveis, nos termos da lei	X	X
Adquirir e alienar ou onerar bens imóveis de valor até 1000 vezes o índice 100 das carreiras do regime geral do sistema remuneratório da função pública	X	X
Alienar em hasta pública, independentemente de autorização do órgão deliberativo, bens imóveis de valor superior ao da alínea anterior, desde que a alienação decorra da execução das opções do plano e a respectiva deliberação seja aprovada por maioria de dois terços dos membros em efectividade de funções	X	X

[1] Nos anexos publicaremos um modelo de regimento de uma câmara municipal.

ANÁLISE CONCRETA DE COMPETÊNCIAS DAS ASSEMBLEIAS MUNICIPAIS

Competências exclusivas das câmaras municipais	Delegáveis no presidente da câmara municipal	Sub-delegáveis pelo presidente nos vereadores
Aceitar doações, legados e heranças a benefício de inventário		
Nomear e exonerar o conselho de administração dos serviços municipalizados e das empresas públicas municipais, assim como os representantes do município nos órgãos de outras empresas, cooperativas, fundações ou entidades em que o mesmo detenha alguma participação no respectivo capital social ou equiparado		
Fixar as tarifas e os preços da prestação de serviços ao público pelos serviços municipais ou municipalizados		
Apoiar ou comparticipar no apoio à acção social escolar e às actividades complementares no âmbito de projectos educativos	X	X
Organizar e gerir os transportes escolares	X	X
Resolver, no prazo máximo de 30 dias, sobre os recursos hierárquicos impróprios que lhe sejam apresentados de todas as deliberações do conselho de administração dos serviços municipalizados	X	X
Deliberar sobre a concessão de apoio financeiro, ou outro, a instituições legalmente constituídas pelos funcionários do município, tendo por objecto o desenvolvimento de actividades culturais, recreativas e desportivas		
Deliberar sobre a atribuição de subsídios a instituições legalmente existentes, criadas ou participadas pelo município ou criadas pelos seus funcionários, visando a concessão de benefícios sociais aos mesmos e respectivos familiares		
Aprovar os projectos, programas de concurso, caderno de encargos e a adjudicação relativamente a obras e aquisição de bens e serviços ([2])	X	X
Dar cumprimento, no que lhe diz respeito, ao Estatuto do Direito de Oposição	X	X
Deliberar sobre a administração de águas públicas sob sua jurisdição ([3])	X	X
Promover a publicação de documentos, anais ou boletins que interessem à história do município	X	X

[2] Esta matéria consta agora do Código dos Contratos Públicos (Decreto-Lei n.º 18/2008, de 29 de Janeiro).
[3] A Lei n.º 58/2005, de 29 de Dezembro, aprovou a Lei da Água, transpondo para a ordem jurídica nacional a Directiva n.º 2000/60/CE, do Parlamento Europeu e do Conselho, de 23 de Outubro, e estabelecendo as bases e o quadro institucional para a gestão sustentável das águas.

Competências exclusivas das câmaras municipais	Delegáveis no presidente da câmara municipal	Sub-delegáveis pelo presidente nos vereadores
Deliberar sobre o estacionamento de veículos nas ruas e demais lugares públicos (⁴)	X	X
Estabelecer a denominação das ruas e praças das povoações e estabelecer as regras de numeração dos edifícios	X	X
Proceder à captura, alojamento e abate de canídeos e gatídeos, nos termos da legislação aplicável (⁵)	X	X
Deliberar sobre a deambulação e extinção de animais nocivos	X	X
Declarar prescritos a favor do município, após publicação de avisos, os jazigos, mausoléus ou outras obras, assim como sepulturas perpétuas instaladas nos cemitérios propriedade municipal, quando não sejam conhecidos os seus proprietários ou relativamente aos quais se mostre que, após notificação judicial, se mantém desinteresse na sua conservação e manutenção, de forma inequívoca e duradoura	X	X

⁴ Esta competência deve ser conjugada com o Código da Estrada.
⁵ **Regime jurídico:**
– **Declaração Universal dos Animais de Companhia;**
– **Decreto-Lei nº 116/98, de 5 de Maio** (Veterinários municipais);
– **Decreto-Lei n.º 276/2001, de 17 de Outubro** (Normas legais tendentes a pôr em aplicação em Portugal a Convenção Europeia para a Protecção dos Animais de Companhia);
– **Decreto-Lei nº 312/2003, de 17 de Dezembro** (Regime jurídico de detenção de Animais perigosos e potencialmente perigosos como animais de companhia);
– **Decreto-Lei nº 313/2003, de 17 de Dezembro** (Sistema de Identificação e Registo de Caninos e Felinos/SICAFE);
– **Decreto-Lei nº 314/2003, de 17 de Dezembro** (Programa de Luta e Vigilância Epidemiológica da Raiva Animal e outras Zoonoses (PNLVERAZ) e estabelece regras relativas à posse, detenção, comércio, exposições e entrada em território nacional de animais susceptíveis à raiva).
– **Decreto-Lei nº 315/2003, de 17 de Dezembro** (Altera o Decreto-Lei 276/2001, de 17 de Outubro que estabelece as normas legais tendentes a pôr em aplicação em Portugal a Convenção Europeia para Protecção de Animais de Companhia);
– **Portaria 421/2004, de 24 de Abril** (Regulamento de registo, classificação e licenciamento de canídeos);
– **Portaria 422/2004, de 24 de Abril** (Raças e cruzamentos de cães potencialmente perigosos);
– **Portaria n.º 585/2004, de 29 de Maio** (Define o capital mínimo e outros critérios qualitativos necessários para a celebração do contrato de seguro referido no artigo 13.º do Decreto-Lei n.º 312/2003, de 17 de Dezembro, que aprovou as normas da detenção de animais perigosos e potencialmente perigosos enquanto animais de companhia);
– **Lei n.º 49/2007, de 31 de Agosto** (novo regime jurídico de detenção de animais potencialmente perigosos – Primeira alteração aos Decretos-Leis nºˢ 312/2003, de 17 de Dezembro, e 313/2003, de 17 de Dezembro, e segunda alteração ao Decreto-Lei n.º 276/2001, de 17 de Outubro, que estabelecem o regime jurídico de detenção de animais perigosos e potencialmente perigosos, de identificação e registo de caninos e felinos e de aplicação da Convenção Europeia para a Protecção dos Animais de Companhia).

ANÁLISE CONCRETA DE COMPETÊNCIAS DAS ASSEMBLEIAS MUNICIPAIS

Competências exclusivas das câmaras municipais	Delegáveis no presidente da câmara municipal	Sub-delegáveis pelo presidente nos vereadores
Remeter ao Tribunal de Contas, nos termos da lei, as contas do município.	X	X
Elaborar e submeter à aprovação da assembleia municipal os planos necessários à realização das atribuições municipais		
Participar, com outras entidades, no planeamento que directamente se relacione com as atribuições e competências municipais, emitindo parecer para submissão a deliberação da assembleia municipal		
Elaborar e submeter a aprovação da assembleia municipal as opções do plano e a proposta de orçamento e as respectivas revisões		
Executar as opções do plano e orçamentos aprovados, bem como aprovar as suas alterações	X	X
Elaborar e aprovar a norma de controlo interno, bem como o inventário de todos os bens, direitos e obrigações patrimoniais e respectiva avaliação, e ainda os documentos de prestação de contas, a submeter à apreciação e votação do órgão deliberativo	X	X
Criar, construir e gerir instalações, equipamentos, serviços, redes de circulação, de transportes, de energia, de distribuição de bens e recursos físicos integrados no património municipal ou colocados, por lei, sob a administração municipal	X	X
Participar em órgãos de gestão de entidades da administração central, nos casos, nos termos e para os efeitos estabelecidos por lei	X	X
Colaborar no apoio a programas e projectos de interesse municipal, em parceria com outras entidades da administração central	X	X
Designar os representantes do município nos conselhos locais, nos termos da lei	X	X
Criar ou participar em associações de desenvolvimento regional e de desenvolvimento do meio rural		
Promover e apoiar o desenvolvimento de actividades artesanais, manifestações etnográficas e a realização de eventos relacionados com a actividade económica de interesse municipal	X	X

Competências exclusivas das câmaras municipais	Delegáveis no presidente da câmara municipal	Sub-delegáveis pelo presidente nos vereadores
Assegurar, em parceria ou não com outras entidades públicas ou privadas, nos termos da lei, o levantamento, classificação, administração, manutenção, recuperação e divulgação do património natural, cultural, paisagístico e urbanístico do município, incluindo a construção de monumentos de interesse municipal	X	X
Emitir parecer, nos casos e nos termos previstos na lei, sobre projectos de obras não sujeitas a licenciamento municipal		
Participar em órgãos consultivos de entidades da administração central, nos casos estabelecidos por lei	X	X
Deliberar sobre as formas de apoio a entidades e organismos legalmente existentes, nomeadamente com vista à prossecução de obras ou eventos de interesse municipal, bem como à informação e defesa dos direitos dos cidadãos		
Apoiar ou comparticipar, pelos meios adequados, no apoio a actividades de interesse municipal, de natureza social, cultural, desportiva, recreativa ou outra		
Participar na prestação de serviços a estratos sociais desfavorecidos ou dependentes, em parceria com as entidades competentes da administração central, e prestar apoio aos referidos estratos sociais, pelos meios adequados e nas condições constantes de regulamento municipal	X	X
Deliberar em matéria de acção social escolar, designadamente no que respeita a alimentação, alojamento e atribuição de auxílios económicos a estudantes		
Assegurar o apoio adequado ao exercício de competências por parte do Estado, nos termos definidos por lei	X	X
Deliberar sobre a participação do município em projectos e acções de cooperação descentralizada, designadamente no âmbito da União Europeia e da Comunidade de Países de Língua Portuguesa		
Conceder licenças nos casos e nos termos estabelecidos por lei, designadamente para construção, reedificação, utilização, conservação ou demolição de edifícios, assim como para estabelecimentos insalubres, incómodos, perigosos ou tóxicos		
Realizar vistorias e executar, de forma exclusiva ou participada, a actividade fiscalizadora atribuída por lei, nos termos por esta definidos		

ANÁLISE CONCRETA DE COMPETÊNCIAS DAS ASSEMBLEIAS MUNICIPAIS

Competências exclusivas das câmaras municipais	Delegáveis no presidente da câmara municipal	Sub-delegáveis pelo presidente nos vereadores
Ordenar, precedendo vistoria, a demolição total ou parcial ou a beneficiação de construções que ameacem ruína ou constituam perigo para a saúde ou segurança das pessoas		
Emitir licenças, matrículas, livretes e transferências de propriedade e respectivos averbamentos e proceder a exames, registos e fixação de contingentes relativamente a veículos, nos casos legalmente previstos		
Apresentar à assembleia municipal propostas e pedidos de autorização, designadamente em relação às matérias constantes dos n.ºs 2 a 4 do artigo 53º		
Deliberar sobre formas de apoio às freguesias		
Propor à assembleia municipal a concretização de delegação de parte das competências da câmara nas freguesias que nisso tenham interesse, de acordo com o disposto no artigo 66º		
Propor à assembleia municipal a realização de referendos locais.		
Elaborar e aprovar posturas e regulamentos em matérias da sua competência exclusiva		
Administrar o domínio público municipal, nos termos da lei	X	X
Propor, nos termos da lei, a declaração de utilidade pública, para efeitos de expropriação [6]		
Exercer as demais competências legalmente conferidas, tendo em vista o prosseguimento normal das atribuições do município	X	X

Competências dos presidentes das câmaras municipais	Delegáveis nos vereadores	Delegáveis pelo presidente ou sub-delegáveis pelos vereadores nos dirigentes das unidades orgânicas
Representar o município em juízo e fora dele	X	X
Executar as deliberações da câmara municipal e coordenar a respectiva actividade	X	
Assegurar a execução das deliberações da assembleia municipal e dar cumprimento às decisões dos seus órgãos	X	X

[6] A Lei n.º 168/99, de 18 de Setembro, aprovou o Código das Expropriações e foi alterado pela 4ª vez pela Lei nº 56/2008, de 4 de Setembro.

Competências dos presidentes das câmaras municipais	Delegáveis nos vereadores	Delegáveis pelo presidente ou sub-delegáveis pelos vereadores nos dirigentes das unidades orgânicas
Elaborar e manter actualizado o cadastro dos bens móveis e imóveis do município	X	
Participar ao representante do Ministério Público competente as faltas injustificadas dadas pelos membros da câmara, para os efeitos legais	X	
Aprovar projectos, programas de concurso, caderno de encargos e a adjudicação de empreitadas e aquisição de bens e serviços, cuja autorização de despesa lhe caiba, nos termos da lei	X	
Autorizar a realização de despesas orçamentadas até ao limite estipulado por lei ou por delegação da câmara municipal, com a excepção das referidas no n.º 2 do artigo 54.º	X	X
Autorizar o pagamento das despesas realizadas, nas condições legais	X	X
Comunicar anualmente, no prazo legal, o valor fixado da taxa de contribuição autárquica incidente sobre prédios urbanos, assim como, quando for o caso, a deliberação sobre o lançamento de derramas, às entidades competentes para a cobrança	X	
Submeter a norma de controlo interno, bem como o inventário de todos os bens, direitos e obrigações patrimoniais e respectiva avaliação, e ainda os documentos de prestação de contas, à aprovação da câmara municipal e à apreciação e votação da assembleia municipal, com excepção da norma de controlo interno	X	
Remeter, atempadamente, ao Tribunal de Contas os documentos que careçam da respectiva apreciação, sem prejuízo da alínea bb) do n.º 1 do artigo 64.º	X	X
Assinar ou visar a correspondência da câmara municipal com destino a quaisquer entidades ou organismos públicos	X	
Convocar as reuniões ordinárias para o dia e hora que fixar, sem prejuízo do disposto no artigo 62.º, e enviar a ordem do dia a todos os membros	X	
Convocar as reuniões extraordinárias	X	
Estabelecer e distribuir a ordem do dia das reuniões	X	
Abrir e encerrar as reuniões, dirigir os trabalhos e assegurar o cumprimento das leis e a regularidade das deliberações	X	

ANÁLISE CONCRETA DE COMPETÊNCIAS DAS ASSEMBLEIAS MUNICIPAIS

Competências dos presidentes das câmaras municipais	Delegáveis nos vereadores	Delegáveis pelo presidente ou sub-delegáveis pelos vereadores nos dirigentes das unidades orgânicas
Suspender ou encerrar antecipadamente as reuniões, quando circunstâncias excepcionais o justifiquem, mediante decisão fundamentada, a incluir na acta da reunião	X	X
Responder, no prazo de 10 dias, aos pedidos de informação apresentados pelos vereadores	X	
Representar a câmara nas sessões da assembleia municipal ou, havendo justo impedimento, fazer-se representar pelo seu substituto legal, sem prejuízo da faculdade de ser acompanhado por outros membros	X	X
Responder, no prazo máximo de 15 dias, prorrogável por igual período, desde que fundamentado, aos pedidos de informação veiculados pela mesa da assembleia municipal	X	X
Promover a publicação das decisões ou deliberações previstas no artigo 91.º	X	
Promover o cumprimento do Estatuto do Direito da Oposição e a publicação do respectivo relatório de avaliação	X	
Dirigir, em estreita articulação com o Serviço Nacional de Protecção Civil, o serviço municipal de protecção civil, tendo em vista o cumprimento dos planos e programas estabelecidos e a coordenação das actividades a desenvolver no domínio da protecção civil, designadamente em operações de socorro e assistência, com especial relevo em situações de catástrofe e calamidade públicas	X	
Presidir ao conselho municipal de segurança	X	
Remeter à assembleia municipal a minuta das actas e as actas das reuniões da câmara municipal, logo que aprovadas	X	
Remeter à assembleia municipal, para os efeitos previstos na alínea e) do n.º 1 do artigo 53.º, toda a documentação, designadamente relatórios, pareceres, memos e documentos de igual natureza, indispensável para a compreensão e análise crítica e objectiva da informação aí referida	X	
Decidir todos os assuntos relacionados com a gestão e direcção dos recursos humanos afectos aos serviços municipais	X	
Designar o funcionário que, nos termos da lei, serve de notário privativo do município para lavrar os actos notariais expressamente previstos pelo Código do Notariado	X	

Competências dos presidentes das câmaras municipais	Delegáveis nos vereadores	Delegáveis pelo presidente ou sub-delegáveis pelos vereadores nos dirigentes das unidades orgânicas
Designar o funcionário que serve de oficial público para lavrar todos os contratos em que a lei preveja ou não seja exigida escritura	X	
Modificar ou revogar os actos praticados por funcionários ou agentes afectos aos serviços da câmara	X	
Gerir os recursos humanos dos estabelecimentos de educação e ensino, nos casos e nos termos determinados por lei	X	X
Outorgar contratos necessários à execução das obras referidas na alínea j), assim como ao funcionamento dos serviços	X	X
Instaurar pleitos e defender-se neles, podendo confessar, desistir ou transigir, se não houver ofensa de direitos de terceiros	X	
Promover todas as acções necessárias à administração corrente do património municipal e à sua conservação	X	
Proceder aos registos prediais do património imobiliário do município, ou outros	X	X
Promover a execução, por administração directa ou empreitada, das obras, assim como proceder à aquisição de bens e serviços, nos termos da lei	X	
Conceder, nos casos e nos termos previstos na lei, licenças ou autorizações de utilização de edifícios	X	
Embargar e ordenar a demolição de quaisquer obras, construções ou edificações efectuadas por particulares ou pessoas colectivas, sem licença ou com inobservância das condições dela constantes, dos regulamentos, das posturas municipais ou de medidas preventivas, de normas provisórias, de áreas de construção prioritária, de áreas de desenvolvimento urbano prioritário e de planos municipais de ordenamento do território plenamente eficazes	X	
Ordenar o despejo sumário dos prédios cuja expropriação por utilidade pública tenha sido declarada ou cuja demolição ou beneficiação tenha sido deliberada, nos termos da alínea anterior e da alínea c) do n.º 5 do artigo 64.º, mas, nesta última hipótese, só quando na vistoria se verificar a existência de risco eminente de desmoronamento ou a impossibilidade de realização das obras sem grave prejuízo para os moradores dos prédios	X	

ANÁLISE CONCRETA DE COMPETÊNCIAS DAS ASSEMBLEIAS MUNICIPAIS

Competências dos presidentes das câmaras municipais	Delegáveis nos vereadores	Delegáveis pelo presidente ou sub-delegáveis pelos vereadores nos dirigentes das unidades orgânicas
Conceder licenças policiais ou fiscais, de harmonia com o disposto nas leis, regulamentos e posturas	X	X
Determinar a instrução dos processos de contra-ordenação e aplicar as coimas, nos termos da lei, com a faculdade de delegação em qualquer dos restantes membros da câmara	X	
Dar conhecimento aos restantes membros do órgão executivo e remeter ao órgão deliberativo cópias dos relatórios definitivos resultantes de acções tutelares ou de auditorias sobre a actividade do órgão executivo e dos serviços, no prazo máximo de 10 dias após o recebimento dos mesmos	X	
Conceder terrenos, nos cemitérios propriedade do município, para jazigos, mausoléus e sepulturas perpétuas (7)	X	X

A gestão e direcção de recursos humanos também podem ser objecto da delegação e subdelegação referidas no número anterior, designadamente quanto às seguintes matérias:

a) Aprovar e alterar o mapa de férias e restantes decisões relativas a férias com respeito pelo interesse do serviço;

b) Justificar ou injustificar faltas;

c) Autorizar o abono de vencimento de exercício perdido por motivo de doença;

d) Conceder licenças sem vencimento até 90 dias;

e) Proceder à homologação da classificação de serviço dos funcionários, nos casos em que o delegado não tenha sido notador;

f) Decidir, nos termos da lei, em matéria de duração e horário de trabalho, no âmbito da modalidade deste último superiormente fixada;

g) Autorizar a prestação de trabalho extraordinário;

h) Assinar termos de aceitação;

i) Determinar a conversão da nomeação provisória em definitiva;

---

[7] As principais obras existentes sobre os cemitérios e o direito mortuário foram publicadas pela Livraria da Universidade-Edições Jurídicas (Direito Mortuário) e pela Almedina, da autoria de Esmeralda Nascimento e Márcia Trabulo (Cemitérios-Ordenamentos e Questões Jurídicas). O regime jurídico é:
– Decreto 44220, de 3 de Março de 1962;
– Decreto 48770, de 18 de Dezembro de 1968;
– Decreto-Lei nº 411/98, de 30 de Dezembro;
– Decreto-Lei nº 417/70, de 1 de Setembro;
– Decreto-Lei nº 168/2006, de 16 de Agosto;
– Norma Europeia NP EN 15017.

j) Praticar todos os actos relativos à aposentação dos funcionários, salvo no caso de aposentação compulsiva;

l) Praticar todos os actos respeitantes ao regime de segurança social, incluindo os referentes a acidentes em serviço;

m) Exonerar os funcionários do quadro, a pedido dos interessados.

Podem ainda ser objecto de delegação e subdelegação as seguintes matérias:

a) Autorizar a realização e pagamento de despesa em cumprimento de contratos de adesão previamente autorizados pelos eleitos locais através de despacho ou deliberação, com correcto cabimento legal no orçamento em vigor;

b) Autorizar a realização de despesas nos outros casos, até ao limite estabelecido por lei;

c) Autorizar o registo de inscrição de técnicos;

d) Autorizar termos de abertura e encerramento em livros sujeitos a essa formalidade, designadamente livros de obra;

e) Autorizar a restituição aos interessados de documentos juntos a processos;

f) Autorizar a passagem de termos de identidade, idoneidade e justificação administrativa;

g) Autorizar a passagem de certidões ou fotocópias autenticadas aos interessados, relativas a processos ou documentos constantes de processos arquivados, e que careçam de despacho ou deliberação dos eleitos locais, com respeito pelas salvaguardas estabelecidas por lei;

h) Emitir alvarás exigidos por lei, na sequência da decisão ou deliberação que confiram esse direito;

i) Conceder licenças de ocupação da via pública, por motivo de obras;

j) Autorizar a renovação de licenças que dependa unicamente do cumprimento de formalidades burocráticas ou similares pelos interessados;

l) Emitir o cartão de feirante e o de vendedor ambulante;

m) Determinar a instrução de processos de contra-ordenação e designar o respectivo instrutor;

n) Praticar outros actos e formalidades de carácter instrumental necessários ao exercício da competência decisória do delegante ou subdelegante.

Por via do instrumento de delegação de competências, mediante protocolo, a celebrar com o município, a freguesia pode realizar investimentos cometidos àquele ou gerir equipamentos e serviços municipais. O instrumento que concretize a colaboração entre município e freguesia deve conter expressamente, pelo menos:

a) A matéria objecto da colaboração;

b) Referência obrigatória nas opções do plano, durante os anos de vigência da colaboração, quando se trate de matéria que nelas deva constar;

c) Os direitos e obrigações de ambas as partes;
d) As condições financeiras a conceder pelo município, que devem constar obrigatoriamente do orçamento do mesmo durante os anos de vigência da colaboração;
e) O apoio técnico ou em recursos humanos e os meios a conceder pelo município.

Vejamos agora algumas das matérias e temáticas que deverão ser do conhecimento dos membros das assembleia municipais para poderem exercer mais cabalmente as suas responsabilidades e o acompanhamento e fiscalização da actividade das câmaras municipais:

a) Gabinetes de Apoio Pessoal

Os presidentes das câmaras municipais podem constituir um gabinete de apoio pessoal, com a seguinte composição:
a) Nos municípios com mais de 100000 eleitores, um chefe do gabinete, dois adjuntos e dois secretários;
b) Nos municípios com um número de eleitores entre os 50 000 e 100 000, um chefe de gabinete, um adjunto e dois secretários;
c) Nos restantes municípios, um chefe de gabinete, um adjunto e um secretário.

Os vereadores em regime de tempo inteiro podem igualmente constituir um gabinete de apoio pessoal, com a seguinte composição:
a) Nos municípios com mais de 100 000 eleitores, um adjunto e um secretário;
b) Nos restantes municípios, um secretário.

Para efeitos do disposto no número anterior, dois vereadores em regime de meio tempo correspondem a um vereador em regime de tempo inteiro.

Os presidentes de câmara e os vereadores podem delegar a prática de actos de administração ordinária nos chefes do gabinete e adjuntos dos respectivos gabinetes de apoio pessoal. A ANMP produziu uma informação jurídica (Informação n.º 008/01/2006) sobre esta questão, tendo sido referido o seguinte:

"Em primeiro lugar poderíamos ser levados a pensar que a administração ordinária respeita aquelas matérias que os serviços são chamados a resolver repetidamente, de aplicação quase mecânica de critérios legal ou regularmente definidos. Tal não é forçosamente assim já que podem haver decisões repetidas e vinculadas que poderão não caber no conceito de administração ordinária mas sim ao próprio núcleo de competência do órgão em causa.

De acordo com Mário Esteves de Oliveira, e como referência para resolução desta problemática deve-se ter em conta, não aqueles actos que os serviços são chamados a resolver repetidamente, nem a importância relativa das diversas matérias mas sim as diversas competências que cabem em qualquer matéria. Quer isto dizer que em qualquer matéria há competência decisória (à partida indelegável neste caso), e competência ordinária.

Assim, a competência para decidir caberá sempre ao Presidente da Câmara ou aos Vereadores, enquanto a competência para assegurar o cumprimento da decisão já poderá ser delegada enquanto administração ordinária da competência decisória.

"Teríamos, portanto, como primeiro núcleo desta categoria de actos, aquilo que se pode designar com administração ordinária de uma competência decisória, abrangendo actos instrumentais desta, para os quais, explícita ou implicitamente, fosse também originariamente competente o órgão com essa competência principal.

Parte-se da ideia de que onde existe uma competência decisória principal, lhe vão agregados muitos poderes instrumentais, preliminares e complementares, da decisão principal – e que não se resumem, aliás (embora os incluam), aos poderes respeitantes à instrução do procedimento ou à execução da sua decisão."

Em face do exposto, a ANMP conclui o seguinte:

- Não há uma noção de *"actos de administração ordinária"* que nos permita fazer uma elencagem capaz de abranger os vários actos desta categoria;
- Tal deverá, pois ser feito casuisticamente, tendo como referência primeira que terão que ser actos instrumentais relativamente a uma competência decisória.
- A competência decisória caberá, neste caso ao Presidente da Câmara ou Vereadores, os actos instrumentais, preliminares e complementares da decisão principal, serão actos de administração ordinária, e, como tais, poderão ser delegados nos adjuntos e chefes de gabinete".

A remuneração do chefe do gabinete de apoio pessoal nos municípios de Lisboa e Porto corresponde ao vencimento dos chefes dos gabinetes dos membros do Governo e, nos restantes municípios, corresponde a 90% da remuneração que legalmente cabe aos vereadores em regime de tempo inteiro da câmara municipal em causa, com direito aos abonos genericamente atribuídos para a função pública.

A remuneração dos adjuntos e dos secretários corresponde a 80% e 60%, respectivamente, da que legalmente cabe aos vereadores em regime de tempo inteiro da câmara municipal em causa, com direito aos abonos genericamente atribuídos para a função pública.

Os membros dos gabinetes de apoio pessoal são nomeados e exonerados pelo presidente da câmara municipal, sob proposta dos vereadores, e o exercício das suas funções cessa igualmente com a cessação do mandato do presidente ou dos vereadores que apoiem.

O pessoal referido, que for funcionário da administração central ou local, é provido em regime de comissão de serviço, com a faculdade de optar pelas remunerações correspondentes aos lugares de origem.

Os membros dos gabinetes de apoio pessoal não podem beneficiar de quaisquer gratificações ou abonos suplementares não previstos na presente disposição, nomeadamente a título de trabalho extraordinário.

Aos membros dos gabinetes de apoio pessoal referidos nos números anteriores é aplicável, em matéria de recrutamento, competências, garantias, deveres e incompatibilidades, o regime relativo ao pessoal dos gabinetes dos membros do Governo, com as adaptações constantes deste artigo e do artigo anterior e as inerentes às características do gabinete em que se integram.

O **Decreto-Lei n.º 262/88, de 23 de Julho**, estabelece a composição, a orgânica e o regime dos gabinetes dos membros do Governo. Os gabinetes têm por função coadjuvar o membro do Governo respectivo no exercício das suas funções.

Os membros dos gabinetes consideram-se, para todos os efeitos, em exercício de funções a partir da data do despacho que os tiver nomeado, com dispensa do visto do Tribunal de Contas e independentemente de publicação no *Diário da República*.

A nomeação para o exercício das funções nos gabinetes dispensa a autorização do membro do Governo de que depende o respectivo serviço público de origem, sem prejuízo da audição de outras entidades, quando legalmente exigível.

Quando os nomeados sejam membros das Forças Armadas, magistrados, funcionários ou agentes da administração central, regional ou local, de institutos públicos e empresas públicas ou privadas exercerão os seus cargos em regime de comissão de serviço ou de requisição, conforme os casos, e com a faculdade de optar pelas remunerações correspondentes aos cargos de origem.

Os membros dos gabinetes não podem ser prejudicados na estabilidade do seu emprego, na sua carreira profissional e no regime de segurança social de que beneficiem por causa do exercício das suas funções.

O tempo de serviço prestado pelos membros dos gabinetes considera-se, para todos os efeitos, como prestado no lugar de origem, mantendo aqueles todos os direitos, subsídios, regalias sociais, remuneratórias e quaisquer outras correspondentes ao seu lugar de origem, não podendo igualmente ser prejudicados nas promoções a que, entretanto, tenham adquirido direito, nem nos concursos públicos a que se submetam, pelo não exercício de actividade no lugar de origem.

Quando os membros dos gabinetes se encontrarem, à data da nomeação, investidos em cargo público de exercício temporário, por virtude da lei, acto ou contrato, ou em comissão de serviço, o exercício de funções no gabinete suspende o respectivo prazo.

O tempo de serviço prestado nos gabinetes suspende a contagem dos prazos para a apresentação de relatórios ou prestação de provas para a carreira docente do ensino superior ou para a carreira de investigação científica.

Os membros dos gabinetes que cessam funções retomam automaticamente as que exerciam à data da nomeação, só podendo os respectivos lugares de origem ser providos em regime de substituição, nos termos gerais.

Os membros dos gabinetes gozam das regalias concedidas pelos serviços sociais dos departamentos em que estiverem integrados.

Os membros dos gabinetes estão sujeitos aos deveres gerais que impendem sobre os funcionários e agentes da Administração Pública, nomeadamente aos deveres de diligência e sigilo sobre todos os assuntos que lhes forem confiados ou de que tenham conhecimento por causa do exercício das suas funções.

Os membros dos gabinetes estão isentos de horário de trabalho, não lhes sendo, por isso, devida qualquer remuneração a título de horas extraordinárias.

As funções atribuídas aos chefes de gabinete podem ser variadas e tudo depende das necessidades do presidente da câmara e do seu maior ou menor grau de autonomia, podendo ser mais políticas ou mais técnicas.

b) Licenciamento de actividades

Com o **Decreto-Lei n.º 310/2002, de 18 de Dezembro**, atribui-se às câmaras municipais competência em matéria de licenciamento de actividades diversas até então cometidas aos governos civis, como:
 a) Guarda-nocturno;
 b) Venda ambulante de lotarias;
 c) Arrumador de automóveis;
 d) Realização de acampamentos ocasionais;
 e) Exploração de máquinas automáticas, mecânicas, eléctricas e electrónicas de diversão;
 f) Realização de espectáculos desportivos e de divertimentos públicos nas vias, jardins e demais lugares públicos ao ar livre;
 g) Venda de bilhetes para espectáculos ou divertimentos públicos em agências ou postos de venda;
 h) Realização de fogueiras e queimadas;
 i) Realização de leilões.

O exercício das actividades referidas no artigo anterior carece de licenciamento municipal.

O **artigo 28º da Lei nº 159/99, de 14 de Setembro**, referia que era da competência dos órgãos municipais:
 a) Licenciamento industrial e fiscalização das classes C e D;
 b) Licenciamento e fiscalização de empreendimentos turísticos e hoteleiros;
 c) Licenciamento e fiscalização de explorações a céu aberto de massas minerais;
 d) Controlo metrológico de equipamentos;
 e) Elaboração do cadastro dos estabelecimentos industriais, comerciais e turísticos;
 f) Licenciamento e fiscalização de povoamentos de espécies de rápido crescimento;
 g) Licenciamento e fiscalização de estabelecimentos comerciais.

c) Publicitação de benefícios

A **Lei n.º 26/94, de 19 de Agosto** regulamenta a obrigatoriedade de publicitação dos benefícios concedidos pela Administração Pública a particulares.

É obrigatória a publicidade das transferências correntes e de capital que os ministérios, as instituições de segurança social, os fundos e serviços autónomos, os institutos públicos e os executivos municipais efectuam a favor de pessoas singulares ou colectivas exteriores ao sector público administrativo a título de subsídio, subvenção, bonificação, ajuda, incentivo ou donativo.

Serão igualmente objecto de publicação:
 a) As dilações de dívidas de impostos e de contribuições à segurança social, deferidas por acto administrativo de competência governamental, quando superiores a 90 dias;
 b) A concessão por contrato ou por acto administrativo de competência governamental de isenções e outros benefícios fiscais não automáticos cujo acto de reconhecimento implique uma margem de livre apreciação administrativa, não se restringindo à mera verificação objectiva dos pressupostos legais.

A obrigatoriedade de publicitação consagrada no presente artigo não inclui as verbas da segurança social respeitantes às prestações sociais decorrentes da aplicação dos direitos e normas regulamentares vigentes, nem os subsídios, subvenções, bonificações, ajudas, incentivos ou donativos cuja decisão de atribuição se restrinja à mera verificação objectiva dos pressupostos legais.

Sem prejuízo de outros requisitos que forem legalmente exigíveis, a publicitação prevista nos artigos anteriores, respeitante a actos incluídos na competência dos ministérios, das instituições de segurança social, dos fundos e serviços autónomos e dos institutos públicos, efectua-se através de publicação semestral no *Diário da República*, com indicação da entidade decisora, do beneficiário, do montante transferido ou do benefício auferido e da data da decisão.

A publicitação a que estão obrigados os executivos municipais deve efectuar-se em jornal local e em boletim municipal ou, na falta deste, em editais afixados nos lugares de estilo.

As publicações far-se-ão até ao fim do mês de Setembro, para os montantes transferidos no 1.º semestre de cada ano civil, e até ao fim do mês de Março, para os respeitantes ao 2.º semestre, através de listagem organizada sectorialmente e contendo as indicações determinadas no n.º 1 do presente artigo.

Os actos de doação de um bem patrimonial registado em nome do Estado ou das autarquias locais a uma pessoa singular ou colectiva privada devem ser publicados com indicação da entidade decisora, do beneficiário, do valor patrimonial estimado e do seu fundamento.

A publicação far-se-á em conjunto com as listagens previstas no artigo 3.º, independentemente de o acto já ter sido objecto de publicação ao abrigo de outro dispositivo legal.

d) Gestão de Recursos Humanos

É através das organizações que os indivíduos atingem determinados objectivos, o que exige coordenação de esforços e divisão de funções e de trabalho.

A prática da gestão de organização obedece a três componentes fundamentais: a motivação, a liderança e a comunicação. A eficácia e a eficiência de uma organização dependem da forma como esses componentes são trabalhados.

A motivação provém do latim *movere* que quer dizer mover e colocar em funcionamento. É uma força interna que orienta o comportamento humano, tendo em vista atingir determinado objectivo. São mais decisivas numa organização as motivações secundárias como a conduta gregária e a afiliação (todos precisam de todos e de ser aceites e estimados), a auto-afirmação (desejo de obter determinada posição dentro do grupo), a motivação para a realização (força necessária para vencer desafios e atingir objectivos), a motivação para a competência (impulso para fazer um trabalho de grande qualidade) e motivação para o poder.

Segundo Manuela Monteiro e Irene Queirós, a motivação nas organizações consiste num sistema de três variáveis que interagem entre si: características individuais, características do trabalho e características da situação de trabalho.

Em todos os grupos e em todas as organizações existem chefes, coordenadores ou líderes. A liderança ([8]) é o processo de exercer influência sobre um indivíduo ou um grupo de indivíduos, nos esforços para a realização de objectivos em determinada situação, segundo Hersey e Blanchard. Está intimamente relacionada com o conceito de poder como a aptidão para exercer influência e de provocar mudança de comportamentos ou atitudes de outras pessoas. O líder deve definir os objectivos, planificar, informar, orientar, apoiar e avaliar. Tradicionalmente têm sido distinguidos três estilos de liderança: autoritária, liberal ou democrática/assertiva.

O Homem é um ser eminentemente social e precisa de comunicar e de estabelecer relações com os outros. É bom que a comunicação nas organizações seja eficaz, útil, válida, compreensível e eficiente. O relacionamento entre os eleitos locais deve ser respeitador, cordial e propiciar uma dinâmica de grupo de que beneficie o órgão mas sobretudo os utentes. ([9])

Existem várias obras sobre o regime jurídico da função pública cujos diplomas legais se aplicam, grosso modo, aos funcionários e agentes da administração local. Contudo, têm o grave mas incontornável defeito de se desactualizarem com rapidez face à inflação legislativa vigente no nosso país. Tal exige uma atenção redobrada e um esforço permanente de actualização.

A Direcção Geral das Autarquias Locais publica anualmente um Relatório de Caracterização dos Recursos Humanos dos Municípios e o último que conhecemos reporta-se ao ano de 2008. Daí pode extrair-se o seguinte:

- O número de trabalhadores ao serviço dos municípios em 31 de Dezembro de 2008 era de 126 863;
- A maioria dos trabalhadores municipais (52%) encontram-se a exercer funções como auxiliares e operários;
- O índice de tecnicidade em sentido restrito é de 23%, o que significa que quase ¼ dos trabalhadores são técnicos. Se juntarmos a este grupo os dirigentes e o pessoal do grupo profissional de informática, constata-se que o índice de tecnicidade em sentido lato atinge os 27%;
- A análise do emprego segundo a relação jurídica regista a predominância da nomeação, com uma taxa de cerca de 77%. Os contratos de trabalho a termo (por tempo indeterminado e a termo resolutivo) represen-

---

[8] Recomendamos a obra Técnicas de Chefia e de Liderança, de Fernando Jorge Abreu, CEFA, 2006, onde se poderá ler a pp. 10 a 13, que o chefe é um símbolo, um líder, um elo de ligação pessoal, um monitor, um divulgador de informação, um representante e um porta-voz e que planeia a mudança necessária, controla as alterações, distribui recursos e negoceia.

[9] O CEFA tem publicado obras/manuais sobre esta temática, nomeadamente as "Técnicas de Chefia e Liderança" e o "Desenvolvimento Individual e Interpessoal".

tam cerca de 18% dos vínculos existentes nos municípios no final do ano de 2008, percentagem ligeiramente superior à registada em 2007, que se ficava pelos 13%;
- O escalão etário com maior número de efectivos nos municípios é o dos 45 a 49 anos, que representa cerca de 18% dos trabalhadores municipais;
- Mais de metade dos recursos humanos ao serviço nos municípios em 2008 (57%) têm menos de 14 anos de antiguidade, 41% têm até 9 anos de serviço, sendo que 22% dos trabalhadores integram-se no escalão etário dos 5 aos 9 anos de serviço na função pública, representando este o escalão mais populoso;
- Cerca de 41% dos trabalhadores dos municípios têm uma escolaridade inferior à mínima obrigatória (6 ou menos anos de escolaridade);
- A habilitação literária predominante é o 1.º ciclo do ensino básico (antiga 4.ª classe) com 27% dos trabalhadores, os quais se encontram quase exclusivamente no grupo Auxiliar (15% do total) e Operário (11%);
- Com 6 ou 9 anos de escolaridade encontram-se 29% dos trabalhadores, integrados também naqueles grupos profissionais (15% são auxiliares e 7% são operários);
- Nestes grupos profissionais o reforço do nível habilitacional só pode ser visto a longo prazo já que 61% dos operários e 73% dos auxiliares têm até 20 anos de antiguidade;
- Com 11 ou 12 anos de escolaridade apresentam-se 23% dos trabalhadores, agora distribuídos essencialmente por três grupos profissionais (Administrativo – 8%; Auxiliar e Técnico Profissional –5% cada);
- De acordo com os dados disponíveis, dos 6.690 trabalhadores estrangeiros ao serviço dos municípios, 88% são provenientes de países da União Europeia, diminuindo assim dos 92% verificados no ano anterior, sendo oriundos dos PALOP 9% (6% em 2007);
- Os trabalhadores municipais com deficiência são 1.851 e 44% pertencem ao grupo profissional Auxiliar e cerca de 1/3 ao Administrativo e Operário;
- As admissões de pessoal em 2008 totalizaram 13.430 indivíduos e consubstanciam maioritariamente situações de contrato de trabalho a termo certo (66% das admissões), registando um aumento de cerca de 55% em relação ao ano passado, ocupando este ano a admissão no regime de nomeação o segundo lugar com cerca de 13% do total;
- O número de prestadores de serviços decresceu significativamente em relação ao ano transacto (menos 54% trabalhadores nesta situação) representando apenas 7% do total das entradas;
- Na análise dos encargos com pessoal verifica-se que a remuneração base representa cerca de 82% do total;

- Cerca de 5% dos encargos totais com pessoal resultam do pagamento de trabalho extraordinário e em dias de descanso semanal complementar e feriados;
- O ano de 2008 caracterizou-se por um aumento de 2% no total dos efectivos nos municípios portugueses.

Tendo em conta que a assembleia municipal é um órgão de fiscalização, controlo e acompanhamento da actividade da câmara municipal, embora tenha uma função deliberativa e não executiva, vamos dar conta apenas dos principais diplomas que marcam uma profunda reforma da administração pública ao nível dos seus recursos que deve ser do conhecimento de todos os eleitos locais e que pode fundamentar intervenções concretas ou de fundo nas sessões das assembleias municipais:

 – **Decreto-Lei nº 47/87, de 29 de Janeiro:** normas relativas à fixação de residência pelos funcionários e agentes da administração pública, central e local e dos institutos públicos.

 – **Decreto-Lei nº 190/96, de 9 de Outubro**: Balanço Social.

 – **Decreto-Lei nº 106/98, de 24 de Abril**: abonos de ajudas de custo e de transporte pela deslocação em serviço público.

 – **Decreto-Lei nº 100/99, de 19 de Março**: regime de férias, faltas e licenças dos funcionários e agentes da administração central, regional e local, incluindo os institutos públicos que revistam a natureza de serviços personalizados ou de fundos públicos. Já foi objecto de algumas alterações, nomeadamente pela Lei nº 117/99, de 11 de Agosto e pelo Decreto-Lei nº 157/2001, de 11 de Maio.

 – **Decreto-Lei nº 503/99, de 20 de Novembro**: acidentes de serviço e doenças profissionais e funcionamento das juntas médicas.

 – **Decreto-Lei nº 176/2003, de 2 de Agosto**: instituiu o abono de família para crianças e jovens e definiu a protecção na eventualidade de encargos familiares no âmbito do sub-sistema de protecção familiar.

 – **Lei nº 2/2004, de 15 de Janeiro**: aprova o estatuto do pessoal dirigente dos serviços e organismos da administração central, regional e local do Estado (alterada pela **Lei nº 51/2005, de 30 de Agosto**).

 – **Decreto-Lei nº 93/2004, de 20 de Abril**: adaptação do estatuto do pessoal dirigente à administração local; foi alterado pelo **Decreto-Lei nº 104/2006, de 7 de Junho**.

 – **Resolução do Conselho de Ministros nº 109/2005, de 1 de Julho**: determinou a revisão do sistema de carreiras e remunerações dos funcionários públicos, sendo um dos objectivos principais a diminuição de carreiras. A lei foi amplamente discutida e enviada para análise do Tribunal Constitucional pelo Presidente da República. Acabou por ser promulgada, com algumas reservas, pelo Presidente da República no dia 20 de Fevereiro de 2008.

– **Lei n.º 53/2006, de 7 de Dezembro**: procedimentos geradores dos instrumentos de mobilidade especial (procedimentos em casos de fusão e de reestruturação).

– **Lei nº 66-B/2007, de 28 de Dezembro**: Sistema Integrado de Avaliação da Administração Pública (SIADAP); foi alterada pela Lei nº 55-A/2010, de 31 de Dezembro, no seu artigo 80º, clarificando e possibilitando a avaliação com base na competência a partir de 1 de Janeiro de 2011.

– **Portaria nº 1633/2007, de 31 de Dezembro**: modelos de fichas de auto-avaliação e avaliação do desempenho.

– **Lei nº 28-A/2008, de 27 de Fevereiro**: acumulação de funções e regime de incompatibilidades.

– **Lei nº 12-A/2008, de 27 de Fevereiro**: definiu e regulou os regimes de vinculação, de carreiras e de remunerações dos trabalhadores que exercem funções públicas. Complementarmente, a presente lei define o regime jurídico-funcional aplicável a cada modalidade de constituição da relação jurídica de emprego público ([10]); esta lei foi alterada pela **Lei nº 34/2010, de 2 de Setembro**, e já havido sofrido alterações pelas **Leis nºs 64-A/2008, de 31 de Dezembro**, e **3-B/2010, de 28 de Abril**. A última alteração ocorreu com o Lei do OE para 2011 (Lei nº 55-A/2010, de 31 de Dezembro) relativamente aos seus artigos 5º, 53º e 61º.

Entretanto a DGAEP publicou o Ofício Circular nº 12/GDG/2008 sobre os novos regimes de vinculação, de carreiras e de remunerações dos trabalhadores que exercem funções públicas – a entrada em vigor do Regime do Contrato de Trabalho em Funções Públicas ([11]) ([12]).

– **Decreto Regulamentar nº 14/2008, de 31 de Julho**: estabelece os níveis da tabela remuneratória única.

– **Lei nº 58/2008, de 9 de Setembro**: Estatuto disciplinar dos funcionários e agentes da administração Central, regional e local ([13]).

---

[10] A DGAEP (Direcção-Geral da Administração e do Emprego Público) publicou através do Ofício-Circular nº 02/DGG/08 um documento explicativo dos novos regimes de vinculação, de carreiras e de remunerações dos trabalhadores que exercem funções públicas. A DGAEP alertou para a inevitável confusão nesta fase inicial dado que esse diploma revoga, grosso modo, legislação produzida nos últimos 30 anos sobre as mais variadas dimensões da organização da Administração Pública e da gestão dos seus recursos humanos.

[11] O texto integral do Ofício Circular Nº 12/GDG/2008 podia ser encontrado em Outubro de 2008 no site da Direcção Geral da Administração e Emprego Público (www.dgaep.pt).

[12] Em Abril de 2008, a Coimbra Editora deu à estampa uma obra de Paulo Veiga e Moura e Cátia Arrimar intitulada "Os Novos Regimes de Vinculação, de Carreiras e de Remunerações dos Trabalhadores da Administração Pública" que pode ser consultada dado o seu interesse e a sua pertinência.

[13] No Estatuto Disciplinar dos Trabalhadores que Exercem Funções Públicas – Anotado e Comentado, Rui Correia de Sousa, Quid Juris, 2009, 1ª edição, encontramos formulários práticos para instruir os processos disciplinares que recomendamos, embora desejando que ninguém venha a precisar deles.

– **Lei n.º 59/2008, de 11 de Setembro**: Regime do Contrato de Trabalho em Funções Públicas.
– **Portaria nº 1553-D/2008, de 31 de Dezembro**: montantes dos abonos de ajudas de custo e de transporte pela deslocação em serviço público.
– **Portaria nº 1553-C/2008, de 31 de Dezembro**: tabela remuneratória única.
– **Portaria nº 62/2009, de 22 de Janeiro**: aprovas os modelos de termos de aceitação e de termo de posse.
– **Portaria nº 83-A/2009, de 22 de Janeiro**, alterada pela **Portaria nº 145--A/2011, de 6 de Abril**: regulamenta a tramitação do procedimento concursal
– **Lei nº 4/2009, de 29 de Janeiro**: define a protecção social dos trabalhadores que exercem funções públicas.
– **Decreto-Lei nº 209/2009, de 3 de Setembro**: adapta a Lei nº 12-A/2008, de 27 de Fevereiro, à administração autárquica.

Foi entretanto publicado o **Decreto-Lei nº 116/2010, de 22 de Outubro**, que cessa a atribuição do abono de família aos 4.º e 5.º escalões de rendimentos e elimina a majoração de 25%, prevista na Portaria nº 425/2008, de 16 de Junho, para o valor dos 1.º e 2.º escalões. Altera também a forma como se determina o escalão de rendimentos de cada família. Este diploma entrou em vigor em 1 de Novembro de 2010, produzindo efeitos a essa data as alterações nele aprovadas, que devem ser aplicadas com base nos elementos actualmente constantes dos processos. A **portaria nº 1113/2010, de 28 de Outubro**, fixa os montantes do abono de família para crianças e jovens, do abono de família pré-natal e das respectivas majorações do segundo titular e seguintes e situações de monoparentalidade.

O PEC III (Plano de Estabilidade e Crescimento) suspendeu ou alterou imensas matérias relativas à gestão de recursos humanos da administração pública.

A **Lei nº 55-A/2010, de 31 de Dezembro (Lei do OE 2011)** introduziu regras próprias para o recrutamento de trabalhadores nas autarquias locais em situação de desequilíbrio financeiro estrutural ou de ruptura financeira e outras (artigo 43º). Além disso, introduziu disposições relativas a trabalhadores do sector público muito penalizadoras como, por exemplo, as reduções remuneratórias, o controlo rigoroso da celebração dos contratos de aquisição de serviços, a proibição de valorizações remuneratórias. Por sua vez, a **Resolução do Conselho de Ministros nº 101-A/2010, de 17 de Dezembro**, impôs medidas duras de consolidação orçamental, sobretudo ao nível da educação.

e) Contratação Pública

No dia 10 de Maio de 2006 podia ler-se no portal do Governo que estava à discussão pública a primeira parte do ante-projecto do Novo Código dos Contratos Públicos (CCP), que procederia à transposição das Directivas Comunitárias

2004/17/CE e 2004/18/CE, revogando o Decreto-Lei n.º 59/99, de 2 de Março, o Decreto-Lei n.º 197/99, de 8 de Junho, e o Decreto-Lei n.º 223/2001, de 9 de Agosto, diplomas legais actualmente vigentes em matéria de contratação pública.

A primeira parte do ante-projecto do Novo Código dos Contratos Públicos (CCP) diz respeito à formação dos contratos e apresenta como principais novidades:

- Maior responsabilização de todos os intervenientes no processo de contratação;
- Novas regras para a definição do preço base do procedimento;
- Redução do número de procedimentos e introdução de um novo, o diálogo concorrencial;
- Desmaterialização de procedimentos, com possibilidade de redução de prazos;
- Novos métodos de contratação e desenvolvimento de boas práticas já existentes (leilões electrónicos, sistemas de aquisição dinâmicos, acordos-quadro, centrais de compras);
- Nos concursos públicos, obrigação de apresentação dos documentos de habilitação exigidos no momento imediatamente prévio à adjudicação e só para o concorrente que apresentou a proposta ganhadora (solução ainda não reflectida no texto disponível);
- Critérios de avaliação das propostas total e claramente definidos e divulgados no início do procedimento;
- Maior rigor na adjudicação de trabalhos a mais.

O CCP pretende sistematizar, uniformizar e consolidar num só texto legal todas as matérias relativas à formação e execução dos contratos públicos, designadamente os de empreitadas de obras públicas, concessão de obras públicas, concessão de serviços públicos, locação ou aquisição de bens móveis e aquisição de serviços.

Inclui os contratos celebrados no âmbito dos sectores da água, energia, transportes e serviços postais (sectores especiais).

A par de uma maior responsabilização de todos os intervenientes no processo de contratação, pretende-se igualmente simplificar, clarificar e modernizar as regras e procedimentos aplicáveis, bem como consagrar os princípios fundamentais que devem presidir à contratação pública, tais como concorrência, igualdade, estabilidade, publicidade e transparência.

A desmaterialização dos procedimentos, possibilitando, nomeadamente, o encurtamento de prazos, a redução dos custos e ganhos de eficiência, é outra das novidades desse projecto.

Ficará reduzido o número de procedimentos (Ajuste directo, concurso Público, concurso limitado por prévia qualificação e negociação) e introduzido um novo procedimento de contratação para completar os existentes: o diálogo concorrencial.

Foram também acrescentadas previsões que têm em consideração novos métodos e desenvolvimento de boas práticas em sede de contratação pública, designadamente, acordos-quadro, centrais de compras, leilões electrónicos e sistemas de aquisição dinâmicos.

Em Outubro de 2006 o CEDOUA, FDUC e IGAT publicaram uma obra intitulada "Contratação Pública Autárquica" que tem todo o interesse conhecer, não obstante as alterações legislativas ulteriores, mormente o Código dos Contratos Públicos, entretanto publicado através do Decreto-Lei nº 18/2008, de 29 de Janeiro.

O Código dos Contratos Públicos foi aprovado pelo Decreto-Lei nº 18/2008, de 29 de Janeiro, e contém agora normas que antes estavam contidas no regime legal de aquisição de bens e serviços e no regime legal de empreitadas de obras públicas.

O Decreto-Lei nº 18/2008, de 29 de Janeiro, foi rectificado pela Declaração de Rectificação nº 18-A/2008, de 28 de Março.

O Código dos Contratos Públicos [CCP] foi regulamentado pelos seguintes diplomas:

Decreto-Lei n.º 143-A/2008, de 29 de Julho: Estabelece os termos a que deve obedecer a apresentação e recepção de propostas, candidaturas e soluções no âmbito do Código dos Contratos Públicos, aprovado pelo Decreto-Lei n.º 18/2008, de 29 de Janeiro.

Portaria n.º 701-A/2008, de 29 de Julho: Estabelece os modelos de anúncio de procedimentos pré-contratuais previstos no Código dos Contratos Públicos a publicitar no *Diário da República*.

Portaria n.º 701-B/2008, de 29 de Julho: Nomeia a comissão de acompanhamento do Código dos Contratos Públicos e fixa a sua composição.

Portaria n.º 701-C/2008, de 29 de Julho: Publica a actualização dos limiares comunitários.

Portaria n.º 701-D/2008, de 29 de Julho: Aprova o modelo de dados estatísticos.

Portaria n.º 701-E/2008, de 29 de Julho: Aprova os modelos do bloco técnico de dados, do relatório de formação do contrato, do relatório anual, do relatório de execução do contrato, do relatório de contratação e do relatório final de obra.

Portaria n.º 701-F/2008, de 29 de Julho: Regula a constituição, funcionamento e gestão do portal único da Internet dedicado aos contratos públicos (Portal dos Contratos Públicos).

Portaria n.º 701-G/2008, de 29 de Julho: Define os requisitos e condições a que deve obedecer a utilização de plataformas electrónicas pelas entidades adjudicantes, na fase de formação dos contratos públicos, e estabelece as regras de funcionamento daquelas plataformas.

Portaria n.º 701-H/2008, de 29 de Julho: Aprova o conteúdo obrigatório do programa e do projecto de execução, bem como os procedimentos e normas a adoptar na elaboração e faseamento de projectos de obras públicas, designados "Instruções para a elaboração de projectos de obras", e a classificação de obras por categorias.

Portaria n.º 701-I/2008, de 29 de Julho: Constitui e define as regras de funcionamento do sistema de informação designado por Observatório das Obras Públicas.

Portaria n.º 701-J/2008, de 29 de Julho: Define o regime de acompanhamento e fiscalização da execução dos projectos de investigação e desenvolvimento e cria a respectiva comissão.

O **Decreto-Lei nº 37/2007, de 19 de Fevereiro**, criou a Agência Nacional de Compras Públicas E.P.E. e a Portaria n.º 772/2008, de 6 de Agosto, definiu as categorias de bens e serviços cujos acordos quadro e procedimentos de aquisição são celebrados e conduzidos pela Agência Nacional de Compras Públicas, E. P. E.

O **Decreto-Lei n.º 200/2008, de 9 de Outubro**, aprova o regime jurídico aplicável à constituição, estrutura orgânica e funcionamento das centrais de compras.

O **Decreto-Lei n.º 34/2009, de 6 de Fevereiro**, estabelece medidas excepcionais de contratação pública aplicáveis aos procedimentos de concurso limitado por prévia qualificação e de ajuste directo destinados à formação de contratos de empreitada de obras públicas, de concessão de obras públicas, de locação ou aquisição de bens móveis e de aquisição de serviços, necessários para a concretização de medidas nos seguintes eixos prioritários:

a) Modernização do parque escolar;
b) Energias renováveis, eficiência energética e redes de transporte de energia;
c) Modernização da infra-estrutura tecnológica – Redes Banda Larga de Nova Geração;
d) Reabilitação urbana.

e) Regime Jurídico da Urbanização e Edificação

A Lei nº 60/2007, de 4 de Setembro, procedeu à sexta alteração ao Decreto-Lei nº 555/99, de 16 de Dezembro com a entrada em vigor 180 dias após a publicação, ou seja, a 4 de Março, o que se justifica dada a complexidade da matéria e a necessidade de formação de técnicos e eleitos locais para alterações marcantes na vida do cidadãos, dos empreiteiros e das autarquias locais. O Decreto-Lei n.º 26/2010 procedeu à 10ª alteração ao Decreto-Lei n.º 555/99, de 16 de Dezembro, e a Lei n.º 28/2010, de 2 de Setembro, procedeu à primeira alteração do Decreto-Lei n.º 26/2010, de 30 de Março.

Esse regime é sobretudo da responsabilidade dos municípios e das comissões de coordenação e desenvolvimento regional. Contudo, convém que as juntas de freguesia tenham um conhecimento mínimo dessas normas porque podem ter de actuar a esse nível porque as freguesias também efectuam obras de urbanização e de edificação.

Estão sujeitas a licença administrativa:

a) As operações de loteamento;

b) As obras de urbanização e os trabalhos de remodelação de terrenos em área não abrangida por operação de loteamento;

c) As obras de construção, de alteração e de ampliação em área não abrangida por operação de loteamento;

d) As obras de reconstrução, ampliação, alteração, conservação ou demolição de imóveis classificados ou em vias de classificação e as obras de construção, reconstrução, ampliação, alteração, conservação ou demolição de imóveis situados em zonas de protecção de imóveis classificados, bem como dos imóveis integrados em conjuntos ou sítios classificados, ou em áreas sujeitas a servidão administrativa ou restrição de utilidade pública;

e) As obras de reconstrução sem preservação das fachadas;

f) As obras de demolição das edificações que não se encontrem previstas em licença de obras de reconstrução;

g) As demais operações urbanísticas que não estejam isentas de licença, nos termos do presente diploma.

Sem prejuízo do disposto na alínea d) do n.º 2 do artigo 4.º, estão isentas de licença:

a) As obras de conservação;

b) As obras de alteração no interior de edifícios ou suas fracções, à excepção dos imóveis classificados ou em vias de classificação, que não impliquem modificações na estrutura de estabilidade, das cérceas, da forma das fachadas e da forma dos telhados;

c) As obras de reconstrução com preservação das fachadas;

d) As obras de urbanização e os trabalhos de remodelação de terrenos em área abrangida por operação de loteamento;

e) As obras de construção, de alteração ou de ampliação em área abrangida por operação de loteamento ou plano de pormenor que contenha os elementos referidos nas alíneas c), d) e f) do n.º 1 do artigo 91.º do Decreto-Lei n.º 380/99, de 22 de Setembro;

f) As obras de construção, de alteração ou de ampliação em zona urbana consolidada que respeitem os planos municipais e das quais não resulte edifi-

cação com cércea superior à altura mais frequente das fachadas da frente edificada do lado do arruamento onde se integra a nova edificação, no troço de rua compreendido entre as duas transversais mais próximas, para um e para outro lado;
  g) A edificação de piscinas associadas a edificação principal;
  h) As alterações à utilização dos edifícios, bem como o arrendamento para fins não habitacionais de prédios ou fracções não licenciados, nos termos do n.º 4 do artigo 5.º do Decreto-Lei n.º 160/2006, de 8 de Agosto;
  i) As obras identificadas no artigo 6.º-A;
  j) Os destaques referidos nos n.ºs 4 e 5.

Estão igualmente isentas de licença, entre outros, as operações urbanísticas promovidas pelas autarquias locais e suas associações em área abrangida por plano municipal de ordenamento do território mas a execução dessas operações urbanísticas, com excepção das promovidas pelos municípios, fica sujeita a parecer prévio não vinculativo da câmara municipal, que deve ser emitido no prazo de 20 dias a contar da data da recepção do respectivo pedido.

As operações de loteamento e as obras de urbanização promovidas pelas autarquias locais e suas associações ou pelo Estado, em área não abrangida por plano de urbanização ou plano de pormenor, são submetidas a discussão pública, nos termos estabelecidos no artigo 77.º do Decreto-Lei n.º 380/99, de 22 de Setembro, com as necessárias adaptações, excepto no que se refere aos períodos de anúncio e duração da discussão pública que são, respectivamente, de 8 e de 15 dias.

Qualquer interessado pode pedir à câmara municipal, a título prévio, informação sobre a viabilidade de realizar determinada operação urbanística ou conjunto de operações urbanísticas directamente relacionadas, bem como sobre os respectivos condicionamentos legais ou regulamentares, nomeadamente relativos a infra-estruturas, servidões administrativas e restrições de utilidade pública, índices urbanísticos, cérceas, afastamentos e demais condicionantes aplicáveis à pretensão. Em caso de dúvida, os eleitos locais e os munícipes devem dirigir-se aos serviços de urbanismo das câmaras municipais onde poderão obter as informações necessárias.

Foi posteriormente publicada a seguinte legislação:

   Portaria n.º 216-A/2008. DR 44 Série I, 1º Suplemento de 2008-03-03
   Presidência do Conselho de Ministros e Ministérios da Justiça e do Ambiente, do Ordenamento do Território e do Desenvolvimento Regional
   Regulamenta o funcionamento do sistema informático previsto no n.º 2 do artigo 8.º-A do Decreto-Lei n.º 555/99, de 16 de Dezembro, na redacção da Lei n.º 60/2007, de 4 de Setembro

Portaria n.º 216-B/2008. DR 44 Série I, 1º Suplemento de 2008-03-03
Ministério do Ambiente, do Ordenamento do Território e do Desenvolvimento Regional
Fixa os parâmetros para o dimensionamento das áreas destinadas a espaços verdes e de utilização colectiva, infra-estruturas viárias e equipamentos de utilização colectiva
Portaria n.º 216-C/2008. DR 44 Série I, 1º Suplemento de 2008-03-03
Ministério do Ambiente, do Ordenamento do Território e do Desenvolvimento Regional
Aprova os modelos do aviso de pedido de licenciamento de operações urbanísticas, do aviso de apresentação de comunicação prévia de operações urbanísticas e do aviso de pedido de parecer prévio ou de autorização de operações urbanísticas promovidas pela Administração Pública
Portaria n.º 216-D/2008. DR 44 Série I, 1º Suplemento de 2008-03-03
Ministério do Ambiente, do Ordenamento do Território e do Desenvolvimento Regional
Aprova os modelos de alvarás de licenciamento de operações urbanísticas
Portaria n.º 216-E/2008. DR 44 Série I, 1º Suplemento de 2008-03-03
Ministério do Ambiente, do Ordenamento do Território e do Desenvolvimento Regional
Enuncia todos os elementos que devem instruir os pedidos de emissão dos alvarás de licença ou autorização de utilização das diversas operações urbanísticas e revoga a Portaria n.º 1105/2001, de 18 de Setembro
Portaria n.º 216-F/2008. DR 44 Série I, 1º Suplemento de 2008-03-03
Ministério do Ambiente, do Ordenamento do Território e do Desenvolvimento Regional
Aprova os modelos de aviso a fixar pelo titular de alvará de licenciamento de operações urbanísticas e pelo titular de operações urbanísticas objecto de comunicação prévia e a publicar pelas entidades promotoras de operação urbanísticas
Decreto-Lei n.º 143-A/2008. DR 143 Série I, 1º Suplemento de 2008-07-25
Ministério das Obras Públicas, Transportes e Comunicações
Estabelece os termos a que deve obedecer a apresentação e recepção de propostas, candidaturas e soluções no âmbito do Código dos Contratos Públicos, aprovado pelo Decreto-Lei n.º 18/2008, de 29 de Janeiro.

O **Decreto-Lei nº 163/2006, de 8 de Agosto**, aprovou o regime de acessibilidade aos edifícios que recebem público, via pública e edifícios habitacionais, revogando o Decreto-Lei nº 123/97, de 22 de Maio.

A **Resolução do Conselho de Ministros nº 9/2007**, publicada a 17 de Janeiro, aprovou o Plano Nacional de Promoção da Acessibilidade (PNPA) e reforçou aquele imperativo nacional.

Aquele diploma aprovou normas técnicas para melhoria da acessibilidade das pessoas com mobilidade condicionada que as juntas de freguesia devem respeitar não só em obras novas mas tem em relação ao já edificado de forma a tornar menos oneroso o acesso aos serviços por parte de quem tem mobilidade condicionada, nomeadamente quem se faz transportar em cadeira de rodas. Devem também pugnar pelo seu cumprimento obrigatório e rigoroso em todos os edifícios públicos.

O PNPA (Plano Nacional de Promoção da Acessibilidade) pretende sensibilizar a sociedade para o facto de a promoção da acessibilidade ser um benefício para todos, e que, portanto, deve ser valorizada e exigida pelos cidadãos como um direito básico e um critério de qualidade e para o facto de a promoção da acessibilidade ser uma responsabilidade que cabe a todos (Estado, autarquias, organizações não governamentais, entidades empregadoras cidadãos em geral), informar os diversos intervenientes nos sectores do urbanismo, da construção e dos transportes para a vantagem, importância e a obrigação de assegurar condições de acessibilidade e as pessoas com necessidades especiais e as organizações não governamentais sobre os direitos previstos na legislação e as formas de os promover e formar sobre o tema da acessibilidade os diversos técnicos intervenientes nos sectores do urbanismo, da construção, dos transportes, da saúde e da segurança social.

f) **Expropriações por Utilidade Pública**

Nos termos alínea c) número 7. do artigo 64º da Lei nº 169/99, de 18 de Setembro, alterada pela Lei 5-A/2002, de 11 de Janeiro, compete ainda à câmara municipal, propor, nos termos da lei, a declaração de utilidade pública, para efeitos de expropriação.

A Lei n.º 56/2008, de 4 de Setembro, procedeu à quarta alteração ao Código das Expropriações. Os bens imóveis e os direitos a eles inerentes podem ser expropriados por causa de utilidade pública compreendida nas atribuições, fins ou objecto da entidade expropriante, mediante o pagamento contemporâneo de uma justa indemnização nos termos do presente Código. Compete às entidades expropriantes e demais intervenientes no procedimento e no processo expropriativos prosseguir o interesse público, no respeito pelos direitos e interesses legalmente protegidos dos expropriados e demais interessados, observando, nomeadamente, os princípios da legalidade, justiça, igualdade, proporcionalidade, imparcialidade e boa fé.

O requerimento da declaração de utilidade pública é remetido, conforme os casos, ao membro do Governo ou ao presidente da assembleia municipal competente para a emitir. A competência para a declaração de utilidade pública das expropriações da iniciativa da administração local autárquica, para efeitos de concretização de plano de urbanização ou plano de pormenor eficaz, é da respectiva assembleia municipal. A deliberação da assembleia municipal deverá ser tomada por maioria dos membros em efectividade de funções e comunicada ao membro do Governo responsável pela área da administração local.

Nessa lei é possível ainda analisar a seguinte matéria:

- Da declaração de utilidade pública e da autorização de posse administrativa
- Do conteúdo da indemnização;
- Processo de expropriação (Expropriação amigável e Expropriação litigiosa);
- Do pagamento das indemnizações;
- Da reversão dos bens expropriados;
- Da requisição.

g) **Plano de Prevenção da Corrupção e Infracções Conexas**

Os Municípios Portugueses estão presentemente sujeitos à necessidade e obrigatoriedade legal da elaboração e aprovação de um Plano de Prevenção de Riscos de Corrupção e Infracções Conexas, tendo em conta sobretudo a Lei nº 54/2008, de 4 de Setembro, que criou o Conselho de Prevenção da Corrupção, e as suas Recomendação de 1 de Julho de 2009 e Deliberação de 21 de Outubro de 2009.

Para o efeito o CPC elaborou um questionário, ao qual responderam cerca de 700 entidades públicas. Um dos objectivos do CPC é o de recolher e organizar informações relativas à prevenção da ocorrência de factos de corrupção activa ou passiva, de criminalidade económica e financeira, de branqueamento de capitais, de tráfico de influência, de apropriação ilegítima de bens públicos, de administração danosa, de peculato, de participação económica em negócio, de abuso de poder ou violação de dever de segredo, bem como de aquisições de imóveis ou valores mobiliários em consequência da obtenção ou utilização ilícitas de informação privilegiada no exercício de funções na Administração Pública ou no sector público empresarial.

Nos termos da Recomendação do CPC de 1 de Julho, os dirigentes máximos das entidades gestoras de dinheiros, valores ou património públicos devem elaborar planos de gestão de riscos de corrupção e infracções conexas. Foi concedido um prazo inicial de 90 dias mas devido às eleições que ocorreram, o CPC deliberou dar um prazo-limite até 31 de Dezembro de 2009. Assim, entendeu-se que seria de todo conveniente que cada director de departamento identificasse os riscos de corrupção e infracções da sua área de intervenção e que indicassem as medidas a adoptar para prevenir a sua ocorrência. As áreas que a

ANMP considera mais susceptíveis de gerar riscos são a contratação pública, a concessão de benefícios públicos, o urbanismo e edificação, os recursos humanos e a gestão financeira.

A gestão do risco é uma actividade que assume um carácter transversal, constituindo uma das grandes preocupações dos diversos Estados e das organizações de âmbito global, regional e local. Revela-se um requisito essencial ao funcionamento das organizações e dos Estados de Direito Democrático, sendo fundamental nas relações que se estabelecem entre os cidadãos e a Administração, no desenvolvimento das economias e no normal funcionamento das instituições.

Por outro lado, o Conselho de Prevenção da Corrupção considera que os Planos de Prevenção de Risco são, além de um factor de gestão fundamental, um instrumento que permitirá aferir a eventual responsabilidade que ocorra na gestão de recursos públicos. Finalmente, importa salientar ainda que a concretização dos Planos de Prevenção de Risco de Corrupção permitirá o respeito das recomendações das Organizações Internacionais nesta matéria, colocando Portugal na primeira linha deste combate.

Tendo em atenção as considerações antecedentes, as câmaras municipais têm aprovado os planos referidos, tendo cientes que a corrupção o e os riscos conexos são um sério obstáculo ao normal funcionamento das instituições, revelando-se como uma ameaça à democracia, prejudicando a seriedade das relações entre a Administração Pública e os cidadãos e obstando ao desejável desenvolvimento das economias e ao normal funcionamento dos mercados.

Recomendamos para quem pretender ir mais longe a leitura da obra de Maria José Morgado e José Vegar, publicada pela Dom Quixote e intitulada "Fraude e Corrupção em Portugal". Para os autores, a criminalidade económico-financeira penetra em sectores vitais do Estado, dando origem ao fenómeno de caciquismo e compadrio, impedindo o princípio da igualdade e aumentando a concorrência desleal. Dessa forma, compromete-se o esforço de justiça fiscal e de justa repartição da riqueza e diminuem as receitas para investir em sectores vitais como a educação, a saúde, a justiça ou a assistência social. A corrupção, acrescentam, viola e ofende o princípio da igualdade de tratamento dos cidadãos, a propriedade, a justiça, a imparcialidade e a boa-fé e contamina toda a estrutura política, criando uma subversão desreguladora. Mais: em Portugal existem práticas corruptas sistemáticas devido à subsidio-dependência, ao proteccionismo, ao tráfico de influências e ao modelo tradicional de caciquismo rural e os fundos comunitários contribuíram para agravar o fenómeno.

Outras fontes de corrupção, segundo eles, são os partidos políticos que gastam muito para além dos orçamentos previstos na lei e que não são correctamente auditados e as autarquias locais, além de situações de peculato e tráfico de influências, sobretudo nas áreas económicas e de urbanismo sob a sua alçada, o que tem também a ver com a excessiva concentração de poderes nos autarcas e com o défice de uma fiscalização eficaz. Tais práticas vão desde a extorsão pura às empresas e a sobrefacturação de serviços até à adjudicação directa de serviços, apropriação de meios para uso do edil ou do autarca e violação dos planos urbanísticos.

Na página 59 da obra citada existe um delicioso Decálogo do Corrupto (Princípios Ideológicos do Saco Azul) que publicamos nos anexos com a devida deferência.

O Padre Victor Feytor Pinto no seu artigo "Toxicodependência e Projecto Individual da Pessoa", publicado na obra "Dependências Individuais e Valores Sociais" de Rui Nunes, Miguel Ricou e Cristina Nunes, entende que se enverda mais facilmente para o caminho da corrupção, assim como para o consumo de drogas, devido à ausência de valores de referência. Segundo ele, a maioria dos jovens e dos adultos privilegiam o ter, o poder e o prazer, sentindo-se frustrados quando não conseguem atingir o que consideram o mais importante: o dinheiro, a afirmação pessoal, o sucesso e o prazer.

Filipe Teles e José Manuel Moreira no artigo intitulado "Liderança ética num Contexto de Governação local: Estado, Mercado e Sociedade Civil" publicado pela Revista de Administração Local de Julho/Agosto de 2007, página 459, referem que *"a propensão para agir contra o bem comum, quase sempre resultado da articulação abusiva de interesses individuais ou de grupo, suficientemente fortes para originar comportamentos corruptos, nepotismo e tráfico de influências, ou seja, condutas anti-éticas, é desafio suficiente para se considerar a necessidade de colocar a ética no centro da acção política, em particular no que diz respeito às lideranças públicas".*

Recomendamos também a leitura da obra de Luís de Sousa e João Triães intitulado "Corrupção e os Portugueses" editada por Rui Costa Pinto em Outubro de 2008.

No dia 10 de Setembro foi publicada em DR a **Resolução do Conselho de Ministros n.º 71/2010**, que reforça os meios de coordenação e preparação da execução das medidas de combate à corrupção aprovadas pelo Parlamento na sua reunião plenária de 22 de Julho de 2010.

Portugal subiu em 2010 no ranking anual sobre a percepção da corrupção da Organização Não-Governamental Transparency International (TI), ocupando agora o 32º lugar com uma pontuação de 6 valores em 10 (melhor pontuação possível). Em 2009 ocupava o 35.º lugar. No entanto, a posição deste ano corresponde ao 34º lugar do ranking, uma vez que dois dos países melhor classificados, Santa Lucia e São Vicente & Grenadine, não foram este ano avaliados. Em termos do espaço europeu, Portugal ocupa a 19ª posição, em 30, apenas à frente de Itália, Grécia, Malta e países do antigo bloco de Leste. Em 2000 ocupava a 25.ª posição, tendo vindo sempre a decair nos últimos 10 anos [14].

---

14 Jornal de Notícias de 26/10/2010.

A mensagem é clara: por todo o mundo, a transparência e a prestação de contas são condições cruciais para restabelecer a confiança e inverter o flagelo da corrupção. A sua ausência diminui o impacto das políticas públicas na busca por soluções para os diversos problemas nacionais.

h) Gestão de Parques Infantis

Na gestão de parques infantis públicos, é imperioso respeitar o **Decreto--Lei nº 379/97, de 27 de Dezembro**. Esse diploma estabelece as condições de segurança a observar na localização, implantação, concepção e organização funcional dos espaços de jogo e recreio, respectivo equipamento e superfícies de impacte, destinados a crianças, necessárias para garantir a diminuição dos riscos de acidente, de traumatismos e lesões acidentais e das suas consequências.

Existe uma obrigação geral de segurança e os espaços de jogo e recreio não podem ser susceptíveis de pôr em perigo a saúde e segurança do utilizador ou de terceiros, devendo obedecer aos requisitos de segurança constantes desse Regulamento.

Esse regulamento estatui sobre localização e implantação, segurança dos equipamentos, manual de instruções, condições higio-sanitárias, livro de manutenção, seguro, fiscalização, contra-ordenações e aplicação das sanções.

i) Intervenções na área da saúde

De acordo com o artigo 64.º da Constituição da República Portuguesa, todos têm direito à protecção da saúde e o dever de a defender e promover, sendo o direito à protecção da saúde realizado:

a) Através de um serviço nacional de saúde universal e geral e, tendo em conta as condições económicas e sociais dos cidadãos, tendencialmente gratuito;

b) Pela criação de condições económicas, sociais, culturais e ambientais que garantam, designadamente, a protecção da infância, da juventude e da velhice, e pela melhoria sistemática das condições de vida e de trabalho, bem como pela promoção da cultura física e desportiva, escolar e popular, e ainda pelo desenvolvimento da educação sanitária do povo e de práticas de vida saudável.

Para assegurar o direito à protecção da saúde, incumbe prioritariamente ao Estado:

a) Garantir o acesso de todos os cidadãos, independentemente da sua condição económica, aos cuidados da medicina preventiva, curativa e de reabilitação;

b) Garantir uma racional e eficiente cobertura de todo o país em recursos humanos e unidades de saúde;

c) Orientar a sua acção para a socialização dos custos dos cuidados médicos e medicamentosos;

d) Disciplinar e fiscalizar as formas empresariais e privadas da medicina, articulando-as com o serviço nacional de saúde, de forma a assegurar, nas instituições de saúde públicas e privadas, adequados padrões de eficiência e de qualidade;

e) Disciplinar e controlar a produção, a distribuição, a comercialização e o uso dos produtos químicos, biológicos e farmacêuticos e outros meios de tratamento e diagnóstico;

f) Estabelecer políticas de prevenção e tratamento da toxicodependência.

É cada vez mais frequente a participação e o envolvimento dos municípios no sector da saúde. São mais do que conhecidas as lutas e as reivindicações que se travaram de norte a sul do país contra o encerramento de serviços, limitações de funcionamento e encerramento de valências, sobretudo as maternidades. Cada vez mais os municípios participam na política de saúde a nível local, nomeadamente na implementação de hospitais privados como parceiros ou na concessão de terrenos e outros benefícios para a sua implementação. Mirandela não foge à regra e o seu Município concedeu um terreno para construção de um novo Centro de Saúde e vendeu a preços simbólicos um terreno para construção de uma Clínica de Hemodiálise, assim como deliberou integrar a administração de um hospital privado (sociedade anónima), o Hospital Terra Quente SA.

É uma matéria extremamente complexa e que afecta, positiva ou negativamente, a vida e o bem-estar físico e psíquico das pessoas e que nos obriga a questionar e reflectir sobre o papel do Estado e do Serviço Nacional de Saúde. Julgamos que existe a percepção de que o Estado presta cada vez pior serviço público de saúde e que as unidades privadas têm colmatado muito bem as suas insuficiências e lacunas.

Caso os eleitos locais pretendam aprofundar a problemática, deverão consultar os seguintes diplomas legais:

- **Lei n.º 48/90, de 24 de Agosto** (Lei de Bases da Saúde), com as alterações subsequentes.
  Segundo esse diploma, a protecção da saúde constitui um direito dos indivíduos e da comunidade que se efectiva pela responsabilidade conjunta dos cidadãos, da sociedade e do Estado, em liberdade de procura e de prestação de cuidados, nos termos da Constituição e da lei. O Estado promove e garante o acesso de todos os cidadãos aos cuidados de saúde nos limites dos recursos humanos, técnicos e financeiros disponíveis. A promoção e a defesa da saúde pública são efectuadas através da actividade do Estado e de outros entes públicos, podendo as organizações da sociedade civil ser associadas àquela actividade. Os cuidados de saúde são prestados por serviços

e estabelecimentos do Estado ou, sob fiscalização deste, por outros entes públicos ou por entidades privadas, sem ou com fins lucrativos.
- **Decreto-Lei nº 13/93, de 15 de Janeiro, e Decreto Regulamentar nº 63/94, de 2 de Novembro:** unidades privadas de saúde.
- **Decreto-Lei nº 156/99, de 10 de Maio:** sistemas locais de saúde.
- **Decreto-Lei nº 185/2002, de 20 de Agosto:** princípios e os instrumentos para o estabelecimento de parcerias em saúde, em regime de gestão e financiamento privados, entre o Ministério da Saúde ou instituições e serviços integrados no Serviço Nacional de Saúde e outras entidades.
- **Decreto Regulamentar nº 10/2003, de 28 de Abril:** aprovadas as condições gerais dos procedimentos prévios à celebração dos contratos de gestão para o estabelecimento de parcerias em saúde ao abrigo do Decreto-Lei nº 185/2002, de 20 de Agosto, que constam do anexo ao presente decreto regulamentar e dele fazem parte integrante.
- **Decreto-Lei nº 101/2006, de 6 de Junho:** cria a Rede Nacional de Cuidados Continuados Integrados, no âmbito dos Ministérios da Saúde e do Trabalho e da Solidariedade Social constituída por unidades e equipas de cuidados continuados de saúde, e ou apoio social, e de cuidados e acções paliativas, com origem nos serviços comunitários de proximidade, abrangendo os hospitais, os centros de saúde, os serviços distritais e locais da segurança social, a Rede Solidária e as autarquias locais; a Rede organiza-se em dois níveis territoriais de operacionalização, regional e local.
- **Decreto-Lei nº 298/2007, de 22 de Agosto:** estabelece o regime jurídico da organização e do funcionamento das unidades de saúde familiar (USF) e que são as unidades elementares de prestação de cuidados de saúde, individuais e familiares, que assentam em equipas multiprofissionais, constituídas por médicos, por enfermeiros e por pessoal administrativo.
- **Decreto-Lei n.º 28/2008, de 22 de Fevereiro:** cria os agrupamentos de centros de saúde do Serviço Nacional de Saúde, abreviadamente designados por ACES, e estabelece o seu regime de organização e funcionamento; os ACES são serviços de saúde com autonomia administrativa, constituídos por várias unidades funcionais, que integram um ou mais centros de saúde.
- **Decreto-Lei n.º 309/2003, de 10 de Dezembro:** cria a Entidade Reguladora da Saúde.
- **Decreto-Lei n.º 127/2009, de 27 de Maio:** procede à reestruturação da Entidade Reguladora da Saúde, definindo as suas atribuições, organização e funcionamento.
- **Decreto-Lei n.º 222/2007, de 29 de Maio:** aprova a orgânica das Administrações Regionais de Saúde, IP.

- **Decreto-Lei n.º 212/2006, de 27 de Outubro**, alterado pelo Decreto-Lei n.º 234/2008, de 02 de Dezembro e Decreto-Lei n.º 91/2010, de 22 de Julho: aprova a Lei Orgânica do Ministério da Saúde.
- **Decreto-Lei n.º 218/2007, de 29 de Maio**: aprova a orgânica do Alto Comissariado da Saúde.
- **Decreto Regulamentar n.º 66/2007, de 29 de Maio**: aprova a orgânica da Direcção-Geral da Saúde.

Outra das intervenções na área da saúde é a integração na **Rede Portuguesa de Cidades Saudáveis** que é uma Associação de Municípios que tem como Missão apoiar a divulgação, implementação e desenvolvimento do Projecto Cidades Saudáveis nos municípios que pretendam assumir a promoção da saúde como uma prioridade da agenda dos decisores políticos. Constituída formalmente em 10 de Outubro de 1997, esta Associação de Municípios tem desenvolvido a sua intervenção tendo por base as seguintes linhas de orientação:

- Apoiar e promover a definição de estratégias locais susceptíveis de favorecer a obtenção de ganhos em saúde;
- Promover e intensificar a cooperação e a comunicação entre os Municípios que integram a Rede e entre as restantes Redes Nacionais participantes no Projecto Cidades Saudáveis da Organização Mundial de Saúde (OMS);
- Divulgar o Projecto Cidades Saudáveis, estimulando e apoiando a adesão de novos Municípios.

A Rede Portuguesa de Cidades Saudáveis tem, presentemente [15], 29 municípios membros: Amadora, Albufeira, Aveiro, Barreiro, Bragança, Cabeceiras de Basto, Figueira da Foz, Lagoa, Lisboa, Loures, Lourinhã, Miranda do Corvo, Montijo, Odivelas, Oeiras, Palmela, Ponta Delgada, Portimão, Porto Santo, Povoação, Ribeira Grande, Seixal, Setúbal, Serpa, Torres Vedras, Vendas Novas, Viana do Castelo, Vila Franca de Xira e Vila Real.

Nos termos do artigo 22º da Lei nº 159/99, de 14 de Setembro, que estabelece o quadro de transferência de atribuições e competências para as autarquias locais, compete aos órgãos municipais:

a) Participar no planeamento da rede de equipamentos de saúde concelhios;
b) Construir, manter e apoiar centros de saúde;
c) Participar nos órgãos consultivos dos estabelecimentos integrados no Serviço Nacional de Saúde;

---

[15] Consulta efectuada no portal www.redecidadessaudaveis.com/pt no dia 13 de Setembro de 2010.

d) Participar na definição das políticas e das acções de saúde pública levadas a cabo pelas delegações de saúde concelhias;

e) Participar nos órgãos consultivos de acompanhamento e avaliação do Serviço Nacional de Saúde;

f) Participar no plano da comunicação e de informação do cidadão e nas agências de acompanhamento dos serviços de saúde;

g) Participar na prestação de cuidados de saúde continuados no quadro do apoio social à dependência, em parceria com a administração central e outras instituições locais;

h) Cooperar no sentido da compatibilização da saúde pública com o planeamento estratégico de desenvolvimento concelhio;

i) Gerir equipamentos termais municipais.

j) **Parcerias Público-Privadas**

Esta matéria foi regulada pelo **Decreto-Lei nº 86/2003, de 26 de Abril**, alterado pelo **Decreto-Lei nº 141/2006, de 27 Junho**. O diploma tem por objecto a definição de normas gerais aplicáveis à intervenção do Estado na definição, concepção, preparação, concurso, adjudicação, alteração, fiscalização e acompanhamento global das parcerias público-privadas. Resultam para as PPP regras novas derivadas da entrada em vigor do **Código dos Contratos Públicos** que também será versado neste trabalho.

Entende-se por parceria público-privada o contrato ou a união de contratos, por via dos quais entidades privadas, designadas por parceiros privados, se obrigam, de forma duradoura, perante um parceiro público, a assegurar o desenvolvimento de uma actividade tendente à satisfação de uma necessidade colectiva, e em que o financiamento e a responsabilidade pelo investimento e pela exploração incumbem, no todo ou em parte, ao parceiro privado.

Constituem, entre outros, instrumentos de regulação jurídica das relações de colaboração entre entes públicos e entes privados:

a) O contrato de concessão de obras públicas;
b) O contrato de concessão de serviço público;
c) O contrato de fornecimento contínuo;
d) O contrato de prestação de serviços;
e) O contrato de gestão;
f) O contrato de colaboração, quando estiver em causa a utilização de um estabelecimento ou uma infra-estrutura já existentes, pertencentes a outras entidades que não o parceiro público.

Constituem finalidades essenciais das parcerias público-privadas o acréscimo de eficiência na afectação de recursos públicos e a melhoria qualitativa e quantitativa do serviço, induzida por formas de controlo eficazes que permitam a sua avaliação permanente por parte dos potenciais utentes e do parceiro público.

As parcerias público-privadas são um mecanismo que tem conhecido um crescimento exponencial, sobretudo ao nível da saúde mas também para construção de instalações desportivas, culturais e sociais e implementação de sistemas intermunicipais nos sectores das águas e dos resíduos. Isso deve-se, na nossa visão, às dificuldades orçamentais estruturais por parte dos municípios e ao facto de estes terem esgotado a sua capacidade de endividamento. É também uma consequência de um processo crescente de liberalização e privatização da economia.

Nazaré da Costa Cabral viu a sua obra "As Parcerias Público-Privadas" publicada pela Almedina em 2009 inserida nos Cadernos IDEFF e, tal como ela o garante na nota introdutória, não existem em Portugal estudos abundantes sobre esse tema.

A autora remonta a origem das PPP aos EUA nos meados do século XX, relacionado com o investimento conjunto pelos sectores público e privado de programas na área da educação, embora já existissem antes experiências embrionárias na área da construção de estradas em regime de concessão de obras públicas. A primeira experiência ocorreu em Portugal em 1882 com o estabelecimento de um acordo entre o Estado Português e a companhia Edison Gower Bell (que em 1887 passou a chamar-se Companhia Anglo-Portuguesa de Telefones) para a exploração de telefone público. Seguiu-se a concessão, em 1922, a concessão firmada entre ao Estado e a Companhia Marconi para a exploração de comunicações telegráficas intercontinentais. Em 1972 as PPP começaram a incluir o sector das vias rodoviárias, tendo sido assinado um contrato de construção, manutenção e exploração da auto-estrada de ligação Lisboa-Porto entre o Estado e a Brisa – Autoestradas de Portugal SARL.

Carlos Moreno lançou em Outubro de 2010 uma obra intitulada "Como o Estado gasta o nosso dinheiro", em que assume uma posição muito critica e contundente relativamente às PPP e na sua contracapa diz textualmente, em síntese:

"Todos os dias entregámos ao Estado uma parte substancial dos nossos rendimentos sob a forma de impostos. E acreditamos que o Estado vai gerir esse dinheiro de forma conscienciosa, em obediência a critérios de boa gestão financeira. Não é, porém, o que acontece. Mais vezes do que seria aceitável, o capital que tanto nos custou amealhar é usado em negócios ruinosos com o sector privado; ou desperdiçado em obras públicas que se eternizam ou não fazem sentido económico ou financeiro.

Não só pagamos os impostos, como a factura da sua má gestão. Ao gastar alegremente mais do que tem, o Estado acumula uma dívida. E quem tem de a assumir somos nós, os contribuintes, que pagamos o descontrolo das finanças estatais com novos impostos, e ainda mais sacrifícios".

É um círculo vicioso chocante, consequência de um festim de maus gastos públicos sem fim à vista. É uma realidade que Carlos Moreno acompanhou de perto enquanto Juiz Conselheiro do Tribunal de Contas. Ao longo de 15 anos, assinou mais de 100 relatórios de auditoria, passou a pente fino os gastos com a Expo 98, com as famigeradas SCUT, os Estádios do Euro 2004, o célebre IPE, a Casa da Música, o Túnel do Rossio, o terminal de contentores de Alcântara.

A lista não cabe nesta obra [Como o Estado gasta o nosso dinheiro]. Cabem os casos mais emblemáticos, a frieza dos números, a análise rigorosa, objectiva e implacável do que foi gasto. E porque muito poderia ter sido feito para evitar o gritante desperdício dos nossos impostos, o autor reserva para o fim uma nota de esperança: tanto nós como os nossos governantes temos o poder de fazer mais e melhor para pôr as finanças públicas na ordem.

Por curiosidade diga-se que foram realizadas através desse expediente, entre outros, as seguintes obras:

- Ponte Vasco da Gama (1994);
- Autoestrada do Oeste (1998);
- Autoestrada no Norte de Portugal (1999);
- Serviço Ferroviário Suburbano Fertagus (1999);
- Autoestrada no Litoral Centro (2004).

l) Sector Empresarial Local

De acordo com a **Lei nº 53-F/2006, de 29 de Dezembro**, que aprova o regime jurídico do sector empresarial local, revogando a Lei nº 58/98, de 18 de Agosto, e alterado pelo artigo 28.º da Lei nº 67-A/2007, de 31 de Dezembro (OE 2008), o sector empresarial local integra as empresas municipais, intermunicipais e metropolitanas.

São empresas municipais, intermunicipais e metropolitanas as sociedades constituídas nos termos da lei comercial, nas quais os municípios, associações de municípios e áreas metropolitanas de Lisboa e do Porto, respectivamente, possam exercer, de forma directa ou indirecta, uma influência dominante em virtude de alguma das seguintes circunstâncias:

a) Detenção da maioria do capital ou dos direitos de voto;

b) Direito de designar ou destituir a maioria dos membros do órgão de administração ou de fiscalização.

Os municípios, as associações de municípios e as áreas metropolitanas de Lisboa e do Porto podem constituir sociedades unipessoais por quotas, nos termos previstos na lei comercial. Qualquer dessas entidades pode ainda constituir uma sociedade anónima de cujas acções seja a única titular, nos termos da lei comercial. A constituição de uma sociedade anónima unipessoal deve observar todos os demais requisitos de constituição das sociedades anónimas.

As empresas têm obrigatoriamente como objecto a exploração de actividades de interesse geral, a promoção do desenvolvimento local e regional e a gestão de concessões, sendo proibida a criação de empresas para o desenvolvimento de actividades de natureza exclusivamente administrativa ou de intuito predominantemente mercantil.

A gestão das empresas deve articular-se com os objectivos prosseguidos pelas respectivas entidades públicas participantes no capital social, visando a satisfação das necessidades de interesse geral, a promoção do desenvolvimento local e regional e a exploração eficiente de concessões, assegurando a sua viabilidade económica e equilíbrio financeiro.

A criação das empresas de âmbito municipal, bem como a decisão de aquisição de participações que confiram influência dominante, compete, sob proposta da câmara, à assembleia municipal.

Os municípios, as associações de municípios e as áreas metropolitanas de Lisboa e do Porto podem constituir pessoas colectivas de direito público, com natureza empresarial, doravante designadas "entidades empresariais locais". O contrato de constituição das entidades empresariais locais deve ser reduzido a escrito, salvo se for exigida forma mais solene para a transmissão dos bens que sejam objecto de entradas em espécie.

As entidades empresariais locais têm autonomia administrativa, financeira e patrimonial. A denominação das entidades empresariais locais deve integrar a indicação da sua natureza municipal, intermunicipal ou metropolitana (EEM, EEIM, EEMT).

A **Resolução do Conselho de Ministros n.º 64/2010,** publicada no DR, I série, de 30 de Agosto**,** resolve promover a elaboração do Livro Branco do Sector Empresarial Local, com o objectivo de proceder ao diagnóstico e caracterização desse sector, devendo:

a) Proceder à caracterização do sector empresarial local existente;
b) Realizar um diagnóstico do sector empresarial local sob o ponto de vista económico e financeiro;
c) Avaliar o impacto do sector empresarial local na economia e nas finanças locais;
d) Avaliar a sustentabilidade do sector empresarial local;
e) Avaliar o quadro legal existente e a sua adequação;
f) Identificar perspectivas de desenvolvimento futuro do sector empresarial local;
g) Apresentar recomendações ou propostas, nomeadamente legislativas.

Mais delibera criar uma comissão de acompanhamento da elaboração do estudo, à qual compete:

a) Analisar a evolução do conteúdo do Livro Branco do Sector Empresarial Local;

b) Ouvir personalidades e especialistas do sector;

c) Elaborar um conjunto de conclusões, propondo eventuais medidas, nomeadamente legislativas, para ultrapassar situações problemáticas e recomendações para a sustentabilidade do sector.

m) **Cooperativas de Interesse Público (Régies Cooperativas)**

As cooperativas de interesse público (régies cooperativas) foram previstas no Decreto-Lei nº 31/84, de 21 de Janeiro, sendo pessoas colectivas em que, para a prossecução dos seus fins, se associam o Estado ou outras pessoas colectivas de direito público. Elas constituem-se por escritura pública e dependem da prévia decisão administrativa. Esta reveste a forma de deliberação da assembleia municipal ou da assembleia de freguesia, respectivamente, quando a participação pública deva ser subscrita por municípios ou por freguesias.

Para a Lei nº 51/96, de 7 de Setembro (Código Cooperativo), as cooperativas são pessoas colectivas autónomas, de livre constituição, de capital e composição variáveis, que, através da cooperação e entreajuda dos seus membros, com obediência aos princípios cooperativos, visam, sem fins lucrativos, a satisfação das necessidades e aspirações económicas, sociais ou culturais daqueles.

As cooperativas, na sua constituição e funcionamento, obedecem aos seguintes princípios cooperativos, que integram a declaração sobre a identidade cooperativa adoptada pela Aliança Cooperativa Internacional:

Adesão voluntária e livre. – As cooperativas são organizações voluntárias, abertas a todas as pessoas aptas a utilizar os seus serviços e dispostas a assumir as responsabilidades de membro, sem discriminações de sexo, sociais, políticas raciais ou religiosas;

Gestão democrática pelos membros. – As cooperativas são organizações democráticas geridas pelos seus membros, os quais participam activamente na formulação das suas políticas e na tomada de decisões. Os homens e as mulheres que exerçam funções como representantes eleitos são responsáveis perante o conjunto dos membros que os elegeram. Nas cooperativas do primeiro grau, os membros têm iguais direitos de voto (um membro, um voto), estando as cooperativas de outros graus organizadas também de uma forma democrática;

Participação económica dos membros. – Os membros contribuem equitativamente para o capital das suas cooperativas e controlam-no democraticamente. Pelo menos parte desse capital é, normalmente, propriedade comum da cooperativa. Os cooperadores, habitualmente, recebem, se for caso disso, uma remuneração limitada pelo capital subscrito como condição para serem membros. Os cooperadores destinam os excedentes a um ou mais dos objectivos seguintes: desenvolvimento das suas cooperativas, eventualmente através da criação de reservas, parte das quais, pelo menos, será indivisível; benefício dos membros na proporção das suas transacções com a cooperativa, apoio a outras actividades aprovadas pelos membros;

Autonomia e independência. – As cooperativas são organizações autónomas de entreajuda, controladas pelos seus membros. No caso de entrarem em acordos com outras organizações, incluindo os governos, ou de recorrerem a capitais externos, devem fazê-lo de modo que fique assegurado o controlo democrático pelos seus membros e se mantenha a sua autonomia como cooperativas;

Educação, formação e informação. – As cooperativas promovem a educação e a formação dos seus membros, dos representantes eleitos, dos dirigentes e dos trabalhadores, de modo que possam contribuir eficazmente para o desenvolvimento das suas cooperativas. Elas devem informar o grande público particularmente, os jovens e os líderes de opinião sobre a natureza e as vantagens da cooperação;

Intercooperação. – As cooperativas servem os seus membros mais eficazmente e dão mais força ao movimento cooperativo, trabalhando em conjunto, através de estruturas locais, regionais, nacionais e internacionais;

Interesse pela comunidade. – As cooperativas trabalham para o desenvolvimento sustentável das suas comunidades, através de políticas aprovadas pelos membros.

Segundo o artigo 6º, é permitida a constituição, nos termos da respectiva legislação especial, de régies cooperativas, ou cooperativas de interesse público, caracterizadas pela participação do Estado ou de outras pessoas colectivas de direito público, bem como, conjunta ou separadamente, de cooperativas e de utentes dos bens e serviços produzidos.

n) Gestão limitada das autarquias locais

Também pode ser objecto de fiscalização e controlo o regime jurídico da gestão limitada, contido na Lei n.º 47/2005, de 29 de Agosto, considerando-se o período de gestão como aquele que medeia entre a realização de eleições e a tomada de posse dos novos órgãos eleitos.

Os órgãos das autarquias locais e os seus titulares, no âmbito das respectivas competências, sem prejuízo da **prática de actos correntes e inadiáveis**, ficam impedidos de deliberar ou decidir ([16]), designadamente, em relação às seguintes matérias:

  a) Contratação de empréstimos;
  b) Fixação de taxas, tarifas e preços;
  c) Aquisição, alienação ou oneração de bens imóveis;
  d) Posturas e regulamentos;
  e) Quadros de pessoal;
  f) Contratação de pessoal;
  g) Criação e reorganização de serviços;
  h) Nomeação de pessoal dirigente;
  i) Nomeação ou exoneração de membros dos conselhos de administração dos serviços municipalizados e das empresas municipais;
  j) Remuneração dos membros do conselho de administração dos serviços municipalizados;
  l) Participação e representação da autarquia em associações, fundações, empresas ou quaisquer outras entidades públicas ou privadas;
  m) Municipalização de serviços e criação de fundações e empresas,
  n) Cooperação e apoio a entidades públicas ou privadas e apoio a actividades correntes e tradicionais;
  o) Concessão de obras e serviços públicos;
  p) Adjudicação de obras públicas e de aquisição de bens e serviços;
  q) Aprovação e licenciamento de obras particulares e loteamentos;
  r) Apoiar ou comparticipar, pelos meios adequados, no apoio a actividades de interesse da freguesia de natureza social, cultural, educativa, desportiva, recreativa ou outra;
  s) Afectação ou desafectação de bens do domínio público municipal;
  t) Deliberar sobre a criação dos conselhos municipais;
  u) Autorizar os conselhos de administração dos serviços municipalizados a deliberar sobre a concessão de apoio financeiro, ou outro, a instituições legalmente constituídas;
  v) Aprovar os projectos, programas de concurso, caderno de encargos e adjudicação.

Durante o período de gestão caducam as delegações de competência que tenham sido aprovadas pelo órgão executivo colegial para o respectivo presidente.

Nos casos em que o presidente de câmara ou de junta de freguesia se tenha recandidatado e seja declarado vencedor do acto eleitoral não se aplica o disposto no número anterior, podendo o titular do cargo continuar a exercer normalmente

---

[16] Embora entendamos que no ordenamento jurídico vigente possam existir mecanismos de reacção, a verdade é que a presente lei não comina qualquer sanção para quem violar os seus preceitos impositivos e proibitivos.

as suas competências, ficando no entanto os respectivos actos, decisões ou autorizações sujeitos a ratificação do novo executivo na primeira semana após a sua instalação, sob pena de nulidade.

Os actos, decisões ou autorizações dos presidentes de câmara ou de junta de freguesia praticados nos termos referidos no número anterior devem fazer referência expressa à precariedade legalmente estabelecida.

As comissões administrativas dispõem de competências executivas limitadas à prática de actos correntes e inadiáveis, estritamente necessários para assegurar a gestão da autarquia.

As comissões administrativas, em caso de dissolução ou extinção do órgão deliberativo, podem, a título excepcional, deliberar sobre matérias da competência deste desde que razões de relevante e inadiável interesse público autárquico o justifiquem. Essas deliberações carecem de parecer prévio da respectiva comissão de coordenação e desenvolvimento regional sob pena de nulidade.

Aprovar referendos locais, sob proposta quer de membros da assembleia, quer da câmara municipal, quer dos cidadãos eleitores, nos termos da lei

O referendo local é um mecanismo de participação directa dos cidadãos eleitores de uma determinada autarquia local que, através do voto, exprimem a sua opinião sobre questões concretas de relevante interesse local e da competência, exclusiva ou partilhada, de órgãos das autarquias locais. Traduz claramente a importância da democracia directa e uma forma genuína de expressão da vontade popular. Contudo, devo dizer já que ele só é vinculativo se o número de votantes for superior a metade dos cidadãos inscritos no recenseamento eleitoral.

Entendemos que este é um dos temas que deve ser do conhecimento dos membros das assembleias municipais na medida em que a sua aprovação é uma das competências do órgão deliberativo do município, sob proposta quer de membros da assembleia, quer da câmara municipal, quer dos cidadãos eleitores, nos termos da lei (alínea g) do nº 1 do artigo 53º da Lei nº 169/99, de 18 de Setembro, alterada pela Lei nº 5-a/2002, de 11 de Janeiro;

O seu regime legal está previsto na **Lei Orgânica nº 4/2000, de 24 de Agosto**, e no artigo 240º da Constituição da República Portuguesa.

A iniciativa da sua realização pode ser representativa (apresentada por órgãos deliberativos, ou os seus membros, ou executivos das autárquicos locais) ou popular, exigindo a lei um número mínimo de eleitores para que tal seja possível.

Podem ser matérias de referendo local questões de relevante interesse local que devam ser decididas pelos órgãos autárquicos ou de freguesia e que se integrem nas suas competências, quer exclusivas quer partilhadas, com o Estado e com as Regiões Autónomas. Esta última redacção foi introduzida pela Revisão

Constitucional de 1997. Antes, a lei exigia apenas que as competências fossem exclusivas das autarquias locais.

Expressamente, não podem ser objecto de referendo local:

a) as matérias da competência legislativa reservada aos órgãos de soberania;

b) as matérias reguladas por acto legislativo ou por acto regulamentar estadual que vincule as autarquias locais;

c) as opções do plano e o relatório de actividades;

d) as questões e os actos de conteúdo orçamental, tributário ou financeiro;

e) as matérias que tenham sido objecto de decisão irrevogável, excepto na parte em que sejam desfavoráveis aos seus destinatários;

f) as matérias que tenham sido objecto de decisão judicial com trânsito em julgado;

g) as matérias que tenham sido objecto de celebração de contrato-programa.

Existem também limites temporais à realização de referendos locais, não sendo possível praticar actos relativos à convocação ou à sua efectivação entre a data de convocação e a de realização de eleições gerais para os órgãos de soberania, para as assembleias legislativas das regiões autónomas, para os órgãos do poder local e para as eleições dos deputados ao Parlamento Europeu, bem como de referendo regional ou nacional. Contudo, é admissível a cumulação numa mesma data de vários referendos na área da mesma autarquia, desde que formal e substancialmente autonomizados entre si.

Não se pode convocar ou realizar qualquer referendo durante a vigência do estado de sítio ou do estado de emergência, antes de constituídos ou depois de dissolvidos os órgãos autárquicos.

Cada referendo só pode recair sobre uma só matéria, não podendo ter mais de três perguntas.

Essas perguntas devem ser objectivas, claras e precisas, sem sugerirem directa ou indirectamente o sentido das respostas e devem ser formuladas de forma a poderem ser respondidas em termos de "sim" ou "não".

Ao contrário do que é comum pensar-se, nem tudo pode ser objecto de referendo local. Os referendos locais, previstos desde 1982, têm sido raros. Foram produzidos 26 acórdãos do Tribunal Constitucional e em apenas três houve decisão favorável à realização de referendo local:

– referendo sobre a "construção de um campo de jogos polidesportivo na parte de trás do salão paroquial de Serreleis" (25/04/1999) na freguesia de Serreleis, o primeiro referendo local realizado em Portugal;

– referendo sobre a "demolição do antigo reservatório de água (desactivado) do Alto de Santa Maria" (13/06/1999) no concelho de Tavira;

– referendo sobre a integração do Município de Viana do Castelo na Comunidade Intermunicipal Minho-Lima (25/01/09).

Em ambos os casos a resposta foi negativa; no primeiro o número de votantes foi superior a metade dos cidadãos eleitores da autarquia (76,66%), no segundo foi inferior (36,2%) e no terceiro caso inferior (30,76%).

Em resumo temos:
Número de acórdãos: 26
Respostas positivas: 3
Respostas negativas: 23
Requerentes:

- Assembleias de Freguesia: **14**
- Assembleias Municipais: **11**
- Câmaras Municipais: **1**

Motivos do indeferimento:

- Falta de competência: **10**
- Incorrecção nas perguntas/falta de objectividade, clareza e precisão: **9**
- Falta de apresentação atempada ao órgão deliberativo: **3**
- Violação dos limites temporais: **3**
- Subscrição por apenas um terço dos membros: **1**
- Imprecisão do âmbito territorial: **1**

Seja como for, decidida a realização do referendo local, a deliberação deve ser remetida ao Tribunal Constitucional para efeito de fiscalização preventiva da constitucionalidade e da legalidade dessa deliberação. Do ponto de vista teórico, verificada a legalidade e a constitucionalidade do referendo local, o órgão executivo marca a data da realização do referendo local. A esta consulta popular aplicam-se as regras para as eleições locais quanto à organização do processo de votação (formação das assembleias de voto, boletins de voto e votação) e ao apuramento dos resultados. É, assim, um processo moroso e com custos para o erário público, compaginável a maior parte das vezes com o interesse público da matéria.

A não observância do resultado do referendo, quando vinculativo, pelas assembleias das autarquias implica a sua dissolução.

Deliberar sobre a constituição de delegações, comissões ou grupos de trabalho

Tal constituição visa o estudo dos problemas relacionados com as atribuições próprias da autarquia, sem interferência no funcionamento e na actividade normal da câmara e com poder meramente consultivo. Estamos aqui a pensar, cremos nós, em comissões cuja constituição não seja obrigatória mas tão-só um acto voluntário das assembleias municipais. Podemos apontar, como exemplos, a Comissão Municipal de Toponímia, a Comissão Municipal de Arqueologia, a Comissão de Atribuição de Distinções Honoríficas, a Comissão Municipal de Protecção aos Idosos, a Comissão Municipal de Defesa das Minorias Étnicas, etc.

Por exemplo, o Regimento da Assembleia Municipal de Aljustrel refere que compete às Comissões Eventuais e Grupos de Trabalho apreciar os assuntos objecto da sua constituição, apresentando os respectivos relatórios e pareceres nos prazos fixados pela Assembleia. Os Grupos de Trabalho não podem ser constituídos por menos de três membros, devendo a sua composição ter em conta a representatividade dos vários Grupos na Assembleia. Os Grupos de Trabalho elegem de entre os seus membros um Coordenador que assegura o seu normal funcionamento. Às Comissões Eventuais e aos Grupos de Trabalho aplica-se, com as necessárias adaptações, o estipulado para as Comissões permanentes.

Votar moções de censura à câmara municipal, em avaliação da acção desenvolvida pela mesma ou por qualquer dos seus membros

Uma moção de censura (ou moção de desconfiança) é uma proposta apresentada pela oposição com o propósito de derrotar ou constranger quem governa. A moção é aprovada ou rejeitada por meio de votação.

A aprovação da moção não tem consequências práticas, não implicando a dissolução do órgão executivo ou a demissão de qualquer dos seus membros, mas apenas efeitos políticos, embora tenham sempre um efeito moralizador para quem a apresenta e desmoralizador para quem a sofre. Ninguém gosta de ser criticado, censurado, repreendido ou condenado dessa forma, embora não seja um expediente muito utilizado. Contudo, pode também significar uma reprimenda e implicar mudança de política ou estratégia com benefício para os cidadãos.

O mesmo não ocorre em relação à moção de censura apresentada na Assembleia da República. De acordo com o artigo 194º "a Assembleia da República pode votar moções de censura ao Governo sobre a execução do seu programa ou assunto relevante de interesse nacional, por iniciativa de um quarto dos Deputados em efectividade de funções ou de qualquer grupo parlamentar; as moções de censura só podem ser apreciadas quarenta e oito horas após a sua apresentação, em debate de duração não superior a três dias, se a moção de censura não for aprovada, os seus signatários não podem apresentar outra durante a mesma sessão legislativa".

Constituem matérias de prioridade absoluta, a votação das moções de censura e de confiança, nos termos regimentares.

O Governo pode também solicitar à Assembleia da República a aprovação de um voto de confiança sobre uma declaração de política geral ou sobre qualquer assunto relevante de interesse nacional.

À guisa de remate, diremos que, nos precisos termos do artigo 195º da CRP, implicam a demissão do Governo, entre outros motivos, a não aprovação de uma moção de confiança e a aprovação de uma moção de censura por maioria absoluta dos Deputados em efectividade de funções.

Falaremos mais à frente neste assunto quando falarmos nos regimentos das assembleias municipais.

Discutir, a pedido de quaisquer dos titulares do direito de oposição, o relatório a que se refere o estatuto do direito de oposição

Esse Estatuto consta da Lei nº 24/98, de 26 de Maio, e está previsto no artigo 17º/1/m da Lei nº 169/99, de 18 de Setembro, alterada pela Lei nº 5-A/2002, de 11 de Janeiro.

Assim, é assegurado às minorias o direito de constituir e exercer uma oposição democrática ao Governo e aos órgãos executivos das Regiões Autónomas e das autarquias locais de natureza representativa, nos termos da Constituição e da lei. Entende-se por oposição a actividade de acompanhamento, fiscalização e crítica das orientações políticas do Governo ou dos órgãos executivos das Regiões Autónomas e das autarquias locais de natureza representativa.

São titulares do direito de oposição os partidos políticos representados na Assembleia da República e que não façam parte do Governo, bem como os partidos políticos representados nas assembleias legislativas regionais e nos órgãos deliberativos das autarquias locais e que não estejam representados no correspondente órgão executivo. São também titulares do direito de oposição os partidos políticos representados nas câmaras municipais, desde que nenhum dos seus representantes assuma pelouros, poderes delegados ou outras formas de responsabilidade directa e imediata pelo exercício de funções executivas.

A titularidade do direito de oposição é ainda reconhecida aos grupos de cidadãos eleitores que como tal estejam representados em qualquer órgão autárquico.

O disposto na presente lei não prejudica o direito geral de oposição democrática dos partidos políticos ou de outras minorias sem representação em qualquer dos órgãos referidos nos números anteriores, nos termos da Constituição.

Os titulares do direito de oposição têm o direito de ser informados regular e directamente pelos correspondentes órgãos executivos sobre o andamento dos principais assuntos de interesse público relacionados com a sua actividade. As informações devem ser prestadas directamente e em prazo razoável aos órgãos ou estruturas representativos dos partidos políticos e demais titulares do direito de oposição.

Os partidos políticos representados nos órgãos deliberativos das autarquias locais e que não façam parte dos correspondentes órgãos executivos, ou que neles não assumam pelouros, poderes delegados ou outras normas de responsabilidade directa e imediata pelo exercício de funções executivas, têm o direito de ser ouvidos sobre as propostas dos respectivos orçamentos e planos de actividade.

O Governo e os órgãos executivos das Regiões Autónomas e das autarquias locais elaboram, até ao fim de Março do ano subsequente àquele a que se refiram, relatórios de avaliação do grau de observância do respeito pelos direitos e garantias constantes da presente lei. Esses relatórios são enviados aos titulares do direito de oposição a fim de que sobre eles se pronunciem.

Ao pedido de qualquer dos titulares podem os respectivos relatórios e resposta ser objecto de discussão pública na correspondente assembleia.

Os relatórios são publicados no *Diário da República*, nos jornais oficiais de ambas as Regiões Autónomas ou no diário ou boletim municipal respectivo, conforme os casos.

Elaborar e aprovar, nos termos da lei, o regulamento do conselho municipal de segurança

Esse conselho está previsto na **Lei nº 33/98, de 18 de Julho**, e dele falaremos mais adiante.

Tomar posição perante os órgãos do poder central sobre assuntos de interesse para a autarquia

O melhor mecanismo para tal tem sido a aprovação de moções de protesto perante actuações do poder central podem prejudicar os interesses locais, a qualidade de vida e o desenvolvimento ou contribuir para o esvaziamento de serviços ou a desertificação humana. Tal tem sucedido com as decisões de encerramento de maternidades e outras valências e unidades de saúde e de escolas.

Deliberar sobre recursos interpostos de marcação de faltas injustificadas aos seus membros

A justificação ou não de faltas é uma prerrogativa da Mesa mas das suas decisões pode haver recurso para o plenário (conjunto dos outros membros da assembleia municipal). As faltas devem ser justificadas no prazo de cinco dias úteis a contar da sessão, embora as Mesas não sejam excessivamente rigorosas a esse nível.

Pronunciar-se e deliberar sobre assuntos que visem a prossecução das atribuições da autarquia

Sobre as atribuições das autarquias locais falaremos mais adiante.

Competências sob proposta da câmara municipal:

Aprovar as posturas e regulamentos do município com eficácia externa

Mas afinal o que é um regulamento? Qual a sua fundamentação? [17] Segundo Freitas do Amaral, os regulamentos administrativos são as normas jurídicas emanadas no exercício do poder administrativo por um órgão da administração ou por outra entidade pública ou privada para tal habilitada por lei. Constituem o nível inferior do ordenamento jurídico-administrativo, sendo fonte secundária do direito administrativo. Contudo, são um produto da actividade da Administração essencial ao funcionamento do Estado Moderno.

Para o mesmo autor, permitem ao Parlamento, por razões temporais e materiais, desonerar-se de tarefas que considera incómodas, ou em face dos quais se sente pouco apetrechado. Além disso, possibilitam uma adaptação rápida das normas a variadas situações específicas da vida que, por razões várias, sobretudo técnicas, se encontram actualmente em permanente mutação.

M. Waline faz uma leitura aproximada sobre as razões políticas do poder regulamentar que são as seguintes:

a) O poder legislativo não teria possibilidades materiais de aprovar todos os textos legais necessários face à actual evolução das sociedades modernas;

b) Muitas das disposições contidas nos regulamentos pressupõem pela sua redacção uma certa tecnicidade, dificilmente acessível a uma assembleia parlamentar, atenta a sua característica eminentemente política;

c) Muitas das disposições contidas nos regulamentos não justificariam que o Parlamento sobre eles se debruçasse, atendendo à sua reduzida relevância;

d) Por outro lado, e por vezes, os regulamentos têm por fim estatuir sobre uma situação puramente local, missão mais facilmente cumprida se efectuada por entidades regionais ou locais que em tais situações teriam possibilidade de melhor adequar o regime legal a elaborar com os interesses das populações em causa.

---

[17] Para responder a essas e outras questões chamamos à colação as Lições do Professor Doutor Freitas do Amaral e o Código de Procedimento Administrativo (artigos 114º a 119º), de José Manuel Santos Botelho, Américo Pires Esteves e José Cândido de Pinho.

Reter aquando da elaboração dos regulamentos as normas constantes nos artigos 116º, 117º e 118º do Código de Procedimento Administrativo ([18]):
– Todo o projecto de regulamento é acompanhado de uma nota justificativa fundamentada;
– Tratando-se de regulamento que imponha deveres, sujeições ou encargos, e quando a isso se não oponham razões de interesse público, as quais serão sempre fundamentadas, o órgão com competência regulamentar deve ouvir, em regra, sobre o respectivo projecto, as entidades representativas dos interesses afectados, caso existam e no preâmbulo do regulamento deve fazer-se menção das entidades ouvidas;
– Esse órgão deve também submeter o projecto a apreciação pública para recolha de sugestões e publicá-lo na 2ª série do *Diário da República* ou no jornal oficial da entidade, podendo os interessados dirigir por escrito as suas sugestões no prazo de 30 dias.

As assembleias municipais apenas se pronunciam e aprovam regulamentos com eficácia externa ([19]).

O Município de Mirandela aprovou os seguintes regulamentos e posturas, publicados no seu portal www.cm-mirandela.pt:

- Regulamento e Tabela de Taxas e Licenças;
- Postura de Organização e Funcionamento do Mercado Municipal ([20]);
- Regulamento da Biblioteca Municipal Sarmento Pimentel;
- Regulamento de Utilização das Viaturas de Transporte Colectivos;

---

[18] Há quem entenda que, não estando regulamentada essa matéria, não é uma norma obrigatória.

[19] Os regulamentos, considerados numa perspectiva material, são normas jurídicas, dimanadas de órgãos administrativos no desempenho da função administrativa, o que equivale a dizer que são normas gerais e abstractas. Como refere o Prof. Afonso Queiró, os regulamentos podem ser:
a) Externos, quando se dirigem não só ao órgão da administração, mas também a terceiras pessoas, a particulares ou a administrados que se encontrem em face dela numa relação geral de poder. Os regulamentos externos podem ser: de extensão, complementares, delegados, independentes e autónomos, sendo que os regulamentos das autarquias locais são usualmente denominados regulamentos autónomos.
b) Internos quando tenham uma eficácia jurídica unilateral, que se esgota no âmbito da própria Administração.
Segundo um parecer da CCDR-Lisboa e Vale do Tejo, da autoria da Drª Ana Azinheiro, os regulamentos locais estão sujeitos ao regime constitucional sobre regulamentos (Artigo 112º da CRP), pelo que o poder regulamentar próprio das autarquias, além do limite negativo das normas superiores, só pode incidir sobre ou interesses próprios das autarquias, estando-lhe vedadas as matérias que constitucionalmente são reserva de lei, mesmo que tenha havido autorização ou "delegação" nesse sentido. O artigo 241º da CRP deixa antever que as autarquias locais possuem uma "reserva de autonomia", embora não defina exactamente os seus contornos.

[20] O Decreto-Lei n.º 340/82, de 25 de Agosto, estabeleceu o regime de ocupação e exploração de lugares e estabelecimentos nos mercados municipais.

- Regulamento do INATEL;
- Regulamento do Centro Coordenador de Transportes – Central de Camionagem;
- Regulamento das Piscinas;
- Regulamento Tua Bike;
- Regulamento do Banco Local de Voluntariado de Mirandela;
- Postura Municipal de Controlo de Animais Vadios ou Errantes;
- Regulamento Municipal da Actividade de Guarda-Nocturno [21];
- Regulamento de Apoios Económicos;
- Regulamento de Táxis [22];
- Regulamento Municipal de Urbanização e Edificação;
- Regulamento de Toponímia e de Numeração de Polícia;
- Regulamento das Distinções Honoríficas;
- Regulamento de Ecocentros [23];
- Regulamento de Ascensores Monta-cargas [24];
- Regulamento da Zona Industrial;
- Regulamento Interno do Recinto da Feira [25];
- Regulamento do Conselho Local de Acção Social [26];
- Regulamento do Conselho Municipal de Educação [27];
- Regulamento do Conselho Municipal de Segurança [28];
- Regulamento dos Estabelecimentos de Hospedagem [29];
- Regulamento de Actividades Diversas;

---

[21] Na sequência do Decreto-Lei nº 310/2002, de 18 de Dezembro, que transferiu para os municípios competências dos governadores civis.
[22] Com a publicação do Decreto-Lei n.º 319/95, de 28 de Novembro, no uso da autorização legislativa contida no artigo 13.º da Lei n.º 39-B/94, de 27 de Dezembro, foram transferidas para os municípios as competências em matéria de transporte de aluguer em veículos ligeiros de passageiros.
[23] Foi elaborado com base no Decreto-Lei nº 239/97, de 09 de Setembro, que estabelece as regras a que fica sujeita a gestão de resíduos, nomeadamente a sua recolha, transporte, armazenagem, tratamento, valorização e eliminação, de forma a não constituir perigo ou causar prejuízo para a saúde humana ou para o ambiente.
[24] Decreto-Lei n.º 320/2002, de 28 de Dezembro.
[25] Obedeceu ao Decreto-Lei n.º 252/86, de 25 de Agosto, mas actualmente aplica-se o regime do Decreto-Lei n.º 42/2008, de 10 de Março; a Portaria nº 378/2008, de 26 de Maio, aprovou os modelos de impresso destinado ao cadastro comercial dos feirantes e de cartão de feirante
[26] Resolução de Conselho de Ministros n.º 197/97, de 18 de Novembro.
[27] Decreto-Lei n.º 7/2003, de 15 de Janeiro.
[28] Lei nº 33/98, de 18 de Julho.
[29] O Decreto-Lei n.º 167/97, de 4 de Julho, no seu artigo 79.º, estipulou que é da competência da Assembleia Municipal, sob proposta do presidente da Câmara, a regulamentação da instalação, exploração e funcionamento dos estabelecimentos de hospedagem, designados por hospedarias, casas de hóspedes e quartos particulares; actualmente esse regime consta do Decreto-Lei n.º 39/2008, de 7 de Março.

- Regulamento da Publicidade ([30]);
- Regulamento das Zonas de Estacionamento Taxado ([31]);
- Regulamento da Organização dos Serviços Municipais;
- Regulamento dos Cemitérios Municipais ([32]);
- Regulamento de Venda Ambulante ([33]);
- Regulamento de Inventário e Cadastro do Património Municipal de Mirandela;
- Regulamento Municipal dos Horários de Funcionamento dos Estabelecimentos Comerciais ([34]);
- Regulamento do Comércio a Retalho Exercido por Feirantes ([35]);
- Regulamento de Procedimento Interno da CMM;
- Regulamento Municipal de Atribuição de Comparticipações à Prática Desportiva do Concelho de Mirandela.

---

[30] Foi elaborado com base na Lei n.º 97/88, de 17 de Agosto, com as alterações introduzidas pelo artigo 3.º da Lei n.º 23/2000, de 23 de Agosto.

[31] Pode ler-se no seu preâmbulo que "o Código da Estrada aprovado pelo Decreto-Lei n.º 114/94, de 3 de Maio, revisto e republicado pelos Decretos-Lei nº 2/98, de 3 de Janeiro, e 265-A/2001, de 28 de Setembro, este rectificado pela Declaração de Rectificação n.º 19-B/2001, de 29 de Setembro, alterado pela Lei n.º 20/2002, de 21 de Agosto, e Decreto--Lei n.º 327/98, de 2 de Novembro, que atribui às empresas públicas municipais competência para a fiscalização do estacionamento de duração limitado, introduziram algumas alterações nas competências autárquicas, nomeadamente ao consagrarem o direito destas, à regulamentação do estacionamento de duração limitada e, por inerência, a deterem competência para os seus fiscais, no exercício de funções de serviço de fiscalização do trânsito, procederem ao levantamento de autos de notícia por contra-ordenação por infracções de estacionamento verificadas nas zonas de estacionamento de duração limitada por parcómetros ou outros elementos de limitação".

[32] Regime jurídico:
– Decreto 44220, de 3 de Março de 1962;
– Decreto 48770, de 18 de Dezembro de 1968;
– Decreto-Lei nº 411/98, de 30 de Dezembro;
– Decreto-Lei nº 417/70, de 1 de Setembro;
– Decreto-Lei nº 168/2006, de 16 de Agosto;
– Norma Europeia NP EN 15017.

[33] O exercício da actividade de vendedor ambulante regulava-se pelas disposições do Decreto-Lei n.º 122/79, de 8 de Maio, com as alterações introduzidas pelo Decreto-Lei n.º 283/86, de 5 de Setembro, Decreto-Lei n.º 399/91, de 16 de Outubro, e pelo Decreto-Lei n.º 252/93, de 14 de Julho.

[34] Obedeceu ao Decreto-Lei n.º 48/96, de 15 de Maio, alterado pelo Decreto-Lei n.º 126/96, de 10 de Agosto.

[35] O Decreto-Lei n.º 42/2008, de 10 de Março, revogou o Decreto-Lei nº 252/86, de 25 de Agosto, e veio alterar o regime aplicável à actividade de comércio a retalho exercida de forma não sedentária em feira, retirando às câmaras municipais a atribuição dos cartões dos feirantes, passando estas a gerir, apenas, a realização das feira e espaços a elas destinados.

Como é bom de ver, muitos deles foram apenas aprovados em reunião do Executivo. Numa pesquisa ao *Diário da República* electrónico, encontramos outros e diferentes regulamentos:

- Regulamento de Gestão, Utilização e Cedência das Instalações Desportivas;
- Regulamento do Conselho Municipal da Actividade Física e Desportiva;
- Regulamento de Utilização do Espaço Internet;
- Regulamento de Funcionamento dos Courts de Ténis;
- Regulamento de Ocupação da Via Pública com Mobiliário Urbano;
- Regulamento sobre as Partes Comuns dos Prédios em Regime de Arrendamento Urbano;
- Regulamento do Canil/Gatil Municipal;
- Regulamento de Atribuição e Gestão de Fogos de Renda Social;
- Regulamento Municipal de Descargas de Águas Residuais;
- Regulamento do Conselho Municipal de Urbanismo;
- Regulamento para atribuição de Subsídio de Transporte;
- Regulamento de Saliências em Edificações Urbanas;
- Regulamento de Liquidação e Cobrança da Taxa para Exploração de Inertes [36];
- Regulamento da Ludoteca;
- Regulamento de Centro de Lazer;
- Regulamento para a Instalação na Área de Apoio Oficinal e Artesanal;
- Regulamento para a Venda de Lotes de Terreno;
- Regulamento para Edificação de Marquises;
- Regulamento de Parque de Estacionamento [37];
- Regulamento de Resíduos Sólidos [38];
- Regulamento Municipal do Regime de Cedência de Espaços Verdes e de Utilização Colectiva e Equipamentos de Utilização Colectiva em Operações de Loteamento [39];

---

[36] O Decreto-Lei n.º 10/2010, de 4 de Fevereiro, estabeleceu o regime jurídico a que está sujeita a gestão de resíduos das explorações de depósitos minerais e de massas minerais – resíduos de extracção, transpondo para a ordem jurídica interna a Directiva n.º 2006/21/CE, do Parlamento Europeu e do Conselho, de 15 de Março; por sua vez, o Decreto-Lei nº 340/207, de 12 de Outubro, altera o Decreto-Lei n.º 270/2001, de 6 de Outubro, que aprova o regime jurídico da pesquisa e exploração de massas minerais (pedreiras).

[37] O Decreto-Lei n.º 81/2006, de 20 de Abril, aprovou o regime relativo às condições de utilização dos parques e zonas de estacionamento, revogando o Decreto Regulamentar n.º 2-B/2005, de 24 de Março, e o Decreto-lei nº 66/95, de 8 de Abril, havia aprovado o Regulamento de Segurança contra Incêndio em Parques de Estacionamento Cobertos.

[38] O Decreto-Lei nº 195/2009, de 20 de Agosto alterou o regime jurídico dos serviços de âmbito multimunicipal de abastecimento público de água, de saneamento de águas residuais e de gestão de resíduos urbanos.

[39] Matéria prevista nos artigos 43º a 47º do Regime Jurídico da Urbanização e Edificação (Lei n.º 60/2007, de 4 de Setembro, que procede à sexta alteração ao Decreto-Lei n.º 555/99, de 16 de Dezembro).

- Regulamento da Universidade dos Tempos Livres;
- Regulamento de Exploração da Estação Central de Camionagem;
- Regulamento do Programa Municipal de Apoio à Melhoria das Acessibilidades;
- Regulamento Municipal sobre Consulta Prévia para Autorização de Licenciamento de Jogos de Máquinas de Diversão ([40]);
- Regulamento Municipal de Porteiros;
- Regulamento Municipal da Feira do Livro;
- Regulamento do Concurso de Projectos de Arquitectura para Obras de Construção Promovidas por Particulares;
- Regulamento de Atribuição de Menções de Mérito Excepcional;
- Regulamento de Apoio a Iniciativas Empresariais Económicas de Interesse Municipal;
- Regulamento do Serviço de Sanidade e Higiene Pública Veterinária;
- Regulamento Municipal para as Aldeias Típicas;
- Regulamento de Parque de Campismo ([41]);
- Regulamento Geral de Utilização do Circuito de Manutenção;
- Regulamento Municipal de Remoção e Recolha de Veículos;
- Regulamento do Cartão Jovem Municipal;
- Regulamento Municipal de Atribuição de Bolsas de Estudo;
- Regulamento da Zona Industrial;
- Regulamento Municipal de Obras na Via Pública;
- Regulamento do Conselho Municipal da Juventude ([42]);
- Regulamento de Espaços Verdes, Parques e Jardins;
- Regulamento de Fiscalização Urbanística;
- Regulamento do Gabinete de Auditoria Interna;
- Regulamento de Instalações e Funcionamento de Recintos de Espectáculos e Divertimentos Públicos ([43]);
- Regulamento de Utilização de Viaturas e Máquinas Municipais;
- Regulamento Municipal de Fardamentos e Equipamentos de Protecção Individual;

---

[40] O Decreto-Lei n.º 310/2002, de 18 de Dezembro, atribuiu às câmaras municipais competência em matéria de licenciamento de actividades diversas até agora cometidas aos governos civis, entre as quais a exploração de máquinas automáticas, mecânicas, eléctricas e electrónicas de diversão.

[41] Decreto-Lei nº 55/2002, de 11 de Março (regime jurídico da instalação e do funcionamento dos empreendimentos turísticos); Decreto Regulamentar nº 14/2002, de 12 de Março (regula os parques de campismo públicos) e Portaria n.º 1320/2008, de 17 de Novembro (estabelece os requisitos específicos de instalação, classificação e funcionamento dos parques de campismo e de caravanismo.

[42] Criado pela Lei n.º 8/2009, de 18 de Fevereiro.

[43] Decreto-Lei nº 309/2002, de 16 de Dezembro.

- Regulamento Municipal de Segurança, Higiene e Saúde no Trabalho [44];
- Regulamento sobre o Depósito de Bens Móveis em Local Reservado do Município;
- Regulamento do Parque Municipal de Alojamento Transitório de Emergência;
- Regulamento do Cartão Sénior Municipal;
- Regulamento do Abastecimento de Água;
- Regulamento Municipal de Apoio ao Cooperativismo;
- Regulamento do Serviço Municipal de Protecção Civil [45];
- Regulamento de Apoio e Incentivos à Actividade Editorial;
- Regulamento para Estabelecimento e Licenciamento de Rampas Fixas;
- Regulamento Municipal de Qualificação dos Técnicos Habilitados para Elaborar Projectos de Loteamento Urbanos;
- Regulamento do Plano de Ordenamento da Área de Paisagem Protegida [46];
- Regulamento da Sala de Estudo Acompanhado;
- Regulamento de Academia de Música;
- Regulamento do Fundo de Solidariedade Social;
- Regulamento Municipal de Ruído Ambiente [47];
- Regulamento de Cedência de Utilização de Cartografia Digital;
- Regulamento De Concessão De Apoios Para Acções Pedagógico-Culturais;
- Regulamento das Zonas Pedonais.

Interessante pelo seu ineditismo é o Código Regulamentar do Município de Amarante [48] que contém 674 artigos e que reúne os regulamentos do município com eficácia externa e foi organizado por áreas temáticas, procurando alcançar uma organização lógica e sistemática que simplifique a sua análise e consulta. Mais se lê no seu preâmbulo que "para a sua elaboração, primeiramente, foi feito um estudo dos vários regulamentos existentes, verificando a sua pertinência e actualizando-os em função das alterações legislativas e da própria realidade social". Numa fase posterior, introduziram-se novas disposições regulamentares relacionadas com novas competências dos municípios, assim como se retiraram referências a competências que os municípios deixaram de possuir.

---

[44] Matéria actualmente regulada no Regime de Contrato de Trabalho em Funções Públicas (Lei n.º 59/2008, de 11 de Setembro).
[45] Lei nº 27/2006, de 3 de Julho, que aprova a Lei de Bases da Protecção Civil.
[46] Decreto-Lei n.º 19/93, de 23 de Janeiro, estabelece normas relativas à Rede Nacional de Áreas Protegidas
[47] O Decreto-Lei nº 9/2007, de 17 de Janeiro, aprovou o Regulamento Geral do Ruído.
[48] Publicado no *Diário da República*, II série, de 4 de Agosto de 2010.

Esse Código Regulamentar está dividido em onze Títulos, sendo complementado por anexos, onde se desenvolvem aspectos atinentes a algumas das normas dos mesmos. Os Títulos em causa são os seguintes:
Título I: Parte geral;
Título II: Urbanismo;
Título III: Ambiente;
Título IV: Espaço público;
Título V: Intervenção sobre o exercício de actividades privadas;
Título VI: Vistorias e inspecções;
Título VII: Cultura;
Título VIII: Acção social;
Título IX: Das taxas;
Título X: Fiscalização e sancionamento de infracções;
Título XI: Disposições finais.

Aprovar as opções do plano e a proposta de orçamento, bem como as respectivas revisões

A proposta apresentada pela câmara não pode ser alterada pela assembleia municipal e carece da devida fundamentação quando rejeitada, mas a câmara deve acolher sugestões feitas pela assembleia, quando devidamente fundamentadas, salvo se aquelas enfermarem de previsões de factos que possam ser considerados ilegais.

Esta competência remete-nos desde logo para o Plano Oficial de Contabilidade para as Autarquias Locais (POCAL) e para a Lei das Finanças Locais.

O POCAL (Plano Oficial de Contabilidade das Autarquias Locais) tornou-se obrigatório através do **Decreto-Lei nº 54/A-99, de 22 de Fevereiro**, tendo sofrido já algumas alterações.

São objectivos do POCAL:

- Apoiar a tomada de decisões estratégicas no âmbito da orçamentação plurianual;
- Apoiar as acções de controlo da actividade financeira da administração local;
- Reforçar a transparência da situação financeira e patrimonial das autarquias;
- Reforçar a utilização das novas técnicas de gestão pelas autarquias locais;
- Reforçar a transparência das relações financeiras das autarquias

Ao sistema completo de organização contabilística do POCAL estão obrigadas as autarquias locais cujo movimento de receita seja igual ou superior a 5000 vezes o índice 100 da escala indiciária das carreiras do regime geral da função pública (1 551 650 euros em 2004).

As autarquias locais sujeitas ao regime completo de organização contabilística, tal como as sujeitas ao regime simplificado, estão obrigadas a elaborarem inventário e sistema de controlo interno, por forma a habilitar os respectivos órgãos de instrumentos que lhes permita conhecer o valor completo do património autárquico e gerir eficiente e eficazmente os bens, direitos e obrigações da autarquia.

O novo regime contabilístico prevê um sistema simplificado de organização da contabilidade para as autarquias locais cujo movimento de receita seja inferior a 5 000 vezes o índice 100 da escala indiciária do regime geral da função pública (1 551 650 € em 2004).

A prestação de contas das autarquias locais é efectuada de acordo com o POCAL e as normas estipuladas a este respeito na Resolução n.º 4/2001 do Tribunal de Contas, publicada no D. R. n.º 191, II Série, de 2001.08.18. O n.º 2 do ponto 2. Considerações Técnicas do POCAL – define os documentos de prestação de contas das autarquias locais que remetem as contas ao Tribunal de Contas. São eles:
– Balanço;
– Demonstração de resultados;
– Mapas de execução orçamental;
– Anexos às demonstrações financeiras;
– Relatório de gestão.

Os documentos previsionais consubstanciam-se nas Grandes Opções e no Orçamento.

Os documentos de prestação de contas englobam os mapas de execução orçamental, a execução anual do plano plurianual de investimento, o mapa de fluxos de caixa, bem como os anexos às demonstrações financeiras.

Este regime compreende também os quadros, códigos e notas explicativas das classificações funcional, económica, orçamental e patrimonial e, ainda, o sistema contabilístico, de que se destacam o inventário, a contabilidade de custos e, finalmente, o relatório de gestão.

Os documentos anuais definidos permitem conhecer as previsões estabelecidas pelos respectivos órgãos deliberativos, bem como o resultado anual da sua actividade e a situação patrimonial da autarquia local.

Nas Grandes Opções do Plano são definidas as linhas de desenvolvimento estratégico da autarquia local e incluem, designadamente, o plano plurianual de investimentos e as actividades mais relevantes da gestão autárquica.

Para apoio ao acompanhamento da execução do plano plurianual de investimentos prevê-se a elaboração do mapa "Execução anual do plano plurianual de investimentos".

O PPI apresenta-se como uma componente das opções do plano, onde são definidas as linhas de desenvolvimento estratégico autárquico. Este mapa, de horizonte móvel de quatro anos, inclui todos os projectos e acções a realizar pela autarquia local e explicita a respectiva previsão da despesa. Neste documento, devem ser discriminados os projectos e acções que impliquem despesas orçamentais a realizar por investimentos.

No ponto 8.3.2.2. do POCAL, encontra-se estabelecido a situação enquadrada pela modificação titulada como revisão ao PPI, cujo texto se cita "as revisões do plano plurianual de investimentos têm lugar sempre que se torne necessário incluir e/ou anular projectos nele considerados, implicando as adequadas modificações no orçamento, quando for o caso".

Da leitura e interpretação deste normativo é possível retirar as seguintes referências:

– É estabelecido pelo legislador um quadro definido e claro de situações que levam obrigatoriamente à revisão do PPI;

– Estas situações circunscrevem-se na inclusão e/ou anulação de projectos inscritos no documento anteriormente aprovado, ou seja, é vedado ao executivo retirar ou inscrever novos projectos, inferindo assim a ideia de que cabe apenas ao executivo a gestão dos projectos por si propostos e aprovados pelo deliberativo;

Refira-se que, para além do estabelecido como obrigatório acolher a aprovação do deliberativo (como atrás referido), mostra-se possível a submissão ou a informação facultativa por parte do executivo, de outras situações relevantes no âmbito desta matéria.

No ponto 8.3.2.3. do POCAL, encontram-se estabelecidas as situações enquadradas pela modificação titulada como alteração ao PPI, cujo texto se cita "a realização antecipada de acções previstas para anos posteriores ou a modificação do montante das despesas de qualquer projecto constante no plano plurianual de investimentos aprovado devem ser precedidas de uma alteração ao plano, sem prejuízo das adequadas.

O Plano das Actividades mais Relevantes não está expressamente previsto no POCAL, não existindo qualquer normativo quanto à sua utilização ou formato. Poderá, no entanto, ser encarado como um documento auxiliar à gestão, eventualmente enquadrado num formato idêntico ao do PPI, onde a autarquia inscreve as acções ou projectos que se relevem de interesse e possam ser destacados, apesar de implicarem despesas diferentes das de investimento.

Para apoio ao acompanhamento da execução orçamental prevêem-se os seguintes mapas:

– Controlo orçamental – Despesa;

– Controlo orçamental – Receita;

– Fluxos de caixa.

Na execução dos documentos previsionais devem ser tidos sempre em conta os princípios da utilização racional das dotações aprovadas e da gestão eficiente da tesouraria.

Segundo o princípio da utilização racional das dotações aprovadas, a assunção dos custos e das despesas deve ser justificada quanto à sua economia, eficiência e eficácia.

Em caso de atraso na aprovação do Orçamento, manter-se-á em execução o Orçamento em vigor no ano anterior, com as modificações que, entretanto, lhe tenham sido introduzidas até 31 de Dezembro.

Na situação referida no número anterior, mantém-se também em execução o plano plurianual de investimentos em vigor no ano económico findo, com as respectivas modificações e as adaptações decorrentes da sua execução nesse ano, sem prejuízo dos limites das correspondentes dotações orçamentais.

O sistema contabilístico corresponde a um conjunto de tarefas e registos através do qual se processam as operações como meio de manter a informação financeira e envolve a identificação, a agregação, a análise, o cálculo, a classificação, o lançamento nas contas, o resumo e o relato das várias operações e acontecimentos.

Os documentos e livros de escrituração das operações podem ser objecto de quaisquer adaptações, nomeadamente as necessárias à utilização de meios informáticos, desde que não resulte prejuízo ou diminuição nem do seu conteúdo informativo nem dos procedimentos de controlo interno e se apresentem em suporte documental.

Na escrituração das receitas e despesas, deve fazer-se o arredondamento necessário nos termos legalmente definidos.

As autarquias Locais devem também respeitar a **Lei das Finanças Locais (Lei nº 2/2007, de 2 de Janeiro)**, que impõe o princípio da autonomia financeira dos municípios e das freguesias [49].

Os municípios e as freguesias têm património e finanças próprios, cuja gestão compete aos respectivos órgãos.

A autonomia financeira dos municípios e das freguesias assenta, designadamente, nos seguintes poderes dos seus órgãos:

a) Elaborar, aprovar e modificar as opções do plano, orçamentos e outros documentos previsionais;
b) Elaborar e aprovar os documentos de prestação de contas;
c) Exercer os poderes tributários que legalmente lhes estejam cometidos;
d) Arrecadar e dispor de receitas que por lei lhes sejam destinadas;
e) Ordenar e processar as despesas legalmente autorizadas;
f) Gerir o seu próprio património, bem como aquele que lhes seja afecto.

---

[49] A sua aprovação foi muito contestada pelos municípios e a ANMP solicitou pareceres ao Dr. Marcelo Rebelo de Sousa, ao Dr. Diogo Leite e Campos e ao Dr. António da Gama Lobo Xavier aquando da discussão da proposta de lei; a última alteração ocorreu com a Lei nº 55-A/2010, de 31 de Dezembro relativamente ao artigo 29º; essa lei impôs normas de controlo financeiro apertado para as autarquias locais.

São nulas as deliberações de qualquer órgão dos municípios e freguesias que envolvam o exercício de poderes tributários ou determinem o lançamento de taxas não previstas na lei.

São igualmente nulas as deliberações de qualquer órgão dos municípios e freguesias que determinem ou autorizem a realização de despesas não permitidas por lei.

Impõe também o cumprimento de princípios e regras orçamentais.

Os municípios e as freguesias estão sujeitos às normas consagradas na Lei de Enquadramento Orçamental e aos princípios e regras orçamentais e de estabilidade orçamental.

Os municípios e as freguesias estão também sujeitos, na aprovação e execução dos seus orçamentos, aos princípios da estabilidade orçamental, da solidariedade recíproca entre níveis de administração e da transparência orçamental.

O princípio da transparência orçamental traduz-se na existência de um dever de informação mútuo entre o Estado e as autarquias locais, como garantia da estabilidade orçamental e da solidariedade recíproca, bem como no dever de estas prestarem aos cidadãos, de forma acessível e rigorosa, informação sobre a sua situação financeira.

O princípio da transparência na aprovação e execução dos orçamentos dos municípios e das freguesias aplica-se igualmente à informação financeira respeitante às associações de municípios ou de freguesias, bem como às entidades que integram o sector empresarial local, concessões municipais e parcerias público-privadas.

A maior parte das freguesias está obrigada ao regime simplificado porque o seu movimento de receita é inferior a 5000 vezes o índice 100 da escala indiciária das carreiras do regime geral da função pública (1 551 650 euros em 2004).

As modificações aos documentos previsionais, para efeitos de sua aplicação legal eficaz, têm de ser sujeitas à aprovação dos respectivos órgãos autárquicos. Com vista à prossecução este objectivo, encontra-se estabelecido na Lei n.º 169/99, de 18 de Setembro, um conjunto de normas orientadoras a conhecer.

Compete à Câmara Municipal, no âmbito do planeamento e do desenvolvimento, aprovar as **alterações** ao orçamento e às opções do plano. Esta competência pode, de acordo com o disposto no n.º 1 e 2 do artigo 65º do diploma supra citado, ser delegada no presidente deste órgão, que por sua vez pode subdelegar em quaisquer dos vereadores.

As alterações podem incluir reforços de dotações de despesas resultantes da diminuição ou anulação de outras dotações. As alterações podem ainda incluir reforços ou inscrições de dotações de despesa por contrapartida do produto da contracção de empréstimos ou de receitas legalmente consignadas.

Compete à Assembleia Municipal, em matéria regulamentar e de organização e funcionamento, sob proposta da Câmara, aprovar as **revisões** ao orçamento e às opções do plano. A proposta apresentada pela Câmara não pode ser alterada pela Assembleia Municipal e carece de devida fundamentação quando rejeitada, mas a Câmara deve acolher as sugestões feitas pela Assembleia, quando devidamente fundamentadas, salvo se aquelas enfermarem de previsões de factos que possam ser considerados ilegais. Só podem ser efectuadas duas revisões orçamentais por ano, tendo de ser aprovadas pelo órgão deliberativo (assembleia municipal).

O aumento global da despesa prevista dá sempre lugar a revisão do orçamento, salvo quando se trata da aplicação de:

a) Receitas legalmente consignadas;
b) Empréstimos contratados;
c) Nova tabela de vencimentos publicada após a aprovação do orçamento inicial.

Na revisão do orçamento podem ser utilizadas as seguintes contrapartidas, para além das referidas no número anterior:

a) Saldo apurado;
b) O excesso de cobrança em relação à totalidade das receitas previstas no orçamento;
c) Outras receitas que as autarquias estejam autorizadas a arrecadar.

A nova Lei das Finanças foi elaborada e publicada sob um forte coro de protestos e críticas por parte sobretudo dos municípios na medida em que impunha regras mais apertadas sobre o endividamento municipal.

A Dislivro publicou em Setembro de 2007 a obra "A Nova Lei das Finanças Locais", da autoria de Joaquim Alexandre que pretende ser um manual para financeiros e não financeiros, cuja leitura aconselhamos.

A autonomia financeira dos municípios e das freguesias assenta, designadamente, nos seguintes poderes dos seus órgãos:

a) Elaborar, aprovar e modificar as opções do plano, orçamentos e outros documentos previsionais;
b) Elaborar e aprovar os documentos de prestação de contas;
c) Exercer os poderes tributários que legalmente lhes estejam cometidos;
d) Arrecadar e dispor de receitas que por lei lhes sejam destinadas;
e) Ordenar e processar as despesas legalmente autorizadas;
f) Gerir o seu próprio património, bem como aquele que lhes seja afecto.

As alterações orçamentais por contrapartida da diminuição ou anulação das dotações da assembleia municipal têm de ser aprovadas por este órgão.

Um dos temas mais actuais relacionados com essa competência tem a ver com o Orçamento Participativo, havendo especialistas e instituições em Portugal a trabalhar nessa área. O município de Porto Alegre no Brasil é reconhecido como o pai do OP e em Portugal ele foi implementado pela primeira vez no Município de Palmela. A Un-Habitat publicou um livro intitulado "72 perguntas sobre Orçamento Participativo" que pode ser encontrado na internet.

Aí se afirma que "não existe uma definição única, já que o Orçamento Participativo se apresenta de formas diferentes de um lugar para outro e que o Orçamento Participativo é "um mecanismo (ou processo) através do qual a população decide, ou contribui para a tomada de decisão sobre o destino de uma parte, ou de todos os recursos públicos disponíveis". Ubiratan de Souza, um dos principais responsáveis pelo Orçamento Participativo em Porto Alegre (Brasil), propõe uma definição mais precisa e teórica, que pode ser aplicada à maioria dos casos no Brasil: "Orçamento Participativo é um processo democrático directo, voluntário e universal, onde as pessoas podem discutir e decidir sobre orçamentos e políticas públicas".

A participação do cidadão não se limita ao acto de votar, para eleger o poder executivo ou legislativo, mas envolve também as prioridades para os gastos públicos e o controle da administração do governo. Ele deixa de ser alguém que possibilita a continuidade da política tradicional e torna-se um protagonista permanente na administração pública. O OP combina a democracia directa com a democracia representativa, uma conquista que deve ser preservada e valorizada.

A maioria dos estudiosos e participantes dos OP's concordam que um dos seus principais benefícios é contribuir para aprofundar o exercício da democracia através do diálogo que o poder público estabelece com os cidadãos. Outro benefício é que o Orçamento Participativo faz com que o Estado preste contas aos cidadãos, contribuindo, assim, para a modernização da administração pública.

Em diversos casos, o Orçamento Participativo é uma ferramenta para ordenar as prioridades sociais e para promover a justiça social. Os cidadãos passam de simples observadores a protagonistas da administração pública, ou seja, participantes integrais, activos, críticos e reivindicadores. O OP dá aos cidadãos melhores oportunidades de acesso a obras e serviços como saneamento básico, pavimentação das ruas, melhorias na rede de transportes públicos e centros de saúde e educação. Os cidadãos, participando activamente no processo do Orçamento Participativo, definem as suas prioridades e, ao fazê-lo, têm a oportunidade de melhorar de forma significativa a sua qualidade de vida dentro de um período relativamente curto. Além disso, eles têm a possibilidade de controlar e monitorar a execução do orçamento.

Por outro lado, o OP também incentiva os processos de modernização administrativa e alimenta o processo de planeamento estratégico do município.

Lê-se no manual que o Orçamento Participativo:

- Aumenta a transparência da administração pública e a eficiência dos gastos públicos;
- Incentiva a participação dos cidadãos na tomada de decisões e na distribuição e supervisão da utilização do orçamento público;
- Exige maior prestação de contas aos líderes e gestores públicos;
- Permite a priorização colectiva e a co-gestão de recursos;
- Gera maior confiança entre o governo e a população;
- Cria uma cultura democrática dentro da comunidade e fortalece o tecido social.

Outras das formas possíveis para financiar investimentos municipais é o recurso aos fundos comunitários, os quais têm contribuído para desenvolver Portugal.

Um dos objectivos gerais dos fundos estruturais é a promoção de um desenvolvimento harmonioso do conjunto da Comunidade Europeia, no sentido de reforçar a sua coesão económica e social, contribuindo para a correcção dos principais desequilíbrios regionais através da uma participação no desenvolvimento e no ajustamento estrutural das regiões menos desenvolvidas e na reconversão das regiões industriais em declínio ([50]).

Portugal foi o segundo país da UE com melhor taxa de execução do III Quadro Comunitário de Apoio (QCA), atingindo, até Março de 2005, um valor de 53% do total previsto no envelope financeiro do QCA. Um exemplo só superado pela Irlanda – com 57% de taxa de execução – mas muito acima de países como a Holanda, Grécia e Reino Unido. Segundo os dados avançados pela Comissão Europeia, entre 2000 e 2003 foram aplicados 42,7% do total de fundos. Em 2004, a mesma taxa de execução atingiu 10,5%. Portugal é também dos 15 Estados--membros um dos países com mais despesa autorizada, 83% do total de 20,5 mil milhões programados para o período 2000-2006.

O QREN – Quadro de Referência Estratégico Nacional – (2007-2013), assume como grande desígnio estratégico a qualificação dos portugueses e das portuguesas, valorizando o conhecimento, a ciência, a tecnologia e a inovação, bem como a promoção de níveis elevados e sustentados de desenvolvimento económico e sócio-cultural e de qualificação territorial, num quadro de valorização da igualdade de oportunidades e, bem assim, do aumento da eficiência e qualidade das instituições públicas.

---

[50] Nos anexos colocaremos a legislação nacional de referência até Setembro de 2010.

Foi aprovado pela Resolução de Conselho de Ministros n.º 86/2007 de 03 de Julho da Presidência do Conselho de Ministros (DR n.º 126, 1.ª série, 03-07-2007). O QREN, cujo período de vigência será 2007-2013 (com a sua execução financeira previsivelmente até Junho de 2015), apresenta os seguintes objectivos prioritários:

- Estimular a inovação e o desenvolvimento científico e tecnológico;
- Incentivar a modernização e a internacionalização empresariais;
- Incentivar o investimento directo estrangeiro (IDE) qualificante;
- Apoiar a investigação e o desenvolvimento (I & DT);
- Promover a sociedade da informação e do conhecimento.

A prossecução deste grande desígnio estratégico, indispensável para assegurar a superação dos mais significativos constrangimentos à consolidação de uma dinâmica sustentada de sucesso no processo de desenvolvimento económico, social e territorial de Portugal, é assegurada pela concretização, com o apoio dos Fundos Estruturais e do Fundo de Coesão, por todos os Programas Operacionais, no período 2007-2013, de três grandes Agendas Operacionais Temáticas, que incidem sobre três domínios essenciais de intervenção, o potencial humano, os factores de competitividade da economia e a valorização do território:

- **Agenda Operacional para o Potencial Humano**, que congrega o conjunto das intervenções visando a promoção das qualificações escolares e profissionais dos portugueses e a promoção do emprego e da inclusão social, bem como as condições para a valorização da igualdade de género e da cidadania plena. Esta Agenda integra as seguintes grandes vertentes de intervenção: Qualificação Inicial, Adaptabilidade e Aprendizagem ao Longo da Vida, Gestão e Aperfeiçoamento Profissional, Formação Avançada para a Competitividade, Apoio ao Empreendedorismo e à Transição para a Vida Activa, Cidadania, Inclusão e Desenvolvimento Social e, ainda, a Promoção da Igualdade de Género.
- **Agenda Operacional para os Factores de Competitividade**, que abrange as intervenções que visam estimular a qualificação do tecido produtivo, por via da inovação, do desenvolvimento tecnológico e do estímulo do empreendedorismo, bem como da melhoria das diversas componentes da envolvente da actividade empresarial, com relevo para a redução dos custos públicos de contexto. Esta Agenda compreende, como principais vectores de intervenção, Estímulos à Produção do Conhecimento e Desenvolvimento Tecnológico, Incentivos à Inovação e Renovação do Modelo Empresarial e do

Padrão de Especialização, Instrumentos de Engenharia Financeira para o Financiamento e Partilha de Risco na Inovação, Intervenções Integradas para a Redução dos Custos Públicos de Contexto, Acções Colectivas de Desenvolvimento Empresarial, Estímulos ao Desenvolvimento da Sociedade da Informação, Redes e Infra-estruturas de Apoio à Competitividade Regional e, ainda, Acções Integradas de Valorização Económica dos Territórios menos Competitivos.

- **Agenda Operacional para a Valorização do Território** que, visando dotar o país e as suas regiões e sub-regiões de melhores condições de atractividade para o investimento produtivo e de condições de vida para as populações, abrange as intervenções de natureza infra-estrutural e de dotação de equipamentos essenciais à qualificação dos territórios e ao reforço da coesão económica, social e territorial. Esta Agenda acolhe como principais domínios de intervenção o Reforço da Conectividade Internacional, das Acessibilidades e da Mobilidade, a Protecção e Valorização do Ambiente, a Política de Cidades e, ainda, as Redes de Infra-estruturas e Equipamentos para a Coesão Territorial e Social.

A concretização destas três Agendas Temáticas é operacionalizada, no respeito pelos princípios orientadores assumidos pelo QREN - da concentração, da selectividade, da viabilidade económica e sustentabilidade financeira, da coesão e valorização territoriais e da gestão e monitorização estratégica - pelos seguintes Programas Operacionais:

- **Programas Operacionais Temáticos** – Potencial Humano, Factores de Competitividade e Valorização do Território – co-financiados respectivamente pelo Fundo Social Europeu (FSE), pelo Fundo Europeu de Desenvolvimento Regional (FEDER) e, conjuntamente, pelo FEDER e Fundo de Coesão.
- **Programas Operacionais Regionais do Continente** – Norte, Centro, Lisboa, Alentejo e Algarve – co-financiados pelo FEDER.
- **Programas Operacionais das Regiões Autónomas** – dos Açores e da Madeira – co-financiados pelo FEDER e pelo FSE.
- **Programas Operacionais de Cooperação Territorial Transfronteiriça** (Portugal-Espanha e Bacia do Mediterrâneo), **Transnacional** (Espaço Atlântico, Sudoeste Europeu, Mediterrâneo e Madeira-Açores-Canárias), **Inter-regional e de Redes de Cooperação Inter-regional**, co-financiados pelo FEDER.
- **Programas Operacionais de Assistência Técnica**, co-financiados pelo FEDER e pelo FSE.

Em coerência com as prioridades estratégicas e operacionais, a execução do QREN e dos respectivos PO é viabilizada pela mobilização de significativos recursos comunitários – cerca de 21,5 mil M€, cuja utilização respeitará três orientações principais:

- Reforço das dotações destinadas à Qualificação dos Recursos Humanos, passando o FSE a representar cerca de 37% do conjunto dos Fundos Estruturais, aumentando em 10 pontos percentuais a sua posição relativa face ao QCA III – correspondentes a um montante superior a 6 mil M€;
- Reforço dos financiamentos dirigidos à Promoção do Crescimento Sustentado da Economia Portuguesa, que recebe uma dotação superior a 5 mil M€, envolvendo o PO Temático Factores de Competitividade e os PO Regionais; as correspondentes intervenções, co-financiadas pelo FEDER, passam a representar cerca de 65% deste Fundo (aumentando 11 pontos percentuais face a valores equivalentes no QCA III);
- Reforço da relevância financeira dos Programas Operacionais Regionais do Continente, exclusivamente co-financiados pelo FEDER, que passam a representar 55% do total de FEDER a mobilizar no Continente (aumentando em 9 pontos percentuais a sua importância relativa face aos valores equivalentes no QCA III), assinalando-se que a dotação financeira dos PO Regionais das regiões Convergência do Continente (Norte, Centro e Alentejo) aumentará 10% em termos reais face ao valor equivalente do QCA III.

A estruturação operacional do Quadro de Referência Estratégico Nacional – QREN é sistematizada através da criação de Programas Operacionais Temáticos e de Programas Operacionais Regionais para as regiões do Continente e para as duas Regiões Autónomas. São também instituídos Programas Operacionais de Assistência Técnica ao QREN.

Programas Operacionais Temáticos:
Programa Operacional Temático Factores de Competitividade (FEDER);
Programa Operacional Temático Potencial Humano (FSE);
Programa Operacional Temático Valorização do Território (FEDER e Fundo de Coesão).

Programas Operacionais Regionais do Continente, estruturados territorialmente de acordo com as NUTS II e co-financiados pelo FEDER:
Programa Operacional Regional do Norte;
Programa Operacional Regional do Centro;

Programa Operacional Regional de Lisboa;
Programa Operacional Regional do Alentejo;
Programa Operacional Regional do Algarve.

Programas Operacionais das Regiões Autónomas, apoiados financeiramente pelo FEDER e pelo FSE:
PROCONVERGÊNCIA – Programa Operacional dos Açores para a Convergência;
PRO-EMPREGO – Programa Operacional do FSE para a R.A. dos Açores;
INTERVIR+ – Programa Operacional de Valorização do Potencial Económico e Coesão Territorial da RAM;
RUMOS – Programa Operacional de Valorização do Potencial Humano e Coesão Social da RAM.

Programas Operacionais de Assistência Técnica ao QREN, com financiamento comunitário assegurado pelo FEDER e pelo FSE:
Programa Operacional de Assistência Técnica – FEDER;
Programa Operacional de Assistência Técnica – FSE.

A organização dos Programas Operacionais do período 2007-2013 reflecte as significativas modificações introduzidas nos novos regulamentos comunitários dos fundos estruturais e de coesão, face ao anterior período de programação, evidenciadas pela introdução de regras de programação mono-fundo e mono--objectivo e pela convergência entre os fundos estruturais e de coesão em matéria de programação plurianual.

A regra de programação mono-fundo determina que cada programa operacional é apenas objecto de apoio financeiro por um fundo estrutural (FEDER ou FSE), exceptionando-se desta regra o Fundo de Coesão e sem prejuízo da adopção do mecanismo de flexibilidade correspondente à possibilidade de cada um dos fundos estruturais poder co-financiar investimentos e acções de desenvolvimento enquadrados nas tipologias de intervenção do outro fundo estrutural, no limite de 10% das dotações financeiras atribuídas por eixo.

A regra de programação mono-objectivo determina que cada programa operacional é apenas integrado num objectivo da política de coesão comunitária para 2007-2013 (salvo decisão em contrário acordada entre a Comissão e o Estado-Membro), sendo pela primeira vez impostas em Portugal diferenciações muito significativas entre as regiões (NUTS II).

A convergência entre os fundos estruturais e o fundo de coesão em matéria de programação plurianual traduz-se na obrigatoriedade de programação conjunta do FEDER e do Fundo de Coesão em programas operacionais de abrangência territorial nacional (sendo que cada eixo prioritário é financiado apenas por um fundo).

Uma Estratégia de Eficiência Colectiva (EEC) é um conjunto coerente e estrategicamente justificado de iniciativas, integradas num Programa de Acção, que visem a inovação, a qualificação ou a modernização de um agregado de empresas com uma implantação espacial de expressão nacional, regional ou local, que fomentem, de forma estruturada, a emergência de economias de aglomeração através, nomeadamente, da cooperação e do funcionamento em rede entre as empresas e entre estas e outros actores relevantes para o desenvolvimento dos sectores a que pertencem e dos territórios em que se localizam.

As EEC podem assumir quatro tipologias previstas no QREN, visando, cada uma delas, estimular o surgimento de iniciativas de promoção da competitividade, coerentes e estrategicamente justificadas, integradas num programa de acção:
   a) Pólos de Competitividade e Tecnologia (PCT);
   b) Outros Clusters;
   c) Programas de Valorização Económica de Recursos Endógenos (PROVERE);
   d) Acções de Regeneração e Desenvolvimento Urbanos (ARDU).

O *Enquadramento das Estratégias de Eficiência Colectiva* foi aprovado pelas Comissões Ministeriais de Coordenação do PO Factores de Competitividade e dos PO Regionais em 8 de Maio de 2008 e define as condições e o modo de reconhecimento de EEC, bem como a tipologia de incentivos públicos e respectivas condições de atribuição.

De acordo com o disposto no n.º 2 do artigo 2.º do Enquadramento, as quatro tipologias de EEC são agrupadas em duas grandes classes: *clusters* e estratégias de valorização económica de base territorial, sendo as candidaturas de programas de acção a reconhecimento como EEC, numa das tipologias previstas, apreciadas por uma Comissão de Avaliação. Esta será integrada por duas personalidades, de mérito reconhecido em políticas de desenvolvimento, designadas por despacho conjunto dos Ministros do Ambiente, do Ordenamento do Território e do Desenvolvimento Regional e da Economia e da Inovação, que irão apreciar as candidaturas de programas de acção a reconhecimento como Estratégias de Eficiência Colectiva numa das tipologias previstas.

Apreciar o inventário de todos os bens, direitos e obrigações patrimoniais e respectiva avaliação, bem como apreciar e votar os documentos de prestação de contas

A proposta apresentada pela câmara não pode ser alterada pela assembleia municipal e carece da devida fundamentação quando rejeitada, mas a câmara deve acolher sugestões feitas pela assembleia, quando devidamente fundamentadas, salvo se aquelas enfermarem de previsões de factos que possam ser considerados ilegais.

As autarquias locais elaboram e mantêm actualizado o inventário de todos os bens, direitos e obrigações constitutivos do seu património. Deve ser utilizado o CIBE (Cadastro e Inventário dos Bens do Estado), constante da Portaria nº 671/2000, de 17 de Abril.

No portal da DGAL ([51]) encontramos vasta informação sobre o POCAL e várias brochuras que podem ser consultadas, nomeadamente sobre os elementos que devem constar no inventário, as suas fases e caracterização e outra de cariz contabilístico.

Aprovar ou autorizar a contratação de empréstimos nos termos da lei

Os pedidos de autorização para a contratação de empréstimos a apresentar pela câmara municipal serão obrigatoriamente acompanhados de informação sobre as condições praticadas em, pelo menos, três instituições de crédito, bem como do mapa demonstrativo de capacidade de endividamento do município.

O produto de empréstimos, incluindo os resultantes da emissão de obrigações municipais, constituem receitas dos municípios. Os municípios não podem contrair os empréstimos que bem entenderem porque há limites e penalização para os incumpridores previstos na Lei das Finanças Locais.

Segundo o artigo 36º da Lei das Finanças Locais ([52]), o montante de endividamento líquido municipal, compatível com o conceito de necessidade de financiamento do Sistema Europeu de Contas Nacionais e Regionais (SEC95), é equivalente à diferença entre a soma dos passivos, qualquer que seja a sua forma, incluindo nomeadamente os empréstimos contraídos, os contratos de locação financeira e as dívidas a fornecedores, e a soma dos activos financeiros, nomeadamente o saldo de caixa, os depósitos em instituições financeiras e as aplicações de tesouraria.

Para efeitos de cálculo do limite de endividamento líquido e do limite de empréstimos contraídos, o conceito de endividamento líquido total de cada município inclui:

a) o endividamento líquido e os empréstimos das associações de municípios, proporcional à participação do município no seu capital social;

b) o endividamento líquido e os empréstimos das entidades que integram o sector empresarial local, proporcional à participação do município no seu capital social, em caso de incumprimento das regras de equilíbrio de contas previstas no regime jurídico do sector empresarial local.

---

[51] Ver www.dgal.pt
[52] Lei nº 2/2007, de 15 de Janeiro.

O montante do endividamento líquido total de cada município, em 31 de Dezembro de cada ano, não pode exceder 125% do montante das receitas provenientes dos impostos municipais, das participações do município no FEF, da parcela fixa de participação no IRS, e da participação nos resultados das entidades do sector empresarial local, relativas ao ano anterior.

Quando o endividamento líquido total do município não cumpra o disposto no número anterior, o montante da dívida deverá ser reduzido em cada ano subsequente em 10% a menos do que o montante ano anterior, até que o limite ao endividamento líquido do município seja cumprido.

Os municípios podem contrair empréstimos e utilizar aberturas de crédito junto de quaisquer instituições autorizadas por lei a conceder crédito, bem como emitir obrigações e celebrar contratos de locação financeira, nos termos da lei.

Os empréstimos e a utilização de aberturas de crédito que para efeitos do presente diploma são designados por empréstimos, são obrigatoriamente denominadas em euros e podem ser a curto prazo, com maturidade até um ano, a médio prazo, com maturidade entre um e dez anos e de longo prazo com maturidade superior a dez anos.

Os empréstimos a curto prazo são contraídos apenas para ocorrer a dificuldades de tesouraria, devendo ser amortizados no mesmo ano.

Os empréstimos a médio e longo prazos podem ser contraídos para aplicação em investimentos, os quais devem estar devidamente identificados no respectivo contrato, ou ainda para proceder ao saneamento ou ao reequilíbrio financeiro dos municípios.

Os empréstimos de médio ou longo prazo têm um prazo de vencimento adequado à natureza das operações que visam financiar, não podendo, em caso algum, exceder a vida útil do respectivo investimento, com o limite máximo de vinte anos.

O pedido de autorização à assembleia municipal para a contracção de empréstimos de médio e longo prazo é obrigatoriamente acompanhado de informação sobre as condições praticadas em, pelo menos, três instituições de crédito, bem como de mapa demonstrativo da capacidade de endividamento do município.

A aprovação de empréstimos a curto prazo pode ser deliberada pela assembleia municipal, na sua sessão anual de aprovação do orçamento, para todos os empréstimos que a câmara municipal venha a contrair durante o período de vigência do orçamento.

Sempre que os efeitos da celebração de um contrato de empréstimo se mantenham ao longo de dois mandatos, deve aquele ser objecto de aprovação por maioria de 2/3 dos membros da assembleia municipal.

É vedado aos municípios quer o aceite quer o saque de letras de câmbio, a concessão de avales cambiários, a subscrição de livranças, a concessão de garantias pessoais e reais, salvo excepções expressamente previstas na lei.

É vedado às autarquias locais, entidades associativas do sector autárquico e empresas do sector empresarial autárquico, a concessão de empréstimos a entidades públicas ou privadas, salvo nos casos expressamente permitidos por lei.

É vedada aos municípios a celebração de contratos com entidades financeiras com a finalidade de consolidar dívida de curto prazo, bem como a cedência de créditos não vencidos.

O montante dos contratos de empréstimos a curto prazo e de aberturas de crédito não pode exceder, em qualquer momento do ano, 10% da soma do montante das receitas provenientes dos impostos municipais, das participações do município no FEF e da parcela fixa de participação no IRS, da participação nos resultados das entidades do sector empresarial local, relativas ao ano anterior.

O montante da dívida de cada município referente a empréstimos a médio e longo prazo não pode exceder, em 31 de Dezembro de cada ano, a soma do montante das receitas provenientes dos impostos municipais, das participações do município no FEF, da parcela fixa de participação no IRS, da participação nos resultados das entidades do sector empresarial local e da derrama, relativas ao ano anterior.

Quando um município não cumpra o disposto no número anterior, o montante dos empréstimos deverá ser reduzido em cada ano subsequente em 10% a menos do que o montante ano anterior, até que o limite dos empréstimos do município seja cumprido.

Para efeitos do cálculo dos limites dos empréstimos de médio e longo prazos, consideram-se os empréstimos obrigacionistas, bem como os empréstimos de curto prazo e de aberturas de crédito no montante não amortizado até 31 de Dezembro do ano em causa.

Os municípios que se encontrem em situação de desequilíbrio financeiro conjuntural devem contrair empréstimos para saneamento financeiro, tendo em vista a reprogramação da dívida e a consolidação de passivos financeiros, desde que o resultado da operação não aumente o endividamento líquido dos municípios.

Os pedidos de empréstimos para saneamento financeiro dos municípios são instruídos com um estudo fundamentado sobre a situação financeira da autarquia e um plano de saneamento financeiro para o período a que respeita o empréstimo.

O estudo e o plano de saneamento financeiro referidos no número anterior são elaborados pela câmara municipal e propostos à respectiva assembleia para aprovação.

Os órgãos executivos, durante o período do empréstimo, ficam obrigados a:
a) Cumprir o plano de saneamento financeiro mencionado no número anterior;
b) Não celebrar novos empréstimos de saneamento financeiro;
c) Elaborar relatórios semestrais sobre a execução do plano financeiro mencionado no número anterior e remetê-los, para apreciação, aos órgãos deliberativos;

d) Remeter ao Ministério das Finanças e ao Ministro que tutela as autarquias locais cópia do contrato do empréstimo, no prazo de 15 dias a contar da data da sua celebração.

O incumprimento do plano de saneamento financeiro, mencionado no n.º 2, é comunicado, pela assembleia municipal, ao Ministério das Finanças e ao Ministro que tutela as autarquias locais e, até à correcção das causas que lhe deram origem, determina:

a) A impossibilidade de contracção de novos empréstimos durante cinco anos;

b) A impossibilidade de acesso à cooperação técnica e financeira com a administração Central.

Os empréstimos para saneamento financeiro não podem ter um prazo superior a doze anos e um período máximo de diferimento de 3 anos.

Durante o período de vigência do contrato, a apresentação anual de contas à assembleia municipal inclui, em anexo ao balanço, a demonstração do cumprimento do plano de saneamento financeiro.

Os municípios que se encontrem em situação de desequilíbrio financeiro estrutural ou de ruptura financeira, são sujeitos a um plano de reestruturação financeira.

A situação de desequilíbrio financeiro estrutural ou de ruptura financeira previamente reconhecida e declarada pela assembleia municipal sob proposta da câmara municipal.

A situação de desequilíbrio financeiro estrutural ou de ruptura financeira é declarada por despacho conjunto do Ministro das Finanças e do Ministro que tutela as autarquias locais, após comunicação da Direcção-Geral das Autarquias Locais, sempre que:

a) Se verifique a existência de dívidas a fornecedores de montante superior a 50% das receitas totais do ano anterior;

b) Se verifique o incumprimento, nos últimos três meses, de dívidas de algum dos seguintes tipos, sem que as disponibilidades sejam suficientes para a satisfação destas dívidas no prazo de dois meses:

- *i)* contribuições e quotizações para a segurança social;
- *ii)* dívidas ao sistema de Protecção Social aos Funcionários e Agentes da Administração Pública (ADSE);
- *iii)* créditos emergentes de contrato de trabalho;
- *iv)* rendas de qualquer tipo de locação.

Declarada a situação de desequilíbrio financeiro, o município submete à aprovação do Ministro das Finanças e do Ministro que tutela as autarquias locais um plano de reequilíbrio financeiro, que defina:

a) As medidas específicas necessárias para atingir uma situação financeira equilibrada, nomeadamente no que respeita à libertação de fundos e à contenção de despesas;

b) As medidas de recuperação da situação financeira e de sustentabilidade do endividamento municipal, durante o período de vigência do referido contrato, designadamente o montante do empréstimo a contrair;
c) Os objectivos a atingir no período do reequilíbrio e seu impacto anual no primeiro quadriénio.

A aprovação do plano de reequilíbrio financeiro, por despacho conjunto do Ministro das Finanças e do Ministro que tutela as autarquias locais, autoriza a celebração do contrato de reequilíbrio financeiro entre o município e uma instituição de crédito, desde que se mostre indispensável para os objectivos definidos no número anterior.

Os empréstimos para reequilíbrio financeiro não podem ter um prazo superior a vinte anos, incluindo um período de diferimento máximo de cinco anos.

Na vigência do contrato de reequilíbrio, a execução do plano de reequilíbrio é acompanhada trimestralmente pelo Ministro que tutela as autarquias locais, devendo os municípios comunicar previamente:
a) A contratação de pessoal;
b) A aquisição de bens e serviços ou adjudicação de empreitadas de valor superior ao legalmente exigido para realização de concurso público.

O incumprimento das obrigações de comunicação previstas neste artigo, bem como os desvios relativamente aos objectivos definidos no plano de reequilíbrio, determina a retenção de 20% do duodécimo das transferências do FEF até à regularização da situação.

O despacho conjunto referido no n.º 4 e o plano de reequilíbrio financeiro são publicados no *Diário da República*.

Estabelecer, nos termos da lei, taxas municipais e fixar os respectivos quantitativos

A Lei nº 53-E/2006, de 29 de Dezembro, com as alterações subsequentes aprovou o regime geral das taxas das autarquias locais.

De acordo com a natureza das matérias, às relações jurídico-tributárias geradoras da obrigação de pagamento de taxas às autarquias locais aplicam-se, sucessivamente:
a) A Lei das Finanças Locais;
b) A lei geral tributária;
c) A lei que estabelece o quadro de competências e o regime jurídico de funcionamento dos órgãos dos municípios e das freguesias;
d) O Estatuto dos Tribunais Administrativos e Fiscais;
e) O Código de Procedimento e de Processo Tributário;
f) O Código de Processo nos Tribunais Administrativos;
g) O Código do Procedimento Administrativo.

As taxas das autarquias locais são tributos que assentam na prestação concreta de um serviço público local, na utilização privada de bens do domínio público e privado das autarquias locais ou na remoção de um obstáculo jurídico ao comportamento dos particulares, quando tal seja atribuição das autarquias locais, nos termos da lei.

O novo regime jurídico plasmou dois importantes e inovadores princípios:

a) Princípio da equivalência jurídica

Segundo esse princípio, o valor das taxas das autarquias locais é fixado de acordo com o princípio da proporcionalidade e não deve ultrapassar o custo da actividade pública local ou o benefício auferido pelo particular e o valor das taxas, respeitando a necessária proporcionalidade, pode ser fixado com base em critérios de incentivo ou desincentivo à prática de certos actos ou operações.

b) Princípio da justa repartição dos encargos públicos

A criação de taxas pelas autarquias locais respeita o princípio da prossecução do interesse público local e visa a satisfação das necessidades financeiras das autarquias locais e a promoção de finalidades sociais e de qualificação urbanística, territorial e ambiental, Podendo as autarquias locais podem criar taxas para financiamento de utilidades geradas pela realização de despesa pública local, quando desta resultem utilidades divisíveis que beneficiem um grupo certo e determinado de sujeitos, independentemente da sua vontade.

As taxas das autarquias locais são criadas por regulamento aprovado pelo órgão deliberativo respectivo. O regulamento que crie taxas municipais ou taxas das freguesias contém obrigatoriamente, sob pena de nulidade:

a) A indicação da base de incidência objectiva e subjectiva;
b) O valor ou a fórmula de cálculo do valor das taxas a cobrar;
c) A **fundamentação económico-financeira** relativa ao valor das taxas, designadamente os custos directos e indirectos, os encargos financeiros, amortizações e futuros investimentos realizados ou a realizar pela autarquia local;
d) As isenções e sua fundamentação;
e) O modo de pagamento e outras formas de extinção da prestação tributária admitidas;
f) A admissibilidade do pagamento em prestações.

De acordo com o artigo 17ª as taxas para as autarquias locais actualmente existentes são revogadas no início do segundo ano financeiro subsequente à entrada em vigor da presente lei, salvo se, até esta data:

a) Os regulamentos vigentes forem conformes ao regime jurídico aqui disposto;

b) Os regulamentos vigentes forem alterados de acordo com o regime jurídico aqui previsto.

Os Municípios tinham de alterar os seus regulamentos até 31 de Dezembro de 2008 mas o legislador deu inicialmente mais um ano e depois até 30 de Abril de 2010. Aí se notou a dificuldade ou incapacidade de ter pronto a tempo as alterações e não sei se todos os municípios o cumpriram até à data (2 de Agosto de 2010), mesmo com o recurso a entidades e empresas externas.

As **taxas municipais de direitos de passagem (TMDP)** previstas na Lei nº 5/2004, de 10 de Fevereiro (Lei das Comunicações Electrónicas). Sobre isso, há que consultar o artigo 106º onde de pode ler:

1 – As taxas pelos direitos de passagem devem reflectir a necessidade de garantir a utilização óptima dos recursos e ser objectivamente justificadas, transparentes, não discriminatórias e proporcionadas relativamente ao fim a que se destinam, devendo, ainda, ter em conta os objectivos de regulação fixados no artigo 5º [53].

2 – Os direitos e encargos relativos à implantação, passagem e atravessamento de sistemas, equipamentos e demais recursos das empresas que oferecem redes e serviços de comunicações electrónicas acessíveis ao público, em local fixo, dos domínios público e privado municipal podem dar origem ao estabelecimento de uma taxa municipal de direitos de passagem (TMDP), a qual obedece aos seguintes princípios:

a) A TMDP é determinada com base na aplicação de um percentual sobre cada factura emitida pelas empresas que oferecem redes e serviços de comunicações electrónicas acessíveis ao público, em local fixo, para todos os clientes finais do correspondente município;

b) O percentual referido na alínea anterior é aprovado anualmente por cada município até ao fim do mês de Dezembro do ano anterior a que se destina a sua vigência e não pode ultrapassar os 0,25%;

3 – Nos municípios em que seja cobrada a TMDP, as empresas que oferecem redes e serviços de comunicações electrónicas acessíveis ao público em local fixo incluem nas facturas dos clientes finais de comunicações electrónicas acessíveis ao público em local fixo, e de forma expressa, o valor da taxa a pagar.

---

[53] Como o de promover a concorrência na oferta de redes e serviços de comunicações electrónicas, de recursos e serviços conexos, contribuir para o desenvolvimento do mercado interno da União Europeia ou defender os interesses dos cidadãos, nos termos da presente lei.

4 – O Estado e as Regiões Autónomas não cobram às empresas que oferecem redes e serviços de comunicações electrónicas acessíveis ao público taxas ou quaisquer outros encargos pela implantação, passagem ou atravessamento de sistemas, equipamentos e demais recursos físicos necessários à sua actividade, à superfície ou no subsolo, dos domínios público e privado do Estado e das Regiões Autónomas.

A não perder a leitura da obra de Pedro Vasques "Regime das Taxas Locais/Introdução e Comentário" editada pelo Instituto de Direito Económico, Financeiro e Fiscal da Faculdade de Direito de Lisboa e pela Editora Almedina. O autor, além de discorrer sobre o novo regime jurídico, apresenta também uma visão crítica, não se esquecendo de dar conselhos sobre a elaboração dos novos regulamentos e tabelas de taxas e licenças das autarquias locais.

Sérgio Vasques [54] aplaude o novo regime das taxas locais, embora entenda que o legislador poderia e deveria ter isso mais longe fornecendo aos autarcas elementos mais objectivos e um modelo de regulamento-padrão.

Fixar anualmente o valor da taxa da contribuição autárquica incidente sobre prédios urbanos, bem como autorizar o lançamento de derramas para reforço da capacidade financeira ou no âmbito da celebração de contratos de reequilíbrio financeiro, de acordo com a lei

No portal do IAPMEI pode ler-se que a contribuição autárquica é um imposto municipal que incide sobre o valor tributável dos prédios situados no território de cada município, dividindo-se, de harmonia com a classificação dos prédios, em rústica e urbana. O valor tributável dos prédios é o seu valor patrimonial determinado nos termos do Código das Avaliações.

O **Decreto-Lei n.º 442-C/88, de 30 de Novembro**, no uso da autorização legislativa concedida nos termos do artigo 37.º da Lei n.º 106/88, de 17 de Setembro, e nos termos das alíneas a) e b) do n.º 1 do artigo 201.º da Constituição, aprova o Código da Contribuição Autárquica, que entrou em vigor em 1 de Janeiro de 1989.

Contudo, essa contribuição foi substituída pelo IMI (Imposto Municipal de Imóveis) que é um imposto que incide sobre o valor patrimonial tributário dos prédios (rústicos, urbanos ou mistos) situados em Portugal. É um imposto municipal, cuja receita reverte para os respectivos municípios. Substituiu a Contribuição Autárquica e entrou em vigor em 01.12.2003.

---

[54] "Regime das Taxas Locais – Introdução e Comentário", N.º 8 da Colecção, Almedina, Cadernos IDEFF, 2009.

O IMI é devido por quem for proprietário, usufrutuário ou superficiário de um prédio, em 31 de Dezembro do ano a que o mesmo respeitar. No caso das heranças indivisas o IMI é devido pela herança indivisa representada pelo cabeça-de-casal.

O valor patrimonial tributário dos prédios é o seu valor determinado por avaliação feita, a partir de 12.11.2003, de acordo com as regras do Código do IMI ou de acordo com as regras do Código da Contribuição Predial, nos restantes casos. Este valor está registado na matriz predial.

Ao valor patrimonial tributário de todos os prédios que o sujeito passivo tenha a nível nacional, são aplicáveis as seguintes taxas:

– Prédios rústicos: 0,8%
– Prédios urbanos ainda não avaliados pelas regras do IMI: 0,4% a 0,8%;
– Prédios urbanos avaliados, nos termos do CIMI: 0,2% a 0,5%.

Tratando-se de prédios mistos (constituídos por uma parte rústica e outra urbana), aplicar-se-á ao valor patrimonial tributário de cada parte a respectiva taxa.

Os municípios, mediante deliberação da assembleia municipal, podem majorar ou reduzir as taxas gerais, acima referidas, em determinadas situações previstas no artigo 112º do Código do IMI.

São as assembleias municipais da área da situação dos prédios que fixam, em cada ano, a taxa do IMI para os prédios da sua área, de acordo com os limites fixados no Código do IMI. As deliberações da assembleia municipal devem ser comunicadas à Direcção-Geral dos Impostos, por transmissão electrónica de dados, para vigorarem no ano seguinte, aplicando-se as taxas mínimas, caso as comunicações não sejam recebidas até 30 de Novembro.

Esta é uma matéria de enorme acutilância política e ideológica que provoca quase sempre debates acalorados nas sessões das assembleias municipais.

A derrama é um imposto local, autárquico, que pode ser lançado anualmente pelos municípios. Segundo a Lei das Finanças Locais (Lei nº 2/2007, de 15 de Janeiro), constituem uma das receitas dos municípios. O artigo 14º permite aos municípios deliberar lançar anualmente uma derrama, até ao limite máximo de 1,5% sobre o lucro tributável sujeito e não isento de imposto sobre o rendimento das pessoas colectivas (IRC) que corresponda à proporção do rendimento gerado na sua área geográfica por sujeitos passivos residentes em território português que exerçam, a título principal, uma actividade de natureza comercial, industrial ou agrícola e não residentes com estabelecimento estável nesse território. Essa deliberação deve ser comunicada por via electrónica pela câmara municipal à Direcção-Geral dos Impostos até ao dia 31 de Dezembro do ano anterior ao da cobrança por parte dos serviços competentes do Estado. Caso a comunicação seja recebida para além do prazo nele estabelecido, não haverá lugar à liquidação e cobrança da derrama.

O produto da derrama paga é transferido para os municípios até ao último dia útil do mês seguinte ao do respectivo apuramento pela Direcção-Geral dos Impostos.

Segundo o artigo 38.º da LFL os municípios podem contrair empréstimos e utilizar aberturas de crédito junto de quaisquer instituições autorizadas por lei a conceder crédito, bem como emitir obrigações e celebrar contratos de locação financeira, nos termos da lei. Os empréstimos a médio e longo prazo podem ser contraídos para aplicação em investimentos, os quais devem estar devidamente identificados no respectivo contrato, ou ainda para proceder ao saneamento ou ao reequilíbrio financeiro dos municípios.

O artigo 41º da LFL trata especificamente do reequilíbrio financeiro municipal, desta forma:

1 – Os municípios que se encontrem em situação de desequilíbrio financeiro estrutural ou de ruptura financeira, são sujeitos a um **plano de reestruturação financeira**.

2 – A situação de desequilíbrio financeiro estrutural ou de ruptura financeira é previamente reconhecida e declarada pela assembleia municipal, sob proposta da câmara municipal.

3 – A situação de desequilíbrio financeiro estrutural ou de ruptura financeira é declarada por despacho conjunto do Ministro das Finanças e do Ministro que tutela as autarquias locais, após comunicação da Direcção-Geral das Autarquias Locais, sempre que:

a) Se verifique a existência de dívidas a fornecedores de montante superior a 50% das receitas totais do ano anterior;

b) Se verifique o incumprimento, nos últimos três meses, de dívidas de algum dos seguintes tipos, sem que as disponibilidades sejam suficientes para a satisfação destas dívidas no prazo de dois meses:

   i) contribuições e quotizações para a segurança social;
   ii) dívidas ao sistema de Protecção Social aos Funcionários e Agentes da Administração Pública (ADSE);
   iii) créditos emergentes de contrato de trabalho;
   iv) rendas de qualquer tipo de locação.

4 – Declarada a situação de desequilíbrio financeiro, o município submete à aprovação do Ministro das Finanças e do Ministro que tutela as autarquias locais um plano de reequilíbrio financeiro, que defina:

a) As medidas específicas necessárias para atingir uma situação financeira equilibrada, nomeadamente no que respeita à libertação de fundos e à contenção de despesas;

b) As medidas de recuperação da situação financeira e de sustentabilidade do endividamento municipal, durante o período de vigência do referido contrato, designadamente o montante do empréstimo a contrair;

c) Os objectivos a atingir no período do reequilíbrio e seu impacto anual no primeiro quadriénio.

5 – A aprovação do plano de reequilíbrio financeiro, por despacho conjunto do Ministro das Finanças e do Ministro que tutela as autarquias locais, autoriza a celebração do contrato de reequilíbrio financeiro entre o município e uma instituição de crédito, desde que se mostre indispensável para os objectivos definidos no número anterior.

6 – Os empréstimos para reequilíbrio financeiro não podem ter um prazo superior a vinte anos, incluindo um período de diferimento máximo de cinco anos.

7 – Na vigência do contrato de reequilíbrio, a execução do plano de reequilíbrio é acompanhada trimestralmente pelo Ministro que tutela as autarquias locais, devendo os municípios comunicar previamente:

a) A contratação de pessoal;

b) A aquisição de bens e serviços ou adjudicação de empreitadas de valor superior ao legalmente exigido para realização de concurso público.

8 – O incumprimento das obrigações de comunicação previstas neste artigo, bem como os desvios relativamente aos objectivos definidos no plano de reequilíbrio, determina a retenção de 20% do duodécimo das transferências do FEF até à regularização da situação.

9 – O despacho conjunto referido no n.º 4 e o plano de reequilíbrio financeiro são publicados no *Diário da República*.

Pronunciar-se, no prazo legal, sobre o reconhecimento, pelo governo, de benefícios fiscais no âmbito de impostos cuja receita reverte exclusivamente para os municípios deliberar em tudo quanto represente o exercício dos poderes tributários conferidos por lei ao município

O **Decreto-Lei n.º 215/89, de 1 de Julho**, aprovou o Estatuto dos Benefícios Fiscais, mas já sujeito a inúmeras alterações. Na elaboração do Regulamento de Taxas e Licenças deve ser tido em conta esse regime jurídico.

Segundo o artigo 10º da Lei das Finanças Locais, já referenciada, constituem receitas dos municípios, entre outras, o produto da cobrança dos impostos municipais a cuja receita têm direito, designadamente o imposto municipal sobre imóveis (IMI), o imposto municipal sobre as transmissões onerosas de imóveis (IMT) e o imposto municipal sobre veículos (IMV), com excepção de 50% do produto da receita do IMI sobre prédios rústicos que revertem a favor das freguesias.

No uso da autorização legislativa concedida pela **Lei n.º 26/2003, de 30 de Julho**, o Decreto-Lei n.º 287/2003, de 12 de Novembro, aprova o Código do Imposto Municipal sobre Imóveis e o Código do Imposto Municipal sobre as Transmissões Onerosas de Imóveis, altera o Código do Imposto do Selo, altera o Estatuto dos Benefícios Fiscais e os Códigos do IRS e do IRC e revoga o Código da Contribuição Predial e do Imposto sobre a Indústria Agrícola, o Código da Contribuição Autárquica e o Código do Imposto Municipal de Sisa e do Imposto sobre as Sucessões e Doações O IMT (Imposto Municipal Sobre as Transmissões Onerosas de Imóveis) é um imposto que tributa as transmissões onerosas do direito de propriedade, ou de figuras parcelares desse direito, sobre bens imóveis, situados no território nacional e de outras situações que a lei equipara a transmissões onerosas de imóveis (art. 1º e 2º e 3º do IMT). O IMT veio substituir o Imposto Municipal de Sisa e entrou em vigor em 01.01.2004.

A **Lei n.º 22-A/2007, de 29 de Junho**, a consultar para quem pretender aprofundar o tema, procedeu à reforma global da tributação automóvel, aprovando o Código do Imposto sobre Veículos e o Código do Imposto Único de Circulação e abolindo, em simultâneo, o imposto automóvel, o imposto municipal sobre veículos, o imposto de circulação e o imposto de camionagem.

Autorizar a câmara municipal a adquirir, alienar ou onerar bens imóveis de valor superior a 1000 vezes o índice 100 das carreiras do regime geral do sistema remuneratório da função pública, fixando as respectivas condições gerais, podendo determinar, nomeadamente, a via da hasta pública, bem como bens ou valores artísticos do município, independentemente do seu valor

A proposta apresentada pela câmara não pode ser alterada pela assembleia municipal e carece da devida fundamentação quando rejeitada, mas a câmara deve acolher sugestões feitas pela assembleia, quando devidamente fundamentadas, salvo se aquelas enfermarem de previsões de factos que possam ser considerados ilegais.

Determinar a remuneração dos membros do conselho de administração dos serviços municipalizados

A par dos municípios e das freguesias, a administração autárquica portuguesa integra outras formas de organização indispensáveis à prossecução do desenvolvimento local: as comunidades intermunicipais de fins gerais, as associações de municípios de fins específicos as grandes áreas metropolitanas, as comunidades urbanas, os serviços municipalizados e as empresas municipais e intermunicipais.

ANÁLISE CONCRETA DE COMPETÊNCIAS DAS ASSEMBLEIAS MUNICIPAIS

Municipalizar serviços, autorizar o município, nos termos da lei, a criar fundações e empresas municipais e a aprovar os respectivos estatutos, bem como a remuneração dos membros dos corpos sociais, assim como a criar e participar em empresas de capitais exclusiva ou maioritariamente públicos, fixando as condições gerais da participação

Embora saibamos que existem serviços municipalizados desde a década de 50 do século XX, o **Decreto-Lei n.º 194/2009, de 20 de Agosto,** estabelece o regime jurídico dos serviços municipais de abastecimento público de água, de saneamento de águas residuais urbanas e de gestão de resíduos urbanos, revogando os artigos 6.º a 18.º do Decreto-Lei n.º 379/93, de 5 de Novembro, e os Decretos-Lei n.ºˢ 207/94, de 6 de Agosto, e 147/95, de 21 de Junho.

Nesta competência o membro da assembleia municipal deve analisar, pelo menos, os seguintes diplomas:

- **Lei nº 53-F/2006, de 29 de Dezembro**: aprova o regime jurídico do sector empresarial local, revogando a Lei nº 58/98, de 18 de Agosto, alterada pela Lei nº 64-A/2008, de 31 de Dezembro (OE 2009).
- **Decreto-Lei nº 71/2007, de 27 de Março**: Estatuto do Gestor Público.
- **Resolução do Conselho de Ministros nº 49/2007**, publicado no DR de 28 de Março: Princípios de bom governo das empresas do sector empresarial do Estado [55].

No portal da Direcção-Geral do Tesouro e Finanças (www.dgtf.pt) existe informação variada sobre o Sector Empresarial do Estado, as parcerias público--privadas, o património imobiliário e os apoios financeiros do Estado.

Aí se podia ler que o SEE é constituído pelo conjunto das unidades produtivas do Estado, organizadas e geridas de forma empresarial, integrando as empresas públicas e as empresas participadas:

- **Empresas públicas** – empresas em que o Estado ou outras entidades públicas estaduais possam exercer, isolada ou conjuntamente, de forma directa ou indirecta, uma influência dominante decorrente da detenção da maioria do capital ou dos direitos de voto, ou do direito de designar ou de destituir a maioria dos membros dos órgãos de administração ou de fiscalização.

---

[55] A ANMP solicitou um Parecer ao Prof. Doutor David Duarte sobre a "Participação dos Eleitos Locais nos Órgãos Sociais de Empresas do Sector Empresarial do Estado", que pode ser consultado pelos associados no seu site.

- **Empresas participadas** – empresas em que, não se encontrando reunidos os requisitos para serem consideradas empresas públicas, existe uma participação permanente do Estado.

O SEE é responsável pela construção e gestão de infra-estruturas públicas fundamentais e pela prestação de serviços públicos essenciais, para além de um conjunto diversificado de outras funções de carácter instrumental, nos mais diversos sectores e domínios. O SEE integra actualmente um vasto conjunto de empresas detidas ou participadas pelo Estado, cuja actividade abrange os mais diversos sectores de actividade, constituindo um importante instrumento de política económica e social.

Para além das participações directas, o Estado detém um conjunto assinalável de participações indirectas, maioritariamente integradas em grupos económicos ou holdings como a Parpública – Participações Públicas, SGPS, SA, AdP – Águas de Portugal, SA. e na Caixa Geral de Depósitos, S.A.

Autorizar o município, nos termos da lei, a integrar-se em associações e federações de municípios, a associar-se com outras entidades públicas, privadas ou cooperativas e a criar ou participar em empresas privadas de âmbito municipal que prossigam fins de reconhecido interesse público local e se contenham dentro das atribuições cometidas aos municípios, em quaisquer dos casos fixando as condições gerais dessa participação

A nível nacional a Associação Nacional de Municípios Portugueses (ANMP) tem tido um papel dinamizador e conciliador na defesa dos seus associados. De acordo com os Estatutos da ANMP, esta tem como fim geral a promoção, defesa, dignificação e representação do Poder Local e, em especial, a representação e defesa dos municípios e das freguesias perante os órgãos de soberania, a realização de estudos e projectos sobre assuntos relevantes do poder local, a criação e manutenção de serviços de consultadoria e assessoria técnico-jurídica destinada aos seus membros, o desenvolvimento de acções de informação aos eleitos locais e de aperfeiçoamento profissional do pessoal da administração local, a troca de experiências e informações de natureza técnico-administrativa entre os seus membros e a representação dos seus membros perante as organizações nacionais ou internacionais.

Existem várias associações, fundações ou instituições, nacionais ou internacionais, públicas ou privadas de interesse pública a que se podem associar os municípios. Tudo está dependente das opções, da estratégia política e dos interesses de cada município. Por exemplo, o Município de Mirandela, tem estado integrado ao longo dos tempos nas seguintes entidades:

- Turismo do Porto e Norte de Portugal
- Ademo – Associação para o Desenvolvimento dos Municípios Olivícolas Portugueses
- Aderdouro – Associação de Promoção e Desenvolvimento da Região do Douro
- Agência de Energia da Terra Quente Transmontana
- "Portugal Nordeste– Associação de Promoção Turística"
- Fundação Museu do Douro
- Associação Portuguesa dos Municípios com Centro Histórico
- AMTQ (Associação de Municípios da Terra Quente Transmontana)
- Resíduos do Nordeste, E.I.M
- URBE – Núcleos Urbanos de Pesquisa e Intervenção
- DESTEQUE – Associação para o Desenvolvimento da Terra Quente
- MIRCOM (UAC-Unidade de Acompanhamento e Coordenação)
- Associação Portuguesa para a Segurança e Conservação de Pontes
- Eixo Atlântico do Noroeste Peninsular
- Rede Ecocitras
- Agência de Desenvolvimento Económico da Rota do Azeite de Trás-os--Montes (ADER)

Aprovar, nos termos da lei, a criação ou reorganização de serviços municipais

A proposta apresentada pela câmara não pode ser alterada pela assembleia municipal e carece da devida fundamentação quando rejeitada, mas a câmara deve acolher sugestões feitas pela assembleia, quando devidamente fundamentadas, salvo se aquelas enfermarem de previsões de factos que possam ser considerados ilegais.

Lê-se no preâmbulo do **Decreto-Lei nº 305/2009, de 23 de Outubro**, que a estrutura e a organização dos órgãos e serviços autárquicos regeu-se durante cerca de 25 anos pelo Decreto -Lei n.º 116/84, diploma que hoje se revela manifestamente desajustado da realidade da administração autárquica. Mais adiante que a consolidação da autonomia do poder local democrático nas últimas décadas, traduzida na forte aposta na descentralização de competências, em vários sectores, para as autarquias locais, pressupõe uma organização dos órgãos e serviços autárquicos em moldes que lhes permitam dar uma melhor resposta às solicitações decorrentes das suas novas atribuições e competências.

Nos termos do artigo 3º, a organização, a estrutura e o funcionamento dos serviços da administração autárquica devem orientar--se pelos princípios da unidade e eficácia da acção, da aproximação dos serviços aos cidadãos, da desburocratização, da racionalização de meios e da eficiência na afectação de recursos públicos, da melhoria quantitativa e qualitativa do serviço prestado e da garantia de participação dos cidadãos, bem como pelos demais princípios constitucionais aplicáveis à actividade administrativa e acolhidos no Código do Procedimento Administrativo.

No dia 25 de Fevereiro de 2010 realizou-se em Coimbra um Seminário organizado pela DGAL/CEFA sobre o novo regime jurídico da organização dos serviços das autarquias locais tendo sido publicado na internet um power point sobre a intervenção.

Aí se diz que são princípios estruturantes da organização e funcionamento de serviços:

- **Princípio da eficiência na afectação de recursos:** poder de satisfazer as necessidades públicas despendendo de um mínimo de esforço, tempo e outros recursos;
- **Princípio da unidade e eficácia da acção:** uma instituição una e eficaz prossegue a sua missão e alcança os seus objectivos aplicando as regras e as técnicas adequadas; com a unidade evitam-se conflitos, duplicações, interferências e sobreposições e com a eficácia visa-se mais economicidade, rendimento, simplicidade e prontidão.
- **Princípio da racionalização:** adopção de medidas que assegurem a maior rendibilidade e a organização óptima dos serviços; implica uma optimização e rentabilização dos recursos públicos e um equilíbrio custo/benefício.
- **Princípio da simplificação:** pressupõe a organização e simplificação dos circuitos internos e a organização e funcionamento centrado no relacionamento para os cidadãos.
- **Princípio da legalidade:** os órgãos da Administração Pública devem actuar em obediência à lei e ao direito, dentro dos limites dos poderes que lhes estejam atribuídos e em conformidade com os fins para que os mesmos poderes lhes forem conferidos ([56]).

---

[56] Segundo António F. Sousa, na sua obra CPA, Anotado e Comentado, editado em 2010 pela Quid Iuris, página 36, esse princípio não admite, contrariamente ao que sucede com os particulares, à Administração tudo o que a lei não proíbe; antes, impõe que apenas lhe seja possível o que a lei positivamente lhe permite.

Qualquer reorganização de serviços deve partir da sua visão, da sua missão, dos valores que pretende defender, dos princípios a que obedecerá e dos objectivos que intenta prosseguir.

O Município pode, por exemplo, orientar a sua acção no sentido de transformar o Concelho numa entidade dinâmica, competitiva e solidária, no contexto da Globalização e da Sociedade do Conhecimento, embora a sua visão possa ser outra. A **visão** é o ideal exequível de que uma organização pretende fazer e alcançar; trata-se de uma projecção da imagem da organização, numa perspectiva de médio e longo prazo, que representa os resultados alcançados; é uma "fotografia do futuro" [57]. Por sua vez, a missão é a razão de ser da organização.

Recorrendo a uma documento sobre unidade orgânicas de Pedro Mota e Costa [58] distribuída numa acção de formação a que tivemos o privilégio de assistir, realizamos um apanhado de várias **missões** genéricas e específicas possíveis, tais como:

- Corresponder às aspirações dos cidadãos, mediante políticas públicas inovadoras, apostando na aplicação sustentável dos recursos disponíveis e na qualidade da prestação dos serviços.
- Prestar apoio directo ao presidente da câmara no desempenho das suas funções;
- Identificar e avaliar as actuais ou potenciais situações de risco e verificar a adequação e a eficácia do sistema de controlo interno instituído pelos órgãos competentes, com vista a assegurar o cumprimento das disposições legais e regulamentares e a prossecução dos objectivos fixados;
- Contribuir para a definição fundamentada dos objectivos de desenvolvimento e decisões de planeamento estratégico do Concelho de Mirandela e formulação das respectivas propostas, planos ou orientações estratégicas, no sentido de assegurar a prossecução do processo de desenvolvimento e planeamento do concelho, nos âmbitos socio-económico, ordenamento do território e ambiente com vista ao reforço da competitividade territorial e qualidade de vida, em contexto de integração regional, a diferentes escalas, e sectorial;
- Zelar pela legalidade da actuação do município, prestando assessoria jurídica, acompanhamento e representação forense sobre quaisquer assuntos, questões ou processos de índole jurídica, assim como pugnar peia adequação e conformidade normativa dos procedimentos administrativos;

[57] Alfredo Azevedo, Administração Pública, Vida Económica, 2007.
[58] Assessor de Gestão e Finanças Autárquicas e Docente da Escola de Economia e Gestão da Universidade do Minho.

- Garantir a célere organização e instrução de processos de contra-ordenação em conformidade com a lei;
- Desenvolver uma estratégia global de comunicação para o município;
- Promover uma política municipal de descentralização e delegação de competências e recursos, assegurando a articulação e a cooperação sistemática entre o município e as juntas de freguesia;
- Assegurar o apoio técnico e administrativo ao notário privativo e ao oficial público, designados pelo presidente da câmara nos termos da lei, instruindo os processos destinados à celebração de escrituras e contratos escritos, com excepção dos contratos de pessoal e dos que devam ser assinados no exterior;
- Estudar e desenvolver formas de racionalizar o funcionamento dos serviços, suportadas em especial nas políticas de gestão da qualidade, assegurar o atendimento e a informação dos cidadãos/munícipes numa lógica integrada e em articulação com as demais unidades orgânicas;
- Garantir a prestação de serviços de apoio que assegurem o regular funcionamento da organização, através da gestão eficiente dos meios e recursos disponíveis no âmbito do expediente, dos serviços gerais, do apoio aos órgãos municipais e superintender o Serviço de Arquivo Municipal;
- Gerir de forma integrada os arquivos municipais, assegurando o acesso em condições de segurança e rapidez;
- Definir, planear, instalar e gerir os sistemas integrados de informação e comunicação, nomeadamente nas vertentes das redes internas de comunicação, segurança, hardware e software, de acordo com os requisitos da estratégia de modernização técnica e administrativa;
- Promover medidas para a salvaguarda da segurança, higiene e saúde no trabalho;
- Gerir as relações de trabalho e os processos de recrutamento e selecção, no respeito pelos direitos das pessoas, visando a dignificação das carreiras e adequação do capital humano às necessidades do município;
- Dinamizar estratégias de desenvolvimento de competências individuais e colectivas, assentes na coesão, mudança e inovação, através da promoção de práticas de aprendizagem e valorização socioprofissional dos trabalhadores;
- Gerir a actividade financeira e a relevação contabilística dos factos patrimoniais e das operações realizadas;
- Gerir e centralizar a informação relativa ao património municipal, independentemente da sua natureza, de modo a fornecer à câmara a informação que sustente decisões de valorização, alienação, aquisição, cedência, manutenção ou outras formas de oneração do património municipal;

- Conduzir os processos de aquisição de bens e serviços e de empreitadas, respeitando os melhores critérios de gestão económica, financeira e de qualidade;
- Elaborar estudos e planos municipais de ordenamento do território considerados necessários à condução da dinâmica de urbanização do concelho;
- Instruir e emitir parecer sobre todas as pretensões no domínio dos processos de edificação de obras particulares com excepção das que são sujeitas ao regime de comunicação prévia e autorização;
- Proceder à instrução e preparação da decisão com vista à emissão de pedidos de edificação sujeitos a comunicação prévia e autorização administrativa, ao licenciamento das actividades económicas, às obras de urbanização, bem como, assegurar a fiscalização técnica urbanística;
- Zelar pela contínua melhoria da funcionalidade do espaço urbano, nos aspectos conducentes à mobilidade motorizada de pessoas e mercadorias, bem como a acessibilidade automóvel no território municipal;
- Desenvolver projectos no âmbito da recuperação dos núcleos de génese ilegal, dos centros históricos e equipamentos municipais, respondendo de forma ágil e célere às necessidades decorrentes de situações de urgência ou imprevistas;
- Promover a construção, beneficiação e conservação dos edifícios que integram o parque habitacional do município, de acordo com as carências habitacionais e as políticas superiormente definidas;
- Apurar as carências de habitação no concelho, propor medidas para as suprir e gerir o património habitacional municipal, incluindo a venda e arrendamento de fogos;
- Garantir as tarefas de concepção, promoção e controlo da execução dos projectos no âmbito dos poderes funcionais do departamento contribuindo para elevar o padrão de qualidade do edificado e das infra-estruturas municipais;
- Assegurar a construção, conservação e reabilitação dos edifícios e equipamentos municipais, designadamente os escolares e destinados a práticas culturais, desportivas ou de apoio social;
- Gerir o espaço público no que respeita à ocupação da via pública e do subsolo, assegurando a articulação de todas as intervenções no mesmo;
- Elaborar e executar projectos de intervenção nas áreas do trânsito e transportes, contribuindo para o ordenamento da circulação e para a segurança rodoviária;
- Contribuir para a qualidade ambiental, através da promoção e manutenção dos espaços verdes;

- Assegurar as condições de salubridade dos espaços públicos, proporcionando uma adequada qualidade ambiental urbana;
- Assegurar a gestão do parque de viaturas e máquinas;
- Garantir a gestão dos mercados municipais, a fiscalização sanitária e a promoção de acções conducentes ao bem-estar animai e à higiene pública veterinária;
- Propor estratégias de intervenção e assegurar o planeamento e gestão dos serviços e equipamentos educativos, promovendo o desenvolvimento do município de acordo com parâmetros de qualidade e inovação;
- Executar as políticas e programas municipais nas áreas da acção social, da saúde e da juventude;
- Assegurar a realização das políticas municipais de desenvolvimento desportivo;
- Desenvolver a política municipal para o património histórico e cultural, imóvel e imaterial, promovendo a sua preservação e valorização;
- Coordenar e promover o desenvolvimento das actividades culturais e turísticas;
- Promover e generalizar o acesso à leitura e à informação, assegurando para tanto a gestão das bibliotecas municipais e do núcleo de documentação.

Pela utilização de idêntico recurso, podemos afirmar que os serviços municipais pautam a sua actividade pelos seguintes **valores** (segundo Alfredo Azevedo, são princípios e expectativas que caracterizam a forma como se comportam os colaboradores da organização e sobre os quais se constroem as relações de trabalho e incluem confiança, apoio e verdade), entre outros:

a) Realização plena, oportuna e eficiente dos objectivos definidos pelos órgãos representativos do Município;

b) Obtenção de elevados padrões de qualidade dos serviços prestados;

c) Máximo aproveitamento possível dos recursos humanos e financeiros disponíveis no quadro de uma gestão racionalizada e moderna;

d) Promoção da participação das instituições locais e dos cidadãos em geral nas decisões e na actividade municipal;

e) Dignificação e valorização dos trabalhadores municipais.

Como **princípios**, os municípios e os seus trabalhadores devem, por exemplo, respeitar os princípios constantes na Constituição da República Portuguesa, no Código de Procedimento Administrativo e na Carta Ética da Administração Pública, assim como os princípios de funcionamento do planeamento, da coordenação, da desconcentração e da delegação de competências como instrumentos de desburocratização e de racionalização da actividade administrativa.

O processo de reestruturação de serviços (⁵⁹) passa por uma fase prévia em que o órgão responsável pelo seu decurso elabora:

- Lista de actividades e procedimentos que devem ser assegurados para a prossecução e o exercício das atribuições e competências e para a realização dos objectivos, em conformidade com as disponibilidades orçamentais existentes;
- Lista dos postos de trabalho necessários;
- Mapa comparativo entre o número de efectivos existentes no serviço e o número de postos de trabalho necessários.

Aprovar os quadros de pessoal dos diferentes serviços do município, nos termos da lei

Actualmente não existem os quadros de pessoal mas os Mapas de Pessoal que devem ser aprovados ao mesmo tempo que a aprovação das Grandes Opções do Plano, PPI e Orçamento. Isso mesmo é referido no artigo 4.º da **Lei n.º 12-A/2008, de 27 de Fevereiro:**
1 – Tendo em consideração a missão, as atribuições, a estratégia, os objectivos superiormente fixados, as competências das unidades orgânicas e os recursos financeiros disponíveis, os órgãos e serviços planeiam, aquando da preparação da proposta de orçamento, as actividades, de natureza permanente ou temporária, a desenvolver durante a sua execução, as eventuais alterações a introduzir nas unidades orgânicas flexíveis, bem como o respectivo mapa de pessoal.
2 – Os elementos referidos no número anterior acompanham a respectiva proposta de orçamento.
O **DL n.º 209/2009, de 03 de Setembro**, adapta a Lei n.º 12-A/2008, de 27 de Fevereiro, à administração local (regimes de vinculação, de carreiras e de remunerações dos trabalhadores que exercem funções públicas).
Segundo o artigo 3.º, os municípios e as freguesias dispõem de mapas de pessoal aprovados, mantidos ou alterados, nos termos da Lei n.º 12-A/2008, de 27 de Fevereiro, sendo aprovados, mantidos ou alterados:
a) Nos municípios, pela assembleia municipal;
b) Nas freguesias, pela assembleia de freguesia.

---

[59] O processo de reestruturação compreende todas as operações e decisões necessárias à concretização das alterações introduzidas na natureza jurídica ou nas atribuições, competências ou estrutura orgânica interna do serviço, à reafectação dos seus recursos e à eventual colocação de pessoal em situação de mobilidade especial (artigo 6º do Decreto-Lei nº 200/2006, de 25 de Outubro).

Aprovar incentivos à fixação de funcionários, nos termos da lei

Cremos que a implementação desses incentivos já foi chão que deu uvas porque a realidade é bem diferente. Seja como for, chamamos à liça, como mero exemplo entre outros, o **Decreto-Lei n.º 45/84, de 3 de Fevereiro**, que acabou por ser revogado pelo artigo 18.º do Decreto-Lei n.º 190/99 de 5 de Junho.

Podia ler-se no seu preâmbulo:

"Do ponto de vista da gestão dos recursos humanos da Administração Pública, reconhece--se que os serviços ou organismos desconcentrados da administração central e as autarquias locais se defrontam com carências de pessoal – sobretudo daquele que possui maiores qualificações habilitacionais e profissionais – para responderem cabalmente às solicitações do desenvolvimento económico e social das regiões e populações que servem.

A ausência de boas condições económicas, sociais e culturais num grande número de municípios torna aconselhável a adopção de incentivos, por um lado, motivadores da deslocação para zonas periféricas daquele pessoal e, por outro, exequíveis na perspectiva da Administração na actual conjuntura económica.

Os incentivos previstos são de natureza pecuniária e não pecuniária, prevendo-se a sua graduação em função de zonas com diferentes níveis de qualidade de vida e poder atractivo, segundo o regime a estabelecer em diploma regulamentar".

Aí se previam incentivos de natureza pecuniária, como o subsídio de deslocação, o subsídio para a fixação na periferia e o subsídio de residência, e de natureza não pecuniária, como a garantia da transferência escolar dos filhos de qualquer dos cônjuges, bem como da inscrição dos mesmos, sem observância do númerus clausus, para os casos relativos à fixação em áreas de extrema periferia, a preferência de colocação do cônjuge funcionário ou agente em serviço ou organismo sito na localidade de trabalho do funcionário integrado ou deslocado transitoriamente para a periferia ou no concelho ou concelhos limítrofes daquela localidade ou a preferência a atribuir ao cônjuge não funcionário, em caso de igualdade de classificação obtida em concurso, face aos demais candidatos não vinculados à função pública, no ingresso para serviço ou organismo sito no local de trabalho do funcionário integrado ou deslocado transitoriamente para a periferia ou no concelho ou concelhos limítrofes daquele local.

Autorizar, nos termos da lei, a câmara municipal a concessionar, por concurso público, a exploração de obras e serviços públicos, fixando as respectivas condições gerais

O **Decreto-Lei n.º 18/2008, de 29 de Janeiro,** aprovou o Código dos Contratos Públicos e é aí que deve ser analisada a matéria das concessões de serviços públicos, além da empreitada de obras públicas, a concessão de obras públicas, a locação ou aquisição de bens móveis e a aquisição de serviços.

Segundo o artigo 407º entende-se por concessão de serviços públicos o contrato pelo qual o co-contratante se obriga a gerir, em nome próprio e sob sua responsabilidade, uma actividade de serviço público, durante um determinado período, sendo remunerado pelos resultados financeiros dessa gestão ou, directamente, pelo contraente público. São partes dessa concessão o concedente e o concessionário.

Embora seja uma área de extrema tecnicidade e complexidade, pode haver necessidade de aprofundamento do assunto por parte do deputado municipal, o qual se pode socorrer facilmente de imensa bibliografia, muita da qual anotada. Basta ir aos motores de busca da internet.

Fixar o dia feriado anual do município

Segundo o Professor Doutor Luís Oliveira Andrade, num artigo sobre Nuno Álvares Pereira apresentado num Colóquio sobre essa figura histórica, *"os feriados constituem igualmente indicadores precisos sobre o relevo e interpretação coeva das figuras ou feitos históricos"*.

Embora não possam ser entendidos como feriados, até 1910 celebraram-se dos Dias de Grande Gala que eram festejados pela Corte com grande solenidade. Além desses, comemoravam-se os Dias da Pequena ou Simples Gala (onde se incluíam alguns dias santos), os feriados (como dias de memória) e os Dias em que são proibidos os espectáculos ou divertimentos públicos.

Através do **Decreto com força de Lei de 12 de Outubro de 1910**, são considerados feriados:

- 1 de Janeiro: Fraternidade Universal;
- 31 de Janeiro: Precursores e Mártires da República;
- 5 de Outubro: Heróis da República;
- 1 de Dezembro: Autonomia da Pátria Portuguesa (Restauração);
- 25 de Dezembro: Família.

De acordo com esse decreto, as municipalidades podiam, dentro da área dos respectivos concelhos, considerar feriado um dia por ano, escolhendo-se de entre os que representam as festas tradicionais e características do município.

Através da **Lei nº 1012 de 1920** o dia 14 de Agosto passou a ser a Festa do Patriotismo, em homenagem a Nuno Álvares Pereira e à Batalha de Aljubarrota. Embora oficialmente nunca tenha isso revogada, caiu em desuso e no esquecimento.

Em Maio de 1925 decreta-se o 10 de Junho como Festa de Portugal, embora sem o estatuto de feriado.

No dia 5 de Junho de 1948 o 8 de Dezembro passa a ser feriado nacional ao tempo em que se impõe o dogma da Imaculada Conceição.

O **Decreto n.º 38.596 de 4 de Janeiro de 1952**, revoga o 3 de Maio e o 31 de Janeiro, ficando seis feriados, três dos quais já eram dias santos. A Igreja conseguiu consagrar como feriados nacionais a Quinta-Feira do Corpo de Deus (móvel), a Assunção de Nossa Senhora (15 de Agosto) e o Dia de Todos-os-Santos (1 de Novembro), não conseguindo impor o Dia dos Reis (6 de Janeiro), o Dia de São José (19 de Março), o dia da Ascensão do Senhor (móvel) e o Dia dos Apóstolos São Pedro e São Paulo (29 de Junho). O mesmo diploma determina que o Dia de Portugal é a 10 de Junho.

Essa matéria está actualmente na **Lei n.º 59/2008, de 11 de Setembro**, que definiu o Regime do Contrato de Trabalho em Funções Públicas.

Nos termos do artigo 168.º, são feriados obrigatórios:

- 1 de Janeiro;
- Sexta-Feira Santa;
- Domingo de Páscoa;
- 25 de Abril;
- 1 de Maio;
- Corpo de Deus (festa móvel);
- 10 de Junho;
- 15 de Agosto;
- 5 de Outubro;
- 1 de Novembro;
- 1, 8 e 25 de Dezembro.

O feriado de Sexta-Feira Santa pode ser observado noutro dia com significado local no período da Páscoa. Mediante legislação especial, determinados feriados obrigatórios podem ser observados na segunda-feira da semana subsequente.

Além dos feriados obrigatórios, apenas podem ser observados a terça-feira de Carnaval e o feriado municipal da localidade. Em substituição de qualquer dos feriados referidos no número anterior, pode ser observado, a título de feriado, qualquer outro dia em que acordem entidade empregadora pública e trabalhador.

São nulas as disposições de contrato ou de instrumento de regulamentação colectiva de trabalho que estabeleçam feriados diferentes dos indicados nos artigos anteriores.

Autorizar a câmara municipal a delegar competências próprias, designadamente em matéria de investimentos, nas juntas de freguesia

A matéria da delegação de competências nas juntas de freguesia está prevista no artigo 66ª da Lei nº 169/99, de 18 de Setembro, com as alterações da Lei nº 5-A/2002, de 11 de Janeiro.

Assim sendo, a câmara, sob autorização da assembleia municipal, pode delegar competências nas juntas de freguesia interessadas, mediante a celebração de protocolo, onde figurem todos os direitos e obrigações de ambas as partes, os meios financeiros, técnicos e humanos e as matérias objecto da delegação. Essa delegação incide sobre as actividades, incluindo a realização de investimentos, constantes das opções do plano e do orçamento municipais e pode abranger, **designadamente**:

a) Conservação e limpeza de valetas, bermas e caminhos;
b) Conservação, calcetamento e limpeza de ruas e passeios;
c) Gestão e conservação de jardins e outros espaços ajardinados;
d) Colocação e manutenção da sinalização toponímica;
e) Gestão, conservação, reparação e limpeza de mercados retalhistas e de levante;
f) Gestão, conservação e reparação de equipamentos propriedade do município, designadamente equipamentos culturais e desportivos, escolas e estabelecimentos de educação pré-escolar, creches, jardins-de-infância, centros de apoio à terceira idade e bibliotecas;
g) Conservação e reparação de escolas do ensino básico e do ensino pré-escolar;
h) Gestão, conservação, reparação e limpeza de cemitérios, propriedade do município;
i) Concessão de licenças de caça.

No âmbito da delegação de competências a câmara municipal pode destacar para a junta de freguesia funcionários afectos às áreas de competência nesta delegadas. O destacamento dos funcionários faz-se sem prejuízo dos direitos e regalias dos mesmos e não está sujeito a prazo, mantendo-se enquanto subsistir a delegação de competências.

De acordo com o artigo 15.º da **Lei nº 159/99, de 14 de Setembro,** por via do instrumento de delegação de competências, mediante protocolo, a celebrar com o município, a freguesia pode realizar investimentos cometidos àquele ou gerir equipamentos e serviços municipais. O instrumento que concretize a colaboração entre município e freguesia deve conter expressamente, pelo menos:

a) A matéria objecto da colaboração;
b) Referência obrigatória nas opções do plano, durante os anos de vigência da colaboração, quando se trate de matéria que nelas deva constar;
c) Os direitos e obrigações de ambas as partes;

d) As condições financeiras a conceder pelo município, que devem constar obrigatoriamente do orçamento do mesmo durante os anos de vigência da colaboração;

e) O apoio técnico ou em recursos humanos e os meios a conceder pelo município.

Embora a lei não o exija, entendemos como adequado o envio de relatório sobre a intervenção efectuada e a justificação documental dos gastos efectuados e a proibição de aplicar as verbas em despesas não previstas nos protocolos de delegação de competência. Não é uma medida que corporize qualquer atitude de desconfiança do município mas de rigor e verdade orçamental e política. Não conseguimos conceber que uma freguesia receba uma determinada verba para reparar, por exemplo, o cemitério e a aplique no pagamento de despesas de pessoal ou de aquisição de bens e serviços. Exige-se a esse nível uma alteração profunda da legislação. A ANAFRE tem reivindicado a transformação das competências delegáveis do artigo 66º da Lei nº 196/99, de 18 de Setembro, alterada pela Lei nº 5-A/2002, de 11 de Janeiro, em competências próprias das freguesias com o consequente e necessário reforço de meios financeiros.

Esse expediente legal tem gerado a de norte e sul do País e nas Ilhas situações de profundas desigualdades com prejuízo de uns e benefício de outros na medida em que os protocolos de delegação de competências dependem da boa vontade, das estratégias políticas e de critérios por vezes escusos dos municípios. Conhecemos municípios que nada delegam, outros que o fazem sem critérios justos e transparentes, outros que apenas os admitem com freguesias da sua cor política e outros, ao contrário, que chegam a delegar verbas equivalentes ao que recebem as freguesias do Fundo de Financiamento de Freguesias.

Estabelecer, após parecer da comissão de heráldica da associação dos arqueólogos portugueses, a constituição do brasão, selo e bandeira do município e proceder à sua publicação no *Diário da República*

A heráldica autárquica foi estabelecida pela **Lei nº 53/91, de 7 de Agosto**. Os símbolos heráldicos previstos nesta lei são os brasões de armas, as bandeiras e os selos.

Têm direito ao uso de símbolos heráldicos as regiões administrativas, os municípios, as freguesias, as cidades, as vilas e as pessoas colectivas de utilidade pública administrativa.

O direito ao uso de símbolos heráldicos com uma determinada ordenação é adquirido pelas autarquias locais, por deliberação dos seus órgãos competentes, depois de ouvida a Comissão de Heráldica da Associação dos Arqueólogos Portugueses.

Aprovar os planos necessários à realização das atribuições municipais

O quadro de transferência de atribuições e competências para as autarquias locais consta da **Lei nº 159/99, de 14 de Setembro**. Cremos que os aludidos planos se reportam a essas atribuições, embora entendamos esta competência como muito vaga.

A presente lei estabelece o quadro de transferência de atribuições e competências para as autarquias locais, bem como de delimitação da intervenção da administração central e da administração local, concretizando os princípios da descentralização administrativa e da autonomia do poder local.

A lei fala em **descentralização de poderes** que se efectua mediante a transferência de atribuições e competências para as autarquias locais, tendo por finalidade assegurar o reforço da coesão nacional e da solidariedade inter-regional e promover a eficiência e a eficácia da gestão pública assegurando os direitos dos administrados e em **descentralização administrativa** que assegura a concretização do princípio da subsidiariedade, devendo as atribuições e competências ser exercidas pelo nível da administração melhor colocado para as prosseguir com racionalidade, eficácia e proximidade aos cidadãos.

O prosseguimento das atribuições e competências é feito nos termos da lei e implica a concessão, aos órgãos das autarquias locais, de poderes que lhes permitam actuar em diversas vertentes, cuja natureza pode ser:
a) Consultiva;
b) De planeamento;
c) De gestão;
d) De investimento;
e) De fiscalização;
f) De licenciamento.

Nos precisos termos do artigo 13º, os municípios dispõem de atribuições nos seguintes domínios:
a) Equipamento rural e urbano;
b) Energia;
c) Transportes e comunicações;
d) Educação;
e) Património, cultura e ciência;
f) Tempos livres e desporto;
g) Saúde;
h) Acção social;
i) Habitação;
j) Protecção civil;
l) Ambiente a saneamento básico;

m) Defesa do consumidor;
n) Promoção do desenvolvimento;
o) Ordenamento do território e urbanismo;
p) Polícia municipal;
q) Cooperação externa.

A lei das atribuições descreve as competências de todos os domínios referidos e pode ser útil ao membro da assembleia municipal a apreensão mais cabal do seu conteúdo para fundamentar intervenções suas nas sessões das assembleias municipais ou evitar exigir do município uma actuação que não cabe em nenhum desses domínios. Não esquecer que ao longo dos tempos foram sendo transferidas outras competências para os municípios.

Cabe aqui referir com pertinência e propriedade o artigo 81º da Lei nº 169/99 sobre o **princípio da independência**, ao referir que "os órgãos das autarquias locais são independentes no âmbito da sua competência e as suas deliberações só podem ser suspensas, modificadas, revogadas ou anuladas pela forma prevista na lei" e o artigo 82º **(princípio da especialidade)** ao prescrever que "os órgãos das autarquias locais só podem deliberar no âmbito da sua competência e para a realização das atribuições cometidas às autarquias locais".

Aprovar as medidas, normas, delimitações e outros actos, no âmbito dos regimes do ordenamento do território e do urbanismo, nos casos e nos termos conferidos por lei

Convocamos, de pronto, a Lei nº 159/99, de 14 de Setembro, que delimita as atribuições e competências das autarquias locais.

De acordo com o seu artigo 16º, é da competência dos órgãos municipais o planeamento, a gestão e a realização de investimentos nos seguintes domínios: espaços verdes, ruas e arruamentos, cemitérios municipais, instalações dos serviços públicos dos municípios e mercados e feiras municipais.

Segundo o artigo 17º, é da competência dos órgãos municipais o planeamento, a gestão e a realização de investimentos nos seguintes domínios:

a) Distribuição de energia eléctrica em baixa tensão;
b) Iluminação pública urbana e rural.

Ultimamente tem aumentado o investimento dos municípios no sector da energia, com especial incidência nas energias alternativas e renováveis (mini--hídricas, eólicas e painéis solares). A esse nível intervêm em Portugal as seguintes entidades:

- **ERSE** (Entidade Reguladora dos Serviços Energéticos): é a entidade responsável pela regulação dos sectores do gás natural e da electricidade;

é uma pessoa colectiva de direito público, dotada de autonomia administrativa e financeira e de património próprio, regendo-se pelos seus Estatutos aprovados pelo Decreto-Lei n.º 97/2002, de 12 de Abril;
- **REN (Redes Energéticas Nacionais, S.A.):** tem como missão garantir o fornecimento ininterrupto de electricidade e gás natural, ao menor custo, satisfazendo critérios de qualidade e de segurança mantendo o equilíbrio entre a oferta e a procura em tempo real, assegurando os interesses legítimos dos intervenientes no mercado e conjugando as missões de operador de sistema e de operador de rede que lhe estão cometidas;
- **EDP (Electricidade de Portugal, S.A.):** empresa do sector da electricidade; são um dos grandes operadores europeus do sector da energia e um dos maiores operadores energéticos da Península Ibérica, o maior grupo industrial português e o 3º maior produtor mundial de energia eólica. Além do sector eléctrico, produção, distribuição e comercialização, têm também, uma presença relevante no sector do gás da Península Ibérica;
- **Secretaria de Estado da Energia e da Inovação:** integrada no Ministério da Economia, da Inovação e do Desenvolvimento;
- **Direcção-Geral de Energia e Geologia:** órgão da Administração Pública Portuguesa que tem por missão contribuir para a concepção, promoção e avaliação das políticas relativas à energia e aos recursos geológicos, numa óptica do desenvolvimento sustentável e de garantia da segurança do abastecimento (Decreto-Lei nº 139/2007, de 27 de Abril).

É igualmente da competência dos órgãos municipais:
a) Licenciamento e fiscalização de elevadores;
b) Licenciamento e fiscalização de instalações de armazenamento e abastecimento de combustíveis salvo as localizadas nas redes viárias regional e nacional;
c) Licenciamento de áreas de serviço que se pretenda instalar na rede viária municipal;
d) Emissão de parecer sobre a localização de áreas de serviço nas redes viárias regional e nacional.

Podem ainda os órgãos municipais realizar investimentos em centros produtores de energia, bem como gerir as redes de distribuição.

Ao nível dos transportes e comunicações (artigo 18º), é da competência dos órgãos municipais o planeamento, a gestão e a realização de investimentos nos seguintes domínios:
a) Rede viária de âmbito municipal;
b) Rede de transportes regulares urbanos;
c) Rede de transportes regulares locais que se desenvolvam exclusivamente na área do município;

d) Estruturas de apoio aos transportes rodoviários;
e) Passagens desniveladas em linhas de caminho de ferro ou em estradas nacionais e regionais;
f) Aeródromos e heliportos municipais.

É ainda competência dos órgãos municipais a fixação dos contingentes e a concessão de alvarás de veículos ligeiros de passageiros afectos ao transporte de aluguer. Os municípios são obrigatoriamente ouvidos na definição da rede rodoviária nacional e regional e sobre a utilização da via pública.

Finalmente deve referir-se o artigo 29º sobre o ordenamento do território e urbanismo, o qual refere que compete aos órgãos municipais, em matéria de ordenamento do território e urbanismo:

a) Elaborar e aprovar os planos municipais de ordenamento do território;
b) Delimitar as áreas de desenvolvimento urbano e construção prioritárias com respeito pelos planos nacionais e regionais e pelas políticas sectoriais;
c) Delimitar as zonas de defesa e controlo urbano, de áreas críticas de recuperação e reconversão urbanística, dos planos de renovação de áreas degradadas e de recuperação de centros históricos;
d) Aprovar operações de loteamento;
e) Participar na elaboração e aprovação do respectivo plano regional de ordenamento do território;
f) Propor a integração e a exclusão de áreas na Reserva Ecológica Nacional e na Reserva Agrícola Nacional;
g) Declarar a utilidade pública, para efeitos de posse administrativa, de terrenos necessários à
execução dos planos de urbanização e dos planos de pormenor plenamente eficazes;
h) Licenciar, mediante parecer vinculativo da administração central, construções nas áreas dos portos e praias.

Em termos de estrutura orgânica do XVIII Governo existe o Ministério do Ambiente e do Ordenamento do Território (www.maotdr.gov.pt) que é responsável pela definição, execução e coordenação das políticas de ambiente, da conservação da natureza, da biodiversidade, do ordenamento, equilíbrio e coesão do território, da habitação, das cidades e do planeamento que tutela os seguintes organismos:

- Secretaria-Geral do Ministério do Ambiente, do Ordenamento do Território e do Desenvolvimento Regional
- Gabinete de Relações Internacionais
- Direcção-Geral do Ordenamento do Território e Desenvolvimento Urbano
- Departamento de Prospectiva e Planeamento e Relações Internacionais

- Inspecção-Geral do Ambiente e do Ordenamento do Território
- Comissão de Coordenação e Desenvolvimento Regional do Alentejo
- Comissão de Coordenação e Desenvolvimento Regional do Algarve
- Comissão de Coordenação e Desenvolvimento Regional de Lisboa e Vale do Tejo
- Comissão de Coordenação e Desenvolvimento Regional do Centro
- Comissão de Coordenação e Desenvolvimento Regional do Norte
- Agência Portuguesa do Ambiente
- Instituto da Conservação da Natureza e da Biodiversidade
- Instituto da Água
- Administração de Região Hidrográfica do Norte, I. P.
- Administração de Região Hidrográfica do Centro, I.P.
- Administração de Região Hidrográfica do Tejo, I.P.
- Administração de Região Hidrográfica do Alentejo, I.P.
- Administração de Região Hidrográfica do Algarve, I.P.
- Instituto da Habitação e da Reabilitação Urbana
- Instituto Geográfico Português
- Conselho Nacional da Água
- Conselho Nacional do Ambiente e do Desenvolvimento Sustentável
- Águas de Portugal, S.A.
- Parque Expo 98, S.A.
- Parques de Sintra – Monte da Lua, S.A.
- Entidade Reguladora dos Serviços de Águas e Resíduos
- Gabinete Coordenador do Programa Polis

O tema do urbanismo é recorrente nas sessões das assembleias municipais e, como tal, urge a apreensão de conhecimentos mínimos por parte dos deputados municipais sobre essa temática a qual prima também pela complexidade e tecnicidade. Daremos conta apenas do que nos parece essencial nesse âmbito, nomeadamente das principais referências legislativas.

O regime jurídico de urbanização e edificação (RJUE) está contido na **Lei nº 60/2007, de 4 de Setembro**, que procedeu à sexta alteração ao **Decreto-Lei nº 555/99, de 16 de Dezembro**, com a entrada em vigor 180 dias após a publicação, ou seja, a 4 de Março de 2008, o que se justifica dada a complexidade da matéria e a necessidade de formação de técnicos e eleitos locais para alterações marcantes na vida do cidadãos, dos empreiteiros e das autarquias locais.

Esse regime é sobretudo da responsabilidade dos municípios e das comissões de coordenação e desenvolvimento regional. Contudo, convém que as juntas de freguesia, cujos presidentes ou representantes também integram as assembleias municipais, tenham um conhecimento mínimo dessas normas porque podem ter de actuar a esse nível porque as freguesias também efectuam obras de urbanização e de edificação.

O **Decreto-Lei n.º 380/99, de 22 de Setembro**, estabelece o regime jurídico dos instrumentos de gestão territorial e foi alterado pela 6ª vez pelo **Decreto-Lei n.º 46/2009, de 20 de Fevereiro**. O diploma desenvolve as bases da política de ordenamento do território e de urbanismo, definindo o regime de coordenação dos âmbitos nacional, regional e municipal do sistema de gestão territorial, o regime geral de uso do solo e o regime de elaboração, aprovação, execução e avaliação dos instrumentos de gestão territorial.

O **Decreto Regulamentar n.º 9/2009, de 29 de Maio**, fixou os conceitos técnicos nos domínios do ordenamento do território e do urbanismo a utilizar pelos instrumentos de gestão territorial.

A política de ordenamento do território e de urbanismo assenta no sistema de gestão territorial, que se organiza, num quadro de interacção coordenada, em três âmbitos:

a) O âmbito nacional;
b) O âmbito regional;
c) O âmbito municipal.

O âmbito nacional é concretizado através dos seguintes instrumentos:

a) O Programa Nacional da Política de Ordenamento do Território;
b) Os planos sectoriais com incidência territorial;
c) Os planos especiais de ordenamento do território, compreendendo os planos de ordenamento de áreas protegidas, os planos de ordenamento de albufeiras de águas públicas, os planos de ordenamento da orla costeira e os planos de ordenamento dos estuários.

O âmbito regional é concretizado através dos planos regionais de ordenamento do território. O âmbito municipal é concretizado através dos seguintes instrumentos:

a) Os planos intermunicipais de ordenamento do território;
b) Os planos municipais de ordenamento do território, compreendendo os planos directores municipais, os planos de urbanização e os planos de pormenor.

O plano intermunicipal de ordenamento do território é o instrumento de desenvolvimento territorial que assegura a articulação entre o plano regional e os planos municipais de ordenamento do território, no caso de áreas territoriais que, pela interdependência dos seus elementos estruturantes, necessitam de uma coordenação integrada. O plano intermunicipal de ordenamento do território abrange a totalidade ou parte das áreas territoriais pertencentes a dois ou mais municípios vizinhos.

Os planos municipais de ordenamento do território são instrumentos de natureza regulamentar, aprovados pelos municípios.

Os **planos municipais de ordenamento do território** visam estabelecer:

a) A tradução, no âmbito local, do quadro de desenvolvimento do território estabelecido nos instrumentos de natureza estratégica de âmbito nacional e regional;
b) A expressão territorial da estratégia de desenvolvimento local;
c) A articulação das políticas sectoriais com incidência local;
d) A base de uma gestão programada do território municipal;
e) A definição da estrutura ecológica municipal;
f) Os princípios e as regras de garantia da qualidade ambiental e da preservação do património cultural;
g) Os princípios e os critérios subjacentes a opções de localização de infra-estruturas, equipamentos, serviços e funções;
h) Os critérios de localização e distribuição das actividades industriais, turísticas, comerciais e de serviços;
i) Os parâmetros de uso do solo;
j) Os parâmetros de uso e fruição do espaço público;
l) Outros indicadores relevantes para a elaboração dos demais instrumentos de gestão territorial.

É de inegável importância o tema do **plano director municipal (PDM)**, de elaboração obrigatória, o qual estabelece a estratégia de desenvolvimento territorial, a política municipal de ordenamento do território e de urbanismo e as demais políticas urbanas, integra e articula as orientações estabelecidas pelos instrumentos de gestão territorial de âmbito nacional e regional e estabelece o modelo de organização espacial do território municipal.

Segundo a lei, o plano director municipal é um instrumento de referência para a elaboração dos demais planos municipais de ordenamento do território e para o estabelecimento de programas de acção territorial, bem como para o desenvolvimento das intervenções sectoriais da administração do Estado no território do município, em concretização do princípio da coordenação das respectivas estratégias de ordenamento territorial.

Os instrumentos de gestão territorial identificam:

a) As áreas afectas à defesa nacional, segurança e protecção civil;
b) Os recursos e valores naturais;
c) As áreas agrícolas e florestais;
d) A estrutura ecológica;
e) O património arquitectónico e arqueológico;
f) As redes de acessibilidades;
g) As redes de infra-estruturas e equipamentos colectivos;
h) O sistema urbano;
i) A localização e a distribuição das actividades económicas.

Além dos diplomas referidos, entendemos como curial o conhecimento dos seguintes:

- **Lei nº 48/98, de 11 de Agosto**, alterada pela Lei n.º 54/2007, de 31 de Agosto: bases da política de ordenamento do território e de urbanismo;
- **Lei n.º 168/99, de 18 de Setembro**, alterada pela 4ª vez pela **Lei n.º 56/2008, de 4 de Setembro:** Código das Expropriações;
- **Decreto-Lei n.º 161/2006, de 8 de Agosto:** Comissões Arbitrais Municipais;
- **Lei nº 50/2006, de 29 de Agosto, alterada pela Lei nº 89/2009, de 31 de Agosto:** lei quadro das contra-ordenações ambientais;
- **Lei n.º 58/2007, de 4 de Setembro**: Programa Nacional da Política de Ordenamento do Território;
- **Decreto-Lei nº 794/76, de 5 de Novembro**: Lei dos Solos;
- **Decreto-Lei n.º 307/2009, de 23 de Outubro**: reabilitação urbana;
- **Decreto Regulamentar n.º 9/2009, de 29 de Maio**: conceitos técnicos nos domínios do ordenamento do território e do urbanismo.
- **Decreto-Lei n.º 46/2009, de 20 de Fevereiro:** procede à sexta alteração ao Decreto-Lei n.º 380/99, de 22 de Setembro, que estabelece o regime jurídico dos instrumentos de gestão territorial;
- **Decreto Regulamentar n.º 9/2009, de 29 de Maio:** estabelece os conceitos técnicos nos domínios do ordenamento do território e do urbanismo;
- **Decreto-Lei n.º 80/2006, de 14 de Abril:** aprova o Regulamento das Características de Comportamento Térmico dos Edifícios (RCCTE).
- **Decreto-Lei nº 163/2006, de 8 de Agosto:** aprovou o regime de acessibilidade aos edifícios que recebem público, via pública e edifícios habitacionais, revogando o Decreto-Lei nº 123/97, de 22 de Maio.
- **Decreto-Lei nº 163/2006, de 8 de Agosto:** aprovou o regime de acessibilidade aos edifícios que recebem público, via pública e edifícios habitacionais, revogando o Decreto-Lei nº 123/97, de 22 de Maio.
- **Resolução do Conselho de Ministros nº 9/2007**, publicada a 17 de Janeiro, aprovou o Plano Nacional de Promoção da Acessibilidade (PNPA) e reforçou aquele imperativo nacional.

Aquele diploma aprovou normas técnicas para melhoria da acessibilidade das pessoas com mobilidade condicionada que as câmaras devem respeitar não só em obras novas mas tem em relação ao já edificado de forma a tornar menos oneroso o acesso aos serviços por parte de quem tem mobilidade condicionada, nomeadamente quem se faz transportar em cadeira de rodas. Devem também pugnar pelo seu cumprimento obrigatório e rigoroso em todos os edifícios públicos.

O PNPA (**Plano Nacional de Promoção da Acessibilidade**) pretende sensibilizar a sociedade para o facto de a promoção da acessibilidade ser um benefício para todos, e que, portanto, deve ser valorizada e exigida pelos cidadãos como um direito básico e um critério de qualidade e para o facto de a promoção da acessibilidade ser uma responsabilidade que cabe a todos (Estado, autarquias, organizações não governamentais, entidades empregadoras cidadãos em geral), informar os diversos intervenientes nos sectores do urbanismo, da construção e dos transportes para a vantagem, importância e a obrigação de assegurar condições de acessibilidade e as pessoas com necessidades especiais e as organizações não governamentais sobre os direitos previstos na legislação e as formas de os promover e formar sobre o tema da acessibilidade os diversos técnicos intervenientes nos sectores do urbanismo, da construção, dos transportes, da saúde e da segurança social.

A matéria do urbanismo está intimamente relacionada com a questão do ambiente e do desenvolvimento sustentável. O Ministério do Ambiente e do Ordenamento do Território é responsável pela definição, execução e coordenação das políticas de ambiente, da conservação da natureza, da biodiversidade, do ordenamento, equilíbrio e coesão do território, da habitação, das cidades e do planeamento.

Reza o artigo 26º da Lei nº 159/99, de 14 de Setembro, que é da competência dos órgãos municipais o planeamento, a gestão de equipamentos e a realização de investimentos nos seguintes domínios:

a) Sistemas municipais de abastecimento de água;

b) Sistemas municipais de drenagem e tratamento de águas residuais urbanas;

c) Sistemas municipais de limpeza pública e de recolha e tratamento de resíduos sólidos urbanos.

Compete igualmente aos órgãos municipais:

a) Participar na fiscalização do cumprimento do Regulamento Geral sobre o Ruído;

b) Participar na gestão da qualidade do ar, designadamente nas comissões de gestão do ar;

c) Instalar e manter redes locais de monitorização da qualidade do ar;

d) Participar na fiscalização da aplicação dos regulamentos de controlo das emissões de gases de escape nos veículos automóveis;

e) Propor a criação de áreas protegidas de interesse nacional, regional ou local;

f) Gerir as áreas protegidas de interesse local e participar na gestão das áreas protegidas de interesse regional e nacional;

g) Criar áreas de protecção temporária de interesse zoológico, botânico ou outro;

h) Manter e reabilitar a rede hidrográfica dentro dos perímetros urbanos;

i) Licenciar e fiscalizar a pesquisa e captação de águas subterrâneas não localizadas em terrenos integrados no domínio público hídrico;
j) Participar na gestão dos recursos hídricos;
l) Assegurar a gestão e garantir a limpeza e a boa manutenção das praias e das zonas balneares;
m) Licenciar e fiscalizar a extracção de materiais inertes.
Salientamos a seguinte legislação:

- **Resolução do Conselho de Ministros n.º 26/2000, de 15 de Maio:** aprova o Programa Polis – Programa de Requalificação Urbana e Valorização Ambiental das Cidades;
- **Decreto-Lei n.º 9/2007, de 1 de Janeiro:** aprova o Regulamento Geral do Ruído e revoga o regime legal da poluição sonora, aprovado pelo Decreto-Lei n.º 292/2000, de 14 de Novembro;
- **Decreto-Lei n.º 69/2000, de 03 Maio:** aprova o regime jurídico da avaliação de impacte ambiental, transpondo para a ordem jurídica interna a Directiva n.º 85/337/CEE, com as alterações introduzidas pela Directiva n.º 97/11/CE, do Conselho, de 3 de Março de 1997;
- **Portaria nº 209/2004, de 3 de Março:** Lista Europeia de Resíduos;

O termo Resíduos diz respeito a uma enorme variedade de substâncias ou objectos, que importa classificar de acordo com tipologias pré-definidas, ou mesmo identificar por meio de um código. O termo Resíduos diz respeito a uma enorme variedade de substâncias ou objectos, que importa classificar de acordo com tipologias pré-definidas, ou mesmo identificar por meio de um código como é o caso da Lista Europeia de Resíduos (LER), constante da Portaria nº 209/2004, de 3 de Março. Segundo o ECOGUIA 2007, obra da Câmara Municipal de Mirandela, o resíduo é algo de que nos desfazemos porque já não necessitamos mas que pode ser encaminhado para destinos que viabilizam o seu aproveitamento como a sua reutilização ou valorização por reciclagem, compostagem ou até valorização energética.

É por demais conhecida a política dos 3 R's: **REDUZIR, REUTILIZAR e RECICLAR.**

Reduz-se evitando consumos desnecessários, utilizando produtos em embalagens familiares ou sem embalagens excessivas, recorrendo a novos materiais, designs inovadores e tecnologias com maior respeito perlo ambiente.

Reutiliza-se optando por embalagens com tara ou recarga, aproveitando o verso das folhas utilizadas para rascunho, preferindo pilhas recarregáveis, actualizando os processos produtivos e adoptando tecnologias mais limpas, entre outros.

Recicla-se quando se encaminha o resíduo para uma empresa capaz de o transformar novamente em matéria-prima e se os consumidores separarem os diferentes tipos de resíduos e os depositarem nos locais adequados. Com a reciclagem os materiais entram de novo no ciclo de produção, onde vão ser recuperados como matérias-primas, poupando recursos, água e energia.

- **Decreto-Lei n.º 173/2008, de 26 de Agosto:** estabelece o regime jurídico relativo à prevenção e controlo integrados da poluição, transpondo para a ordem jurídica interna a Directiva n.º 2008/1/CE, do Parlamento Europeu e do Conselho, de 15 de Janeiro;
- **Decreto-Lei n.º 46/2008, de 12 de Março:** resíduos de construção e demolição ou RCD;
- **Decreto-Lei nº 195/2009, de 20 de Agosto:** regime jurídico dos serviços de âmbito multimunicipal de abastecimento público de água, de saneamento de águas residuais e de gestão de resíduos urbanos;
- **Portaria nº 187/2007, de 12 de Fevereiro:** Plano Estratégico para os Resíduos Sólidos Urbanos (PERSU II);
- **Resolução do Conselho de Ministros n.º 115-A/2008, 21 de Julho:** aprova o Plano Sectorial da Rede Natura 2000 relativo ao território continental;
- **Decreto-Lei nº 267/98, de 28 de Agosto:** visa disciplinar a localização dos parques de sucata e o licenciamento da instalação e ampliação de depósitos de ferro-velho e de veículos em fim de vida.
- **Portaria n.º 1352/2007, de 12 de Outubro:** aplica-se à revelação e aproveitamento de massas minerais, compreendendo a pesquisa e a exploração;
- **Decreto-Lei n.º 166/2008, de 22 de Agosto:** estabelece o regime jurídico da Reserva Ecológica Nacional, abreviadamente designada por REN.

A REN é uma estrutura biofísica que integra o conjunto das áreas que, pelo valor e sensibilidade ecológicos ou pela exposição e susceptibilidade perante riscos naturais, são objecto de protecção especial.

A REN é uma restrição de utilidade pública, à qual se aplica um regime territorial especial que estabelece um conjunto de condicionamentos à ocupação, uso e transformação do solo, identificando os usos e as acções compatíveis com os objectivos desse regime nos vários tipos de áreas. Visa contribuir para a ocupação e o uso sustentáveis do território e tem por objectivos:

a) Proteger os recursos naturais água e solo, bem como salvaguardar sistemas e processos biofísicos associados ao litoral e ao ciclo hidrológico terrestre, que asseguram bens e serviços ambientais indispensáveis ao desenvolvimento das actividades humanas;

b) Prevenir e reduzir os efeitos da degradação da recarga de aquíferos, dos riscos de inundação marítima, de cheias, de erosão hídrica do solo e de movimentos de massa em vertentes, contribuindo para a adaptação aos efeitos das alterações climáticas e acautelando a sustentabilidade ambiental e a segurança de pessoas e bens;

c) Contribuir para a conectividade e a coerência ecológica da Rede Fundamental de Conservação da Natureza;

d) Contribuir para a concretização, a nível nacional, das prioridades da Agenda Territorial da União Europeia nos domínios ecológico e da gestão transeuropeia de riscos naturais.

Os eleitos locais devem saber que um dos conceitos mais ligado actualmente ao ambiente e ao urbanismo é o do desenvolvimento sustentável. Daí derivaram as Agendas 21 Local e as novas estratégias ambientais, assim como os planos de mobilidade sustentável.

O Desenvolvimento Sustentável é o desenvolvimento que procura satisfazer as necessidades da geração actual, sem comprometer a capacidade das gerações futuras de satisfazerem as suas próprias necessidades. Significa possibilitar que as pessoas, agora e no futuro, atinjam um nível satisfatório de desenvolvimento social e económico e de realização humana e cultural, fazendo, ao mesmo tempo, um uso razoável dos recursos da terra e preservando as espécies e os habitats naturais. Tal pode ser conseguido através de um desenvolvimento economicamente eficaz, socialmente equitativo e ecologicamente sustentável.

A Agenda 21 Local é um processo em que Câmara Municipal, cidadãos, técnicos, empresários e associações trabalham em conjunto e definem as prioridades para um desenvolvimento sustentável do seu concelho nas vertentes social, ambiental e económica. O envolvimento dos diferentes quadrantes da sociedade mirandelense será prioritário, estimulando-se assim a democracia participativa e o debate construtivo de ideias.

Um processo participativo, multi-sectorial, para atingir os objectivos da Agenda 21 no nível local, através da preparação e implementação de um plano de acção estratégico de longo prazo dirigido às prioridades locais para o desenvolvimento sustentável.

Em primeiro lugar, este é um processo que apela à participação. É assim indispensável o envolvimento da população, das ONG's, dos empresários, dos autarcas e dos técnicos especialistas em todas as etapas do processo de elaboração da Agenda 21Local.

Em segundo lugar, este apresenta um carácter multi-sectorial. Ou seja, não pode ser só um plano sectorial de ambiente que respeite unicamente os interesses do sistema natural. Tem que ter a capacidade para integrar eficazmente o sector sócio-cultural, o económico e o ambiental.

Uma terceira dimensão, está relacionada com os objectivos da Agenda 21, no qual procura-se aumentar a qualidade de vida da população agora, estabelecendo um elo de ligação com o futuro, ou seja, para as gerações vindouras.

Uma quarta noção tem a ver com a necessidade de se planear para que o desenvolvimento sustentável aconteça. Este novo planeamento necessita de métodos e processos que identifiquem as principais prioridades locais, garantindo que os objectivos de sustentabilidade sejam efectivamente considerados e respeitados no processo de planeamento, gestão e tomada de decisão diária. Intimamente ligado surge a necessidade de se poder medir os avanços e os recuos, de forma a analisar a evolução da situação.

São documentos de enquadramento a Carta de Aalborg, o Plano de Acção de Lisboa e a Declaração de Hanôver.

Na página do Município de Mirandela, pode ler-se:

"Em resultado de uma candidatura apresentada à Agência Portuguesa do Ambiente (APA), Mirandela foi uma das cidades seleccionadas para a realização de um Plano de Mobilidade Sustentável (PMS). Com a coordenação científica nacional do Prof. Nunes da Silva, a realização do PMS de Mirandela foi adjudicada pela APA, ao Grupo de Estudos Territoriais da UTAD, por sua vez coordenado pelo Prof. Luís Ramos. Quanto aos objectivos, e tendo em conta a candidatura apresentada, esta autarquia identificou como áreas de intervenção prioritária a articulação entre as decisões urbanísticas e as suas consequências ao nível da acessibilidade, o congestionamento de tráfego no (s) acessos (s) ou no próprio centro e ainda a acessibilidade proporcionada à população com mobilidade reduzida. Após a apresentação da Caracterização e Diagnóstico, foram estabelecidos os objectivos específicos de reordenar a circulação e o estacionamento na Zona Histórica na sequência do processo de requalificação urbana (URBCOM), a articulação dos modos de transporte colectivo (metro e rede de autocarros) e a melhoraria das condições de mobilidade e acessibilidade dos peões na cidade e em particular dos cidadãos com necessidades especiais. Este Plano representa um elemento de planeamento urbano de clara importância para o sistema urbano da cidade de Mirandela e de crucial significado para o Plano de Urbanização que pode ainda representar uma forte oportunidade de financiamento no âmbito do QREN e Programas Temáticos associados, pretende a Câmara Municipal, em conjunto com a equipa de projecto, proceder à sua apresentação e debate das propostas de intervenção concretas".

Em ligação também estrita com o ordenamento do território e com o ambiente está a questão da gestão e administração de recursos hídricos. A água é um bem essencial à vida e à sobrevivência dos seres vivos mas um bem escasso que urge racionar e reaproveitar, havendo vários métodos para tratar a água para consumo humano e as águas residuais, resultantes dos esgotos. Por ser essencial e existirem reservas limitadas, a água é cada vez mais estratégica. Discute-se o seu uso racional, a sua temida e aparentemente inevitável escassez e a degradação das suas reservas, pois dela depende a qualidade de vida no planeta. A construção de estações de tratamento de águas residuais é essencial para a manutenção da qualidade das águas dos rios e das praias, bem como para a manutenção da vida dos organismos desses ambientes. A água, depois de tratada, é lançada de novo nos rios e os resíduos podem ser lançados em aterros sanitários ou utilizados como fertilizantes.

Existe profusa legislação sobre esse assunto que os eleitos locais podem consultar em sites institucionais e no *Diário da República*. Seja como for, salientamos os seguintes diplomas:

- **Decreto-Lei n.º 112/2002, de 17 de Abril**: aprova o Plano Nacional da Água;
- **Decreto-Lei nº 93/2008 de 4 de Junho**: segunda alteração ao Decreto-Lei n.º 226-A/2007, de 31 de Maio, que estabelece o regime da utilização dos recursos hídricos;
- **Lei n.º 58/2005, de 29 de Dezembro**: aprova a Lei da Água, transpondo para a ordem jurídica nacional a Directiva n.º 2000/60/CE, do Parlamento Europeu e do Conselho, de 23 de Outubro, e estabelecendo as bases e o quadro institucional para a gestão sustentável das águas, rectificada pela Declaração de Rectificação n.º 11-A/2006, de 23 de Fevereiro;
- **Decreto-Lei n.º 77/2006, de 30 de Março**: complementa a transposição da Directiva n.º 2000/60/CE, do Parlamento Europeu e do Conselho, de 23 de Outubro, que estabelece um quadro de acção comunitária no domínio da política da água, em desenvolvimento do regime fixado na Lei n.º 58/2005, de 29 de Dezembro.
- **Decreto-Lei n.º 135/2007, de 27 de Abril**: aprova a orgânica do Instituto da Água, I. P.;
- **Portaria n.º 529/2007, de 30 de Abril**: aprova os Estatutos do Instituto da Água, I. P.;
- **Decreto-Lei n.º 234/98, de 22 de Julho**: altera os artigos 45.º, 46.º, 47.º e 48.º do Decreto-Lei n.º 46/94, de 22 de Fevereiro (limpeza e desobstrução de linhas de água);
- **Decreto-Lei n.º 107/2009, de 15 de Maio**: aprova o regime de protecção das albufeiras de águas públicas de serviço público e das lagoas ou lagos de águas públicas.

Uma gestão correcta e moderna dos recursos hídricos passa necessariamente pela definição de uma adequada política de planeamento e, consequentemente, pela aprovação de planos de recursos hídricos, tendo em vista a valorização, a protecção e a gestão equilibrada dos recursos hídricos nacionais, bem como a sua harmonização com o desenvolvimento regional e sectorial através da racionalização dos seus usos.

É nesse sentido que se compreendem os **Planos de Bacia Hidrográfica (PBH)**: trata-se de um plano sectorial que, assentando numa abordagem conjunta e interligada de aspectos técnicos, económicos, ambientais e institucionais e envolvendo os agentes económicos e as populações directamente interessadas, tem em vista estabelecer de forma estruturada e programática uma estratégia racional de gestão e utilização das bacias hidrográficas, em articulação com o ordenamento do território e a conservação e protecção do ambiente.

Através da **Portaria n.º 1284/2009, de 19 de Outubro**, foram estabelecidos os conteúdos dos planos de gestão de bacia hidrográfica; existem também planos de ordenamento de albufeiras como plano especial de ordenamento do território.

Deliberar sobre a criação e a instituição em concreto do corpo de polícia municipal, nos termos e com as competências previstos na lei

A **Lei n.º 140/99, de 28 de Agosto**, estabelece o regime e forma de criação das polícias municipais.

Regulado pelo **Decreto-Lei n.º 39/2000, de 17 de Março**, estabelece as regras a observar na deliberação da assembleia municipal que crie, para o respectivo município, o serviço de polícia municipal, bem como os regimes de transferências financeiras e de carreiras de pessoal. A criação das polícias municipais compete à assembleia municipal, sob proposta da câmara municipal.

O **Decreto-Lei n.º 40/2000, de 17 de Março**, regula as condições e o modo de exercício de funções de agente de polícia municipal.

Portaria n.º 247-A/2000, de 8 de Maio, cria os cursos de formação para a carreira de técnico superior de polícia municipal e para a carreira de polícia municipal.

A **Portaria n.º 533/2000, de 1 de Agosto**, aprova o regulamento de uniformes e equipamento da carreira de polícia municipal.

A **Portaria n.º 247-B/2000, de 8 de Maio**, estabelece normas relativas aos exames médico e psicológico de selecção a efectuar nos concursos de admissão às diversas carreiras dos serviços de polícia municipal.

O **Despacho Normativo n.º 23-B/2000**, publicado a 8 de Maio, define os critérios de análise, negociação e consequente selecção das candidaturas à celebração de contratos-programa para a criação de polícias municipais, bem como o prazo para a sua apresentação e a constituição da comissão de apreciação das mesmas, e aprova o modelo de formulário de candidatura a utilizar pelos municípios nas propostas de celebração de contratos-programa.

A **Lei nº 19/2004, de 20 de Maio,** revê a lei quadro que define a sua criação e o **Decreto-Lei nº 239/2009, de 16 de Setembro,** estabelece os direitos e os deveres dos agentes de polícia municipal, assim como as condições e o modo de exercício das respectivas funções, regulamentando aquela lei.

Numa pesquisa ao *Diário da República*, realizada no dia 2 de Agosto de 2010, encontramos Resoluções do Conselho de Ministros que se referiam a Regulamentos de Organização e de Funcionamento do Serviço de Polícia Municipal e o respectivo mapa de pessoal dos municípios de Loures, Santo Tirso, Trofa, Loulé, Marco de Canaveses, Albufeira, Mafra, Lagos, Vila Nova de Famalicão, Boticas, Paredes, Valpaços, Vila Nova de Poiares, Viseu, Celorico da Beira, Fafe, Cabeceiras de Basto, Lousada, Vieira do Minho, Ponta Delgada, Figueira da Foz, Maia, Braga, Aveiro, Oeiras, Sintra, Vila Nova de Gaia, Coimbra, Cascais, Vila do Conde, Amadora, Paços de Ferreira, Matosinhos, Gondomar e Guimarães. Sabemos que ela existirá noutros concelhos, tais como Lisboa e Póvoa de Varzim.

Deliberar sobre a afectação ou desafectação de bens do domínio público municipal, nos termos e condições previstos na lei

A propósito de um quiosque, intervimos na sessão da Assembleia Municipal de Mirandela sobre essa temática, tendo sido afirmado o seguinte:

"Eu fiz uma pesquisa legislativa, jurisprudencial e doutrinal sobre esta matéria e a minha intervenção aqui é um mero contributo para que algumas dúvidas deixem de subsistir.

O património das autarquias locais que integram o Estado divide-se em duas categorias: os direitos reais que formam o património real e os direitos de crédito os obrigações (património creditício ou obrigacional).

O património real das autarquias locais divide-se em domínio público e domínio privado. A par do que se encontra constitucionalmente consagrado, cumpre referenciar o Decreto-lei nº 477/80, de 15 de Outubro, que regula especificamente o domínio público e privado do Estado, nomeadamente os artigos 4º e 5º.

Do ponto de vista doutrinal, o critério de distinção entre os domínios referidos é precisamente o da utilidade pública, o da aptidão das coisas para a satisfação das necessidades colectivas.

Assim, "domínio público" é caracterizado por ser "o conjunto de coisas que, pertencentes ao Estado, às regiões autónomas ou às autarquias, são submetidas por lei, dado o fim de utilidade pública a que se encontram afectadas, a um regime jurídico especial caracterizado fundamentalmente pela sua incomercialidade, em ordem a preservar a produção dessa utilidade pública".

Domínio privado, por sua vez, é constituído por todos os "bens que, por não se encontrarem integrados no domínio público, estão, em princípio, sujeitos ao regime do direito civil e, consequentemente, submetidos ao comércio jurídico correspondente".

Assim, os bens do domínio privado e os bens que integram são todos os que não estiverem previstos e definidos na lei e que seguem, em princípio, o regime do direito civil e as questões a eles inerentes são dirimidas principalmente nos tribunais comuns.

Ao contrário do que sucede com os bens do Estado ou das Regiões Autónomas, o domínio público autárquico, não obstante a previsão constitucional, não está legalmente consignado. Os princípios referentes ao regime aplicável ao domínio público do Estado não se encontram previstos. Apenas o artigo 220º do Código Civil prescreve que as coisas que se encontram no domínio público não podem ser objecto de direitos privados.

Resumindo e concluindo, daqui resultam as características fundamentais do que é do domínio público:

- Desde logo a inalienabilidade, na medida em que os bens estão subtraídos ao comércio jurídico privado e à titularidade dos privados, obstando ao efeito aquisitivo por parte destes, podendo apenas constituir objecto de actos de disposição de natureza pública; do ponto de vista jurisprudencial e doutrinal, a violação dessa característica desemboca na nulidade do acto praticado sobre o bem na medida em que o negócio é inválido;
- Outra característica é a imprescritibilidade dos bens do domínio público, o que implica que não possam ser adquiridas por usucapião, sendo que os particulares apenas têm legitimidade para usufruir dos bens do domínio público ao abrigo de um título jurídico-administrativo; caso contrário, a ocupação será abusiva;
- Por outro lado, os bens do domínio público são impenhoráveis.

Todas estas características resultam da extracomercialidade privada das coisas públicas, que não se assume como uma qualidade intrínseca da própria coisa mas sim como um atributo resultante da função que são chamados a desempenhar.

Para concluir, dizer que através de um acto de desafectação a entidade administrativa, por imperativos de interesse público, desvincula o bem do destino a que o mesmo se encontra adstrito por força da afectação, deixando de desempenhar a função que justificou a qualificação legal como pública, o que implica que não se aplique a doutrina jurídica das coisas públicas."

Estas questões têm também grande relevância em relação ao caminhos públicos, objecto de inúmeras acções judiciais, envolvendo as autarquias locais.

A Jurisprudência (do latim: *iuris prudentia*) como termo jurídico que significa conjunto das decisões e interpretações das leis tem tomado variadas decisões sobre a questões do domínio público e sobre a afectação ou desafectação de bens do domínio público municipal, o que poderá ser facilmente encontrado em vários portais de tribunais superiores. Partilhamos com os leitores alguns deles.

De Acordo com um **acórdão do Tribunal da Relação de Coimbra de 11 de Novembro de 2003**, "a aquisição da dominialidade pública depende da verificação de um ou vários requisitos, a saber: a existência de preceito legal que inclua toda uma classe de coisas afectas na categoria do domínio público, a declaração de pertença de certa e determinada coisa a essa classe, ou a existência de um acto de direito público que a outorgue, e a afectação dessa coisa à utilidade pública, ou seja, à satisfação de relevantes interesses colectivos. As coisas do domínio público podem ingressar no comércio jurídico-privado, mediante a sua desafectação (tácita), resultante do desaparecimento da satisfação das necessidades públicas que anteriormente visavam alcançar".

Por sua vez, o **acórdão de Tribunal da Relação de Coimbra nº 4281/05, de 21 Fevereiro 2006**, chegou às seguintes conclusões:

1. A atribuição do carácter dominial depende de um, ou vários, dos seguintes requisitos: a) existência de preceito legal que inclua toda uma classe de coisas na categoria de domínio público; b) declaração de que certa e determinada coisa pertence a essa classe; c) afectação dessa coisa à utilidade pública.

2. Uma coisa está afectada à utilidade pública sempre que, desde tempos imemoriais, esteja no uso directo e imediato do público.

3. A doutrina consagrada no Assento de 19.04.1989 deverá ser interpretada restritivamente no sentido de a publicidade do bem exigir ainda a sua afectação à utilidade pública, ou seja, que a sua utilização tenha por objectivo a satisfação de interesses colectivos de certo grau ou relevância; 4. Os bens dominiais quando deixam de ter utilidade pública perdem o carácter dominial e ingressam no domínio privado da pessoa jurídica de direito público, deixando de ser imprescritíveis e inalienáveis.

5. Tal processo é designado por desafectação do domínio público que pode ser expressa ou tácita.

6. Para que ocorra desafectação tácita é mister que a coisa pública, em si mesma, deixe de estar nas condições comuns de servir o fim da utilidade pública e passe a estar nas condições comuns aos bens do domínio privado da Administração pública.

7. O simples desinteresse ou abandono administrativo de uma coisa dominial que haja conservado a utilidade pública não vale como desafectação tácita.

8. Terá de que proceder a acção de reivindicação de propriedade com fundamento no carácter público da coisa, mesmo que se prove que a coisa, entretanto, passou a integrar o domínio privado da pessoa colectiva de direito público.

Deliberar sobre a criação do conselho local de educação, de acordo com a lei

A Associação Nacional de Professores publicou em Maio de 2006 uma interessante obra sobre "As Autarquias e a Educação", da autoria de Jorge Martins, Gracinda Nave e Fernando Leite, que espelham o papel interventor dos municípios na Educação que têm visto as suas competências aumentar exponencialmente. Tradicionalmente desempenhavam as seguintes funções:

- Deliberar em matéria de **acção social escolar**, designadamente no que respeita a alimentação, alojamento e atribuição de auxílios económicos a estudantes (art. 64º/4/d da Lei nº 169/99, de 18 de Setembro, alterada pela Lei nº 5-A/2002, de 11 de Janeiro);
- Apoiar e comparticipar no apoio à **acção social escolar** e às actividades complementares no âmbito de projectos educativos, nos termos da lei (art. 64º/4/l da Lei nº 169/99, de 18 de Setembro, alterada pela Lei nº 5-A/2002, de 11 de Janeiro);
- Designar os representantes do município nos conselhos locais, onde se inclui o **conselho municipal de educação** (art. 64º/2/i da Lei nº 169/99, de 18 de Setembro, alterada pela Lei nº 5-A/2002, de 11 de Janeiro e Decreto-Lei nº 7/2003, de 15 de Janeiro);
- Organizar e gerir os **transportes escolares** (art. 64º/7/ da Lei nº 169/99, de 18 de Setembro, alterada pela Lei nº 5-A/2002, de 11 de Janeiro);
- Realização dos investimentos na construção, apetrechamento e manutenção dos estabelecimentos de educação pré-escolar e do ensino básico (art. 22º do Decreto-Lei nº 7/2003, de 15 de Janeiro);
- Fornecimento de equipamentos educativos como o conjunto de meios materiais utilizados para a conveniente realização da actividade educativa: edifícios escolares, equipamento básico, mobiliário, material didáctico, equipamento tecnológico e equipamento desportivo (**Decreto-Lei nº 7/2003, de 15 de Janeiro**).

O **Decreto-Lei n.º 144/2008, de 28 de Julho,** desenvolve o quadro de transferência de competências para os municípios em matéria de educação, de acordo com o regime previsto na Lei n.º 159/99, de 14 de Setembro, dando execução à autorização legislativa constante das alíneas *a*) e *e*) e *h*) do n.º 1 do artigo 22.º do Orçamento do Estado para 2008, aprovado pela Lei n.º 67-A/2007, de 31 de Dezembro.

Esse diploma transfere para os municípios as atribuições e competências em matéria de educação nas seguintes áreas:

a) Pessoal não docente das escolas básicas e da educação pré-escolar;

b) Componente de apoio à família, designadamente o fornecimento de refeições e apoio ao prolongamento de horário na educação pré-escolar;

c) Actividades de enriquecimento curricular no 1.º ciclo do ensino básico;
d) Gestão do parque escolar nos 2.º e 3.º ciclos do ensino básico;
e) Acção social escolar nos 2.º e 3.º ciclos do ensino básico;
f) Transportes escolares relativos ao 3.º ciclo do ensino básico.

No desenvolvimento da Lei n.º 5/97, de 10 de Fevereiro, e das regras constantes do Decreto-Lei n.º 147/97, de 11 de Junho, o Governo, representado pelos Secretários de Estado da Administração Educativa e da Inserção Social e a Associação Nacional de Municípios Portugueses, representada pelo respectivo presidente, acordaram o processo de envolvimento das autarquias locais no **Programa de Expansão e Desenvolvimento da Educação Pré-Escolar** através da celebração de um protocolo de cooperação assinado em 28 de Julho de 1998. A partir do ano lectivo de 2000-2001, mantendo-se sempre como base de entendimento o mencionado protocolo de cooperação e em cumprimento do mesmo, tem vindo a ser assegurada a actualização de alguns pontos, nomeadamente os relativos ao apoio financeiro assegurado pelo Estado.

Nos termos do **Decreto-Lei n.º 7/2003, de 15 de Janeiro**, o conselho municipal de educação é uma instância de coordenação e consulta, que tem por objectivo promover, a nível municipal, a coordenação da política educativa, articulando a intervenção, no âmbito do sistema educativo, dos agentes educativos e dos parceiros sociais interessados, analisando e acompanhando o funcionamento do referido sistema e propondo as acções consideradas adequadas à promoção de maiores padrões de eficiência e eficácia do mesmo.

Para a prossecução dos objectivos referidos no artigo anterior, compete ao conselho municipal de educação deliberar, em especial, sobre as seguintes matérias:

a) Coordenação do sistema educativo e articulação da política educativa com outras políticas sociais, em particular nas áreas da saúde, da acção social e da formação e emprego;

b) Acompanhamento do processo de elaboração e de actualização da carta educativa, a qual deve resultar de estreita colaboração entre os órgãos municipais e os serviços do Ministério da Educação, com vista a, assegurando a salvaguarda das necessidades de oferta educativa do concelho, garantir o adequado ordenamento da rede educativa nacional e municipal;

c) Participação na negociação e execução dos contratos de autonomia, previstos nos artigos 47.º e seguintes do Decreto-Lei n.º 115-A/98, de 4 de Maio;

d) Apreciação dos projectos educativos a desenvolver no município;

e) Adequação das diferentes modalidades de acção social escolar às necessidades locais, em particular no que se refere aos apoios socio-educativos, à rede de transportes escolares e à alimentação;

f) Medidas de desenvolvimento educativo, no âmbito do apoio a crianças e jovens com necessidades educativas especiais, da organização de actividades de complemento curricular, da qualificação escolar e profissional dos jovens e da promoção de ofertas de formação ao longo da vida, do desenvolvimento do desporto escolar, bem como do apoio a iniciativas relevantes de carácter cultural, artístico, desportivo, de preservação do ambiente e de educação para a cidadania;

g) Programas e acções de prevenção e segurança dos espaços escolares e seus acessos;

h) Intervenções de qualificação e requalificação do parque escolar.

Compete, ainda, ao conselho municipal de educação analisar o funcionamento dos estabelecimentos de educação pré-escolar e de ensino, em particular no que respeita às características e adequação das instalações, ao desempenho do pessoal docente e não docente e à assiduidade e sucesso escolar das crianças e alunos, reflectir sobre as causas das situações analisadas e propor as acções adequadas à promoção da eficiência e eficácia do sistema educativo.

Para o exercício das competências do conselho municipal de educação devem os seus membros disponibilizar a informação de que disponham relativa aos assuntos a tratar, cabendo, ainda, ao representante do Ministério da Educação apresentar, em cada reunião, um relatório sintético sobre o funcionamento do sistema educativo, designadamente sobre os aspectos referidos no número anterior.

Integram o conselho municipal de educação:

a) O presidente da câmara municipal, que preside;

b) O presidente da assembleia municipal;

c) O vereador responsável pela educação, que assegura a substituição do presidente, nas suas ausências e impedimentos;

d) O director regional de educação com competências na área do município ou quem este designar em sua substituição.

Integram ainda o conselho municipal de educação os seguintes representantes, desde que as estruturas representadas existam no município:

a) Um representante das instituições de ensino superior público;

b) Um representante das instituições de ensino superior privado;

c) Um representante do pessoal docente do ensino secundário público;

d) Um representante do pessoal docente do ensino básico público;

e) Um representante do pessoal docente da educação pré-escolar pública;

f) Um representante dos estabelecimentos de educação e de ensino básico e secundário privados;

g) Dois representantes das associações de pais e encarregados de educação;

h) Um representante das associações de estudantes;

i) Um representante das instituições particulares de solidariedade social que desenvolvam actividade na área da educação;

j) Um representante dos serviços públicos de saúde;

l) Um representante dos serviços da segurança social;

m) Um representante dos serviços de emprego e formação profissional;
n) Um representante dos serviços públicos da área da juventude e do desporto;
o) Um representante das forças de segurança.

De acordo com a especificidade das matérias a discutir no conselho municipal de educação, pode este deliberar que sejam convidadas a estar presentes nas suas reuniões personalidades de reconhecido mérito na área de saber em análise.

O conselho municipal de educação é nomeado por deliberação da assembleia municipal, nos termos propostos pela câmara municipal.

Embora na prática o seu âmbito de actuação seja mais vasto, as juntas de freguesia possuem legalmente apenas a esse nível as seguintes competências:

- Fornecimento de material de limpeza e de expediente às escolas do 1º CEB e aos estabelecimentos de educação pré-escolar (art. 34º/6/e da Lei nº 169/99, de 18 de Setembro, alterada pela Lei nº 5-A/2002, de 11 de Janeiro e Decreto-Lei nº 7/2003, de 15 de Janeiro);
- Apoiar ou comparticipar, pelos meios adequados, no apoio a actividades de interesse da freguesia de natureza social, cultural, desportiva, recreativa ou outra (art. 34º/6/l da Lei nº 169/99, de 18 de Setembro, alterada pela Lei nº 5-A/2002, de 11 de Janeiro e Decreto-Lei nº 7/2003, de 15 de Janeiro).

Entendemos também que os membros das assembleias municipais poderão, para melhor compreensão do sistema educativo, analisar os seguintes diplomas legais:

- **Resolução do Conselho de Ministros nº 44/2010** – Define os critérios de reordenamento da rede escolar.
- **Lei nº 85/2009, de 27 de Agosto** – estabelece o regime da escolaridade obrigatória para as crianças e jovens que se encontram em idade escolar e consagra a universalidade da educação pré-escolar para as crianças a partir dos 5 anos de idade.
- **Decreto-Lei n.º 75/2008, de 22 de Abril, alterado pelo Decreto-Lei nº 224/2009, de 11 de Setembro** – aprova o regime de autonomia, administração e gestão dos estabelecimentos públicos da educação pré-escolar e dos ensinos básico e secundário.

Aqui lembramos a importância da participação de representantes do Município através do Conselhos Gerais. O conselho geral é o órgão de direcção estratégica responsável pela definição das linhas orientadoras da actividade da escola, assegurando a participação e representação da comunidade educativa, nos termos e para os efeitos do n.º 4 do artigo 48.º da Lei de Bases do Sistema Educativo. A articulação com o município faz-se ainda através das câmaras municipais no respeito pelas competências dos conselhos municipais de educação.

O número de elementos que compõem o conselho geral é estabelecido por cada agrupamento de escolas ou escola não agrupada, nos termos do respectivo regulamento interno, devendo ser um número ímpar não superior a 21. Na composição do conselho geral tem de estar salvaguardada a participação de representantes do pessoal docente e não docente, dos pais e encarregados de educação, dos alunos, do município e da comunidade local.

Além de representantes dos municípios, o conselho geral integra representantes da comunidade local, designadamente de instituições, organizações e actividades de carácter económico, social, cultural e científico.

- **Decreto-Lei nº 3/2008, de 7 de Janeiro, alterado pela lei nº 21/2008, de 12 de Maio** – define os apoios especializados a prestar na educação pré-escolar e nos ensinos básico e secundário dos sectores público, particular e cooperativo visando a criação de condições para a adequação do processo educativo às necessidades educativas especiais dos alunos com limitações significativas ao nível da actividade e da participação num ou vários domínios da vida.
- **Despacho nº 18987/2009** – regula as condições de aplicação das medidas de acção social escolar, da responsabilidade do Ministério da Educação e dos municípios, nas modalidades de apoio alimentar, alojamento e auxílios económicos, destinados às crianças da educação pré-escolar, aos alunos dos ensinos básico e secundário e do ensino recorrente nocturno que frequentam escolas públicas e escolas particulares ou cooperativas em regime de contrato de associação, bem como aos alunos das escolas profissionais da área geográfica da Direcção Regional de Educação de Lisboa e Vale do Tejo e da Escola Móvel criada pela Portaria n.º 835/2009, de 31 de Julho.
- **Despacho nº 22 251/2005 (2ª série)** – define o regime de acesso ao apoio financeiro a conceder pelo Ministério da Educação no âmbito do Programa de Generalização do Fornecimento de Refeições Escolares aos Alunos do 1.º Ciclo do Ensino Básico.
- **Despacho nº 14460/2008** – aplica-se aos estabelecimentos de educação e ensino público nos quais funcione a educação pré-escolar e o 1.º ciclo do ensino básico e define as normas a observar no período de funcionamento dos respectivos estabelecimentos bem como na oferta das actividades de enriquecimento curricular e de animação e de apoio à família.

- **Lei nº 46/86, de 14 de Outubro, com as alterações subsequentes** – Lei de Bases do Sistema Educativo.
- **Decreto-Lei nº 55/2009, de 2 de Março** – estabelece o regime jurídico aplicável à atribuição e ao funcionamento dos apoios no âmbito da acção social escolar, enquanto modalidade dos apoios e complementos educativos previstos nos artigos 27.º e seguintes da Lei de Bases do Sistema Educativo, aprovada pela Lei n.º 46/86, de 14 de Outubro, na redacção dada pelas Leis n.ºˢ 115/97, de 19 de Setembro, e 49/2005, de 30 de Agosto.
- **Decreto-Lei nº 299/84, de 5 de Setembro** – regula os transportes escolares.
- **Lei nº 13/2006, de 17 de Abril, alterada pela Lei nº 17-A/2006, de 26 de Maio** – define o regime jurídico do transporte colectivo de crianças e jovens até aos 16 anos, adiante designado por transporte de crianças, de e para os estabelecimentos de educação e ensino, creches, jardins-de-infância e outras instalações ou espaços em que decorram actividades educativas ou formativas, designadamente os transportes para locais destinados à prática de actividades desportivas ou culturais, visitas de estudo e outras deslocações organizadas para ocupação de tempos livres.
- **Resolução do Conselho de Ministros nº 137/2007** – Plano Tecnológico da Educação.
  Poderão também consultar o portal do Ministério da Educação e outros que contêm outros diplomas legais sobre a educação, tema muito recorrente dada a sua importância e abrangência nos debates das assembleias municipais.
- **Portaria nº 1242/2009, de 12 de Outubro**, alterada pela Portaria nº 1386/2009, de 10 de Novembro – aprova o Regulamento do Regime de Fruta Escolar – RFE.

Surgiram também o Programa **e.escola** que visa fomentar a utilização de computadores e ligações à internet em banda larga pelos alunos matriculados no 5º ao 12º ano de escolaridade, facilitando o acesso à sociedade de informação, de modo a promover a info-inclusão e a igualdade de oportunidades e o programa **e.escolinha** que visa fomentar a utilização de computadores e ligações à internet em banda larga aos alunos matriculados no 1º ao 4º ano de escolaridade, facilitando o acesso à sociedade de informação, de modo a promover a info-inclusão e a igualdade de oportunidades, assim como o **e.oportunidade** que pretende fomentar a utilização de computadores e ligações à internet em banda larga pelos formandos inscritos no Novas Oportunidades, facilitando o acesso à sociedade de informação, de modo a promover a info-inclusão e a igualdade de oportunidades.

Autorizar a geminação do município com outros municípios ou entidades equiparadas de outros países

As Geminações são um meio indispensável para facilitar a aproximação entre os povos e cidadãos de diferentes países e línguas. Estabelecer contactos entre municípios de países diferentes reforça o crescimento das relações internacionais, possibilita o conhecimento das vivências e fomenta o intercâmbio de ideias, experiências e soluções, numa Europa que se pretende mais fortalecida e coesa, embora elas também existam com países de outros continentes. A geminação tem, assim, como objectivo, criar relações e mecanismos protocolares, essencialmente a nível económico e cultural, através dos quais cidades de áreas geográficas ou políticas distintas, estabelecem laços de cooperação e normalmente as cidades geminadas têm características semelhantes ou pontos e referências históricas comuns.

A ANMP publicou uma listagem das geminações dos municípios portugueses e fácil é constatar que há cidades e municípios com várias geminações o que traduz, a nossos olhos, um fenómeno de vulgarização de geminações sem qualquer vantagem ou continuidade temporal. Em determinada altura, era moda estabelecer acordos de geminação, muitas vezes sem qualquer razão histórica, cultural ou social que o justificasse. Nessa listagem são referenciadas 8 geminações para Angra do Heroísmo, 9 para Braga, 11 para Cascais e Maia, 12 para Sesimbra e Viana do Castelo, 13 para Guimarães, 14 para o Funchal e Setúbal, 16 para Aveiro, 17 para Lagos e Oeiras, 20 para o Porto, 21 para Santarém, 25 para Coimbra e 26 para Lisboa.

Fernandino Lopes, na altura sociólogo da Câmara Municipal de Avis, realizou em 2000 um estudo exploratório sobre as geminações de municípios, tentando apurar os motivos que levam os municípios a geminar-se com outros, em Portugal e no estrangeiro. O estudioso concluiu que os objectivos se resumem, segundo os acordos que analisou, da seguinte forma:

- Promoção de trocas culturais, sociais, educativas, turísticas ou outras entre as populações;
- Desenvolvimento da cooperação técnica, científica e humanitária;
- Incentivar o conhecimento mais estreito dos valores predominantes, dos seus recursos e potencialidades e dos modos de vida da população;
- Cooperar com as associações de defesa do património e outras instituições congéneres no seu papel de sensibilização das populações para a importância da conservação do património;
- Estimular o intercâmbio entre escolas, instituições públicas de cultura, de saúde e agentes económicos dos municípios geminados;
- Incentivar a colaboração e a troca de experiências e informação.

Os municípios geminados utilizam os seguintes instrumentos de implementação:

- Troca de delegações de representantes de municípios, intercâmbios entre especialistas, de grupos turísticos e desportivos e ainda representantes da ciência, da técnica, da literatura e da arte;
- Troca de informações sobre condições de vida;
- Elaboração de planos concretos de cooperação com uma determinada periodicidade;
- Acções de formação e de informação especialmente dirigidas aos agentes das respectivas administrações;
- Troca de experiências no domínio do planeamento urbano, da gestão urbanística dos centros históricos e da conservação e reabilitação do património cultural;
- Cooperação técnica e científica (encontros de quadros técnicos, troca de informação técnica);
- Criação de comissões específicas para o desenvolvimento das relações entre municípios;
- Promoção anual de encontros de delegações para discussão dos planos de iniciativas a desenvolver e avaliação dos resultados dos diversos projectos.

Autorizar os conselhos de administração dos serviços municipalizados a deliberar sobre a concessão de apoio financeiro, ou outro, a instituições legalmente constituídas pelos seus funcionários, tendo por objecto o desenvolvimento das actividades culturais, recreativas e desportivas, bem como a atribuição de subsídios a instituições legalmente existentes, criadas ou participadas pelos serviços municipalizados ou criadas pelos seus funcionários, visando a concessão de benefícios sociais aos mesmos e respectivos familiares

É comum a atribuição de subsídios aos Serviços Sociais das Câmaras Municipais aos que os trabalhadores se associam mediante o pagamento de uma quota, beneficiando de algumas regalias e alguns benefícios como, por exemplo, o pagamento de livros e material escolar para os seus educandos. Os Serviços Sociais da Câmara Municipal aprovaram os seus Estatutos em 10 de Dezembro de 1986, ao abrigo do disposto no art.º 8º do Decreto-Lei nº45362, de 21 de Novembro de 1963. Têm por fim auxiliar a satisfação das necessidades de ordem económica, social e cultural dos beneficiários e seus familiares e, bem assim, desenvolver os laços de solidariedade entre eles. Esse artigo 8º referia expressamente que "é permitido aos corpos administrativos, sem prejuízo do disposto no artigo 676.º do Código Administrativo, instituir obras de carácter social e cultural em benefício dos seus servidores, bem como subsidiar instituições por estes fundadas que tenham aquele carácter".

A acção desses Serviços Sociais poderá exercer-se através da organização de refeitórios, cantinas ou outros meios destinados a proporcionar refeições a preços razoáveis, do abastecimento de produtos necessários à economia familiar, da assistência médico-cirúrgica, medicamentos e de enfermagem, da assistência materno-infantil, da assistência pré-escolar e escolar, incluindo subsídios para estudos, das colónias de férias e casas de repouso, das actividades tendentes a proporcionar a função de habitações em condições económicas, da constituição de um fundo destinado a auxiliar em casos acidentais e de necessidade urgente, da Festa de Natal e de outras modalidades de previdência que completem a acção desenvolvida pelos Serviços e os sistema de segurança social dos Servidores do Estado.

8. A ACÇÃO SOCIAL DESENVOLVIDA PELOS MUNICÍPIOS

Nos termos da lei autárquica, compete às câmaras municipais participar na prestação de serviços a estratos sociais desfavorecidos ou dependentes, em parceria com as entidades competentes da administração central, e prestar apoio aos referidos estratos sociais, pelos meios adequados e nas condições constantes de regulamento municipal.

Já o artigo 23º da Lei nº 159/99, de 14 de Setembro, prescreve que os órgãos municipais podem assegurar a gestão de equipamentos e realizar investimentos na construção ou no apoio à construção de creches, jardins-de-infância, lares ou centros de dia para idosos e centros para deficientes.

Os municípios integram os conselhos locais de acção social e são obrigatoriamente ouvidos relativamente aos investimentos públicos e programas de acção a desenvolver no âmbito concelhio.

Compete ainda aos municípios a participação, em cooperação com instituições de solidariedade social e em parceria com a administração central, em programas e projectos de acção social de âmbito municipal, designadamente nos domínios do combate à pobreza e à exclusão social.

No que tange à habitação, compete aos órgãos municipais:
 a) Disponibilizar terrenos para a construção de habitação social;
 b) Promover programas de habitação a custos controlados e de renovação urbana;
 c) Garantir a conservação e manutenção do parque habitacional privado e cooperativo, designadamente através da concessão de incentivos e da realização de obras coercivas de recuperação dos edifícios;
 d) Fomentar e gerir o parque habitacional de arrendamento social;
 e) Propor e participar na viabilização de programas de recuperação ou substituição de habitações degradadas, habitadas pelos proprietários ou por arrendatários.

Independentemente do que está contido na lei, os municípios desenvolvem políticas diversificadas e os apoios sociais, que devem ser prestados em primeira linha pela administração central, têm aumentado ao nível dos municípios por força da crise social instalada. Sem entrar em grandes pormenorizações, diremos, desde logo, que esta questão terá de ser sempre equacionada ao nível da Rede Social. Esta foi criada pela Resolução do Conselho de Ministros nº 197/97, de 18 de Novembro, sendo definida como um fórum de articulação e congregação de esforços baseado na adesão livre por parte das autarquias e das entidades públicas ou privadas sem fins lucrativos que nela queiram participar. Estas entidades deverão concertar os seus esforços com vista à erradicação ou atenuação da pobreza e da exclusão e á promoção do desenvolvimento social. Trata-se de uma estratégia para abordar a intervenção social baseada num trabalho planeado, feito em parceria, visando racionalizar e trazer maior eficácia à acção das entidades públicas e privadas que actuam numa mesma unidade territorial.

O principal objectivo é combater a pobreza e a exclusão social, e promover o desenvolvimento social, procurando atingir também os seguintes objectivos estratégicos: desenvolver uma parceria efectiva e dinâmica que articule a intervenção social dos diferentes agentes locais; promover um planeamento integrado e sistemático, potenciando sinergias, competências e recursos a nível local e garantir uma maior eficácia do conjunto de respostas sociais nos concelhos e freguesias. Os objectivos específicos passam por induzir o diagnóstico e o planeamento participados, promover a coordenação das intervenções ao nível concelhio e de freguesia, procurar soluções para os problemas das famílias e pessoas em situação de pobreza e exclusão social, formar e qualificar agentes envolvidos nos processos de desenvolvimento local, promover uma cobertura adequada do concelho por serviços e equipamentos e potenciar e divulgar o conhecimento sobre as realidades concelhias.

Ao nível das redes sociais são desenvolvidas metodologias de trabalho em equipa, envolvendo várias instituições locais, e criados instrumentos de trabalho importantes, tais como:

- Pré-diagnóstico social;
- Diagnóstico social;
- Plano de Desenvolvimento Social;
- Plano de Acção;
- Regulamento Interno;
- Sistema de Informação.

Sem mais delongas, optamos por elencar medidas, apoios, programas e projectos em que pode haver intervenção directa ou indirecta dos municípios:

- **Conselho Local de Acção Social**: rege-se nos termos da Resolução do Conselho de Ministros nº 197/97, de 18 de Novembro e do despacho nº 8/2002, de 12 de Fevereiro, entre a demais legislação complementar;
- **Comissão de Protecção de Crianças e Jovens em Risco**: Lei n.º 147/99, de 1 de Setembro;
- **Fundo Social de Apoio à Habitação;**
- **Rendimento Social de Inserção (RSI)**: é uma política de acção social, cujo enquadramento legal se rege pela Lei nº 13/2003 de 21 de Maio. Consiste numa prestação incluída no subsistema de solidariedade e num programa de inserção, de modo a conferir às pessoas e aos seus agregados familiares apoios adaptados à sua situação pessoal, que contribuam para a satisfação das suas necessidades essenciais e que favoreçam a progressiva inserção laboral, social e comunitária;
- **Complemento solidário para idosos**: Trata-se de uma prestação extraordinária de combate à pobreza dos idosos integrada no subsistema de solidariedade, que visa a melhoria do nível de rendimento dos seus destinatários e foi criado pelo Decreto-Lei nº 232/2005, de 29 de Dezembro, e alterado pelo Decreto-Lei nº 236/2006, de 11 de Dezembro;
- **Programa de Conforto Habitacional para Idosos (PCHI)**: criado pelo Despacho nº 6716-A/2007, publicado no DR, I série, de 5 de Abril de 2007, e alterado pelo Despacho nº 3293/2008, de 11 de Fevereiro;
- **Contratos Locais de Desenvolvimento Social**: visam, de forma multisectorial e integrada, promover a inclusão social dos cidadãos através de acções, a executar em parceria, que permitam combater a pobreza persistente e a exclusão social em territórios deprimidos, e foram criados pela Portaria nº 396/2007, de 2 de Abril, alterada pela Portaria nº **285/2008, de 10 de Abril;**
- **Programa de Alargamento da Rede de Equipamentos Sociais (PARES)**: introduzido pela Portaria n.º 426/2006, de 2 de Maio, tem por finalidade apoiar o desenvolvimento e consolidar a rede de equipamentos sociais.

O IHRU, Instituto da Habitação e da Reabilitação Urbana, IP, resultou da reestruturação e redenominação do antigo Instituto Nacional de Habitação (INH), tendo nele sido integrados o Instituto de Gestão e Alienação do Património Habitacional do Estado (IGAPHE) e parte da Direcção-Geral dos Edifícios e Monumentos Nacionais (DGEMN). Tem por missão assegurar a concretização da política definida pelo Governo para as áreas da habitação e da reabilitação urbana, de forma articulada com a Política de Cidades e com outras políticas sociais e de salvaguarda e valorização patrimonial, assegurando a memória do edificado e a sua evolução. Grande parte dos bairros sociais, nomeadamente os do Fundo de Fomento e Habitação, estão sob a sua tutela. Ao nível da habitação existiam em Setembro de 2010 os seguintes programas:

- **Programa Especial de Realojamento nas Áreas Metropolitanas de Lisboa e Porto** (PER), foi criado através do Decreto Lei nº 163/93, de 7 de Maio, teve a sua última alteração através do Decreto-Lei nº 271/2003, de 28 de Outubro, e tem como objectivo a concessão de apoios financeiros para construção, aquisição, ou arrendamento de fogos destinados ao realojamento de agregados familiares residentes em barracas e habitações similares;
- **PROHABITA:** criado pelo Decreto-Lei nº 135/2004, de 3 de Junho, tem como objectivo, a resolução global das situações de grave carência habitacional de agregados familiares residentes no território nacional e são consideradas situações de grave carência habitacional, os casos de agregados familiares que residem permanentemente em edificações, partes de edificações ou estruturas provisórias, caracterizadas por graves deficiências de solidez, segurança, salubridade ou sobrelotação, bem como as situações de necessidade de alojamento urgente, definitivo ou temporário, de agregados familiares sem local para habitar em virtude da destruição total ou parcial das suas habitações ou da demolição das estruturas provisórias em que residiam;
- **Habitações a Custos Controlados (HCC):** são construídas ou adquiridas com o apoio financeiro do Estado, que concede benefícios fiscais e financeiros para a sua promoção, e destinam-se a habitação própria e permanente dos adquirentes, ou a arrendamento;
- **Porta 65 Jovem:** ínsito no Decreto-Lei nº 43/2010 e na Portaria 277-A/2010, de 21 Maio, beneficia jovens com idade igual ou superior a 18 anos e inferior a 30 anos, casais de jovens não separados judicialmente de pessoas e bens ou em união de facto com idade igual a 18 anos e inferior a 30 anos, podendo um dos elementos do casal ter até 32 anos e jovens em coabitação, com idade igual ou superior a 18 anos e inferior a 30 anos. Caso o jovem complete 30 anos ou 32 anos, no caso de casais, durante o prazo em que beneficia do apoio pode ainda candidatar-se até ao limite de duas candidaturas subsequentes, consecutivas e ininterruptas; o apoio é concedido por períodos de 12 meses, podendo ter candidaturas subsequentes até ao limite de 36 meses.

Uma consulta aos portais dos municípios portugueses autoriza a concluir que estes têm uma acção profunda e meritória ao nível do apoio social que não tencionamos aqui exteriorizar em toda a extensão, deixando aos interessados a empreitada de pesquisar outros projectos e programas.

9. AS ATRIBUIÇÕES E COMPETÊNCIAS A NÍVEL DO PATRIMÓNIO, DA CULTURA E DO DESENVOLVIMENTO LOCAL

Segundo o artigo 20º da Lei nº 159/99, de 14 de Setembro, é da competência dos órgãos municipais o planeamento, a gestão e a realização de investimentos públicos nos seguintes domínios:
 a) Centros de cultura, centros de ciência, bibliotecas, teatros e museus municipais;
 b) Património cultural, paisagístico e urbanístico do município.
É igualmente da competência dos órgãos municipais:
 a) Propor a classificação de imóveis, conjuntos ou sítios nos termos legais;
 b) Proceder à classificação de imóveis conjuntos ou sítios considerados de interesse municipal e assegurar a sua manutenção e recuperação;
 c) Participar, mediante a celebração de protocolos com entidades públicas, particulares ou cooperativas, na conservação e recuperação do património e das áreas classificadas;
 d) Organizar e manter actualizado um inventário do património cultural, urbanístico e paisagístico existente na área do município;
 e) Gerir museus, edifícios e sítios classificados, nos termos a definir por lei;
 f) Apoiar projectos e agentes culturais não profissionais;
 g) Apoiar actividades culturais de interesse municipal;
 h) Apoiar a construção e conservação de equipamentos culturais de âmbito local.
São competências dos órgãos municipais no domínio do apoio ao desenvolvimento local:
 a) Criar ou participar em empresas municipais e intermunicipais, sociedades e associações de desenvolvimento regional;
 b) Gerir subprogramas de nível municipal no âmbito dos programas operacionais regionais;

c) Colaborar no apoio a iniciativas locais de emprego;
d) Colaborar no apoio ao desenvolvimento de actividades de formação profissional;
e) Criar ou participar em estabelecimentos de promoção do turismo local;
f) Participar nos órgãos das regiões de turismo;
g) Participar na definição das políticas de turismo que digam respeito ao concelho, prosseguidas pelos organismos ou instituições envolvidas;
h) Promover e apoiar o desenvolvimento das actividades artesanais e das manifestações etnográficas de interesse local;
i) Criar e participar em associações para o desenvolvimento rural;
j) Apoiar e colaborar na construção de caminhos rurais;
l) Elaborar e aprovar planos municipais de intervenção florestal;
m) Participar no Conselho Consultivo Florestal;
n) Participar nos respectivos conselhos agrários regionais;
o) Participar em programas de incentivo à fixação de empresas.

Também aqui é vasta e diferenciada a intervenção dos municípios portugueses. Por exemplo, o Município de Mirandela implementou o Sistema de Gestão do Património para o Concelho de Mirandela (SISTMIR) que é um projecto que objectiva produzir conhecimento do Património Histórico e Cultural no sentido de fornecer, num quadro de gestão, para o planeamento e ordenamento sustentável do Território, um contributo para o desenvolvimento e atracção do Concelho de Mirandela. Está centrado no Gabinete de Arqueologia e é co-financiado pelo Programa Operacional da Região Norte 2007-2013 (ON2) por um período de 24 meses.

Ao nível da cultura, as políticas podem variar e estão muito dependentes da capacidade financeira dos municípios. Contudo, entendemos que devem ser privilegiadas iniciativas que promovam a cultura local e que vão de encontro aos gostos de todas as pessoas, procurando sempre que possível envolver a comunidade local e de sobremaneira as escolas. Damos também muito valor à preservação da memória colectiva, devendo os municípios investir em arquivos históricos que permitam o conhecimento do passado e o reforço da identidade local e do sentimento de pertença a uma comunidade e a uma região.

Outras das intervenções possíveis dos Municípios tem a ver com a colaboração em actividades do Instituto Nacional de Estatística, tal como tem acontecido com o Recenseamento Geral da População que se realiza em Portugal de 10 em 10 anos.

Segundo o Instituto Nacional de Estatística (INE), os inquéritos à população para os Censos 2011 implicaram o recrutamento de 30 mil pessoas para os trabalhos de campo em todo o território português. A recolha de dados no terreno teve lugar entre Março e Abril de 2011. Foram necessários colaboradores para as funções de recenseador, coordenador de freguesia, delegado municipal e delegado regional. Os recenseadores foram o número mais expressivo de pessoal a recrutar, cabendo-lhes o contacto directo com a população.

Tal como consta do preâmbulo do Decreto-Lei n.º 226/2009, de 14 de Setembro, à semelhança das anteriores operações censitárias, os Censos 2011 mobilizaram um volume importante de recursos humanos e financeiros que importa utilizar de forma racional. O esforço de racionalização e de boa gestão dos recursos públicos esteve associado à introdução de novas tecnologias de informação e comunicação a nível dos suportes de recolha de dados, do modelo de organização e do tratamento da informação.

Nos termos do artigo 10.º, as câmaras municipais responsabilizam-se pela organização, coordenação e controlo das tarefas de recenseamento na área da respectiva jurisdição, nos termos definidos pelo INE, I. P. As funções de organização e coordenação e a superintendência do controlo são exercidas pelo presidente da câmara municipal respectiva ou, nas suas ausências ou impedimentos, por um vereador por ele designado. As câmaras municipais tiveram, ainda, como competências:

a) Confirmar ou actualizar, para efeitos estatísticos, os limites geográficos das respectivas freguesias e aglomerados populacionais, de acordo com as normas do INE, I. P.;

b) Promover a divulgação das actividades censitárias a nível do município, designadamente através de editais ou de outros meios emanados do INE, I. P.;

c) Facultar os meios necessários às actividades censitárias, nomeadamente instalações, mobiliário e veículos de transporte próprios;

d) Proceder ao alistamento de candidatos a recenseadores que intervêm localmente nas operações censitárias, de acordo com a orientação definida pelo INE, I. P.;

e) Proceder à distribuição, pelas juntas de freguesia, dos instrumentos de notação, bem como de toda a documentação auxiliar, designadamente manuais e impressos, elaborada pelo INE, I. P.;

f) Verificar, certificar e devolver ao INE, I. P., ao SREA ou ao DREM, conforme se trate de autarquias locais do continente, da Região Autónoma dos Açores ou da Região Autónoma da Madeira, até 60 dias após o momento censitário, todos os instrumentos de notação recolhidos, bem como os impressos auxiliares;

g) Proceder ao pagamento das remunerações do pessoal interveniente nos trabalhos de recenseamento, através de uma conta bancária aberta especificamente para este efeito;

h) Promover a instalação dos postos de apoio ao preenchimento de questionários que considerem necessários, de acordo com as características, área e número de residentes em cada freguesia, e informar a população da sua localização e horário de funcionamento.

10. O APOIO À PRÁTICA DESPORTIVA E AO ASSOCIATIVISMO EM GERAL E AS PRÁTICAS DE PROMOÇÃO TURÍSTICA

Uma das competências dos municípios é a de apoiar ou comparticipar, pelos meios adequados, no apoio a actividades de interesse municipal, de natureza social, cultural, desportiva, recreativa ou outra. Embora muitos o entendam assim, nós estamos convictos de que daí não resulta nenhuma obrigação legal na medida em que o apoio às colectividades está dependente das opções políticas mas também da real capacidade financeira.

De acordo com o artigo 21º da Lei nº 159/99, de 14 de Setembro, é da competência dos órgãos municipais o planeamento, a gestão e a realização de investimentos públicos nos seguintes domínios:

a) Parques de campismo de interesse municipal;
b) Instalações e equipamentos para a prática desportiva e recreativa de interesse municipal.

É igualmente da competência dos órgãos municipais:

a) Licenciar e fiscalizar recintos de espectáculos;
b) Apoiar actividades desportivas e recreativas de interesse municipal;
c) Apoiar a construção e conservação de equipamentos desportivos e recreativos de âmbito local.

As Câmaras Municipais devem clarificar o seu papel na construção de uma nova estratégia de desenvolvimento desportivo para o seu concelho. Assumida como um desígnio comum, essa nova estratégia propõe metas desportivas só alcançáveis através da parceria activa, do esforço conjunto e do trabalho continuado de todos os agentes desportivos.

O empenho será sempre o de aumentar o número de praticantes, qualificar e aumentar os espaços desportivos e valorizar sobretudo a formação de crianças e jovens em idade escolar. Por outro lado, trata-se de promover igualdade de oportunidades, equidade e transparência em detrimento de um acesso desigual, da arbitrariedade e de particularismos desequilibrados na esfera desportiva. A confiança que será possível introduzir por regras universais de relação, pela previsibilidade plurianual de gestão e pela racionalidade expressa em parâmetros quantitativos e qualitativos reconhecidos, dará seguramente um forte impulso ao desenvolvimento harmonioso.

Justifica-se a elaboração de um Regulamento Municipal pela sensibilidade, abrangência e evolução do fenómeno desportivo actual. A clarificação do papel regulador, co-financiador e fiscalizador da autarquia favorece o debate informado, o enriquecimento da forma e do conteúdo da participação desportiva e a plena assunção da iniciativa desportiva do concelho pela sociedade civil. Esse Regulamento da Actividade Desportiva deverá ser justo e meritocrata, indutor de confiança e de boas práticas de gestão desportiva, elegendo a educação pelo desporto e os hábitos de vida saudáveis como causas públicas e de relevante interesse municipal.

As colectividades desportivas deverão estar sedeadas no concelho e possuir estatutos ou contrato de sociedade publicados e regulares, apresentar um projecto de desenvolvimento desportivo e ou comprovativo de integração numa competição nacional ou internacional, garantir a existência de escalões de formação e técnicos habilitados com formação específica e idónea, consagrar meios financeiros ao investimento, fornecer os indicadores de gestão que lhes sejam exigidos e cumprir as obrigações perante a administração fiscal e a segurança social e fornecer os respectivos relatórios de actividade e contas, pareceres dos conselhos fiscais, actas de aprovação de contas e de assembleias eleitorais e outras publicações oficiais. Desses requisitos dependerá eventualmente o reconhecimento do Estatuto de Interesse Desportivo Municipal, a aprovar pela Câmara Municipal.

A relação privilegiada dos Municípios com as colectividades desportivas passará pela celebração de contratos-programas de formação desportiva, de apoio à competição desportiva profissional e não-profissional, de infra-estruturas desportivas, de aquisição de meios de transporte e de cedência de espaços desportivos.

Outros municípios optam antes pela criação de um Conselho Municipal do Desporto ou de uma Empresa Municipal do Desporto e/ou de Gestão dos Equipamentos Desportivos em que os clubes têm um espaço próprio e uma intervenção activa e positiva.

Seja como for, urge alicerçar uma relação de proximidade, de confiança e de parceria com as colectividades desportivas e conhecer a realidade em que se movem e para que os apoios sejam justos, fundamentados e proporcionais, definindo Normas Orientadoras das Transferências Financeiras para Clubes e Associações Desportivas. Defendemos até a necessidade de existir uma fiscalização rigorosa das suas actividades e das suas despesas.

As colectividades são a expressão do dinamismo das comunidades e dos valores culturais e colectivos essenciais e reflectem os seus interesses e vocações. São naturalmente fruto do entusiasmo, da disponibilidade e da dedicação dos líderes locais, tendo como princípio fulcral o interesse comunitário das populações envolventes.

Por outro lado, as associações proporcionam um inquestionável bem-estar e colaboram activamente no desenvolvimento das comunidades por uma forma que não pode ser substituída por qualquer outra instância, sem esquecer que são embaixadores das localidades e concelhos, levando bem longe o seu nome.

No entanto, entendemos que as agremiações não devem enfraquecer a sua vitalidade e suprir as suas carências de meios através da solicitação sistemática de subsídios camarários, sendo curial o desenvolvimento e organização de iniciativas e projectos geradores de outras fontes de receitas. Além do erário público ser limitado, não pode a Câmara Municipal substituir-se no imprescindível papel social que deve competir às espontâneas iniciativas das populações locais e das suas associações.

As câmaras municipais devem implementar uma política de concessão de apoios a colectividades tendo como base um princípio de justiça que assente em critérios concretos e que tenha em conta o tipo de agremiação, as actividades desenvolvidas, os escalões etários que dela usufruem, o impacto e a influência que exercem junto das populações. Deverão ser estabelecidas normas orientadoras de cumprimento obrigatório, tais como:

a) Tenham a sua sede social no concelho;

b) Apresentem inicialmente os seus Estatutos, cópia do número de pessoa colectiva e lista dos órgãos sociais;

c) Apresentem, anualmente, o seu Relatório de Contas e Gerência do ano findo e o Programa de Actividades e Orçamento para o ano corrente;

d) Quando solicitadas, possam fazer prova de todos os dados constantes no Relatório de Contas e Gerência;

e) Demonstrem a conformidade da eleição da sua direcção com o integral cumprimento dos seus próprios estatutos.

f) A decisão tomada pela Câmara Municipal face às candidaturas apresentadas consubstanciar-se-á num contrato-programa a estabelecer entre a autarquia e a colectividade.

g) As colectividades que desenvolvam actividades que lhes permitam a prestação de serviços no campo da música e da dança deverão disponibilizar-se para actuações públicas a pedido da autarquia, até ao máximo de cinco actuações por ano. Para além desse número, a autarquia pagará um valor a estipular caso a caso.

h) Sempre que por motivo imputável à colectividade não se realize o número de actuações previstas, a Câmara fará o acerto no apoio anual a conceder.

i) As actuações deverão ser calendarizadas por acordo e estabelecer entre a Câmara Municipal e as colectividades e decorrerão em locais a definir pela edilidade.

j) Para além do apoio referido, poderão usufruir de apoio logístico e de transportes, a definir pontualmente face às necessidades e às disponibilidades dos serviços.

k) As agremiações que tenham necessidade de efectuar obras e investimentos que venham a ser consideradas estruturais pela autarquia poderão ser ainda contempladas com um subsídio específico e pontual.

l) Poderá a autarquia atribuir pontualmente um apoio extraordinário às colectividades que possuam o estatuto de utilidade pública e apresentem um projecto de actividades de relevante importância cultural e devidamente fundamentado.

As câmaras municipais devem ter ciente a ideia de que lhes incumbe também a promoção e generalização da actividade física, enquanto instrumento essencial para a melhoria da condição física, da qualidade de vida e da saúde dos munícipes.

Nessa safra esforça-se para que a prática desportiva se desenvolva em observância dos princípios e valores da ética, da defesa do espírito desportivo, da verdade desportiva e da formação integral dos participantes, tal como o exige, por exemplo, a Lei de Bases da Actividade Física e do Desporto (Lei nº 5/2007, de 16 de Janeiro).

Os municípios podem atingir os seguintes objectivos na área do Desporto e do Lazer, entre tantos outros possíveis:

- Incentivar o aparecimento, o crescimento e a implantação dos clubes e associações desportivas;
- Privilegiar a celebração de contratos-programa de desenvolvimento desportivo com os clubes, sobretudo com os que recebem por mês uma prestação superior a 1.000 euros;
- Motivar as crianças, os jovens, os adultos e os idosos a adoptar hábitos saudáveis de prática desportiva, exercida ou não no contexto dos clubes;
- Introduzir na relação com os clubes e associações desportivas critérios de diálogo franco e aberto, de transparência, de rigor e de fiscalização das actividades e das contas;
- Apoiar eventos desportivos organizados pelos clubes e em modalidades já existentes, assim como eventos organizados por associações e federações de âmbito nacional em modalidades de nula ou reduzida implantação;
- Melhorar a oferta desportiva em termos de equipamento e infra-estruturas desportivas;

- Diversificar as actividades aquáticas e desportivas na Piscina Municipal, direccionadas sobretudo aos idosos;
- Premiar, elogiar e incentivar os atletas que atinjam níveis de desempenho desportivo excelentes, os dirigentes pelo seu espírito voluntarista e os clubes e associações pelo relevante papel social que desempenham (Gala Municipal do Desporto, Medalhas, Condecorações, inserção de bibliografia no site do Município, etc);
- Manter a qualidade e a segurança das zonas verdes e dos parques de manutenção para a prática desportiva e de lazer;
- Instalar e manter os parques infantis com qualidade e respeitadores dos normativos legais existentes sobre a matéria;
- Promover a cidade e o concelho em termos turísticos com benefício para o sector da restauração, do alojamento e do comércio tradicional, sobretudo dos enchidos;
- Potenciar e maximizar as excelentes condições naturais para a prática de determinadas modalidades como o parapente, o remo, a canoagem, a pesca, a caça, a escalada e o montanhismo, o pedestrianismo, o cicloturismo, o BTT, o Jet-Ski, etc;
- Conciliar e articular o Desporto, o Turismo e a Cultura;
- Evitar ao máximo a subsídio-dependência dos clubes e associações, incentivando-os a desenvolver iniciativas de angariação de receitas e a serem auto-suficientes, agindo na sua programação e nos seus objectivos de acordo com a realidade local e os escassos recursos disponíveis.
- Conhecer a realidade dos clubes e associações desportivas para melhor diagnosticar e planificar, para melhor intervir, para introduzir justiça na atribuição de apoios e subsídios e para criar empatia numa relação de necessária complementaridade, articulação e parceria (preenchimento de ficha, entrega obrigatória de planos de actividades e orçamentos e de relatórios de actividades e contas, conhecimento dos estatutos e dos órgãos sociais, etc).
- Elaborar uma Carta Desportiva que contenha o cadastro e o registo de dados e de indicadores que permitam o conhecimento dos diversos factores de desenvolvimento desportivo, tendo em vista o conhecimento da situação desportiva concelhia, nomeadamente quanto a:

– Instalações desportivas;
– Espaços naturais de recreio e desporto;
– Associativismo Desportivo;
– Hábitos Desportivos;
– Condição física das pessoas.

- Construir complexos desportivos e polidesportivos onde se justifiquem;
- Rentabilizar e dinamizar em termos desportivos os polidesportivos existentes nas aldeias do concelho (Torneio inter-aldeias e jogos tradicionais) e construir novas estruturas desportivas em zonas ou localidades onde tal se justifique objectivamente;
- Programa "Desporto para Todos" – passeios pedestres, hipismo, aeróbica, etc.;
- Comemorar o Dia Municipal do Desporto, provavelmente no feriado municipal;
- Construir ciclovias e ecovias ao lado de estradas ou ferroviárias;
- Organizar um Intercâmbio desportivo internacional;
- Realizar um Gala Municipal de Desporto, de dois em dois anos ou de quatro em quatro anos.

Criticamos por inteiro a subsídio-dependência que os clubes e as colectividades criaram com a aceitação dos municípios, os quais deixaram de ser criativos e imaginativos para procurar outras fontes de receita para lá do apoio das empresas sempre sobrecarregadas com pedidos de apoio económico para tudo e mais alguma coisa. Não nos parece que esse seja o caminho a trilhar. Há municípios que estão a rever e a alterar a sua política de atribuição de subsídios, em nome da desejável contenção de despesas ([1]), sob pena de comprometer as gerações vindouras.

A nível da administração central foi definido um Plano Estratégico Nacional do Turismo, que sintetiza as conclusões do diagnóstico e formula os objectivos e linhas de desenvolvimento estratégico para o sector, materializados em 5 eixos estratégicos, através de 11 projectos de implementação (**Resolução do Conselho de Ministros n.º 53/2007, de 04 de Abril**).

Aí se diz que "o turismo é um sector estratégico prioritário para o País e deve dar um contributo significativo, nomeadamente através do aumento das receitas externas, para a cobertura do défice da nossa balança comercial e para o combate ao desemprego. Por outro lado, o turismo pode ter um contributo positivo para reforçar a imagem externa de Portugal para a valorização do património cultural e natural do País. Contribui, assim, para a melhoria da qualidade de vida dos Portugueses e para a promoção da coesão territorial e identidade nacional enquanto recurso indutor de inúmeras actividades com ele relacionadas, contribuindo para o desenvolvimento sustentado em termos ambientais, económicos e sociais".

O Turismo de Portugal, I.P. é a entidade pública central responsável pela promoção, valorização e sustentabilidade da actividade turística.

---

1 A Câmara Municipal de Mirandela reduziu, a partir de Agosto de 2010, 10% do valor das prestações mensais que atribuía aos clubes e colectividades.

Pode ler-se no seu portal (www.turismodeportugal.pt) que integrado no Ministério da Economia, da Inovação e do Desenvolvimento, o Turismo de Portugal é a Autoridade Turística Nacional responsável pela promoção, valorização e sustentabilidade da actividade turística, agregando numa única entidade todas as competências institucionais relativas à dinamização do turismo, desde a oferta à procura.

A missão do Turismo de Portugal consiste em:

- Qualificar e desenvolver as infra-estruturas turísticas;
- Desenvolver a formação de recursos humanos;
- Apoiar o investimento no sector;
- Coordenar a promoção interna e externa de Portugal como destino turístico;
- Regular e fiscalizar os jogos de fortuna e azar.

Com uma relação privilegiada com as outras entidades públicas e os agentes económicos no país e no estrangeiro, o Turismo de Portugal está empenhado em cumprir o desígnio de reforçar o turismo como um dos motores de crescimento da economia portuguesa.

O **Decreto-Lei n.º 67/2008, de 10 de Abril,** estabeleceu o regime jurídico das áreas regionais de turismo de Portugal continental, a sua delimitação e características, bem como o regime jurídico da criação, organização e funcionamento das respectivas entidades regionais de turismo.

O Governo considerou o turismo como um factor estratégico de desenvolvimento da economia portuguesa e diz-se fortemente empenhado na criação e consolidação de estruturas públicas fortes, modernas e dinâmicas, preparadas para responder aos desafios que o turismo enfrenta. Segundo ele, o turismo não se desenvolve por si, necessita do envolvimento, da mobilização e da responsabilização de todos os agentes públicos e privados, impondo-se a coexistência de organismos que o qualifiquem, incentivem e promovam.

O Decreto-Lei n.º **191/2009, de 17 de Agosto,** estabeleceu as bases das políticas públicas de turismo e define os instrumentos para a respectiva execução. Nesse diploma o turismo é o movimento temporário de pessoas para destinos distintos da sua residência habitual, por motivos de lazer, negócios ou outros, bem como as actividades económicas geradas e as facilidades criadas para satisfazer as suas necessidades e os recursos turísticos os bens que pelas suas características naturais, culturais ou recreativas tenham capacidade de motivar visita e fruição turísticas.

O **Decreto-Lei nº 228/2009, de 14 de Setembro,** procedeu à 1ª alteração ao **Decreto-Lei nº 39/2008,** de 7 de Março, sobre o regime jurídico da instalação, exploração e funcionamento dos empreendimentos turísticos.

Os empreendimentos turísticos podem ser integrados num dos seguintes tipos:

a) Estabelecimentos hoteleiros;
b) Aldeamentos turísticos;
c) Apartamentos turísticos;
d) Conjuntos turísticos (*resorts*);
e) Empreendimentos de turismo de habitação;
f) Empreendimentos de turismo no espaço rural;
g) Parques de campismo e de caravanismo;
h) Empreendimentos de turismo da natureza.

São reconhecidos vários tipos de turismo como, por exemplo:

- Turismo de Recreio;
- Turismo de Repouso;
- Turismo Cultural;
- Turismo Desportivo;
- Turismo de Negócios;
- Turismo Político;
- Turismo Religioso;
- Turismo de Saúde;
- Turismo Étnico;
- Turismo de Aventura;
- Turismo de Natureza;
- Turismo Científico;
- Turismo de Compras;
- Turismo de Eventos;
- Turismo Gastronómico;
- Turismo Social;
- Turismo Sénior;
- Turismo Ambiental;
- Turismo Histórico;
- Cicloturismo;
- Ecoturismo;
- Enoturismo;
- MotoTurismo;
- Turismo de Habitação;
- Turismo de Observação;
- Turismo Equestre;
- Turismo Espacial;
- Turismo Fotográfico.

A ANMP elaborou um interessante e útil documento sobre "Turismo e Poder Local" (http://www.anmp.pt/anmp/age/cong/14/rel05.pdf) onde se pode ler o seguinte:

A evolução do sector do turismo em termos mundiais tem sido pautada por indicadores surpreendentes. Desde a sua 'explosão' nas décadas de 1950 e 1960, associada ao fenómeno do turismo de massas, o turismo tem vindo a crescer de uma forma muito rápida. Actualmente a indústria associada ao sector do turismo ocupa já o primeiro lugar no ranking mundial do mundo dos negócios, ultrapassando os sectores do petróleo e derivados e da produção de automóveis.

A argumentação que suporta a tese de que os municípios têm um papel importantíssimo a desenvolver na área do turismo, pode ser sumariada no seguinte conjunto de três aspectos:

(*i*) Necessidade de uma nova política para o sector:

O turismo português tem de deixar de ser pensado exclusivamente em termos da atracção em massa de visitantes, para passar a ser pensado em termos da optimização dos proveitos que podem ser obtidos do conjunto de visitantes que se desloca ao nosso país, nomeadamente porque a tendência é para que a quota de mercado do turismo na Europa diminua.

(*ii*) Os impactes criados pelo turismo têm uma tradução essencialmente local. Apesar do facto da movimentação de pessoas se dar entre países, os impactes gerados pelo turismo são, na maior parte das situações, sentidos numa escala regional/local. Isto é, é ao nível local que são criados postos de trabalho; que a melhoria dos rendimentos das famílias se processa; é ainda ao nível local que têm de ser equacionadas diversas necessidades adicionais criadas pelo sector do turismo em áreas tais como abastecimento de água, saneamento, electricidade, recolha de lixos, etc. Daí que tenha que ser ao nível local que diversas políticas de actuação na área do turismo tenham de ser pensadas.

(*iii*) A participação dos municípios na área do turismo não se esgota na sua adesão a uma Região de Turismo.

Apresentam-se de seguida um conjunto de áreas estratégicas que os organismos internacionais recomendam que estejam na alçada directa das autarquias locais:

- Conhecimento do número e da distribuição geográfica dos turistas e excursionistas.
- Previsão sobre a evolução da procura e níveis de utilização de equipamentos e infraestruturas a médio / longo prazo.
- Avaliação dos locais para onde os novos fluxos poderão ser dirigidos, e avaliação das áreas onde o processo de crescimento turístico deverá ser limitado.

- Avaliação do impacte criado pelo turismo ao nível local, do ponto de vista económico (multiplicadores), sócio-cultural e ambiental.
- Inventariação dos recursos naturais, construídos, eventos, etc.
- Transportes (acessibilidade, congestão em áreas críticas de localização de equipamentos e infraestruturas, sinalização, planeamento intermodal de transportes e estacionamento).
- Informação (centros de informação e apoio aos turistas, folhetos de informação acerca dos equipamentos e infraestruturas turísticas, folhetos informativos acerca do que é oferecido pelo sector privado na área (e.g., alojamento, restauração, comércio, eventos, etc).
- Equipamentos/Infraestruturas/Serviços:

    – Construção de novos equipamentos com interesse para o turismo e para as comunidades locais (e.g., cinemas, áreas de desporto, espaços verdes, etc.);
    – Casas de banho públicas;
    – Infraestruturas;
    – Abastecimento de água;
    – Saneamento;
    – Recolha de lixo.

- Organização de eventos com interesse para o turismo e para as comunidades locais (e.g., feiras de artesanato, eventos religiosos, exposições de arte, etc.).
- Estratégias:

    – Elaboração de estratégias locais para as áreas do lazer, recreio e turismo;
    – Estudo sobre a forma como o turismo pode contribuir para melhorar a qualidade das estruturas urbanas (Conservar vs. Reutilizar);
    – Enquadramento com outras figuras nacionais na área do turismo;
    – Enquadramento com outras figuras de planeamento (e.g., PMOTs, PROTs, RAN, REN, POOCs, etc.);
    – Coordenação com outras instituições com interesse directo, ou indirecto, no sector (e.g., associações comerciais, industriais, recreativas, de artesanato, etc.);
    – Programa de execução;
    – Estimativa do custo das propostas.

A história da intervenção dos municípios Portugueses na área do turismo remonta ao início do século anterior (anos 1920s), quando foram criados, pela primeira vez, organismos locais com intervenção directa na área do turismo, designados por Comissões de Iniciativa. Contudo, durante a década seguinte, depois da implantação do Estado Novo, houve uma alteração profunda desta situação, com a criação das, ainda em vigor, Zonas de Turismo, materializadas em Comissões Municipais de Turismo e Juntas de Turismo, as quais perderam uma significativa capacidade de influência sobre o turismo ao nível local, em relação às anteriores Comissões de Iniciativa.

A ANMP conclui que "Durante os anos 80 foram criadas as Regiões de Turismo que, em boa medida, resultaram na 'transferência' de responsabilidades do nível local para este nível sub-regional; com as grandes dinâmicas observadas pelo sector do turismo em Portugal, e com os evidentes impactes do turismo ao nível local, bem como devido às oportunidades de investimento e desenvolvimento que este sector abre para os municípios portugueses, torna-se necessário criar as condições para que as autarquias locais possam dotar-se de mecanismos mais adequados, eficientes e efectivos, para poderem intervir sobre o fenómeno do turismo, e potenciar as mais valias sociais, económicas e ambientais que o sector do turismo pode oferecer, se devidamente planeando e gerido".

Promovendo eventos e iniciativas turísticas, de preferência ligadas a outras aras de interesse, os municípios estão a contribuir para a promoção das suas localidades e dos seus concelhos, para a divulgação dos produtos locais e regionais e para o dinamismo da economia local com ganhos evidentes para todos. Dessa forma, se enchem os restaurantes e os alojamentos turísticos e aumenta venda de produtos locais e regionais, ligados sobretudo à agricultura, ao artesanato, à cerâmica, à tecelagem, à olaria, à gastronomia, etc, além de dar a conhecer o património religioso e histórico-cultural.

O tema do turismo, para o bem e para o mal, é mais um tema que pode ser objecto de discussão e de luta política nas sessões das assembleias municipais que "dá pano para mangas".

11. OS MUNICÍPIOS E A SUA PARTICIPAÇÃO EM MEDIDAS DE EMPREGO, FORMAÇÃO, EDUCAÇÃO E OCUPAÇÃO

Os municípios portugueses sempre participaram em medidas do chamado mercado social de emprego, acolhendo indivíduos que de outra forma dificilmente teriam acesso ao mercado de trabalho, em articulação permanente com o IEFP e outros serviços da administração central. Por outro lado, tem colaborado com o Estado e com entidades formadoras, prestando apoio logístico, material, humano e técnico ao desenvolvimento de programas de formação e educação.

O Instituto do Emprego e Formação Profissional, IP constitui-se como o serviço público de emprego nacional e tem como missão promover a criação e a qualidade do emprego e combater o desemprego através da execução das políticas activas de emprego e formação profissional. O IEFP disponibiliza serviços gratuitos, presenciais e interactivos, adaptados aos diferentes públicos. Promove as condições de empregabilidade dos candidatos a emprego e apoia-os na sua integração no mercado de trabalho. Responde às necessidades das entidades empregadoras em termos de recrutamento e selecção de profissionais e faculta incentivos para a dinamização dos seus projectos de desenvolvimento. Possui uma Rede de Centros, composta por Centros de Emprego, Centros de Formação Profissional, Centros de Emprego e Formação Profissional e um Centro de Reabilitação Profissional, assim como Centros de Formação Profissional de Gestão Participada.

O combate à pobreza e à exclusão social têm constituído uma prioridade da actuação dos Governos e de um vasto conjunto de instituições e agentes sociais e económicos apostados na construção de uma sociedade mais coesa e justa.

As medidas em que a participação dos municípios é mais directa, funcionando como entidade promotora ou beneficiária são:

a) "Contrato emprego-inserção" e o "Contrato emprego-inserção+"

Outra das possibilidades das autarquias locais conseguirem mão-de-obra era o recurso aos Programas Ocupacionais ([1]) do Instituto de Emprego e Formação Profissional que podiam incidir sobre os beneficiários do subsídio de desemprego ou sobre carenciados, nomeadamente beneficiários do rendimento social de inserção.

A **Portaria n.º 128/2009, de 30 de Janeiro**, revoga a Portaria nº 192/96, de 30 de Maio, e cria em substituição dos Programas Ocupacionais o "Contrato emprego-inserção" e o "Contrato emprego-inserção+". O contrato tem a duração máxima de 12 meses, com ou sem renovação. Já foi alterada pela **Portaria nº 294/2010, de 31 de Maio**.

Através deles os desempregados beneficiários de subsídio de desemprego ou subsídio social de desemprego, adiante designados desempregados subsidiados, e de rendimento social de inserção desenvolvem trabalho socialmente necessário ([2]) ([3]).

As actividades integradas nos projectos de trabalho socialmente necessários são tituladas mediante os seguintes contratos entre a entidade promotora e o beneficiário:

a) No caso de desempregados subsidiados, contrato emprego-inserção;

b) No caso de desempregados beneficiários do rendimento social de inserção, contrato emprego-inserção+.

---

[1] Os Programas foram criados pela Portaria nº 192/96 de 30 de Maio e visavam proporcionar aos desempregados uma ocupação socialmente útil, prevenindo o seu isolamento social, enquanto não surgirem alternativas de trabalho ou de formação profissional e consistia no acolhimento de desempregados subsidiados ou em comprovada situação de carência económica, durante um determinado período de tempo, para o desempenho de uma actividade que satisfaça necessidades colectivas e não se traduza no preenchimento de postos de trabalho existentes.

[2] São considerados prioritários os seguintes beneficiários:
a) Pessoa com deficiências e incapacidades;
b) Desempregado de longa duração;
c) Desempregado com idade igual ou superior a 55 anos de idade;
d) Ex-recluso ou pessoa que cumpra pena em regime aberto voltado para o exterior ou outra medida judicial não privativa de liberdade.

[3] Considera-se trabalho socialmente necessário a realização de actividades por desempregados inscritos nos centros de emprego que satisfaçam necessidades sociais ou colectivas temporárias, prestadas em entidade pública ou privada sem fins lucrativos e pretende promover a empregabilidade de pessoas em situação de desemprego, preservando e melhorando as suas competências sócio-profissionais, através da manutenção do contacto com o mercado de trabalho e fomentar o contacto dos desempregados com outros trabalhadores e actividades, evitando o risco do seu isolamento, desmotivação e marginalização (artigos 2º e 3º da aludida portaria).

As entidades devem satisfazer os seguintes requisitos:
a) Encontrarem-se regularmente constituídas e devidamente registadas;
b) Terem situação contributiva regularizada perante a administração tributária e a segurança social;
c) Ter a sua situação regularizada no que respeita a apoios comunitários ou nacionais, independentemente da sua natureza e objectivos, designadamente os concedidos pelo Instituto do Emprego e Formação Profissional, I. P.
d) Disporem de contabilidade organizada, desde que legalmente exigível, de acordo com as regras do Plano Oficial de Contabilidade aplicável.

O desempregado **beneficiário de subsídio de desemprego** tem direito a uma bolsa mensal complementar de montante correspondente a 20% da prestação mensal de desemprego.

O desempregado **beneficiário de subsídio social de desemprego** tem direito a uma bolsa complementar de montante correspondente a 20% do indexante dos apoios sociais.

A bolsa referida nestes dois casos é paga pelas entidades promotoras e, no caso de entidades privadas sem fins lucrativos, comparticipada pelo Instituto do Emprego e Formação Profissional, I. P., em 50%.

O desempregado **beneficiário do rendimento social de inserção** tem direito a uma bolsa de ocupação mensal de montante correspondente ao valor do indexante dos apoios sociais. A bolsa é paga pela entidade promotora e comparticipada pelo Instituto do Emprego e Formação Profissional, I. P., nos seguintes termos:
a) 10% do IAS ([4]) a cargo da entidade promotora e o restante pelo Instituto do Emprego e Formação Profissional, I. P., no caso de a entidade promotora ser uma entidade privada sem fins lucrativos;
b) 20% do IAS a cargo da entidade promotora e o restante pelo Instituto do Emprego e Formação Profissional, I. P., no caso de a entidade promotora ser uma entidade pública.

A entidade promotora deve pagar ao desempregado:
a) Despesa de transporte entre a residência habitual e o local da actividade se não assegurar o transporte até ao local onde se exerce a actividade;
b) Subsídio de alimentação por cada dia de actividade, de valor correspondente à generalidade dos seus trabalhadores ou, na sua falta, dos trabalhadores que exercem funções públicas.

---

[4] De acordo com a Portaria n.º 1514/2008, de 24 de Dezembro, o valor do Indexante dos Apoios Sociais é de 419,12 euros; o IAS foi criado pela Lei n.º 53-B/2006, de 29 de Dezembro, o qual constitui o referencial determinante da fixação, cálculo e actualização dos apoios e outras despesas e das receitas da administração central do Estado, das Regiões Autónomas e das autarquias locais, qualquer que seja a sua natureza, previstos em actos legislativos ou regulamentares.

A entidade promotora deve efectuar um seguro que cubra os riscos que possam ocorrer durante e por causa do exercício das actividades integradas num projecto de trabalho socialmente necessário.

Durante a execução das presentes medidas, podem ser realizadas acções de acompanhamento, verificação ou auditoria, por parte dos serviços do Instituto do Emprego e Formação Profissional, I. P.

b) **Gabinetes de Inserção Profissional** [5]**: Portaria n.º 127/2009, de 30 de Janeiro**

Entende-se por GIP a organização ou serviço que preste apoio a jovens e adultos desempregados para a definição ou desenvolvimento do seu percurso de inserção ou reinserção no mercado de trabalho, em estreita cooperação com os centros de emprego. São beneficiários os desempregados inscritos nos centros de emprego.

c) **Programa Estágios Profissionais**

Constituem-se como Entidades Promotoras dos apoios previstos no presente Regulamento, as entidades privadas, enquanto pessoas singulares ou colectivas, com ou sem fins lucrativos que, nos termos do disposto nos normativos específicos que criam e regulamentam os apoios, possuam condições para apresentar candidaturas, com o objectivo de obter os recursos necessários para os estágios que pretendem facultar. Para efeitos do ponto anterior, são consideradas pessoas colectivas de direito privado aquelas que, ainda que associadas à prossecução de um fim de interesse social relevante ou público, se encontrem sujeitas a um tratamento jurídico de direito privado, nos seguintes termos:

a) As entidades de direito privado criadas por particulares, sem qualquer intervenção do Estado ou de outra pessoa colectiva pública;

b) As entidades em que haja intervenção do Estado ou de outra pessoa colectiva pública mas submetidas a um regime de direito privado, conforme possa resultar da lei e/ou respectivos estatutos.

Assim, são elegíveis as entidades que sejam total, maioritária ou meramente participadas pelo Estado ou por outra pessoa colectiva pública, nomeadamente por autarquias, desde que as entidades estejam submetidas a um regime de direito privado, equiparando-se ainda a estas, as Cooperativas, incluindo Régies Cooperativas, salvo se o contrário resultar dos seus estatutos.

---

[5] Substituem as Unidades de Inserção na Vida Activa – UNIVA, previstas no Despacho Normativo nº 27/96 de 03 de Agosto.

Não podem aceder ao Programa Estágios Profissionais:

a) As entidades públicas empresariais (EPE), regidas pelos artigos 23.º e seguintes do Decreto-Lei n.º 558/99, de 17 de Dezembro, com a redacção dada pelo Decreto-Lei n.º 300/2007, de 23 de Agosto;

b) As entidades empresariais locais: as empresas municipais (EEM), intermunicipais (EEIM) e metropolitanas (EEMT), regidas pelos artigos 33.º e seguintes da Lei n.º 53-F/2006, de 29 de Dezembro.

Constituem-se como destinatários dos apoios previstos no presente Regulamento, os jovens com idade até aos 35 anos, inclusive, aferida à data de entrada da candidatura, à procura do primeiro emprego ou de novo emprego e que seja detentor de formação de nível superior.

d) Estágios Profissionais – Formações Qualificantes de Níveis 3 e 4: Portaria nº 681/2010, de 12 de Agosto, Portaria nº 127/2010, de 1 de Março e Resolução do Conselho de Ministros n.º 5/2010, de 20 de Janeiro

Constituem-se como Entidades Promotoras dos apoios previstos as entidades privadas, enquanto pessoas singulares ou colectivas, com ou sem fins lucrativos e as autarquias locais (Municípios e Freguesias) que, nos termos do disposto nos normativos específicos que criam e regulamentam os apoios, possuam condições para apresentar candidaturas, com o objectivo de obter os recursos necessários para os estágios que pretendem facultar.

Visam complementar e aperfeiçoar as competências socioprofissionais dos jovens e facilitar a sua transição para o mercado de trabalho, sendo destinatários jovens desempregados, à procura do 1.º ou novo emprego, com idade até aos 35 anos, inclusive, com curso de qualificação de nível 3 ou 4 e pessoas com deficiência e incapacidade não existe limite de idade.

e) Programa Vida-Emprego: Resolução do Conselho de Ministros nº 136/98, de 12 de Abril

Visa permitir ao indivíduo equacionar a reinserção social e profissional como parte integrante do seu processo de tratamento, quer através da participação num estágio de integração sócio-profissional, quer da criação do próprio emprego.

1. Estágios de Integração Sócio-Profissional

Intenta integrar na vida activa de toxicodependentes em recuperação, através de uma formação prática em contexto real de trabalho, sendo destinatários os toxicodependentes em idade activa, que se encontrem em ou tenham terminado processos de tratamento, quer em comunidades terapêuticas, quer em regime ambulatório, incluindo os que estão em processo de tratamento no quadro do sistema prisional.

Consiste em estágio de duração igual ou inferior a 9 meses podendo, excepcionalmente, ser seguido de um estágio complementar, com duração máxima de 3 meses.

As medidas específicas de apoio à integração sócio-profissional são:
a) Mediação para a formação e o emprego;
b) Estágio de integração sócio-profissional;
c) Prémio de integração sócio-profissional;
d) Apoios ao emprego e ao auto-emprego.

2. Apoios ao Auto-Emprego

Serve para apoiar os toxicodependentes em recuperação que criem o seu próprio emprego, ou seja, para toxicodependentes em idade activa, que se encontrem em ou tenham terminado processos de tratamento, quer em comunidades terapêuticas, quer em regime ambulatório, incluindo os que estão em processo de tratamento no quadro do sistema prisional.

f) Estágios profissionais/PEPAL

Os Estágios Profissionais na Administração Públicas foram criados pelo Decreto-Lei nº 326/99, de 18 de Agosto, adaptado à administração local pelo Decreto-lei nº 94/2006, de 29 de Maio. Os artigos 10º e 11º foram entretanto revogados pela Lei nº 12-A/2008, de 27 de Fevereiro.

O PEPAL (Programa de Estágios Profissionais na Administração Local) foi regulamentado pela Portaria nº 1211/2006, de 13 de Novembro.

Deve ter-se presente a seguinte informação:

– A DGAL é a entidade que coordena o PEPAL e possui um portal com informação sobre esse programa;

– Podem promover estágios as autarquias locais e as entidades intermunicipais;

– Os estágios têm a duração de 12 meses e decorrem em horário de trabalho completo;

– Os estágios destinam-se a jovens com idades compreendidas entre os 18 e os 30 anos inclusive, possuidores de licenciatura ou bacharelato (níveis de qualificação V e IV) ou habilitados com curso de qualificação profissional (nível III) recém-saídos dos sistemas de educação e formação à procura do 1º emprego ou desempregados à procura de novo emprego;

– Os estágios são realizados sob a orientação de um tutor designado pelo órgão executivo da entidade onde o mesmo decorre, o qual pode acompanhar e orientar até 3 estagiários, devendo ter o perfil adequado ao exercício das respectivas funções; compete-lhe definir os objectivos e o plano de estágio, inserir o estagiário no ambiente de trabalho, efectuar o acompanhamento técnico-pedagógico do estagiário, supervisionando o seu progresso tendo em conta os objectivos previamente delineados e elaborar relatórios quadrimestrais e final;

– O recrutamento e selecção dos candidatos eram da responsabilidade das entidades onde decorre o estágio;

As despesas relativas à bolsa de estágio, subsídio de refeição e seguro de acidentes de trabalho são encargo da entidade proponente e são co-financiadas pelo FSE através do Programa Operacional do Potencial Humano (POPH).

As entidades proponentes devem ter a sua situação regularizada em matéria de impostos e contribuições para a segurança social e de restituições no âmbito de financiamentos do FSE e capacidade de comunicação/instruções exclusivamente via Internet.

O início do Quadro de Referência Estratégica Nacional (2007-2013) vai possibilitar a continuidade desse programa, tendo a inscrição para a segunda fase decorrido até 15 de Fevereiro de 2008.

g) Programa de Ocupação de Tempos Livres

É um Programa do IPJ que visa promover a ocupação saudável dos tempos livres dos jovens, orientando-os para o desempenho de actividades ocupacionais que proporcionem a conquista de hábitos de voluntariado, que permitam o contacto experimental com algumas actividades profissionais e que potenciem a capacidade de intervenção e participação social e cívica dos jovens, contribuindo para o processo de educação não formal.

Os projectos podem ser enquadrados nas seguintes áreas:
a) Ambiente e/ou protecção civil;
b) Apoio a idosos e/ou crianças;
c) Cultura e/ou património;
d) Combate à exclusão social;
e) Saúde;
f) Outras de reconhecido interesse social.

Os projectos a desenvolver são de **longa** ou de **curta** duração, referindo-se cada um deles a períodos e escalões etários diferentes:

- **Longa Duração** pretende ser um complemento à formação pessoal do jovem, decorreu em 2007 de 1 de Junho a 31 de Dezembro e destina-se a jovens possuidores da escolaridade mínima obrigatória com idades entre os 15 e os 25 anos;

- **Curta Duração** pretende ocupar os tempos livres dos jovens nas férias escolares do Verão, decorreu em 2007 de 1 de Julho a 15 de Setembro e destina-se a jovens com idades compreendidas entre os 12 e os 25 anos.

Os projectos de Longa Duração têm uma duração mínima de dois meses e podem prolongar-se até ao máximo de cinco meses.

Os projectos de Curta Duração decorrem no Verão, nos meses de Julho e Agosto de cada ano, tendo cada projecto uma duração de 10 dias.

Podem candidatar-se ao Programa OTL as seguintes entidades promotoras:
a) Associações inscritas no Registo Nacional das Associações Juvenis (RNAJ);
b) Clubes desportivos, associações de modalidade e federações desportivas;
c) Organizações nacionais não governamentais;
d) Instituições particulares de solidariedade social, misericórdias e mutualidades;
e) Câmaras municipais e juntas de freguesia;
f) Outras entidades privadas sem fins lucrativos.

h) **Programa "Voluntariado Jovem para as Florestas"**

Foi criado pela Resolução do Conselho de Ministros nº 63/2005, de 14 de Março, é mais uma oportunidade das juntas de freguesia possuírem ao seu serviços jovens para o desempenho de uma função social de inegável valor: a protecção da floresta como um património colectivo.

O Programa Voluntariado Jovem para as Florestas tem como objectivos:

- Incentivar a participação dos jovens no grande desafio que é a preservação da natureza e da floresta em particular;
- Reduzir, assim, o flagelo dos incêndios, através de acções de prevenção.

As actividades a desenvolver no âmbito do programa "Voluntariado jovem para as florestas" são:
a) Sensibilização das populações;
b) Inventariação, sinalização e manutenção de caminhos florestais e acessos a pontos de água;
c) Recuperação de caminhos de pé-posto;
d) Limpeza e manutenção de parques de merendas;
e) Vigilância móvel nas áreas definidas pelas entidades locais de coordenação;
f) Vigilância fixa nos postos de vigia;
g) Apoio logístico aos centros de prevenção e detecção de incêndios florestais;

h) Inventariação e monitorização de áreas ardidas e espécies animais e vegetais em risco;
i) Dinamização local de guias jovens da floresta;
j) Actividades de reflorestação e controlo de espécies invasoras.

Os projectos decorreram em 2007 de 1 de Junho a 30 de Setembro para todos os jovens entre 18 e 30 anos de idade.

Podem candidatar-se aos projectos locais do programa "Voluntariado jovem para as florestas", na qualidade de entidades promotoras, desde que sedeadas em Portugal, as seguintes entidades:

a) Associações ambientalistas;
b) Entidades públicas ou privadas cujo âmbito territorial tenha representação nas áreas de intervenção definidas para o projecto;
c) Organizações não governamentais com estruturas regionais e locais que pontualmente se disponibilizem para participar activamente no programa;
d) Outras entidades que prossigam objectivos abrangidos pela área de intervenção deste programa.

As entidades que disponham de capacidade logística para facultar, a título gratuito, o alojamento aos voluntários que, por força da participação neste programa, se encontrem fora da sua área de residência são consideradas entidades de acolhimento, sejam ou não entidades promotoras de projectos no âmbito deste programa.

As entidades de acolhimento locais deverão, através das entidades promotoras de projectos, declarar junto do Instituto Português da Juventude a sua capacidade logística para o alojamento dos voluntários [6].

i) Entidade Beneficiária de Trabalho a Favor da Comunidade

A Prestação de Trabalho a Favor da Comunidade é uma pena substitutiva da pena de prisão até um ano cuja aplicação exige o consentimento do arguido. Consiste na prestação de trabalho não remunerado, a favor do Estado ou de outras entidades, públicas ou privadas, de interesse para a comunidade. Está regulado no Decreto-Lei nº 375/97, de 24 de Dezembro. A PTFC tem uma duração variável, de 36 a 380 horas de trabalho, podendo ser executada em dias úteis, sábados, domingos e feriados. A execução da pena não pode, porém, ultrapassar 18 meses.

---

6 Ao voluntário será assegurado seguro de acidentes pessoais, reembolso de despesas com a alimentação e transporte, salvo se estes forem postos à sua disposição pelas entidades promotoras ou de acolhimento, vestuário, outro equipamento, designadamente meios de vigilância, bússolas, apitos e instrumento de comunicação à distância e instrumentos de limpeza não motorizados, que serão disponibilizados pelas entidades promotoras do projecto e o tratamento confidencial dos dados pessoais, bem como o acesso ao sítio do voluntariado jovem para inscrição e eventuais rectificações, só mediante utilização de identificação e palavra-passe.

O Trabalho a Favor da Comunidade pode ser aplicado nas seguintes situações:

- Como **pena autónoma** em substituição de uma pena de prisão até 1 ano;
- Como sanção **substitutiva da pena de multa**, a requerimento do condenado;
- Como **dever de prestação de interesse público,** no âmbito da suspensão da execução da pena de prisão;
- Como **obrigação de prestação de serviços de interesse público,** imposta no âmbito da Suspensão Provisória do Processo;
- Como **obrigação** aplicável a **jovens delinquentes**, com idades compreendidas ente os 16 e os 21 anos.

A sua aplicação privilegia um adequado recurso às medidas não privativas de liberdade e permite o equilíbrio necessário e desejável entre a protecção da ordem pública e a reparação dos prejuízos causados à comunidade pela prática da infracção, tendo em consideração as necessidades de reinserção social do delinquente.

É comum de norte a sul do país as câmaras municipais funcionarem como EBT em medidas penais de trabalho a favor da comunidade de forma pontual ou mediante a celebração de protocolo com a Direcção-Geral de Reinserção Social do Ministério da Justiça em tarefas administrativas, de jardinagem ou de limpeza de ruas, passeios e valetas.

As entidades beneficiárias devem acolher o prestador de trabalho, inserindo-o na equipa em que tenha lugar a realização das tarefas que lhe sejam atribuídas, e fornecer-lhe os instrumentos de trabalho necessários.

As entidades beneficiárias devem garantir que a execução do trabalho se processe de acordo com as normas relativas ao trabalho nocturno, à higiene, à saúde e segurança no trabalho, bem como ao trabalho das mulheres e dos jovens, adoptando os procedimentos necessários para o efeito.

As entidades beneficiárias (onde se podem incluir as câmaras municipais) devem ainda:

a) Efectuar o controlo técnico da prestação de trabalho através do supervisor, cuja identidade deve ser comunicada aos serviços de reinserção social;

b) Registar, através do supervisor, a duração do trabalho prestado, em documento fornecido pelos serviços de reinserção social;

c) Informar periodicamente o prestador de trabalho, designadamente a meio e a dois terços do cumprimento da pena, sobre o número de horas de trabalho prestado;

d) Informar os serviços de reinserção social, nas vinte e quatro horas subsequentes, da ocorrência de acidente de trabalho que atinja o prestador de trabalho;

e) Informar os serviços de reinserção social sobre qualquer dano voluntário ou involuntário causado pelo prestador de trabalho durante a prestação de trabalho e no exercício de tarefas inerentes a esta;

f) Suspender a prestação de trabalho em caso de perigo imediato para o prestador de trabalho e em caso de falta grave por ele cometida, informando os serviços de reinserção social, nas vinte e quatro horas subsequentes, sobre a suspensão e os seus fundamentos;

g) Receber as declarações médicas apresentadas pelo prestador de trabalho em caso de doença e remetê-las de imediato aos serviços de reinserção social;

h) Comunicar de imediato aos serviços de reinserção social qualquer interrupção de trabalho;

i) Avaliar a prestação de trabalho, em documento fornecido pelos serviços de reinserção social, no final da execução da pena e, também, em penas não inferiores a setenta e duas horas, uma vez cumpridos dois terços da pena.

Existem outras medidas, projectos, programas e apoios onde os municípios podem ter uma intervenção indirecta e que muitas vezes são abordados em sessões das assembleias municipais; tais como:

- **Empresas de Inserção: Resolução do Conselho de Ministros nº 104/96 de 09-07 e Portaria nº 348-A/98 de 18-06**

Visam permitir a aquisição e o desenvolvimento de competências pessoais, sociais e profissionais através do exercício de uma actividade profissional e beneficia desempregados de longa duração e desempregados em desfavorecimento face ao mercado de trabalho.

- **Incentivos à Mobilidade Geográfica: Decreto-Lei nº 225/87 de 05-06, Portaria nº 474/87 de 05-06 e Portaria nº 475/87 de 05-06**

Tem como objectivos incentivar a deslocação dos desempregados e da família de zonas de elevadas taxas de desemprego para zonas de elevados índices de emprego e é para desempregados que residam num concelho de origem abrangido pela Portaria nº 474/87, e não tendo a possibilidade de conseguir emprego na área de residência, consigam ser contratados sem prazo ou por um prazo não inferior a dois anos, num concelho de destino abrangido pela referida portaria.

- **Fundo Europeu de Ajustamento à Globalização (FEG): Regulamento (CE) n.º 1927/2006, de 20 de Dezembro, e Portaria n.º 300/2008, de 17 de Abril, com a redacção introduzida pela Portaria n.º 249/2009, de 9 de Março**

Instituído pela Comissão Europeia, este fundo, cuja autoridade nacional responsável pela gestão técnica, administrativa e financeira é o IEFP, I.P., visa apoiar os trabalhadores que perderam o emprego em resultado de importantes mudanças na estrutura do comércio mundial causadas pela globalização. Portugal apresentou à Comissão Europeia uma candidatura no sector Têxtil com o objectivo de apoiar os trabalhadores que ficaram em situação de desemprego, em virtude do encerramento de 46 empresas deste sector, das regiões Norte e Centro. No âmbito da Intervenção FEG está envolvido um conjunto de Centros de Emprego da Delegação Regional do Norte e Centros de Emprego da Delegação Regional do Centro. Os destinatários são trabalhadores que perderam o seu emprego devido ao encerramento das 46 empresas do sector Têxtil da região Norte e Centro, que se inscreveram nos Centros de Emprego do IEFP. I.P., no período de 16 de Fevereiro de 2008 a 15 de Novembro de 2008 e cuja inscrição se encontrava activa a 8 de Janeiro de 2009.

- **Bolsa de Formação da Iniciativa do Trabalhador: Despacho Normativo nº 86/1992 de 05-06**

Pretendem melhorar as condições de empregabilidade e de realização do trabalhador através da frequência de acções de formação contínua, com salvaguarda do normal funcionamento da empresa para Trabalhadores desempregados e empregados que pretendam aumentar as suas qualificações com vista à manutenção do seu emprego e/ou à sua reinserção profissional.

- **Programa de Apoio ao Empreendedorismo e à Criação do Próprio Emprego**

Os projectos de emprego promovidos por beneficiários das prestações de desemprego, apresentados ao abrigo do Programa de Estímulo à Oferta de Emprego até 4 de Setembro de 2009 (inclusive) são regulados, até ao final da sua execução pela Portaria nº 196-A/2001, de 10 de Março (com as alterações introduzidas pelas Portarias n.º 255/2002, de 12 de Março, n.º 183/2007, de 9 de Fevereiro e n.º 985/2009, de 4 de Setembro) e pelo respectivo Manual de Procedimentos. Os projectos apresentados após esta data, são regulados pela Portaria n.º 985/2009, de 4 de Setembro, que cria o Programa de Apoio ao Empreendedorismo e à Criação do Próprio Emprego.

- **Programa Português para Todos**

O Programa Português para Todos visa facultar à população imigrante, residente em Portugal, que comprove não possuir nacionalidade portuguesa e que apresente uma situação, devidamente, regularizada de estadia, permanência ou residência em Portugal, o acesso a um conjunto de conhecimentos indispensáveis a uma inserção de pleno direito na sociedade portuguesa, promovendo a capacidade de expressão e compreensão da língua portuguesa e o conhecimento dos direitos básicos de cidadania, entendidos como componentes essenciais de um adequado processo de integração, através de um conjunto de acções de formação em língua portuguesa, cidadania e português técnico.

Consideram-se destinatários das acções de formação a desenvolver no âmbito deste Programa, os cidadãos imigrantes adultos, com idade igual ou superior a 18 anos, activos empregados ou desempregados e com situação regularizada em Portugal.

- **Modalidades de Formação de Jovens**

    Cursos de Aprendizagem (Decreto-Lei n.º 205/96 de 25 de Outubro)

    A aprendizagem é um sistema de formação dirigido a jovens, desde que tenham ultrapassado a idade limite de escolaridade obrigatória e que não tenham ultrapassado, preferencialmente, o limite etário dos 25 anos, o qual integra uma formação polivalente, preparando para saídas profissionais específicas e conferindo uma qualificação profissional e possibilidade de progressão e certificação escolar.

    São destinatários desta modalidade de formação os candidatos ao primeiro emprego, com idades compreendidas entre os 15 e os 25 anos, preferencialmente e com uma habilitação escolar entre o 1º ciclo do Ensino Básico (4º ano de escolaridade) e o ensino secundário (12º ano de escolaridade).

    Cursos de Educação e Formação

    Os Cursos de Educação e Formação (CEF) são uma oportunidade para frequência ou conclusão da escolaridade de 6, 9 ou 12 anos e, simultaneamente, para preparação da entrada no mercado de trabalho com qualificação escolar e profissional. Os CEF integram 4 componentes de formação: sociocultural, científica, tecnológica e prática. Os CEF destinam-se a indivíduos que se encontrem nas seguintes condições:

    Cursos Profissionais

    Os Cursos Profissionais são uma modalidade de educação, inserida no ensino secundário, que se caracteriza por uma forte ligação com o mundo profissional. A aprendizagem valoriza o desenvolvimento de competências para o exercício de uma profissão, em articulação com o sector empresarial local.

São destinatários dos cursos profissionais os indivíduos que se encontrem nas seguintes condições: conclusão do 9º ano de escolaridade ou equivalente; procura de um ensino mais prático e voltado para o mundo do trabalho.

Cursos Tecnológicos

Os cursos tecnológicos são cursos profissionalmente qualificantes e estão orientados numa dupla perspectiva: a inserção no mundo do trabalho e o prosseguimento de estudos para os cursos pós-secundários de especialização tecnológica e para o ensino superior.

Os cursos tecnológicos destinam-se a alunos que, tendo concluído o 9.º ano de escolaridade ou equivalente, pretendam obter uma formação de nível secundário e, cumulativamente, uma qualificação profissional de nível intermédio.

- **Modalidades de Formação de Adultos**

Cursos de Educação e Formação de Adultos (EFA)

Os Cursos de Educação e Formação de Adultos (cursos EFA) são uma oferta integrada de educação e formação para públicos adultos com idade igual ou superior a 18 anos, que possuam baixos níveis de escolaridade e de qualificação profissional. Os cursos EFA destinam-se aos cidadãos com idade igual ou superior a 18 anos à data do início da formação, não qualificados ou sem qualificação adequada para efeitos de inserção no mercado de trabalho e que não tenham concluído quer a escolaridade básica de quatro, seis ou nove anos de escolaridade.

Formação Modular Certificada

A Formação Modular Certificada visa o desenvolvimento de um suporte privilegiado para a flexibilização e diversificação da oferta de formação contínua, integrada no Catálogo Nacional de Qualificações (CNQ), com vista ao completamento e à construção progressiva de uma qualificação profissional. Esta formação propõe-se a colmatar algumas lacunas de conhecimentos verificadas, pelos candidatos, no decurso da respectiva actividade profissional.

Esta formação destina-se a activos empregados ou desempregados, que pretendam desenvolver competências em alguns domínios de âmbito geral ou específico. Estas acções de formação conferem a atribuição de um certificado de qualificações.

A Formação Modular Certificada tem por base as unidades de formação de curta duração, de 25 ou 50 horas, constantes do CNQ e destina-se a aperfeiçoar os conhecimentos e competências dos candidatos, podendo ser, igualmente, utilizada em processos de reciclagem e reconversão profissional, proporcionado, deste modo, a aquisição dos conhecimentos necessários à integração num mercado de trabalho cada vez mais exigente e competitivo. Em termos de estrutura curricular, esta modalidade não contempla quaisquer componentes de formação, é pois uma oferta formativa individualizada, que pressupõe a frequência parcial das unidades de formação de curta duração, em função das necessidades de cada candidato e não a totalidade de um determinado percurso formativo.

- **Iniciativa Formação para Empresários**

Através da Portaria n.º 183/21010, de 29 de Março, foi criada a Iniciativa Formação para Empresários, com o objectivo de reforçar e desenvolver as competências dos empresários de micro, pequenas e médias empresas, através da realização de acções de formação e de aconselhamento que respondam às suas necessidades, visando a melhoria da sua capacidade de gestão e o aumento da competitividade, modernização e capacidade de inovação das respectivas empresas.

- **Reconhecimento, Validação e Certificação de Competências – RVCC**

Enquadrado na Iniciativa Novas Oportunidades, o processo de Reconhecimento, Validação e Certificação de Competências (RVCC) permite aumentar o nível de qualificação escolar (RVCC Escolar) e profissional (RVCC Profissional) da população adulta, através da valorização das aprendizagens realizadas fora do sistema de educação ou de formação profissional.

RVCC Escolar

É um processo que permite reconhecer, validar e certificar as competências adquiridas pelos adultos ao longo da vida, com vista à obtenção de uma certificação escolar de nível básico (4.º, 6.º ou 9.º ano de escolaridade) ou de nível secundário (12.º ano de escolaridade). Destina-se a todos os adultos com mais de 18 anos que não frequentaram ou concluíram um nível de ensino básico ou secundário e que tenham adquirido conhecimentos e competências; através da experiência em diferentes contextos, que possam ser formalizadas numa certificação escolar.

RVCC Profissional

É um processo que permite reconhecer, validar e certificar as competências que os adultos adquirem pela experiência de trabalho e de vida, através da atribuição de um **Certificado de Formação Profissional**. Destina-se a activos empregados e desempregados, com mais de 18 anos, que adquiriram saberes e competências através da experiência de trabalho ou noutros contextos e pretendam vê-las reconhecidas através de uma certificação formal.

- **Pessoas com Deficiências e Incapacidades**

Programa de Emprego e Apoio à Qualificação das Pessoas com Deficiências e Incapacidades

Integra diversas modalidades de apoio destinadas às pessoas com deficiências e incapacidade que apresentam dificuldades no acesso, manutenção e progressão no emprego.

Ajudas Técnicas

Apoios técnicos e financeiros de modo a possibilitar às pessoas com deficiência e incapacidades o acesso a meios (dispositivos, produtos, equipamentos ou sistemas) que compensem as desvantagens inerentes às suas deficiências e incapacidades, proporcionando-lhes maiores níveis de autonomia pessoal no acesso às oportunidades de formação, manutenção e progressão no emprego.

12. OS MUNICÍPIOS NA SUA RELAÇÃO COM A JUSTIÇA

A justiça não consta da Lei nº 159/99, de 14 de Setembro, como uma das atribuições e competências dos municípios. Contudo, é comum eles actuarem nos seguintes domínios, além da cedência gratuita de terrenos ou edifícios para criação de infra-estruturas:

– **Protocolo entre o Ministério da Justiça, o Ministro do Trabalho e da Solidariedade e a ANMP**: celebrado no dia 10 de Janeiro de 2001, visava facilitar a instalação das comissões de protecção de crianças e jovens em perigo, no âmbito da Lei de Protecção de Crianças e Jovens em Perigo (Lei nº 147/99, de 1 de Setembro).

– **Protocolo entre a ANMP e Ordem dos Notários**: celebrado no dia 9 de Janeiro de 2007, para facilitar o trabalho de ambos.

– **Protocolo entre o Provedor de Justiça e a ANMP**: celebrado no dia 19 de Março de 2010, teve como objectivo desenvolver uma acção conjunta e concertada no sentido de divulgar junto das populações o conhecimento da missão e das atribuições do Provedor de Justiça, como órgão de defesa e promoção dos direitos, liberdades, garantias e interesses legítimos dos cidadãos, através de meios informais e gratuitos, a justiça, e a legalidade do exercício dos poderes públicos.

– **Julgados de Paz**: foram criados através da Lei n.º 78/2001, de 13 de Julho, aprovada por unanimidade na Assembleia da República. São tribunais dotados de características de funcionamento e organização próprias; os primeiros Julgados de Paz abriram em Janeiro e Fevereiro de 2002 a título de projecto experimental, num contexto de promoção de novas e diferentes formas de resolução de litígios, assentes em modelos agilizados e eficazes de administração da Justiça, em estreita colaboração com o Poder Local (autarquias) e numa perspectiva de proximidade entre a Justiça e os cidadãos. Os Julgados de Paz são, desta forma, uma parceria pública/pública entre o Ministério da Justiça e as autarquias, sendo o respectivo financiamento partilhado entre essas duas entidades.

– **Arbitragem voluntária**: foi prevista na Lei n.º 31/86, de 29 de Agosto, é uma das formas de resolução alternativa de litígios. Na Arbitragem, as partes, através de um acordo de vontades que se designa por convenção de arbitragem, submetem a decisão a árbitros por elas escolhidos, desde que o litígio não esteja exclusivamente atribuído a tribunal judicial ou a arbitragem necessária e não respeite a direitos indisponíveis.

– **Mediação**: é um dos meios alternativos de resolução de litígios, o que significa que na mediação os litígios são resolvidos extra-judicialmente. Na mediação as partes, auxiliadas por um terceiro imparcial que é o mediador, procuram chegar a um acordo que resolva o litígio que as opõe. Ao contrário de um juiz ou de um árbitro, o mediador não tem poder de decisão, pelo que não impõe qualquer deliberação ou sentença. Enquanto terceiro imparcial, o mediador guia as partes, ajudá-as a estabelecer a comunicação necessária para que elas possam encontrar, por si mesmas, a base do acordo que porá fim ao conflito. As partes são assim responsáveis pelas decisões que constroem com o auxílio do mediador.

Podem, assim, ser instalados, com o apoio ou não dos municípios, Gabinetes de Mediação Familiar, de Mediação Laboral e de Mediação Penal.

– **Gabinetes de Apoio ao Consumidor:** por exemplo, a Câmara Municipal de Alandroal estabeleceu um protocolo com a DECO (Associação Portuguesa para a Defesa do Consumidor) de forma a dar apoio aos munícipes do concelho em matéria de consumo, criando um Gabinete de Apoio ao Consumidor, amparado juridicamente pela DECO, onde qualquer munícipe se pode dirigir e apresentar as suas dúvidas, tal como o fizeram outros municípios.

– **Gabinetes de Consulta Jurídica:** Embora não se questione a boa vontade das câmaras, a verdade é que não se podem constituir gabinetes de atendimento jurídico por iniciativa própria e sem qualquer controlo por parte da Ordem dos Advogados. Tal consubstancia uma situação de procuradoria ilícita e usurpação de funções, constituindo um crime que pode trazer dissabores às juntas de freguesia. Portanto, é necessário ter muito cuidado e envolver a Ordem dos Advogados na sua constituição e funcionamento.

13. POLÍTICA DE MODERNIZAÇÃO, INOVAÇÃO E QUALIDADE

Esta é uma área onde os municípios podem e devem investir e que deve merecer por parte dos membros das assembleias municipais uma redobrada atenção, exigindo aos municípios que acompanham e fiscalizam a sua implementação e maximização.

A administração central (Governo) tem adoptado medidas de modernização e reforma do Estado que, directa ou indirectamente, têm reflexos na gestão das autarquias locais. Os eleitos locais deverão estar atentos aos desenvolvimentos a esse nível de que poderão beneficiar.

O Estado tem adoptado medidas que visam uma administração pública mais moderna, uma nova arquitectura de organização do Estado, um novo modelo de gestão dos recursos humanos, uma revisão dos regimes de benefícios sociais, uma melhor integração da gestão dos recursos humanos com a gestão orçamental e um novo regime de protecção social.

Nessa temática, consideramos que têm tido um papel relevante a UMIC (Agência para a Sociedade do Conhecimento, IP), criada em Janeiro de 2005 pelo Decreto-Lei nº 16/2005, de 18 de Janeiro, e a AMA (Agência para a Modernização Administrativa, IP), criada no dia 1 de Maio de 2007 ([1]).

Não cabe no âmbito deste trabalho elencar todas as medidas decididas e executadas pela administração central, o que pode ser facilmente encontrada numa pesquisa cuidada e exaustiva à Internet.

O regime jurídico geral da modernização administrativa consta do **Decreto-Lei nº 135/99, de 22 de Abril**.

Segundo esse diploma, para exercitar direitos e garantias urge exigir da administração pública respostas prontas, correctas e com qualidade.

---

[1] Ao nível da administração e da sua modernização, merecem particular destaque o **PRACE** (Programa de Reestruturação da Administração Central do Estado), o **Simplex** (Programa de Simplificação Administrativa e Legislativa), em vigor desde 2006, e o **Plano Tecnológico** criado em Novembro de 2005.

A principal preocupação da administração pública, onde se integra a administração local, é o desenvolvimento de uma cultura de serviço público orientada para os cidadãos e para uma eficaz e eficiente gestão pública.

A administração pública deve aproximar-se dos utentes, prestando melhores serviços, orientando e informando com rigor e total transparência, dentro do espírito e da letra do Código de Procedimento Administrativo, entre outros diplomas legais conformadores.

A modernização administrativa opera-se nos seguintes domínios:

- Acolhimento e atendimento dos cidadãos em geral;
- Comunicação Administrativa;
- Simplificação de Procedimentos;
- Audição dos utentes;
- Sistema de informação para a gestão.

As autarquias em geral devem estar ao serviço do cidadão e orientar a sua acção em consonância com os princípios da qualidade, da protecção da confiança, da comunicação eficaz e transparente, da simplicidade, da responsabilidade e da gestão participada.

Os Municípios devem utilizar como instrumentos de apoio à gestão:

- Plano e Relatório de Actividades;
- Balanço Social;
- Relatório da Modernização Administrativa;
- Cartas de Qualidade.

Os dirigentes [2] deve ter um papel inovador através de:

– Definição de objectivos anuais e do nível dos serviços a prestar;
– Criação e manutenção de critérios de qualidade;
– Motivação e estímulo dos funcionários;
– Preocupação com a boa imagem dos serviços;

---

[2] O Estatuto do Pessoal Dirigente dos serviços e organismos da administração central, local e regional do Estado, aprovado pela Lei n.º 2/2004, de 15 de Janeiro, e alterado pela Lei n.º 51/2005, de 30 de Agosto, insere-se numa cultura de mérito e de exigência transversal a toda a Administração Pública, visando que a actuação dos titulares de cargos dirigentes seja orientada por critérios de qualidade, responsabilidade, eficácia e eficiência, integrada numa gestão por objectivos e orientada para a obtenção de resultados (artigos 3.º, 4.º e 5.º da Lei n.º 51/2005, de 30 de Agosto); foi aplicado à administração local, mediante decreto-lei de adaptação – Decreto-Lei n.º 93/2004, de 20 de Abril, alterado e republicado pelo Decreto-Lei n.º 104/2006, de 7 de Junho.

- Programa de acção;
- Elaboração de cartas de qualidade;
- Metodologias de melhores práticas de gestão;
- Sistemas de garantia de conformidade face aos objectivos exigidos;
- Reuniões periódicas;
- Planos de formação individuais.

Segundo a Associação Portuguesa de Certificação, pela importância que a Administração Pública representa no desenvolvimento económico e social de Portugal, torna-se essencial que esta acompanhe, cada vez mais, a evolução da sociedade.

Efectivamente, já há mais de 15 anos que a Certificação de Sistemas de Gestão tem vindo a assumir uma relevância crescente na competitividade e melhoria das organizações nacionais. A Administração Pública não tem ficado alheia a este facto, havendo um número cada vez maior de entidades pertencentes a este sector que investem na implementação e Certificação de Sistemas de Gestão.

Desta forma e para as entidades associadas à Administração Pública, a APCER tem à disposição um portfólio de serviços, nomeadamente:

- ISO9001:2000 – Sistemas de Gestão da Qualidade;
- ISO14001:2004 – Sistemas de Gestão Ambiental;
- EMAS – Verificação do Sistema de Gestão Ambiental de acordo com o Regulamento de Eco-Gestão e Auditoria EMAS, regulamentam (CE) nº 761/2001;
- OHSAS18001/NP 4397:2001 – Sistema de Gestão da Segurança e Saúde no Trabalho;
- ISo/IEC 27001 – Tecnologias da Informação.

Segundo o IPQ, a Norma NP EN ISO 9001:2000 especifica requisitos para um sistema de gestão da qualidade em que uma organização:

- Necessita demonstrar a sua aptidão para, de forma consistente, proporcionar produtos e/ou serviços que vão ao encontro dos requisitos do cliente e regulamentares aplicáveis;
- Visa aumentar a satisfação do cliente através da aplicação eficaz do cliente, incluindo processos para melhoria contínua do sistema e para garantir a conformidade com os requisitos do cliente e regulamentares aplicáveis.

A norma NP EN ISO 9001:2000 está baseada em oito princípios de gestão da qualidade:

- Focalização no Cliente;
- Liderança;
- Envolvimento das pessoas;
- Abordagem por processos;
- Abordagem à gestão através de um Sistema (SGQ);
- Melhoria contínua;
- Abordagem à tomada de decisões baseada em factos;
- Relações mutuamente benéficas com fornecedores.

O mercado já tem à disposição empresas que tratam deste processo de certificação de qualidade a troco de um valor monetário.

Alfredo Azevedo liga o Decreto-lei nº 135/99 à norma ISO 9001:2000, que mais não é, nas suas palavras, do que melhorar e reforçar o que a modernização administrativa prevê com o intuito de ir ao encontro da satisfação dos clientes, da melhoria contínua, da simplificação de procedimentos, da audição dos munícipes e da criação de um sistema de informação para a gestão.

Esse autor fala ainda do CAF como Metodologia de Auto-Avaliação em Qualidade nos Serviços Públicos, da gestão por objectivos e da BSC como instrumento de gestão que alinha um conjunto de indicadores pela estratégia da organização e permite o acompanhamento periódico por todos os elementos da organização.

Existe uma bibliografia vasta sobre a modernização administrativa e sobre a qualidade dos serviços públicos e facilmente se encontra em livrarias genéricas ou especializadas. Sem desrespeito para outras obras e autores, é de extrema utilidade consultar as seguintes obras:

- "Administração Pública-Modernização Administrativa; Gestão e Melhoria dos Processos Administrativos; CAF e SIADAP", da autoria de Alfredo Azevedo e editada pelo Grupo Editorial Vida Económica em Novembro de 2007;
- "Gestão na Administração Pública", de Arminda Neves, Pergaminho, 2002.

Recomendamos vivamente esta última obra pela sua excelente qualidade e utilidade, não resistindo a trocar convosco algumas ideias daí extraídas, o que não dispensa a sua leitura integral:

- Quem gere um serviço público vê-se pressionado pela necessidade de gerir adequadamente diferentes tipos de recursos, cuja resposta dificilmente se compadece com todos os procedimentos estabelecidos, tendo de fazer um

jogo bem difícil de compatibilização do cumprimento das normas com a exigência de eficácia e eficiência nos resultados.
- A reforma da Administração Pública é inevitável, tendo em consideração os enormes desafios de índole política (incluindo o reforço da União Europeia e a própria reforma do Estado), social (com o reforço de novos problemas e expectativas dos cidadãos) e tecnológica (com a dominância da sociedade da informação e do conhecimento).
- É urgente acabar com a velha ideia de que basta "administrar" e não gerir os serviços públicos.
- As intervenções sobre o mesmo sistema devem ser articuladas, evitando desperdício de recursos e potenciando sinergias.
- O cumprimento da missão dos serviços e organismos do Estado exige partilha de responsabilidades, articulação e complementaridade, redes de relação e parceria, postura mais flexível e adaptável às novas exigências, a implicação e envolvimento social e a valorização social do trabalho prestado.
- A relação entre boa administração e boa governação tem sido posta em evidência e não há boa administração sem boa governação.
- Uma organização saudável é, no contexto actual, a que consegue responder de forma adequada às necessidades e expectativas do presente e, simultaneamente, preparar e garantir o futuro.
- Isso exige uma atenção constante ao contexto envolvente, o respeito pelas orientações políticas e a avaliação correcta das necessidades e das expectativas dos destinatários da sua acção.
- A nova cultura organizacional assenta nas ideias de complementaridade de papéis, respeito pelos destinatários da acção, valorização da mudança/evolução, competência, cooperação, imaginação, criatividade e participação.
- A dinâmica actual da gestão passa por uma relação dialéctica que exige bons sistemas de informação, intuição e rapidez nas decisões e interacção entre actores.
- O sistema directivo implica diferentes papéis complementares, gestão do sistema, novas práticas de direcção e valores de confiança e respeito mútuo, que consolidem um trabalho partilhado e cooperativo.
- Gerir é mais que complicado, é uma actividade complexa sujeita a grande pressão de tempo, que requer grande capacidade de avaliação e intuição, utilização de meios de comunicação verbal e uma orientação para a acção que, em muitos casos, não se compadece com reflexões analíticas muito prolongadas.
- A gestão estratégica exige que se distingam conceitos como estratégia, identidade, missão, opinião pública, rede de influências, objectivo, projecto, actividade, plano de acção, programa e orçamentação.

- O ambiente organizacional deve ser de compromisso e responsabilidade e requer uma forte participação de todos os níveis de direcção e dos próprios colaboradores.
- Deve ser trabalhada quer a imagem interna quer a externa pois a acção da administração pública depende cada vez mais das oportunidades e ameaças que o meio envolvente lhe lança.
- Para melhoras a imagem da organização é essencial melhorar a qualidade do serviço (responder de forma rápida e adequar ás necessidades), reduzir os custos (diminuir as formalidades e facilitar o acesso) e melhorar o atendimento (melhorar as condições físicas e personalizar o atendimento).
- Fazer partilhar objectivos, preocupações e procura de soluções implica dotar as pessoas da informação adequada e garantir espaços de diálogo e partilha.
- É hoje vulgarmente aceite a ideia de que as pessoas são o princípio e o fim, o recurso estratégico por excelência;
- Os recursos financeiros são sempre escassos mas aos serviços, não importa fazer tudo, mas fazer o que é mais certo e da forma certa, com rentabilização dos meios; há escolhas possíveis e desejáveis que uma administração saudável, preocupada com a eficiência, permite; é necessária imaginação mas sobretudo a noção de que se tem de tirar o máximo proveito do que se gasta, ou seja, fazer mais com menos.
- O acompanhamento pressupõe uma atitude activa de atenção do que se passa, às dificuldades e riscos, permitindo a sua superação atempada e alimentando o estímulo e as dinâmicas.
- As reuniões periódicas entre serviços podem contribuir para o reconhecimento mútuo e a cooperação e estimular a acção, através de uma competição saudável.
- As condições de atendimento são aspectos a ter em conta, devido ao tempo de espera, à privacidade e ao conforto, contribuindo para a sua humanização.
- Sempre que possível, o cidadão deve ter uma resposta imediata para evitar nova deslocação ao serviço.
- Os cidadãos exigem serviços acessíveis, justos e equitativos, com qualidade, uma administração eficaz na resolução dos problemas e eficiente no uso de recursos públicos.
- Os destinatários da acção são quem exclusivamente sente os problemas ou necessidades a que se quer dar resposta e, consequentemente quem melhor pode ajudar a encontrar soluções.
- Do desejável diagnóstico social resulta a identificação de um conjunto de problemas, caracterizados como dificuldades sentidas para responder adequadamente à estratégia definida ou garantir um funcionamento presente

saudável, daí resultando um conjunto de objectivos de mudança que traduzem estados desejáveis para a organização.
- São projectos potencialmente prioritários dada a sua acutilância para a administração pública:

  – desenvolvimento de estratégias de acção;
  – adequação da imagem externa;
  – aumento da satisfação dos destinatários;
  – melhoria da qualidade dos serviços prestados;
  – melhoria nas interfaces com o público;
  – reforço das competências;
  – desenvolvimento do sistema de comunicação e participação internos;
  – reforço da direcção/liderança;
  – actualização de valores organizacionais;
  – inovação organizacional e tecnológica;
  – melhoria do clima organizacional;
  – reorganização de processos produtivos.

- O desempenho organizacional deve ser continuamente avaliado do ponto de vista da:

  – **Pertinência**: adequação das respostas às necessidades e às expectativas;
  – **Qualidade**: estado ou características de um produto, processo ou situação de trabalho, que lhes conferem uma apreciação positiva, de acordo com as expectativas ou padrões definidos ou construídos socialmente sobre os mesmos;
  – **Eficácia**: capacidade de realização dos objectivos fixados;
  – **Eficiência**: relação entre o valor atribuído aos produtos obtidos e o valor dos recursos consumidos para o efeito;
  – **Produtividade**: capacidade de fazer o máximo com o menor custo, ou seja, de garantir a máxima eficácia e eficiência.

- Nas preocupações da gestão deve estar a análise da relação custo/benefício do que se faz.
- O dirigente deve ser um símbolo, um líder e um agente de ligação, um observador atento, um difusor de informação, um porta-voz, um empreendedor, um regulador e um distribuidor de recursos. Deve ter como características fundamentais:

  – Saber decidir face à complexidade;
  – Saber negociar e garantir a concertação de objectivos;

- Ter criatividade e maturidade;
- Ter aptidões sociais no sentido das relações humanas e comportamentais;
- Ter experiência de condução de grupos;
- Ser persistente e paciente;
- Saber gerir bem o tempo;
- Ter motivação interior para a função;
- Saber acumular um conjunto vasto de tarefas de rotina com uma acção criativa e inovadora.

- A confiança e a delegação nos colaboradores passou a ser indispensável.
- "A maior parte daquilo a que chamamos gestão consiste em dificultar o trabalho dos outros". Peter Drucker.
- "Nunca digam às pessoas como fazer isto ou aquilo; digam-lhes os objectivos alcançar e elas surpreender-vos-ão com o engenho de que são capazes". General Patton.
- "É com o coração que vemos claramente; o essencial é invisível aos olhos". Saint-Exupéry.
- "Qualquer um pode zangar-se – isso é fácil; mas zangar-se com a pessoa certa, na justa medida, no momento certo, pela razão certa e da maneira certa – isso não é fácil". Aristóteles em Ética a Nicómaco.
- O desenvolvimento das competências em gestão constitui uma condição indispensável de reforço dos processos de mudança e inovação e uma necessidade amplamente reconhecida.

Existem outras medidas que cabem neste conceito de modernização administrativa, tais como a criação de tabelas e quadros de rotinas e tarefas regulares ou o tipo de editais e a criação de uma Gabinete Autárquico e do Munícipe, embora aqui da incumbência dos municípios.

Existe actualmente uma panóplia de soluções informáticas e de utilização multimédia que as autarquias locais não podem ignorar e devem, pelo contrário, maximizar, para que o serviço público seja cada vez mais eficaz, eficiente, célere e transparente. Isso consegue-se criando, mantendo e actualizando portais na Internet, introduzindo a intranet e acedendo a programas informáticos.

Esta matéria está em consonância com o Plano Tecnológico do Governo assente em três eixos prioritários: conhecimento, tecnologia e inovação. A UMIC aprovou também um Plano de Acção para a Sociedade de Informação (Uma Nova Dimensão de Oportunidades) que poderá ser consultada ([3]).

---

[3] Recomendamos também a consulta e leitura de uma publicação da UMIC intitulada "Guia das Boas Práticas na Construção de Web Sites da Administração Directa e Indirecta do Estado".

No portal do Governo ou da UMIC facilmente se encontram documentos sobre as novas TIC, das quais possuímos as seguintes:

- Uma Nova Dimensão de Oportunidades (Plano de Acção para a Sociedade da Informação);
- Construir a Sociedade do Conhecimento;
- Iniciativa Nacional para a Banda Larga;
- Guia para as Comunicações na Administração Pública;
- Plano Tecnológico (Uma Estratégica de Crescimento com base no Conhecimento, Tecnologia e Inovação).

Segundo Arminda Neves [4], com o desenvolvimento tecnológico pode advir a viabilidade de disponibilizar de forma ampla e acessível informação útil e relevante, de facilitar a permuta rápida de informação à distância e de aperfeiçoar e multiplicar as formas de comunicação. Uma organização que menospreze essa dimensão nos tempos actuais depressa caminha para a obsolescência no seu modo de actuar e agir. Mais refere a autora de que as TIC funcionam como suporte dos processos produtivos em aspectos básicos como o aumento da produtividade, traduzida numa maior rapidez de resposta às solicitações e em menores custos e erros. Conclui, afirmando que as TIC devem desempenhar hoje um papel essencial nas organizações:

- Viabilizando acesso a informação e conhecimentos;
- Reforçando trocas e criando proximidades;
- Disponibilizando informação da organização;
- Reforçando a melhoria da imagem externa;
- Facilitando o atendimento;
- Dando maior segurança e acelerando as decisões;
- Reduzindo o tempo de prestação dos serviços;
- Automatizando procedimentos e simplificando rotinas;
- Enriquecendo os postos de trabalho e o trabalho de grupo;
- Viabilizando a descentralização e a coordenação;
- Viabilizando novas formas de prestação e organização do trabalho, como o teletrabalho;
- Criando novos serviços e produtos;
- Influenciando a definição de estratégias e facilitando a sua implementação.

---

[4] "Gestão na Administração Pública", Pergaminho Tema, 2002.

Em 2008 foi publicada uma obra de Manuel Rocha, Jorge Maçara e Filipe Lousa intitulada "A Contratação Pública e o Guia do Código dos Contratos Públicos" que contém assuntos e legislação sobre a temática, nomeadamente a seguinte:

- Decreto-Lei nº 18/2008, de 29 de Janeiro (Código dos Contratos Públicos);
- Decreto-Lei nº 62/2003, de 3 de Abril (assinaturas electrónicas), alterando o Decreto-Lei nº 290-D/99, de 2 de Agosto;
- Decreto-Lei nº 37/2007, de 19 de Fevereiro (Agência Nacional de Compras Públicas).

Segundo esses autores, "um dos aspectos que mais ajudou à recepção, por parte do Estado, desses novos meios electrónicos na contratação pública, além da rapidez e da economia, foi, sem sombra de dúvida, a ideia generalizada de que a implantação destas soluções tecnológicas desmaterializadoras contribui, em muito, para a transparência de procedimentos". Tem também evidentes vantagens ecológicas e economicistas dada a redução drástica do consumo de papel.

Isso repercutiu-se nomeadamente no Código dos Contratos Públicos, aprovado pelo Decreto-Lei nº 18/2008, de 29 de Janeiro, que entrará em vigor no dia 29 de Julho de 2008. Vai passar a ser electrónico, segundo o CCP:

- Anúncios (130º e 131º do CCP);
- Peças do procedimento (133º);
- Esclarecimentos (50º);
- Apresentação das propostas e candidaturas (62º e 83º);
- Notificações e comunicações (467º e 468º);
- Lista dos concorrentes e consulta das candidaturas/propostas apresentadas (138º);
- Data/hora, assinatura electrónica e recibo electrónico (62º);
- Portal de Internet e plataformas electrónicas;
- Publicação dos contratos (127º);
- Acordos Quadro (251º e ss.)
- Centrais de Compras (260º e ss.);
- Leilões Electrónicos (140º a 148º);
- Sistemas de aquisição dinâmicos (237º a 244º).

Reconhecendo essas potencialidades, o Governo tem introduzido em vários diplomas a obrigatoriedade da publicação electrónica de vários documentos e actos administrativos.

É cada vez mais frequente a lei obrigar à publicação de informação na página electrónica das autarquias locais, aspecto que não deve ser descurado pelos eleitos locais. Essa informação pode ser encontrada nos seguintes diplomas e disposições legais:

- **Código dos Contratos Públicos** (Decreto-Lei nº 18/2008, de 29 de Janeiro): artigo 465º;
- **Apresentação e recepção de propostas, candidaturas e soluções no âmbito do Código dos Contratos Públicos** (Decreto-Lei nº 143-A/2008, de 25 de Julho);
- **Regimes de Vinculação, de Carreiras e de Remunerações** (Lei nº 12-A/2008, de 27 de Fevereiro): artigos 5º, 38º, 46º, 48º e 74º;
- **SIADAP** (Lei nº 66-B/2007, de 28 de Dezembro): artigo 10º;
- Regime Jurídico da Urbanização e Edificação (Decreto-Lei nº 555/99, de 16 de Dezembro, alterado pela Lei nº 60/2007, de 4 de Setembro): artigos 8.º -A, 9.º, 36.º -A, 78.º, 110.º, 119.º e 121.º;
- **Regime Jurídico dos Instrumento de Gestão Territorial** (Decreto-Lei nº 380/99, de 22 de Setembro, alterado pelo Decreto-Lei nº 310/2003, de 10 de Dezembro, pelo Decreto-Lei nº 316/2007, de 19 de Setembro, e pelo Decreto-Lei nº 46/2009, de 20 de Fevereiro): artigos 5º, 83ª-A e 151º-A;
- **Plataformas electrónicas** (Portaria nº 701-G/2008, de 29 de Julho);
- **Regulamento do Funcionamento do Sistema Informático** (Portaria nº 216-A/2008, de 3 de Março).

Embora não seja fácil de definir a Qualidade, ela pode ser entendida como a capacidade de uma organização mobilizar de uma forma eficiente todos os recursos, internos e externos, de modo a satisfazer as necessidades e expectativas dos clientes e partes interessadas, melhorando continuamente a sua eficácia e eficiência.

Segundo Alfredo Azevedo, *"o conceito de qualidade de um serviço envolve a satisfação explícita e implícita do munícipe/utente/cliente/cidadão, mas não deixa de ser uma filosofia e uma prática de gestão"*.

Por sua vez, Parasuman, Zeithaml e Berry identificaram como dimensões da qualidade a tangibilidade, a confiança, a receptividade, a garantia e a empatia. Outros como Peter Drucker e Tom Peters, entendem que a qualidade deverá estar marcada pelo empenho e liderança da gestão de topo, pelo investimento na estratégia e no sistema de gestão, pela orientação para os clientes e pela criação de um sistema de gestão de recursos humanos.

A Carta da Qualidade expressa um conjunto de compromissos assumidos pelos municípios para melhorar a qualidade dos serviços prestados aos cidadãos-

-clientes, assim como medidas e decisões internas tomadas para o tornar capaz de cumprir esses compromissos.

De acordo com Alfredo Azevedo, *"as cartas de qualidade incluem elementos comuns, como iniciativas de melhorar a transparência e a acessibilidade dos serviços, simplificação dos processos administrativos, desburocratização, desenvolvimento de novas medidas de perfomance e melhoria de mecanismos de solução das queixas e reclamações dos munícipes, podendo mesmo chamar-se de uma Carta de Direitos dos Cidadãos, consumidores dos serviços públicos".*

A Política da Qualidade tem como objectivo a implementação e manutenção de um Sistema de Gestão da Qualidade, de forma a assegurar a aplicação e o cumprimento dos seus processos-chave, visando a melhoria da eficácia e eficiência das actividades municipais.

A definição da Política da Qualidade teve em consideração os princípios estabelecidos na Norma ISO 9001:2008 e traduz-se na "Procura da Excelência", por forma a poder responder com eficiência às solicitações dos munícipes/cidadãos, sustentada nas seguintes linhas de acção:

- Promover e melhorar a interacção com os munícipes, agilizando a capacidade de resposta e os processos de tomada de decisão, através da desburocratização, modernização e inovação dos serviços técnico-administrativos;
- Fomentar uma gestão pública participada, através da audição dos munícipes quanto à qualidade dos serviços prestados pela Câmara Municipal de Mirandela;
- Suportar o cumprimento dos objectivos operacionais, sustentados por planos de actividade, que resultam de um desdobramento da missão e dos objectivos estratégicos definidos pelas câmaras municipais;
- Sensibilizar e envolver activamente toda a organização para a Qualidade de forma a assegurar a sua participação e comprometimento em processos de melhoria contínua;
- Impulsionar a melhoria e reengenharia de processos, tendo por base a sua monitorização e medição, de forma a obter dados e informações que permitam, com transparência, rigor e isenção, a tomada de decisões eficazes baseadas em factos;
- Estimular a cooperação entre as câmaras municipais e outros organismos ou entidades públicas e privadas, com vista à criação de sinergias de melhoria contínua.

No preâmbulo do Decreto-Lei nº 135/99, de 22 de Abril, pode ler-se que *"criar um modelo de Administração Pública ao serviço do desenvolvimento harmonioso do País, das necessidades da sociedade em geral e dos cidadãos e agentes económicos em particular tem sido uma das preocupações permanentes da modernização administrativa, que se vem consubstanciando pela aproximação da Administração aos utentes, pela prestação de melhores serviços, pela desburocratização de procedimentos e pelo aumento de qualidade da gestão e funcionamento do aparelho administrativo do Estado".*

O seu artigo 2.º (Princípios de acção) refere que "os serviços e organismos da Administração Pública estão ao serviço do cidadão e devem orientar a sua acção de acordo com os princípios da qualidade, da protecção da confiança, da comunicação eficaz e transparente, da simplicidade, da responsabilidade e da gestão participativa, tendo em vista:

a) Garantir que a sua actividade se orienta para a satisfação das necessidades dos cidadãos e seja assegurada a audição dos mesmos como forma de melhorar os métodos e procedimentos;

b) Aprofundar a confiança nos cidadãos, valorizando as suas declarações e dispensando comprovativos, sem prejuízo de penalização dos infractores;

c) Assegurar uma comunicação eficaz e transparente, através da divulgação das suas actividades, das formalidades exigidas, do acesso à informação, da cordialidade do relacionamento, bem como do recurso a novas tecnologias;

d) Privilegiar a opção pelos procedimentos mais simples, cómodos, expeditos e económicos;

e) Adoptar procedimentos que garantam a sua eficácia e a assunção de responsabilidades por parte dos funcionários;

f) Adoptar métodos de trabalho em equipa, promovendo a comunicação interna e a cooperação intersectorial, desenvolvendo a motivação dos funcionários para o esforço conjunto de melhorar os serviços e compartilhar os riscos e responsabilidades.

Assim sendo, propomos que os municípios se comprometam a actuar de acordo com critérios de Qualidade Total, Eficácia, Eficiência e Economia, podendo implementar as seguintes medidas de MIQ:

- Gerir e administrar o Município de acordo com a Gestão por Objectivos como a grande matriz de mudança, adoptando técnicas modernas de planeamento estratégico, procurando tornar os serviços mais céleres, simples, ágeis, adequados, disponíveis e acessíveis, e a metodologia dos objectivos SMART (específicos, mensuráveis, atingíveis e temporizáveis) e partindo da avaliação do ambiente interno e externo em consonância com a análise SWOT (Oportunidades e Ameaças e Forças e Fraquezas);
- Definir com clareza e consenso a **Missão** (qual a nossa razão de ser?), a **Visão** (para onde queremos ir?) e os **Valores** porque se quer pautar o Município, com a colaboração de todos;

- Embora não obrigatório, poderá ser utilizado o modelo do QUAR (Quadro de Avaliação e Responsabilização) previsto no artigo 10.º da Lei n.º 66 -B/2007, de 28 de Dezembro, o qual deve conter a missão do serviço, os objectivos estratégicos plurianuais determinados superiormente, os objectivos anualmente fixados e, em regra, hierarquizados, os indicadores de desempenho e respectivas fontes de verificação, os meios disponíveis, sinteticamente referidos, o grau de realização de resultados obtidos na prossecução de objectivos, a identificação dos desvios e, sinteticamente, as respectivas causas e a avaliação final do desempenho do serviço;
- Assunção plena do conceito de Responsabilidade Social Corporativa como o compromisso para contribuir para o desenvolvimento sustentável, trabalhando com os colaboradores, com as famílias, com as comunidades locais e com a sociedade em geral para melhorar a qualidade de vida de todos;
- Projecto "Município Visto à Lupa", de acordo com o método CAF (Estrutura Comum de Avaliação), EFQM (Modelo Europeu de Excelência) ou a Norma NP N ISO 9001:2008, que permitem realizar uma auto-avaliação do estado do Município e a partir daí implementar acções de melhoria contínua, optimizando os recursos disponíveis, sem esquecer a possibilidade de aplicar o BSC (Balanced Scorecard) como instrumento de gestão;
- Processo de Certificação de Serviços e Produtos;
- Projecto "Olho Vivo nos Dinheiros Públicos do Município";
- Introdução de mecanismos de auditoria de gestão de recursos humanos, de gestão financeira e de gestão urbanística, entre outros;
- Elaboração de um Regulamento do Gabinete de Auditoria e Controlo Interno;
- Celebração de um Protocolo de Geminação Administrativa com outro Município, utilizando as técnicas do *bench marking* ou do *bench learning*;
- Implementação do Orçamento Participativo;
- Elaboração semestral de relatório que possibilite aos órgãos municipais tomar as medidas de reajuste que se tornem necessárias e, dessa forma, proceder ao efectivo acompanhamento da execução física e financeira do orçamento;
- Criação de uma Plataforma Electrónica de Discussão Pública;
- Consolidação da Contabilidade de Custos (basear as decisões de investimento e o controlo financeiro em análises de custo-benefício), definindo mecanismos de controlo rigoroso de gastos e de contenção financeira;
- Redução dos tempos médios de espera de atendimento;
- Publicação de um Guia do Atendimento de Qualidade;

- Cumprimento rigoroso das medidas de modernização previstas no Decreto-Lei nº 135/99, de 22 de Abril, nomeadamente das seguintes:

  – Prática de atendimento ao público em regime de horário contínuo que abranja sempre o período da hora do almoço em todos os serviços onde tal se justifique e afixação, em todos os locais de acolhimento e atendimento de público, por forma bem visível, do respectivo horário de funcionamento e atendimento;
  – Colocação nas entradas a que os utentes tenham acesso de funcionários conhecedores da sua estrutura e competências genéricas e com qualificação em atendimento de público, que encaminhe os interessados e preste as primeiras informações;
  – Afixar nos espaços principais de acolhimento, recepção ou atendimento de informação sobre os locais onde são tratados os diversos assuntos, de tabela dos preços dos bens ou serviços fornecidos, do organograma do serviço, em que sejam inscritos os nomes dos dirigentes e chefias respectivos, da existência de linhas de atendimento telefónico ao público e de brochuras, desdobráveis, guias ou outros meios de divulgação de actividades e respectivas formalidades;
  – Em função da aglomeração de pessoas, deve ser ponderada a instalação de sistemas de marcação de vez, sinalização para auto-encaminhamento e pictogramas de segurança, telefones públicos, instalações sanitárias, dispositivo para fornecimento de água potável, vídeo, televisor, computador que permita o acesso à Internet ou a outro meio de divulgação *multimédia*;
  – Optar, de preferência, pelo atendimento personalizado, isto é, em secretária individual, removendo-se os balcões e postigos, e os funcionários que o efectuem devem estar identificados;
  – Deve ser dada prioridade ao atendimento dos idosos, doentes, grávidas, pessoas com deficiência ou acompanhadas de crianças de colo e outros casos específicos com necessidades de atendimento prioritário;
  – Aos funcionários e agentes com funções ligadas ao acolhimento e atendimento de utentes será dada formação específica no domínio das relações humanas e das competências do respectivo serviço, de forma a ficarem habilitados a prestar directamente as informações solicitadas ou a encaminhar os utentes para os postos de trabalho adequados;
  – Criação de linhas de atendimento telefónico azuis para atendimentos específicos, garantindo a sua total disponibilidade para o público;
  – Privilegiar a comunicação e o correio por via electrónica, reduzindo ao máximo a utilização de suporte-papel, devendo ser o mais ecológico possível e o menos nocivo para o ambiente;

- Concepção, execução e acompanhamento de um Plano de Comunicação Global do Município;
- Recurso e fomento da utilização progressiva de meios automáticos e electrónicos de pagamentos devidos ao Município;
- Deve ser adoptada a recolha de opiniões e sugestões, como instrumento institucionalizado de audição dos utentes e de aferição da qualidade dos serviços públicos, a qual deve ser concretizada através de Opiniões, Sugestões e outros contributos escritos para a modernização administrativa, por meio dos quais o utente possa manifestar o seu desacordo ou a sua divergência em relação à forma como foi atendido, como lhe foi prestado determinado serviço ou ainda como a lei ou regulamento lhe impõe formalidades desnecessárias;
- Disponibilização em todos os locais de atendimento de uma caixa de sugestões e opiniões, que deve ser divulgada aos utentes de forma visível;
- Adopção do livro de reclamações nos locais onde seja efectuado atendimento de público, devendo a sua existência ser divulgada aos utentes de forma visível;
- Análise e decisão de toda a correspondência, designadamente sugestões, críticas ou pedidos de informação cujos autores se identifiquem, a qual será objecto de resposta com a maior brevidade possível, que não excederá, em regra, 15 dias, e nos casos em que se conclua pela necessidade de alongar o prazo referido, o serviço dará informação intercalar da fase de tratamento do assunto em análise;
- Exigir dos dirigentes o exercício da sua gestão, com vista ao cumprimento da missão do serviço, através da definição dos objectivos anuais a atingir, do nível dos serviços a prestar, da criação e manutenção de critérios de qualidade, bem como a motivação e estímulo dos seus funcionários e a preocupação da boa imagem do serviço, devendo promover reuniões periódicas para a divulgação de documentos internos e normas de procedimento, bem como reuniões temáticas que promovam o debate e o esclarecimento das acções a desenvolver para cumprimento dos objectivos do serviço e, com vista a garantir melhor qualidade, eficácia e eficiência, definir e incentivar planos de formação individuais ou de grupo que permitam a formação e aperfeiçoamento profissional contínuo dos profissionais do serviço, assim como a discussão de propostas de acção concertadas e de problemas relativos à programação e à execução das actividades.

- Criação de sistemas de tratamento e manutenção de uma base de dados de sugestões e comentários;

- Criação de "Padrões de Serviços" com o envolvimento de partes interessadas (*stakeholders*) para melhoria dos serviços prestados e aumento da satisfação dos clientes;
- Celebração de "alianças estratégicas" com parceiros públicos ou privados para alcançar objectivos de qualidade e inovação mutuamente vantajosos;
- Elaboração do "Manual do Deputado Municipal";
- Realizar, periodicamente, inquéritos de pessoal, sobre a sua satisfação e o seu ambiente de trabalho;
- Instituir um Prémio Anual para a melhor Proposta/Sugestão dos colaboradores para melhorar a qualidade dos serviços prestados;
- Criação de grupos de resolução de problemas;
- Projecto MAIS (Manual de Acolhimento, Integração e Socialização);
- Aproveitar como oportunidades de desenvolvimento os métodos *coaching* ou *mentoring*;
- Estimular, encorajar e criar condições para a delegação de poderes, responsabilidades e competências (empowerment);
- Elaboração de um Regulamento Interno que contenha normas de organização e disciplina do trabalho;
- Publicação Regular de um Boletim Interno;
- Elaboração anual de um Plano de Formação Interna e Externa com base na análise e inventariação de necessidades de formação efectuada por dirigentes e colaboradores, apresentando candidaturas ao POPH ou outros projectos similares, apostando sobretudo na realização de acções de formação e sensibilização para a qualidade;
- Elaboração de um PDI (Programa de Desenvolvimento Individual) para trabalhadores com maiores dificuldades de aperfeiçoamento Profissional;
- Elaboração de Quadros de Rotinas e de Procedimentos Administrativos;
- Construção de matrizes de análises de funções e tarefas;
- Gestão e Melhoria de Processos (cartografia de processos, fluxogramas e quadros de bordo);
- Estabelecer um Sistema de Informação para a Gestão, incluindo a realização de Auditorias Internas;
- Criação de um Sistema de Informação de Gestão assente em análises sectoriais, estudos, estatísticas, informações sobre a execução dos planos e orçamentos e outros elementos, por forma a que os órgãos municipais possam, atempadamente e com base em dados objectivos, tomar as decisões mais correctas quanto às prioridades com que as acções devem ser incluídas na programação;
- Atribuição de uma Medalha de Reconhecimento por Serviços Prestados ao Município aos trabalhadores que obtenham a reforma;
- Reorganização dos Serviços Municipais de acordo com o Decreto-Lei nº 315/2007, de 18 de Setembro;

- Elaboração de um Código de Conduta Ética;
- Definição de Normas de Boa Liderança para eleitos, dirigentes, coordenadores, chefes de equipa e afins;
- Optar, facultativamente, pela Avaliação a 360 graus Feedback;
- Monitorização, avaliação e revisão do Plano de Prevenção da Corrupção e Infracções Conexas;
- Plataforma de desmaterialização e gestão documental;
- Consulta on-line de processos;
- Requisição e pagamento de serviços e bens on-line;
- Elaboração de um Compromisso de Confidencialidade na utilização das novas TIC;
- Processo de Descentralização do Atendimento com recursos humanos do GAM (Gabinete de Apoio ao Munícipe);
- Elaboração de novos regulamentos e revisão de alguns dos actuais;
- Apoio às juntas de freguesia para criação dos seus portais;
- Publicação do Guia do Munícipe;
- Investimento nas Novas Tecnologias de Informação e Comunicação, sobretudo no contexto escolar, elaborando um Plano Estratégico de Sistemas e Tecnologias de Informação e Comunicação (PESTIC);
- Publicação Electrónica de actos e documentos exigidos por lei, sobretudo no sector do Urbanismo;
- Adopção de medidas no âmbito do Simplex Autárquico, nomeadamente:

    – Licenciamento Urbanístico Digital;
    – Adesão à Rede Comum de Conhecimento como uma plataforma electrónica onde serão partilhadas boas práticas de modernização, inovação e simplificação administrativas levadas a cabo pela Administração Pública portuguesa assim como pelos países de língua oficial portuguesa;
    – Consolidação da Regulamentação Municipal numa publicação acessível aos munícipes;
    – Portal Intranet;
    – Autoliquidação da TRIU (simulador no portal da Internet para cálculo da Taxa Municipal pela Realização de Infra-Estruturas Urbanísticas);
    – Factura Electrónica;
    – Disponibilização on-line de um simulador de cálculo de taxas municipais;
    – Criação de um Canal Interno de TV;
    – Democracia Participativa (transmissão, via web, em directo, das reuniões da Assembleia Municipal);
    – Sistema Electrónico de votações na Assembleia Municipal e elaboração de actas.

- Promoção de iniciativas para alterar diplomas disfuncionais, desadequados ou obsoletos que afectem negativamente o funcionamento e o desempenho do Município.

Deve ser enfatizada a certeza de que os conceitos de Qualidade, Inovação, Modernização e Melhoria Contínua serão assumidos por todas as unidades orgânicas e serviços dos municípios em todas as suas áreas de intervenção como a acção social, o turismo, a educação, a saúde, a juventude, o desporto, a cultura, o urbanismo, o ambiente, entre outras.

É também nesse contexto de modernização, inovação e qualidade que deve ser referenciada a instalação dos Gabinetes de Apoio ao Município, dos Gabinetes de Apoio ao Emigrante ou ao Imigrante, dos Gabinetes de Apoio ao Empresário, ao Desenvolvimento Económico ou Local ou ao Investimento, dos Gabinetes de Apoio ao Associativismo, dos Gabinetes de Apoio ao Agricultor, dos Postos Público Internet e dos Postos de Atendimento ao Cidadão, assim como a gestão documental e o atendimento on line. Por exemplo, o GAM – Gabinete de Apoio ao Munícipe – do Município de Mirandela foi criado em Outubro de 2008, com o objectivo de ser um espaço de apoio aos munícipes, promovendo um contacto mais fácil com a Câmara Municipal de Mirandela, competindo-lhe prestar apoio e informação no tratamento de assuntos do seu interesse. Assumindo-se como uma "porta aberta" para todos os munícipes, o GAM assegura o atendimento personalizado, no relacionamento geral dos munícipes com o município.

O GAM de Mirandela presta os seguintes serviços:

Urbanismo/Obras particulares:

- Alvarás;
- Avaliação de imóveis;
- Averbamentos;
- Certidões;
- Consulta, informação e alteração de processos;
- Entrada de projectos;
- Junção de documentos aos processos;
- Pedido de obra de conservação;
- Plantas de localização;
- Atendimento técnico (necessita marcação prévia).

Assuntos relacionados com a escola:

- Pagamento de refeições escolares e da componente de apoio à família.

Publicidade:

- Averbamentos e cancelamentos;
- Licenças para ocupação de via pública;
- Licenças para publicidade;
- Publicidade sonora.

Máquinas de diversão:

- Licença de exploração;
- Registo;
- Transferência de Propriedade.

Pagamento de rendas:

- Rendas de concessões/ocupações;
- Rendas de edifícios;
- Rendas de habitações;
- Rendas de Lojas, bancas e terrados.

Caçador:

- Concessão de carta de caçador;
- Inscrição para exame;
- Renovação/substituição/alteração de carta de caçador.

PAC – Posto de Atendimento Ao Cidadão:

- ADSE
- Apoio ao emigrante;
- Leituras da EDP e encaminhamento de Munícipes;
- Registo criminal;
- Revalidação/substituição e alteração da carta de condução (todas as categorias);
- SEF – Serviço de Estrangeiros e Fronteiras.

Os **Postos de Atendimento ao Cidadão (PAC)** são postos multiserviços com atendimento personalizado que, em locais de menor densidade populacional, funcionam como extensão das Lojas do Cidadão. Os serviços disponibilizados nos PAC pretendem responder às necessidades específicas das populações e a serviços fornecidos por entidades centrais, como, por exemplo, revalidação ou substituição da Carta de Condução; pedido de certidões, inscrição em centros de saúde, entre outros.

A **Resolução do Conselho de Ministros nº 87/2008, de 27 de Maio**, criou a estrutura de missão Lojas do Cidadão de Segunda Geração, adiante designada por Lojas 2G, que se constitui como unidade de missão para o desenvolvimento deste projecto.

Além disso, determinou que compete à Lojas 2G, em estreita articulação com a Agência para a Modernização Administrativa, I. P., abreviadamente designada por AMA, I. P., desenvolver as acções que permitam preparar e executar a primeira fase do plano de expansão da rede nacional de lojas do cidadão, designadamente:

a) Identificar, em articulação com os municípios e com os serviços e organismos da administração central do Estado, em especial nas áreas das finanças, da segurança social e dos registos, quais os serviços do Estado e das autarquias oferecidos pelas novas lojas;

b) Fazer o levantamento preciso das áreas necessárias em função dos serviços a oferecer e da procura estimada;

c) Proceder à identificação dos espaços mais adequados à instalação das lojas, preferencialmente em imóveis do Estado ou das autarquias, e preparar a respectiva contratação, procurando associar a melhoria da qualidade do serviço à maior racionalização possível do modelo de distribuição;

d) Apurar com precisão a estrutura de custos de utilização de cada espaço e preparar a contratação com os utilizadores públicos e privados, conferindo sustentabilidade ao funcionamento das lojas;

e) Elaborar e apresentar à AMA, I. P., e à tutela o plano de expansão da rede de lojas do cidadão para o biénio de 2008-2009, com identificação e caracterização sumária dos espaços, descrição dos serviços públicos a disponibilizar, estimativa dos custos por loja com a aquisição de bens e serviços e cronograma da instalação;

f) Centralizar e apreciar as solicitações de municípios ou serviços públicos para aditamento de novas lojas ao plano de expansão previsto na alínea anterior;

g) Preparar, com base no modelo de referência a fornecer pela AMA, I. P., o programa funcional de cada uma das novas lojas;

h) Preparar os procedimentos pré-contratuais para aquisição dos serviços de adaptação do modelo de referência aos diferentes espaços contratualizados e dos bens e serviços indispensáveis à reconfiguração destes espaços e instalação da loja, submetendo-os à entidade competente, em razão do valor, para autorizar a despesa;

i) Coordenar toda a execução dos contratos celebrados para execução do plano de expansão.

Também tem cabimento no tema da MIQ o **Programa Simplex Autárquico**. Ele começou 3 de Julho de 2008, com nove autarquias, aberto a muitas mais que se dispusessem a assumir o mesmo risco e o mesmo compromisso ([5]).

Os resultados obtidos ao fim do primeiro ano, as adesões registadas (29 municípios que se juntaram aos 9 fundadores), as 124 medidas concluídas (84,90% de taxa de execução), algumas em resultado de uma colaboração entre vários municípios e serviços da Administração central são a favor da iniciativa. Na edição de 2009/2010 serão 60 os Municípios que integrarão o programa: Águeda, Alcanena, Alijó, Arganil, Armamar, Beja, Caldas da Rainha, Cantanhede, Carrazeda de Ansiães, Cartaxo, Cascais, Chaves, Cinfães, Condeixa-a-Nova, Fafe, Freixo de Espada à Cinta, Guarda, Guimarães, Lagos, Lamego, Lisboa, Mealhada, Melgaço, Mértola, Mesão Frio, Mogadouro, Moimenta da Beira, Monção, Montijo, Murça, Nazaré, Odivelas, Oeiras, Oliveira de Azeméis, Paredes de Coura, Penedono, Peso da Régua, Pombal, Portalegre, Porto, Redondo, Resende, S. João da Pesqueira, Sabrosa, Santa Marta de Penaguião, Santarém, Seixal, Sernancelhe, Sines, Tabuaço, Tarouca, Tavira, Tomar, Torre de Moncorvo, Valença, Vila Nova de Cerveira, Vila Nova de Foz Côa, Vila Nova de Poiares, Vila Real, Vizela. O seu compromisso conjunto envolve 289 medidas.

Os três grandes objectivos dos programas de simplificação legislativa e administrativa – facilitar a vida aos cidadãos, diminuir os custos de contexto que sobrecarregam as actividades económicas e modernizar a administração – estão também presentes no Simplex Autárquico.

A este nível de administração a sua presença assume até maior intensidade, por três razões fundamentais:

- Num nível de administração mais próximo dos cidadãos, aumenta a pressão social para a prestação de serviços públicos de qualidade;
- O aprofundamento do processo de descentralização exige que as autarquias locais se capacitem para desempenhar bem e depressa as novas funções que lhes são atribuídas;
- Algumas das principais medidas de simplificação e racionalização operadas ao nível da administração central têm significativo impacto na administração local – basta ver o caso da simplificação dos regimes de licenciamento de obra ou de actividades económicas diversas.

Qualquer autarquia moderna tem como prioridade melhorar a qualidade de vida e o bem-estar colectivo e afirmar-se na economia global através da inovação e da capacidade de atracção de cidadãos activos e participativos e de agentes

---

[5] Informação recolhida no portal www.simplex.pt/autarquico.

económicos dinâmicos e solidários. Para isso, são precisos modelos de gestão ágeis e transparentes, assentes na optimização dos processos e na orientação dos organismos para os cidadãos e para as empresas, eliminando procedimentos e rotinas que não agregam valor aos serviços prestados.

Os pilares de acção estratégica do Simplex Autárquico são:

- **Qualificar e optimizar o funcionamento interno dos serviços municipais**, através de lideranças inovadoras que dinamizem novos processos de trabalho assentes na transversalidade dos canais de informação e comunicação; na adopção de estruturas organizacionais mais horizontais e com partilha de serviços comuns e, em geral, na racionalização dos recursos humanos, materiais e informacionais;
- **Melhorar a prestação de serviços aos munícipes e às empresas**, em termos de qualidade e acessibilidade, prestando serviços por diferentes canais, especialmente por via electrónica e aplicando o princípio do balcão único;
- **Promover a interacção entre as diferentes administrações públicas**, por via do reforço dos espaços de colaboração e cooperação, da circulação e da partilha da informação e da divulgação e replicação de boas práticas;
- **Contribuir para reforçar a cidadania e a qualidade da democracia**, pelo reforço da transparência da actividade da autarquia, com canais para informação e prestação de contas aos cidadãos e acesso a práticas de consulta e de envolvimento nas decisões que afectem o quotidiano dos cidadãos.

14. FUNCIONAMENTO E CONDIÇÕES DE VALIDADE DAS ASSEMBLEIAS MUNICIPAIS

As assembleias municipais carecem de cumprir determinados requisitos para que sejam válidas as suas deliberações e poderem produzir efeitos jurídicos.

a) Convocatórias

Em consonância com o artigo 49º da Lei nº 169/99, de 18 de Setembro, alterada pela Lei nº 5-A/2002, de 11 de Janeiro, a assembleia municipal tem anualmente cinco sessões ordinárias, em Fevereiro, Abril, Junho, Setembro e Novembro ou Dezembro, que são convocadas por edital e por carta com aviso de recepção, ou através de protocolo com, pelo menos, oito dias de antecedência. A segunda e a quinta sessões destinam-se, respectivamente, à apreciação do inventário de todos os bens, direitos e obrigações patrimoniais, e respectiva avaliação, e ainda à apreciação e votação dos documentos de prestação de contas, bem como à aprovação das opções do plano e da proposta do orçamento, salvo o disposto no artigo 88º.

O presidente da assembleia convoca extraordinariamente a assembleia municipal, por sua própria iniciativa, quando a mesa assim o deliberar ou, ainda, a requerimento:

a) Do presidente da câmara municipal, em execução de deliberação desta;

b) De um terço dos seus membros ou de grupos municipais com idêntica representatividade;

c) De um número de cidadãos eleitores inscritos no recenseamento eleitoral do município equivalente a 30 vezes o número de elementos que compõem a assembleia, quando aquele número for igual ou inferior a 10 000, e a 50 vezes, quando for superior.

O presidente da assembleia, nos cinco dias subsequentes à iniciativa da mesa ou à recepção dos requerimentos previstos no número anterior, por edital e por carta com aviso de recepção ou através de protocolo, procede à convocação da sessão para um dos 15 dias posteriores à apresentação dos pedidos, tendo em conta que a convocatória deve ser feita com a antecedência mínima de cinco dias sobre a data da realização da sessão extraordinária.

Quando o presidente da mesa da assembleia municipal não efectue a convocação que lhe tenha sido requerida, podem os requerentes efectuá-la directamente, com invocação dessa circunstância, observando o disposto no número anterior, com as devidas adaptações e publicitando-a nos locais habituais.

Inédito é o artigo 14º do Regimento da Assembleia Municipal de Almeirim que refere que a AM pode reunir extraordinariamente para celebrar efemérides ou acontecimentos e discutir assuntos relevantes, sendo a convocatória da responsabilidade do PAM ou a pedido do Presidente da CMM, em execução de deliberação deste órgão.

b) Duração das sessões

As sessões da assembleia municipal não podem exceder a duração de cinco dias e um dia, consoante se trate de sessão ordinária ou extraordinária, salvo quando a própria assembleia delibere o seu prolongamento até ao dobro das durações referidas.

Existem várias soluções quanto ao dia e à hora da realização das sessões das assembleias municipais. Por exemplo, a Assembleia Municipal de Mirandela realiza as suas sessões normalmente às sextas-feiras e nos últimos dias do mês, começando invariavelmente às 9.30 horas. Temos conhecimento de que há assembleias municipais que funcionam aos sábados e outras que começam depois do jantar e se prolongam pela madrugada dentro.

De acordo com o Regimento de Câmara de Lobos, o início do funcionamento de cada uma das sessões da Assembleia será às 9 horas, com termo às 13 horas, prolongando por mais 30 minutos naquelas em que exista intervenção do público. Excepcionalmente, este horário poderá ser alterado por deliberação da Assembleia Municipal.

A Assembleia Municipal de Vila Nova da Barquinha, no artigo 37º do seu regimento, refere que as reuniões ordinárias se realizam em período compreendido entre as 15h e as 24h e que as reuniões extraordinárias se realizam em período compreendido entre as 20.30 horas e as 24 horas. Contudo, a hora limite de funcionamento poderá ser alargada por deliberação do plenário da Assembleia.

A pontualidade deve ser uma regra de ouro e a tolerância depende da paciência e da capacidade para esperar. O seu incumprimento é uma incorrecção e uma falta de consideração para com os outros membros, obrigando muitas vezes a prolongar os trabalhos com manifesto prejuízo para a boa eficiência destes e com inútil perda de tempo. Dada a pressa que origina, podem ser tomadas decisões precipitadas e imponderadas por não haver tempo para uma discussão calma, reflectida e ponderada ([1]).

c) Necessidade de quórum

Nas anotações ao art. 22º do Código de Procedimento Administrativo de José Botelho, Américo Esteves e José Pinho, é apresentada uma noção de quórum como o número mínimo de membros do órgão colegial que devam estar presentes a uma reunião para que esta possa validamente funcionar e formar a sua vontade.

Se a lei nada disser, significa que estamos a falar da maioria absoluta em que se exige metade mais um dos votos expressos. A título de curiosidade, diremos que a maioria qualificada verifica-se quando a lei exige a presença de um número percentual indispensável de votantes superior à maioria absoluta (por exemplo, 2/3, 3/5 ou 75%). A maioria relativa é a que equivale à maior quantidade de votos em favor de uma das propostas em confronto, independentemente da distância numérica que as separe.

O acto tomado por um órgão colegial sem o quórum legal ([2]) é nulo por violação de uma formalidade absolutamente essencial. Os órgãos das autarquias locais só podem reunir e deliberar quando esteja presente a maioria do número legal dos seus membros. Segundo Roque Laia ([3]), o quórum é uma das condições de validade do funcionamento das sessões para que estas possam deliberar validamente e dar-se executoriedade às suas soluções. Não se pode correr o risco de um reduzido número de membros dispor da vontade da colectividade. Quanto menor for o número de membros, menor é o número de vontades individuais que concorrem para a formação da vontade colectiva.

Quando o órgão não possa reunir por falta de quórum, o presidente designa outro dia para nova sessão ou reunião, que tem a mesma natureza da anterior, a convocar nos termos previstos nesta lei.

Das sessões ou reuniões canceladas por falta de quórum é elaborada acta onde se registam as presenças e ausências dos respectivos membros, dando estas lugar à marcação de falta.

---

[1] Roque de Laia, Guia das Assembleias Gerais, 8ª edição, Caminho, 1989.
[2] A título de curiosidade, diga-se que a Assembleia da República só pode funcionar em reunião plenária com a presença de, pelo menos, um quinto do número de Deputados em efectividade de funções e que as deliberações do Plenário são tomadas com a presença de mais de metade dos seus membros em efectividade de funções.
[3] Roque de Laia, Guia das Assembleias Gerais, 8ª edição, Caminho, 1989.

d) Deliberações e votações

Uma assembleia é uma reunião de várias pessoas para atingir determinadas finalidades e assume a natureza deliberativa quando o seu objectivo concreto é a resolução de certos assuntos. A vontade da assembleia forma-se do conjunto e da fusão das vontades individuais, mesmo que haja membros que tenham pensamentos e opiniões dissonantes, valendo depois a regra da maioria ([4]).

As deliberações das assembleias municipais são tomadas à pluralidade de votos, estando presente a maioria do número legal dos seus membros, tendo o presidente voto de qualidade em caso de empate, não contando as abstenções para o apuramento da maioria. De notar que não há voto de qualidade nas votações secretas.

A votação é nominal, salvo se o regimento estipular ou o órgão deliberar, por proposta de qualquer membro, outra forma de votação. O presidente vota em último lugar. Além dessa, podem ser adoptadas outras formas de votação como a de "levantados-sentados" ou a de braço erguido.

As deliberações que envolvam a apreciação de comportamentos ou de qualidades de qualquer pessoa são tomadas por escrutínio secreto e, em caso de dúvida, o órgão delibera sobre a forma da votação ([5]).

Havendo empate em votação por escrutínio secreto, procede-se imediatamente a nova votação e, se o empate se mantiver, adia-se a deliberação para a reunião seguinte, procedendo-se a votação nominal se na primeira votação desta reunião se repetir o empate. A vantagem desse voto, segundo José Botelho, Américo Esteves e José Pinho, é assegurar a inteira liberdade de voto dos membros do órgão e evitar, por simpatia, coerência de grupo, coacção, medo de represálias e decisão final condicionada.

Quando necessária, a fundamentação das deliberações tomadas por escrutínio secreto é feita pelo presidente após a votação, tendo em conta a discussão que a tiver precedido. Não podem estar presentes no momento da discussão nem da votação os membros do órgão que se encontrem ou se considerem impedidos. Nas votações secretas há normalmente duas chamadas.

Como todos sabem, só não é possível a abstenção ([6]) aos membros dos órgãos colegiais consultivos, conforme o artigo 23º do Código de Procedimento Administrativo, havendo ainda os habituais votos contra e votos a favor.

---

[4] Roque de Laia, Guia das Assembleias Gerais, 8ª edição, Caminho, 1989.
[5] Número 2 do artigo 24º do Código de Procedimento Administrativo; no escrutínio secreto não há lugar a voto de qualidade do presidente; o voto de qualidade permite resolver o impasse de uma votação empatada, considerando-se automaticamente desempatada a votação de acordo com o sentido de voto do presidente do órgão.
[6] António F. Sousa, na sua obra CPA, Anotado e Comentado, editado em 2010 pela Quid Iuris, página 120, é muito crítico em relação à abstenção que vê como uma forma de fuga à responsabilidade ao compromisso e de não querer contra ninguém e estar com todos ao mesmo tempo e quem p faz devia ser obrigado por lei a fundamentar o seu voto.

O artigo 28º do Código de Procedimento Administrativo afirma que os membros do órgão colegial podem fazer constar da acta o seu **voto de vencido** e as razões que o justifiquem. Aqueles que ficarem vencidos na deliberação tomada e fizerem registo da respectiva declaração de voto na acta ficam isentos da responsabilidade que daquela eventualmente resulte.

Quando se trate de pareceres a dar a outros órgãos administrativos, as deliberações serão sempre acompanhadas das declarações de voto apresentadas.

Nas anotações ao art. 28º do Código de Procedimento Administrativo de José Botelho, Américo Esteves e José Pinho, é referido, entre outras coisas, o seguinte:

- O voto de vencido permite ao membro demarcar-se da posição vencedora por razões de legalidade ou outras que, em sua opinião, justificassem diferente deliberação;
- Desde que registada, serve também para isentar o seu autor da responsabilidade que venha a ser imputada ao órgão;
- É sabido que o Estado e demais pessoas colectivas públicas respondem civilmente perante terceiros por ofensa dos direitos daqueles ou das disposições legais destinadas a proteger os seus interesses resultantes de actos ilícitos, culposamente praticados pelos respectivos órgãos no exercício das suas funções e por causa desse exercício e o mesmo se passa com a responsabilidade imputável às autarquias locais.

É de todo conveniente que os membros da Mesa votem em 1º lugar nas votações secretas e em último lugar nas votações públicas para não influenciar os restantes votantes.

Há regimentos, como o de Castelo de Paiva, que impõem a proibição do uso da palavra no período da votação; anunciado o início da votação, nenhum membro poderá usar da palavra até à proclamação do resultado, excepto para apresentar requerimentos respeitantes ao processo de votação ou solicitar esclarecimentos para o mesmo fim; o requerimento ou o pedido de esclarecimentos referidos no número anterior deverão ser formulados antes da votação iniciada, sendo rejeitados pela Mesa quando a sua apresentação se verificar no decurso da votação.

e) Elaboração das actas

Segundo Roque Laia, as actas são documentos onde se faz o relato oficial de tudo o que se passou e decidiu durante as sessões e reuniões, devendo a sua redacção ser simples, concisa e realizada em linguagem clara. Ela é o único meio probatório da formação da vontade colectiva e de que se verificam as condições legais para essa formação, tendo-se como não passado, nem verificado, tudo quanto a acta não refere. Depois de aprovadas e assinadas, elas permanecem imutáveis. Mesmo que a acta seja rejeitada ou declarada nula como "documento", o seu conteúdo prático, isto é, as decisões tomadas permanecem inalteráveis, tal qual foram tomadas [7].

De cada reunião ou sessão é lavrada acta [8], que contém um resumo do que de essencial nela se tiver passado, indicando, designadamente, a data e o local da reunião, os membros presentes e ausentes, os assuntos apreciados, as decisões e deliberações tomadas e a forma e o resultado das respectivas votações e, bem assim, o facto de a acta ter sido lida e aprovada. Tal significa que nas actas deve constar tudo o que nela se houver passado.

As actas são lavradas, sempre que possível, por funcionário da autarquia designado para o efeito e postas à aprovação de todos os membros no final da respectiva reunião ou no início da seguinte, sendo assinadas, após aprovação, pelo presidente e por quem as lavrou.

As actas ou o texto das deliberações mais importantes podem ser aprovadas em minuta, no final das reuniões, desde que tal seja deliberado pela maioria dos membros presentes, sendo assinadas, após aprovação, pelo presidente e por quem as lavrou.

As deliberações dos órgãos só adquirem eficácia depois de aprovadas e assinadas as respectivas actas ou depois de assinadas as minutas, nos termos dos números anteriores.

Embora a matéria não seja totalmente consensual, entendemos que não é necessária a transcrição de documentos extensos nas actas mas a segurança e a certeza dos actos e dos documentos aconselham a que os mesmos sejam subscritos por quem tem competência para assinar as actas. Nestas deve constar a referência de que os documentos, embora não transcritos, fazem parte integrante da acta.

Como é comum, a acta da última reunião de cada mandato pode não ter sido aprovada por não se encontrar ainda lavrada. O que fazer nestes casos? O entendimento mais ou menos defensável é o de que o novo executivo, embora não participando nessa reunião, pode através de nova deliberação, confirmar o conteúdo das deliberações tomadas pelo anterior executivo, conferindo-lhe expressamente eficácia retroactiva, e assinar acta. Igual entendimento teve a CCDR Norte, que admite que o novo executivo possa assinar a acta com as deliberações tomadas pelo órgão cessante, tal como consta do R.A.P. de Peso

---

[7] Roque de Laia, Guia das Assembleias Gerais, 8ª edição, Caminho, 1989.
[8] Segundo Freitas do Amaral e outros, a acta constitui um requisito de eficácia dos actos administrativos de órgãos colegiais, que são praticados por via oral e constitui o único meio de prova das decisões tomadas nas reuniões, exceptuados os casos de falsidade ou extravio.

da Régua, in "O Municipal", nº 314, Março de 2007 referido pelos Verbetes da Administração autárquica (9) (10).

Alfredo Rodrigues, nos Verbetes da Administração Autárquica de Março de 2004, fornece conselhos e regras úteis relativamente às actas. Aqui reproduziremos alguns:

- Embora não exista um formalismo estabelecido e rígido, convém que as actas tenham três partes distintas: a introdução, o corpo da acta e o encerramento; na introdução refere-se a data, o local e a hora da reunião e os membros presentes; o corpo da acta contém os assuntos tratados e o sentido das votações, sendo a expressão da vontade funcional do órgão; no encerramento menciona-se a hora de encerramento e a circunstância de a acta ter sido aprovada em minuta e logo de seguida são as assinaturas.
- As actas poderão ser manuscritas, dactilografadas ou lavradas por qualquer outro processo, podendo utilizar-se processadores de texto.
- O suporte deve ser durável e inalterável porque estamos em presença de documentos com valor histórico e probatório.
- Pode também optar-se pela gravação da acta, embora tal prática seja mais comuns nas reuniões das câmaras municipais e das sessões das assembleias municipais.
- Embora a lei não refira a obrigatoriedade do livro de actas, é de todo conveniente a sua existência para melhor conservação e manuseamento das actas; os livros podem ser anuais, o que se aconselha para as reuniões das juntas de freguesia e plurianuais, incluindo todo o mandato, para as sessões da assembleia de freguesia.
- A legalização do livro de actas exige o preenchimento dos termos de abertura e encerramento que serão lavrados na 1ª e última páginas, sendo as folhas numeradas e rubricadas; esses termos são datados e assinados; no termo de abertura menciona-se o destino, a Assembleia Municipal e o número de ordem; no termo de encerramento coloca-se o número total de actas e o número total de folhas; ambos os termos são datados, assinados pelo presidente da assembleia municipal e autenticados com o selo branco.

---

[9] Houve uma obra que entusiasmou e marcou autarcas de várias gerações, infelizmente já deveras desactualizada, intitulada "Guia Prático dos Eleitos da Administração Local – Municípios e Freguesias", de João do Couto Neves, que, entre outras funções, foi inspector superior da Administração Interna.

[10] Segundo António F. Sousa, na sua obra CPA, Anotado e Comentado, editado em 2010 pela Quid Iuris, página 130, ainda que a lei não o diga expressamente, é obrigatória a aprovação da acta no final da reunião sempre que esta seja a última de uma sessão, quando se trate de órgãos de funcionamento permanente, como é o caso das assembleias municipais e de freguesia; neste caso, a acta deve ser lavrada definitivamente e não em minuta.

- O uso de abreviaturas é excepcional e deve ser reservado ao caso em que tenham um significado inequívoco.
- As datas e números podem ser escritos por algarismos, devendo as quantias sê-lo cumulativamente quer em algarismos quer por extenso, para maior segurança e inteligibilidade.
- A acta não deverá ter espaços em branco, devendo ser inutilizados por traços horizontais ou diagonais e a omissão deste dever de inutilização pode originar responsabilidade civil.
- As estrelinhas, rasuras ou emendas devem ser devidamente ressalvadas no fim, antes das assinaturas.
- Quando houver emendas de algarismos devem ser ressalvados por extenso.
- A aprovação da acta constitui um requisito de eficiência das deliberações dos órgãos colegiais e assume a condição de validade do documento.
- A rejeição da acta não acarreta a rejeição das decisões nela contidas, tendo apenas como consequência a necessidade da elaboração de uma nova acta.

A questão da elaboração da acta levanta sempre alguns problemas na medida em existem concepções diversas sobre o seu conteúdo. A lei diz claramente que a acta deve conter um resumo do que se tiver passado mas há quem entenda, como acontece com as actas da Assembleia da República, que elas devem conter tudo aquilo que é dito nas sessões, não sendo legítimo optar por resumos ou súmulas sempre dependentes do livre arbítrio de quem tem a tarefa de as elaborar.

A metodologia da Mesa da Assembleia Municipal de Mirandela é a seguinte: é realizada a gravação das actas em sistema áudio com apoio de um técnico de som especializado. Posteriormente uma funcionária do Município tem a dura tarefa de transpor para texto as audições que efectua e, nesta fase, já realiza alguma selecção ou correcção. Finalmente, o 1º secretário efectua as correcções finais e dá a coerência final ao texto sem alteração da substância e intencionalidade das intervenções. É uma tarefa extenuante na medida em que há intervenientes que oram de forma incorrecta, e com as ideias desconexas e confusas, o que não acontece quando os textos são escritos, facilitando, e de que maneira, o trabalho a quem redige a acta. As actas passam ainda pelo crivo do corrector automático do sistema informático.

Das actas podem ser requeridas ou emitidas as seguintes certidões:

- **Certidão do teor da acta:** é aquela em que se transcreve todo o documento na íntegra, tal qual ele está redigido, copiando tudo quanto no documento está escrito, com excepção das ressalvas de emendas ou de erros;
- **Certidão de narrativa:** é aquela em que não se copia todo o documento, fazendo-se dele, apenas, um extracto, indicando, por meio de resumo, o que dele constar;

- **Certidão de teor de deliberação:** usa-se quando interessa a prova dessa deliberação e a acta seja demasiado extensa, o que tornaria a certidão desnecessariamente longa e rara.

De acordo com o acórdão do STA de 11 de Março de 1993 (Processo nº 031848), constitui regra a de que a competência para mandar passar certidões cabe à entidade que tem competência para a matéria a que esses documentos se referem e em cujos serviços se encontram, pelo que o secretário da Assembleia Municipal é competente para passar certidões referentes ao expediente da Assembleia.

Pode um membro da assembleia municipal solicitar a cedência de cópias da gravação de sessões da assembleia municipal? A Mesa é obrigada a cumprir esse pedido? Sobre a matéria encontramos um parecer da CCDRC da autoria de Dr.ª Joana Janeiro da Costa, que transcrevemos:

"Foi solicitado pela Câmara Municipal de......, através do ofício nº,...... datado de 4 de Junho de 2004, um parecer jurídico à Divisão de Apoio Jurídico desta Comissão de Coordenação, sobre a seguinte questão:

Tendo sido solicitado ao Presidente da Assembleia Municipal a cedência de cópias das gravações de sessões da assembleia municipal, para instruir processos de natureza cível e penal, questionam-nos, a) sobre a obrigatoriedade legal de satisfazer tal pretensão, b) se apenas os membros da assembleia ou qualquer particular pode solicitar a cedência dessas reproduções; c) se pode ser cobrada qualquer taxa pela emissão deste tipo de documentos; d) qual o período de tempo em que os suportes magnéticos devem ser conservados para efeitos de satisfação de pedidos deste tipo? Cumpre-nos informar: a) Nos termos do nº1 do artigo 92º da Lei nº 169/99, de 18 de Setembro, na redacção dada pela Lei nº 5-A/2002 de 11 de Janeiro, estabelece-se e cito "de cada reunião ou sessão é lavrada a acta que contém o resumo no que essencial nela se tiver passado, indicando, designadamente, a data e o local da reunião, os membros presentes e ausentes, os assuntos apreciados, as decisões e deliberações tomadas e a forma e o resultado das respectivas votações e, bem assim, o facto de a acta ter sido lida e aprovada".

De acordo com os nºˢ 2 e 4 do mesmo normativo as actas são lavradas sempre que possível por funcionário da Autarquia designado para o efeito e as deliberações dos órgãos só adquirem eficácia depois de aprovadas e assinadas as respectivas actas, ou depois de assinadas as minutas. No mesmo sentido, dispõe o nº4 do artigo nº 27º do Código de Procedimento Administrativo que dispõe e cito: "as deliberações dos órgãos colegiais só podem adquirir eficácia depois de aprovadas as respectivas actas, ou depois de assinadas as minutas nos termos do número anterior". Na verdade, só a deliberação do colégio reduzida a acta goza de eficácia jurídica e isto porque o que dela consta faz prova legal plena das deliberações tomadas. A importância jurídica da acta é de tal forma grande que a sua falta se equipara, praticamente, em termos de resultados jurídicos, à falta do próprio acto. A importância e relevância das actas advém-lhes ainda de serem um instrumento fundamental para a realização do princípio da administração aberta. A acta serve para dar conhecimento aos particulares de tudo o que aí se passou como se lá estivessem estado.

A questão que nos é suscitada prende-se com a possibilidade de facultar cópias de gravações de sessões da Assembleia Municipal. Sobre esta matéria, temos a informar que a gravação ou, por exemplo, um rascunho da acta constituem instrumentos colocados à disposição de quem lavra a acta, mas não constituem o documento final. Neste contexto saliente-se o disposto na alínea a) do nº 2 do art.4º da Lei nº 65/93, de 26 de Agosto que dispõe e cito: "Não se consideram documentos administrativos para efeitos do presente diploma: as notas pessoais, esboços, apontamentos, e outros registos de natureza semelhante." Como vimos acima, só a acta e a minuta assinadas conferem eficácia às deliberações tomadas. Uma cópia de uma gravação da Assembleia Municipal para além de não ser sequer um documento administrativo não tem que ser facultado tendo em conta que o acesso aos documentos previsto designadamente no nº 3 do art. 62º do CPA só abrange os documentos administrativos. Não nos abstrairemos porém do facto de que estamos aqui perante a necessidade de instruir processos de natureza cível e penal.

Em matéria de direito penal, um dos princípios norteadores é o princípio da descoberta da verdade, segundo o qual todos estamos obrigados a colaborar com a descoberta da verdade. Consideramos porém que, para efeitos penais, só através de uma ordem judicial é que este tipo de documentos (não administrativos) deverá ser facultado, por se entender que competirá ao juiz encarregue do processo em causa aferir da sua importância enquanto prova. b) Naturalmente que a solução apresentada não difere consoante se trate de um eleito local ou um particular uma vez que os que os argumentos expostos não dependem da qualidade do requerente. c) A cobrança de taxas pela emissão de documentos é tipificada na lei e consta do regulamento da câmara municipal pelo que teria que vir aí expressamente prevista. Obviamente, como pressupomos que essa cópia seja facultada em cumprimento de ordem judicial, não haverá lugar à cobrança de qualquer taxa. d) Como salientámos não sendo essas cópias das gravações das sessões documentos administrativos não existe qualquer período mínimo de conservação.

Caso conste do regimento da assembleia municipal a possibilidade de gravação das sessões da assembleia municipal há que verificar aquilo que sobre essa matéria se encontra aí regulamentado".

A Informação n.º: 055/02/2006 da ANMP respondeu à questão da legalidade de fornecer aos elementos da Assembleia Municipal as actas deste órgão, via e-mail, uma vez que as mesmas são distribuídas normalmente em suporte de papel, tendo informado o seguinte:

1. *De acordo com o preceituado no artigo 92.º da Lei n.º 169/99, de 18 de Setembro, em cada reunião ou sessão é lavrada acta que registe o que de essencial se tiver passado nas reuniões, nomeadamente as faltas verificadas, as deliberações tomadas, as posições contra elas assumidas, neste caso a requerimento daqueles que as tiverem perfilhado e, bem assim, a forma e o resultado das respectivas votações e o facto da acta ter sido lida e aprovada.*

A acta representa o registo formal da formação da vontade do órgão descrevendo tudo o que se passou na reunião. A acta é uma formalidade "ad probationem". Só ela faz fé e através dela se prova a existência do acto. Trata-se de um documento autêntico e oficial, de carácter solene, que só tem validade se for subscrita pelo funcionário competente, escrita em livro próprio, aprovada pela Assembleia e assinada pelo Presidente e por quem a lavrou.

2. No que diz respeito ao acesso às actas da Assembleia Municipal, consideramos que as mesmas constituem o repositório da acção desenvolvida no âmbito da respectiva competência do órgão, reflectindo actos de natureza pública; devendo ser objecto de publicidade, nos termos expressos pelo artigo 91.º da Lei n.º 169/99. Mais consubstanciam documentos administrativos, pelo que, de acordo com a Lei de Acesso aos Documentos da Administração (LADA),, admitem o acesso geral, isto é, a qualquer cidadão que o pretenda (cfr. artigos 4.º/1-a), e 7.º/n.º 1).

3. Por outro lado, o Decreto-Lei n.º 135/99, de 22 de Abril – diploma que estabelece medidas de modernização administrativa – preceitua, no seu artigo 26.º, que a correspondência transmitida por via electrónica tem o mesmo valor da trocada em suporte de papel, devendo ser-lhe conferida, pela Administração e pelos particulares, idêntico tratamento.

4. Cotejado o exposto, afigura-se-nos, nada obstar ao envio, via e-mail, das actas das sessões da Assembleia Municipal aos seus membros.

Eleições intercalares

Não há lugar à realização de eleições intercalares nos seis meses anteriores ao termo do prazo em que legalmente se devem realizar eleições gerais para os órgãos autárquicos, nem nos seis meses posteriores à realização destas. Quando não for possível a realização de eleições intercalares, a assembleia de freguesia ou a assembleia municipal designam uma comissão administrativa para substituição do órgão executivo da freguesia ou do órgão executivo do município, respectivamente. As comissões administrativas exercem funções até à instalação dos novos órgãos autárquicos constituídos por via eleitoral.

Propostas

Podem distinguir-se do ponto de vista formal duas fases em relação às propostas: a admissão da proposta para discussão e a discussão e votação do documento após a admissão daquela. Contudo, sabemos que nem sempre as assembleias de freguesia ou as municipais funcionam dessa forma. Isso tem sentido porque os membros formulando um primeiro juízo sobre a proposta pode entender que ela não tem fundamento ou viabilidade e que nem sequer vale a pena ser discutida.

Uma prática comum na Assembleia da República, que pode ser aproveitada para as assembleias municipais, é a constante do artigo 117.º do seu Regimento que refere que "no início de cada sessão legislativa é editado, sob responsabilidade da Mesa da Assembleia, o **relatório da actividade da Assembleia da República** na sessão legislativa anterior". Do relatório consta, designadamente, a descrição sumária das iniciativas legislativas e de fiscalização apresentadas e respectiva tramitação, bem como a indicação dos demais actos praticados no exercício da competência da Assembleia. Assim é na AM de Aljustrel, de acordo com o artigo 96º do seu regimento.

Funciona na Assembleia da República uma **Conferência de Líderes** que possibilita que o Presidente da Assembleia reúna com os presidentes dos grupos parlamentares, ou seus substitutos, para marcar as reuniões plenárias e fixar a ordem do dia e outros previstos no Regimento, sempre que o entender necessário para o regular funcionamento da Assembleia. O Governo tem o direito de se fazer representar na Conferência de Líderes e pode intervir nos assuntos que não se relacionem exclusivamente com a Assembleia. Os representantes dos grupos parlamentares têm na Conferência de Líderes um número de votos igual ao número dos Deputados que representam. Também é comum nas assembleias municipais a existência dessa Conferência, à qual também se pode dar o nome de Conferência de Representantes dos Grupos Municipais.

Existe também uma **Conferência dos Presidentes das Comissões Parlamentares** que com regularidade, a fim de acompanhar os aspectos funcionais da actividade destas, bem como avaliar as condições gerais do processo legislativo e a boa execução das leis. Também existem em algumas assembleias municipais comissões permanentes, embora sejam raras.

Em cada comissão parlamentar da AR podem ser constituídas **subcomissões e grupos de trabalho**. A constituição de subcomissões é objecto de autorização prévia do Presidente da Assembleia, ouvida a Conferência dos Presidentes das Comissões Parlamentares. Compete às comissões parlamentares definir a composição e o âmbito das subcomissões e dos grupos de trabalho.

O elenco das **comissões parlamentares permanentes** e a competência específica de cada uma delas são fixados no início de cada legislatura por deliberação do Plenário, sob proposta do Presidente da Assembleia, ouvida a Conferência de Líderes, sem prejuízo da atribuição por lei de competências específicas às comissões parlamentares.

A Assembleia da República pode constituir **comissões parlamentares eventuais** para qualquer fim determinado. A iniciativa de constituição de comissões parlamentares eventuais, salvo as de inquérito, pode ser exercida por um mínimo de 10 Deputados ou por um grupo parlamentar.

Podem também existir **delegações parlamentares de carácter permanente ou eventual**. Elas elaboram um relatório com as informações necessárias à avaliação das suas finalidades, finda a sua missão ou, sendo permanentes, no final de cada sessão legislativa, o qual é remetido ao Presidente da Assembleia e, se este o decidir, apresentado em Plenário, sendo, em qualquer caso, distribuído às comissões parlamentares competentes em razão da matéria e publicado no *Diário*. Sempre que se justifique, as delegações permanentes devem elaborar um relatório dirigido ao Presidente da Assembleia.

Os **grupos parlamentares de amizade** são organismos da Assembleia da República, vocacionados para o diálogo e a cooperação com os Parlamentos dos países amigos de Portugal e promovem as acções necessárias à intensificação das relações com o Parlamento e os parlamentares de outros Estados.

Esses são apenas exemplos sobre a forma como a Assembleia da República funciona ou pode funcionar e que poder ser transportados, com as devidas adaptações, para a realidade e o contexto específico das assembleias municipais, o que já acontece em inúmeros municípios.

Por norma, os regimentos das assembleias municipais contêm normas sobre comissões permanentes e eventuais, conferências de representantes ou de líderes e de comissões e grupos de trabalho.

Por exemplo, o artigo 47º do Regimento da Assembleia Municipal de Coruche, refere o seguinte a esse propósito:

- A Conferência de Representantes é o órgão consultivo do Presidente da Assembleia Municipal, que a ela preside, e é constituída por um Deputado Municipal designado por cada um dos partidos, coligações, frentes de partidos ou grupos de cidadãos com assento na Assembleia.
- Podem participar na Conferência os Secretários da Mesa.
- A Conferência reúne sempre que convocada pelo Presidente da Assembleia, por sua iniciativa ou a pedido de qualquer Grupo Municipal.
- Compete à Conferência:

a) Pronunciar-se sobre o regular funcionamento da Assembleia e das Comissões;

b) Sugerir a introdução nos períodos de "Antes da Ordem do Dia" e da "Ordem do Dia" de assuntos de interesse para o Município;

c) Preparar as sessões plenárias da Assembleia, designadamente sobre a fixação da grelha de tempos globais de debate de cada matéria agendada;

d) Pronunciar-se sobre o elenco, composição, âmbito de acção e mesa das comissões;

e) Acompanhar o desenvolvimento das moções e deliberações aprovadas pela Assembleia.

Na Assembleia Municipal de Alcobaça, durante o intervalo das sessões da Assembleia, funciona uma Comissão Permanente composta pelos membros da Mesa, por um número não superior a cinco vogais eleitos pelo plenário e pelos lideres das forças partidárias com representação na Assembleia ou dos grupos municipais formalmente constituídos, ou seus representantes. As reuniões da Comissão Permanente são convocadas pelo respectivo presidente, que é o presidente da Mesa. É da competência dessa Comissão Permanente aconselhar o presidente sobre todos os assuntos que este lhe apresente, estabelecer e manter contactos regulares com os demais órgãos do Município, coadjuvar o presidente da Mesa no cumprimento das deliberações da Assembleia e exercer todas as demais competências que lhe sejam cometidas pela Assembleia.

Em Alvito funciona também uma Comissão Permanente constituída pelos Membros da Mesa da Assembleia Municipal e por um representante de cada grupo político, assim como Comissões Especializadas Permanentes, criadas por deliberação do plenário, sob proposta do Presidente da Assembleia Municipal, ouvida a "Comissão Permanente da Assembleia Municipal", não podendo o número de comissões especializadas ser superior a seis. Estão previstos, por outro lado, contactos externos e visitas que se processam por intermédio da Mesa da Assembleia Municipal. Essas comissões podem realizar visitas de trabalho, as quais devem ser previamente sujeitas a aprovação da "Comissão Permanente da Assembleia Municipal".

Como já referimos, apenas conhecemos uma obra que versa directamente o funcionamento de uma assembleia municipal da safra de António Cândido de Oliveira. Ao longo da sua obra, publicada com as verbas que recebia da sua participação na Assembleia Municipal de Vila Nova de Famalicão, de 2002 a 2005, foram avançadas várias sugestões de mudança para garantia de um funcionamento mais eficaz, eficiente e condigno. Aqui deixamos algumas delas:

- Disponibilização de boas instalações e condições de trabalho;
- Criação de um bom Centro de Documentação;
- Possuir autonomia suficiente para não estar dependente da boa vontade da câmara;
- Maior firmeza na condução das reuniões;
- Maior contenção verbal dos membros da Assembleia, o que se consegue com uma boa preparação das reuniões e criatividade;
- A Informação do Presidente da CM deve ser completa e rigorosa, podendo fazer a história da acção da Câmara ao longo do mandato;
- A fastidiosa leitura de expediente, correspondência, convites, publicações recebidas, etc, poderia ser substituída por uma nota escrita distribuída aos deputados e uma breve menção oral sobre ela;

- Utilização das novas TIC, tais como a projecção de slides ou de um vídeo, a votação electrónica, quadro electrónico para marcação de tempos de intervenção, etc.;
- Os membros das assembleias municipais devem ter ciente de que a AM não existe apenas quando há sessões ordinárias ou extraordinárias; eles devem estar permanentemente atentos e activos, usando os direitos que a lei e o Regimento lhes conferem para cumprir nomeadamente a sua missão de fiscalizar e acompanhar a actividade da Câmara Municipal;
- Não devem ser permitidas as palmas porque isso poupa tempo, evita crispações e evita ainda a demonstração de força pela força;
- Deve ser mantido o respeito por quem fala, mesmo quando se discorda;
- A pontualidade deve ser respeitada para credibilizar a assembleia;
- O período de Antes da Ordem do Dia não deve ser superior a 45 minutos;
- Deve existir uma página autónoma da AM na internet que não deve estar dentro da página da Câmara Municipal por uma questão de rigor e de pedagogia democrática;
- A oposição deve ser bem tratada e devem ser-lhe disponibilizados gabinetes para tratar de assuntos autárquicos e receber munícipes;
- Criação de comissões permanentes sectoriais para acompanhar a acção do município nas principais áreas;
- Existência de um corpo de funcionários qualificado que deverá incluir um ou dois técnicos superiores para apoio aos seus membros (e não à Mesa);
- Em democracia é preciso distinguir critica, mesmo contundente, de achincalhamento ou insulto dos detentores de cargos políticos; a crítica é legítima e necessária; o achincalhamento e o insulto são inadmissíveis;
- A função da oposição é aplaudir o que é de aplaudir e criticar o que é de criticar; uma oposição que critica tudo descredibiliza-se; quando critica, mesmo com razão, corre o risco de não ser lavada a sério e isso não a beneficia;
- A oposição deve conquistar o poder, não porque quem governa governa mal, mas porque tem propostas de melhor governo;
- Na democracia devem ser observadas duas regras fundamentais: o respeito pela verdade (factos são factos) e o respeito pelo adversário;
- Na página do Município a Assembleia Municipal deve estar em primeiro lugar;
- Os membros das assembleias municipais devem prestar regularmente contas a que os elegeu e a sua acção não se deve esgotar nas intervenções durante as sessões;
- A Mesa ou o seu presidente deviam apresentar Programa de Acção e Relatório de Actividades;
- A Assembleia deveria ter uma Comissão Permanente que a representasse fora das sessões plenárias, que reunisse periodicamente e que chamasse

o Presidente e os Vereadores a prestar esclarecimentos sempre que tal se revelasse necessário e em cima dos acontecimentos e não passadas semanas ou meses;
- Criação de comissões ad hoc para elaboração de regulamentos, evitando a sua ida directa para o plenário;
- A última palavra numa assembleia pertence ao plenário e não à Mesa e muito menos ao seu Presidente.

Cândido de Oliveira sugere ainda que haja uma relação continuada, um diálogo efectivo entre os eleitores e os eleitos sobre as decisões mais significativas ou mais polémicas. Afirma também que "temos em Portugal uma atitude de deferência (subserviência?) pelo poder e de desprezo pela oposição; a oposição é coisa de vencidos; o poder é que importa, pois é o domínio dos vencedores; é essa a cultura política que temos e essa cultura está tão implantada que até as pessoas mudam conforme a posição que ocupam". Ele conclui que o valor de uma Assembleia depende do valor das pessoas que a compõem e da disponibilidade que possuem para preparar devidamente as sessões, o que não põe em causa a necessidade de mudança e de reforma nas assembleias municipais.

Vamos partilhar convosco o funcionamento da Assembleia Municipal de Mirandela através apenas do recurso às actas publicadas no portal do Município de Mirandela (www.cm-mirandela.pt) no mandato 2005-2009.

A Assembleia Municipal de Mirandela é formada por 75 membros (38 directamente eleitos e 37 presidentes de junta de freguesia). O Concelho de Mirandela tem uma cidade (Mirandela), uma vila (Torre de D. Chama) e 102 aldeias que, ano após ano, se vão desertificando.

Após as eleições autárquicas, foi dada posse aos novos membros numa sessão extraordinária realizada no dia 25 de Outubro de 2005. Nessa sessão efectuaram intervenções de fundo o reeleito Presidente da Câmara Municipal de Mirandela e um representante de cada grupo municipal, à qual assistiu um número considerável de cidadãos, como é habitual.

A primeira sessão ordinária teve lugar no dia 22 de Dezembro, onde ainda persistia alguma animosidade resultante da dura batalha eleitoral. Da ordem de trabalhos dessa e das posteriores sessões constam sempre dois períodos de intervenção abertos ao público (um antes da ordem do dia e outro depois da ordem do dia), a discussão da Informação Escrita do Presidente da Câmara Municipal (que inclui sobretudo actividades, eventos e situação financeira) e a discussão de outros assuntos de interesse para o Município, além dos normais períodos de antes de antes da ordem do dia (leitura do expediente e aprovação de actas), de antes da ordem do dia e da ordem do dia. Na sessão de Novembro ou Dezembro de cada ano é obrigatória a discussão e aprovação do Plano, Orçamento e PPI da Câmara Municipal e dos Serviços Municipalizados, no caso de Mirandela e de outros municípios.

Nessa sessão constaram da Ordem do Dia a aprovação de um empréstimo de médio e longo prazo e de um protocolo de delegação de competências para uma colectividade local e a eleição de presidentes de junta para determinadas instituições.

Nessa sessão houve, para além das intervenções do Presidente da Mesa e restantes membros e do Presidente da Câmara Municipal, 3 intervenções do público, uma intervenção de um vereador da oposição e 42 intervenções (uma mais longas que outras) dos membros da assembleia, alguns dos quais intervieram mais do que uma vez. Faltaram à sessão 7 membros.

A sessão de Fevereiro de 2006 realizou-se no dia 17, tendo faltado 14 membros. Houve 43 intervenções dos membros e 2 intervenções do público.

É de realçar que as sessões da Assembleia Municipal de Mirandela começam sempre às 9.30 minutos e raramente acabam antes do almoço. São realizadas no Auditório Municipal de Mirandela. No palco, com um nível superior, existe uma mesa para os membros do executivo (do lado direito de quem olha para o plenário) e outra para a Mesa da Assembleia Municipal (do lado esquerdo). Na mesma perspectiva, existem três espaços distintos: o lado esquerdo para o grupo do CDS/PP, o centro para o PSD e o lado direito para o PS e a CDU, embora o Presidente da Mesa entenda que deveria ser ao contrário no respeito pela disposição tradicional, tal como existe na Assembleia da República. Mas, hábitos são hábitos e é difícil mudar tradições tão arreigadas!

Nessa sessão constaram da Ordem do Dia:

- Adesão a três associações e fundações;
- Aprovação da 1ª revisão orçamental;
- Proposta de regulamento do Processo de Selecção de Pessoal em Regime de Contrato de Trabalho por Tempo Indeterminado;
- Eleição de membros e presidentes de junta para certas instituições.

Em Abril de 2006 foi no dia 28 e, tal como acontece com todas as sessões de Abril, foram discutidos e aprovados o Relatórios e Contas de Gerência da CMM e dos Serviços Municipalizados de Água de 2005 e o Inventário do Município. Foram também aprovados um regulamento e a integração de uma freguesia no Perímetro Urbano de Mirandela. Foram aprovadas também a constituição da Comissão Permanente da Assembleia Municipal e da Comissão de Revisão do Regimento. Faltaram 6 membros e houve 45 intervenções. Em representação da Câmara Municipal de Mirandela esteve o Vice-Presidente.

No dia 26 de Junho de 2006 realizou-se mais uma sessão ordinária, tendo faltado 15 membros. Houve 22 intervenções dos membros e 2 do público. Foram eleitos 4 membros para a Comissão de Protecção de Crianças e Jovens em Perigo e aprovados a adesão à Carta de Aalborg e um empréstimo a médio e a longo prazo. Tomaram posse os membros do Conselho Municipal de Segurança de Mirandela.

Teve lugar uma sessão extraordinária no dia 5 de Setembro de 2006 para discussão do encerramento da Maternidade de Mirandela e suas consequências para o Conselho e a Região. Faltaram 14 membros e houve 5 intervenções de fundo.

A sessão ordinária de Setembro de 2006 teve lugar no dia 22 e foram discutidos o Aproveitamento Mini-Hidrico de Mirandela e a Carta Educativa do Município de Mirandela. Foi analisado e aceite um pedido de suspensão de mandato de um deputado por 365 dias. Houve 42 intervenções dos membros e uma do público.

Na sessão de 2 de Dezembro de 2006 faltaram 13 membros e houve 58 intervenções dos membros e uma intervenção do público. Foram aprovadas as seguintes medidas, além das habituais: a Taxa Municipal de Direitos de Passagem, o Regulamento de Táxis, o Reconhecimento de Interesse Público no âmbito da REN, a Revisão do Regimento da AM e a criação da Mircom – Associação Privada sem Fins Lucrativos.

O ano de 2007 começou com a sessão de 16 de Fevereiro, à qual faltaram 13 membros. Teve 20 intervenções. Foi decidida a adesão à Associação para a Segurança de Pontes e a candidatura da APPACDM ao Programa de Alargamento da Rede de Equipamentos Sociais-Pares.

Na sessão de 26 de Abril de 2007 foram tomadas deliberações relativas à Rede Comunitária de Banda Larga da Terra Quente Transmontana (contracção de empréstimo bancário a longo prazo) e à participação do Município na Sociedade Anónima "Hospital Terra Quente". Faltaram 13 membros e houve 52 intervenções.

Na sessão de 29 de Junho de 2007 foi discutida a desafectação de dois bens do domínio público para o privado, a alteração do IMI e a venda de um terreno municipal, tendo faltado 12 membros dos 75 que compõem a Assembleia Municipal. Aconteceram 29 intervenções.

Sessão de 28 de Setembro de 2007: 10 ausências e 42 intervenções. Serviu para aprovar a Taxa Municipal dos Direitos de Passagem, a rectificação de uma deliberação de cedência de terreno a uma IPSS e a alteração do Regulamento do Conselho Municipal de Segurança.

Na sessão de 7 de Dezembro de 2007 foram aprovados, além do que é normal nesse sessão, o concurso para contracção de empréstimo de curto prazo, a participação do Município no Imposto sobre o IRS, o Regulamento de Apoios Económicos e o Regulamento de Guarda-Nocturno. Houve 69 intervenções dos membros, 4 do público e 1 de um vereador da oposição. Faltaram 10 membros.

No dia 10 de Janeiro houve uma sessão extraordinária para tratar de assuntos do Hospital Terra Quente SA, à qual compareceram 70 membros dos 75.

Dia 15 de Fevereiro de 2008 assistiu-se à aprovação da geminação de Mirandela com Bafatá. Não compareceram 11 membros. Houve 37 intervenções.

Na sessão de 24 de Abril de 2008 faltaram 8 membros e registamos 46 intervenções dos membros e 3 do público. Foram aprovados, além dos documentos normais:

- Concurso para contracção de empréstimo bancário de longo prazo;
- Alteração ao Regulamento de Cemitérios;
- Atribuição de Declaração de Interesse Público.

Na sessão de 30 de Junho, à qual compareceram 65 membros, havendo 39 intervenções e tendo sido discutidos os seguintes assuntos:

- Eleição de um novo 1º secretário por renúncia do outro:
- Alteração de artigo do PDM;
- Integração em associação;
- Alteração do Regulamento dos Cemitérios;
- Contracção de empréstimo bancário a logo prazo para a Rede Comunitária de Banda Larga;
- Protocolo de Delegação de Competências para um Centro Cultural.

Oito membros faltaram à sessão de 26 de Setembro de 2008, tendo havido 21 intervenções dos membros, 3 do público e 2 de vereadores da oposição e sido aprovados um pedido de isenção de IMT e uma rectificação de protocolo. Foi também aprovado um referendo sobre a Linha do Tua.

No dia 28 de Setembro teve lugar uma sessão extraordinária da AM para aprovar a integração na Comunidade Intermunicipal de Trás-os-Montes e os respectivos Estatutos, onde comparecem 62 membros.

Dia 22 de Dezembro de 2008 teve lugar mais uma sessão da AM em que foram aprovados um contrato de execução de transferência de competências para autarquias na área da educação, o regulamento Tuabike, uma desafectação do domínio público para o privado, duas rectificações de deliberações, a adesão do município à Entidade Regional de Turismo do Norte, a taxa de emissão de certificado de registo, um pedido de isenção de IMT e o Regulamento do Banco Local de Voluntariado. Faltaram 12 membros e houve 53 intervenções.

No dia 16 de Fevereiro de 2009 foi aprovada uma parceria público-privada, um protocolo com um clube desportivo e o referendo sobre a Linha do Tua, além de um pedido de isenção de IMT, tendo comparecido 68 membros e tendo sido efectuadas 54 intervenções dos membros e uma do público.

No dia 3 de Abril de 2009 houve uma nova sessão extraordinária da Assembleia Municipal, tendo comparecido 63 membros para tratar de assuntos relativos à Comunidade Urbana de Trás-os-Montes.

Para lá dos assuntos usuais, a sessão da AM de 27 de Abril aprovou apenas uma alteração de um artigo do PDM. Faltaram 6 membros e houve 36 intervenções.

No dia 5 de Junho de 2008 faltaram 9 membros e foram efectuadas 21 intervenções. Foram deliberados sete pedidos de isenção de IMT, uma alteração a um lote, uma alteração ao Regulamento dos Horários de Funcionamento dos Estabelecimentos de Venda ao Público e mapa de pessoal de um projecto, o SISTMIR.

Por opção política, não se realizou a sessão ordinária de Setembro na medida em que estávamos em cima da campanha eleitoral para as eleições autárquicas. Tendo em conta apenas as sessões ordinárias, houve 822 intervenções dos membros, o que dá a média de 43 intervenções por sessão, e 28 intervenções do público.

Interessante é o artigo 58º do Regimento da Assembleia Municipal de Belmonte que diz que a Assembleia Municipal disporá de uma insígnia com que distinguirá personalidades e instituições e que a atribuição da insígnia será sempre objecto de deliberação.

De frisar ainda o artigo 95º do Regimento da Assembleia Municipal de Aljustrel que prevê a criação na Assembleia Municipal de um registo de interesses dos seus Membros, o qual será objecto de regulamento próprio onde constem todas as actividades susceptíveis de gerar incompatibilidades ou impedimentos e quaisquer actos que possam proporcionar proveitos financeiros ou conflitos de interesses.

Em consonância com o artigo 7º-A da **Lei n.º 64/93, de 26 de Agosto,** que estabelece o regime jurídico de incompatibilidades e impedimentos dos titulares de cargos políticos e altos cargos públicos, é criado um registo de interesses na Assembleia da República, sendo facultativa a sua criação nas autarquias, caso em que compete às assembleias autárquicas deliberar sobre a sua existência e regulamentar a respectiva composição, funcionamento e controlo. O registo de interesses consiste na inscrição, em livro próprio, de todas as actividades susceptíveis de gerarem incompatibilidades ou impedimentos e quaisquer actos que possam proporcionar proveitos financeiros ou conflitos de interesses. O registo de interesses criado na Assembleia da República compreende os registos relativos aos Deputados à Assembleia da República e aos Membros do Governo. O registo é público e pode ser consultado por quem o solicitar e nele serão inscritos em especial, os seguintes factos:

a) Actividades públicas ou privadas, nelas se incluindo actividades comerciais ou empresariais e, bem assim, o exercício de profissão liberal;

b) Desempenho de cargos sociais, ainda que a título gratuito;
c) Apoios ou benefícios financeiros ou materiais recebidos para o exercício das actividades respectivas, designadamente de entidades estrangeiras;
d) Entidades a quem sejam prestados serviços remunerados de qualquer natureza;
e) Sociedades em cujo capital o titular, por si, pelo cônjuge ou pelos filhos, disponha de capital.

A questão da incompatibilidade é uma das mais discutidas no panorama político, existindo, é verdade, algumas contradições e omissões. Tem sido também alvo de vários pareceres da Procuradoria-Geral da República e das Comissões de Coordenação e Desenvolvimento Regional. Vejamos os que analisamos da CCDRC:

- **Parecer de 21 de Dezembro de 2009 da autoria de Maria José L. Castanheira Neves**

O parecer conclui o seguinte:

1 – O nº 1 deste art. 3.º do Estatuto dos Eleitos Locais (EEL), com a actual redacção dada pela lei n.º 52-A/2005, de 10/10, estipula que os eleitos locais, mesmo em regime de permanência, podem exercer outras actividades – públicas ou privadas – para além das que exercem como autarcas.

Permite assim a lei, neste artigo, a acumulação dos cargos de eleitos, mesmo em regime de permanência, com o exercício de outras actividades, sejam públicas ou privadas, dado que não faz qualquer distinção quanto à sua natureza. Esta lei não revoga, no entanto, os regimes de incompatibilidades e impedimentos previstos noutras leis para o exercício de cargos ou actividades profissionais.

2 – Os membros dos órgãos deliberativos (assembleias municipais e de freguesia) exercem obrigatoriamente as suas funções em regime de não permanência.

3 – Regime de não permanência significa, quanto a nós, que não se está a exercer uma actividade profissional, daí entendermos que um membro da Assembleia Municipal poderá sempre exercer o seu cargo de Subdirectora num agrupamento de escolas e continuar a exercer o cargo de membro da Assembleia Municipal, dado que não está a acumular com nenhum outro cargo público, no sentido de exercício de uma actividade.

4 – Se em vez de membro da Assembleia Municipal a eleita em causa exercesse o cargo de vereador em regime de tempo inteiro ou de meio tempo é óbvio que teria que ser averiguado se as funções de subdirectora na escola permitiriam essa acumulação, dado que nesses casos estaríamos perante situações

enquadráveis em ocupações profissionais, que poderiam ser incompatíveis de acumular não com base no Estatuto dos Eleitos Locais mas com base no Decreto-Lei n º 75/2008.

- **Parecer de 5 de Junho de 2009 de Maria José L. Castanheira Neves**

  Em conclusão:

  - No caso concreto que nos foi apresentado não se equaciona a nomeação do membro da assembleia municipal para o órgão de administração da sociedade anónima em causa (sociedade integrada no sector empresarial local) mas sim a atribuição de funções de director-geral, que nós interpretámos como funções de dirigente nessa empresa e não como a integração no órgão de administração da sociedade anónima.
  - Assim sendo, não se trata de um problema de incompatibilidade, dado que não se pretende nomear o membro da assembleia municipal para o órgão de administração da empresa do sector empresarial local mas sim atribuir-lhe funções dirigentes na empresa, funções essas que não estão abrangidas por qualquer incompatibilidade, dados os termos do nº 1 deste artigo 3 º do Estatuto dos Eleitos Locais (EEL) (os eleitos locais, mesmo em regime de permanência, podem exercer outras actividades – públicas ou privadas – para além das que exercem como autarcas).
  - Quanto à específica incompatibilidade dos membros das assembleias municipais relativamente a empresas do sector empresarial local, a lei só prevê essa incompatibilidade no que respeita aos gestores públicos e a funções executivas, não estando essa hipótese equacionada, de acordo com os dados que nos foram fornecidos pela Câmara Municipal.
  - Exercem funções de direcção os trabalhadores das empresas municipais, participadas, entidades fundacionais ou institucionais ou de associações de municípios que tenham a responsabilidade de superintender, coordenar ou chefiar a actividade de um ou mais sectores, serviços ou departamentos na directa dependência dos órgãos de administração ou de gestão.
  - As funções de director-geral numa empresa são funções de direcção, pelo que pretendendo-se que as mesmas sejam exercidas por um membro de uma assembleia municipal dum município que detém nessa empresa uma participação de 48% o referido eleito, se as aceitar, coloca-se numa situação superveniente de inelegibilidade.
  - As inelegibilidades supervenientes (isto é, situações de inelegibilidade criadas após a eleição) são uma causa de perda de mandato, de acordo com a alínea b) do n º 1 do artigo 8 º da Lei n º 27/96, de 1 de Agosto.

- **Parecer de 2 de Junho de 2008 de Elisabete Maria Viegas Frutuoso**

Em conclusão:
1. De acordo com o regime legal aplicável, artigos 73º e 74º da Lei nº 169/99, de 18.09, os membros dos GAP não são funcionários, pelo que não lhes é cominada qualquer causa de inelegibilidade, nomeadamente a prevista na al. d) do artigo 7º da Lei Orgânica nº 1/2001, de 14.08.
2. Os membros da assembleia municipal não exercem o seu mandato em regime de permanência ou de meio tempo, pelo que não existe, ao abrigo da excepção prevista na al. b) do nº 2 do artigo 3º do DL nº 196/93, de 27.05, incompatibilidade no exercício cumulativo dessas funções com as de Chefe de Gabinete de Apoio Pessoal ao Presidente da Câmara.

- **Parecer da Procuradoria da República de 8 de Junho de 2006**

Tendo como relator Mário Serrano, conclui o seguinte:

1ª) A *regra de exclusividade* consagrada para os titulares de cargos políticos no respectivo *regime legal de incompatibilidades*, contemplado na Lei nº 64/93, de 26 de Agosto, não se aplica, em geral, aos *eleitos locais*, ainda que em *regime de permanência*, nos termos do nº 1 do artigo 6º da referida Lei (*ex vi* do artigo 12º da Lei nº 11/96, de 18 de Abril, quanto aos membros das juntas de freguesia) – pelo que os mesmos podem exercer outras actividades, sem prejuízo dos regimes de incompatibilidades e impedimentos previstos noutras leis para o exercício de cargos ou actividades profissionais;

2ª) De acordo com o disposto na alínea *a*) do nº 1 do artigo 3º do Decreto-Lei nº 196/93, de 27 de Maio, há *incompatibilidade* entre o cargo de *membro de gabinete de apoio de presidente ou vereador de câmara municipal* e o "exercício de quaisquer outras actividades profissionais, públicas ou privadas, remuneradas ou não";

3ª) Constitui *actividade profissional pública*, para efeitos da citada norma do Decreto-Lei nº 196/93, o exercício de funções como *membro de junta de freguesia*, desde que o respectivo mandato seja desempenhado em *regime de permanência*, quer a tempo inteiro, quer a tempo parcial – pelo que, nesse caso, ocorre a aludida *incompatibilidade*, cuja consequência será a *demissão* do cargo de *membro de gabinete de apoio de presidente ou vereador de câmara municipal*, nos termos do artigo 5º do mesmo diploma.

Significa que não existe essa incompatibilidade se o presidente da junta exercer o mandato em regime de não permanência.

A idênticas conclusões chegou o Parecer nº 30/2010 da CCDR Alentejo, de 19 de Fevereiro, embora possam surgir pontualmente situações ou casos de impedimento ou suspeição, devendo aplicar-se as normas respectivas do Código de Procedimento Administrativo (artigos 44º e 48º).

15. INTERVENÇÕES NAS SESSÕES DAS ASSEMBLEIAS MUNICIPAIS

Neste tema vamos discorrer sobre os intervenientes nas sessões das assembleias municipais, os momentos de intervenção e uso da palavra e as condições em que o podem fazer.

Para usar da palavra os deputados municipais devem efectuar a sua inscrição. Esta é um acto-condição para se poder falar numa sessão, sendo a disciplina absolutamente necessária, assim como a ordem e o método para evitar a confusão, o tumulto e o caos. Os oradores usam da palavra quando esta lhes é concedida e de acordo com a ordem de inscrições, sendo esta, em princípio, inalterável.

Os membros devem preocupar-se em exprimir ideias e opiniões de forma sucinta, clara e rápida. Os oradores devem expor os seus pontos de vista, aduzindo argumentos a favor, e preocupar-se apenas com os factos, os raciocínios, as ideias e os juízos expressos. Devem evitar a personalização da discussão, a retórica empolada, os discursos floreados e as habilidades dedutivas. Os membros podem interromper, segundo Roque Laia, a ordem de inscrições e falar antes dos que estão inscritos nas seguintes situações:

- Para dar ou pedir explicações;
- Para invocar a lei ou o regimento;
- Para interrogar a Mesa ou pedir esclarecimentos em relação aos trabalhos em curso;
- Para apresentar algum requerimento;
- Para apresentar um ponto de ordem à Mesa.

Segundo, por exemplo, o artigo 22.º do Regimento da Assembleia Municipal de Alcoutim, "a cada interveniente cumpre gerir e controlar o tempo atribuído, sem prejuízo da competência e das funções da mesa". Mais refere o seu artigo 33º que o orador não pode ser interrompido sem o seu consentimento, não sendo, porém, consideradas interrupções, vozes de concordância, discordância ou análogas e se o orador se afastar clara e deliberadamente do assunto em discussão ou se o discurso se tornar ofensivo, deverá ser advertido pelo presidente, devendo este retirar-lhe a palavra se o orador persistir na sua atitude.

a) Elementos da assistência

Antes de tudo, devemos dizer que qualquer pessoa pode assistir às sessões das assembleias municipais desde que adopte uma postura de urbanidade, correcção e respeito pelo decurso dos trabalhos.

Nas anotações ao art. 20º do Código de Procedimento Administrativo de José Botelho, Américo Esteves e José Pinho, é dito que as reuniões públicas são aqueles em que toda e qualquer pessoa pode livremente assistir porque são realizadas à porta aberta. Mais se acrescenta que as reuniões públicas encerram em si uma tripla capacidade interventiva:

- de divulgação, levando ao conhecimento do órgão casos concretos, subsumíveis a algum dos temas sob análise da reunião;
- de colaboração, apresentando sugestões num espírito de participação;
- de esclarecimento, formulando perguntas e pedindo esclarecimentos.

São, assim, o afloramento dos princípios da colaboração e participação. As sessões dos órgãos deliberativos das autarquias locais são públicas. É através das reuniões que se forma a vontade do órgão colegial.

Às sessões e reuniões mencionadas nos números anteriores deve ser dada publicidade, com menção dos dias, horas e locais da sua realização, de forma a garantir o conhecimento dos interessados com uma antecedência de, pelo menos, dois dias úteis sobre a data das mesmas.

A nenhum cidadão é permitido, sob qualquer pretexto, intrometer-se nas discussões e aplaudir ou reprovar as opiniões emitidas, as votações feitas e as deliberações tomadas, sob pena de sujeição à aplicação de coima de 20000$00 até 100000$00 pelo juiz da comarca, sob participação do presidente do respectivo órgão e sem prejuízo da faculdade ao mesmo atribuída de, em caso de quebra da disciplina ou da ordem, mandar sair do local da reunião o prevaricador, sob pena de desobediência nos termos da lei penal.

Nas reuniões dos órgãos deliberativos há um período para intervenção do público ([1]), durante o qual lhe serão prestados os esclarecimentos solicitados, nos termos definidos no regimento.

---

[1] No direito público português só são públicas as reuniões da Assembleia da República e do órgãos das autarquias locais e mesmo aqui com aqui com algumas limitações.

As actas das sessões ou reuniões, terminada a menção aos assuntos incluídos na ordem do dia, fazem referência sumária às eventuais intervenções do público na solicitação de esclarecimentos e às respostas dadas.

A **comunicação social** pode também assistir às sessões e colocar aos deputados municipais e a qualquer membro do Executivo as questões que bem entendam desde que enquadradas no seu Código Deontológico e não perturbe o normal decurso dos trabalhos. Encontramos um número reduzido de regimentos com normas específicas sobre a comunicação social ([2]).

b) Participantes das sessões e discussões

Podem participar nas sessões das assembleias municipais os membros das assembleias municipais, os presidentes das câmaras municipais, os vereadores e o público, dentro de certas condições.

Os "**deputados municipais**" têm amplas possibilidades de intervir nas sessões da assembleia municipais e nos seus vários períodos: antes de antes da ordem do dia, antes da ordem do dia, ordem do dia, depois da ordem do dia, nos assuntos de interesse para o município e em alguns casos no período de intervenção aberto ao público.

A palavra é concedida normalmente aos membros da Assembleia ([3]) para:
a) Tratar de assuntos de interesse Municipal;
b) Participar nos debates;
c) Emitir votos e fazer declarações de voto;
d) Invocar o Regimento ou interpelar a Mesa;
e) Apresentar recomendações, propostas e moções sobre assuntos de interesse para o Município;
f) Formular ou responder a pedidos de esclarecimento;
g) Fazer requerimentos;
h) Reagir contra ofensas à honra ou à consideração;
i) Interpor recursos.

A câmara municipal faz-se representar, obrigatoriamente, nas sessões da assembleia municipal, pelo presidente, que pode intervir nos debates, sem direito

---

[2] Temos, assim, Anadia, Vila Verde, Seia e Belmonte.
[3] Segundo o Regimento da Assembleia da República, a palavra é concedida aos Deputados para: *a)* Fazer declarações políticas; *b)* Apresentar projectos de lei, de resolução ou de deliberação; *c)* Exercer o direito de defesa, nos casos previstos nos artigos 2.º e 3.º; *d)* Participar nos debates; *e)* Fazer perguntas ao Governo sobre quaisquer actos deste ou da Administração Pública; *f)* Invocar o Regimento ou interpelar a Mesa; *g)* Fazer requerimentos; *h)* Formular ou responder a pedidos de esclarecimento; *i)* Reagir contra ofensas à honra ou consideração ou dar explicações nos termos do artigo 84.º; *j)* Interpor recursos; *l)* Fazer protestos e contraprotestos; *m)* Produzir declarações de voto.

a voto. Em caso de justo impedimento, o **presidente da câmara** pode fazer-se substituir pelo seu substituto legal.

Os **vereadores** devem assistir às sessões da assembleia municipal, sendo-lhes facultado intervir nos debates, sem direito a voto, a solicitação do plenário ou com a anuência do presidente da câmara ou do seu substituto legal. Os vereadores que não se encontrem em regime de permanência ou de meio tempo têm o direito às senhas de presença, nos termos do artigo 10º da Lei nº 29/87, de 30 de Junho.

Os vereadores podem ainda intervir para o exercício do direito de defesa da honra. O que é a honra? Segundo a Wikiquote, é "um sentimento humano relacionado com a procura do respeito público, manutenção de bom-nome e dignidade". Já o Dicionário da Porto Editora define honra como o "conjunto de qualidades morais ligados à personalidade (como a probidade, a lealdade, a rectidão, etc)" ou o "sentimento que leva o homem a merecer a consideração pública pelo cumprimento do dever e pela prática de boas acções".

Do ponto de vista penal, a honra e a consideração são bens jurídicos a defender; segundo Figueiredo Dias, a honra pode ser vista numa concepção fáctica (distinguindo-se aqui a honra subjectiva ou interior que consiste num juízo valorativo que cada pessoa faz de si mesma da honra objectiva ou exterior que equivale à representação que os outros têm sobre o valor de uma pessoa, o mesmo é dizer, a consideração, o bom nome, a reputação de que uma pessoa goza no contexto social envolvente), numa concepção normativa (aqui a honra é vista como um bem que respeita a todo o homem por força da sua qualidade como pessoa) e numa concepção normativo-social (a determinação do bem jurídico só se mostra possível caso seja perspectivado numa dimensão comunitária ou social); a violação da honra como direito de personalidade (artigo 70º do Código Civil) pode originar danos morais (não patrimoniais) que são objecto de tutela e protecção jurídica e que podem originar responsabilidade civil e criminal.

A Informação n.º: 023/03/2003 da ANMP ([4]) entendeu que os vereadores podiam abandonar o seu lugar na Mesa da Vereação e intervir no período de intervenção aberto ao público mas apenas para solicitar esclarecimentos sobre assuntos do seu interesse pessoal ou da sua família, aí intervindo na simples qualidade de cidadão ou munícipe.

Quando os **secretários** querem usar da palavra e queiram discutir os assuntos em apreciação, fazem-no como qualquer outro membro e na altura devida na respectiva lista de inscrições. Para tal, devem abandonar momentaneamente as suas funções e intervir nos locais destinados aos restantes membros. É uma questão de cultura e educação cívica ([5]).

---

[4] In http://www.anmp.pt/anmp/doc/Djur/juro5/PJ2003023.pdf.
[5] Guia das Assembleias Gerais, 8ª edição, Caminho, 1989.

c) Momentos de intervenção

Todas as sessões ordinárias possuem várias fases de discussão e intervenção, a saber:

– Período Antes da Ordem do Dia

Neste período são prestadas informações sobre expediente (correspondência expedida e recebida) e efectuada a leitura, discussão e votação de actas.

De acordo com o artigo 86º da Lei nº 169/99, de 18 de Setembro, alterado pela Lei nº 5-A/2002, de 11 de Janeiro, em cada sessão ordinária dos órgãos autárquicos há um período de antes da ordem do dia, com a duração máxima de sessenta minutos, para tratamento de assuntos gerais de interesse para a autarquia.

Este período, consultando vários regimentos, tem normalmente 60 minutos, podendo ou não ser prorrogado por mais 60 minutos ou menos, constituindo esta última hipótese a excepção. Contudo, existem alguns regimentos que prevêem tempos inferiores como o de Trofa (45 minutos).

Outros regimentos têm limites de intervenção globais e distribuídos proporcionalmente pelos grupos municipais de acordo com a sua representatividade, como, por exemplo, o de Vila Nova de Cerveira. O mesmo acontece no Período "Ordem do Dia".

Vila Nova de Foz Côa prevê também um limite global de 60 minutos mas cada grupo municipal e no máximo 90 segundos por cada um dos seus membros e individualmente cada deputado municipal tem no máximo 10 minutos.

Peculiar é também o Regimento da Assembleia Municipal de Vila Verde que no PAOD concede em especial 30 minutos para as intervenções dos presidentes de juntas de freguesia.

O Regimento da Assembleia Municipal de Paredes de Coura prevê no PAOD 30 minutos para apresentação de assuntos relevantes para o município e emissão de votos e moções e mais 30 minutos para intervenções políticas pelos grupos municipais.

Devemos referir também o Regimento da Assembleia Municipal de Figueira da Foz que neste período concede 15 minutos para tratar especificamente da apreciação e votação da acta, da leitura do expediente, da prestação de informações e esclarecimentos por parte da Mesa e das respostas às questões anteriormente colocadas que não tenham sido esclarecidas no momento próprio. Concede ainda 60 minutos globais, os quais podem ser prorrogados por mais 30 minutos por decisão do Presidente da Assembleia Municipal e não do plenário!

Analisemos outros casos mais em concreto:

- **Alcoutim** (artigo 37º/5) – Os tempos utilizados no período de "Antes da Ordem do Dia" nas intervenções, apresentação de documentos e no debate generalizado, contam para o tempo global distribuído da respectiva grelha.
- **Castelo de Paiva** (artigo 30º/2) – A Mesa marcará um tempo determinado para as inscrições e apresentação de posições escritas a submeter à votação. O tempo destinado ao período de antes da Ordem do Dia, será distribuído proporcionalmente pelos Agrupamentos Políticos, em função do número de mandatos de cada Agrupamento, não podendo ultrapassar o tempo destinado a este período.
- **Cinfães** (artigo 32º) – Os tempos de intervenção a utilizar pelos Grupos Municipais no período Antes da Ordem do Dia são distribuídos proporcionalmente ao número de deputados inscritos de cada grupo, assegurando-se um tempo mínimo a cada um destes, que não deverá ser ultrapassado pela totalidade das intervenções:

  – Entre 1 e 10 deputados – 10 minutos;
  – Entre 11 e 20 deputados – 20 minutos;
  – Mais de 21 deputados – 30 minutos.

- **Fafe** (artigo 32º) – Antes do início dos trabalhos inscritos na ordem do dia da sessão haverá um período não superior a sessenta minutos, destinado a tratar dos seguintes assuntos:

  a) Leitura resumida do expediente e dos pedidos de informações ou esclarecimentos, e respectivas resposta, que tenham sido formuladas no intervalo das sessões da Assembleia;
  b) Deliberar sobre votos de louvor, congratulação, saudação, protesto ou pesar que sejam apresentados por qualquer membro da Assembleia ou pela Mesa, cuja discussão não poderá exceder 15 minutos;
  c) Interpelações à Câmara, mediante perguntas orais, sobre assuntos da respectiva administração e respectivas respostas, cujo tempo total de duração não poderá exceder trinta minutos;
  d) Apreciação de assuntos de interesse local;
  e) Votação de recomendações ou pareceres que sejam apresentados por qualquer membro ou solicitados pela Câmara.

- **Montijo** (artigo 33º) – O período de "Antes da Ordem do Dia" terá a duração máxima de sessenta minutos, podendo prolongar-se, no máximo, por mais quinze minutos, se a importância do assunto em debate assim o justificar; nenhum membro da Assembleia poderá usar da palavra no período

de "Antes da Ordem do Dia" por mais de dez minutos e no período complementar por mais de cinco minutos.
- **Murtosa** (artigo 30º) – O período "Antes da Ordem do Dia" terá a duração máxima de 60 (sessenta) minutos, incluindo 15 (quinze) minutos para o Presidente da Câmara responder às questões colocadas pelos membros da Assembleia. O tempo de intervenção para tratar dos assuntos da alínea d) do número anterior (apreciação de assuntos de interesse local, tratamento de assuntos relativos à administração municipal, nomeadamente para perguntas dirigidas à Câmara), será distribuído proporcionalmente pelos Partidos representados, garantindo-se a cada um deles um tempo mínimo de intervenção de 10 (dez) minutos.
- **Sardoal** (artigo 22º) – Em cada sessão ordinária haverá um Período de Antes da Ordem do Dia, que terá a duração máxima de trinta minutos, para tratamento de assuntos gerais de interesse para a autarquia, distribuídos da seguinte forma:

– Partido Social Democrata – 20 minutos;
– Partido Socialista – 10 minutos.

- **Seia** (artigo 42º) – O tempo de intervenção no PAOD é regulamentado no número 3º do artigo 45.º, não sendo nele contabilizados os tempos dispendidos nas figuras regimentais de defesa da honra, declarações de voto e interpelações à Mesa; no período de antes da ordem do dia (PAOD) o tempo global de intervenção será de 60 minutos, assim distribuídos:

– Câmara Municipal – 15 minutos;
– PCP – 5 minutos;
– PPD/PSD-CDS/PP – 14 minutos;
– Partido Socialista – 26 minutos.

- **Águeda** – No período de Antes da Ordem do Dia o Executivo Municipal disporá de 10 minutos para responder a perguntas formuladas pelos membros da Assembleia Municipal; no período de Antes da Ordem do Dia os Grupos Municipais formados de acordo com o disposto no artigo 9º e os Independentes, disporão de 50 minutos para intervir, de acordo com as fracções abaixo estipuladas:

– Grupo Municipal do Partido Social Democrata – 22 minutos;
– Grupo Municipal do Partido Socialista – 16 minutos;
– Grupo Municipal do Partido Popular – 6 minutos;
– Lista Independente de Espinhel – 2 minutos;
– Lista Independente de Aguada de Baixo – 2 minutos;
– Independente de Macieira de Alcôba – 2 minutos.

- **Alcácer do Sal** (artigo 17º) – o período de "Antes da Ordem do Dia" destina-se ao tratamento de assuntos gerais de interesse para o município, com a duração máxima de 60 minutos, não podendo cada membro da Assembleia usar da palavra por tempo superior a 3 minutos, por cada intervenção.

– Período da Ordem do Dia

A ordem do dia ([6]) deve incluir os assuntos que para esse fim forem indicados por qualquer membro do órgão, desde que sejam da competência do órgão e o pedido seja apresentado por escrito com uma antecedência mínima de:
a) Cinco dias úteis sobre a data da reunião, no caso das reuniões ordinárias;
b) Oito dias úteis sobre a data da reunião, no caso das reuniões extraordinárias.

Segundo o artigo 83º da LAL, só podem ser objecto de deliberação os assuntos incluídos na ordem do dia da reunião ou sessão, salvo se, tratando-se de reunião ou sessão ordinária, pelo menos dois terços do número legal dos seus membros reconhecerem a urgência de deliberação imediata sobre outros assuntos ([7]).

A ordem do dia é entregue a todos os membros com antecedência sobre a data do início da reunião de, pelo menos, dois dias úteis, enviando-se-lhes, em simultâneo, a consulta da respectiva documentação. Por exemplo, nos termos do artigo 35º de um Regimento da Assembleia Municipal do Montijo, a "Ordem do Dia", bem como qualquer documento com ela relacionado, têm de ser distribuídos aos membros da Assembleia com a antecedência de, pelo menos, dois dias úteis mas os documentos de maior complexidade e extensão, nomeadamente o Plano de Actividades, Orçamento e Relatório e Contas deverão ser distribuídos com a antecedência de, pelo menos, cinco dias úteis. Mais refere que no início de cada reunião será ainda distribuída aos membros da Assembleia uma lista com a relação da correspondência expedida e recebida.

É importante que todos os membros conheçam antecipadamente os assuntos que vão discutir nas reuniões e para que aí intervenham com clareza, conhecimento de causa e fundamentação. Por outro lado, dessa forma poderão estudar cuidadosamente os assuntos e votar mais conscientemente ([8]).

---

[6] Ver acórdãos do STA de 23 de Setembro de 1997 e de 10 de Março de 2004.
[7] Segundo o acórdão do STA de 12 de Maio de 2010 (Processo nº 0292/10), o conteúdo dessa norma visa, essencialmente, proteger os membros do órgão de forma a permitir-lhes a mais ampla discussão das matérias inscritas na ordem do dia.
[8] Segundo Freitas do Amaral e outros no Código de Procedimento Administrativo Anotado, publicado pela Almedina em Março de 2001 (3ª edição), "é precisa a formação de uma vontade esclarecida por parte dos órgãos administrativos".

Um dos pontos que consta em todas as sessões é a apreciação e a discussão da Informação Escrita do Presidente da Câmara Municipal nos termos da alínea a) do artigo 53º da Lei nº 169/99, de 18 de Setembro, alterada pela Lei nº 5-A/2002, de 11 de Janeiro. Há também quem defina tempos máximos de intervenção nesse ponto da discussão.

Os regimentos prevêem também tempos de duração máxima para intervir para intervir cada membros, sendo maior na discussão e aprovação das Grandes Opções do Plano, PPI e Orçamento, do Relatório de Gestão e Contas e da proposta de revisão do Regimento. É muito rara a imposição nos regimentos de tempos globais máximos de intervenção no POD, o que encontramos no Regimento da Assembleia Municipal de Bragança (entre 60 a 135 minutos) e no Regimento da Assembleia Municipal de Sesimbra (3 horas).

As inscrições são ordenadas pela Mesa para que, se possível, não usem da palavra, dois membros do mesmo grupo Municipal seguidamente, o que é também aplicável ao Período de Antes do Dia.

De acordo com o artigo 19º do Código de Procedimento Administrativo ([9]) que é outro dos diplomas que todos os eleitos locais deviam conhecer minimamente, "só podem ser objecto de deliberação os assuntos incluídos na ordem do dia da reunião, salvo se, tratando-se de reunião ordinária, pelo menos dois terços dos membros reconhecerem a urgência de deliberação imediata sobre outros assuntos".

A "Ordem de Trabalhos" deve ser lida no início pela Mesa, devendo o respectivo Presidente manifestar um vivo interesse pelos trabalhos e não dar à assembleia o aspecto detestável duma olímpica, superior e irritante "distância" ou a impressão de "estar fazendo um favor em ali estar" ([10]).

Vejamos alguns regimentos mais em particular e que acentuam algumas das diferenças:

- **Vila Nova de Foz Côa** – permite que cada membro intervenha até 10 minutos e no fim de cada ponto cada grupo municipal dispõe de 3 minutos. No entanto, em relação à Informação Escrita do Presidente da Câmara Municipal, este pode intervir até 30 minutos, os grupos municipais até 60 segundos por cada membro, individualmente até 5 minutos e o Presidente da Assembleia Municipal pode dispor até 5 minutos para o encerramento do ponto.
- **Alcoutim** (artigo 23º) – para a discussão de cada ponto da "Ordem do Dia" há um período inicial de 60 minutos, não podendo qualquer membro da assembleia exceder 10 minutos de intervenção; após a utilização do período

---

[9] Decreto-Lei nº 442/91, de 15 de Novembro, alterado pelo Decreto-Lei nº 6/96, de 31 de Janeiro.
[10] Guia das Assembleias-Gerais, 8ª edição, Caminho, 1989.

referido no número 1, se a discussão não tiver terminado, haverá um segundo período de intervenções de 30 minutos, que será proporcionalmente distribuído, não podendo qualquer membro da assembleia exceder 5 minutos de intervenção; a apresentação verbal de cada proposta pelo membro da assembleia proponente ou pelo executivo camarário, dever-se-á limitar à indicação sucinta do seu objecto e fins que se visa prosseguir, e não exceder o total de 10 minutos; o presidente da câmara municipal dispõe de 15 minutos para apresentar a informação escrita.

- **Barreiro** (artigo 38º) – compete à Mesa, ouvida a conferência de Representantes dos Grupos Municipais, fixar os tempos de discussão para cada ponto da Ordem de Trabalhos, atendendo à natureza e importância dos assuntos a tratar e os tempos de discussão determinados para cada ponto da Ordem de Trabalhos deverão ser do conhecimento dos Membros da Assembleia Municipal, logo que possível, de modo a permitir a sua utilização eficaz na sessão por cada Grupo Municipal e pelo Executivo da Câmara Municipal.
- **Cinfães** (artigo 32º) – a intervenção de cada Grupo Municipal, no período respeitante à Ordem do Dia, deverá ser efectuada por um só representante de cada Grupo, previamente indicado, salvo nas seguintes situações:

    a) Deputado que declare discordar da posição do Grupo Municipal a que pertence e pretenda por isso, apresentar a sua posição;
    b) Deputado que alegue, justificadamente, a defesa da honra.

O tempo máximo para intervenção em cada ponto da ordem do dia, com as excepções previstas nos artigos seguintes, é de trinta minutos.

A apresentação de cada proposta, pelo Grupo Municipal, pelo deputado da Assembleia isoladamente ou pelo executivo Camarário, dever-se-á limitar à indicação sucinta do seu objecto e fins que se visam prosseguir, e não poderá exceder o total de 3 minutos.

A apreciação a que se refere a alínea e) do número um do artigo 4º deste Regimento (apreciar, em cada uma das sessões ordinárias, uma informação escrita do Presidente da Câmara acerca da actividade do município, bem como da situação financeira do mesmo) constitui, obrigatoriamente, o primeiro ponto da ordem do dia e tem a duração máxima assim distribuída:

a) Intervenção inicial do Presidente da Câmara Municipal ou do seu substituto legal – dez minutos.
b) Intervenção dos grupos municipais – trinta minutos.
c) Resposta do Presidente da Câmara ou do seu substituto legal ou dos Vereadores em quem aqueles delegaram para as respostas sectoriais – vinte minutos.

- **Coruche** (artigo 23º) – ao Presidente cabe definir, equitativamente, o tempo de intervenção de cada orador inscrito em função do número destes; para a discussão de cada ponto da "Ordem do Dia" há um período inicial de trinta minutos; após a utilização do período referido no número 2, se a discussão não tiver terminado, haverá um segundo período de intervenções, de quinze minutos, que será distribuído à semelhança do definido no ponto 1.
- **Seia** (artigo 35º) – para cada ponto do período da ordem do dia, excepto Plano de Actividades e Orçamento e Relatório de Actividades e Conta de Gerência, o tempo global de intervenção será de 60 minutos, assim distribuídos:

– Câmara Municipal – 15 minutos;
– PCP – 5 minutos;
– PPD/PSD-CDS/PP – 14 minutos;
– Partido Socialista – 26 minutos.

Para os pontos do período da ordem do dia "Plano de Actividades e Orçamento" e "Relatório de Actividades e Conta de Gerência", acrescem 120 minutos ao tempo previsto no número anterior, assim distribuídos:

– Câmara Municipal – 35 minutos;
– PCP – 10 minutos;
– PPD/PSD-CDS/PP – 25 minutos;
– Partido Socialista – 50 minutos.

- **Viseu** (artigo 43°) – para intervir nos debates da ordem do dia, será concedida a palavra a cada Membro da Assembleia Municipal que para tal se inscreva, no máximo por duas vezes para cada assunto, por períodos não superiores a dez minutos da primeira vez e três minutos da segunda; o Presidente da Câmara Municipal dispõe de trinta minutos para apresentar a informação escrita.

– Outros assuntos de interesse para o Município

Esta é mais uma oportunidade para colocar questões concretas sobre o município em geral e sobre a gestão e administração do município.

Sendo caso único dos que foi possível analisar, o artigo 21.º do Regimento da Assembleia Municipal de Alcochete prevê um "Período de Antes de Encerrar a Sessão", o qual refere o seguinte:

1. Concluído o "Período da Ordem do Dia" e o "Período de Intervenção do Público", qualquer Membro da Assembleia poderá ainda requerer a abertura de um "Período de Antes de Encerrar a Sessão", de duração nunca superior a trinta minutos.

2. Neste período os Deputados Municipais poderão ainda usar da palavra para abordar assuntos que não constaram na "Ordem do Dia".

3. O período de "Antes de encerrar a sessão" é ainda destinado à apreciação de questões já ventiladas no período de "Antes da Ordem do Dia" ou à discussão de questões que tenham sido sugeridas pelo decorrer da sessão.

– **Período de Intervenção Aberta ao Público**

As sessões ordinárias e extraordinárias devem prever no mínimo um **período de intervenção aberto ao público** onde qualquer cidadão pode solicitar os esclarecimentos que entender sobre assuntos relacionados com o Município, devendo para o efeito proceder à sua inscrição na Mesa, não sendo admissíveis intervenções puramente políticas. O período de intervenção aberto ao público tem uma duração máxima que pode variar entre 30 a 60 minutos.

A palavra é dada por ordem das inscrições e cada intervenção deverá ter a uma duração máxima, que por norma é de cinco minutos, havendo, porém, regimentos que concedem 10 minutos ou até apenas 2 ou 3 minutos por cidadão. A Mesa ou a Câmara prestarão os esclarecimentos solicitados, ou, se tal não for possível, deverá o cidadão ser esclarecido, posteriormente, por escrito.

Os pedidos de esclarecimento do público são sempre dirigidos à Mesa e nunca em especial a qualquer membro da assembleia, grupo municipal ou câmara, tal como consta no Regimento da AM de Paredes de Coura.

As actas das sessões ou reuniões, terminada a menção aos assuntos incluídos na ordem do dia, fazem referência sumária às eventuais intervenções do público na solicitação de esclarecimentos e às respostas dadas.

Partilhamos com os leitores alguns exemplos:

- O Regimento da Assembleia Municipal de Mirandela consignou dois períodos de intervenção abertos ao público: um antes da ordem do dia e outro depois da ordem do dia; essa norma é muito rara nos regimentos, tendo lugar, por exemplo, na AM de Águeda e Alcochete.
- De acordo com o número 2 do artigo 16º do Regimento da Assembleia Municipal de Alcobaça, *"os munícipes interessados em intervir para solicitar esclarecimentos terão de fazer, antecipadamente, a sua inscrição junto do Gabinete de Apoio ao Presidente da Assembleia, indicando o seu nome, morada, número de eleitor e o assunto a tratar".*
- O artigo 37º do Regimento da Assembleia Municipal de Oliveira do Bairro, reza que *"o período de "Intervenção Aberta ao Público", será antecedido de prévia inscrição dos interessados, nele podendo intervir qualquer cidadão residente, natural ou com interesses na área geográfica do Município e com idade superior a dezoito*

anos, podendo fazê-lo quer a título individual, quer em representação de organizações colectivas com sede na referida área geográfica, quando credenciado para o efeito".

- No Barreiro, a Mesa poderá impedir o uso da palavra ao munícipe que queira tratar de assuntos estranhos às competências da Assembleia e poderá promover o tratamento mais aprofundado do assunto exposto, com a audição posterior do munícipe, sempre que se considere a importância do mesmo; tratando-se de assuntos relativos a acções da Câmara, o Presidente da Mesa pode solicitar, por escrito, informações ao executivo municipal ou encaminhará os assuntos para a Comissão Permanente adequada, disso dando conhecimento ao munícipe e à Assembleia Municipal; dos resultados obtidos, o Presidente da Mesa dará resposta ao Munícipe, com conhecimento aos Grupos Municipais no prazo de 30 dias.
- Em Castelo de Paiva, poderão ocorrer sessões, total ou parcialmente, destinadas a debates com intervenções de convidados ou de público, desde que o assunto o exija; contudo, só poderão inscrever-se para usar da palavra os cidadãos de maior idade, naturais ou residentes na área geográfica do Município, ou que nele exerçam qualquer actividade.
- Em Coruche a Mesa ou qualquer membro da Assembleia ou da Câmara prestarão os esclarecimentos solicitados ou, se tal não for possível, será o cidadão esclarecido, posteriormente, por escrito, no prazo máximo de 20 dias úteis.
- Em Fafe, no período de intervenção do público não podem usar da palavra os membros da Assembleia.

Embora tal esteja previsto na Constituição e em lei ordinária, há regimentos de assembleias municipais que consagram o direito de petição ([11]), tais como os de Barreiro, Montijo, São João da Pesqueira, Sardoal, Almeirim, Alvito, Amadora, Belmonte e Aljustrel, sendo essa outras das formas de intervenção dos cidadãos na vida dos municípios.

O Regimento mais completo que conhecemos é o de Aljustrel cujo direito consta de uma sessão própria (artigos 85º a 88º):

- Os Munícipes têm o direito de apresentar, individual ou colectivamente, à Assembleia Municipal petições, exposições, reclamações ou queixas em defesa dos seus direitos ou no interesse geral das populações do concelho.
- Têm o direito a apresentar petições em que solicitem a elaboração, modificação ou revogação de regulamentos e posturas, os Munícipes e as Associações e outras entidades dos interesses económicos, sociais, culturais, desportivos e religiosos, sobre matérias do respectivo interesse.

---

[11] Esse direito ser versado mais adiante.

- As petições, exposições, reclamações ou queixas são assinadas pelo respectivo requerente, ou a seu rogo, são dirigidas ao Presidente da Assembleia e devem estar fundamentadas e especificar o seu objectivo.
- Os subscritores destes documentos deverão estar devidamente identificados, corri a indicação do nome, morada e número de cartão de eleitor.
- A admissão dos documentos previstos no artigo anterior bem como a classificação, numeração e eventual envio à Comissão, compete ao Presidente da Assembleia, que pode delegar nos Secretários.
- São rejeitadas as petições, exposições, reclamações ou queixas em que nenhum dos subscritores esteja devidamente identificado, não contenha menção do domicílio, 43 cujo texto seja ininteligível, não especifique o seu objecto ou não fundamente a pretensão e não supra essas deficiências em prazo de vinte dias contados da data da notificação que para o efeito seja feita pelo Presidente da Assembleia que para tanto procederá às diligências necessárias.
- As petições admitidas que solicitem a elaboração, revogação ou alteração de regulamentos municipais serão de imediato submetidas à apreciação da Comissão competente, dando-se conhecimento delas ao Presidente da Câmara Municipal.
- No caso da petição versar matéria da competência de outro órgão autárquico o Presidente da Assembleia deve oficiar a esse órgão solicitando-lhe a sua apreciação, podendo também para acompanhar o assunto pedir esclarecimentos e informações.
- O Presidente da Assembleia pode ainda solicitar esclarecimentos e informações complementares para aprofundamento do assunto.
- A Comissão examina a petição, exposição, reclamação ou queixa no prazo máximo de sessenta dias prorrogável por um ou mais períodos, até ao limite de mais sessenta dias, mediante autorização da Mesa da Assembleia.
- A Comissão pode solicitar por intermédio do Presidente da Assembleia:
    a) Informações e esclarecimentos dos peticionantes;
    b) Informações, esclarecimentos e documentos da Câmara Municipal;
    c) Encontros com os membros da Câmara Municipal.
- A Comissão elabora um relatório e parecer dirigido ao Presidente da Assembleia, o qual deverá conter os elementos instrutórios, se os houver, e as conclusões com a indicação das providências julgadas necessárias.
- No caso de petição sobre regulamento municipal a Comissão elabora o relatório e parecer referido no número anterior e pode apresentar ao Plenário da Assembleia um projecto de recomendação à Câmara Municipal.
- Os relatórios e pareceres respeitantes às petições, exposições, reclamações ou queixas serão submetidos à apreciação do Plenário da Assembleia

a requerimento da Comissão ou de, pelo menos, um quinto dos Membros da Assembleia em efectividade.
- Quando as petições são assinadas por cem ou mais Munícipes ou quando versem regulamentos municipais são obrigatoriamente apreciadas pelo Plenário da Assembleia.
- As petições, exposições, reclamações ou queixas submetidas ao Plenário serão obrigatoriamente apreciadas por este no prazo máximo de trinta dias após a conclusão do exame em comissão, mas nunca em prazo superior a cento e oitenta dias contados da apresentação da iniciativa.

A sua sessão II dispõe sobre os direitos das Organizações de Moradores:

- Todas as Organizações de Moradores têm o direito de apresentar à Assembleia Municipal petições relativamente a assuntos do seu interesse.
- As petições devem ser dirigidas ao Presidente da Assembleia.
- As Organizações de Moradores autores da petição deverão estar devidamente identificadas, com indicação da designação e morada, assim como o nome, morada e número de cidadão eleitor do primeiro subscritor membro da Organização.
- Na admissão e seguimento das petições apresentadas pelas Organizações de Moradores aplicam-se as disposições do artigo 86° do Regimento.

d) **Formas de intervenção**

Os membros das assembleias municipais podem utilizar regimentalmente várias formas de intervenção:

– **Declarações de voto** ([12])

Cada membro da Assembleia tem direito a fazer, no final de cada votação, uma declaração de voto, esclarecendo o sentido da sua votação. As declarações

---

[12] Daí resulta, segundo Freitas do Amaral, que os membros dos órgãos colegiais que não fizerem registar na acta a sua declaração de voto são responsáveis pelas deliberações aprovadas, mesmo que tenham votado contra, se aquelas forem ilegais e tiverem causado prejuízos a terceiros ou à própria administração; o voto de vencido permite, por outro lado, ao membro demarcar-se da posição vencedora, isentando-o de qualquer responsabilidade, sabendo-se que o Estado e demais pessoas colectivas públicas respondem civilmente perante terceiros pelas ofensas dos direitos destes ou das disposições legais destinadas a proteger os seus interesses resultantes de actos ilícitos, culposamente praticados pelos respectivos órgãos no exercício das suas funções e por causa desse exercício (artigo 2º, nº 1, do Decreto-Lei nº 48051, de 21 de Novembro de 1967), segundo registo do CPA anotado e comentada de José Manuel Santos Botelho e outros, publicada em 5ª edição pela Almedina.

de voto podem ser escritas ou orais, não podendo exceder determinado tempo, normalmente três ou cinco minutos. As declarações de voto escritas são entregues na Mesa até ao final da reunião.

Roque de Laia ([13]) dá um sentido diferente à declaração de voto. Discutidas e votadas as actas ou as deliberações, os membros que não tenham estado presentes na sessão podem efectuar declarações de voto sobre a maneira pela qual teriam votado se tivessem estado presentes aos trabalhos. Ele distinguia-as das justificações de voto que se destinam a explicar a razão pela qual aquele que votou o fez no sentido em que o voto foi prestado.

Tanto as declarações como as justificações são prestadas normalmente depois das votações e não podem ser feitas acerca dos votos prestados em votação secreta.

– **Invocação do Regimento ou da lei** ([14])

O membro da Assembleia que pedir a palavra para invocar um Regimento indica a norma infringida, com as considerações indispensáveis para o efeito.

– **Interpelação da Mesa**

Os membros da Assembleia podem interpelar a Mesa quando tenham dúvidas sobre as decisões desta ou a orientação dos trabalhos, assim como nos vários períodos de uso da palavra ([15]). Segundo Roque Laia, também pode o Executivo ser interpelado pelos membros das assembleias municipais, sobre amplos e profundos pedidos de informação e de explicação sobre assuntos de interesse para a autarquia ou sobre a forma como ele actuou em determinados assuntos.

– **Ponto de Ordem à Mesa**

Destina-se exclusivamente a permitir a membros das assembleias municipais ou gerais demonstrar a sua discordância sobre a condução dos trabalhos; é dirigido à Mesa e tem precedência sobre as restantes inscrições. Não difere muito da interpelação à Mesa, sempre muitas vezes utilizado como sinónimo.

---

[13] Guia das Assembleias Gerais, 8ª edição, Caminho, 1989.

[14] Nos termos do artigo 88º do Regimento da Assembleia da República, o Deputado que pedir a palavra para invocar o Regimento indica a norma infringida, com as considerações estritamente indispensáveis para o efeito e podem interpelar a Mesa quando tenham dúvidas sobre as decisões desta ou a orientação dos trabalhos.

[15] As interpelações na Assembleia da República têm um sentido diferente e consistem na colocação de grandes questões, seguida de debate, sendo um dos instrumentos mais úteis e utilizados para controlar a acção do Governo.

– **Pedidos de esclarecimento**

O uso da palavra para esclarecimentos limita-se à formulação concisa da pergunta sobre a matéria em dúvida.

– **Requerimentos** ([16])

Os requerimentos podem ser apresentados por escrito ou oralmente, podendo, no entanto, o Presidente da Assembleia, sempre que o entender conveniente, determinar que um requerimento formulado oralmente seja apresentado por escrito.

– **Ofensas à honra ou à consideração**

Sempre que um membro da Assembleia considere que foram proferidas expressões ofensivas da sua honra ou consideração, pode, para se defender, usar da palavra por tempo geralmente não superior a três ou cinco minutos. O autor das expressões consideradas ofensivas pode dar explicações por igual tempo.

Este expediente é usada muitas vezes, utilizando os deputados municipais um conceito muito amplo de "honra". A questão que se coloca é a de saber se deve ou não ser a Mesa ou o seu Presidente a determinar se de facto a honra foi ou não ofendida ou se isso deve ser deixado ao critério de cada deputado. Não havendo normas rígidas, deve também aqui imperar o bom senso e o equilíbrio sob pena da honra perder credibilidade.

– **Interposição de recursos** ([17])

Qualquer membro da Assembleia pode recorrer de decisões do Presidente ou da Mesa. O membro da Assembleia que tiver recorrido pode usar da palavra para fundamentar o recurso.

– **Protestos e contra-protestos**

Convém que o contra-protesto tenha lugar imediatamente a seguir ao protesto a que respeite.

---

[16] Segundo o Regimento da AR, são considerados requerimentos à Mesa apenas os pedidos que lhe sejam dirigidos sobre o processo de apresentação, discussão e votação de qualquer assunto ou funcionamento da reunião e podem ser formulados por escrito ou oralmente.
[17] Qualquer Deputado da AR pode reclamar das decisões do Presidente da Assembleia ou da Mesa, bem como recorrer delas para o Plenário.

Nos termos do artigo 89.º do Regimento da Assembleia da República, no uso da palavra, os oradores dirigem-se ao Presidente e à Assembleia e devem manter-se de pé. O orador não pode ser interrompido sem o seu consentimento, não sendo, porém, consideradas interrupções as vozes de concordância, discordância, ou análogas. O orador é advertido pelo Presidente da Assembleia quando se desvie do assunto em discussão ou quando o discurso se torne injurioso ou ofensivo, podendo retirar-lhe a palavra. O orador pode ser avisado pelo Presidente da Assembleia para resumir as suas considerações quando se aproxime o termo do tempo regimental. Este normativo tem pleno cabimento nas sessões das assembleias municipais.

O Regimento da Assembleia Municipal de Aljustrel consigna uma série de debates especiais:

- Debate das Opções do Plano e Orçamento
- Debates de Actividades, Prestação de contas
- Debates sobre a Actividade Municipal Sectorial
- Apreciação da Actividade Municipal
- Moções de Censura

A Assembleia Municipal de Seia também prevê a tramitação das moções de censura desta forma:

- Podem apresentar moções de censura à Câmara Municipal ou a qualquer dos seus membros individualmente, nos termos da alínea i) do artigo 53º do Decreto-Lei nº 169/99, de 18 de Setembro, com as alterações introduzidas pela Lei 5-A/2002, de 11/1 os Grupos Municipais ou Partidos e/ou um terço dos membros da AM em efectividade de funções.
- O debate de uma moção de censura poderá ter lugar nas sessões ordinárias no ponto da ordem de trabalhos "informação escrita do Presidente da Câmara acerca do estado e vida do Município", ou como ponto de agendamento "ad hoc".
- A moção de censura poderá ter lugar também numa sessão extraordinária, com agendamento prévio.
- No caso de a moção de censura ser agendada para reunião extraordinária, o texto poderá ser enviado com a convocatória a todos os membros da AM.
- O debate será aberto e encerrado por um dos signatários da moção, se os mesmos assim o entenderem.
- Os membros da Câmara sobre a qual recaía a moção de censura têm o direito de intervir imediatamente após e antes das intervenções referidas no número anterior.

- São aplicáveis ao debate todas as regras regimentais do uso da palavra.
- A moção de censura pode ser retirada até ao termo do debate mas, neste caso, o debate conta para os efeitos do número sete deste artigo.
- Cada Grupo Municipal só poderá apresentar duas moções de censura ao longo do mandato da AM.
- Para efeitos de identificação dos sujeitos individuais proponentes de moções de censura, cada membro da AM só poderá subscrever duas moções de censura, em cada mandato.

Aconselhamos também a leitura do Regimento da Assembleia da República n.º 1/2007, publicado no *Diário da República*, 1.ª Série, n.º 159, de 20 de Agosto e (Declaração de Rectificação n.º 96-A/2007, de 19 de Setembro) que pode auxiliar as intervenções dos membros das assembleias municipais e a condução dos trabalhos por parte da Mesa [18].

Dessa leitura, facilmente se constata que os deputados da Nação têm ao seu dispor de inúmeros mecanismos e expedientes para intervir, trabalhar ou usar da palavra, seja individualmente seja em grupos parlamentares, funcionando como meios de exercício da responsabilidade política e como instrumentos de controlo político, salientando-se as seguintes:

- Perguntas e requerimentos ao Governo, incumbindo a este um "dever jurídico de colaboração" [19];
- Debates com o Governo (debates com os ministros, debates de actualidade, debates de urgência e debates temáticos);
- Debates com o 1º Ministro (debates sobre o Estado da Nação e debates quinzenais);
- Comparência nas Comissões Parlamentares de membros do Governo (ou equiparados) e de dirigentes e funcionários da Administração;
- Comissões parlamentares de inquérito: com a intenção de averiguar do respeito pela Constituição da República Portuguesa e das leis e apreciar os actos do Governo e da Administração.

Os autarcas, tendo em conta a actividade pública que exercem, são frequentemente chamados a intervir em público, seja nas reuniões do Executivo seja na Assembleia de Freguesia e na Assembleia Municipal, além das intervenções

---

[18] Alterado, pela 1ª vez, pelo Regimento da Assembleia da República n.º 1/2010, de 14 de Outubro de 2010.
[19] As perguntas são uma forma de exercício do contraditório político e os requerimentos têm uma intenção informativa, permitindo aos deputados o acesso a dados ou elementos essenciais para um mais cabal controlo do Executivo e da Administração; no DR, I série, de 15 de Maio de 2008, foi publicado o "Guia de Boas Práticas sobre Requerimentos e Perguntas ao Governo".

a que são convidados pelos órgãos de comunicação social e a que são obrigados nas campanhas eleitorais.

Se é verdade que o saber falar em público é um dom e uma vocação natural só ao alcance de alguns, também não é menos verdade que essa arte se trabalha e pode ser melhorada com a experiência e com os erros e tentativas.

Num estudo inquérito realizado por um jornal a 3.000 norte-americanos sobre o seu maior medo, os resultados foram surpreendentes. Os autores esperavam que as pessoas focalizassem a sua atenção em temas como o terrorismo, a insegurança pessoal e laboral, a poluição ou desastres naturais mas não. O maior medo declarado pelos entrevistados (com 41% das respostas) foi o de falar em público.

Bertrand Russell na sua obra "A Conquista da Felicidade" afirma a dado momento:

"No meu tempo falei muitas vezes em público; ao princípio todos os auditores me aterravam e o nervoso tornava os meus discursos muito maus e quando acabava de falar estava exausto devido à tensão nervosa. A pouco e pouco comecei a pensar que não tinha importância o facto de eu falar bem ou mal e que o universo continuaria a girar em qualquer dos casos e gradualmente a tensão nervosa diminuía até desaparecer por completo.

O caminho a seguir é lutar contra toda a espécie de medo e pensar nele calma e racionalmente, mas com grande concentração, até que se torne absolutamente familiar".

Existem no mercado obras interessantes que ajudam a aprimorar a técnica de bem falar e de bem escrever. Recomendamos em particular o livro de Cesare Sansavini "Saber Falar em Público" [20], e do qual, com a devida vénia, retiraremos algumas notas que podem ser de elementar proficuidade para os autarcas:

- Há oradores que se obstinam em ler a sua apresentação sem se dar conta que a leitura é enfadonha, monocórdica, soporífera, e não tem nada em comum com a comunicação eficaz;
- Falar não significa necessariamente comunicar;
- A leitura de uma exposição torna-se absurda se queremos convencer uma assistência, porque a leitura não comunica, não tem força, não incentiva a agir;
- O verdadeiro objectivo do conferencista poderia ser o de sensibilizar para uma certa temática, convencer o público com as suas ideias, incentivar a audiência a agir, provocar perguntas e uma discussão produtiva;
- Enfrentemos o tema das capacidades de comunicação com uma boa notícia: todos nós temos capacidades e potencialidades, mais ou menos latentes, para nos erguermos com segurança e eficácia perante um auditório;
- A eficácia da comunicação depende sobretudo da linguagem não verbal (55%) e só depois do tom de voz (38%) e das palavras (7%);

[20] Publicado, em Janeiro de 2008, pela Editorial Presença.

- Através do contacto visual veicula-se segurança, transmite-se interesse ao interlocutor, controla-se o nervosismo e adquire-se o domínio da sala;
- O orador profissional deve saber utilizar a sua voz, com um volume adequado e com tonalidades variáveis;
- A voz nervosa é quase sempre uma percepção interna e no seu uso deve evitar-se aclarar a garganta, iniciar em voz alta e tom seguro (falar para a última fila), jogar com os tons de voz e as pausas e respirar profunda e lentamente;
- "Pensai como homens sábios, mas falai como a gente comum". Aristóteles.
- Sempre que se puder recorrer a uma analogia concreta faça-o, se quiser dar mais força ao seu discurso;
- Muito útil é recorrer com frequência a exemplos concretos tirados de uma vivência próxima do auditório;
- O orador deve sacrificar o perfeccionismo linguístico para privilegiar a simplicidade e a sintonia com palavras simples e apropriadas, compreensíveis a todos, mensagens breves e lógicas, uso de analogias e historietas, falar com exemplificações e palavras capazes de evocar imagens;
- Não se deve falar demasiado depressa nem demasiado devagar;
- As pausas são indispensáveis para reforçar a eficácia da comunicação, para dar mais força emotiva à mensagem, para tomar o controlo da sala, para reduzir o número de "não palavras" e para diminuir a velocidade de exposição;
- O orador deve dar atenção ao seu vestuário para favorecer uma boa impressão, deve procurar a sintonia com o meio onde se encontra sem excessos (gravatas ou roupas vistosas, anéis, pulseiras, etc), devendo começar a sua apresentação com o casaco abotoado e gravata, embora possa tirar aquele se as condições o permitirem;
- Em relação ao vestuário das mulheres, não há regras fixas, a não ser a da sobriedade e da contenção ditadas pelo bom senso, sendo essencial evitar roupas excêntricas e sobretudo um visual que possa de algum modo resultar provocante e vistoso que não permitem que se retenha a atenção do auditório;
- Para falar em público não é preciso inventarmos uma nova personalidade, mas apenas sermos espontâneos;
- O humor tem um forte poder de comunicação porque serve para despertar a atenção do auditório e tornar mais viva a reunião, desde que se trate de uma expressão natural e espontânea da personalidade do orador;
- Se o nosso objectivo é convencer, devemos preocupar-nos mais em suscitar emoções que em procurar a solução na fria racionalidade;
- Ter entusiasmo significa transmitir ao auditório a convicção da validade daquilo que estamos a dizer;

- O stress é um fenómeno biológico positivo e produtivo, desde que mantido abaixo de um limiar crítico;
- É importante conhecer os sinais que normalmente evidenciam um nível de adrenalina elevado num orador para que possam ser melhor geridos ou camuflados (voz alterada, palpitações, transpiração, dores de barriga, tremor e pouca lucidez);
- É preciso ter consciência de que todos aqueles que falam em público têm o mesmo problema que nós para gerir oportunamente a sua tensão e de que o nervosismo é um problema nosso, perfeitamente pessoal, não visível do exterior, a não ser que não procuremos controlá-lo;
- Convém preparar os conteúdos a apresentar mas nunca se deve ler ou decorar o guião;
- A preparação de uma lista de tópicos representa um bom passo em frente na medida em que, se bem formulada, regista apenas as palavras-chave, permitindo reservar para a leitura o mínimo indispensável;
- Mais eficaz ainda é o emprego de cartões, sobretudo se bem feitos, em que cada um deles deve registar uma palavra-chave;
- Um orador de pé é o centro d atenção, potencia a força das suas mensagens, reforça a liderança e é mais persuasivo;
- A capacidade de ouvir activamente é fundamental para um orador profissional e deve saber reformular ("queria ter a certeza de que compreendi bem, está a perguntar-me..."), sintetizar e focalizar;
- Para estimular a discussão é preciso suscitar intervenções, assegurar a comunicação e envolver os outros na discussão;
- Um bom orador deve saber gerir os problemas e as situações difíceis que podem manifestar-se durante uma reunião;
- A empatia é uma grande qualidade, o respeito pela auto-estima dos participantes um princípio fundamental e a gestão das objecções e as perguntas hostis uma técnica fundamental ([21]).

Um autor que foi muito marcante na minha adolescência e na construção da minha personalidade foi Dale Carnegie, que nasceu em 1888 no Missouri, EUA e morreu em 1955. O seu livro "Como Fazer Amigos e Influenciar Pessoas" é um dos mais lidos em todo o mundo. Escreveu também, entre outros, "Como evitar Preocupações e Começar a Viver", "Como Falar em Público e Influenciar Pessoas no Mundo de Negócios" e "Como Desfrutar da Sua Vida e do seu Trabalho".

---

21 Segundo Roque Laia, no seu "Guia das Assembleias-Gerais", "para falar em assembleia não se torna necessário ter o hábito ou a ciência de um orador consumado ou de profissão. Bastam três coisas: pensamento claro, emitido do que se quer dizer; convicção sincera do que se diz; e utilidade em dizer".

Também é comum, embora não se possa exagerar, a utilização de frases feitas e conhecidas para reforçar uma posição, para introduzir algum humor ou para fundamentar uma posição. A esse nível existe uma obra curiosa de Orlando Neves, o "Dicionário de Expressões Correntes", publicado pelo Círculo de Leitores em Julho de 2000. Retiramos daí algumas expressões que podem ser utilizadas em contextos políticos:

- O Rei vai nu;
- A César o que é de César;
- Advogado do Diabo;
- Água no bico;
- Alea jacta est (a sorte está lançada);
- A montanha pariu um rato;
- Conto do vigário;
- Dourar a pílula;
- Gastar cera com ruim defunto;
- Levar a carta a Garcia;
- Perder as estribeiras.

Numa rápida pesquisa na Internet (27/05/2008) encontramos mais dois títulos "Como Falar em Público", um de Renée Simonet (editado pela Cetop, 1996, 108 páginas) e outro de Gregório Garcia (Editorial Estampa, 2000, 160 páginas).

Embora não se exija que os autarcas sejam especialistas na arte de bem escrever, é de todo conveniente que se cumpram algumas regras elementares para que a imagem da autarquia e dos seus eleitos, sobretudo do presidente da câmara e da assembleia municipal, seja positiva e demonstre capacidade e seriedade.

Para quem quiser de facto aprimorar a arte de falar e escrever, tem ao seu dispor de inúmeros cursos, acções de formação e workshops sobre essa temática, vocacionadas para gestores, autarcas, profissionais liberais e outras profissões e actividades que lidam com o público. É só estar atento ou procurar na Internet onde existem ofertas diversificadas.

As Edições Cosmos publicaram em 1996 um "Breve Glossário de Latim para Juristas", de Fernando Oliveira, onde podemos encontrar palavras e expressões em latim que facilmente se encontram na jurisprudência e na doutrina. Podem também ser utilizadas no texto e no discurso políticos. Encontramos outras expressões nos Verbetes da Administração Autárquica.

Daí escolheremos as que nos parecem mais comuns e de maior interesse para os eleitos locais de freguesia:

Ab initio – desde o início
Ad hoc et ab hac – a torto e a direito

Ad cautelam – por cautela
A contrario sensu – em sentido contrário
Actus rerum – administração da justiça
Ad infinitum – sem limites
A fortiori – por maioria de razão
A latere – ao lado; à margem
Alea Jacta est – a sorte está lançada
Alterum non laedere – não prejudicar ninguém
Cogito ergo sum – penso, logo existo.
Conditio sine qua non – "condição sem a qual não"
Curriculum vitae – carreira de vida; percurso académico e profissional
Dura lex, sed lex – a lei é dura, mas é a lei
Ex abrupto – subitamente
Ex aequo – com igual mérito; situação de igualdade
Ex ante – anteriormente
Ex officio – oficiosamente
Ex re ipsa – como resulta da própria coisa
Ex tunc – desde então (com rectroactividade)
Ex vi legis – por força da lei
Grosso modo – aproximadamente; mais ou menos.
Hic et nunc – aqui e agora
Hoc sensu – neste sentido
Ibidem – no mesmo lugar; na mesma obra
In extremis – no último momento
In loco – no lugar
Ipsis verbis – pelas mesmas palavras
Lapsus calami – erro de escrita
Lapsus linguae – erro de fala
Memorandum – o que deve ser lembrado; em diplomacia, nota dirigida por um governo a outro para expor o estado de uma questão e as medidas tomadas ou a tomar para a resolver
Modus faciendi – modo de fazer
Motu próprio – por iniciativa própria
Mutatis mutandis – mudando o que deve ser mudado
Non bis in idem – ninguém pode ser condenado duas vezes pela mesma coisa
Numerus clausus – número fechado
Opus – obra
Post scriptum – pós-escrito
Prima facie – à primeira vista
Quid juris – qual a solução do caso à luz do direito?

Ratio legis – razão ou espírito da lei
Sic – assim, tal e qual
Statu quo – o estado da situação
Ultimatum – última exigência
Vox populi – voz do povo

Nesse terreno recomendamos ainda o Dicionário de Latim Jurídico, de Fernanda Carrilho, editado pela Almedina em 2006, com 588 páginas, e o Breviário Latim-Português – Expressões jurídicas e não jurídicas, de Virgílio Queirós e Sofia Miranda, publicada pela Editora Quid Iuris em 2005, com 269 páginas.

A bibliografia portuguesa é fecunda em obras sobre o falar e o escrever e outros temas conexos, tais como:
– Saber Escrever/Saber Falar, de Edite Estrela, Maria Almira Soares e Maria João Leitão, Círculo de Leitores, 2004;
– O Livro dos Provérbios, de Salvador Parente, Círculo de Leitores, 2005;
– Bem Falar/Bem Escrever, Porto Editora;
– Verbos e Provérbios, Porto Editora.

Uma das obras mais interessantes no domínio da comunicação é a "Psicologia das Relações Interpessoais", da autoria de M. Odete Fachada, publicada pela Rumo em 2006, de dois volumes. Pela sua leitura, ficamos a saber que comunicar provém do latim *comunicare* que significa "pôr em comum" ou "entrar em relação com", que no fundo é o que fazem os membros das assembleias municipais. A teoria clássica entende como elementos da comunicação o emissor (deputado municipal), o receptor (o plenário, o público, o executivo, a comunicação social, etc), a mensagem (conteúdo da comunicação) e o canal. Por vezes a comunicação torna-se mais difícil devido aos ruídos (palmas, risos, vozes de discordância, etc.) que também acontecem nas sessões das assembleias municipais.

Odete Fachada dá muito ênfase à linguagem não verbal como os gestos, a postura, as expressões faciais, os silêncios, as pausas, o tom de voz, a pronúncia, o vestuário ou os adornos que podem ajudar ou dificultar a comunicação e o discurso. Ela recomenda que ao comunicar se deve evitar:

- Braços cruzados;
- Mãos na cintura;
- Mãos nos bolsos;
- Mãos atrás das costas;
- Gestos agressivos;
- Apontar o dedo.

Queremos partilhar, com a devida deferência, com os leitores matéria importante constante de um manual escolar intitulado "Razão e Sentido – Introdução à Filosofia" da autoria de J. Vieira Lourenço, publicado pela Porto Editora para os alunos do 11º ano de escolaridade. Iremos analisar sobretudo o capítulo I (O Pensamento e o Discurso), o capítulo II (Noções Básicas de Lógica) e o capítulo III (Comunicação e Argumentação).

Segundo Fernando Savater ([22]), *"o mundo em que vivemos, seres humanos que somos, é um mundo linguístico, uma realidade de símbolos e leis sem a qual não só seríamos incapazes de comunicar entre nós mas também de aprender a significação do que nos rodeia".*

A linguagem humana é a base de toda a cultura e o fundamento da nossa humanidade, sendo a palavra a sua forma mais comum. Ela responde a uma necessidade básica dos seres humanos: a necessidade de comunicação.

Para Vieira Lourenço pensamento, comunicação e linguagem são realidades indissociáveis, às quais de deve associar o discurso. Podemos estabelecer entre elas a seguinte relação:

- É através da linguagem que os seres humanos estabelecem comunicação entre si;
- A linguagem serve de instrumento e meio de exteriorização do que pensamos; o desenvolvimento do pensamento e da linguagem funciona como o suporte do pensamento;
- Pensamento e linguagem não podem separar-se porque a linguagem funciona como suporte do pensamento;
- É através da linguagem que regulamos o pensamento; sem linguagem não seria possível formular conceitos, juízos ([23]) , raciocínios que são instrumentos lógicos do pensamento;
- Porque os homens e as mulheres dispõem da linguagem, podem expressar, através do seu discurso o seu pensamento e podem aprender cognoscitivamente a realidade.

O discurso é visto como um acontecimento de linguagem e uma manifestação do pensamento, sendo a **lógica** a ciência reflexiva do discurso. Assim, existe discurso quando temos um conjunto de enunciados articulados entre si de forma coerente e lógica.

---

[22] Fernando Fernández-Savater Martín (São Sebastião, 21 de Junho de 1947) é um escritor e filósofo espanhol, catedrático de Ética na Universidade do País Basco. Tem produzido uma notável obra escrita, ao longo de vinte anos – entre a filosofia, o artigo de intervenção em vários domínios da vida social e cultural, a narrativa, ou mesmo o teatro –, e a sua popularidade tem vindo a crescer, não só em Espanha como em outros países (wikipédia).

[23] Há que distinguir os **juízos de facto** que descrevem a realidade, sendo objectivos, verificáveis e susceptíveis de serem considerados falsos ou verdadeiros, dos **juízos de valor** que expressam uma apreciação de alguém a respeito de algo, traduzindo uma opção de natureza emotiva e afectiva.

Aristóteles é considerado com justiça o pai da lógica. Ele chamou à lógica *organon*, instrumento do saber, estrutura e direcção do pensamento na aquisição do saber. A sua lógica foi prolongada e consolidada pelos escolásticos, durante a Idade Média e pouco mais progrediu até hoje. Para ele, o acto psicológico do pensamento inclui o conceito, o juízo e o raciocínio. Na sua obra "Tópicos" pretende encontrar um método que permita raciocinar sobre todo e qualquer proposto, a partir de proposições geralmente aceites, e bem assim defender uma argumentação sem nada dizer de contraditório [24].

Os intervenientes num discurso devem respeitar o "código deontológico do discurso" [25]. Nesse código devem vigorar os seguintes princípios:
– Todos os participantes no discurso devem:

- Ter amor à verdade;
- Empenhar-se na sua procura., conformando e adequando a sua razão àquilo que é;
- Falar verdade.

– Todos os participantes no discurso:

- Podem problematizar qualquer posição de outro participante;
- Só devem afirmar aquilo em que acreditam;
- Devem ser isentos, reconhecendo aos outros igualmente essa capacidade.

– Todos os participantes devem ter vontade sincera de chegar a um acordo ou a um consenso, próprio de sujeitos livres e emancipados.
– Não é legítimo que os participantes entrem em contradição.

Do ponto de vista etimológico, a lógica é a ciência do logos e este significa razão, palavra, proposição, oração, pensamento, discurso ou linguagem, o que pode tornar a noção equívoca. Torna-se necessário adoptar princípios para que o pensamento seja coerente e não absurdo.

Para Fátima Alves, José Aredes e José Carvalho [26], o conceito é uma abstracção elaborada pela razão a partir dos dados obtidos na experiência, ou seja, uma representação lógica que define, na mente, um conjunto ou uma classe de objectos ou de seres e cujo grau de generalização impede que se confunda com os objectos, seres ou situações a que se refere. Por sua vez, o juízo é uma operação

---

[24] A Imprensa Nacional/Casa da Moeda publicou a obra em 2007 mas existirão outras edições.
[25] Karl Otto Apel e J. Habermas fazem referência nas suas obras à "ética da discussão" ou à "ética da comunicação".
[26] In Mini-Dicionário de Filosofia, Texto Editora, 2003.

mental mediante a qual relacionamos dois conceitos, afirmando ou negando a sua vinculação. Finalmente, o raciocínio é um acto da inteligência ou operação mediante a qual, com base em certas regras, se passa dos conhecimentos adquiridos a conhecimentos novos.

A lógica tem subjacentes outros conceitos que vamos clarificar. Desde logo, o **dilema** em que se pode dizer que estamos perante a famosa espada de dois gumes, situação muito comum nas situações de discussão em que o adversário é forçado a optar.

Para Anthony Wesdon ([27]), por sua vez, argumentar não é nenhuma luta verbal nem uma actividade desagradável e fútil mas sim a apresentação de um conjunto de razões ou dados a favor de uma conclusão, sendo os argumentos ([28]) tentativas de sustentar certos e determinados pontos de vista com razões. Eles são essenciais porque constituem uma forma de tentarmos descobrir quais os melhores pontos de vista e porque, uma vez chegados a uma conclusão baseada em boas razões, eles são uma forma pela qual as explicamos e defendemos.

Para Wesdon, é imperioso respeitar algumas regras gerais para redigir um argumento curto e eficaz, tais como:

- Distinção entre premissas e conclusões ([29]);
- Apresentação das ideias por uma ordem natural;
- Usar uma linguagem precisa, específica e concreta;
- Usar termos consistentes;
- Limitar-se a um sentido para cada termo.

Já a elaboração do **ensaio argumentativo** obedece a regras mais específicas e complexas, requerendo um trabalho prévio de investigação e exploração do tema e de reflexão sobre as várias posições e pontos de vista possíveis. Como tal, urge explorar os argumentos de todas as posições, avaliar e defender cada premissa e rever e repensar os argumentos à medida que surgem. Segundo Weldon, são pontos principais do ensaio argumentativo:

- Explicar a questão;
- Fazer uma afirmação ou uma proposta concreta;

---

[27] A Arte de Argumentar, Gadiva, 2ª edição, 2005.
[28] Weldon apresenta argumentos baseados em exemplos, por analogia, sobre causas e dedutivos; o presidente George Bush respondeu um dia que o sei vice-presidente o apoiava politicamente porque ninguém gosta de meter golos na própria baliza.
[29] Churchill disse um dia "Seja optimista. Não serve de muito ser outra coisa qualquer"; isso é um argumento na medida em que ele está a dar uma razão para que se seja optimista e a sua premissa é a de que "não serve muito ser outra coisa qualquer".

- Desenvolver completamente os seus argumentos;
- Considerar objecções possíveis;
- Considerar alternativas.

Para escrever o ensaio argumentativo, ele sugere:

- Siga o seu esboço;
- A introdução deve ser breve;
- Apresente os seus argumentos um por um;
- Clarifique, clarifique, clarifique;
- Sustente as objecções com argumentos;
- Não afirme mais do que mostrou.

Os **paradoxos** significam o que está para lá da opinião corrente; é um raciocínio ou um enunciado que vai contra o bom senso lógico e que parece insuperável na sua absurdidade. Um dos mais célebres é o paradoxo do mentiroso ou de Epiménides:
– Todos os cretenses são mentirosos.
Sabe-se que Epiménides era cretense.
Será que ele dizia a verdade?
A linguagem não serve apenas para comunicar mas também para influenciar ou persuadir, exprimir ou impor valores, aprovar ou reprovar comportamentos ou atitudes, apresentando sempre os argumentos que se reputam como necessários e pertinentes em cada caso.

Argumentar é um acto de comunicação em que se partilha perante os outros os pontos de vista e se expõe as ideias e opiniões sobre um dado tema. É também um acto de razão, de pensamento e de discurso. Quem argumenta fá-lo sempre perante um auditório. No caso dos membros das assembleias municipais, o auditório são as sessões das assembleias municipais.

A argumentação encontra-se vinculada às seguintes disciplinas:

- **Dialéctica ([30]) negativa**: os actos de bem contradizer e bem refutar;
- **Dialéctica positiva**: os actos de bem debater e procurar a verdade;
- **Retórica**: os actos de bem falar e persuadir pelo discurso;
- **Lógica**: os actos de bem pensar e bem raciocinar.

---

[30] Em grego significa por de lado, escolher, soeirar e conversar; contudo, além de falar, exprime a ideia de discorrer e tornou-se a arte de discutir.

No prefácio da obra do filósofo Aristóteles "Retórica", Manuel Alexandre Júnior, afirma que *"para muitos a retórica pouco mais é do que mera manifestação linguística, ornato estilístico e discurso que se serve de artifícios irracionais e psicológicos, mais profícuos à verbalização de discursos vazios de conteúdo do que à sustentada argumentação de princípios e valores que se nutrem de um raciocínio crítico válido e eficaz".*

A retórica teve muita importância na civilização grega e a sua literatura foi grandemente moldada por ela. Já em Homero os Gregos se distinguiam pela sua facúndia e sempre tiveram jeito para saborear a força e a magia das palavras. Ela brotou da sua sublime capacidade para a expressão oral e inspirou-se no doce sabor da palavra usada com finalidades persuasivas.

Para Aristóteles o propósito da retórica é a capacidade de descortinar os meios de persuasão e não a persuasão em si, sendo a outra face da dialéctica pois elas tentam questionar e sustentar um argumento, defender-se ou acusar, sendo também a capacidade de descobrir o que é adequado a cada caso com o fim de persuadir.

Outra obra que consideramos incontornável no que respeita à retórica é o Górgias de Platão ([31]). Nesta obra a palavra está no centro de tudo e sentada no banco dos réus. Aí se pergunta se a retórica será apenas uma forma de adulação ao serviço do poder, sem ligação necessária com a moral e a justiça, ou se poderá ser o cimento e a base da construção de um ideal de realização humana. A obra, tão actual, é um diálogo onde intervêm sobretudo Sócrates e Górgias em que a retórica era vista muito mais do que o uso imoderado da palavra para fins de aliciamento, extravagância ou auto-afirmação. Era uma actividade política já que incluía a preparação técnica, cultural e humana dos cidadãos que pretendessem dedicar-se à coisa pública ou intervir nos negócios do governo ou nas assembleias representativas, como sucedia na democracia ateniense.

Ao longo do diálogo são dados vários ensinamentos e conselhos. Ficamos a saber que, por vezes, é preciso dizer muito com poucas palavras, que devemos ser breves e noutras ocasiões somos obrigados a longos desenvolvimentos. Para Górgias, a retórica é o maior de todos os bens, proporcionando a quem a possui ao mesmo tempo liberdade para si próprio e domínio sobre os outros na cidade. Ele entende-a como a idoneidade de persuadir os participantes de qualquer espécie de reunião pública mas, como qualquer arte competitiva, deve ser usada com justiça e legitimidade e nunca para praticar o mal.

Um dos grandes dominadores da palavra e do discurso foram os sofistas aí se incluindo, além de Górgias, Protágoras (481 a.C.-420 a.C.) e Isócrates (436 a.C.-

---

[31] Platão (Atenas, 428/427 – Atenas, 348/347 a.C.) foi um filósofo e matemático do período clássico da Grécia Antiga, autor de diversos diálogos filosóficos e fundador da Academia em Atenas, a primeira instituição de educação superior do mundo ocidental. Juntamente com seu mentor, Sócrates, e seu pupilo, Aristóteles, Platão ajudou a construir os alicerces da filosofia natural, da ciência e da filosofia ocidental; escreveu várias cartas e 35 diálogos filosóficos, ao contrário de Sócrates que nada deixou escrito.

-338 a.C.). A democracia ateniense, devido ao espírito de competição política e judiciária, reivindicava uma preparação intelectual muito completa dos cidadãos. Este facto influenciou peremptoriamente o desenvolvimento da educação. Vindos de toda a parte do mundo grego, os sofistas (mestres de sabedoria), dedicam-se a fazer conferências e a dar aulas nas várias cidades-estado, sem se fixarem em nenhuma. Atenas é porém a cidade onde mais afluem, onde no século V a. C. adquirem um enorme prestígio. Aproveitam as ocasiões em que existe grandes aglomerações de cidadãos, para exibirem os seus dons oratórios e saber, ensinando nomeadamente a arte da retórica. O seu ensino é, portanto, itinerante, mas também remunerado, o que lhes granjeou fama negativa. Asseveram saber de tudo e mais alguma coisa. "Hipias Menor" de Platão, é o melhor figurino deste saber enciclopédico. É esta educação completa que pretendem transmitir aos jovens, preparando-os para ocuparem altos cargos na cidade ([32]).

Os sofistas especializaram-se na arte da política (areté) e em todo o tipo de qualidades de manipulação de massas e treinam os seus alunos para tirar o máximo de proveito do dom da palavra para a tomada de poder.

Uma das situações argumentativas por excelência é o **debate** que difere da polémica, da discussão e da controvérsia. O debate é uma situação de intercomunicação argumentativa em que os participantes são normalmente bem conhecedores das matérias em causa, estão empenhados em mostrar que os seus argumentos e pontos de vista são razoáveis, estão abertos à compreensão de pontos de vista, das teses e argumentos dos outros, sendo tolerantes e respeitadores, admitem atenuar ou até corrigir as suas opiniões, perante o peso dos argumentos contrários e não encaram o desfecho do debate como uma vitória ou derrota pessoais.

Quando ambicionamos influenciar alguém, temos de impressionar sobretudo a sua sensibilidade e mobilizar o seu desejo através de um **discurso persuasivo** em que se apela mais ao coração do que à razão e, se recorre preferencialmente a argumentos mais passionais do que racionais, tal como faz a publicidade. Segundo Chaim Perelman ([33]), no convencimento faz-se um apelo à razão, dirigindo-se a um auditório universal, e a persuasão um apelo à emoção e às paixões de um auditório particular. Segundo o mesmo autor, o poder de deliberar e de argumentar é um sinal distintivo do ser humano e racional. Para ele, o objectivo da retórica dos antigos era a arte de falar em público de forma persuasiva: respeitava, por conseguinte, ao uso público da língua falada, do discurso, diante de uma multidão reunida em praça pública, com o objectivo de obter a adesão desta a uma tese que lhe era apresentada. Mais refere que normalmente é preciso alguma qualidade para tomar a palavra e ser ouvido. Cada orador pensa, de uma maneira mais ou

---

[32] In http://afilosofia.no.sapo.pt/sofistas.htm.
[33] Tratado de Argumentação, Instituto Piaget, 2006.

menos consciente, nos que procura persuadir. Ele distingue a **argumentação persuasiva** (argumentação que só pretende ser válida para um auditório particular) da **argumentação convincente** (aquela de que se espera que obtenha a adesão de todo o ser dotado de razão).

Chaim Perelman, na obra citada, fala no papel do **ridículo** na argumentação, referindo que uma afirmação é ridícula a partir do momento em que entra em conflito com uma opinião aceite, sendo imediatamente ridículo aquele que peca contra a lógica ou se engana no enunciado dos factos. Basta um erro de facto, observou La Bruyére, para lançar um homem assisado no ridículo, sendo esta uma arma poderosa de que o orador dispõe contra os que criam o risco de abalar a sua argumentação, recusando, sem razão, a aderir a uma ou outra premissa do seu discurso.

Também é realizável o uso da **ironia** em todas as situações argumentativas, expediente utilizado por experientes oradores e deputados municipais, embora nem todas consigam dominar essa técnica, correndo o risco do ridículo. Esse expediente foi muito utilizado por vários autores, incluindo Sócrates e Erasmo de Roterdão, por exemplo, na sua obra "Elogio da Loucura" em que a utiliza para colocar em evidência um conhecimento hipotético para chegar a uma explicação real da realidade.

David Le Breton ([34]) sustenta a ideia de que a eloquência não consta apenas de palavras mas também de **silêncios** que dizem muito (o silêncio chega a ser ensurdecedor!).

No **discurso polémico** os adversários procuram explorar os pontos fracos dos adversários, sendo comum ser designado como "guerra da caneta". São procedimentos normais numa polémica:

a) Quanto às teses sustentadas e aos princípios admitidos pelo rival:

- Avançar contra-exemplos que desvalorizem as suas teses e os seus princípios;
- Mostrar que as suas consequências conduzem a resultados falsos, absurdos ou escandalosos;
- Mostrar que as teses sustentadas e os princípios defendidos contradizem outras teses e princípios bem estabelecidos e aceites universalmente.

b) Quanto ao método e argumentação utilizados pelo rival:

- Denunciar os exemplos mal escolhidos;
- Sublinhar a incoerência das consequências ilegitimamente obtidas dos princípios fundamentais;

---

[34] Do Silêncio, Instituto Piaget, 1999.

- Mostrar que os argumentos não se aplicam ao objecto visado;
- Pôr a nu as incongruências e as contradições.

Entende-se como **campo argumentativo**, num discurso, o somatório de ideias, argumentos e contra-argumentos com que se pretende expor e defender uma determinada ideia, tese ou posição.

Os seres humanos também erram; umas vezes de propósito para enganar os outros e outras sem dar conta. No primeiro caso, estamos perante sofismas e no segundo perante paralogismos. Ambos são raciocínios mal conduzidos ou errados com aparência de verdadeiros a que se costumam chamar **falácias** [35] ou argumentos falaciosos. Existem vários tipos de falácias de vários casos de argumentação falaciosa, que partilhamos com os leitores e que constam do manual de J. Vieira Lourenço:

- **Argumento ad hominem**: consiste em atacar o adversário sem, contudo, discutir o que está em causa; ataca-se o homem mas não as suas ideias; é um tipo de argumento em que, em vez de apresentar razões adequadas ou pertinentes contra uma certa opinião, se limita a refutar tal opinião censurando a pessoa que a defende; o ataque pode ser realizado em função da idade, da raça, do seu passado político, dos seus hábitos e costumes, da religião que professa, etc.:

    Ex.: Agradecemos muito os conselhos do seu presidente mas ele é ainda muito jovem. Que cresça e apareça!

- **Argumento da autoridade**: consiste em recorrer à autoridade de alguém para demonstrar a veracidade do que se afirma, sabendo o respeito que as pessoas têm de outras que são respeitadas e célebres [36].

---

[35] Weldon aconselha a evitá-las, nomeadamente o tirar conclusões a partir de dados insuficientes; se o primeiro romeno que encontrarmos for violento, criamos a ideia de que todos os romenos são violentos; outra falácia comum consiste em ignorar alternativas; na obra citada, que recomendamos, Weldon refere várias falácias, tais como a falácia ad hominem, a falácia ad ignorantiam, a falácia ad misericordiam, a falácia ad populum, a afirmação do consequente, a causa forte, a composição, a definição persuasiva, a divisão, a equivocidade, o espantalho, o falso dilema, a irrelevância, o non sequitur, a palavra ambígua, a pergunta complexa, a petição de princípio, o poço envenenado, o post ergo, ergo propter hoc, o provincianismo e a superação de dados.

[36] Chaim Perelman também os refere, referindo que utilizam actos e juízos de uma pessoa ou de um grupo de pessoas como meio de prova de uma tese e quanto mais importante é a autoridade mais indiscutíveis parecem as suas palavras; ele refere também os argumentos pragmático, de desperdício, de direcção, de superação, do sacrifício, pelo exemplo, da ilustração, da analogia, da metáfora e das dissociações; para ele só a existência de um argumento que não seja coercivo nem arbitrário confere sentido à liberdade humana, condição de exercício de uma escolha racional.

- **Argumento ad terrorem**: consiste na ameaça de consequências prejudiciais no caso de não admissão de determinada posição.

    Ex.: Os senhores presidentes de junta sabem que se não votarem favoravelmente as Grandes Opções do Plano e Orçamento não terão qualquer investimento nas suas freguesias.

- **Argumento ad baculum**: quando não há argumentos racionais há quem recorra à força; o báculo é um bastão que serve para amparar mas também para agredir.
- **Argumento ad populum**: muito usado também nas épocas eleitorais em que se apela ao povo recorrendo não à razão mas à emoção.
- **Interrogações múltiplas**: consiste em fazer interrogações sucessivamente encadeadas de tal modo que não é possível uma só resposta; as interrogações são muitas vezes capciosas e autênticas armadilhas.

Outros conceitos que devem ser escalpelizados são os **valores**, a **verdade**, a **liberdade**, a **responsabilidade** e a **consciência moral**.

A conduta dos seres humanos tem de acatar valores pela indispensabilidade de estabelecer normas orientadoras da convivência humana e de minorar tensões e conflitos. Essa é a função da ética e da moral, conceitos geralmente utilizados com o mesmo sentido de regras de conduta. A moral abarca as regras ou normas que regulam a prática dos homens, prescrevem códigos pelos quais os indivíduos regulam o comportamento e a ética é vista como uma reflexão sobre a conduta moral, indagando sobre a legitimidade das nossas acções ([37]). A palavra ética deriva do grego *ethos* que significa carácter, modo de reagir, conjunto de sentimentos, ideias e crenças que determinam um homem, isto é, a sua atitude perante a vida, assim como o modo geral e habitual de actuação dos homens na sociedade onde se inserem.

Segundo José Henrique Silveira de Brito ([38]) num artigo intitulado "A Ética e a Autonomia da Pessoa", pp. 43 a 51, inserido na obra "Dependências Individuais e Valores Sociais", de Rui Nunes, Miguel Riçou e Cristina Nunes, pela Gráfica de Coimbra, em 2004, ética provém do grego e significa morada, lugar onde vivemos, lugar próprio do homem, interioridade de que brotam os actos, hábito, no sentido de perfeição e carácter, enquanto a moral tem a sua origem no latim *mos-moris* que significa costume, carácter e modo de ser, embora sejam utilizados como termos sinónimos. Para ele existem três condições do agir moral:

1ª **Conhecimento**: uma acção só pode ser tida como moral quando ao agir o seu sujeito tiver conhecimento do que está a fazer, o que implica ter consciência

---

[37] Introdução à Filosofia, Fátima Aleixo e José Cruz, Cadernos de Filosofia, 10º ano, Edições Sebenta.
[38] Professor de Ética da Faculdade da UCP, Braga.

de si, conhecer o que se passa à sua volta, ser capaz de estabelecer relações de causa e efeito e ter capacidade de estabelecer um plano de acção;

2ª **Liberdade**: a acção moral do sujeito não pode ser fruto do acaso ou de coacção interna ou externa mas resultar do seu livre arbítrio e da sua vontade;

3ª **Intenção**: a finalidade a atingir com a acção deve ser previsto e desejado pelo autor.

Para o mesmo autor, o ser humano é finito e por isso não é omnisciente, ilimitadamente livre e capaz de fazer uma previsão infalível dos resultados das suas iniciativas.

Manifestamos a nossa responsabilidade quando, perante essas solicitações e interrogações, agimos de forma moralmente consciente e eticamente responsável.

Hannah Arendt ([39]) procura responder na sua obra "Verdade e Política" às questões do sentido da política e aos limites da verdade. Segundo ela, Montaigne ([40]) disse um dia que "se, tal como a verdade, a mentira tivesse apenas um rosto, estaríamos em bem melhor situação porque tomaríamos por certo o contrário do que o mentiroso dissesse, mas o reverso da verdade tem milhares de forma e um campo indefinido".

Existe para Arendt uma afinidade óbvia entre a mentira e a acção política. As mentiras sempre foram consideradas necessárias e justificáveis, não só ao político e ao demagogo mas ao próprio estadista. O mentiroso é um homem de acção e um actor por natureza. A capacidade para mentir pertence aos poucos dados óbvios e demonstráveis que confirmam a existência da liberdade humana.

Na sua obra "Entre o Passado e o Futuro", Arendt afirma que nunca ninguém teve dúvidas que a verdade e a política estão em bastantes más relações e ninguém contou alguma vez a boa-fé no número das virtudes políticas. Ela partilha a ideia de que as mentiras foram sempre consideradas como instrumentos necessários e legítimos, não apenas na profissão de político ou pedagogo mas também na de homens de Estado. Contudo, para ela, a persuasão e a violência podem destruir a verdade mas não substitui-la.

Na Logos é dito que a mentira designa uma expressão ou manifestação falseada do próprio pensamento em que o dito difere do pensado. Tem normalmente uma conotação moral negativa porque mentir é moralmente reprovável. Contudo,

---

[39] Hannah Arendt nasceu em Hanover no dia 14 de Outubro de 1906 e faleceu em Nova Iorque no dia 4 de Dezembro de 1975. Foi uma teórica política alemã, muitas vezes descrita como filósofa, apesar de ter recusado essa designação. Emigrou para os Estados Unidos durante a ascensão do nazismo na Alemanha e tem como sua magnum opus o livro "Origens do Totalitarismo".

[40] Montaigne (1533-1592) foi um escritor e ensaísta francês, foi considerado por muitos como o inventor do ensaio pessoal. Nas suas obras e, mais especificamente nos seus "Ensaios", analisou as instituições, as opiniões e os costumes, debruçando-se sobre os dogmas da sua época e tomando a generalidade da humanidade como objecto de estudo. É considerado um céptico e um humanista.

ela justifica-se em certas situações como a legítima defesa ou a protecção de segredos. Esse tema foi de sobremaneira escalpelizado por Santo Agostinho e Kant que defendiam a tese rigorista e maioritária que reprovava toda e qualquer expressão falseada do pensamento por ser intrinsecamente imoral.

Aí entende-se a veracidade como uma disposição habitual (virtude) que leva os indivíduos a serem verdadeiros na comunicação com os seus pares. Equivale a autenticidade, fidelidade a si mesmo e sinceridade, sendo compatível com a discrição ou a prudência. Segundo Epicuro, a prudência é o princípio e o bem supremo, razão pela qual ela é mais preciosa do que a própria filosofia; é dela que originaram todas as demais virtudes e é ela que nos ensina que não existe vida feliz sem prudência, beleza e justiça.

O tema da verdade e da mentira é recorrente na filosofia, na literatura e no saber e não faltam opiniões de vários autores ao longo da história. Por exemplo, Anatole France disse um dia:

"Gosto da verdade. Acredito que a humanidade precisa dela; mas precisa ainda mais da mentira que a lisonjeia, a consola, lhe dá esperanças infinitas. Sem a mentira, a humanidade pereceria de desespero e de tédio".

Nietzshe afirmou que a maior parte das vezes os homens dizem a verdade na vida quotidiana apenas porque a mentira exige invenção, dissimulação e memória. Como também disse Swift, "quem conta uma mentira tem de inventar outras vinte para a manter".

Para Erasmo de Roterdão o espírito do homem é feito de maneira que lhe agrada muito mais a mentira que a verdade e Otto Bismark garantiu que nunca se mente tanto como em véspera de eleições, durante a guerra e depois da caça.

Finalmente cumpre referir a obra de Edouard Balladur "Maquiavel em Democracia" editada pela Casa das Letras em 2006, onde o tema da verdade e da mentira é também abordado. Para Balladur, não existem diferenças acentuadas entre a democracia e a ditadura a não ser quanto à eficácia. Em ambos os regimes o que conta é a conquista e a preservação do poder, sejam quais forem os meios e enquanto for possível. Para ele, a mentira é mais eficaz na democracia porque permite captar os votos de um maior número de pessoas enquanto na ditadura basta impor-se pela força e dominar em vez de convencer. Nada é mais normal e nada é mais tolerado e mais compreendido, na vida pública, do que faltar à palavra, com a condição de todos ganharem como isso.

Existem também vários adágios populares sobre a temática, como:

- A mentira tem perna curta;
- Apanha-se mais facilmente um mentiroso que um coxo;
- A mentira só dura enquanto a verdade não chega;
- Atrás da mentira, mentira vem.

Segundo Fátima Aleixo e José Cruz, o homem é um ser social que vive permanentemente em contacto com outros homens com os quais interage. Para eles, a liberdade é uma conquista permanente e supõe a existência de condições e normas que a podem limitar mas é no enquadramento dos condicionalismos que o ser humano realiza o sentido das suas escolhas e se faz um ser plenamente livre ([41]).

A liberdade é uma palavra vaga e difícil de definir. Ela não é absoluta e impõe sempre o eu e os outros. Costuma dizer-se que a liberdade de uma pessoa termina quando começa a liberdade de outra ([42]).

No mini-dicionário de Filosofia já aludido, afirma-se que a liberdade pode ter dois sentidos:

- **Em sentido relativo**, é a capacidade de auto-determinação porque a vontade humana, embora condicionada, pode e tem de fazer opções; refere-se à capacidade ou possibilidade de agir num esquema de constrangimentos externos os externos;
- **Em sentido absoluto ou metafísico**, expressa a possibilidade ideal de agir na ausência de coação e constrangimentos, isto é, a possibilidade de fazer o que se quer independentemente das circunstâncias e das condições concretas em que decorre a nossa integração no mundo.

Distingue também a **liberdade jurídico-política** (possibilidade de agir no quadro das leis e normas estabelecidas pela sociedade que definem o conjunto de direitos e deveres e a responsabilidade civil) da **liberdade moral** que se manifesta na adesão a valores e implica a orientação da conduta pela razão, que estabelece metas para a própria existência.

Sebastião Cruz ([43]), baseia a necessidade da existência de normas jurídicas no facto do Homem ser livre, pela sua própria natureza, e sociável, por uma inata necessidade de conviver. Para ele, a liberdade é um poder de opção para atingir um fim e um poder de projectar o ideal transcendente de perfeição na existência.

---

[41] Para G. Gurvitch, in Determinismos Sociais e Liberdade Humana, "A liberdade humana pressupõe obstáculos a ultrapassar, resistências a vencer, barreiras a destruir, realizações a superar, situações a transformar; é uma liberdade situada, enquadrada no real, condicionada, relativa".

[42] Para Isabel Marnoto, Luísa Ferreira e Manuel Garrão, in Filosofia, 10º ano, Texto Editora, 1984, "situada num mundo de obstáculos e resistências, comprometida com o temporal pela individualidade orgânica, à liberdade pertence criar as condições da sua própria realização. Tarefa difícil. Por isso o homem sente-se constantemente ameaçado na sua realização; ele corre o risco de ser dominado pelo mecanismo das forças da natureza e pela massificação da vida social. A passividade e a impessoalidade são o vírus da sua autenticidade. Por isso a sua vida tem de ser tensão inquietante do mais-além".

[43] Direito Romano (Ius Romanum), I. Introdução e Fontes, 4ª edição revista e actualizada, Coimbra, 1984.

Para Jean Jacques Rousseau, por outro lado, o homem depende da liberdade: a liberdade é condição necessária da condição humana. Para ele, renunciar à liberdade é renunciar à qualidade de homem, aos direitos da humanidade e até aos próprios deveres.

Contudo, John Locke [44] apresenta na sua obra "Sobre a Liberdade" a ideia de que o Estado deve evitar ao máximo intervir e interferir na vida das pessoas. A tese principal de Mill, o princípio do dano, defende que a interferência do Estado em assuntos que só dizem respeito ao indivíduo é ilegítima e o contrário só é legítimo com a sua concordância expressa por razões de auto-protecção. O segundo capítulo da obra constitui na certa a mais poderosa defesa da liberdade de expressão, apoiada pelo princípio do dano pois a expressão de opiniões individuais constituem assuntos que só ao próprio dizem respeito.

Já a **consciência moral** é definida como uma instância superior de orientação e de critica do nosso agir, sendo uma espécie de "juiz interior" que julga o que fazemos, podendo originar remorsos ou sentimentos de bem-estar e de tranquilidade interior. Ela não é igual em todos e nem todos a seguem da mesma maneira.

Segundo Fátima Aleixo e José Cruz, na obra citada a páginas 13, na consciência moral estão implícitos vários aspectos:

a) A Consciência moral constitui o campo de valores, aspirações ou ideais que norteiam o horizonte de sentido da nossa acção e, por isso, ela apresenta-se-nos como uma voz que nos chama e nos dirige a um apelo a que não podemos renunciar;

b) Ela implica um juízo de valor, julgando os actos realizados conforme os ideais que possuímos;

c) A consciência moral apresenta-nos os valores de forma imperativa, como ordens que obrigam a orientar a nossa acção por um dever ser de origem ideal.

Deriva etimologicamente de "cum" (com) "scientia" (ciência); quer dizer que ter consciência é dar-se conta e saber o que se passa. Numa perspectiva psicológica, ter consciência é aprender os nossos actos psíquicos internos e ter a noção do se passa connosco e à nossa volta. Para os mesmos autores, pela consciência moral o homem reconhece-se como o autor dos seus actos, considerando-se responsável por eles e prestando contas por eles. A responsabilidade moral, por sua vez, coloca-nos perante o juízo da nossa própria consciência.

Essa tensão ética entre as intenções e as consequências é que valorizam a noção de responsabilidade e nos faz sujeitos comprometidos numa sociedade livre.

Segundo Heinemann, é exigido ao homem que responda pelo seu comportamento e aceite as suas consequências. A fuga à responsabilidade é o mais claro indício da falência de maturidade moral. Conclui que só pela aceitação é

---

[44] Sobre a Liberdade, Edições 70, 2006.

que nos libertaremos, só pela participação responsável na vida do Estado nos tornaremos cidadãos; só pela aceitação da responsabilidade pelas nossas acções nos tornaremos pessoas.

Esta questão da liberdade tem vários sentidos e pode ser analisada em várias perspectivas, desde a política à filosófica. Obriga-nos a chamar à colação a complexa problemática da disciplina partidária, política ou ideológica. Há que ter coragem para reconhecer que muitas vezes os membros das assembleias municipais não afirmam tudo o que pensam e que se calam muitas vezes para não contrariar as posições e as estratégias dos partidos que representam. Isso levanta variadas interrogações:

- Tem ou não mais liberdade de voto e de opinião um deputado municipal eleito por um partido na qualidade de independente?
- Onde começa e acaba a disciplina partidária?
- Em que situações devem os partidos políticos dar inteira liberdade de voto aos seus militantes e eleitos locais?
- O que prevêem os estatutos dos principais partidos políticos sobre isso?

É essa a viagem que propomos realizar agora, analisando os estatutos e os regulamentos de disciplina do Partido Socialista, do Partido Social Democrata, do CDS/PP, da CDU e do Bloco de Esquerda.

É relativamente fácil encontrar na história da política nacional ou local exemplos de votações por respeito ou desrespeito da disciplina partidária.

- Na sua edição on line de 29 de Novembro de 2009, o Mensageiro, jornal de Bragança, escreveu que *"Adão Silva votou por disciplina partidária o Projecto de Resolução do PSD que recomenda o fim da divisão da carreira docente e substituição de modelo de avaliação"*.
- No portal www.ionline.pt podia ler-se em 29 de Dezembro de 2009, o seguinte: "Há uma fractura entre José Sócrates e Francisco Assis e uma fractura no interior da própria direcção do grupo parlamentar. O PS entra em 2010 com o espectro das divisões internas em questões estratégicas: a dramatização política, o desafio ao Presidente da República e a liberdade de voto relativamente à adopção por casais gay".
- No portal "palumbar.blogs.sapo.pt" alguém escreveu: "Não somos defensores da disciplina partidária. O facto de um certo indivíduo ser militante de um determinado partido, não lhe limita a liberdade de opinião e de expressão. Mesmo que vá contra as ideologias do partido de que milita. Contudo, quando esse mesmo indivíduo tem responsabilidades directivas dentro de uma qualquer estrutura partidária, aí sim deve ponderar o que diz.

Mesmo que para tal tenha de ir contra aquilo que pensa. No nosso entender, um dirigente partidário tem responsabilidades acrescidas para com esse mesmo partido. Representa-o. Foi eleito para defender o seu partido. Pelo que deve abstrair-se de fazer comentários críticos a esse mesmo partido. Sob pena de estar a ser um mau dirigente. A solução mais óbvia será de não fazer comentários, alegando falta de conhecimentos mais profundos para fazer o seu julgamento. Assim, evita tecer afirmações que não vão ao encontro da defesa do seu partido. Um dirigente do partido que lidera o Governo não deve, na nossa opinião, criticar publicamente atitudes desse mesmo Governo. Está a prestar uma péssima imagem do que é a militância partidária e a proporcionar que os outros (oposição) utilizem essas mesmas afirmações para fazer política. Mesmo que para tal seja de ser incoerente com aquilo que pensa e defende (pessoalmente)".

O que diz a **Lei Orgânica n.º 2/2003, de 22 de Agosto** (Lei dos Partidos Políticos), sobre esse assunto? O artigo 23.º refere-se à disciplina interna, referindo que "a disciplina interna dos partidos políticos não pode afectar o exercício de direitos e o cumprimento de deveres prescritos na Constituição e na lei" e o artigo 24.º (eleitos dos partidos) que "os cidadãos eleitos em listas de partidos políticos exercem livremente o seu mandato, nas condições definidas no estatuto dos titulares e no regime de funcionamento e de exercício de competências do respectivo órgão electivo".

Tivemos acesso aos Estatutos do **Partido Socialista** aprovados na Comissão Nacional de 11 de Janeiro de 2003. Através do seu artigo 6º (Do direito de tendência) o Partido Socialista reconhece aos seus membros o direito de identificação com correntes de opinião interna compatíveis com os seus objectivos e de se exprimirem publicamente no respeito pela disciplina partidária, não sendo admitida a organização autónoma de tendências nem a adopção de denominação política própria. De acordo com o artigo 90º os membros dos Grupos de Representantes e Parlamentares Socialistas estão sujeitos à disciplina de voto.

Os membros do Partido estão sujeitos à disciplina partidária, podendo ser-lhes aplicadas as seguintes sanções:
a) Advertência;
b) Censura;
c) Suspensão até um ano;
d) Expulsão.

O Regulamento Disciplinar do Partido (Versão aprovada na Comissão Nacional de 8 de Novembro de 2003) refere que constitui infracção disciplinar a violação dos deveres impostos pelos Estatutos do Partido e seus Regulamentos, constituem, nomeadamente, faltas graves o desrespeito aos princípios programáticos essenciais e à linha política do Partido, a inobservância dos Estatutos e Regulamentos e das decisões dos órgãos do Partido, a violação de compromissos assumidos e, em geral, os actos que acarretem sério prejuízo ao prestígio e ao bom nome do Partido e constitui também falta grave a que consiste em integrar ou apoiar expressamente listas contrárias à orientação definida pelos órgãos competentes do Partido, inclusive nos actos eleitorais em que o P.S. não se faça representar.

Os Estatutos do **PSD**, com as alterações aprovadas no XXXII Congresso de Mafra, de 13 e 14 de Março de 2010, contêm apenas a seguinte disposição sobre disciplina de voto:

ARTIGO 7º
(**Deveres dos Militantes**)

2. Os Deputados e os eleitos em listas do Partido para as Assembleias das Autarquias comprometem-se a conformar os seus votos no sentido decidido pelo Grupo que integram, de acordo com as orientações políticas gerais fixadas pela Comissão Política competente, salvo prévia autorização de dispensa de **disciplina de voto**, por reserva de consciência, nos termos do Regulamento desse Grupo.

O artigo do Regulamento de Disciplina dos Militantes do PSD afirma que constituem infracções disciplinares as violações dos deveres dos militantes constantes no artigo 7º dos Estatutos quando revistam as seguintes formas:

a) Abandono das funções ou manifesta falta de zelo no desempenho das mesmas;

b) Recusa injustificada do cargo para que tenha sido designado pelos competentes órgãos do Partido;

c) Falta reiterada e injustificada no pagamento das quotas;

d) Tornar conhecidos, seja por que forma for, factos ou decisões referentes à vida interna do Partido e dos quais tenha sabido no exercício de cargos, funções ou missões, para que tenha sido designado;

e) **Defesa pública de posições contrárias aos princípios da social-democracia e do programa partidário;**

f) **Manifesto desrespeito pelas deliberações emitidas pelos órgãos competentes do Partido, designadamente através dos órgãos de comunicação social;**

g) Inscrição em associação ou organismo associado a outro Partido;

h) Inscrição em qualquer associação política não filiada no Partido, sem conhecimento do Conselho Nacional;

i) Participação, sem autorização da Comissão Política ou da Comissão Permanente Nacional, em qualquer actividade de natureza susceptível de contrariar as directrizes dos competentes órgãos do Partido;

j) Candidatar-se a qualquer lugar electivo do Estado ou de Autarquias Locais sem autorização do competente órgão do Partido

l) Aceitação de nomeação para qualquer cargo governamental fora dos termos previstos nos Estatutos;

m) Comportamento provadamente lesivo dos objectivos prosseguidos pelo Partido, designadamente aquele que ponha em causa a dignidade cívica do militante;

n) Estabelecer polémica com outros membros do Partido, fora dos quadros ou órgãos partidários desde que a discussão incida sobre deliberações dos respectivos órgãos estatutários e seja susceptível de pôr em causa a eficácia daquelas directrizes;

o) Prestação de falsas declarações na propositura de candidatos a militante;

p) Não satisfação de obrigações de carácter pecuniário contraídas em nome do Partido sem a autorização estatutariamente prevista.

Segundo o regulamento do processo disciplinar do **CDS/PP,** constituem infracções disciplinares as violações dos deveres estatutários dos militantes, bem como as violações das normas constantes dos Estatutos e Regulamentos do CDS/PP e as sanções aplicáveis em processo disciplinar dependem da gravidade dos factos e da responsabilidade dos agentes.

De acordo com os Estatutos do CDS-PP, com as alterações dos Estatutos aprovadas no XXIII Congresso do CDS-PP em 18 de Janeiro de 2009, a admissão como filiado implica a adesão à Declaração de Princípios e ao Programa do Partido Popular, sendo deveres dos membros:

a) Contribuir para a expansão efectiva e constante do Partido Popular participando nas suas actividades;

b) Exercer os cargos para que foram eleitos ou designados;

c) Pagar atempadamente as quotas;

d) Respeitar os presentes Estatutos e os Regulamentos aprovados pelos órgãos competentes, bem como acatar as directrizes dos órgãos do Partido;

e) Defender a unidade e promover o fortalecimento do Partido;

f) Contribuir para a consolidação das instituições democráticas em Portugal;

g) Não se candidatar, em circunstância alguma, em listas de outras forças partidárias ou em listas de independentes contra listas do Partido, sob pena de aplicação de sanção disciplinar de expulsão;

h) Manter actualizados os seus dados pessoais, comunicando qualquer alteração à Secretaria-Geral do Partido.

Os membros que violem o disposto na alínea g) do número anterior ficarão sujeitos a um processo disciplinar abreviado, cuja abertura, instrução e decisão é promovida oficiosa e obrigatoriamente pelo Conselho Nacional de Jurisdição, nos termos dos presentes Estatutos e dos Regulamentos.

Segundo o artigo 41º (Natureza e constituição das correntes de opinião), é reconhecido aos militantes o direito de se organizarem no Partido em correntes de opinião. As correntes de opinião no CDS-PP organizam-se em movimentos ou clubes. Os movimentos ou clubes exprimem a diversidade de sensibilidades políticas, históricas, filosóficas e sociais do espaço político do Partido e destinam-se a contribuir para o debate democrático e intelectual e a representação de um maior número de portugueses no seio do CDS-PP. A constituição de um movimento ou clube implica a apresentação à Comissão Política Nacional do CDS-PP de uma declaração de princípios políticos, subscrita por, pelo menos, trezentos militantes que declaram aceitar ser seus membros, e as regras de eleição dos seus representantes. É competência da Comissão Política Nacional a verificação da conformidade dos movimentos ou clubes com o Programa do Partido, os Estatutos e o Regulamento e a aprovação da sua constituição, bem como da sua dissolução.

Os movimentos ou clubes têm que respeitar os documentos fundadores e orientadores do CDS-PP, os Estatutos e os Regulamentos, os procedimentos democráticos, bem como unidade do Partido. Os movimentos ou clubes organizam-se livremente e têm direito a indicar um representante para a Comissão Política Nacional, a serem ouvidos pelos órgãos deliberativos nacionais do Partido, neles se fazerem representar e a apresentar documentos nos termos que forem estabelecidos nos Estatutos e nos Regulamentos.

Os membros do Partido Popular que infringirem a disciplina partidária são sancionados de acordo com a sua responsabilidade e a gravidade da falta, mediante processo em que Ihes são garantidos todos os meios de defesa e recurso.

As infracções aos presentes Estatutos podem ser sancionadas com as seguintes penas:
a) Advertência;
b) Repreensão;
c) Suspensão do direito de eleger e ser eleito até dois anos;
d) Suspensão;
e) Expulsão.

Segundo os Estatutos do PCP (com alterações aprovadas no XVII Congresso, realizado a 26, 27 e 28 de Novembro de 2004), perdem a qualidade de membros do Partido aqueles que dele se desvinculem, os que, por manifesto erro, hajam sido indevidamente admitidos e os que, tendo deixado de participar na vida partidária, não tenham tido o seu cartão renovado por duas vezes consecutivas, por razões não justificadas que lhes sejam imputáveis, não podendo os membros do Partido não podem pertencer a outros partidos ou organizações de carácter partidário.

Contudo, o membro do Partido tem o direito de expressar livremente a sua opinião nos debates realizados no organismo a que pertence, nos plenários da sua organização, nas Assembleias, Conferências e Congressos para que for eleito, em todas as reuniões do Partido em que participe; contribuir para a elaboração da linha política do Partido e criticar, nos organismos a que pertença e nas reuniões partidárias em que participe, o trabalho do seu organismo, de qualquer outro organismo ou de qualquer membro

O Capítulo X é dedicado à Disciplina do Partido, a qual é baseada na aceitação do Programa e dos Estatutos, insere-se no respeito pelos princípios orgânicos e constitui um factor essencial para o desenvolvimento da acção política, a influência de massas, a unidade, a combatividade, a força e o prestígio do Partido, sendo igual para todos os seus membros, qualquer que seja a organização ou organismo a que pertençam.

Os membros do Partido que violem a disciplina estão sujeitos a sanções disciplinares. Excepcionalmente, os membros do Partido podem ser preventiva e cautelarmente suspensos da actividade partidária, sem carácter de sanção, quando haja fortes indícios da prática de faltas graves. Esta suspensão não poderá ser superior a 60 dias, prorrogável por um único e igual período. A aplicação de qualquer sanção assim como da suspensão cautelar deve ser precedida da audição prévia do membro do Partido em causa, salvo manifesta impossibilidade ou recusa do próprio. Os membros do Partido são sancionados de acordo com a sua responsabilidade e a gravidade da falta cometida. As sanções têm como fim reforçar a unidade, a disciplina e a moral revolucionária do Partido e de cada um dos seus membros.

As sanções disciplinares aos membros do Partido, assim como a suspensão cautelar, podem ser aplicadas pelo seu próprio organismo, pelo organismo dirigente da organização a que pertencem ou por outro organismo de responsabilidade superior. Estas decisões devem ser obrigatoriamente comunicadas ao organismo imediatamente superior àquele que as tomou.

As sanções disciplinares aos membros do Partido são as seguintes:
a) Censura;
b) Diminuição de responsabilidades;
c) Suspensão da actividade partidária por período máximo de 1 ano;
d) Expulsão do Partido.

Sem prejuízo do direito de recurso previsto nos Estatutos, o Comité Central, ou o organismo executivo no qual tenha delegado tal competência, após prévia auscultação do organismo que tenha decidido as medidas disciplinares, pode modificar ou anular qualquer sanção. Estando pendente recurso na Comissão Central de Controlo, a intervenção do Comité Central, nos termos do número anterior, suspende aquela tramitação até à decisão do Comité Central, que, no final, lhe será comunicada. As decisões da Comissão Central de Controlo, no âmbito das suas competências como última instância de recurso, são definitivas. Em qualquer altura o Comité Central pode modificar ou anular a suspensão cautelar, após prévia auscultação do organismo que a tenha decidido. Todas as sanções disciplinares devem ser comunicadas à Comissão Central de Controlo. Todas as sanções disciplinares a membros do Comité Central são decididas por este.

A expulsão é a sanção máxima aplicável a um membro do Partido e só deve ser aplicada em casos que afectem gravemente a vida e os princípios do Partido. No caso de respeitar a um membro do Comité Central, a decisão deve ser aprovada pelo menos por dois terços dos membros do Comité Central em actividade. Nos casos de expulsão ou de perda de qualidade de membro do Partido, deve ser requerida a entrega do respectivo cartão. Para a readmissão, como membro do Partido, daquele que tenha sido expulso é obrigatória a análise e a decisão pelo Comité Central ou pelo organismo executivo em que este delegue.

Os Estatutos do Bloco de Esquerda (versão actualizada, incluindo as alterações aprovadas na VI Convenção Nacional, de 7 de Fevereiro de 2009) definem como responsabilidades dos Aderentes, promover os objectivos políticos do Movimento e actuar civicamente em conformidade, cumprir os Estatutos e contribuir para o financiamento das actividades do Movimento através do pagamento de uma quota regular, na medida das suas possibilidades mas no caso de impossibilidade económica pessoal, o pagamento da quota anual pode ser dispensado, por decisão da Comissão Coordenadora Concelhia respectiva ou, na ausência desta, da Comissão Coordenadora Distrital ou Regional competente.

Aos aderentes que violem os Estatutos, podem ser aplicadas, por ordem de gravidade, as seguintes medidas disciplinares:
a) Advertência;
b) Exclusão.

A competência de aplicação destas medidas é da Mesa Nacional, por iniciativa própria ou das organizações distritais ou regionais, com direito de recurso para a Comissão de Direitos. A sanção de exclusão é passível de recurso final para a Convenção Nacional. Qualquer sanção disciplinar é precedida de inquérito, com direito de defesa assegurado, conduzido por uma Comissão de Inquérito especificamente designada para o efeito e composta por três aderentes indicados pela Mesa Nacional. As sanções previstas neste artigo não são aplicáveis por motivo de diferenças de opinião política no Movimento.

Da curta experiência que possuímos como membros das assembleias municipais, estamos em crer que a nível local a disciplina partidária faz-se sentir pouco, havendo maior margem de manobra e maior liberdade de opinião. Seja como for, sempre diremos que a disciplina de voto deve ser respeitada nas assembleias municipais como princípio geral, sobretudo em votações importantes como a das Grandes Opções do Plano e Orçamento ou dos documentos de prestação de contas. Os membros devem ter cientes, a não ser que pertençam a grupos de cidadãos, de que foram eleitos em listas partidárias e que os partidos políticos que os apoiaram investiram tempo, pessoas e capital nas suas candidaturas. Além disso, ninguém obrigou ninguém a ser candidato e cremos que os eleitos locais devem ser solidários com os partidos políticos cujas máquinas estiveram ao seu serviço. A disciplina partidária ou de voto pode ceder em votações de somenos importância ou que tenham uma carga política menor ou quando ofendem de alguma forma a dignidade ou a consciência individual de cada um.

16. PARTICIPAÇÃO DOS MEMBROS DAS ASSEMBLEIAS MUNICIPAIS NOUTRAS ESTRUTURAS E ORGANIZAÇÕES

Os membros das assembleias municipais, incluindo os directamente eleitos e os presidentes de junta ou representantes das freguesias, são muitas vezes chamados a participar em vários programas ou estruturas organizativas, directamente por lei ou mediante designação e eleição em assembleia municipal, de âmbito nacional, regional ou local ([1]), tais como:

- **Conselho Cinegético e da Conservação da Fauna Municipal**

O Decreto-Lei nº 202/2004, de 18 de Agosto, alterado pelo Decreto-Lei n.º 201/2005, 24 de Novembro, estabelece o regime jurídico da conservação, fomento e exploração dos recursos cinegéticos, com vista à sua gestão sustentável, bem como os princípios reguladores da actividade cinegética.

A participação da sociedade civil na política cinegética efectiva-se no Conselho Nacional da Caça e da Conservação da Fauna e nos conselhos cinegéticos e da conservação da fauna (nº 1 do artigo 152º).

Os conselhos cinegéticos e da conservação da fauna são órgãos consultivos que se constituem a nível municipal, circunscrevem-se à área do concelho, são presididos pelo presidente da respectiva câmara municipal e são constituídos pelos seguintes vogais que exercem um mandato de quatro anos:

a) Três representantes dos caçadores do concelho;
b) Dois representantes dos agricultores do concelho;
c) Um representante das ZCT do concelho;
d) Um representante das associações de defesa do ambiente existentes no concelho;

---

[1] Abordaremos também outras estruturas com representantes apenas das câmaras municipais.

e) **Um autarca de freguesia a eleger em assembleia municipal;**
f) Um representante da DGRF sem direito a voto;
g) Um representante do ICN, no caso da área do município abranger áreas classificadas, sem direito a voto.

No desempenho das suas atribuições, aos conselhos cinegéticos municipais compete, no que respeita à sua área geográfica, nomeadamente, o seguinte:

a) Propor à Administração as medidas que considerem úteis à gestão e exploração dos recursos cinegéticos;

b) Propiciar que o fomento cinegético e o exercício da caça, bem como a conservação da fauna, contribuam para o desenvolvimento local, nomeadamente para a melhoria da qualidade de vida das populações rurais;

c) Apoiar a Administração na fiscalização das normas legais sobre a caça e na definição de medidas tendentes a evitar danos causados pela caça à agricultura;

d) Emitir parecer, no prazo de 15 dias, sobre a concessão de ZCA e ZCT, a criação e transferência de ZCN e ZCM, bem como sobre a anexação de prédios rústicos a zonas de caça e, ainda, sobre a transferência de gestão de terrenos cinegéticos não ordenados e suas renovações, findo o qual pode o procedimento prosseguir e vir a ser decidido sem o parecer;

e) Emitir parecer sobre as prioridades e limitações dos diversos tipos de zona de caça;

f) Facilitar e estimular a cooperação entre os organismos cujas acções interfiram com o ordenamento dos recursos cinegéticos.

- **Comissão Municipal de Defesa da Floresta Contra Incêndios**

Segundo a **Lei n.º 14/2004, de 8 de Maio**, as comissões são centros de coordenação e acção local de âmbito municipal, a funcionar sob a coordenação do presidente da câmara municipal, tendo como missão coordenar, a nível local, as acções de defesa da floresta contra incêndios florestais e promover a sua execução.

São atribuições das comissões:

a) Articular a actuação dos organismos com competências em matéria de incêndios florestais, no âmbito da sua área geográfica;

b) Elaborar um plano de defesa da floresta que defina as medidas necessárias para o efeito e que inclua a previsão e planeamento integrado das intervenções das diferentes entidades perante a ocorrência de incêndios, em consonância com o Plano Nacional de Prevenção e Protecção da Floresta contra Incêndios (PNPPFCI) e com o respectivo plano regional de ordenamento florestal;

c) Propor à Agência para a Prevenção de Incêndios Florestais, doravante designada por Agência, de acordo com o estabelecido nos planos referidos na alínea b), os projectos de investimento de prevenção e protecção da floresta contra incêndios e levar a cabo a sua execução;

d) Desenvolver acções de sensibilização da população, de acordo com o definido no PNPPFCI;

e) Promover a criação de grupos de autodefesa dos aglomerados populacionais integrados ou adjacentes a áreas florestais, sensibilizando para tal a sociedade civil e dotá-los de meios de intervenção, salvaguardando a formação do pessoal afecto a esta missão, para que possa actuar em condições de segurança;

f) Executar, com o apoio da Agência, a elaboração de cartografia de infra-estruturas florestais, delimitação de zonas de risco de incêndio e de áreas de abandono;

g) Proceder à sinalização das infra-estruturas florestais de prevenção e protecção da floresta contra incêndios, para uma utilização mais rápida e eficaz por parte dos meios de combate;

h) Identificar e propor as áreas florestais a sujeitar a sinalização, com vista ao condicionamento do acesso, circulação e permanência;

i) Colaborar na divulgação de avisos às populações, no âmbito do sistema nacional de divulgação pública do índice de risco de incêndio;

j) Aprovar os planos de fogo controlado que lhe forem apresentados pelas entidades proponentes, no âmbito do previsto no Regulamento do Fogo Controlado;

k) Em matéria de incêndios florestais assegurar, em situação de acidente grave, catástrofe ou calamidade, o apoio técnico ao respectivo centro municipal de operações de emergência e protecção civil (CMOPEC).

As comissões têm a seguinte composição:

a) O presidente da câmara municipal ou seu representante, que preside;

b) **Um presidente de junta de freguesia eleito pela respectiva assembleia municipal**;

c) Um representante da autoridade militar do Exército na área do município;

d) Um representante da Direcção-Geral dos Recursos Florestais;

e) Um representante do Instituto da Conservação da Natureza, nos municípios que integram áreas protegidas;

f) Um representante dos corpos de bombeiros do concelho;

g) Um representante da Guarda Nacional Republicana;

h) Um representante da Polícia de Segurança Pública;

i) Um representante das organizações de produtores florestais;

j) Outras entidades e personalidades, a convite do presidente da câmara municipal.

Os membros dessas comissões devem estar munidos de conhecimentos mínimo sobre a gestão das florestas e sobre a organização da protecção civil.

A matéria das florestas é tutelada pelo Ministério da Agricultura, do Desenvolvimento Rural e das Pescas e a da protecção civil pelo Ministério da Administração Interna.

Anotamos a seguinte legislação relevante sobre florestas:

Resolução do Conselho de Ministros nº 65/2006, de 26 de Maio: Plano Nacional de Defesa da Floresta Contra Incêndios (PNDFCI).

Resolução do Conselho de Ministros n.º 114/2006, de 15 de Setembro: aprova a Estratégia Nacional para as Florestas.

Portaria nº 1139/2006, de 25 de Outubro: estrutura tipo dos Planos Municipais de Defesa da Floresta contra Incêndios (PMDFCI).

Decreto-Lei nº 124/2006, de 28 de Junho: no uso da autorização legislativa concedida pela Lei n.º 12/2006, de 4 de Abril, estabelece as medidas e acções a desenvolver no âmbito do Sistema Nacional de Defesa da Floresta contra Incêndios.

Resolução do Conselho de Ministros n.º 63/2005, de 14 de Março: cria o programa "Voluntariado jovem para as florestas".

Decreto-Lei n.º 20/98, 03 de Fevereiro: define os serviços competentes para a decisão de aplicação de coimas e sanções acessórias em processos de contra-ordenação em matéria de legislação florestal.

Decreto Regulamentar n.º 10/2007, de 27 de Fevereiro: aprova a orgânica da Direcção-Geral dos Recursos Florestais.

Decreto-Lei n.º 254/2009, de 24 de Setembro: no uso da autorização concedida pela Lei n.º 36/2009, de 20 de Julho, aprova o Código Florestal.

Lei n.º 20/2009, de 12 de Maio: estabeleceu a transferência de atribuições para os municípios do continente em matéria de constituição e funcionamento dos gabinetes técnicos florestais, bem como outras no domínio da prevenção e da defesa da floresta.

São transferidas para os municípios as seguintes atribuições:

a) Acompanhamento das políticas de fomento florestal;

b) Acompanhamento e prestação de informação no âmbito dos instrumentos de apoio à floresta;

c) Promoção de políticas e de acções no âmbito do controlo e erradicação de agentes bióticos e defesa contra agentes abióticos;

d) Apoio à comissão municipal de defesa da floresta;

e) Elaboração dos planos municipais de defesa da floresta contra incêndios, a apresentar à comissão municipal de defesa da floresta;

f) Proceder ao registo cartográfico anual de todas as acções de gestão de combustíveis;

g) Recolha, registo e actualização da base de dados da Rede de Defesa da Floresta contra Incêndios (RDFCI);

h) Apoio técnico na construção de caminhos rurais no âmbito da execução dos planos municipais de defesa da floresta;
i) Acompanhamento dos trabalhos de gestão de combustíveis de acordo com o artigo 15.º do Decreto–Lei n.º 124/2006, de 28 de Junho;
j) Preparação e elaboração do quadro regulamentar respeitante ao licenciamento de queimadas, nos termos do artigo 27.º do Decreto -Lei n.º 124/2006, de 28 de Junho, a aprovar pela assembleia municipal;
l) Preparação e elaboração do quadro regulamentar respeitante à autorização da utilização de fogo-de-artifício ou outros artefactos pirotécnicos, nos termos do artigo 29.º do Decreto -Lei n.º 124/2006, de 28 de Junho, a aprovar pela assembleia municipal.

- **Comissão Municipal de Protecção Civil**

Uma das competências das câmaras municipais é a de dirigir, em estreita articulação com o Serviço Nacional de Protecção Civil, o serviço municipal de protecção civil, tendo em vista o cumprimento dos planos e programas estabelecidos e a coordenação das actividades a desenvolver no domínio da protecção civil, designadamente em operações de socorro e assistência, com especial relevo em situações de catástrofe e calamidade públicas

Nos termos do artigo 25º da Lei nº 159/99, de 14 de Setembro, é da competência dos órgãos municipais a realização de investimentos nos seguintes domínios:
a) Criação de corpos de bombeiros municipais;
b) Construção e manutenção de quartéis de bombeiros voluntários e municipais, no âmbito da tipificação em vigor;
c) Apoio à aquisição de equipamentos para bombeiros voluntários, no âmbito da tipificação em vigor;
d) Construção, manutenção e gestão de instalações e centros municipais de protecção civil;
e) Construção e manutenção de infra-estruturas de prevenção e apoio ao combate a fogos florestais;
f) Articular com as entidades competentes a execução de programas de limpeza e beneficiação da matas e florestas.

A Lei n.º 65/2007, de 12 de Novembro, define o enquadramento institucional e operacional da protecção civil no âmbito municipal, estabelece a organização dos serviços municipais de protecção civil e determina as competências do comandante operacional municipal.

São objectivos fundamentais da protecção civil municipal:
a) Prevenir no território municipal os riscos colectivos e a ocorrência de acidente grave ou catástrofe deles resultante;

b) Atenuar na área do município os riscos colectivos e limitar os seus efeitos no caso das ocorrências descritas na alínea anterior;

c) Socorrer e assistir no território municipal as pessoas e outros seres vivos em perigo e proteger bens e valores culturais, ambientais e de elevado interesse público;

d) Apoiar a reposição da normalidade da vida das pessoas nas áreas do município afectadas por acidente grave ou catástrofe.

A actividade de protecção civil municipal exerce-se nos seguintes domínios:

a) Levantamento, previsão, avaliação e prevenção dos riscos colectivos do município;

b) Análise permanente das vulnerabilidades municipais perante situações de risco;

c) Informação e formação das populações do município, visando a sua sensibilização em matéria de autoprotecção e de colaboração com as autoridades;

d) Planeamento de soluções de emergência, visando a busca, o salvamento, a prestação de socorro e de assistência, bem como a evacuação, alojamento e abastecimento das populações presentes no município;

e) Inventariação dos recursos e meios disponíveis e dos mais facilmente mobilizáveis, ao nível municipal;

f) Estudo e divulgação de formas adequadas de protecção dos edifícios em geral, de monumentos e de outros bens culturais, de infra-estruturas, do património arquivístico, de instalações de serviços essenciais, bem como do ambiente e dos recursos naturais existentes no município;

g) Previsão e planeamento de acções atinentes à eventualidade de isolamento de áreas afectadas por riscos no território municipal.

Em cada município existe uma comissão municipal de protecção civil (CMPC), organismo que assegura que todas as entidades e instituições de âmbito municipal imprescindíveis às operações de protecção e socorro, emergência e assistência previsíveis ou decorrentes de acidente grave ou catástrofe se articulam entre si, garantindo os meios considerados adequados à gestão da ocorrência em cada caso concreto.

Integram a comissão municipal de protecção civil:

a) O presidente da câmara municipal, que preside;

b) O comandante operacional municipal;

c) Um elemento do comando de cada corpo de bombeiros existente no município;

d) Um elemento de cada uma das forças de segurança presentes no município;

e) A autoridade de saúde do município;

f) O dirigente máximo da unidade de saúde local ou o director do centro de saúde e o director do hospital da área de influência do município, designados pelo director-geral da Saúde;

g) Um representante dos serviços de segurança social e solidariedade;

h) Os representantes de outras entidades e serviços implantados no município, cujas actividades e áreas funcionais possam, de acordo com os riscos existentes e as características da região, contribuir para as acções de protecção civil.

São competências das comissões municipais de protecção civil as atribuídas por lei às comissões distritais de protecção civil que se revelem adequadas à realidade e dimensão do município, designadamente as seguintes:

a) Accionar a elaboração do plano municipal de emergência, remetê-lo para aprovação pela Comissão Nacional de Protecção Civil e acompanhar a sua execução;

b) Acompanhar as políticas directamente ligadas ao sistema de protecção civil que sejam desenvolvidas por agentes públicos;

c) Determinar o accionamento dos planos, quando tal se justifique;

d) Garantir que as entidades e instituições que integram a CMPC accionam, ao nível municipal, no âmbito da sua estrutura orgânica e das suas atribuições, os meios necessários ao desenvolvimento das acções de protecção civil;

e) Difundir comunicados e avisos às populações e às entidades e instituições, incluindo os órgãos de comunicação social.

Compete à câmara municipal, através dos SMPC, a elaboração do plano municipal de emergência para posterior aprovação pela Comissão Nacional de Protecção Civil. A câmara municipal é ouvida sobre o estabelecimento de medidas de utilização do solo tomadas após a declaração da situação de calamidade, designadamente quanto às medidas de protecção especial e às medidas preventivas adoptadas para regulação provisória do uso do solo em partes delimitadas da área abrangida pela declaração, nomeadamente em virtude da suspensão de planos municipais de ordenamento do território ou de planos especiais de ordenamento do território.

O presidente da câmara municipal é a autoridade municipal de protecção civil e é competente para declarar a situação de alerta de âmbito municipal e é ouvido pelo governador civil para efeito da declaração da situação de alerta de âmbito distrital, quando estiver em causa a área do respectivo município.

As juntas de freguesia têm o dever de colaborar com os serviços municipais de protecção civil, prestando toda a ajuda que lhes for solicitada, no âmbito das suas atribuições e competências, próprias ou delegadas.

Em função da localização específica de determinados riscos, a comissão municipal de protecção civil pode determinar a existência de unidades locais de protecção civil de âmbito de freguesia, a respectiva constituição e tarefas.

Os municípios são dotados de um serviço municipal de protecção civil, responsável pela prossecução das actividades de protecção civil no âmbito municipal. Os SMPC são os adequados ao exercício da função de protecção e socorro, variáveis de acordo com as características da população e dos riscos existentes no município e que, quando a dimensão e características do município o justificarem, podem incluir os gabinetes técnicos que forem julgados adequados. O SMPC é dirigido pelo presidente da câmara municipal, com a faculdade de delegação no vereador por si designado.

Compete ao SMPC assegurar o funcionamento de todos os organismos municipais de protecção civil, bem como centralizar, tratar e divulgar toda a informação recebida relativa à protecção civil municipal. No âmbito dos seus poderes de planeamento e operações, dispõe o SMPC das seguintes competências:

a) Acompanhar a elaboração e actualizar o plano municipal de emergência e os planos especiais, quando estes existam;

b) Assegurar a funcionalidade e a eficácia da estrutura do SMPC;

c) Inventariar e actualizar permanentemente os registos dos meios e dos recursos existentes no concelho, com interesse para o SMPC;

d) Realizar estudos técnicos com vista à identificação, análise e consequências dos riscos naturais, tecnológicos e sociais que possam afectar o município, em função da magnitude estimada e do local previsível da sua ocorrência, promovendo a sua cartografia, de modo a prevenir, quando possível, a sua manifestação e a avaliar e minimizar os efeitos das suas consequências previsíveis;

e) Manter informação actualizada sobre acidentes graves e catástrofes ocorridas no município, bem como sobre elementos relativos às condições de ocorrência, às medidas adoptadas para fazer face às respectivas consequências e às conclusões sobre o êxito ou insucesso das acções empreendidas em cada caso;

f) Planear o apoio logístico a prestar às vítimas e às forças de socorro em situação de emergência;

g) Levantar, organizar e gerir os centros de alojamento a accionar em situação de emergência;

h) Elaborar planos prévios de intervenção e preparar e propor a execução de exercícios e simulacros que contribuam para uma actuação eficaz de todas as entidades intervenientes nas acções de protecção civil;

i) Estudar as questões de que vier a ser incumbido, propondo as soluções que considere mais adequadas.

Nos domínios da prevenção e segurança, o SMPC é competente para:

a) Propor medidas de segurança face aos riscos inventariados;

b) Colaborar na elaboração e execução de treinos e simulacros;

c) Elaborar projectos de regulamentação de prevenção e segurança;

d) Realizar acções de sensibilização para questões de segurança, preparando e organizando as populações face aos riscos e cenários previsíveis;

e) Promover campanhas de informação sobre medidas preventivas, dirigidas a segmentos específicos da população alvo, ou sobre riscos específicos em cenários prováveis previamente definidos;

f) Fomentar o voluntariado em protecção civil;

g) Estudar as questões de que vier a ser incumbido, propondo as soluções que entenda mais adequadas.

No que se refere à matéria da informação pública, o SMPC dispõe dos seguintes poderes:

a) Assegurar a pesquisa, análise, selecção e difusão da documentação com importância para a protecção civil;

b) Divulgar a missão e estrutura do SMPC;

c) Recolher a informação pública emanada das comissões e gabinetes que integram o SMPC destinada à divulgação pública relativa a medidas preventivas ou situações de catástrofe;

d) Promover e incentivar acções de divulgação sobre protecção civil junto dos munícipes com vista à adopção de medidas de autoprotecção;

e) Indicar, na iminência de acidentes graves ou catástrofes, as orientações, medidas preventivas e procedimentos a ter pela população para fazer face à situação;

f) Dar seguimento a outros procedimentos, por determinação do presidente da câmara municipal ou vereador com competências delegadas.

No âmbito florestal, as competências do SMPC podem ser exercidas pelo gabinete técnico florestal.

Em cada município há um comandante operacional municipal (COM), que depende hierárquica e funcionalmente do presidente da câmara municipal, a quem compete a sua nomeação e que actua exclusivamente no âmbito territorial do respectivo município, sendo nomeado de entre o universo de recrutamento que a lei define para os comandantes operacionais distritais. Nos municípios com corpos de bombeiros profissionais ou mistos criados pelas respectivas câmaras municipais, o comandante desse corpo é, por inerência, o COM.

O plano municipal de emergência é elaborado com as directivas emanadas da Comissão Nacional de Protecção Civil, nomeadamente:

a) A tipificação dos riscos;

b) As medidas de prevenção a adoptar;

c) A identificação dos meios e recursos mobilizáveis, em situação de acidente grave ou catástrofe;

d) A definição das responsabilidades que incumbem aos organismos, serviços e estruturas, públicas ou privadas, com competências no domínio da protecção civil municipal;

e) Os critérios de mobilização e mecanismos de coordenação dos meios e recursos, públicos ou privados utilizáveis;

f) A estrutura operacional que há-de garantir a unidade de direcção e o controlo permanente da situação.

Os planos de emergência estão sujeitos a uma actualização periódica e devem ser objecto de exercícios frequentes com vista a testar a sua operacionalidade. Os agentes de protecção civil colaboram na elaboração e na execução dos planos de emergência. O plano municipal de emergência inclui obrigatoriamente uma carta de risco e um plano prévio de intervenção de cada tipo de risco existente no município, decorrendo a escala da carta de risco e o detalhe do plano prévio de intervenção da natureza do fenómeno e devendo ser adequados às suas frequência e magnitude, bem como à gravidade e extensão dos seus efeitos previsíveis.

Para além de um plano municipal de emergência geral, podem ser elaborados planos especiais, sobre riscos especiais, destinados a servir finalidades específicas, tais como o plano municipal de defesa da floresta contra incêndios e planos de emergência dos estabelecimentos de ensino.

No caso das áreas de risco homogéneas prolongadas pelo território de mais de um município contíguos, podem ser elaborados planos especiais supramunicipais.

Nos municípios em que tal se justifique, podem ser elaborados planos especiais sobre riscos específicos, designadamente relativos a inundações, incêndios de diferente natureza, acidentes biológicos ou químicos, movimentações em massa ou a sismos. O **Decreto-Lei nº 364/98, de 21 de Novembro,** obriga os municípios com aglomerados urbanos atingidos por cheias num período de tempo que, pelo menos, inclua o ano de 1967 e que ainda não se encontrem abrangidos por zonas adjacentes classificadas nos termos do artigo 14.o do Decreto-Lei nº 468/71, de 5 de Novembro, na redacção conferida pelo Decreto-Lei nº 89/87, de 26 de Fevereiro, a elaborar uma **carta de zonas inundáveis**, que demarque, no interior dos perímetros urbanos, as áreas atingidas pela maior cheia conhecida. Foi entretanto publicado o **Decreto-Lei n.º 115/2010, de 22 de Outubro,** estabelece um quadro para a avaliação e gestão dos riscos de inundações, com o objectivo de reduzir as consequências associadas às inundações prejudiciais para a saúde humana, incluindo perdas humanas, o ambiente, o património cultural, as infra-estruturas e as actividades económicas.

- **Conselho Municipal de Segurança**

Esse conselho foi criado pela Lei nº 32/98, de 18 de Julho, sendo uma entidade de âmbito municipal com funções de natureza consultiva, de articulação, informação e cooperação, cujos objectivos, composição e funcionamento são regulados pela presente lei.

Constituem objectivos dos conselhos:

a) Contribuir para o aprofundamento do conhecimento da situação de segurança na área do município, através da consulta entre todas as entidades que o constituem;

b) Formular propostas de solução para os problemas de marginalidade e segurança dos cidadãos no respectivo município e participar em acções de prevenção;
c) Promover a discussão sobre medidas de combate à criminalidade e à exclusão social do município;
d) Aprovar pareceres e solicitações a remeter a todas as entidades que julgue oportunos e directamente relacionados com as questões de segurança e inserção social.

Para a prossecução dos seus objectivos, compete aos conselhos dar parecer sobre:
a) A evolução dos níveis de criminalidade na área do município;
b) O dispositivo legal de segurança e a capacidade operacional das forças de segurança no município;
c) Os índices de segurança e o ordenamento social no âmbito do município;
d) Os resultados da actividade municipal de protecção civil e de combate aos incêndios;
e) As condições materiais e os meios humanos empregues nas actividades sociais de apoio aos tempos livres, particularmente dos jovens em idade escolar;
f) A situação sócio-económica municipal;
g) O acompanhamento e apoio das acções dirigidas, em particular, à prevenção da toxicodependência e à análise da incidência social do tráfico de droga;
h) O levantamento das situações sociais que, pela sua particular vulnerabilidade, se revelem de maior potencialidade criminógena e mais carecidas de apoio à inserção.

Integram cada conselho:
a) O presidente da câmara municipal;
b) O vereador do pelouro, quando este não seja assegurado pelo próprio presidente da câmara;
c) **O presidente da assembleia municipal;**
d) **Os presidentes das juntas de freguesia, em número a fixar pela assembleia municipal;**
e) Um representante do Ministério Público da comarca;
f) Os comandantes das forças de segurança presentes no território do município, bem como dos serviços de protecção civil e dos bombeiros;
g) Um representante do Projecto VIDA;
h) Os responsáveis na área do município pelos organismos de assistência social, em número a definir no regulamento de cada conselho;
i) Os responsáveis das associações económicas, patronais e sindicais, em número a definir no regulamento de cada conselho;
j) Um conjunto de cidadãos de reconhecida idoneidade, designados pela **assembleia municipal**, em número a definir no regulamento de cada conselho, no máximo de 20.

Questiona-se, em concreto, se a escolha dos cidadãos de reconhecida idoneidade poderá recair em membros da Assembleia Municipal. A isso responde o Parecer nº 30/2000, de 19 de Junho, da CCDR Alentejo concluindo o seguinte:
"*Ressalvada que seja a vinculação dos eleitos locais aos deveres configurados no artº 4º, nº 2, alínea d), do Estatuto dos Eleitos Locais – relativamente à não participação dos eleitos locais na apresentação, discussão ou votação de assuntos em que tenha interesse ou intervenção – e corroborada pelo preceituado artº 44º, nº 1, do Código do Procedimento Administrativo (em sede de casos de impedimento), bem como pelo artº 90º, nº 6, da Lei nº 169/99, de 18 de Setembro (versando sobre as formas de votação), a designação pelo órgão deliberativo municipal de cidadãos de reconhecida idoneidade com o fim de integrarem o conselho municipal de segurança, tal como é prevista no artº 5º, nº 1, alínea j), da Lei nº 33/98, de 18 de Julho, não se mostra coarctada da possibilidade de recair em elementos da própria Assembleia Municipal*".

O assunto da segurança tem sido uma das preocupações dos municípios e dos cidadãos, havendo que reclame um reforço do patrulhamento e dos efectivos da PSP e da GNR. Tem havido uma forte articulação entre os municípios e as forças de segurança ao nível do programa Escola Segura e na instalação de esquadras, sendo frequente a cedência de terrenos para tal por parte das câmaras municipais. Há municípios que optaram por instalar polícias municipais, tema já versado neste trabalho.

- **Conselho Municipal de Educação**

Nos termos do artigo 5.º do Decreto-Lei n.º 7/2003, de 15 de Janeiro, integram o conselho municipal de educação:

  a) O presidente da câmara municipal, que preside;
  b) **O presidente da assembleia municipal;**
  c) O vereador responsável pela educação, que assegura a substituição do presidente, nas suas ausências e impedimentos;
  d) O director regional de educação com competências na área do município ou quem este designar em sua substituição.

Integram ainda o conselho municipal de educação os seguintes representantes, desde que as estruturas representadas existam no município:

  a) Um representante das instituições de ensino superior público;
  b) Um representante das instituições de ensino superior privado;
  c) Um representante do pessoal docente do ensino secundário público;
  d) Um representante do pessoal docente do ensino básico público;
  e) Um representante do pessoal docente da educação pré-escolar pública;
  f) Um representante dos estabelecimentos de educação e de ensino básico e secundário privados;

g) Dois representantes das associações de pais e encarregados de educação;
h) Um representante das associações de estudantes;
i) Um representante das instituições particulares de solidariedade social que desenvolvam actividade na área da educação;
j) Um representante dos serviços públicos de saúde;
l) Um representante dos serviços da segurança social;
m) Um representante dos serviços de emprego e formação profissional;
n) Um representante dos serviços públicos da área da juventude e do desporto;
o) Um representante das forças de segurança.

De acordo com a especificidade das matérias a discutir no conselho municipal de educação, pode este deliberar que sejam convidadas a estar presentes nas suas reuniões personalidades de reconhecido mérito na área de saber em análise.

O conselho municipal de educação é nomeado por deliberação da assembleia municipal, nos termos propostos pela câmara municipal.

Para a prossecução dos seus objectivos, compete ao conselho municipal de educação deliberar, em especial, sobre as seguintes matérias:

a) Coordenação do sistema educativo e articulação da política educativa com outras políticas sociais, em particular nas áreas da saúde, da acção social e da formação e emprego;

b) Acompanhamento do processo de elaboração e de actualização da carta educativa, a qual deve resultar de estreita colaboração entre os órgãos municipais e os serviços do Ministério da Educação, com vista a, assegurando a salvaguarda das necessidades de oferta educativa do concelho, garantir o adequado ordenamento da rede educativa nacional e municipal;

c) Participação na negociação e execução dos contratos de autonomia, previstos nos artigos 47.º e seguintes do Decreto-Lei n.º 115-A/98, de 4 de Maio;

d) Apreciação dos projectos educativos a desenvolver no município;

e) Adequação das diferentes modalidades de acção social escolar às necessidades locais, em particular no que se refere aos apoios sócio-educativos, à rede de transportes escolares e à alimentação;

f) Medidas de desenvolvimento educativo, no âmbito do apoio a crianças e jovens com necessidades educativas especiais, da organização de actividades de complemento curricular, da qualificação escolar e profissional dos jovens e da promoção de ofertas de formação ao longo da vida, do desenvolvimento do desporto escolar, bem como do apoio a iniciativas relevantes de carácter cultural, artístico, desportivo, de preservação do ambiente e de educação para a cidadania;

g) Programas e acções de prevenção e segurança dos espaços escolares e seus acessos;

h) Intervenções de qualificação e requalificação do parque escolar.

Compete, ainda, ao conselho municipal de educação analisar o funcionamento dos estabelecimentos de educação pré-escolar e de ensino, em particular no que respeita às características e adequação das instalações, ao desempenho do pessoal docente e não docente e à assiduidade e sucesso escolar das crianças e alunos, reflectir sobre as causas das situações analisadas e propor as acções adequadas à promoção da eficiência e eficácia do sistema educativo.

Para o exercício das competências do conselho municipal de educação devem os seus membros disponibilizar a informação de que disponham relativa aos assuntos a tratar, cabendo, ainda, ao representante do Ministério da Educação apresentar, em cada reunião, um relatório sintético sobre o funcionamento do sistema educativo.

- **Comissão de Protecção de Crianças e Jovens em Perigo**

De acordo com a Lei n.º 147/99, de 1 de Setembro, as comissões de protecção exercem a sua competência na área do município onde têm sede. A comissão de protecção funciona em modalidade alargada ou restrita, doravante designadas, respectivamente, de comissão alargada e de comissão restrita.

A comissão alargada é composta por:

a) Um representante do município, a indicar pela câmara municipal, ou das freguesias, a indicar por estas, de entre pessoas com especial interesse ou aptidão na área das crianças e jovens em perigo;

b) Um representante da segurança social, de preferência designado de entre técnicos com formação em serviço social, psicologia ou direito;

c) Um representante dos serviços do Ministério da Educação, de preferência professor com especial interesse e conhecimentos na área das crianças e dos jovens em perigo;

d) Um médico, em representação dos serviços de saúde;

e) Um representante das instituições particulares de solidariedade social ou de outras organizações não governamentais que desenvolvam, na área de competência territorial da comissão de protecção, actividades de carácter não institucional, em meio natural de vida, destinadas a crianças e jovens;

f) Um representante das instituições particulares de solidariedade social ou de outras organizações não governamentais que desenvolvam, na área de competência territorial da comissão de protecção, actividades em regime de colocação institucional de crianças e jovens;

g) Um representante das associações de pais existentes na área de competência da comissão de protecção;

h) Um representante das associações ou outras organizações privadas que desenvolvam, na área de competência da comissão de protecção, actividades desportivas, culturais ou recreativas destinadas a crianças e jovens;

i) Um representante das associações de jovens existentes na área de competência da comissão de protecção ou um representante dos serviços de juventude;

j) Um ou dois representantes das forças de segurança, conforme na área de competência territorial da comissão de protecção existam apenas a Guarda Nacional Republicana ou a Polícia de Segurança Pública, ou ambas;

l) **Quatro pessoas designadas pela assembleia municipal, ou pela assembleia de freguesia, de entre cidadãos eleitores preferencialmente com especiais conhecimentos ou capacidades para intervir na área das crianças e jovens em perigo;**

m) Os técnicos que venham a ser cooptados pela comissão, com formação, designadamente, em serviço social, psicologia, saúde ou direito, ou cidadãos com especial interesse pelos problemas da infância e juventude.

À comissão alargada compete desenvolver acções de promoção dos direitos e de prevenção das situações de perigo para a criança e jovem. São competências da comissão alargada:

a) Informar a comunidade sobre os direitos da criança e do jovem e sensibilizá-la para os apoiar sempre que estes conheçam especiais dificuldades;

b) Promover acções e colaborar com as entidades competentes tendo em vista a detecção dos factos e situações que, na área da sua competência territorial, afectem os direitos e interesses da criança e do jovem, ponham em perigo a sua segurança, saúde, formação ou educação ou se mostrem desfavoráveis ao seu desenvolvimento e inserção social;

c) Informar e colaborar com as entidades competentes no levantamento das carências e na ,identificação e mobilização dos recursos necessários à promoção dos direitos, do bem-estar e do desenvolvimento integral da criança e do jovem;

d) Colaborar com as entidades competentes no estudo e elaboração de projectos inovadores no domínio da prevenção primária dos factores de risco e no apoio às crianças e jovens em perigo;

e) Colaborar com as entidades competentes na constituição e funcionamento de uma rede de acolhimento de crianças e jovens, bem como na formulação de outras respostas sociais adequadas;

f) Dinamizar e dar parecer sobre programas destinados às crianças e aos jovens em perigo;

g) Analisar a informação semestral relativa aos processos iniciados e ao andamento dos pendentes na comissão restrita;

h) Aprovar o relatório anual de actividades e avaliação elaborado pelo presidente e enviá-lo à Comissão Nacional de Protecção de Crianças e Jovens em Risco, à assembleia municipal e ao Ministério Público.

- **Comissão Municipal de Saúde**

Segundo a Base XXIX da Lei de Bases da Saúde (Lei n.º 48/90, de 28 de Março, com as alterações introduzidas pela Lei n.º 27/2002, de 8 de Novembro), as comissões concelhias de saúde são órgãos consultivos das administrações regionais de saúde em relação a cada concelho da respectiva área de actuação.

- **Congresso Nacional da Associação Nacional de Municípios Portugueses (ANMP)**

O Congresso Nacional é o órgão máximo de representação da ANMP. Compõem o Congresso Nacional três delegados de cada Município associado, assim discriminados:

- O Presidente da Câmara Municipal;
- **O Presidente da Assembleia Municipal**;
- Um Presidente da Junta de Freguesia ou suplente, eleitos em Assembleia Municipal.

Compete ao Congresso Nacional na sua reunião ordinária electiva eleger a respectiva Mesa, eleger o Conselho Geral, o Conselho Directivo e o Conselho Fiscal. Compete ainda ao Congresso Nacional aprovar o seu Regulamento, apreciar o relatório geral de actividades da ANMP, aprovar as alterações aos Estatutos e deliberar sobre a dissolução da ANMP.

- **Assembleia Distrital**

Nos termos do Decreto-Lei nº 5/91, de 8 de Janeiro, compõem a Assembleia Distrital os presidentes das câmaras municipais ou vereadores que os substituam e dois membros de cada assembleia municipal, devendo um deles ser o respectivo **presidente** ou o seu substituto e o outro eleito de entre os **presidentes de junta de freguesia.**

Compete à assembleia distrital:
a) Elaborar o seu regimento;
b) Promover a coordenação dos meios de acção distritais de que disponha;
c) Deliberar sobre a criação ou manutenção de serviços que, na área do distrito, apoiem tecnicamente as autarquias locais;
d) Dar parecer, sempre que solicitado, sobre questões relacionadas com o desenvolvimento económico e social do distrito;
e) Aprovar recomendações sobre a rede escolar no respeitante aos níveis de ensino que constituem a educação pré-escolar, o ensino básico e o ensino secun-

dário, bem como coordenar a acção das autarquias locais no âmbito do equipamento escolar;

f) Deliberar sobre a criação e manutenção de museus etnográficos, históricos e de arte local;

g) Deliberar sobre a investigação, inventariação e conservação dos valores locais e arqueológicos, históricos e artísticos e sobre a preservação e divulgação do folclore, trajos e costumes regionais;

h) Solicitar informações e esclarecimentos ao governador civil em matéria de interesse do distrito;

i) Estabelecer as normas gerais de administração do património próprio do distrito sob sua jurisdição;

j) Aprovar o plano anual de actividades, o orçamento e suas revisões ou alterações e o relatório e as contas da assembleia distrital;

l) Gerir o quadro de pessoal por si fixado;

m) Exercer os demais poderes que lhe sejam conferidos por lei.

- **Assembleia Intermunicipal das CIM's**

De acordo com a Lei n.º 45/2008, de 27 de Agosto, a assembleia intermunicipal é o órgão deliberativo da Comunidade Intermunicipal e é constituída por **membros de cada assembleia municipal**, eleitos de forma proporcional, nos seguintes termos:

a) Três nos municípios até 10 000 eleitores;
b) Cinco nos municípios entre 10 001 e 50 000 eleitores;
c) Sete nos municípios entre 50 001 e 100 000 eleitores;
d) Nove nos municípios com mais de 100 000 eleitores.

A eleição ocorre em cada assembleia municipal pelo colégio eleitoral constituído pelo conjunto dos membros da assembleia municipal, eleitos directamente, mediante a apresentação de listas que não podem ter um número de candidatos superior ao previsto no número anterior.

- **Conselhos Municipais da Juventude**

A Lei n.º 8/2009, de 18 de Fevereiro, cria o conselho municipal de juventude que é o órgão consultivo do município sobre matérias relacionadas com a política de juventude.

Os conselhos municipais de juventude prosseguem os seguintes fins:

a) Colaborar na definição e execução das políticas municipais de juventude, assegurando a sua articulação e coordenação com outras políticas sectoriais, nomeadamente nas áreas do emprego e formação profissional, habitação, educação e ensino superior, cultura, desporto, saúde e acção social;

b) Assegurar a audição e representação das entidades públicas e privadas que, no âmbito municipal, prosseguem atribuições relativas à juventude;

c) Contribuir para o aprofundamento do conhecimento dos indicadores económicos, sociais e culturais relativos à juventude;

d) Promover a discussão das matérias relativas às aspirações e necessidades da população jovem residente no município respectivo;

e) Promover a divulgação de trabalhos de investigação relativos à juventude;

f) Promover iniciativas sobre a juventude a nível local;

g) Colaborar com os órgãos do município no exercício das competências destes relacionadas com a juventude;

h) Incentivar e apoiar a actividade associativa juvenil, assegurando a sua representação junto dos órgãos autárquicos, bem como junto de outras entidades públicas e privadas, nacionais ou estrangeiras;

i) Promover a colaboração entre as associações juvenis no seu âmbito de actuação.

A composição do conselho municipal de juventude é a seguinte:

a) O presidente da câmara municipal, que preside;

b) **Um membro da assembleia municipal de cada partido ou grupo de cidadãos eleitores representados na assembleia municipal;**

c) O representante do município no conselho regional de juventude;

d) Um representante de cada associação juvenil com sede no município inscrita no Registo Nacional de Associações Jovens (RNAJ);

e) Um representante de cada associação de estudantes do ensino básico e secundário com sede no município inscrita no RNAJ;

f) Um representante de cada associação de estudantes do ensino superior com sede no município inscrita no RNAJ;

g) Um representante de cada federação de estudantes inscrita no RNAJ cujo âmbito geográfico de actuação se circunscreva à área do concelho ou nas quais as associações de estudantes com sede no município representem mais de 50% dos associados;

h) Um representante de cada organização de juventude partidária com representação nos órgãos do município ou na Assembleia da República;

i) Um representante de cada associação jovem e equiparadas a associações juvenis, nos termos do n.º 3 do artigo 3.º da Lei n.º 23/2006, de 23 de Junho, de âmbito nacional.

- **Conselho da Comunidade de Agrupamentos Complementares de Centros de Saúde**

Os ACES são serviços de saúde com autonomia administrativa, constituídos por várias unidades funcionais, que integram um ou mais centros de saúde. O centro de saúde componente dos ACES é um conjunto de unidades funcionais de prestação de cuidados de saúde primários, individualizado por localização e denominação determinadas. Os ACES são serviços desconcentrados da respectiva Administração Regional de Saúde, I. P. (ARS, I. P.), estando sujeitos ao seu poder de direcção.

O Decreto-Lei nº 28/2008, de 22 de Fevereiro, dispõe que o Conselho da Comunidade é composto por:

a) Um representante indicado pelas câmaras municipais da área de actuação do ACES, que preside;

b) **Um representante de cada município abrangido pelo ACES, designado pelas respectivas assembleias municipais;**

c) Um representante do centro distrital de segurança social, designado pelo conselho directivo;

d) Um representante das escolas ou agrupamentos de escolas, designado pelo director regional de educação;

e) Um representante das instituições particulares de solidariedade social, designado, anualmente, pelo órgão executivo de associação representativa das mesmas, em regime de rotatividade;

f) Um representante da associação de utentes do ACES, designado pela respectiva direcção;

g) Um representante das associações sindicais com assento na Comissão Permanente de Concertação Social, designado pelo respectivo presidente, sob proposta daquelas;

h) Um representante das associações de empregadores com assento na Comissão Permanente de Concertação Social, designado pelo respectivo presidente, sob proposta daquelas;

i) Um representante do hospital de referência, designado pelo órgão de administração;

j) Um representante das equipas de voluntariado social, designado por acordo entre as mesmas;

l) Um representante da Comissão de Protecção de Crianças e Jovens.

Os membros do conselho da comunidade são designados por um período de três anos, renovável por iguais períodos, sem prejuízo da sua substituição, a todo o tempo, pelas entidades que os designaram.

Compete designadamente ao conselho da comunidade:

a) Dar parecer sobre os planos plurianuais e anuais de actividades do ACES e respectivos orçamentos, antes de serem aprovados;

b) Acompanhar a execução dos planos de actividade, podendo para isso obter do director executivo do ACES as informações necessárias;

c) Alertar o director executivo para factos reveladores de deficiências graves na prestação de cuidados de saúde;

d) Dar parecer sobre o relatório anual de actividades e a conta de gerência, apresentados pelo director executivo;

e) Assegurar a articulação do ACES, em matérias de saúde, com os municípios da sua área geográfica;

f) Propor acções de educação e promoção da saúde e de combate à doença a realizar pelo ACES em parceria com os municípios e demais instituições representadas no conselho da comunidade;

g) Dinamizar associações e redes de utentes promotoras de equipas de voluntariado.

- **Outras participações**

Alguns regimentos de assembleias municipais prevêem a constituição de outras comissões municipais, sendo outras propostas pelos grupos municipais, como, por exemplo, A Comissão de Revisão do Regimento, a Comissão Municipal de Arte, Arqueologia e Defesa do Património, a Comissão Municipal de Toponímia, a Comissão Municipal de Urbanismo, a Comissão Municipal da Juventude, a Comissão Municipal de Condecorações, etc.

17. ESTATUTO E QUALIDADES DOS ELEITOS LOCAIS

Regime Jurídico:
– Lei nº 29/87, de 30 de Junho (com as alterações posteriores de dez diplomas);
– Lei nº 11/96, de 18 de Abril;
– Lei nº 64/93, de 26 de Agosto.

A principal fonte de informação sobre os deveres e os direitos dos eleitos locais será a obra intitulada "Estatuto dos Eleitos Locais", publicada em 2007 pelo CEFA e da autoria de Paulo Braga e Fátima Dias (2ª edição).

Os eleitos locais são os membros dos órgãos deliberativos e executivos dos municípios e das freguesias. A qualidade de eleito local adquire-se através do voto popular, sendo o exercício do poder que lhe está imanente um mandato dos cidadãos-eleitores. Tal significa que, antes de tudo, o eleito local tem deveres cujo incumprimento pode ter efeitos políticos mas também jurídicos e pessoais. Porém, para que essa função seja exercida com dignidade, o legislador corporizou uma série de direitos que devem ser exercidos em prol do interesse público.

a) **Deveres dos eleitos locais** (ver quadro na página seguinte)

Incompreensivelmente, a matéria atinente à perda de mandato não se encontra regulada na lei do estatuto dos eleitos locais mas no diploma da tutela administrativa (Lei nº 27/96, de 1 de Agosto), matéria que trataremos mais à frente.

Existe alguma legislação comunitária sobre os deveres dos eleitos locais ou a boa conduta administrativa que vincula também os funcionários, agentes e trabalhadores da função pública, tais como, por exemplo:

- **Código Europeu de Conduta dos Eleitos Locais e Regionais** – foi elaborado e aprovado pelo Congresso dos Poderes Locais e Regionais do Conselho da Europa e pode ser encontrado na Revista da Administração Local

Em matéria de legalidade e direitos dos cidadãos	Em matéria de prossecução do interesse público	Em matéria de funcionamento dos órgãos
– Observar as normas legais e regulamentares aplicáveis aos actos por si praticados ou pelos órgãos a que pertencem – Cumprir e fazer cumprir as normas constitucionais e legais relativas à defesa dos interesses e direitos dos cidadãos no âmbito das suas competências – Actuar de forma justa e imparcial	– Salvaguardar e defender os interesses públicos do Estado e da respectiva autarquia e respeitar o fim público dos poderes em que estão investidos – Não patrocinar interesses particulares, próprios ou de terceiros, de qualquer natureza, quer no exercício das suas funções, quer invocando a qualidade de membro de órgão autárquico – Não intervir em processo administrativo, acto ou contrato de direito público ou privado, nem participar na apresentação, discussão ou votação de assuntos em que tenha interesse ou intervenção, por si ou como representante ou gestor de negócios de outra pessoa, ou em que tenha interesse ou intervenção em idênticas qualidades o seu cônjuge, parente ou afim em linha recta ou até ao 2º grau da linha colateral, bem como qualquer pessoa com quem viva em economia comum – Não celebrar com a autarquia qualquer contrato, salvo de adesão – Não usar, para fins de interesse próprio ou de terceiros, informações a que tenha acesso no exercício das suas funções.	– Participar nas reuniões ordinárias e extraordinárias dos órgãos – Participar em todos os organismos onde estão em representação da freguesia

do CDREL de Maio/Junho de 2006. Está estruturado em oito capítulos: objectivo, princípios gerais, deveres específicos, meios de supervisão, relação com os cidadãos, relação com os funcionários das autarquias locais, relação com a comunicação social e informação, divulgação e tomada de conhecimento/consciência.

- **Código Europeu de Boa Conduta Administrativa** – a ideia original foi do deputado europeu Roy Perry mas foi o texto elaborado pelo Provedor de Justiça Europeu que o apresentou ao Parlamento Europeu. Este aprovou o Código através de uma resolução de 6 de Setembro de 2001. Tem 27 artigos.
- **Participação dos Cidadãos na Vida Pública a Nível Local** – documento aprovado pela Recomendação Rec (2001)19, do Comité de Ministros do

Conselho da Europa. Uma das obrigações dos eleitos locais é precisamente a de fomentar, aplaudir e incentivar a participação efectiva dos cidadãos na vida pública.
- **Carta Europeia Revista da Participação dos Jovens na Vida Local e Regional** – aprovada no dia 21 de Maio de 2003 (anexo à Recomendação 128), em Estrasburgo, pelo Congresso de Poderes Locais e Regionais da Europa.

O Regimento da Assembleia Municipal de Cinfães dispõe no seu artigo 11º sobre os deveres dos deputados da Assembleia, como os seguintes:

a) Comparecer nas sessões da Assembleia e nas reuniões das Comissões ou grupos de trabalho a que pertençam, não podendo as ausências ter duração superior a 30 minutos;

b) Desempenhar os cargos e as funções para que sejam eleitos ou designados e a que se não hajam oportunamente escusado;

c) Participar nas discussões e votações se, por lei, de tal não estiverem impedidos;

d) Respeitar a dignidade da Assembleia e dos seus deputados;

e) Observar a ordem e a disciplina fixadas no Regimento e respeitar as competências do Presidente da Assembleia;

f) Contribuir, pela sua diligência, para a eficácia e o prestígio dos trabalhos da Assembleia;

g) Manter um contacto tanto quanto possível estreito com as instituições e a população do concelho, de forma a auscultar os seus principais anseios e deles dar conhecimento à Assembleia.

b) Direitos dos eleitos locais

Nem todos os eleitos locais usufruem dos mesmos direitos, tudo dependendo do órgão a que pertençam, do cargo exercido e do regime de exercício da função. O regime de remuneração, as despesas de representação, as senhas de presença, as ajudas de custo ou o subsídio de refeição dependem e têm por pressuposto o regime de exercício das respectivas funções.

Refira-se que apenas o Presidente da Câmara Municipal e o Vice-Presidente da Câmara Municipal têm direito a passaporte especial, quando em representação da autarquia. Anualmente o Governo fixa os abonos dos eleitos locais de freguesia e de município. Para 2009 e 2010 vigorou a seguinte tabela, a qual inclui todas as formas de remuneração e de compensação dos eleitos locais das assembleias municipais.

	Lisboa e Porto	Número de eleitores		
		40 mil ou mais eleitores	Mais de 10 mil e menos de 40 mil	Restantes municípios
Presidente da assembleia municipal	125,91	114,48	103,02	91,59
Secretários da assembleia municipal	104,93	95,40	85,85	76,33
Restantes membros da assembleia municipal	83,94	76,32	68,68	61,06
Vereadores	83,94	76,32	68,68	61,06

As senhas de presença são pagas por cada reunião ou sessão. Se, por exemplo, uma assembleia municipal tiver uma sessão com duas reuniões, os membros têm direito a duas senhas de presença. Os membros que façam parte de comissões de trabalho também recebem senhas de presença por cada reunião ou jornada que se realize.

Salvo melhor opinião, não há lugar ao pagamento de senha de presença aos membros que compareceram a uma sessão ou reunião que não se realiza por falta de quórum. Cremos que o mesmo não se pode dizer em relação ao recebimento de ajudas de custo e subsídio de transporte.

Entre outros, salientamos o Regimento da Assembleia Municipal do Barreiro, o qual refere que para o exercício do seu mandato constituem direitos dos deputados municipais da Assembleia Municipal, além dos conferidos por lei, e reportando-se a assuntos de interesse municipal:

a) Desempenhar funções específicas na assembleia;
b) Assistir às reuniões da assembleia;
c) Usar da palavra nos termos do Regimento;
d) Apresentar propostas, recomendações, pareceres e moções nos termos previstos no presente Regimento;
e) Apresentar requerimentos, reclamações, declarações de voto, protestos e contra – protestos;
f) Propor, por escrito, alterações ao Regimento;
g) Propor candidaturas para a Mesa da Assembleia Municipal;
h) Propor a constituição de comissões permanentes e eventuais;
i) Propor recomendações à Câmara Municipal sobre assuntos de interesse para o Município;
j) Participar nas discussões e votações;

k) Eleger e ser eleito para a Mesa da Assembleia Municipal;
l) Eleger e ser eleito para comissões permanentes e eventuais;
m) Requerer elementos e informações que considerem úteis para o exercício do seu mandato;
n) Solicitar informações à Câmara Municipal sobre quaisquer actos desta, ou dos respectivos serviços;
o) Requerer a discussão de actos da Câmara Municipal;
p) Recorrer para a Assembleia Municipal das deliberações da Mesa ou das decisões do Presidente;
q) Receber as actas das reuniões da Câmara;
r) Exercer os demais direitos conferidos por lei.

Os deputados municipais e da Assembleia Municipal têm ainda direito designadamente a:
a) Senhas de presença;
b) Ajudas de custo e subsídio de transporte;
c) Livre circulação em lugares públicos de acesso condicionado, quando em exercício das respectivas funções;
d) Cartão especial de identificação;
e) Viatura municipal, quando em serviço da autarquia;
f) Protecção em caso de acidente;
g) Solicitar o auxílio de quaisquer autoridades, sempre que o exijam os interesses da respectiva autarquia local;
h) Apoio em processos judiciais que tenham como causa o exercício das respectivas funções.

c) **Outras especificidades do Estatuto dos Eleitos Locais**

1. Ajudas de custo e subsídio de transporte

As ajudas de custo visam compensar as despesas efectuadas pela prestação de trabalho fora do local habitual. São devidas aos membros das assembleias municipais, aplicando-se nesta matéria o Decreto-Lei nº 106/98, de 24 de Abril, porque o quantitativo depende dos períodos do dia e das horas de partida e de regresso.

Os membros das assembleias municipais têm direito a subsídio de transporte quando se deslocam do seu domicílio (centro de vida) para assistir às reuniões da assembleia municipal ou de alguma comissão de que faça parte.

Segundo um Parecer da CCDR do Algarve, de 28 de Janeiro de 2003, prova da residência habitual, para efeitos da atribuição de ajudas de custo e subsídio de transporte, previstos nos números 2 dos artigos 11º e 12º da Lei n.º 29/87, de 30 de Junho, pode ser efectuada por qualquer meio legalmente idóneo, designadamente o atestado de residência emitido pela respectiva Junta de freguesia, nos termos do artigo 34º do Decreto-Lei n.º 135/99, de 22 de Abril.

As sessões das assembleias municipais custam muito ao erário público. Tomemos como exemplo a Assembleia Municipal de Mirandela composta por 75 membros (38 directamente eleitos e 37 presidentes de junta). Realizadas as contas, verificamos que são gastos, caso a sessão tenha apenas um dia, comece às 9.30 horas e termine às 18 horas, e compareçam todos os membros, 5.424,72 euros a título de senhas de presença (incluindo aqui também os vereadores sem pelouro), 2.023,77 euros como ajudas de custo e 2.068,60 euros como subsídio de transporte, o que perfaz um total de 9.517,09 euros.

2. Dispensa das actividades profissionais

Esta é uma forma de dignificação da função de eleito local porque facilita o exercício da sua função, estando até em consonância com o dever geral de colaboração e cooperação de todas as entidades públicas e privadas para com os eleitos locais no exercício das suas funções.

De acordo com o n.º 4 do artigo 2º da Lei n.º 29/87, de 30 de Junho, os membros dos órgãos deliberativos e consultivos são dispensados das suas funções profissionais, mediante aviso antecipado à entidade empregadora ([2]), quando o exija a sua participação em actos relacionados com as suas funções de eleitos, designadamente em reuniões dos órgãos e comissões a que pertencem ou em actos oficiais a que devem comparecer.

Embora todas as entidades públicas e privadas estejam sujeitas ao dever geral de cooperação para com os eleitos locais no exercício das suas funções, elas têm direito à compensação dos encargos resultantes das dispensas.

3. Cartão especial de identificação e livre trânsito

Os eleitos locais têm direito a cartão especial de identificação ([3]) que será emitido pelo presidente da assembleia municipal para os órgãos deliberativos e pelo presidente da câmara municipal para os órgãos executivos. Os cartões exigem uma foto tipo passe e devem ser restituídos quando os respectivos titulares perderem a qualidade de eleitos locais.

---

[2] Segundo Paulo Braga e Fátima Dinis, in "Estatuto do Eleitos Locais Anotado", por uma questão de uniformização de procedimentos e de prazo, quem deve avisar a entidade patronal é o próprio eleito local, tendo de o fazer com 24 horas de antecedência, podendo a entidade patronal exigir documento que comprove a sua participação em actos relacionados com a sua função de eleitos locais.
[3] A Portaria nº 399/88, de 23 de Junho, estabeleceu os modelos dos cartões de identificação.

O livre trânsito que permite que os eleitos locais tenham direito à livre circulação em lugares públicos de acesso condicionado na área da sua autarquia, quando necessária ao efectivo exercício das respectivas funções autárquicas ou por causa delas, exige a apresentação do cartão de identificação.

4. Seguro de acidentes

Nos termos do artigo 17º do Estatuto dos Eleitos Locais, os membros de órgãos autárquicos têm direito a um seguro de acidentes pessoais mediante deliberação do respectivo órgão, que fixará o seu valor, sendo que para os membros dos órgãos executivos em regime de permanência o valor do seguro não pode ser inferior a 50 vezes a respectiva remuneração mensal.

d) Suspensão do mandato ([4])

Este é claramente um dos direitos do eleito local. Não pode, por exemplo, a assembleia municipal deliberar a suspensão do mandato de um seu membro. É um acto que depende da sua vontade livre e esclarecida, assim como a renúncia.

Segundo o artigo 77.º da Lei nº 169/99, de 18 de Setembro, os membros dos órgãos das autarquias locais podem solicitar a suspensão do respectivo mandato.

O pedido de suspensão, devidamente fundamentado, deve indicar o período de tempo abrangido e é enviado ao presidente e apreciado pelo plenário do órgão na reunião imediata à sua apresentação.

São motivos de suspensão, designadamente:
a) Doença comprovada;
b) Exercício dos direitos de paternidade e maternidade;
c) Afastamento temporário da área da autarquia por período superior a 30 dias.

A suspensão que, por uma só vez ou cumulativamente, ultrapasse 365 dias no decurso do mandato constitui, de pleno direito, renúncia ao mesmo, salvo se no primeiro dia útil seguinte ao termo daquele prazo o interessado manifestar, por escrito, a vontade de retomar funções.

A pedido do interessado, devidamente fundamentado, o plenário do órgão pode autorizar a alteração do prazo pelo qual inicialmente foi concedida a suspensão do mandato, até ao limite estabelecido no número anterior.

Enquanto durar a suspensão, os membros dos órgãos autárquicos são substituídos nos termos do artigo 79.º (as vagas ocorridas nos órgãos autárquicos são preenchidas pelo cidadão imediatamente a seguir na ordem da respectiva lista

---

[4] É possível encontrar a destrinça entre a renúncia e a suspensão do mandato no acórdão do STA de 5 de Março de 2009 (Processo nº 0856/2008).

ou, tratando-se de coligação, pelo cidadão imediatamente a seguir do partido pelo qual havia sido proposto o membro que deu origem à vaga).

Os membros dos órgãos das autarquias locais podem fazer-se substituir nos casos de ausências por períodos até 30 dias. A substituição obedece ao disposto no artigo seguinte e opera-se mediante simples comunicação por escrito dirigida ao presidente do órgão respectivo, na qual são indicados os respectivos início e fim.

Quando, por aplicação da regra contida na parte final do número anterior, se torne impossível o preenchimento da vaga por cidadão proposto pelo mesmo partido, o mandato é conferido ao cidadão imediatamente a seguir na ordem de precedência da lista apresentada pela coligação.

e) Renúncia do mandato

Sobre esse direito, como forma de cessação do mandato, dita o **artigo 76.º da Lei nº 169/99, de 18 de Setembro:**

1 – Os titulares dos órgãos das autarquias locais gozam do direito de renúncia ao respectivo mandato a exercer mediante manifestação de vontade apresentada, quer antes quer depois da instalação dos órgãos respectivos.

2 – A pretensão é apresentada por escrito e dirigida a quem deve proceder à instalação ou ao presidente do órgão, consoante o caso.

3 – A substituição do renunciante processa-se de acordo com o disposto no número seguinte.

4 – A convocação do membro substituto compete à entidade referida no n.º 2 e tem lugar no período que medeia entre a comunicação da renúncia e a primeira reunião que a seguir se realizar, salvo se a entrega do documento de renúncia coincidir com o acto de instalação ou reunião do órgão e estiver presente o respectivo substituto, situação em que, após a verificação da sua identidade e legitimidade, a substituição se opera de imediato, se o substituto a não recusar por escrito de acordo com o n.º 2.

5 – A falta de eleito local ao acto de instalação do órgão, não justificada por escrito no prazo de 30 dias ou considerada injustificada, equivale a renúncia, de pleno direito.

6 – O disposto no número anterior aplica-se igualmente, nos seus exactos termos, à falta de substituto, devidamente convocado, ao acto de assunção de funções.

7 – A apreciação e a decisão sobre a justificação referida nos números anteriores cabem ao próprio órgão e devem ter lugar na primeira reunião que se seguir à apresentação tempestiva da mesma.

Embora cada pessoa seja um mundo diferente marcado pela diversidade dos modelos educativos que recebeu, pelas concretas experiências de vida, pelas diferenças formativas e profissionais e pela personalidade própria, entendo que existem características específicas para que os autarcas possam exercer bem as suas funções e ver reconhecido o seu trabalho.

O eleito local, sobretudo os que exercem funções executivas, deve ter as seguintes **qualidades**, apresentadas de forma aleatória:

- Estar motivado para o exercício das suas funções em prol dos interesses das pessoas;
- Conhecer muito bem o seu concelho e as suas freguesias, as suas instituições e as suas gentes;
- Adoptar um estilo de liderança assertivo e democrático, evitando os estilos de comunicação agressivo, passivo ou manipulador;
- Saber planear, controlar alterações, distribuir recursos, negociar e gerir o tempo;
- Agir sempre com base em sólidos princípios éticos;
- Privilegiar o trabalho em equipa e em parceria, envolvendo todos na realização de objectivos comuns;
- Saber manter altos níveis de motivação, auto-estima e auto-realização nos funcionários e eleitos locais;
- Promover nesse grupo o sentido de responsabilidade e comprometimento pessoal, permitindo um diálogo espontâneo, um bom ambiente de trabalho, um clima de satisfação e a amizade e solidariedade entre todos;
- Ter habilidade para lidar, gerir e solucionar os conflitos interpessoais e institucionais e as divergências de opinião;
- Possuir conhecimentos sobre regras de organização e condução de reuniões;
- Conhecer as regras protocolares a respeitar em cada acto público ou oficial;
- Ser pontual e não fazer esperar ninguém nem chegar atrasado aos compromissos;
- Gerir com eficácia e eficiência os recursos humanos;
- Valorizar e premiar, utilizando o reforço positivo, os funcionários e agentes da autarquia;
- Apostar sempre na inovação, na modernização e na qualificação;
- Estar aberto à mudança e aceitar com bom senso a diferença;
- Estar disponível para ouvir, atender, encaminhar, informar e ajudar quem precisa;
- Valorizar o conhecimento e a auto-formação;
- Ter noções básicas de contabilidade pública e autárquica (POCAL);
- Tratar todas as pessoas e todas as instituições com justiça e igualdade;
- Ser um exemplo e um modelo de identificação positivo;
- Inspirar nos outros confiança, lealdade e respeito;

- Assumir os erros com frontalidade e reconhecer que tem dúvidas e que não é perfeito;
- Ter estabilidade emocional e familiar;
- Possuir uma grande dose de paciência e tolerância;
- Ter sempre uma finalidade no pensamento;
- Procurar sempre uma solução ganhadora para todas as partes;
- Procurar compreender para ser compreendido;
- Utilizar todas as sinergias, delegando funções e tarefas;
- Respeitar os deveres a que se encontra vinculados e expressos no artigo 4º do Estatuto dos Eleitos Locais (Lei nº 29/87, de 30 de Junho).

Contudo, entendemos que não são regras milagrosas nem receitas infalíveis porque o comportamento humano é muito imprevisível e complexo. Embora seja crucial o respeito pelas qualidades supramencionadas, creio que o segredo está sobretudo no bom senso, na ponderação e no equilíbrio.

Plutarco, de Queroneia (46 a 126 d.C.), filósofo, pensador e prosador grego do período greco-romano, estudou na Academia de Atenas (fundada por Platão) escreveu uma obra deliciosa intitulada "Como Tirar Partido dos Inimigos" publicada, entre outros, pela Editora Coisas de Ler em 2008, embora o termo "inimigo" possa ser demasiado forte e ser visto no sentido de adversário político. Para Plutarco, não existia Estado que não produzisse inveja, ciúme ou rivalidade. Ele cita Xenofonte ([5]) que afirmou que é próprio de um homem inteligente tirar partido ou proveito dos inimigos.

Na obra citada, extraímos as ideias que nos parecem mais fecundas e proveitosas na perspectiva das funções inerentes aos membros das assembleias municipais:

- Há que reverter a impossibilidade de não ter inimigos em nosso proveito;
- Procura viver com precaução e preocupa-te contigo mesmo, tratando de não fazer nem dizer nada com indiferença e irreflectidamente mas mantendo sempre com muito cuidado, como num regime severo, uma vida irrepreensível;
- A inveja dos inimigos equilibra a nossa negligência e o aperfeiçoamento moral é a melhor vingança;
- Se pretendes afligir aquele que te odeia, não o qualifiques como homem degenerado, nem cobarde, nem libertino, nem palhaço, nem ignóbil, mas sê tu mesmo um homem; age com moderação e sinceridade e trata com amabilidade e justiça todos os que lidam contigo;

---

[5] Xenofonte (cerca de 430-355 a.C.), filho de Grilo, originário de Erquia, uma deme de Atenas, foi soldado, mercenário e discípulo de Sócrates. É conhecido pelos seus escritos sobre a história do seu próprio tempo e pelos seus discursos de Sócrates.

- Se fores levado a censurar, evita cair naquilo que censuras;
- Penetra na tua alma e examina os teus pontos fracos;
- Não há nada mais vergonhoso nem doloroso que a blasfémia que se volta contra aquele que blasfemou e também ferem mais as censuras que se viram, por causa da verdade, contra quem as emite;
- Liberta-te das faltas que o inimigo revela e se alguém fala de erros que não existem devemos, não obstante, procurar a causa que originou a blasfémia e cuidarmos e temermos, não vá dar-se o caso de, sem darmos conta, termos praticado um erro parecido com o que nos acusam;
- Não menosprezes as injúrias infundadas;
- Também as coisas que são perceptíveis e claras para todas as pessoas, é possível apreendê-las mais da parte dos inimigos do que dos amigos e familiares;
- Deve-se suportar com a mesma delicadeza quer os elogios quer as injúrias;
- Não há certamente nada mais digno e formoso do que manter a calma diante de um inimigo que nos injuria;
- Ser generoso com um inimigo conduz à grandeza moral;
- É preciso demonstrar-se mansidão e paciência com as inimizades e também generosidade, magnanimidade e honradez;
- Os inimigos são um exutório para o mal e um modelo para o bem;
- Na presença dos vícios dos inimigos, as nossas virtudes tornam-se mais preciosas;
- A alma mais forte e mais bem preparada é aquela em que os sucessos não a orgulham e que não se abate e reage com os reveses;
- Encontrar um defeito é fácil mas fazer melhor é bem mais difícil;
- Aquele que vê que o seu inimigo é um rival da sua vida e da sua fama presta mais atenção a si mesmo, examina com cuidado as suas acções e põe ordem na sua vida;
- Os seres inteligentes aprendem sobretudo com os erros dos outros.

Será a **vaidade** um defeito ou uma virtude? Segundo Bertrand Russell [6], a vaidade, para além de certa medida, mata o prazer de qualquer actividade – cujo fim é aliás satisfazê-la – e assim conduz inevitavelmente à apatia e ao tédio. Não existe satisfação completa quando se cultiva um elemento da natureza humana em detrimento dos outros, nem quando se concebe o mundo como matéria bruta para a glorificação do próprio Eu. Ele aconselha uma elevada dose de prudência e a que não se seja demasiado modesto nem demasiado vaidoso.

Mais relata que o homem do Estado que gradualmente concentra todo o poder a fim de realizar os altos e nobres desígnios e propósitos que o fizeram renunciar

---

[6] A Conquista da Felicidade, Guimarães Editores, 2001.

ao conforto e entrar na arena política, fica muitas vezes estarrecido com a ingratidão do povo quando este se volta contra ele. Esta é também uma qualidade do eleito local: ter consciência dessa realidade e saber defender-se dela para não ter de sofrer desgostos insuportáveis porque na política tudo é efémero e passa-se muito facilmente, tal como no futebol, de bestial a besta!

O eleito local deve ou não ser **utilitarista**? Esta questão reporta-nos para a teoria do utilitarismo de John Stuart Mill que é uma teoria naturalista sobre os fundamentos da moralidade e que defende que o prazer ou a felicidade é o único fim último da acção e que a acção moral tem de procurar maximizar, imparcialmente, a felicidade de todos. Segundo alguns, ela tornou-se a mais importante ideia moral e política do século XIX, tendo ajudado a dar rosto e substância à estrutura das sociedades democráticas desenvolvidas do século XX. Contudo, o termo "utilitarista" tem sido usado com uma carga negativa e utilizado para pessoas egoístas e oportunistas, o que de todo não corresponde à verdade. Mill acabou por tornar-se um hedonista, tal como Epicuro (342-270 a.C), filósofo da Grécia Antiga e um seguidor Bentham (empirismo) e de James Mill (associacionismo).

Outro dos méritos do eleito local será a capacidade de se movimentar num meio, o político, que goza de uma **imagem social muito negativa**, conforme já o demonstraram à exaustão vários inquéritos sobre o prestígio das profissões. Aqui seremos compelidos a convocar a extraordinária obra de Ramalho Ortigão e Eça de Queiroz "As Farpas". Segundo se pode ler na wikipédia em Setembro de 2010, As Farpas foram publicações mensais feitas por Ramalho Ortigão e Eça de Queirós, no mesmo ano da realização das Conferências do Casino. Decerto inspiradas em Les Guêpes (1839-1849, de Alphonse Karr), as farpas aparecem em 1871, assinadas por Ramalho Ortigão e Eça de Queirós até o ano seguinte, e somente pelo primeiro até o fim, 1882. Subintitulando-se "O País e a Sociedade Portuguesa", os folhetins mensais d'As Farpas constituem um painel jornalístico da sociedade portuguesa nos anos posteriores a 1870, erguido com bonomia, sentido agudo das mazelas sociais, um alto propósito consciencializador, e uma linguagem límpida e variada. As Farpas foram, assim, uma admirável caricatura da sociedade da época. Altamente críticos e irónicos, estes artigos satirizavam, com muito humor à mistura, a imprensa e o jornalismo partidário ou banal, a Regeneração, e todas as suas repercussões, não só a nível político mas também económico, cultural, social e até moral, a religião e a fé católica, a mentalidade vigente, com a segregação do papel social da mulher e a literatura romântica, falsa e hipócrita. As Farpas introduziram um inovador conceito de jornalismo – o jornalismo de ideias e de crítica social e cultural. Eça de Queirós publicou suas "Farpas" em 1890, com o título de Uma Campanha Alegre. Ramalho reuniu grande parte de seus folhetins em 1887-1890 (11 Volumes), e as páginas que

relegou ao abandono foram enfeixadas nos dois volumes d'As Farpas Esquecidas (1946-1947). Entre 1911 e 1915, Ramalho regressará ao combate com as Últimas Farpas, que foram publicadas em volume em 1946. Queremos partilhar com os leitores algumas das farpas aí escritas:
"*O corpo legislativo não legisla e é criado pela intriga; o executivo não governa, não tem ideias, não tem sistema, nada reforma, nada estabelece.*

Os regedores partem e, trotando pelas estradas, ruminam os seus meios como a compra pura e simples, a pressão e a ameaça.

A pressão é uma arma geral, trivial, acessível a todos. O proprietário exerce pressão sobre os rendeiros que exercem pressão sobre os trabalhadores. Nos centros de distrito e de concelho a autoridade superior exerce pressão sobre os empregados da localidade, empregados do governo civil, da administração da Repartição da Fazenda, da Repartição de Obras Públicas, do Liceu, da Câmara, etc. os coronéis exercem pressão sobre os oficiais – com ameaça de participação para a Secretaria da Guerra, de destacamento para longe, de mudanças de corpos com despesas, etc.

E por todos os círculos trabalha-se sem descanso! As autoridades têm dias pesados de fadiga e noites cortadas de telegramas. Bate-se por todo o concelho a áspera e ávida caça ao eleitor. Aqui promete-se, ali ameaça-se, e vai-se pelas freguesias, ao Domingo, à hora da missa, pedir votos no adro; demite-se aqui um regedor que é suspeito, além muda-se um pároco que é hostil, o eleitor è acariciado, saudado, paga-se-lhe o vinho na taberna, promete-se-lhe a isenção do recrutamento para o filho, a excepção da décima para ele – não há interesse que não se explore, fraqueza que não se ataque, miséria com que não se especule.

Entre os privilégios que existem em Portugal contam-se em primeira linha os privilégios que a chamada carreira política permite àqueles que a seguem.

Querido leitor: nunca penses em servir o teu país com a tua inteligência, e para isso em estudar, em trabalhar, em pensar! Não creias na inteligência, crê na intriga! Não estudes, corrompe! Não sejas digno, sê hábil!"

Hannah Arendt na sua obra "A Promessa da Política", editada pela Relógio d'Água, em 2007, dedica um capítulo à política, onde fala dos preconceitos da política, frisando que existe a ideia de que a política interna é um tecido de mentiras e enganos urdido por interesses suspeitos e ideologias mais suspeitas ainda. Tanto o descrédito da política como a questão do sentido da política são muito antigos, tão antigos como a tradição da filosofia politica, remontando a Platão e até mesmo a Parménides [7].

---

[7] Parménides de Eleia (cerca de 530 a.C. – 460 a.C.) nasceu em Eleia, hoje Vélia, Itália. Foi o fundador da escola eleática. Há uma tradição que afirma ter sido Parmênides o discípulo de Xenófanes de Cólofon mas não há certeza sobre isso, já que uma tradição distinta afirma ter sido o filósofo pitagórico Amínias (ou Ameinias) quem despertou a vocação filosófica de Parménides. Os outros representantes da escola eleática são Zenão de Eleia e Melisso de Samos.

Este tema da verdade e da mentira tem sido muito abordado por todas as correntes científicas. Allan e Barbara Pease escreveram um interessante livro sobre a linguagem corporal em que abordam essa temática. Segundo eles, as pessoas desenvolvem um fascínio pela linguagem corporal dos políticos, pois sabem que estes fingem por vezes acreditar em algo em que verdadeiramente não acreditam ou dão a entender ser alguém que na realidade não são. Para eles, os políticos passam boa parte do tempo a esquivar-se, a desviar-se, a evitar, a fingir, a mentir, a esconder as suas emoções e os seus pensamentos, a usar cortinas de fumo ou espelhos e a acenar a amigos imaginários na multidão. Mas todos sabemos que eles acabarão por tropeçar em sinais contraditórios de linguagem corporal, sendo um indício da mentira o acto de mexer os lábios, por exemplo.

Os políticos de hoje, referem mais adiante, têm a perfeita noção de que a actividade política se desenvolve em torno da aparência e da imagem, procurando criar uma imagem de sinceridade e honestidade com a ajuda de técnicos de linguagem corporal, o que muito se deve ao pioneiro desta, Ray Birdwhistell, que calculou que podemos produzir cerca de 250.000 expressões faciais e que a componente não verbal representa cerca de 65% de uma conversação. Ser perspicaz significa ser capaz de detectar as contradições entre as palavras de alguém e a respectiva linguagem corporal.

Contudo, acabam por afirmar que se disséssemos sempre a verdade acabaríamos num hospital ou numa cadeia, sendo a mentira o óleo que lubrifica as nossas interacções com os outros e nos permite manter relacionamentos sociais amigáveis. Essas são as chamadas mentiras piedosas já que a sua finalidade é fazer os outros sentir-se confortáveis, em vez de lhes contar a verdade nua e crua. Ao contrário, nas mentiras maliciosas temos uma pessoa deliberadamente determinada a enganar outra em seu benefício pessoal.

Segundo J. K. Jerome *"a melhor política é dizer sempre a verdade, a não ser, evidentemente, que se seja um mentiroso excepcional"*.

Daqui podemos extrair outra qualidade dos eleitos locais que é a capacidade de utilizar em seu benefício a linguagem corporal. Allan e Barbara Pease partilham com os leitores os segredos da linguagem corporal atractiva, que são:

Rosto: tenha um rosto animado e torne o sorriso parte do seu repertório habitual e assegure-se de que exibe bem os dentes.

Gestos: seja expressivo mas não exagere; mantenha os dedos fechados quando gesticula, as mãos abaixo do nível do queixo e evite cruzamentos de braços ou pernas.

Movimentos da cabeça: utilize acenos triplos ao falar e inclinação da cabeça ao escutar; mantenha o queixo virado para cima.

Contacto visual: estabeleça a quantidade de contacto visual que faça toda a gente sentir-se confortável.

Postura: incline-se para a frente quando escuta e sente-se direito quando fala.
Território: aproxime-se tanto quanto se lhe permita sentir-se confortável.
Espelhamento: espelhe subtilmente a linguagem corporal dos outros.

Os eleitos locais devem também ter uma atitude ([8]) recta e evitar comportamentos e discursos absurdos, alógicos, ambíguos, cínicos, demagogos, utópicos ou maquiavélicos. Vejamos o que consta da Logos ([9]) sobre esses conceitos.

O termo "absurdo" etimologicamente significa o que é "dissonante", fora de tom, sendo usado para corresponder a ilógico (contrário às leis da razão) ou ao que resiste à compreensão por não ter lugar no universo mental em que se move a pessoa que o experimenta.

É "alógico" tudo o que é estranho às funções essenciais da inteligência e "ambíguo" tudo o que se presta a duas ou mais interpretações.

O cinismo foi um movimento iniciado por Antístenes, discípulo de Górgias e Sócrates, e caracterizava-se por anticonformismo social, político e religioso, bem como por um ideal de vida fundado no autodomínio conseguido mediante a libertação das necessidades supérfluas; posteriormente foi confundido com o estoicismo e o epicurismo; numa linguagem mais normal significa descaramento ou falta de pudor. Essa escola, exagerando a doutrina socrática do desapego das coisas exteriores, degenerou, por último, em verdadeiro desprezo das conveniências sociais. São bem conhecidas as excentricidades de Diógenes.

Em 1982, Lena d'Água interpretou o tema "Demagogia", com letra e música de Luís Pedro Fonseca, inserido no álbum Perto de ti. Aí se cantava que "Dão nas vistas em qualquer lugar/Jogando com as palavras como ninguém/Sabem como hão-de contornar/As mais directas perguntas" ou "P'ra levar a água ao seu moinho/Têm nas mãos uma lata descomunal/Prometem muito pão e vinho/Quando abre a caça eleitoral" terminado a cantar "Demagogia feita à maneira/É como queijo numa ratoeira".

Demagogia significa, segundo a Logos, condução ou chefia do povo e designa, por um lado, as formas aparentemente democráticas de governo e de exercício do poder em que o povo é conduzido e dominado pelo artifício dos chefes que, manipulando sentimentos e excitando paixões, aliciam o consenso ou a adesão das suas populações para objectivos que não correspondem aos seus reais interesses.

Na sua fase original, não tinha uma conotação negativa e era aplicada por legisladores políticos e oradores, como Demóstenes e Sólon, cuja eloquência empolgava o povo de Atenas, apelando à adesão popular aos seus projectos

---

[8] Enciclopédia Luso-Brasileira de Filosofia, Editorial Verbo, 1997.
[9] Esse termo foi introduzido por Husserl e indicava uma maneira de ser do sujeito relativa ao modo de encarar a realidade.

políticos. Platão, em Górgias, critica os demagogos por abusarem da retórica, tornando o povo ocioso, cobarde e palrador. Aristóteles, no livro V da Política, critica também os demagogos, acusando-os de subversão da democracia e de perversão de certas formas de oligarquia.

O demagogo Cléon, sucessor de Péricles ([10]), é considerado um chefe violento e exímio condutor de multidões através da lisonja e do artifício oratório. São bons exemplos de demagogia moderna os grandes discursos de Hitler e Mussolini num estilo emocional e intenso, assim como a postura de alguns candidatos nas eleições locais e nacionais.

A utopia é um termo utilizado por Thomas More ([11]) para designar a ilha ou cidade imaginária onde funciona a República perfeita, na qual se observa a supressão da propriedade privada, a comunhão de bens e a plena tolerância religiosa que, a ser exequível, asseguraria a felicidade geral. Na linguagem corrente é visto como projecto imaginário, irreal e algo que não existe ou não se pode concretizar. Nesse registo existem também "A Nova Atlântica – A Grande Instauração", de Francis Bacon, e "A Cidade do Sol", de Tomás Campanella.

O maquiavelismo tem em mente a prossecução de fins e objectivos sem olhar a meios, com desprezo da moral e da boa-fé, utilizando sistematicamente a fraude e a mentira, através de condutas enganosas e perversas ([12]).

Outra das virtudes que deve cultivar o eleito local é a **humildade intelectual**, sendo forçoso referir aqui Sócrates quando disse "Só sei que nada sei" ou "Conhece-te a ti próprio", Nicolau de Cusa com a doutrina da "douta ignorância" ou Descartes e a sua dúvida metódica.

---

[10] Péricles (495/492 a.C. – 429 a.C.) foi um célebre e influente estadista, orador e estratego (general) da Grécia Antiga, um dos principais líderes democráticos de Atenas e a maior personalidade política do século V a.C. Viveu durante a Era de Ouro de Atenas – mais especificamente, durante o período entre as guerras Persas e Peloponésica.

[11] Thomas More (7 de Fevereiro de 1478 – Londres, 6 de Julho de 1535) foi um homem de estado, diplomata, escritor, advogado e homem de leis, ocupou vários cargos públicos, e em especial, de 1529 a 1532, o cargo de "Lord Chancellor" (Chanceler do Reino – o primeiro leigo em vários séculos) de Henrique VIII da Inglaterra. É geralmente considerado como um dos grandes humanistas do Renascimento. Foi canonizado como santo da Igreja Católica em 9 de Maio de 1935 e sua festa litúrgica se dá em 22 de Junho.

[12] Nicolau Maquiavel é considerado por muitos como fundador da moderna ciência política; nasceu em Florença a 3 de Maio de 1469 e faleceu em Florença no dia 21 de Junho de 1527; foi um historiador, poeta, diplomata e músico italiano do Renascimento. É reconhecido como fundador do pensamento e da ciência política moderna, pelo fato de haver escrito sobre o Estado e o governo como realmente são e não como deveriam ser. Os recentes estudos do autor e da sua obra admitem que seu pensamento foi mal interpretado historicamente. Desde as primeiras críticas, feitas postumamente por um cardeal inglês, as opiniões, muitas vezes contraditórias, acumularam-se, de forma que o adjectivo *maquiavélico*, criado a partir do seu nome, significa esperteza e astúcia.

Ao reconhecer que **"Só sei que nada sei"**, Sócrates ([13]) quis atacar de forma sub-reptícia a sociedade e os políticos do seu tempo. Isso nada mais foi do que uma provocação política que lhe custou caro porque tinha subjacente a ideia de que o governo do seu tempo estava entregue a mentes ignorantes, incompetentes e corruptas. Ele assume, ao contrário dos sofistas, uma posição de humildade perante o conhecimento e o saber.

O **"Conhece-te a ti próprio"** suponha duas etapas essenciais:

a) A **ironia**: consiste em fazer o interlocutor tomar consciência da sua própria ignorância através da dúvida e da interrogação; Sócrates conduz o homem à dúvida e à interrogação como formas de se libertar da própria ignorância;

b) A **maiêutica** ou parto intelectual ([14]): consiste no brotar do conceito a partir da auto-reflexão.

A **Douta Ignorância** é o título da mais conhecida obra de Nicolau de Cusa ([15]) e consiste em "saber que não se sabe"; possui uma douta ignorância aquele que se sabe ignorante, isto é, que se elevou a um nível de reflexão capaz de reconhecer os limites e a imperfeição do próprio conhecimento.

A **dúvida metódica** é o método com que o filósofo francês Descartes ([16]) procurou chegar à prova da existência de verdades absolutas, logicamente necessárias e de reconhecimento universal, tal como reivindica a defesa do dogmatismo por ele preconizada e defendida, na questão da possibilidade do conhecimento. Este método fundava-se na filtragem de todas as suas ideias, suprimindo aquelas que não se afigurassem como verdadeiras e fossem dúbias, e apenas retendo as ideias que não suscitavam qualquer tipo de dúvida.

Descartes usou o processo da dúvida apenas enquanto método para atingir o fim da descoberta de verdades absolutas, não se podendo associar-lhe ou conceder-lhe o estatuto de céptico, ou seja, da corrente oposta que nega a possibilidade de conhecer qualquer parte integrante da realidade. A dúvida metódica era, assim, um meio para lograr um conhecimento mais firme e seguro, obrigando

---

[13] Sócrates (469–399 a.C.) foi um filósofo ateniense, um dos mais importantes ícones da tradição filosófica ocidental, e um dos fundadores da actual Filosofia Ocidental. As fontes mais importantes de informações sobre Sócrates são Platão, Xenofonte e Aristóteles.

[14] Sócrates era filho de uma parteira de quem utilizou certa terminologia pelas analogias que lhe achou.

[15] Nicolau de Cusa nasceu em Cusa/Tréveris/Alemanha em 1401 e faleceu em Todi/Úmbria/Itália no dia 11 de Agosto de 1464, foi um cardeal da Igreja Católica Romana e filósofo do Renascimento. Foi também autor de inúmeras obras, sendo a principal delas Da Douta Ignorância publicada em 1440.

[16] René Descartes nasceu em La Haye en Touraine no dia 31 de Março de 1596 e faleceu em Estocolmo no dia 11 de Fevereiro de 1650 e foi um filósofo, físico e matemático francês. Durante a Idade Moderna também era conhecido por seu nome latino Renatus Cartesius. Notabilizou-se sobretudo por seu trabalho revolucionário na filosofia e na ciência, mas também obteve reconhecimento matemático por sugerir a fusão da álgebra com a geometria – facto que gerou a geometria analítica e o sistema de coordenadas que hoje leva o seu nome. Foi um dos nomes mais proeminentes na Revolução Científica.

a suspender todos os conhecimentos e todas as teorias existentes a fim de ser submetidos a uma análise rigorosa.

Bertrand Russell ([17]) também questiona se *"haverá algum conhecimento no mundo que seja tão certo que nenhum homem razoável possa dele duvidar?"*. Mais adianta que *"na vida quotidiana pressupomos como certas muitas coisas que, num escrutínio mais atento, se revelam tão cheias de aparentes contradições que só uma grande quantidade de pensamento nos permite saber em que podemos realmente acreditar; a distância entre a aparência e a realidade, ou seja, entre o que parece que as coisas são e o que são realmente, é uma das distinções que provocam mais problemas em filosofia"*.

Os eleitos locais devem também agir com **civismo** (atitude e comportamento que demonstram respeito pelos valores da sociedade e pelas suas instituições, segundo a Pólis), com sentido de **cidadania** (vinculo jurídico-político que, traduzindo a pertinência de um indivíduo a um Estado, o constitui perante este num particular conjunto de direitos e obrigações que deve respeitar) e com um **espírito aberto** a todas as perspectivas de olhar e entender o mundo e a vida.

Num registo diferente neste tipo de obras, chamamos também à liça os ensinamentos de São Tomás de Aquino que escreveu uma obra intitulada "Os Sete Pecados Capitais", aí se incluindo as suas irmãs:

- **Vaidade**

Filhas: desobediência, altivez, hipocrisia, conflito, obstinação, discórdia e snobismo.

- **Inveja**

Filhas: bisbilhotice, maledicência, ódio, contentamento pela adversidade e aflição pela prosperidade.

- **Ira**

Filhas: desavença, perturbação da mente, insultos, gritaria, indignação e blasfémia.

- **Preguiça**
- **Avareza**

Filhas: traição, fraude, mentira, perjúrio, inquietude, violência e dureza de coração.

- **Gula**

Filhas: imundície, anestesia da inteligência, alegria ignorante, palavreado desvairado e expansividade debochada.

- **Luxúria**

Filhas: cegueira da mente, irreflexão, inconstância, precipitação, amor de si, ódio de Deus, apego ao mundo e desespero em relação ao mundo futuro.

---

[17] Os Problemas da Filosofia, Edições 70, 2008.

São Tomás de Aquino fala também na acídia (tristeza) que tem como irmãs o desespero, a timidez, o torpor, o rancor, a malícia e a divagação da mente.

Ele frisa que o homem perdeu a capacidade de habitar em si próprio e na procura de fuga de si mesmo, avesso e entediado com a aridez de um interior queimado pelo desespero, procura com angustioso egoísmo mil caminhos onde se esgotam as melhores e maiores energias da dignidade e da natureza humana.

Os pecados são directamente opostos às Sete Virtudes, que pregam o exacto oposto dos Sete Pecados capitais inclusive servindo como salvação aos pecadores.

Ordenadas em ordem crescente de santidade, as sete virtudes sagradas são ([18]):

- **Castidade** – opõe-se a luxúria.

Auto-satisfação, simplicidade. Abraçar a moral de si próprio e alcançar pureza de pensamento através de educação e melhorias.

- **Generosidade** – opõe-se a avareza.

Desprendimento, largueza. Dar sem esperar receber, uma notabilidade de pensamentos ou acções.

- **Temperança** – opõe-se a gula.

Auto-controlo, moderação, temperança. Constante demonstração de uma prática de abstenção.

- **Diligência** – opõe-se a preguiça.

Presteza, ética, decisão, concisão e objectividade. Acções e trabalhos integrados com a própria fé.

- **Paciência** – opõe-se a ira.

Serenidade, paz. Resistência a influências externas e moderação da própria vontade.

- **Caridade** – opõe-se a inveja.

Auto-satisfação, compaixão, amizade e simpatia sem causar prejuízos.

- **Humildade** – opõe-se a soberba.

Modéstia. Comportamento de total respeito para com o próximo.

De acordo com o livro Sacred Origins of Profound Things (Origens Sagradas de Coisas Profundas), de Charles Panati, a teóloga e monge grego Beatrice G. e Fernando T. (345 – 399) teria escrito uma lista de **oito** crimes e "paixões" humanas, em ordem crescente de importância (ou gravidade):

1. Gula
2. Avareza
3. Luxúria
4. Ira

[18] In wikipédia, 03/09/2010.

5. Melancolia
6. Acídia (ou Preguiça Espiritual)
7. Vaidade
8. Orgulho

No final do século VI o Papa Gregório I reduziu a lista a sete itens, juntando "vaidade" e "orgulho" (ou "soberba") e trocando "acídia" e "melancolia" por "inveja". Para fazer sua própria hierarquia, o pontífice colocou em ordem decrescente os pecados que mais ofendiam ao amor:

1. Orgulho
2. Inveja
3. Ira
4. Indolência
5. Avareza
6. Gula
7. Luxúria

Em 1589, Peter Binsfeld comparou cada um dos pecados capitais com seus respectivos demónios, seguindo os significados mais usados. De acordo com Binsfeld's Classification of Demons, esta comparação segue o esquema:

– Asmodeus – Luxúria
– Belzebu – Gula
– Mammon – Ganância
– Belphegor – Preguiça
– Azazel – Ira
– Leviatã – Inveja
– Lúcifer – Orgulho

Finalmente, partilhamos convosco os ensinamentos dos Sete Sábios (século VI-V a.C) da filosofia grega que constam da obra de Pinharanda Gomes, a Filosofia Grega Pré-Socrática, editada pela Guimarães Editores em 4ª edição e em 1994. Os Sete Sábios foram relatados pela primeira vez por Platão na obra Protágoras:

Cléobulo de Lindos:

– A moderação é a melhor medida;
– Mostremos ouvir mas saibamos distinguir;
– Aconselha rectamente os teus cidadãos;
– Considera inimigo público quem odiar o povo.

Sólon de Atenas:

– Evita o exagero;
– Evita a critica para não seres julgado pelo criticado;

– Esforça-te pela honestidade;
– Não sejas insolente.

Pítaco de Mitilene:
– Não reveles projectos para, se falhares, não seres motivo de troça;
– Sê honesto;
– Dá-te ao respeito.

Bias de Priene:
– Vê-te num espelho;
– Evita a precipitação, a loqualidade e os erros;
– Sê prudente;
– Reflecte nos teus actos.

Quílon de Lacedemónia:
– Não maldigas dos outros, para não ouvires criticas desagradáveis;
– Vale mais perder do que ganhar em falsidade; no primeiro caso, sentirás aborrecimento uma vez; no segundo, senti-lo-ás sempre;
– Modera a cólera.

Periandro de Corinto:
– A democracia é preferível à tirania.

Tales de Mileto:
– Evita a desonestidade;
– Sê moderado;
– A ignorância é incómoda.

Uma das formas de dignificação da função dos membros das assembleias municipais seria a realização de Encontros Nacionais ou Regionais de Assembleias Municipais. Não temos conhecimento de que algum dia tenha ocorrido algo do género.

18. PRINCÍPIOS ORIENTADORES DA ACTUAÇÃO DOS ÓRGÃOS AUTÁRQUICOS

Aristóteles tinha afirmado no século IV a.C. que o homem era um ser eminentemente social e um animal político. Significa isso que desde os primórdios da humanidade o homem tem necessidade de conviver com os seus semelhantes, por instinto ou por necessidade. Viver em sociedade é uma inevitabilidade, daí resultando relações de entre-ajuda, de solidariedade, de amizade e de divisão de trabalho ([1]).

A ordem jurídica estabelece com as outras ordens relações de coincidência, de indiferença e de conflito. Os eleitos locais devem ter presente a importância das outras ordens como a ordem religiosa, a ordem moral e a ordem do trato social.

A ordem religiosa regula as relações que se estabelecem entre os fiéis e Deus e as sanções que prevê são de carácter extra-terreno. É comum convidar os presidentes das câmaras municipais, das assembleias municipais e das juntas de freguesia para integrar o pálio nas procissões religiosas, o que não põe me causa o carácter laico do Estado e das autarquias locais. É também usual a atribuição de subsídios a festas religiosas, a comissões fabriqueiras ou a paróquias religiosas. Existem inúmeras freguesias que têm o nome de um santo ou santa que são o seu orago.

A ordem social visa o aperfeiçoamento individual e caracteriza-se por um lastro de imperativos impostos pela consciência ética e individual, cuja violação gera apenas juízos sociais de reprovação.

Por fim, a ordem do trato social que pretende tornar mais fácil o convívio social e cujos usos sociais podem ser de vária natureza, como os impostos pela educação, pela cortesia, pela moda ou pela civilidade.

---

[1] "Ubi societas, ibi us", ou seja, onde há sociedade, há direito e normas de conduta propostas à observância dos seus membros, tal como já havia afirmado Aristóteles.

Quer queiramos quer não, a nossa conduta do dia a dia e tudo o que fazemos está marcado pelo direito e pelas normas jurídicas. A norma jurídica possui as seguintes características:

- **Imperatividade**: porque contém um comando, impõe ou ordena certo comportamento.
- **Generalidade**: refere-se a uma categoria mais ou menos ampla de pessoa.
- **Abstracção**: respeita a um número indeterminado de casos ou categorias mais ou menos amplas de situações e não a situações concretas ou individualizadas.
- **Coercibilidade**: é a susceptibilidade de aplicação coactiva de sanções se a norma for violada.

A principal função do Direito é a realização dos valores da justiça e da segurança. Não é fácil dar uma noção de justiça. Segundo Ulpiano, a justiça é a vontade perpétua e constante de dar a cada um o seu direito. Aristóteles reparte a justiça em três modalidades: a justiça distributiva (o que a sociedade deve aos seus membros), a justiça comutativa (o que é devido pelos membros da sociedade uns aos outros) e a justiça geral ou legal (o que os membros devem à sociedade).

Um dos aspectos essenciais da segurança é a **paz social** de forma a garantir a convivência entre os homens. Outro é a **certeza jurídica** que corresponde a uma necessidade de estabilidade e previsibilidade. É importante que cada um de nós saiba com o que contar e possa orientar a sua conduta de acordo com expectativas razoáveis que criou. Este princípio de segurança projecta-se noutros princípios importantes como o "princípio da não retroactividade da lei" e o "princípio do caso julgado". De acordo com este, não existe possibilidade de recurso ordinário contra decisões transitadas em julgado para evitar que as situações conflituosas não se eternizem.

A segurança [2] também implica a defesa dos direitos, liberdades e garantias fundamentais dos cidadãos contra as arbitrariedades dos poderes públicos e a criação de condições materiais de vida dignas. A Constituição da República Portuguesa também a garante quando possibilita o recurso a um poder independente (o judicial) para defesa dos direitos, liberdade e garantias, a subordinação da administração à Constituição e à lei e a possibilidade de recurso contencioso dos cidadãos contra actos administrativos.

A segurança não invalida a atribuição de valor à equidade, embora de forma limitada. Ela é a justiça aplicada aos casos concretos, deixando de lado as normas gerais

---

[2] Segundo Jean Jacques Rousseau, na origem da autoridade política está um contrato social, um pacto originário entre os seres humanos para conviver de forma ordeira e com garantias de segurança em que o indivíduo atribui voluntariamente ao Estado o poder de estabelecer a soberania e a lei.

eventualmente aplicáveis. Os particulares podem recorrer a essa forma de julgamento (arbitral) sempre que a relação diga respeito a direitos de que pode dispor.

Finalmente urge dizer que o Estado carece de três elementos fundamentais: a comunidade, o território e a soberania. Pode até dizer-se que todo o cidadão é súbdito de um Estado que impõe normas de conduta de carácter obrigatório.

As finalidades essenciais do Estado, onde se incluem as autarquias locais são a segurança, a justiça e o bem-estar económico e social, possuindo o Estado funções constituinte, legislativa, executiva e judicial.

Formam o quadro legislativo nuclear:

- Constituição da República Portuguesa;
- Atribuições e Competências das Autarquias Locais (Lei nº 159/99, de 14 de Setembro);
- Lei das Autarquias Locais (Lei nº 169/99, de 18 de Setembro, alterada pela Lei nº 1/2002, de 11 de Janeiro);
- Carta Europeia de Autonomia Local:
- Código Europeu da Boa Conduta Administrativa (Provedor de Justiça Europeu);
- Código de Procedimento Administrativo (Decreto-Lei nº 442/91, de 15 de Novembro);
- Decreto-Lei nº 135/99, de 22 de Abril (medidas de modernização administrativa).

Portugal é uma República soberana, baseada na dignidade da pessoa humana e na vontade popular e empenhada na construção de uma sociedade livre, justa e solidária.

A República Portuguesa é um Estado de direito democrático, baseado na soberania popular, no pluralismo de expressão e organização política democráticas, no respeito e na garantia de efectivação dos direitos e liberdades fundamentais e na separação e interdependência de poderes, visando a realização da democracia económica, social e cultural e o aprofundamento da democracia participativa.

O Estado de Direito democrático visa conciliar a democracia política com a democracia sócio-económica e segundo Elias Diaz, na sua obra "Estado de Direito e Sociedade Democrata", avança com as características principais desse estado:

- Império e primado da lei: a lei como expressão da vontade geral.
- Divisão de poderes: legislativo, executivo e judicial.
- Legalidade da administração: acção em consonância com a lei e controlo judicial suficiente.
- Direitos e liberdades fundamentais.

O Poder Local, dada a sua importância política, social e cultural, tem dignidade constitucional, havendo um título (o VII) a ele dedicado e dividido nos seguintes capítulos:
- Capítulo I - Princípios gerais (artigos 235.º ao 243.º)
- Capítulo II - Freguesia (artigos 244.º ao 248.º)
- Capítulo III - Município (artigos 249.º ao 254.º)
- Capítulo IV - Região administrativa (artigos 255.º ao 262.º)
- Capítulo V - Organizações de moradores (artigos 263.º ao 265.º)

O anexo nº 23 contém disposições sobre o poder local na CRP (Constituição da República Portuguesa).

Os princípios a desenvolver com mais pormenor são os constantes do Código de Procedimento Administrativo, sem prejuízo da importância de outros com os quais aqueles se harmonizam e completam ([3]).

De acordo com Freitas do Amaral, como já dissemos, as principais manifestações do poder administrativo são:
- O poder regulamentar;
- O poder de decisão unilateral (significa que a administração pode exercer esse poder por exclusiva autoridade sua e sem necessidade de obter o acordo prévio ou a posterior do interessado);
- O privilégio da execução prévia (faculdade de impor coactivamente aos particulares as decisões unilaterais constitutivas de deveres ou encargos que tiver tomado e que não sejam por aqueles voluntariamente cumpridas);
- O regime especial dos contratos administrativos.

São, então, eles:

1. Princípio da prossecução do interesse público (art. 266º, nº 1, da CRP)

Compete aos órgãos administrativos prosseguir o interesse público, no respeito pelos direitos e interesses legalmente protegidos dos cidadãos ([4]).

---

[3] Existem no mercado vários códigos de procedimento administrativo anotados, tendo sido consultados os elaborados pelos seguintes autores:
- Diogo Freitas do Amaral, João Caupres, João Martins Claro, João Raposo, Maria da Glória Dias Garcia, Pedro Siza Vieira e Vasco Pereira da Silva;
- Mário Esteves de Oliveira, Pedro Costa Gonçalves e J. Pacheco de Amorim;
- José Manuel Santos Botelho, Américo Pires Esteves e José Cândido de Pinho.
Incontornáveis são também as Lições de Direito Administrativo de Diogo Freitas do Amaral, publicado em dois volumes.

[4] De acordo com Ramon Parada, "Derecho Administrativo", Madrid, Marcial Pons, Volume I, 2ª edição, "o interesse público é um interesse comum que, ainda que não beneficie a totalidade da comunidade, favorece pelo menos uma parte importante dos seus membros".

Esse princípio implica também a existência de um dever de boa administração, ou seja, o dever de a administração prosseguir o bem comum da forma mais eficiente possível.

2. Princípio da legalidade (art. 266º, nº 2 da CRP)

Os órgãos da Administração Pública devem actuar em obediência à lei e ao direito, dentro dos limites dos poderes que lhes sejam atribuídos e em conformidade com os fins para que os mesmos poderes lhes forem conferidos, sendo o princípio da legalidade uma garantia do cidadão comum contra o arbítrio da Administração, segundo Rogério Soares.

Ao prosseguir o interesse público a administração não pode fazê-lo de qualquer maneira mas respeitando certos princípios e certas regras.

O princípio da legalidade engloba duas modalidades:

– A preferência de lei (ou legalidade-limite): consiste em que nenhum acto de categoria inferior à lei pode contrariar o bloco de legalidade, sob pena de ilegalidade;

– A reserva de lei (ou legalidade-fundamento): consiste em que nenhum acto de categoria inferior à lei pode ser praticado sem fundamento no bloco de legalidade.

São excepções ao princípio da legalidade:

– A teoria do estado de necessidade: em situações excepcionais, a administração pública fica dispensada de seguir o processo legal estabelecido para circunstâncias normais e pode actuar sem forma processual, mesmo que isso implique a ofensa e o sacrifício de direitos os interesses dos particulares.

– A teoria dos actos políticos (os actos de conteúdo essencialmente político não são susceptíveis de recurso contencioso perante os tribunais administrativos).

– O poder discricionário da Administração (só há poderes discricionários onde as lei os confere como tal; por isso, Freitas do Amaral não o entende como excepção ao princípio da legalidade).

A vinculação e a discricionariedade são duas formas de modelação da actividade da administração. Significa isso que, por vezes, a regulamentação da actividade administrativa é precisa e minuciosa e outras vezes não. Em matéria de impostos, o Estado praticamente regula tudo, deixando reduzida margem à administração. Já o mesmo não acontece na escolha do governador civil podendo o Governo escolher qualquer cidadão português, desde que seja maior. Aqui há um grande poder discricionário.

A actividade administrativa é sempre vinculada (⁵) quanto aos fins e às competências e pode ou não ser discricionária no que tange ao conteúdo, ao procedimento, ao momento e à oportunidade. A discricionariedade tem subjacente uma ideia de escolha de acordo com parâmetros e critérios previamente fixados, não sendo uma escolha arbitrária, e está sujeita a controlo. São razões da atribuição de poderes discricionários:
– Impossibilidade prática de o legislador prever tudo;
– Maior aptidão técnica, estrutural e procedimental da Administração;
– Maior proximidade à realidade dos factos e o seu consequente maior conhecimento dessa realidade;
– Legitimidade da Administração enquanto poder público;
– Irrepetibilidade de certas decisões;
– Responsabilidade (a Administração responde pelos seus actos, razão pela qual deve ter um espaço de decisão própria).

É preciso não esquecer que a actividade da administração está submetida a vários tipos de controlo, nomeadamente os seguintes:

- **Controlos de legalidade**: são aqueles que visam determinar se a administração respeitou a lei ou a violou;
- **Controlos de mérito**: são aqueles que avaliam o bem fundado das decisões da administração, independentemente da sua legalidade;
- **Controlos jurisdicionais**: são aqueles que se efectuam através dos tribunais;
- **Controlos administrativos**: são aqueles que são realizados por órgãos da administração.

3. Princípios da igualdade e da proporcionalidade

Nas suas relações com os particulares, a Administração Pública deve reger-se pelo princípio da igualdade, não podendo privilegiar, beneficiar, prejudicar, privar de qualquer direito ou isentar de qualquer dever nenhum administrado em razão de ascendência, sexo, raça, língua, território de origem, religião, convicções políticas ou ideológicas, instrução, situação económica ou condição social.

A igualdade é necessariamente relativa, não podendo interpretar-se em termos absolutos, sendo proporcional e não matemática (⁶). Esse princípio pressupõe que se dê tratamento igual a situações iguais e tratamento desigual a situações

---

[5] Marcello Caetano, no seu "Manual de Direito Administrativo, Volume I", Almedina, 2008, refere que "o poder é vinculado na medida em que o seu exercício está regulado por lei e o poder será discricionário quando o seu exercício fica entregue ao critério do respectivo titular, deixando-lhe liberdade de escolha do procedimento a adoptar em cada caso como mais ajustado à realização do interesse público protegido pela norma que o confere".

[6] Acórdão do Tribunal Constitucional nº 375/89 – Processo nº 283/88.

desiguais, não permitindo discriminações de tratamento arbitrárias ou sem fundamento material bastante.

O princípio da igualdade está contido no nº 2 do art. 266º da CRP e no nº 1 do art. 5º do CPA. Ela impõe que se trate de modo igual o que é juridicamente igual e de modo diferente o que é juridicamente diferente, na medida da diferença. Ele projecta-se essencialmente em duas direcções:

– Proibição de discriminação (uma medida é discriminatória se estabelece uma diferenciação de tratamento para a qual, à luz do objectivo que com ela se pretende lograr, não existe justificação material bastante;

– Obrigação de diferenciação: parte da ideia de que a igualdade não é uma igualdade absoluta e cega.

As decisões da Administração que colidam com direitos subjectivos ou interesses legalmente protegidos dos particulares só podem afectar essas posições em termos adequados e proporcionais aos objectivos a realizar.

Em relação ao princípio da proporcionalidade, ele radica na asserção de que, num Estado de Direito Democrático, as medidas dos poderes públicos não devem exceder o estritamente necessário para a realização do interesse público.

Esse princípio denota três dimensões essenciais ([7]):

– Adequação: quer dizer que a medida tomada deve ser casualmente ajustada ao fim que se propõe atingir, devendo existir uma relação entre o meio, o instrumento, a medida e a solução e o objectivo ou finalidade;

– Necessidade: significa que, para além de capaz para o fim que se propõe prosseguir, a medida administrativa deve ser a que menos lese os direitos e interesses dos particulares;

– Equilíbrio: exige que as vantagens que se pretendem alcançar com uma acção administrativa adequada e necessária suplantem os custos que ela acarretará na certa.

4. Princípios da justiça e da imparcialidade

No exercício da sua actividade, a Administração Pública deve tratar de forma justa e imparcial todos os que com ela entrem em relação ([8]) ([9]). O princípio da

---

[7] Segundo António F. Sousa, na sua obra CPA, Anotado e Comentado, editado em 2010 pela Quid Iuris, páginas 46 e 47, a proporcionalidade está ligado a outros princípios como o da intervenção mínima, o da aptidão ou adequação e o da exigibilidade, indispensabilidade ou necessidade absoluta.

[8] Segundo Allan R. Brewer-Carias, In Principios del Procedimiento Administrativo, Editorial Civitas, S.A., "a administração não deve tomar partido, inclinar a balança ou beneficiar uma parte em prejuízo de outra, mas deve, antes, tomar a decisão unicamente segundo o ordenamento jurídico e com a finalidade da prossecução do interesse público que a motiva".

[9] Segundo António F. Sousa, na sua obra CPA, Anotado e Comentado, editado em 2010 pela Quid Iuris, página 61, esse princípio constitui um limite interno do poder discricionário e visa proteger os cidadãos contra o arbítrio da administração, proteger esta contra intuitos subjectivos do seus órgãos e agentes e assegurar a boa administração e a prossecução do interesse público.

justiça funciona como limite à actuação discricionária da Administração, sendo injusto o acto administrativo praticado pelo órgão que exerceu mal os poderes legais ao impor aos particulares um sacrifício infundado, desnecessário ou em resultado de uma vontade dolosa e de má fé.

Aos particulares é garantido o acesso à justiça administrativa, afim de obter a fiscalização contenciosa dos actos da Administração, bem como para tutela dos seus direitos ou interesses legalmente protegidos, nos termos previstos na legislação reguladora do contencioso administrativo.

A sessão VI do capítulo I da parte II (Dos sujeitos) do Código de Procedimento Administrativo diz respeito às garantias de imparcialidade e aos casos de impedimento, escusa e suspeição. O incumprimento dessas normas traduz violação de lei (anulabilidade) e pode originar a perda de mandato dos eleitos locais.

O que diz então o CPA sobre essas garantias?

Nenhum titular de órgão ou agente da Administração Pública pode intervir em procedimento administrativo ou em acto ou contrato de direito público ou privado da Administração Pública nos seguintes casos:

a) Quando nele tenha interesse, por si, como representante ou como gestor de negócios de outra pessoa;

b) Quando, por si ou como representante de outra pessoa, nele tenha interesse o seu cônjuge, algum parente ou afim em linha recta ou até ao 2º grau da linha colateral, bem como qualquer pessoa com quem viva em economia comum;

c) Quando, por si ou como representante de outra pessoa, tenha interesse em questão semelhante à que deva ser decidida, ou quando tal situação se verifique em relação a pessoa abrangida pela alínea anterior;

d) Quando tenha intervindo no procedimento como perito ou mandatário ou haja dado parecer sobre questão a resolver;

e) Quando tenha intervindo no procedimento como perito ou mandatário o seu cônjuge, parente ou afim em linha recta ou até ao 2.º grau da linha colateral, bem como qualquer pessoa com quem viva em economia comum;

f) Quando contra ele, seu cônjuge ou parente em linha recta esteja intentada acção judicial proposta por interessado ou pelo respectivo cônjuge;

g) Quando se trate de recurso de decisão proferida por si, ou com a sua intervenção, ou proferida por qualquer das pessoas referidas na alínea b) ou com intervenção destas.

Quando se verifique causa de impedimento em relação a qualquer titular de órgão ou agente administrativo, deve o mesmo comunicar desde logo o facto ao respectivo superior hierárquico ou ao presidente do órgão colegial dirigente, consoante os casos.

Até ser proferida a decisão definitiva ou praticado o acto, qualquer interessado pode requerer a declaração do impedimento, especificando as circunstâncias de facto que constituam a sua causa.

Compete ao superior hierárquico ou ao presidente do órgão colegial conhecer da existência do impedimento e declará-lo, ouvindo, se considerar necessário, o titular do órgão ou agente.

Tratando-se do impedimento do presidente do órgão colegial, a decisão do incidente compete ao próprio órgão, sem intervenção do presidente.

Declarado o impedimento do titular do órgão ou agente, será o mesmo imediatamente substituído no procedimento pelo respectivo substituto legal, salvo se o superior hierárquico daquele resolver avocar a questão.

Tratando-se de órgão colegial, se não houver ou não puder ser designado substituto, funcionará o órgão sem o membro impedido.

O titular de órgão ou agente deve pedir dispensa de intervir no procedimento quando ocorra circunstância pela qual possa razoavelmente suspeitar-se da sua isenção ou da rectidão da sua conduta e, designadamente:

a) Quando, por si ou como representante de outra pessoa, nele tenha interesse parente ou afim em linha recta ou até ao 3.º grau da linha colateral, ou tutelado ou curatelado dele ou do seu cônjuge;

b) Quando o titular do órgão ou agente ou o seu cônjuge, ou algum parente ou afim na linha recta, for credor ou devedor de pessoa singular ou colectiva com interesse directo no procedimento, acto ou contrato;

c) Quando tenha havido lugar ao recebimento de dádivas, antes ou depois de instaurado o procedimento, pelo titular do órgão ou agente, seu cônjuge, parente ou afim na linha recta;

d) Se houver inimizade grave ou grande intimidade entre o titular do órgão ou agente ou o seu cônjuge e a pessoa com interesse directo no procedimento, acto ou contrato.

Com fundamento semelhante e até ser proferida decisão definitiva, pode qualquer interessado opor suspeição a titulares de órgãos ou agentes que intervenham no procedimento, acto ou contrato.

O pedido deve ser dirigido à entidade competente para dele conhecer, indicando com precisão os factos que o justifiquem. O pedido do titular do órgão ou agente só será formulado por escrito quando assim for determinado pela entidade a quem for dirigido. Quando o pedido seja formulado por interessados no procedimento, acto ou contrato, será sempre ouvido o titular do órgão ou o agente visado.

O parentesco é uma relação de sangue: são parentes as pessoas que descendem umas das outras (parentesco em linha recta ou directa), ou descendem de progenitor comum (parentesco em linha transversal ou colateral). Esta questão é também relevante para efeitos de justificação de faltas por falecimento de familiares.

A linha recta de parentesco pode ser ascendente (de filhos para pais, por exemplo) ou descendente (de filhos para netos, por exemplo); tanto a linha recta como a transversal podem ser materna ou paterna. Neste âmbito, há que distinguir também os irmãos germanos (parentes nas linhas paterna e materna, ou seja, filhos do mesmo pai e da mesma mãe), dos consanguíneos (parentes só na linha recta, ou seja, irmãos do mesmo pai mas mães diferentes) e dos uterinos (parentes só na linha materna, ou seja, irmãos da mesma mãe mas de pais diferentes).

O cálculo dos graus de parentesco é feito nos termos do art. 1581º do Código Civil: na linha recta, há tantos graus quantas as pessoas que formam a linha de parentesco, excluído o progenitor; na linha colateral, os graus contam-se do mesmo modo, ascendendo por um dos ramos e descendendo por outro, sem contar o progenitor comum.

Os efeitos do parentesco produzem-se, em qualquer grau, em linha recta, embora quase não ultrapassem o sexto grau na colateral (art. 1582º do Código Civil).

A afinidade é o vínculo que liga um dos cônjuges aos parentes (que não aos afins) do outro cônjuge (art. 1584º CC). A fonte da afinidade é, assim, o casamento. Não cessando, porém, com a dissolução deste (art. 1585º CC).

A afinidade conta-se em por linhas e graus, em termos idênticos aos do parentesco. São afins os cunhados entre si ou os genros e os sogros.

Os efeitos da afinidade não passam, normalmente, na linha colateral, do segundo grau. Assim, não havendo direitos sucessórios entre os afins, a obrigação de alimentos está limitada, em certos termos, ao padrasto ou madrasta (art. 2009º/1-f do CC). Por força dos artigos 1981º/1 e 1952º/1, a obrigação de exercer a tutela ou fazer parte do conselho de família pode recair sobre os afins. A afinidade em linha recta é impedimento dirimente à celebração do casamento (art. 1602º-c do Código Civil)

Vejamos agora exemplos práticos de relações de parentesco:
VOCÊ e pais: 1º grau da linha recta ascendente
VOCÊ e avós: 2º grau da linha recta ascendente
VOCÊ e bisavós: 3º grau da linha recta ascendente
VOCÊ e trisavós: 4º grau da linha recta ascendente
VOCÊ e filhos: 1º grau da linha recta descendente
VOCÊ e netos: 2º grau da linha recta descendente
VOCÊ e bisnetos: 3º grau da linha recta descendente
VOCÊ e trinetos: 4º grau da linha recta descendente
VOCÊ e irmãos: 2º grau da linha colateral
VOCÊ e sobrinhos: 3º grau da linha colateral
VOCÊ e tios: 3º grau da linha colateral
VOCÊ e primos: 4º grau da linha colateral
VOCÊ e filhos dos sobrinhos: 4º grau da linha colateral
VOCÊ e tios-avós (irmãos dos avós): 4º grau da linha colateral

No Município de Caminha passou-se em Janeiro de 2009 uma questão curiosa na respectiva Câmara Municipal, segundo relataram os órgãos de comunicação social. Um dos vereadores que havia sido eleito pelo partido vencedor incompatibilizou-se com o partido e passou ao estatuto de independente. O Presidente da Câmara e os vereadores do partido vencedor impediram-no de votar alegando falta de imparcialidade. Essa conduta é ilegal porque só o tribunal o pode decidir, além de que a questão da imparcialidade tem de ser alegada por quem se encontra nessa situação, tendo de arcar com as consequências, caso pretenda intervir na discussão e votação de uma matéria para a qual se encontre impedido legalmente.

5. Princípio da boa fé

No exercício da actividade administrativa e em todas as suas formas e fases, a Administração Pública e os particulares devem agir e relacionar-se segundo as regras da boa fé, ao abrigo do disposto no art. 266.º, n.º 2, da CRP e artigo 6.º -A do CPA.

Na esteira do aresto do Supremo Tribunal Administrativo, datado de 11/09/2008, relatado pelo Senhor Juiz Conselheiro Pais Borges, "O princípio da boa-fé (arts. 266º, nº 2 da CRP e 6º-A do CPA) é normalmente reconduzido a um padrão ético-jurídico de avaliação das condutas humanas, como honestas, correctas e leais, visando promover a cooperação entre os particulares e a Administração e impedir a ocorrência de comportamentos desleais, não podendo tal princípio ser invocado para proteger expectativas ilegítimas, assentes em situações manifestamente ilegais."

Diogo Freitas do Amaral [10], entende que este princípio se concretiza através de dois princípios básicos: "o princípio da tutela da confiança legítima e o princípio da materialidade subjacente".

Desenvolvendo depois cada um destes princípios explicita ainda Freitas do Amaral que "a tutela da confiança não é, no entanto, arvorada em princípio absoluto, ocorrendo apenas em situações particulares que a justifiquem. São, na verdade quatro os pressupostos jurídicos de tutela da confiança. Desde logo, a existência de uma situação de confiança, traduzida na boa fé subjectiva ou ética da pessoa lesada. Em segundo lugar, exige-se uma justificação para essa confiança, isto é, a existência de elementos objectivos capazes de provocarem uma crença plausível. Igualmente necessário é o investimento de confiança, isto é, o desenvolvimento efectivo de actividades jurídicas assentes sobre a crença consubstanciada. Por último, surge a imputação da situação de confiança, implicando a existência de um autor a quem se deva a entrega confiante do tutelado".

---

[10] Direito Administrativo, Volume II, Almedina, pág. 136 e seguintes.

Estes pressupostos não são necessariamente cumulativos: "a falta de um pode ser compensada pela intensidade especial que assumam alguns – ou algum – dos restantes. Por sua vez "o princípio da materialidade subjacente" desvaloriza excessos formais, requerendo que o exercício de posições jurídicas se processe em termos de verdade material.

Por sua vez, Marcelo Rebelo de Sousa ([11]) salienta a autonomização do princípio da protecção da confiança relativamente ao princípio da boa fé, indicando para a sua concretização os seguintes pressupostos:

"1º – uma actuação da parte de um sujeito de direito público integrado na Administração Pública, criando a confiança quer na durabilidade da sua eficácia, quer na possível prática de outro acto da administração;

2º – uma situação de confiança justificada do destinatário da actuação de outrem, no desiderato último dessa actuação;

3º – a efectivação de um investimento de confiança, isto é, o desenvolvimento de actos ou omissões na base da situação de confiança;

4º – o nexo de causalidade entre a situação de confiança e o investimento de confiança".

6. Princípio da colaboração da Administração com os particulares

Os órgãos da Administração Pública devem actuar em estreita colaboração com os particulares, nos termos do art. 7.º do CPA, procurando assegurar a sua adequada participação no desempenho da função administrativa, cumprindo-lhes, designadamente, prestar aos particulares as informações e os esclarecimentos de que careçam e apoiar e estimular as iniciativas dos particulares e receber as suas sugestões e informações.

A Administração Pública é responsável pelas informações prestadas por escrito aos particulares, ainda que não obrigatórias.

7. Princípio da participação

Os órgãos da Administração Pública devem assegurar a participação dos particulares, bem como das associações que tenham por objecto a defesa dos seus interesses, na formação das decisões que lhes disserem respeito, nos termos enunciados no art. 8.º do CPA.

A audiência dos interessados, prevista no art. 100.º e ss. do CPA (Código de Procedimento Administrativo), representa o cumprimento da directiva constitucional de "participação dos cidadãos na formação das decisões ou deliberações

---

[11] Lições de Direito Administrativo, Volume I, Lex, 1999, pág. 117/118.

que lhes disserem respeito" (art. 267º, nº 5 da CRP), determinando para o órgão administrativo competente a obrigação de associar o administrado à tarefa de preparar a decisão final, permitindo-lhes chamar a atenção para a relevância de certos interesses ou pontos de vista adquiridos no procedimento.

8. Princípio da decisão

O dever legal de decidir encontra sede constitucional no artigo 52º nº 1 da CRP, e é densificado pelo n.º 1 do artigo 9º do CPA, que trata do princípio da decisão como princípio geral [entre outros] da actuação administrativa – segundo este preceito os órgãos administrativos tem o dever de se pronunciar sobre todos os assuntos da sua competência que lhes sejam apresentados pelos particulares e nomeadamente sobre os assuntos que lhes disserem directamente respeito (interesses pessoais) ou sobre quaisquer petições, representações, reclamações ou queixas formuladas em defesa da Constituição, das leis ou do interesse geral (ditos de interesses meta individuais) [12].

A Administração Pública deve ser estruturada de modo a aproximar os serviços das populações e de forma não burocratizada, a fim de assegurar a celeridade, a economia e a eficiência das suas decisões.

Além dos princípios anunciados, podemos ainda apontar os seguintes:

- Dever de boa administração;
- Neutralidade e isenção;
- Justiça e imparcialidade;
- Responsabilidade;
- Competência e proporcionalidade;
- Integridade;
- Qualidade;
- Cortesia e informação;
- Probidade;
- Dedicação;
- Autoformação e actualização;
- Reserva e discrição;
- Parcimónia;
- Solidariedade e cooperação;
- Respeito pelas pessoas e pelas instituições.

---

[12] Em caso de inércia ou recusa da Administração, pode o particular lançar mão da acção administrativa especial de condenação à prática de acto legalmente devido prevista nos artigos 66.º e seguintes do CPTA.

A Carta Ética aprovada pela Presidência do Conselho de Ministros (Gabinete do Secretário de Estado da Administração Pública) e que substituiu a Carta Deontológica do Serviço Público (Resolução do Conselho de Ministros nº 18/93, de 17 de Março), estabeleceu dez princípios éticos da administração pública, alguns dos quais constam do CPA e da listagem acima inscrita.

A ética, no dizer de João Caupers, é o processo pelo qual se clarifica aquilo que é certo e aquilo que é errado e se age de acordo com o que é certo, implicando o uso da razão para determinar o curso adequado de cada acção humana.

Diz-se ilícito o acto (ou omissão) que é proibido, neste caso, pela lei penal e que tem consequências, como por exemplo, a aplicação de penas. Além da ilicitude criminal, existem ilicitudes civis, disciplinares, administrativas, fiscais, etc.

Os eleitos locais podem cometer crimes puníveis pelo Código Penal mas também por leis avulsas. Existe mesmo um diploma que regula os crimes cometidos por titulares de cargos políticos. Embora raros, têm sido condenados autarcas pelo cometimento de crimes, muitos deles com grande cobertura mediática.

A **Lei n.º 34/87, de 16 de Julho** ([13]), estatui sobre os crimes da responsabilidade dos titulares de cargos políticos. Para esse diploma são cargos políticos:
 a) O de Presidente da República;
 b) O de Presidente da Assembleia da República;
 c) O de deputado à Assembleia da República;
 d) O de membro do Governo;
 e) O de deputado ao Parlamento Europeu;
 f) O de ministro da República para região autónoma;
 g) O de membro de órgão de governo próprio de região autónoma;
 h) O de governador de Macau, de secretário-adjunto do Governo de Macau ou de deputado à Assembleia Legislativa de Macau;
 i) O de membro de órgão representativo de autarquia local;
 j) O de governador civil.

Os crimes de responsabilidade de titular de cargo político em especial são:

- Traição à Pátria
- Atentado contra a Constituição da República
- Atentado contra o Estado de direito
- Coacção contra órgãos constitucionais
- Prevaricação
- Denegação de justiça

---

[13] Foi alterada pela Lei nº 108/2001, de 28 de Novembro, pela Lei nº 30/2008, de 10 de Julho, e pela Lei nº 41/2010, de 3 de Setembro.

- Desacatamento ou recusa de execução de decisão de tribunal
- Suspensão ou restrição ilícitas de direitos, liberdades e garantias
- Corrupção passiva para acto ilícito
- Corrupção passiva para acto lícito
- Corrupção activa
- Peculato

Pela Lei nº 41/2010, de 3 de Setembro, são considerados titulares de altos cargos públicos:
 a) Gestores públicos;
 b) Titulares de órgão de gestão de empresa participada pelo Estado, quando designados por este;
 c) Membros de órgãos executivos das empresas que integram o sector empresarial local;
 d) Membros dos órgãos directivos dos institutos públicos;
 e) Membros das entidades públicas independentes previstas na Constituição ou na lei;
 f) Titulares de cargos de direcção superior do 1.º grau e equiparados."

Surgem também consequências para a violação de regras urbanísticas. Assim, o titular de cargo político que informe ou decida favoravelmente processo de licenciamento ou de autorização ou preste neste informação falsa sobre as leis ou regulamentos aplicáveis, consciente da desconformidade da sua conduta com as normas urbanísticas, é punido com pena de prisão até 3 anos ou multa. Se o objecto da licença ou autorização incidir sobre via pública, terreno da Reserva Ecológica Nacional, Reserva Agrícola Nacional, bem do domínio público ou terreno especialmente protegido por disposição legal, o agente é punido com pena de prisão de 1 a 5 anos ou multa.

A **Lei n.º 36/94, de 29 de Setembro**, impõe medidas de combate à corrupção e criminalidade económica e financeira.

No âmbito desse diploma, compete ao Ministério Público e à Polícia Judiciária, através da Direcção Central para o Combate à Corrupção, Fraudes e Infracções Económicas e Financeiras, realizar, sem prejuízo da competência de outras autoridades, acções de prevenção relativas aos seguintes crimes:
 a) Corrupção, peculato e participação económica em negócio;
 b) Administração danosa em unidade económica do sector público;
 c) Fraude na obtenção ou desvio de subsídio, subvenção ou crédito;
 d) Infracções económico-financeiras cometidas de forma organizada, com recurso à tecnologia informática;
 e) Infracções económico-financeiras de dimensão internacional ou transnacional.

A Polícia Judiciária realiza as acções previstas no número anterior por iniciativa própria ou do Ministério Público.

As acções de prevenção compreendem, designadamente:

a) A recolha de informação relativamente a notícias de factos susceptíveis de fundamentar suspeita do perigo da prática de um crime;

b) A solicitação de inquéritos, sindicâncias, inspecções e outras diligências que se revelem necessárias e adequadas à averiguação da conformidade de determinados actos ou procedimentos administrativos, no âmbito das relações entre a Administração Pública e as entidades privadas;

c) A proposta de medidas susceptíveis de conduzirem à diminuição da corrupção e da criminalidade económica e financeira.

O Gabinete para as Relações Internacionais Europeias e de Cooperação do Ministério da Justiça, em estreita colaboração com a Polícia Judiciária, editou em Janeiro de 2007 um Guia Explicativo sobre a Corrupção e crimes conexos intitulado "Prevenir a Corrupção". Segundo esse guia, existem vários tipos de corrupção como a corrupção de eleitor, a corrupção com prejuízo do comércio internacional, a corrupção no desporto, a corrupção de titular de cargo político e a corrupção de funcionários e agentes. Segundo a obra, a corrupção implica uma acção ou omissão, a prática de um acto lícito ou ilícito, a contrapartida de uma vantagem indevida e para o próprio ou para terceiro. Os crimes conexos, além do peculato, são:

– **Abuso de poder**: comportamento do funcionário que abusar de poderes ou violar deveres inerentes às suas funções, com intenção de obter, para si ou para terceiro, benefício ilegítimo ou causar prejuízo a outra pessoa.

– **Participação económica em negócio**: comportamento do funcionário que, com a intenção de obter, para si ou para terceiro, participação económica ilícita, lesar em negócio jurídico os interesses patrimoniais que, no todo ou em parte, lhe cumpre, em razão da sua função, administrar, fiscalizar, defender ou realizar.

– **Concussão**: conduta do funcionário que, no exercício das suas funções ou de poderes de facto delas decorrentes, por si ou por interposta pessoa com o seu consentimento ou ratificação, receber, para si, para o Estado ou para terceiro, mediante indução em erro ou aproveitamento de erro da vítima, vantagem patrimonial que lhe não seja devida, ou seja superior à devida, nomeadamente contribuição, taxa, emolumento, multa ou coima.

– **Tráfico de influência**: comportamento de quem, por si ou por interposta pessoa, com o seu consentimento ou ratificação, solicitar ou aceitar, para si ou para terceiro, vantagem patrimonial, ou a sua promessa, para abusar da sua influência, real ou suposta, junto de qualquer entidade pública.

– **Suborno**: acto em que se convence ou se tenta convencer outra pessoa, através de dádiva ou promessa de vantagem patrimonial ou não patrimonial, a prestar falso depoimento ou declaração em processo judicial, ou a prestar falso testemunho, perícia, interpretação ou tradução, sem que estes venham a ser cometidos.

Esse guia avança mesmo com recomendações concretas contra a corrupção, podendo o documento ser encontrado na Internet, pelo menos em Julho de 2008 ([14]).

A **Lei nº 13/99, de 22 de Março** (lei do recenseamento eleitoral) contém também normas referentes a ilícitos criminais cometidos a esse nível (artigos 83º e seguintes):

- Promoção dolosa de inscrição
- Obstrução à inscrição
- Obstrução à detecção ou não eliminação de múltiplas inscrições
- Violação de deveres relativos à inscrição no recenseamento
- Violação de deveres relativos aos ficheiros e cadernos de recenseamento
- Falsidade de declaração formal
- Falsificação do cartão de eleitor
- Não cumprimento do dever de informação para efeito do recenseamento
- Falsificação dos cadernos de recenseamento
- Impedimento à verificação de inscrição no recenseamento
- Recusa de passagem ou falsificação de certidões de recenseamento

A perda de mandato e dissolução do órgão está regulada no regime jurídico da tutela administrativa constante da Lei nº 27/96, de 1 de Agosto, e pode ser uma consequência da inobservância de leis ou regras de conduta.

Estando em causa situações susceptíveis de fundamentar a dissolução de órgãos autárquicos ou de entidades equiparadas, ou a perda de mandato dos seus titulares, o membro do Governo deve determinar, previamente, a notificação dos visados para, no prazo de 30 dias, apresentarem, por escrito, as alegações tidas por convenientes, juntando os documentos que considerem relevantes. Contudo, sempre que esteja em causa a dissolução de um órgão executivo, deve também ser solicitado parecer ao respectivo órgão deliberativo, que o deverá emitir por escrito no prazo de 30 dias.

A prática, por acção ou omissão, de ilegalidades no âmbito da gestão das autarquias locais ou no da gestão de entidades equiparadas pode determinar, nos termos previstos na presente lei, a perda do respectivo mandato, se tiverem sido praticadas individualmente por membros de órgãos, ou a dissolução do órgão, se forem o resultado da acção ou omissão deste.

---

[14] A Resolução da Assembleia da República nº 47/2007, de 21 de Setembro aprovou a Convenção contra a Corrupção, adoptada pela Assembleia Geral das Nações Unidas em 31 de Outubro de 2003, e a Lei nº 54/2008, de 4 de Setembro criou o Conselho de Prevenção da Corrupção (CPC).

Incorrem em perda de mandato os membros dos órgãos autárquicos ou das entidades equiparadas que:

a) Sem motivo justificativo, não compareçam a 3 sessões ou 6 reuniões seguidas ou a 6 sessões ou 12 reuniões interpoladas;

b) Após a eleição, sejam colocados em situação que os torne inelegíveis ou relativamente aos quais se tornem conhecidos elementos reveladores de uma situação de inelegibilidade já existente, e ainda subsistente, mas não detectada previamente à eleição;

c) Após a eleição se inscrevam em partido diverso daquele pelo qual foram apresentados a sufrágio eleitoral;

d) Pratiquem ou sejam individualmente responsáveis pela prática dos actos previstos no artigo seguinte.

Incorrem, igualmente, em perda de mandato os membros dos órgãos autárquicos que, no exercício das suas funções, ou por causa delas, intervenham em procedimento administrativo, acto ou contrato de direito público ou privado relativamente ao qual se verifique impedimento legal, visando a obtenção de vantagem patrimonial para si ou para outrem.

É conveniente que as convocatórias para as reuniões ou sessões sejam realizadas nos termos legais, ou seja, através de carta registada com aviso de recepção ou mediante protocolo, para que possam existir provas irrefutáveis da recepção efectiva da convocatória pelo eleito local, sob pena do arquivamento dos autos pelo tribunal administrativo competente.

Qualquer órgão autárquico ou de entidade equiparada pode ser dissolvido quando:

a) Sem causa legítima de inexecução, não dê cumprimento às decisões transitadas em julgado dos tribunais;

b) Obste à realização de inspecção, inquérito ou sindicância, à prestação de informações ou esclarecimentos e ainda quando recuse facultar o exame aos serviços e a consulta de documentos solicitados no âmbito do procedimento tutelar administrativo;

c) Viole culposamente instrumentos de ordenamento do território ou de planeamento urbanístico válidos e eficazes;

d) Em matéria de licenciamento urbanístico exija, de forma culposa, taxas, mais-valias, contrapartidas ou compensações não previstas na lei;

e) Não elabore ou não aprove o orçamento de forma a entrar em vigor no dia 1 de Janeiro de cada ano, salvo ocorrência de facto julgado justificativo;

f) Não aprecie ou não apresente a julgamento, no prazo legal, as respectivas contas, salvo ocorrência de facto julgado justificativo;

g) Os limites legais de endividamento da autarquia sejam ultrapassados, salvo ocorrência de facto julgado justificativo ou regularização superveniente;

h) Os limites legais dos encargos com o pessoal sejam ultrapassados, salvo ocorrência de facto não imputável ao órgão visado;

i) Incorra, por acção ou omissão dolosas, em ilegalidade grave traduzida na consecução de fins alheios ao interesse público.

Não haverá lugar à perda de mandato ou à dissolução de órgão autárquico ou de entidade equiparada quando, nos termos gerais de direito, e sem prejuízo dos deveres a que os órgãos públicos e seus membros se encontram obrigados, se verifiquem causas que justifiquem o facto ou que excluam a culpa dos agentes.

As decisões de perda do mandato e de dissolução de órgãos autárquicos ou de entidades equiparadas são da competência dos tribunais administrativos de círculo.

As acções para perda de mandato ou de dissolução de órgãos autárquicos ou de entidades equiparadas são interpostas pelo Ministério Público, por qualquer membro do órgão de que faz parte aquele contra quem for formulado o pedido, ou por quem tenha interesse directo em demandar, o qual se exprime pela utilidade derivada da procedência da acção.

O Ministério Público tem o dever funcional de propor as acções referidas nos números anteriores no prazo máximo de 20 dias após o conhecimento dos respectivos fundamentos.

As acções previstas no presente artigo só podem ser interpostas no prazo de cinco anos após a ocorrência dos factos que as fundamentam.

Os membros de órgão dissolvido ou os que hajam perdido o mandato não podem fazer parte da comissão administrativa a que se refere o n.º 1 do artigo 14.º.

No caso de dissolução do órgão, o disposto no número anterior não é aplicável aos membros do órgão dissolvido que tenham votado contra ou que não tenham participado nas deliberações, praticado os actos ou omitido os deveres legais a que estavam obrigados e que deram causa à dissolução do órgão.

A condenação definitiva dos membros dos órgãos autárquicos em qualquer dos crimes de responsabilidade previstos e definidos na Lei n.º 34/87, de 16 de Julho, implica a sua inelegibilidade nos actos eleitorais destinados a completar o mandato interrompido e nos subsequentes que venham a ter lugar no período de tempo correspondente a novo mandato completo, em qualquer órgão autárquico.

Em caso de dissolução do órgão deliberativo de freguesia ou do órgão executivo municipal, é designada uma comissão administrativa, com funções executivas, a qual é constituída por três membros, nas freguesias, ou cinco membros, nas câmaras municipais.

Nos casos referidos no número anterior, os órgãos executivos mantêm-se em funções até à data da tomada de posse da comissão administrativa.

Quando a constituição do novo órgão autárquico envolver o sufrágio directo e universal, o acto eleitoral deve ocorrer no prazo máximo de 90 dias após o trânsito em julgado da decisão de dissolução, salvo se no mesmo período de tempo forem marcadas eleições gerais para os órgãos autárquicos.

Compete ao Governo, mediante decreto, nomear a comissão administrativa referida no n.º 1, cuja composição deve reflectir a do órgão dissolvido.

As acções para declaração de perda de mandato ou de dissolução de órgãos autárquicos ou entidades equiparadas têm carácter urgente.

Uma questão que é muitas vezes levantada como uma das possíveis causas de perda de mandato é a de fornecimento de bens e serviços por parte dos membros das juntas à câmara municipal respectiva. Contudo, tal não acontece porque não existe a mais ínfima ligação à câmara municipal nem mesmo do presidente da junta que é também membro da assembleia municipal. O mesmo se pode dizer de um presidente de junta que exerce a actividade de engenheiro civil e que pode apresentar projectos de arquitectura/engenharia na Câmara Municipal.

Na sua função de acompanhamento e fiscalização da actividade das câmaras municipais, é de todo importante o conhecimento das normas do Código de Procedimento administrativo, algumas delas já aqui explanadas, nomeadamente os princípios gerais. Recomendamos também a leitura da excelente obra de João Caupers "Introdução ao Direito Administrativo" na sua 10ª edição, editada pela Âncora em Setembro de 2009.

O CPA foi aprovado pelo Decreto-Lei nº 442/91, de 15 de Novembro, e já sofreu diversas alterações. Possuía originalmente 188 artigos mas os artigos 178º a 188º relativos aos contratos públicos foram revogados pelo Decreto-Lei nº 18/2008, de 29 de Janeiro. Contém quatro partes: princípios gerais, dos sujeitos, do procedimento administrativo e da actividade administrativa. Consideramos o CPA como um documento obrigatório para os agentes administrativos e para os eleitos locais, sobretudo a apreensão dos seus conceitos fundamentais.

Em relação aos sujeitos, o CPA dispõe sobre os órgãos colegiais (a lei autárquica apresenta algumas diferenças), a competência, a delegação de poderes e a substituição, os conflitos de jurisdição, de atribuição e de competência, as garantias de imparcialidade e os interessados.

As normas do procedimento administrativo versam sobre o princípio do inquisitório, o dever de celeridade e a audiência de interessados, entre outros, o fundamental direito à informação, também garantido constitucionalmente, as notificações, os prazos e a marcha do procedimento.

A actividade administrativa foca os regulamentos e os actos administrativos e, em relação a estes, a sua validade, eficácia, invalidade, revogação, execução, reclamação e recursos administrativos.

Segundo João Caupers, na obra citada (página 252), a validade do acto administrativo é a aptidão intrínseca do acto para produzir os efeitos jurídicos correspondentes ao tipo legal a que pertence, em consequência da sua conformidade com a ordem jurídica, enquanto a eficácia é a efectiva produção de efeitos jurídicos. Para que um acto administrativo seja válido é necessário que o seu autor seja competente, que o destinatário do acto esteja identificado, que a forma legal seja observada, que as formalidades essenciais sejam cumpridas e que o fim visado seja cumprido. Para que seja eficaz urge ser publicitado, serem notificados aos interessados ou haja aprovação tutelar ou controlado pelo Tribunal de Contas, quando a lei a tal exige.

Os actos administrativos podem ter várias causas de invalidade, variando muitas vezes a arrumação. De acordo com João Caupers, são causas de invalidade a ilegalidade e os vícios da vontade. Nos termos do CPA, existem três tipos de invalidade: inexistência jurídica, nulidade e anulabilidade.

Segundo aquele autor (obra citada, página 403) o acto inexistente verifica-se quando o facto que pretende passar por acto viola de forma manifestamente grosseira exigências legais mínimas para a formação do acto administrativo.

De acordo com o artigo 133º do CPA, são nulos os actos a que falte qualquer dos elementos essenciais ou para os quais a lei comine expressamente essa forma de invalidade. São, designadamente, actos nulos:

a) Os actos viciados de usurpação de poder;
b) Os actos estranhos às atribuições dos ministérios ou das pessoas colectivas referidas no artigo 2º em que o seu autor se integre;
c) Os actos cujo objecto seja impossível, ininteligível ou constitua um crime;
d) Os actos que ofendam o conteúdo essencial de um direito fundamental;
e) Os actos praticados sob coacção;
f) Os actos que careçam em absoluto de forma legal;
g) As deliberações de órgãos colegiais que forem tomadas tumultuosamente ou com inobservância do quórum ou da maioria legalmente exigidos;
h) Os actos que ofendam os casos julgados;
i) Os actos consequentes de actos administrativos anteriormente anulados ou revogados, desde que não haja contra-interessados com interesse legítimo na manutenção do acto consequente.

O artigo 135º do CPA descreve os actos anuláveis como os actos administrativos praticados com ofensa dos princípios ou normas jurídicas aplicáveis para cuja violação se não preveja outra sanção.

Vejamos agora alguns conceitos e exemplos retirados da obra de João Caupers a páginas 254 e 255 da obra referenciada e do CPA anotado e comentado de António Francisco de Sousa, publicada pela Quid Iuris em 2010:

- **Usurpação de poder**: ofensa por um órgão da Administração Pública do princípio da separação de poderes, por força da prática de um acto incluído nas atribuições do poder judicial ou do poder legislativo.
  Exemplo: Decisão de uma câmara municipal que dirimiu um conflito de propriedade entre particulares quando tal compete apenas aos tribunais.

- **Incompetência absoluta**: prática por um acto de uma pessoa colectiva pública de um acto incluído nas atribuições de outra pessoa colectiva pública. Exemplo: Uma câmara municipal pratica um acto que integra as atribuições de uma Direcção Regional de Agricultura e Pescas.
- **Incompetência relativa**: prática por um acto de uma pessoa colectiva pública de um acto incluído nas atribuições de outro órgão da mesma pessoa colectiva pública. Exemplo: uma câmara municipal delibera sobre uma matéria da competência exclusiva de uma assembleia municipal.
- **Vícios formais**: consiste na carência de forma legal ou na preterição de formalidades essenciais. Exemplo: acto de autorização necessitado de alvará, que não foi emitido.
- **Desvio de poder**: traduz-se no exercício de um poder discricionário por um motivo principalmente determinante desconforme com a finalidade para que a lei atribuiu tal poder;
- **Violação de lei**: discrepância entre o objecto ou o conteúdo do acto e as normas jurídicas com que estes deveriam conformar-se, incluindo a falta de base legal do acto administrativo, a impossibilidade ou a ininteligibilidade do objecto ou do conteúdo do acto e a ilegalidade dos elementos acessórios destes;
- **Vícios da vontade**: como o erro, o dolo, a coacção (física ou psicológica) ou a incapacidade acidental.

Perante as actuações dos órgãos autárquicos menos conformes com a legalidade ou o mérito existem as garantias que, segundo João Caupers (página 376) são *"meios jurídicos de defesa dos particulares contra a administração pública"*, distinguindo-se as políticas das administrativas e contenciosas.

Prossegue o autor que as garantias administrativas se efectivam através dos órgãos da Administração Pública, aproveitando as próprias estruturas administrativas e os controlos de mérito e de legalidade nelas utilizados, enquanto as garantias contenciosas se efectivam através da intervenção dos tribunais administrativos.

Reza o artigo 158º do CPA que "os particulares têm direito a solicitar a revogação ou a modificação dos actos administrativos, nos termos regulados neste Código". O direito aí reconhecido pode ser exercido, consoante os casos:

a) Mediante reclamação para o autor do acto;

b) Mediante recurso para o superior hierárquico do autor do acto, para o órgão colegial de que este seja membro, ou para o delegante ou subdelegante;

c) Mediante recurso par o órgão que exerça poderes de tutela ou de superintendência sobre o autor do acto.

Salvo disposição em contrário, as reclamações e os recursos podem ter por fundamento a ilegalidade ou a inconveniência do acto administrativo impugnado. Segundo o art. 161º, pode reclamar-se de qualquer acto administrativo, salvo disposição legal em contrário e, de acordo com o artigo 166º podem ser objecto de recurso hierárquico todos os actos administrativos praticados por órgãos sujeitos aos poderes hierárquicos de outros órgãos, desde que a lei não exclua tal possibilidade. O recurso hierárquico é necessário ou facultativo, consoante o acto a impugnar seja ou não insusceptível de recurso contencioso.

Considera-se impróprio o recurso hierárquico interposto para um órgão que exerça poder de supervisão sobre outro órgão da mesma pessoa colectiva, fora do âmbito da hierarquia administrativa (artigo 176º do CPA). Nos casos expressamente previstos por lei, também cabe recurso hierárquico impróprio para os órgãos colegiais em relação aos actos administrativos praticados por qualquer dos seus membros. São aplicáveis ao recurso hierárquico impróprio, com as necessárias adaptações, as disposições reguladoras do recurso hierárquico.

O recurso tutelar tem por objecto actos administrativos praticados por órgãos de pessoas colectivas públicas sujeitas a tutela ou superintendência (artigo 177º do CPA). O recurso tutelar só existe nos casos expressamente previstos por lei e tem, salvo disposição em contrário, carácter facultativo. O recurso tutelar só pode ter por fundamento a inconveniência do acto recorrido nos casos em que a lei estabeleça uma tutela de mérito.

19. CRIAÇÃO OU ALTERAÇÃO DE MUNICÍPIOS

A **Lei n.º 142/85, de 18 de Novembro**, aprovou a lei-quadro da criação de municípios. Salientemos o mais importante desse diploma:

A Assembleia da República, na apreciação das iniciativas que visem a criação, extinção e modificação de municípios, deverá ter em conta:

a) A vontade das populações abrangidas, expressa através dos órgãos autárquicos representativos, consultados nos termos do artigo 5.º desta lei;

b) Razões de ordem histórica e cultural;

c) Factores geográficos, demográficos, económicos, sociais, culturais e administrativos;

d) Interesses de ordem nacional e regional ou local em causa.

A criação de novos municípios em áreas de densidade populacional, calculada com base na relação entre os eleitores e a área dos municípios de origem, inferior a 100 eleitores por quilómetro quadrado deverá ter em conta a verificação cumulativa dos seguintes requisitos:

a) Na área da futura circunscrição municipal, o número de eleitores nela residentes será superior a 10000;

b) A área da futura circunscrição municipal cuja criação é pretendida será superior a 500 km2;

c) Existência de um aglomerado populacional contínuo que conte com um número mínimo de 5000 eleitores;

d) Posto de assistência médica com serviço de permanência;

e) Farmácia;

f) Casa de espectáculos;

g) Transportes públicos colectivos;

h) Estação dos CTT;

i) Instalações de hotelaria;

j) Estabelecimentos de ensino preparatório e secundário;

l) Estabelecimentos de ensino pré-primário e infantário;
m) Corporação de bombeiros;
n) Parques e jardins públicos;
o) Agência bancária.

A criação de novos municípios em áreas com densidade populacional que, calculada com base na relação entre os eleitores e a área dos municípios de origem, for igual ou superior a 100 eleitores por quilómetro quadrado e inferior a 200 eleitores por quilómetro quadrado deverá ter em conta a verificação cumulativa dos seguintes requisitos:

a) Na área da futura circunscrição municipal, o número de eleitores nela residentes será superior a 12000;

b) A área da futura circunscrição cuja criação é pretendida será superior a 150 km2;

c) Existência de um aglomerado populacional contínuo que conte com um número mínimo de 5000 eleitores;

d) Posto de assistência médica com serviço de permanência;
e) Farmácia;
f) Casa de espectáculos;
g) Transportes públicos colectivos;
h) Estação dos CTT;
i) Instalações de hotelaria;
j) Estabelecimentos de ensino preparatório e secundário;
l) Estabelecimentos de ensino pré-primário e infantário;
m) Corporação de bombeiros;
n) Parques e jardins públicos;
o) Agência bancária.

A criação de municípios em áreas com densidade populacional, calculada com base na relação entre o número de eleitores e a área dos municípios de origem, igual ou superior a 200 eleitores por quilómetro quadrado e inferior a 500 eleitores por quilómetro quadrado deverá ter em conta a verificação cumulativa dos seguintes requisitos:

a) Na área da futura circunscrição municipal, o número de eleitores nela residentes será superior a 12000;

b) A área da futura circunscrição cuja criação é pretendida será superior a 30 km2;

c) Existência de um aglomerado populacional contínuo que conte com um número mínimo de 5000 eleitores residentes;

d) Posto de assistência médica com serviço de permanência;
e) Farmácia;
f) Casa de espectáculos;

g) Transportes públicos colectivos;
h) Estação dos CTT;
i) Instalações de hotelaria;
j) Estabelecimentos de ensino preparatório e secundário;
l) Estabelecimentos de ensino pré-primário e infantário;
m) Corporação de bombeiros;
n) Parques e jardins públicos;
o) Agência bancária.

A criação de municípios em áreas de densidade populacional, calculada com base na relação entre o número de eleitores e a área dos municípios de origem, igual ou superior a 500 eleitores por quilómetro quadrado deverá ter em conta a verificação cumulativa dos seguintes requisitos:

a) Na área da futura circunscrição municipal, o número de eleitores nela residentes será superior a 30000;

b) A área da futura circunscrição cuja criação é pretendida será superior a 30 km2;

c) Existência de um centro urbano, constituído em aglomerado contínuo, com um número mínimo de 10000 eleitores residentes e contando com os seguintes equipamentos colectivos:

Posto médico com serviço permanente; Farmácia; Mercado; Casa de espectáculos; Transportes públicos colectivos; Estação dos CTT; Instalações de hotelaria; Estabelecimentos de ensino preparatório e secundário; Estabelecimentos de ensino pré-primário; Creche-infantário; Corporação de bombeiros; Agência bancária; Parque e jardim público; Recinto desportivo.

O novo município a criar deve ter fronteira com mais de um município, caso não seja criado junto à orla marítima ou à fronteira com país vizinho, e ser geograficamente contínuo.

O projecto ou proposta de lei de criação de novo município deverá obter parecer favorável das assembleias das freguesias a integrar no novo município. A Assembleia da República ou o Governo, conforme o caso, ouvirão os órgãos das autarquias interessadas, que se pronunciarão no prazo de 60 dias. As deliberações a que respeitam as consultas de que trata este artigo são tomadas pela maioria absoluta do número de membros em efectividade de funções nos respectivos órgãos.

Admitidos o projecto ou proposta de lei, o Presidente da Assembleia da República ordenará a instauração do processo no âmbito da respectiva comissão parlamentar. Essa abertura será comunicada ao Governo, para que este, nos 90 dias seguintes, forneça à Assembleia da República, sob a forma de relatório, os elementos susceptíveis de instrução do processo de acordo com o que se dispõe nesta lei. Esse relatório a que se refere o número anterior será elaborado por uma comissão apoiada tecnicamente pelos serviços competentes do Ministério da Administração Interna, presidida por representante deste Ministério e integrada por membros indicados pelas juntas das freguesias previstas para constituírem o novo município, pela câmara ou câmaras municipais do município ou municípios de origem e ainda por representantes da Inspecção-Geral de Finanças e do Instituto Geográfico e Cadastral, a nomear pelo Ministro das Finanças e do Plano.

O relatório incidirá, nomeadamente, sobre os seguintes aspectos:

a) Viabilidade do novo município e do município ou municípios de origem;

b) Delimitação territorial do novo município, acompanhada de representação cartográfica em planta à escala de 1:25000;

c) Alterações a introduzir no território do município ou municípios de origem, acompanhadas de representação cartográfica em escala adequada;

d) Indicação da denominação, sede e categoria administrativa do futuro município, bem como do distrito em que ficará integrado;

e) Discriminação, em natureza, dos bens, universalidades, direitos e obrigações do município ou municípios de origem a transferir para o novo município;

f) Enunciação de critérios suficientemente precisos para a afectação e imputação ao novo município de direitos e obrigações, respectivamente.

O relatório será ainda instruído com cópias autenticadas das actas dos órgãos das autarquias locais envolvidas, ouvidos nos termos do artigo 5.º desta lei.

A lei criadora do novo município deverá:

a) Determinar as freguesias que o constituem e conter, em anexo, um mapa à escala de 1:25000, com a delimitação da área do novo município e a nova área dos municípios de origem;

b) Incluir os elementos referenciados nas alíneas d), e) e f) do n.º 1 do artigo anterior;

c) Consagrar a possibilidade de nos 2 anos seguintes à criação do município poderem os trabalhadores dos demais municípios, com preferência para os dos municípios de origem, requerer a transferência para lugares, não de direcção ou chefia, do quadro do novo município até ao limite de dois terços das respectivas dotações;

d) Definir a composição da comissão instaladora;

e) Estabelecer o processo eleitoral.

A criação de um novo município implica a realização de eleições para todos os órgãos dos diversos municípios envolvidos, salvo se a respectiva lei for publicada nos 12 meses anteriores ao termo do prazo em que legalmente se devem realizar as correspondentes eleições gerais. A data das eleições intercalares, o calendário das respectivas operações de adaptação dos cadernos de recenseamento e as operações eleitorais serão fixados pelo órgão competente no prazo máximo de 30 dias após a entrada em vigor da lei.

Com vista a proceder à implantação de estruturas e serviços, funcionará, no período que decorrer entre a publicação da lei e a constituição dos órgãos do novo município, uma comissão instaladora, que promoverá as acções necessárias à instalação daqueles órgãos e assegurará a gestão corrente da autarquia. A comissão instaladora será composta por 5 membros designados pelo Ministro da Administração Interna, que tomará em consideração os resultados eleitorais globais obtidos pelas forças políticas nas últimas eleições autárquicas realizadas para as assembleias das freguesias que integram o novo município. Ao Ministério da Administração Interna competirá assegurar as instalações e os meios materiais e financeiros necessários à actividade da comissão instaladora.

A presente lei é aplicável a todos os projectos e propostas de lei de criação de novos municípios pendentes na Assembleia da República. A lei referia que a criação de novos municípios só poderia efectivar-se após a criação das regiões administrativas, nos termos dos artigos 250.º, 256.º e seguintes da Constituição.

Segundo António Rebordão Montalvo ([1]), *"fazer promessas infundadas aos eleitores é uma tentação a que muitos políticos não conseguem resistir. É esse tipo de promessas, feitas a proposto da criação de novos municípios, que tem "incendiado" os ânimos de algumas populações, que depois cortam linhas-férreas ou boicotam eleições quando se sentem defraudadas por não verem tais promessas cumpridas".*

Este tema traz à colação os conflitos que existem quanto aos limites geográficos de freguesias e municípios. No Jornal Público, de 30-01-01, um morador da aldeia de Soudos afirmou:

"A extrema dos concelhos passa-me pelo meio da janela e atravessa a cama ao meio. A contribuição autárquica é paga em Torres Novas porque a maior parte da casa é torrejana".

Existem de norte a sul do país situações em que localidades pertencem a dois municípios ou a várias freguesias, o que é uma herança dos limites dos antigos senhorios medievais, das reformas dos concelhos ocorridas no século XIX e ainda da desordenada e caótica expansão urbana dos últimos anos. Embora isso seja interessante do ponto de vista histórico, cria inúmeras dificuldades aos cidadãos, gera situações de desigualdade e origina irregularidades de vária ordem ([2]).

---

[1] Revista de Administração Local, Março/Abril, 2003, p.147.
[2] António Rebordão Montalvo, Revista de Administração Local, 180, Nov/Dez 2000, Ano 23.

20. CONTROLO DAS FINANÇAS E DA LEGALIDADE DA ACTUAÇÃO DOS MUNICÍPIOS E RESPONSABILIDADE POLÍTICA

A actuação das autarquias locais e dos eleitos locais não é discricionária e casuística mas obedece uma ordem jurídica pré-determinada. Existem vários processos e mecanismos que, de forma directa ou indirecta, controlam a actuação dos eleitos locais e das autarquias a quem servem, conduzindo, algumas vezes, a responsabilidade política, criminal, técnica, financeira e até mesmo indemnizatória. Os membros das assembleias municipais terão todo o interesse em conhecer esses assuntos.

Segundo João Caupers [1], o controlo representa um certo grau de interferência, referindo como instrumentos autoritários o controlo e a orientação:

- **Controlo**: instrumento de relacionamento entre organizações públicas que consiste na atribuição a uma das organizações de poderes de intervenção nas decisões e operações da outra;
- **Orientação**: é um instrumento de relacionamento entre organizações públicas que se consubstancia na atribuição a uma delas de um papel determinante na fixação dos objectivos da outra e no modo como esta os deve atingir.

Tutela administrativa [2]

A Lei n.º 27/96, de 1 de Agosto, definiu o regime jurídico da tutela administrativa, consistindo esta na verificação do cumprimento das leis e regulamentos por parte dos órgãos e dos serviços das autarquias locais e entidades equiparadas.

---

[1] "Introdução à Ciência da Administração Pública", Âncora Editora, Setembro de 2002, pp. 100 e 101.
[2] José de Melo Alexandrino, na obra Tratado de Direito Administrativo Especial, Volume IV, página 262, refere que a tutela administrativa surgiu substancialmente moldada pela tradição napoleónica, substituindo o sistema de correição (de que estavam incumbidos os corregedores) que vigorou entre nós pelo menos desde os finais do século XIII.

A tutela administrativa exerce-se através da realização de inspecções, inquéritos e sindicâncias.

Inspecção: consiste na verificação da conformidade dos actos e contratos dos órgãos e serviços com a lei.

Inquérito: consiste na verificação da legalidade dos actos e contratos concretos dos órgãos e serviços resultante de fundada denúncia apresentada por quaisquer pessoas singulares ou colectivas ou de inspecção.

Sindicância: consiste numa indagação aos serviços quando existam sérios indícios de ilegalidades de actos de órgãos e serviços que, pelo seu volume e gravidade, não devam ser averiguados no âmbito de inquérito.

Os órgãos e serviços objecto de acções de tutela administrativa encontram-se vinculados aos deveres de informação e cooperação.

A tutela administrativa compete ao Governo, sendo assegurada, de forma articulada, pelos Ministros das Finanças e do Equipamento, do Planeamento e da Administração do Território, no âmbito das respectivas competências.

A Inspecção-Geral da Administração Local (IGAL) é o órgão de tutela inspectiva do Governo sobre as autarquias locais e o sector empresarial local, competindo-lhe a função de averiguar o cumprimento das obrigações impostas por lei, tendo, para isso, que efectuar acções inspectivas e proceder à instrução dos processos no âmbito da tutela administrativa e financeira da administração autárquica e entidades equiparadas, (artigo 3º, nº2, al. a) e c) do Decreto-Lei nº 326-A/2007, de 28 de Setembro, e artigos 2º e 3º da Lei nº 27/96 de 01 de Agosto.

A missão da IGAL implica o desenvolvimento de acções inspectivas, as quais se consubstanciam, nos termos da lei, na realização de inspecções, inquéritos e sindicâncias aos órgãos e serviços das autarquias locais e entidades equiparadas.

Contribui também para este objectivo, a análise dos processos administrativos, trabalho desenvolvido na sede, os quais têm origem em inúmeras queixas apresentadas quer por entidades diversas quer por cidadãos que se dirigem a esta Inspecção-Geral.

A IGAL desenvolve ainda outras actividades na sequência do cumprimento da sua missão e que são:

- Propor a instauração de processos disciplinares resultantes da actividade inspectiva.
- Contribuir para a boa aplicação das leis e regulamentos, instruindo os órgãos e serviços das autarquias locais sobre os procedimentos mais adequados.
- Estudar e propor medidas que visem uma maior eficiência do exercício da tutela do governo sobre as autarquias locais.

CONTROLO DAS FINANÇAS E DA LEGALIDADE DA ACTUAÇÃO DOS MUNICÍPIOS

- Colaborar, em especial, com a Direcção-Geral da Administração Local (DGAL) e Comissões de Coordenação de Desenvolvimento Regional (CCDR) para os mesmos fins pedagógicos.
- Solicitar informações aos órgãos e serviços da administração autárquica e entidades equiparadas.
- Analisar as queixas, denúncias, participações e exposições respeitante á actividade desenvolvida pelas entidades tuteladas, propondo, quando necessário, a adopção das medidas tutelares adequadas.
- Assegurar a elaboração de estudos, informações e pareceres sobre matérias com incidência nas suas atribuições, assim como participar na elaboração de diplomas legais, sempre que para tal for solicitado.
- Estabelecer relações de cooperação, designadamente celebrando protocolos com organismos similares de outros países ou com organizações internacionais, bem como com organismos nacionais.

Tribunal de Contas

Muito importantes do ponto de vista pedagógico são as auditorias que o Tribunal de Contas realiza relativamente aos municípios e freguesias e que publica no seu portal. Nesses documentos de análise e controlo são apontadas irregularidades e propostas recomendações que devem ser tidas em conta por todos os autarcas mesmo os de freguesia e que podem ser um auxiliar útil na gestão quotidiana e inibir decisões ou comportamentos inadequados, sobretudo a nível contabilístico, de contratação de pessoal, de aquisição de bens e serviços e de empreitadas de obras públicas.

A Lei de Organização e Processo do Tribunal de Contas é a Lei nº 98/97, de 26 de Agosto, tendo conhecido a 4ª alteração através da Lei nº 48/2006, de 29 de Agosto.

As garantias impugnatórias

Segundo João Caupers, responsável pela elaboração de obras valiosas no âmbito do direito administrativo, são formas de reagir e meios de ataque a comportamentos administrativos. Ele inclui nessas garantias ([3]):

Reclamação: consiste no pedido de reapreciação do acto administrativo dirigido ao seu autor.

---

[3] Dulce Lopes na sua obra Actividade, Procedimento e Processo Administrativo, publicada pelo CEFA, em 2006, define na página 107 as garantias como "os meios criados pela ordem jurídica com a finalidade de evitar ou sancionar quer as violações do direito objectivo, quês as ofensas de direito subjectivos ou interesses legítimos dos particulares, por parte da Administração Pública".

Normas do CPA aplicáveis: 158º/2/a; 159º; 161º/1; 162º a 165º.

Recurso hierárquico: consiste no pedido de reapreciação do acto administrativo dirigido ao superior hierárquico do seu autor. Pode ser necessário (se o acto recorrido for insusceptível de recurso contencioso) ou facultativo no caso contrário.

Normas do CPA aplicáveis: 159ª; 167º a 169º.

Recurso hierárquico impróprio: consiste no pedido de reapreciação de um acto administrativo dirigido a um órgão da mesma pessoa pública a que pertence o autor do acto recorrido e que exerce sobre este um poder de supervisão (art. 176º do CPA).

Recurso tutelar: consiste no pedido de reapreciação de uma acto administrativo praticado por um órgão de uma entidade pública dirigido a um órgão de outra entidade pública, que exerce sobre aquela um poder de superintendência ou de tutela (art. 177º/1, do CPA).

Tribunais administrativos/controlo jurisdicional

O Supremo Tribunal Administrativo tem produzida vasta jurisprudência, cujos acórdãos podem ser encontrados no endereço www.stadministrativo.pt. São um inegável e precioso auxilio para a resolução de várias questões e situações da gestão e administração das autarquias locais.

O Estatuto dos Tribunais Administrativas e Fiscais está consignado na Lei n.º 13/2002, de 19 de Fevereiro que já conheceu algumas alterações. Entretanto o Decreto-Lei n.º 325/2003, de 29 de Dezembro definiu a sede, a organização e a área de jurisdição dos tribunais administrativos e fiscais, concretizando o respectivo estatuto.

Compete aos tribunais da jurisdição administrativa e fiscal a apreciação de litígios que tenham nomeadamente por objecto:

a) Tutela de direitos fundamentais, bem como dos direitos e interesses legalmente protegidos dos particulares directamente fundados em normas de direito administrativo ou fiscal ou decorrentes de actos jurídicos praticados ao abrigo de disposições de direito administrativo ou fiscal;

b) Fiscalização da legalidade das normas e demais actos jurídicos emanados por pessoas colectivas de direito público ao abrigo de disposições de direito administrativo ou fiscal, bem como a verificação da invalidade de quaisquer contratos que directamente resulte da invalidade do acto administrativo no qual se fundou a respectiva celebração;

c) Fiscalização da legalidade de actos materialmente administrativos praticados por quaisquer órgãos do Estado ou das Regiões Autónomas, ainda que não pertençam à Administração Pública;

d) Fiscalização da legalidade das normas e demais actos jurídicos praticados por sujeitos privados, designadamente concessionários, no exercício de poderes administrativos;

e) Questões relativas à validade de actos pré-contratuais e à interpretação, validade e execução de contratos a respeito dos quais haja lei específica que os submeta, ou que admita que sejam submetidos, a um procedimento pré--contratual regulado por normas de direito público;

f) Questões relativas à interpretação, validade e execução de contratos de objecto passível de acto administrativo, de contratos especificamente a respeito dos quais existam normas de direito público que regulem aspectos do respectivo regime substantivo, ou de contratos que as partes tenham expressamente submetido a um regime substantivo de direito público;

g) Responsabilidade civil extracontratual das pessoas colectivas de direito público, incluindo por danos resultantes do exercício da função política e legislativa, nos termos da lei, bem como a resultante do funcionamento da administração da justiça;

h) Responsabilidade civil extracontratual dos titulares de órgãos, funcionários, agentes e demais servidores públicos;

i) Responsabilidade civil extracontratual dos sujeitos privados aos quais seja aplicável o regime específico da responsabilidade do Estado e demais pessoas colectivas de direito público;

j) Relações jurídicas entre pessoas colectivas de direito público ou entre órgãos públicos, no âmbito dos interesses que lhes cumpre prosseguir;

l) Promoção da prevenção, da cessação ou da perseguição judicial de infracções cometidas por entidades públicas contra valores e bens constitucionalmente protegidos como a saúde pública, o ambiente, o urbanismo, o ordenamento do território, a qualidade de vida, o património cultural e os bens do Estado, das Regiões Autónomas e das autarquias locais;

m) Contencioso eleitoral relativo a órgãos de pessoas colectivas de direito público para que não seja competente outro tribunal;

n) Execução das sentenças proferidas pela jurisdição administrativa e fiscal.

O Supremo Tribunal Administrativo é o órgão superior da hierarquia dos tribunais da jurisdição administrativa e fiscal. Tem sede em Lisboa e jurisdição em todo o território nacional.

O Tribunal Central Administrativo tem sede em Lisboa e jurisdição em todo o território nacional e conhece de matéria de facto e de direito.

Compete aos tribunais administrativos de círculo conhecer, em primeira instância, de todos os processos do âmbito da jurisdição administrativa, com excepção daqueles cuja competência, em primeiro grau de jurisdição, esteja reservada aos tribunais superiores e da apreciação dos pedidos que nestes processos sejam cumulados e satisfazer as diligências pedidas por carta, ofício ou outros meios de comunicação que lhes sejam dirigidos por outros tribunais administrativos.

O Tribunal Administrativo e Fiscal de Mirandela estende a sua competências aos seguintes municípios: Alfândega da Fé, Alijó, Boticas, Chaves, Bragança, Carrazeda de Ansiães, Freixo de Espada à Cinta, Macedo de Cavaleiros, Mesão Frio, Miranda do Douro, Mirandela, Mogadouro, Mondim de Basto, Montalegre, Murça, Peso da Régua, Ribeira de Pena, Sabrosa, Santa Marta de Penaguião, Torre de Moncorvo, Valpaços, Vila Flor, Vila Pouca de Aguiar, Vila Real, Vimioso e Vinhais.

O meio por excelência do contencioso administrativo é a acção administrativa especial que visa a impugnação de actos administrativos (antigo recurso contencioso de anulação), prevista nos artigos 46.º e ss. do CPTA) que nasceu da premência em conciliar o princípio da separação de poderes com o controlo e fiscalização da acção administrativa.

Responsabilidade da administração pública [4]

Segundo o já aludido João Caupers [5], o conceito jurídico de responsabilidade tem sempre subjacente a ideia de sujeição às consequências de um acto ou comportamento. Segundo ele, foram três os principais factores que consolidaram a ideia da responsabilização do Estado:

a) A consolidação e o aprofundamento do princípio da legalidade;

b) As consequências das concepções organicistas no enquadramento jurídico da relação entre o Estado e o funcionário;

c) O alargamento da intervenção económica, social e cultural do Estado.

O que ora interessa é tão-só a responsabilidade extracontratual por actos de gestão pública, significando a obrigação que recai sobre uma pessoa colectiva que, actuando a coberto de normas de direito público, tiver causado prejuízos aos particulares.

A Lei n.º 67/2007, de 31 de Dezembro, aprovou o Regime da Responsabilidade Civil Extracontratual do Estado e demais Entidades Públicas.

A responsabilidade civil extracontratual do Estado e das demais pessoas colectivas de direito público por danos resultantes do exercício da função legislativa,

---

[4] José Fontes em "Tratado Elementar sobre Garantias dos Particulares", publicado pela Caminho em Setembro de 2006, inclui o direito de indemnização, previsto nos artigos 22º da CRP e 3º do CPA, como um dos princípios constitucionais mais importantes na relação entre o Estado e os cidadão.

[5] "Introdução ao Direito Administrativo", Âncora Editora, 2007, 9.ª edição.

jurisdicional e administrativa rege-se pelo disposto na presente lei, em tudo o que não esteja previsto em lei especial.

Sem prejuízo do disposto em lei especial, a presente lei regula também a responsabilidade civil dos titulares de órgãos, funcionários e agentes públicos por danos decorrentes de acções ou omissões adoptadas no exercício das funções administrativa e jurisdicional e por causa desse exercício.

Governador Civil

Devido à reforma administrativa da responsabilidade principal de Mouzinho da Silveira, em 16 de Maio de 1832, publicada no Decreto nº 23, são criados os distritos e com eles a figura do governador civil. As suas funções eram muito extensas durante a Monarquia Liberal mas foram reduzidas na 1ª República. No Estado Novo são de novo reforçados os seus poderes, mantendo-se com a Revolução de Abril, embora se fale há algum tempo na sua extinção.

O art. 291º, nº 3, da Constituição da República Portuguesa declara que "compete ao governador civil, assistido por um conselho, representar o Governo e exercer os poderes de tutela na área do distrito."

A principal legislação aplicável é a seguinte, sendo certo de que nos últimos anos se tem assistido a uma transferência de competências do governador civil para os municípios, nomeadamente ao nível dos licenciamentos:

Decreto-Lei n.º 252/92, de 19 de Novembro: define o estatuto e a competência dos governadores civis e aprova o regime dos órgãos e serviços que deles dependem.

Decreto-Lei n.º 213/2001, de 2 de Agosto: altera o Decreto-Lei n.º 252/92, de 19 de Novembro, que estabelece o estatuto e a competência dos governadores civis e aprova o regime dos órgãos e serviços que deles dependem.

Portaria n.º 948/2001, de 3 de Agosto: define o regime remuneratório dos governadores, dos vice-governadores civis e dos membros do gabinete de apoio pessoal, bem como a composição deste.

O Decreto-Lei nº 252/92, de 19 de Novembro, alterado pelo Decreto-Lei nº 213/2001, de 2 de Agosto, estabelece a definição da missão, o estatuto orgânico e pessoal, as competências e o regime dos actos praticados pelo governador civil, bem como a composição e as competências dos respectivos órgãos de apoio e a organização dos serviços do governo civil.

O governador civil é, nos termos da Constituição, o representante do Governo na área do distrito, exercendo no mesmo as funções e competências que lhe são conferidas por lei (art. 2º). Ele é nomeado e exonerado pelo Governo, em Conselho de Ministros, por proposta do Ministro da Administração Interna, de que depende hierárquica e organicamente (art. 3º).

O governador civil, sem prejuízo de outras consagradas em legislação avulsa, exerce competências nos seguintes domínios:
a) Representação do Governo;
b) Aproximação entre o cidadão e a Administração;
c) Segurança pública;
d) Protecção civil.

Compete ao governador civil, na área do distrito e enquanto representante do Governo:
a) Exercer as funções de representação do Governo;
b) Colaborar na divulgação das políticas sectoriais do Governo, designadamente através de acções de informação e formação, diligenciando a sua melhor implementação;
c) Prestar ao membro do Governo competente em razão da matéria informação periódica e sistematizada por áreas sobre assuntos de interesse para o distrito;
d) Preparar informação relativamente aos requerimentos, exposições e petições que lhe sejam entregues para envio aos membros do Governo ou a outros órgãos de decisão;
e) Atribuir financiamentos a associações no âmbito do distrito.

Competências na aproximação entre o cidadão e a Administração:
a) Promover, através da organização de balcões de atendimento próprios, a prestação de informação ao cidadão, bem como o encaminhamento para os serviços competentes;
b) Centralizar o acompanhamento da sequência das questões ou procedimentos multissectoriais, fomentando e assegurando a oportunidade da intervenção de cada serviço ou entidade desconcentrada de âmbito distrital interveniente nos mesmos, para potenciar a emissão de decisões globais, céleres e oportunas.

Compete ao governador civil, no distrito e no exercício de poderes de tutela do Governo:
a) Dar conhecimento às instâncias competentes das situações de incumprimento da lei, dos regulamentos e dos actos administrativos por parte dos órgãos autárquicos;
b) Acompanhar junto dos serviços desconcentrados de âmbito distrital o andamento de processos ou o tratamento de questões suscitadas no distrito ou com interesse para o mesmo, devendo dar conhecimento ao Governo.

Competências no exercício de funções de segurança e de polícia:
1 – Conceder, nos termos da lei, licenças ou autorizações para o exercício de actividades, tendo sempre em conta a segurança dos cidadãos e a prevenção de riscos ou de perigos vários que àqueles sejam inerentes.

2 – Promover, após parecer do conselho coordenador e com fundamento em política definida pelo Ministro da Administração Interna, a articulação das seguintes actividades em matéria de segurança interna:
   a) Das forças de segurança quanto ao policiamento de proximidade, ouvido o respectivo responsável máximo no distrito;
   b) Das forças de segurança com as polícias municipais, ouvido o respectivo responsável máximo no distrito;
   c) Das acções de fiscalização que se inserem no âmbito do Ministério da Administração Interna.
3 – Providenciar pela manutenção ou reposição da ordem, da segurança e tranquilidades públicas, podendo, para o efeito:
   a) Requisitar, quando necessária, a intervenção das forças de segurança, aos comandos da PSP e da GNR, instaladas no distrito;
   b) Propor ao Ministro da Administração Interna para aprovação os regulamentos necessários à execução das leis que estabelecem o modo de exercício das suas competências;
   c) Aplicar as medidas de polícia e as sanções contra-ordenacionais previstas na lei.
   Competências no âmbito da protecção e socorro:
   Compete ao governador civil, no exercício de funções de protecção e socorro, desencadear e coordenar, na iminência ou ocorrência de acidente grave, catástrofe ou calamidade, as acções de protecção civil de prevenção, socorro, assistência e reabilitação adequadas em cada caso, com a coadjuvação do director do centro coordenador de socorro distrital e do chefe da delegação distrital de protecção civil e a colaboração dos agentes de protecção civil competentes, nos termos legais.
   Outras competências:
   a) Presidir ao conselho coordenador consultivo do distrito;
   b) Exercer as funções legalmente estabelecidas no âmbito dos processos eleitorais;
   c) Dirigir e coordenar os serviços do governo civil;
   d) Superintender na gestão e direcção do pessoal do governo civil;
   e) Aplicar aos funcionários e agentes que prestem serviço no governo civil penas disciplinares, nos termos do Estatuto dos Funcionários da Administração Central, Regional e Local;
   f) Emitir, quando lhe for solicitado, parecer para efeitos de reconhecimento de fundações, constituídas no respectivo distrito;
   g) Emitir, quando lhe for solicitado, parecer sobre o pedido de reconhecimento da utilidade pública administrativa de pessoas colectivas constituídas nos respectivos distritos;

h) Emitir, quando lhe for solicitado, parecer em sede de investimentos ao nível do distrito;

i) Elaborar o cadastro das associações desportivas, recreativas e culturais para efeitos de gestão dos subsídios a atribuir."

Segundo Freitas do Amaral ([6]), à luz da nossa legislação, o Governador Civil não é o superior hierárquico nem o coordenador dos demais órgãos e serviços locais do Estado que os diferentes ministérios a funcionar no distrito, estando por fazer a grande reforma do seu estatuto e das suas funções.

Contudo, não deixa de ser um poderoso órgão da administração política e civil, bastando, para o justificar, invocar o artigo 8º do Decreto-Lei nº 252/92, que diz assim:

"Sempre que o exijam circunstâncias excepcionais e urgentes de interesse público, o governador civil pode praticar todos os actos ou tomar todas as providências administrativas indispensáveis, solicitando, logo que lhe seja possível, a ratificação pelo órgão normalmente competente."

Dos actos do governador civil cabe recurso contencioso, nos termos da lei geral, e ainda, facultativamente, recurso hierárquico para o Ministro da Administração Interna.

Provedor de Justiça

Existe vasta informação sobre o Provedor de Justiça no site www.provedor-jus.pt, de onde extraímos, em jeito de súmula, os antecedentes da sua criação em Portugal.

Com base num estudo foi elaborado um anteprojecto de diploma legal, de que veio a resultar o Decreto-Lei n.º 212/75, de 21 de Abril, que criou o cargo de Provedor de Justiça, "que visará fundamentalmente assegurar a justiça e a legalidade da Administração Pública através de meios informais, investigando as queixas dos cidadãos contra a mesma Administração e procurando para elas as soluções adequadas".

Entretanto, o Decreto-Lei n.º 120/76, de 11 de Fevereiro, tinha introduzido já algumas alterações ao Decreto-Lei n.º 212/75 e havia sido já publicado o Decreto-Lei n.º 189-A/76, de 15 de Março, que criou o Serviço do Provedor de Justiça, destinado a prestar-lhe o apoio técnico e instrumental necessário à prossecução das suas atribuições.

Finalmente, a Constituição da República Portuguesa, aprovada na sessão plenária da Assembleia Constituinte de 2 de Abril de 1976, consagrou a instituição do Provedor de Justiça, no seu artigo 24.º.

---

[6] "Curso de Direito Administrativo – Volume I", com a colaboração de: Luís Fábrica, Carla Amado Gomes e J. Pereira da Silva, Almedina, 2008, 3.ª Edição – 2.ª Reimpressão da edição de Novembro de 2006.

O seu actual quadro legislativo é o seguinte:

- Estatuto do Provedor de Justiça: Lei n.º 9/91, de 9 de Abril (alterada pela Lei nº 30/96, de 14 de Agosto e pela Lei n.º 52-A/2005, de 10 de Outubro);
- Lei Orgânica da Provedoria de Justiça: Decreto-Lei n.º 279/93, de 11 de Agosto (alterado pelo Decreto–Lei n.º 15/98, de 29 de Janeiro e pelo Decreto-Lei n.º 195/2001, de 27 de Junho);
- Constituição da República Portuguesa.

De acordo com a lei fundamental, os cidadãos podem apresentar queixas por acções ou omissões dos poderes públicos ao Provedor de Justiça, que as apreciará sem poder decisório, dirigindo aos órgãos competentes as recomendações necessárias para prevenir e reparar injustiças (art. 23º).

O Provedor de Justiça é um órgão independente, sendo o seu titular designado pela Assembleia da República pelo tempo que a lei determinar.

Os órgãos e agentes da Administração Pública cooperam com o Provedor de Justiça na realização da sua missão.

O Conselho de Estado é presidido pelo Presidente da República e composto também pelo Provedor de Justiça (art. 142º/d).

Compete à Assembleia da República, relativamente a outros órgãos, Eleger, por maioria de dois terços dos Deputados presentes, desde que superior à maioria absoluta dos Deputados em efectividade de funções, dez juízes do Tribunal Constitucional, o Provedor de Justiça, o Presidente do Conselho Económico Social, sete vogais do Conselho Superior da Magistratura e os membros doe outros órgãos constitucionais cuja designação seja cometida à Assembleia da República (163º).

Podem requerer ao Tribunal Constitucional a declaração de inconstitucionalidade ou de ilegalidade, com força obrigatória geral, entre outros, o Provedor de Justiça (art. 281º/2/d).

A requerimento do Presidente da República, do Provedor de Justiça ou, com fundamento em violação de direitos das regiões autónomas, dos presidentes das assembleias legislativas regionais, o Tribunal Constitucional aprecia e verifica o não cumprimento da Constituição por omissão das medidas legislativas necessárias para tornar exequíveis as normas constitucionais (art. 283º/1).

Como é bom de ver, as queixas apresentadas pelos cidadãos podem dizer respeito a actuações dos órgãos da freguesia ou a comportamentos e actuações dos seus membros. Como tal, tem todo o interesse para os eleitos locais conhecer o âmbito de intervenção do Provedor de Justiça e o alcance e consequências das queixas apresentadas pelos cidadãos.

Procuradoria-Geral da República

O Ministério Público representa o Estado, defende os interesses que a lei determinar, participa na execução da política criminal definida pelos órgãos de soberania, exerce a acção penal orientada pelo princípio da legalidade e defende a legalidade democrática, nos termos da Constituição, do presente estatuto e da lei.

O Ministério Público goza de autonomia em relação aos demais órgãos do poder central, regional e local.

Compete, especialmente, ao Ministério Público:

a) Representar o Estado, as regiões autónomas, as autarquias locais, os incapazes, os incertos e os ausentes em parte incerta;

b) Participar na execução da política criminal definida pelos órgãos de soberania;

c) Exercer a acção penal orientada pelo princípio da legalidade;

d) Exercer o patrocínio oficioso dos trabalhadores e suas famílias na defesa dos seus direitos de carácter social;

e) Assumir, nos casos previstos na lei, a defesa de interesses colectivos e difusos;

f) Defender a independência dos tribunais, na área das suas atribuições, e velar para que a função jurisdicional se exerça em conformidade com a Constituição e as leis;

g) Promover a execução das decisões dos tribunais para que tenha legitimidade;

h) Dirigir a investigação criminal, ainda quando realizada por outras entidades;

i) Promover e realizar acções de prevenção criminal;

j) Fiscalizar a constitucionalidade dos actos normativos;

l) Intervir nos processos de falência e de insolvência e em todos os que envolvam interesse público;

m) Exercer funções consultivas, nos termos desta lei;

n) Fiscalizar a actividade processual dos órgãos de polícia criminal;

o) Recorrer sempre que a decisão seja efeito de conluio das partes no sentido de fraudar a lei ou tenha sido proferida com violação de lei expressa;

p) Exercer as demais funções conferidas por lei.

O Ministério Público tem intervenção principal nos processos:

– Quando representa o Estado;

– Quando representa as regiões autónomas e as autarquias locais;

– Quando representa incapazes, incertos ou ausentes em parte incerta;

– Quando exerce o patrocínio oficioso dos trabalhadores e suas famílias na defesa dos seus direitos de carácter social;

– Quando representa interesses colectivos ou difusos;

– Nos inventários exigidos por lei;

– Nos demais casos em que a lei lhe atribua competência para intervir nessa qualidade.

Em caso de representação de região autónoma ou de autarquia local, a intervenção principal cessa quando for constituído mandatário próprio.

A Procuradoria-Geral da República é o órgão superior do Ministério Público. Compreende o Procurador-Geral da República, o Conselho Superior do Ministério Público, o Conselho Consultivo da Procuradoria-Geral da República, os auditores jurídicos e os serviços de apoio técnico e administrativo.

Na dependência da Procuradoria-Geral da República funcionam o Departamento Central de Investigação e Acção Penal, o Gabinete de Documentação e de Direito Comparado e o Núcleo de Assessoria Técnica.

Compete à Procuradoria-Geral da República:

a) Promover a defesa da legalidade democrática;

b) Nomear, colocar, transferir, promover, exonerar, apreciar o mérito profissional, exercer a acção disciplinar e praticar, em geral, todos os actos de idêntica natureza respeitantes aos magistrados do Ministério Público, com excepção do Procurador-Geral da República;

c) Dirigir, coordenar e fiscalizar a actividade do Ministério Público e emitir as directivas, ordens e instruções a que deve obedecer a actuação dos magistrados do Ministério Público no exercício das respectivas funções;

d) Pronunciar-se sobre a legalidade dos contratos em que o Estado seja interessado, quando o seu parecer for exigido por lei ou solicitado pelo Governo;

e) Emitir parecer nos casos de consulta previstos na lei e a solicitação do Presidente da Assembleia da República ou do Governo;

f) Propor ao Ministro da Justiça providências legislativas com vista à eficiência do Ministério Público e ao aperfeiçoamento das instituições judiciárias;

g) Informar, por intermédio do Ministro da Justiça, a Assembleia da República e o Governo acerca de quaisquer obscuridades, deficiências ou contradições dos textos legais;

h) Fiscalizar superiormente a actividade processual dos órgãos de polícia criminal;

i) Exercer as demais funções conferidas por lei.

Na colecção dos pareceres da Procuradoria-Geral da República publicado no seu portal www.pgr.pt, existia, em Junho de 2008, entre outras, informação sobre o Poder local que ora reproduzimos.

O Título VIII da Constituição da República Portuguesa dedicado ao poder local encontra-se regulado, na redacção introduzida pela revisão constitucional de 1997, nos artigos 235.º a 265.º da Constituição, abrangendo cinco capítulos: os princípios gerais, a freguesia, o município, a região administrativa e as organizações de moradores.

Tribunal Europeu dos Direitos do Homem

Este tribunal foi criado no seio do Conselho da Europa e não pode ser confundido com o Tribunal de Justiça das Comunidades Europeias.

A Convenção para a protecção dos Direitos do Homem e das liberdades fundamentais foi elaborada no seio do Conselho da Europa. Aberta à assinatura em Roma, em 4 de Novembro de 1950, entrou em vigor em Setembro de 1953. Tratava-se, na intenção dos seus autores, de tomar as medidas a assegurar a garantia colectiva de alguns dos direitos previstos na Declaração Universal dos Direitos do Homem de 1948.

A Convenção consagrava, por um lado, uma série de direitos e liberdades civis e políticos e estabelecia, por outro lado, um sistema que visava garantir o respeito das obrigações assumidas pelos Estados Contratantes. Três instituições partilhavam a responsabilidade deste controlo: a Comissão Europeia dos Direitos do Homem (criada em 1954), o Tribunal Europeu dos Direitos do Homem (instituído em 1959) e o Comité de Ministros do Conselho da Europa, composto pelos ministros dos Negócios Estrangeiros dos Estados Membros ou pelos seus representantes.

Nos termos da Convenção de 1950, os Estados contratantes e, no caso dos Estados que reconheciam o direito de recurso individual, os requerentes individuais (pessoas singulares, grupos de particulares ou organizações não governamentais), podiam apresentar na Comissão queixas dirigidas contra os Estados contratantes, por violação dos direitos garantidos pela Convenção.

Direito de participação procedimental e de acção popular

Esta é mais uma forma de controlar a administração dos poderes públicos prevista na Lei n.º 83/95, de 31 de Agosto.

São titulares do direito procedimental de participação popular e do direito de acção popular quaisquer cidadãos no gozo dos seus direitos civis e políticos e as associações e fundações defensoras dos interesses previstos no artigo anterior, independentemente de terem ou não interesse directo na demanda.

São igualmente titulares dos direitos referidos no número anterior as autarquias locais em relação aos interesses de que sejam titulares residentes na área da respectiva circunscrição.

A adopção de planos de desenvolvimento das actividades da Administração Pública, de planos de urbanismo, de planos directores e de ordenamento do território e a decisão sobre a localização e a realização de obras públicas ou de outros investimentos públicos com impacte relevante no ambiente ou nas condições económicas e sociais e da vida em geral das populações ou agregados populacionais de certa área do território nacional devem ser precedidos, na fase de instrução dos respectivos procedimentos, da audição dos cidadãos interessados e das entidades defensoras dos interesses que possam vir a ser afectados por aqueles planos ou decisões.

São consideradas como obras públicas ou investimentos públicos com impacte relevante para efeitos deste artigo os que se traduzam em custos superiores a um milhão de contos ou que, sendo de valor inferior, influenciem significativamente as condições de vida das populações de determinada área, quer sejam executados directamente por pessoas colectivas públicas quer por concessionários.

Para a realização da audição dos interessados serão afixados editais nos lugares de estilo, quando os houver, e publicados anúncios em dois jornais diários de grande circulação, bem como num jornal regional, quando existir.

Os editais e anúncios identificarão as principais características do plano, obra ou investimento e seus prováveis efeitos e indicarão a data a partir da qual será realizada a audição dos interessados.

A acção popular administrativa compreende a acção para defesa dos interesses e o recurso contencioso com fundamento em ilegalidade contra quaisquer actos administrativos lesivos dos mesmos interesses.

É dever dos agentes da administração central, regional e local, bem como dos institutos, empresas e demais entidades públicas, cooperar com o tribunal e as partes intervenientes em processo de acção popular.

As partes intervenientes em processo de acção popular poderão, nomeadamente, requerer às entidades competentes as certidões e informações que julgarem necessárias ao êxito ou à improcedência do pedido, a fornecer em tempo útil.

A recusa, o retardamento ou a omissão de dados e informações indispensáveis, salvo quando justificados por razões de segredo de Estado ou de justiça, fazem incorrer o agente responsável em responsabilidade civil e disciplinar.

O número 3 do artigo 57º da CRP diz o seguinte:

"É conferido a todos, pessoalmente ou através de associações de defesa dos interesses em causa, o direito de acção popular nos casos e termos previstos na lei, incluindo o direito de requerer para o lesado ou lesados a correspondente indemnização, nomeadamente para:

a) Promover a prevenção, a cessação ou a perseguição judicial das infracções contra a saúde pública, os direitos dos consumidores, a qualidade de vida e a preservação do ambiente e do património cultural;

b) Assegurar a defesa dos bens do Estado, das regiões autónomas e das autarquias locais".

O direito de acção popular e outros podem ser encontrados no art. 7º do Decreto-Lei nº 380/99, de 22 de Setembro, alterado pelo Decreto-Lei nº 310/2003, de 10 de Dezembro, e pelo Decreto-Lei nº 316/2007, de 19 de Setembro (regime jurídico dos instrumentos de gestão territorial), assim como no art. 13º da Lei nº 48/98, de 11 de Agosto, alterada pela Lei nº 54/2007, de 31 de Agosto (bases da política de ordenamento do território).

Direito de petição (7)

Os nºs 1 e 2 do artigo 57º da CRP prescrevem o seguinte:

1. Todos os cidadãos têm o direito de apresentar, individual ou colectivamente, aos órgãos de soberania, aos órgãos de governo próprio das regiões autónomas ou a quaisquer autoridades petições, representações, reclamações ou queixas para defesa dos seus direitos, da Constituição, das leis ou do interesse geral e, bem assim, o direito de serem informados, em prazo razoável, sobre o resultado da respectiva apreciação.

2. A lei fixa as condições em que as petições apresentadas colectivamente à Assembleia da República e às Assembleias Legislativas das regiões autónomas são apreciadas em reunião plenária.

O diploma original é a Lei n.º 43/90, de 10 de Agosto e a 3ª alteração ocorreu através da Lei n.º 45/2007 de 24 de Agosto. Tinha sido anteriormente alterada pelas Leis nºs 6/93, de 1 de Março, e 15/2003, de 4 de Junho. Essa lei regula e garante o exercício do direito de petição, para defesa dos direitos dos cidadãos, da Constituição, das leis ou do interesse geral, mediante a apresentação aos órgãos de soberania, ou a quaisquer autoridades públicas, com excepção dos tribunais, de petições, representações, reclamações ou queixas.

Entende-se por petição, em geral, a apresentação de um pedido ou de uma proposta, a um órgão de soberania ou a qualquer autoridade pública, no sentido de que tome, adopte ou proponha determinadas medidas.

Entende-se por representação a exposição destinada a manifestar opinião contrária da perfilhada por qualquer entidade, ou a chamar a atenção de uma autoridade pública relativamente a certa situação ou acto, com vista à sua revisão ou à ponderação dos seus efeitos.

Entende-se por reclamação a impugnação de um acto perante o órgão, funcionário ou agente que o praticou, ou perante o seu superior hierárquico.

Entende-se por queixa a denúncia de qualquer inconstitucionalidade ou ilegalidade, bem como do funcionamento anómalo de qualquer serviço, com vista à adopção de medidas contra os responsáveis.

O direito de petição, enquanto instrumento de participação política democrática, pertence aos cidadãos portugueses, sem prejuízo de igual capacidade

---

7 Aconselhamos a leitura da obra "O Direito de Petição: Cidadania, Participação e Decisão", Coimbra Editora, 2008.

jurídica para cidadãos de outros Estados, que a reconheçam, aos portugueses, em condições de igualdade e reciprocidade, nomeadamente no âmbito da União Europeia e no da Comunidade dos Países de Língua Portuguesa.

O direito de petição é exercido individual ou colectivamente e gozam igualmente do direito de petição quaisquer pessoas colectivas legalmente constituídas. A apresentação de petições constitui direito universal e gratuito e não pode, em caso algum, dar lugar ao pagamento de quaisquer impostos ou taxas.

Nenhuma entidade, pública ou privada, pode proibir, ou por qualquer forma impedir ou dificultar, o exercício do direito de petição, designadamente na livre recolha de assinaturas e na prática dos demais actos necessários.

O exercício do direito de petição obriga a entidade destinatária a receber e examinar as petições, representações, reclamações ou queixas, bem como a comunicar as decisões que forem tomadas.

A petição, a representação, a reclamação e a queixa devem, porém, ser reduzidas a escrito, podendo ser em linguagem braille, e devidamente assinadas pelos titulares, ou por outrem a seu rogo, se aqueles não souberem ou não puderem assinar.

As petições devem, em regra, ser apresentadas nos serviços das entidades a quem são dirigidas. A entidade que recebe a petição, se não ocorrer indeferimento liminar referido no artigo anterior, decide sobre o seu conteúdo, com a máxima brevidade compatível com a complexidade do assunto nela versado. As petições dirigidas à Assembleia da República são endereçadas ao Presidente da Assembleia da República e apreciadas pelas comissões competentes em razão da matéria ou por comissão especialmente constituída para o efeito, que poderá ouvir aquelas, e pelo Plenário, em certos casos.

Recebida a petição, a comissão parlamentar competente toma conhecimento do objecto da mesma, delibera sobre a sua admissão, com base na nota de admissibilidade elaborada pelos serviços parlamentares, nomeia o Deputado relator e aprecia.

Do exame das petições e dos respectivos elementos de instrução feito pela comissão pode, nomeadamente, resultar:

a) A sua apreciação pelo Plenário da Assembleia da República;

b) A sua remessa, por cópia, à entidade competente em razão da matéria para a sua apreciação e para a eventual tomada de decisão que no caso lhe caiba;

c) A elaboração, para ulterior subscrição por qualquer Deputado ou grupo parlamentar, da medida legislativa que se mostre justificada;

d) O conhecimento dado ao ministro competente em razão da matéria, através do Primeiro-Ministro, para eventual medida legislativa ou administrativa;

e) O conhecimento dado, pelas vias legais, a qualquer outra autoridade competente em razão da matéria na perspectiva de ser tomada qualquer medida conducente à solução do problema suscitado;

f) A remessa ao Procurador-Geral da República, no pressuposto da existência de indícios para o exercício de acção penal;

g) A sua remessa à Polícia Judiciária, no pressuposto da existência de indícios que justifiquem uma investigação policial;

h) A sua remessa ao Provedor de Justiça, para os efeitos do disposto no artigo 23.º da Constituição;

i) A iniciativa de inquérito parlamentar;

j) A informação ao peticionário de direitos que revele desconhecer, de vias que eventualmente possa seguir ou de atitudes que eventualmente possa tomar para obter o reconhecimento de um direito, a protecção de um interesse ou a reparação de um prejuízo;

l) O esclarecimento dos peticionários, ou do público em geral, sobre qualquer acto do Estado e demais entidades públicas relativo à gestão dos assuntos públicos que a petição tenha colocado em causa ou em dúvida;

m) O seu arquivamento, com conhecimento ao peticionário ou peticionários.

Controlo da riqueza dos titulares de cargos políticos

Essa é outra forma de controlo do comportamento dos políticos e dos eleitos locais regulada pela Lei n.º 4/83, de 2 de Abril, alterada pela Lei n.º 25/95, de 18 de Agosto e pela Lei nº 38/2010, de 2 de Setembro. Embora não diga respeito aos eleitos locais de freguesia, é importante que conheçam o regime aplicável porque como membros da assembleia municipal podem levantar questões sobre essa temática.

Os titulares de cargos políticos apresentam no Tribunal Constitucional, no prazo de 60 dias contado da data do início do exercício das respectivas funções, declaração dos seus rendimentos, bem como do seu património e cargos sociais, da qual conste:

a) A indicação total dos rendimentos brutos constantes da última declaração apresentada para efeitos da liquidação do imposto sobre o rendimento das pessoas singulares, ou que da mesma, quando dispensada, devessem constar;

b) A descrição dos elementos do seu activo patrimonial, existentes no País ou no estrangeiro, ordenados por grandes rubricas, designadamente do património imobiliário, de quotas, acções ou outras partes sociais do capital de sociedades civis ou comerciais, de direitos sobre barcos, aeronaves ou veículos automóveis, bem como de carteiras de títulos, contas bancárias a prazo, aplicações financeiras equivalentes e direitos de crédito de valor superior a 50 salários mínimos;

c) A descrição do seu passivo, designadamente em relação ao Estado, a instituições de crédito e a quaisquer empresas, públicas ou privadas, no País ou no estrangeiro;

d) A menção de cargos sociais que exerçam ou tenham exercido nos dois anos que precederam a declaração, no País ou no estrangeiro, em empresas, fundações ou associações de direito público e, sendo os mesmos remunerados, em fundações ou associações de direito privado.

Os titulares de cargos políticos ([8]) e equiparados com funções executivas devem renovar anualmente as respectivas declarações.

Para efeitos da presente lei são equiparados a titulares de cargos políticos:

a) Membros dos órgãos permanentes de direcção nacional e das Regiões Autónomas dos partidos políticos, com funções executivas;

b) Candidatos a Presidente da República.

São ainda equiparados a titulares de cargos políticos, para efeitos da presente lei:

a) Gestores públicos;

b) Administrador designado por entidade pública em pessoa colectiva de direito público ou em sociedade de capitais públicos ou de economia mista;

c) Director-geral, subdirector-geral e equiparados.

Qualquer cidadão pode consultar as declarações e decisões previstas na presente lei. O Tribunal Constitucional define, nos termos do respectivo Regimento, a forma como é organizada a consulta às declarações e decisões previstas na presente lei.

De acordo com a Lei nº 38/2010, de 2 de Setembro, são considerados titulares de altos cargos públicos:

a) Gestores públicos;

b) Titulares de órgão de gestão de empresa participada pelo Estado, quando designados por este;

c) Membros de órgãos executivos das empresas que integram o sector empresarial local;

d) Membros dos órgãos directivos dos institutos públicos;

e) Membros das entidades públicas independentes previstas na Constituição ou na lei;

f) Titulares de cargos de direcção superior do 1.º grau e equiparados.

O **Decreto Regulamentar n.º 1/2000, de 09 de Março**, regulamentou a Lei n.º 4/83, de 2 de Abril, alterada pela Lei n.º 25/95, de 18 de Agosto.

---

[8] São cargos políticos para estes efeitos: Presidente da República; Presidente da Assembleia da República; Primeiro-Ministro; Deputados à Assembleia da República; Membros do Governo; Ministro da República para as Regiões Autónomas; Membros do Tribunal Constitucional; Membros dos órgãos de governo próprio das Regiões Autónomas; Governador e Secretários Adjuntos de Macau; Deputados ao Parlamento Europeu; Os membros dos órgãos constitucionais e os membros das entidades públicas independentes previstas na Constituição e na lei; Governador e vice-governador civil; Presidente e vereador da câmara municipal.

Nas declarações são discriminados, em capítulos autónomos, os seguintes elementos, de modo a permitir uma avaliação rigorosa do património e rendimentos líquidos dos declarantes:

a) Rendimentos brutos, para efeitos da liquidação do imposto sobre o rendimento das pessoas singulares (capítulo I): rendimentos do trabalho dependente, rendimentos do trabalho independente, rendimentos comerciais, rendimentos industriais, rendimentos agrícolas, rendimentos de capitais, rendimentos prediais, mais-valias, pensões, e outros rendimentos.

b) Activo patrimonial (capítulo II):
– Património imobiliário;
– Quotas, acções ou outras partes sociais do capital de sociedades civis ou comerciais;
– Direitos sobre barcos, aeronaves ou veículos automóveis;
– Carteiras de títulos, contas bancárias a prazo e aplicações financeiras equivalentes;
– Direitos de crédito de valor superior a 50 salários mínimos;
– Outros elementos do activo patrimonial.

c) Passivo (capítulo III):
– A identificação do credor;
– O montante do débito;
– A data do vencimento.

d) Cargos sociais exercidos (capítulo IV): devem ser discriminados os cargos sociais, nomeadamente de membro do conselho de administração, da direcção, da comissão administrativa, do conselho geral, do conselho fiscal ou da mesa da assembleia geral, ou ainda de administrador, gestor ou gerente, exercidos pelo declarante, nos dois anos que precederam a declaração, no País ou no estrangeiro, em quaisquer sociedades, empresas públicas e fundações ou associações de direito público e, bem assim, quando esse exercício seja remunerado, em fundações ou associações de direito privado.

Responsabilidade Política

Pedro Lomba foi o autor de uma obra muito positiva intitulada "Teoria da Responsabilidade Política" ([9]), cuja leitura e aquisição recomendamos. Aproveitamos para partilhar com os leitores alguns extractos dessa obra:

- Estamos habituados a políticos construídos, que medem tudo o que dizem e avessos ao reconhecimento dos seus falhanços; num regime democrático,

---

[9] Publicada pela Coimbra Editora em 2008.

os políticos dependem da vontade dos eleitores, expressa através do voto e fazem o possível para evitar o desgaste; a política é uma arte de sobrevivência; lutando contra a erosão do poder, os ciclos eleitorais ou as vicissitudes mediáticas, os políticos profissionais empenham-se acima de tudo em sobreviver porque têm um compreensível receio de perder o que adquiram ou de não conseguir o que ambicionam;
- O compreensível desejo dos governantes de permanecerem no poder, por vezes a qualquer preço e por qualquer método, tem de ser contrabalançado com um princípio estrutural das democracias: o princípio da publicidade;
- A perda do poder provocada pela responsabilização criminal de um agente político constitui a sanção mais drástica, já que à privação do cargo público se juntam os efeitos decorrentes da aplicação de regras penais: o cumprimento de uma pena;
- A humanização e secularização do poder político foram, pois, um pressuposto necessário da responsabilidade do poder político;
- Ao exigir a substituição periódica e pacífica dos representantes, a democracia representativa impede o aparecimento de formas de governo abusivas, ditatoriais, caracterizadas pela perpetuação de um titular no poder;
- Os titulares do poder têm de satisfazer um alto número de expectativas individuais e reivindicações colectivas, mas, ao mesmo tempo, devem cumprimento a exigências crescentes de transparência, regulamentação e controlo políticos;
- Pode afirmar-se que uma governação responsável é aquela que age segundo critérios morais ou de acordo com padrões de justiça, aquela cuja legitimidade é pública e consensualmente aceite; um dos corolários da moralidade política é a interdição da arbitrariedade e outro o respeito pelos direitos individuais dos cidadãos;
- Se obrigarmos aqueles que governam a prestarem contas do que fazem aos representados, isso melhorará a própria actividade de representação; Freitas do Amaral ([10]) define "a responsabilidade como a obrigação de prestar contas pelos actos praticados e a sujeição a todos os mecanismos de fiscalização", assim pensando também Jorge Miranda, Gomes Canotilho e Vital Moreira;
- A obrigação geral de prestar contas compreende um conjunto de obrigações menores, sendo a primeira delas a obrigação de responder a quaisquer dúvidas que lhe forem dirigidas sobre uma acção ou decisão política;
- A responsabilidade é uma condição necessária para a transparência e capacidade de justificação das decisões políticas.

---

[10] Governos de Gestão, 2ª edição, Lisboa, 2002.

Existe outra obra sobre o tema "A Responsabilidade Política", de José de Matos Correia e Ricardo Leite Pinto, de 2010, editada pela Universidade Lusíada Editora ([11]). Na sua sinopse pode ler-se:

"Na última década do século vinte, escândalos públicos ocorridos em vários países, e envolvendo titulares de cargos políticos, colocaram na ordem do dia o problema da responsabilização dos governantes e relançaram, em consequência, o debate público em torno de uma questão que se revela central para a qualidade de qualquer democracia.

Muito por força desses desenvolvimentos, recrudesceu o interesse pela criminalidade política, pelos crimes de responsabilidade e também pelo confronto entre a responsabilidade criminal e a responsabilidade política. Se bem que esta última tenha sido objecto de menor atenção no contexto do debate sobre a "criminalidade dos governantes" ela não deixa de ser um eixo fulcral de análise para a compreensão e o estudo do nível de moralidade pública das modernas democracias".

José Correia e Ricardo Pinto reportam os primórdios da responsabilidade política aos seguintes instrumentos:

- **Ostracismo** ([12]): surgiu por influência de Clístenes, magistrado ateniense eleito em 508 a.C., e era uma forma de evitar ou condenar o comportamento anti-democrático e as tentativas de governos tirânicos ou demagógicos e consistia na decisão da assembleia de cidadãos de exilar por 10 anos um político cuja actuação revelasse aquelas intenções;
- **"Provocatio ad populum"**: instituto romano que permitia a qualquer cidadão recorrer para a assembleia do povo contra decisões políticas e administrativas, incluindo de magistrados;
- **"Quaestiones perpetuae"**: consistia em instituições criadas pela Lex Calpurnia (149 a.C.) que assumiam a natureza de tribunais penais permanentes, destinados a apreciar e condenar delitos criminais públicos e cuja intervenção decorria da exclusiva iniciativa de cidadãos de Roma, numa espécie de acção popular penal;
- **Doutrina do Papa Inocêncio III**: entendia que o rei estava estritamente vinculado a agir em defesa do interesse público, estando como tal o Sumo Pontífice autorizado a intervir, por via da deposição ou da excomunhão sempre que o monarca agisse em contradição com aquela obrigação;
- **Rule of law**: a partir daí os políticos deviam sujeitar-se a uma fiscalização rigorosa e introduz a ideia de que todas as pessoas, governantes ou gover-

---

[11] Encontrado no portam www.wook.pt.
[12] O primeiro político punido com o ostracismo foi Hiparco e, mais tarde, os políticos Megacles, Jantipo (pai de Péricles) e no ano 482 A.C. foi a vez de Aristides. Tudo indica que o último a ser punido foi o demagogo Hipérbolo no ano 417 A.C.

nados, deverão estar sujeitos a idêntica jurisdição comum, quer para os delitos penais quer para os litígios civis;
- **Bill of Atrainder**: estamos em presença de um juízo penal sob a forma legislativa, segundo o qual o Parlamento votava uma lei individual para sancionar certa pessoa, a quem poderiam ser retirados todos os direitos civis e políticos, podendo até originar a execução do condenado; a sua abolição formal só sucedeu em 1870;
- **Impeachment**: faculdade de a Câmara dos Comuns exercer a acção penal contra qualquer pessoa, ministro de Sua Majestade ou alto funcionário, funcionando a Câmara dos Lordes como tribunal de 1ª instância.

Para os autores a responsabilidade política assenta na ideia de que os governantes devem ser sancionados politicamente se governarem mal. Definem a responsabilidade política como a relação entre dois grupos de titulares de cargos políticos ou entre órgãos do Estado, na qual uns mantêm os outros informados das suas actuações – justificando os seus comportamentos, respondendo pelos seus actos, aceitando as consequências das suas acções e omissões -, e se submetem à aplicação de sanções pré-determinadas. Está intimamente relacionada com os seguintes conceitos operativos determinantes: o de dever, o de competência, o de liberdade e o de imputação.

Questão também muito interessante levantada pelos autores diz respeito aos limites da responsabilidade política, que eles diferem da responsabilidade pessoal ou institucional. Será o presidente da câmara responsável pelos actos dos seus vereadores ou dos trabalhadores da autarquia? Não será aqui de distinguir estes dos cargos de nomeação política e pessoal? Não devem os titulares de cargos públicos e políticos agir de acordo com o princípio da precaução para que antecipem, evitem ou minimizem as consequências que tais riscos podem implicar? Não deverão os políticos ser responsabilidades quando alegam não ter tido conhecimento dos actos nas situações em que a obrigação de os conhecer exista?

21. COOPERAÇÃO TÉCNICA, FINANCEIRA, FORMATIVA E JURÍDICA

Embora esta seja mais uma matéria do interesse dos órgãos executivos das autarquias locais, é sempre bom para os membros das assembleias municipais ter conhecimento de tudo o que envolve a gestão dos seus municípios. O sistema actual possui as seguintes soluções:

Programa de Equipamentos Urbanos de Utilização Colectiva

Regime jurídico: Despacho nº 7.187, de 21 de Março, publicado no DR de 11 de Abril, e Despacho Conjunto nº 683/2003, de 2 de Julho, publicado no DR de 3 de Julho.

É também conhecido como TNS (Trabalhos de Natureza Simples) e inicialmente estava pensado para equipamentos religiosos, sendo vedada a candidatura às juntas de freguesia. Felizmente o programa alterou as suas regras e as juntas já se podem candidatar autonomamente.

Permite a realização de numerosos projectos de construção, reconstrução, ampliação, alteração ou conservação de equipamentos desportivos, culturais, recreativos e religiosos, promovidos por instituições privadas sem fins lucrativos, que prossigam fins de interesse público ou por freguesias e suas associações de direito público nas situações previstas no respectivo Regulamento, dando, assim, um impulso decisivo ao desenvolvimento das iniciativas locais, designadamente as da sociedade civil.

Protocolos de Modernização Administrativa

Regime jurídico:
– Resolução do Conselho de Ministros nº 108/2001, de 10 de Agosto;
– Despacho da Secretaria de Estado da Administração Local nº 2.441/2005, de 2 de Fevereiro (despacho inicial).

Por despacho do Secretário de Estado da Administração Local, de 09/09/2004, a candidatura apresentada pela Junta de Freguesia de Mirandela foi aprovada, sendo o montante de investimento aprovado de 24.055,00 euros, com uma comparticipação de 12.027,50 euros.

Esse protocolo visa criar condições adequadas à experimentação e validação de modelos inovadores de modernização administrativa e incentivar o desenvolvimento de projectos orientados para a qualidade e aperfeiçoamento dos serviços públicos locais.

O investimento elegível pode ir de 10.000 euros a 50.000 euros, no caso das freguesias, e de 25.500 euros a 100.000 euros, no caso das associações de freguesia. A comparticipação financeira pode ser de 50% (valor mínimo), de 60% para entidades que venham a implementar projecto acreditado, desenvolvido por outra entidade autárquica ou de 70% para entidades detentoras de um caso exemplar de modernização administrativa ou distinguidas com o prémio de modernização administrativa ou com o prémio da qualidade em serviços públicos.

Auxílios financeiros no âmbito de declarações de calamidade pública

Esta matéria está actualmente plasmada no Decreto-Lei nº 383/88, de 14 de Outubro (concessão excepcional de auxílios financeiros do Estado às autarquias locais), e no Decreto-Lei nº 477/88 de 22 de Dezembro.

Segundo o art. 1º do Decreto-Lei nº 477/88, de 22 de Dezembro, a situação de calamidade pública existe sempre que se verifiquem acontecimentos graves, provocados pela acção do homem ou pela Natureza, os quais, atingindo zonas delimitadas e causando elevados prejuízos materiais e eventualmente vítimas, tornem necessário, durante um período de tempo determinado, o estabelecimento de medidas de carácter excepcional destinadas a repor a normalidade das condições de vida nas zonas abrangidas por tais acontecimentos.

A declaração da situação de calamidade pública é da competência do Governo em forma de Resolução do Conselho de Ministros por sua iniciativa ou mediante proposta do Ministro da Administração Interna, ouvidos o Serviço Nacional de Protecção Civil ou os governadores civis.

O sistema de apoio financeiro pressupõe a intervenção, no caso da calamidade pública, do Serviço Nacional de Protecção Civil, em colaboração com os governos civis das áreas afectadas.

As freguesias e os seus habitantes poderão beneficiar, directa ou indirectamente, desses apoios financeiros, podendo propor a declaração de calamidade pública ao governador civil ou ao Ministro da Administração Interna.

Concurso Nacional de Boas Práticas Administrativas

Regime jurídico: Despacho nº 11.262/2006, de 24 de Maio.

Concurso de Boas Práticas de Modernização Administrativa

Regime jurídico: Despacho nº 6.480/2004, de 31 de Março.

Visa premiar e distinguir práticas de Modernização Autárquica exemplares, referenciais e inovadoras, sendo os destinatários as freguesias e respectivas associações de direito público.

Concurso de Boas Práticas de Formação para a Formação Local

Regime jurídico: Despacho nº 2.586/2005, de 3 de Fevereiro.
Pretende distinguir anualmente boas práticas de formação para a Administração Local e atribuir um prémio de excelência de formação na Administração Local ao melhor projecto de formação apresentado. São destinatários as freguesias e respectivas associações de direito público, que sejam promotoras de formação, realizada ao abrigo das medidas do eixo nº 1 dos POR que constituem o FORAL.

PEPAL (Programa de Estágios Profissionais na Administração Local):

Regime jurídico:
– Decreto-Lei nº 326/99, de 18 de Agosto;
– Decreto-Lei nº 94/2006, de 29 de Maio;
– Portaria nº 1211/2006, de 13 de Novembro.

Programa Foral – Programa de Formação para as Autarquias Locais

Regime jurídico: Resolução do Conselho de Ministros nº 171/2000, de 9 de Dezembro.
O programa possui um portal na Internet: www.programaforal.gov.pt. Visa modernizar a administração local, aumentando o nível de qualificação dos seus recursos humanos.

CCDR's – Comissões de Coordenação e Desenvolvimento Regional

O Decreto-Lei n.º 134/2007, de 27 de Abril, aprovou a orgânica das comissões de coordenação e desenvolvimento regional, revogando o Decreto-Lei n.º 104/2003, de 23 de Maio. As comissões de coordenação e desenvolvimento regional, abreviadamente designadas por CCDR, são serviços periféricos da administração directa do Estado, no âmbito do Ministério do Ambiente, do Ordenamento do Território e do Desenvolvimento Regional (MAOTDR), dotados de autonomia administrativa e financeira. As comissões de coordenação e desenvolvimento regional têm por missão executar as políticas de ambiente, de ordenamento do território e cidades e de desenvolvimento regional ao nível das respectivas áreas geográficas de actuação, promover a actuação coordenada dos serviços desconcentrados de âmbito regional e apoiar tecnicamente as autarquias locais e as suas associações.

As CCDR prosseguem, no âmbito das circunscrições territoriais respectivas, as seguintes atribuições:

a) Contribuir para a definição das bases gerais da política de desenvolvimento regional no âmbito da política de desenvolvimento económico e social do País, dinamizando e participando nos processos de planeamento estratégico de base territorial, bem como fomentar parcerias entre agentes regionais e a elaboração de programas integrados visando a coesão e a competitividade territoriais;

b) Executar, avaliar e fiscalizar, ao nível regional, as políticas de ambiente, de conservação da natureza, de ordenamento do território e de cidades, articulando-se, para o efeito, com os outros serviços do MAOTDR e pessoas colectivas públicas tuteladas por aquele Ministério;

c) Garantir a elaboração, acompanhamento e avaliação dos instrumentos de gestão territorial e assegurar a sua articulação com o Programa Nacional da Política de Ordenamento do Território;

d) Coordenar os serviços desconcentrados de âmbito regional, no domínio do planeamento, do ordenamento do território, da coordenação estratégica e do desenvolvimento económico, social e ambiental;

e) Assegurar o cumprimento das responsabilidades de gestão que lhes estiverem confiadas, no âmbito da política de coesão da União Europeia em Portugal;

f) Dinamizar a cooperação inter-regional e transfronteiriça e assegurar a articulação entre instituições da administração directa do Estado, autarquias locais e entidades equiparadas, contribuindo para a integração europeia do espaço regional e para o reforço da sua competitividade interna e externa com base em estratégias de desenvolvimento sustentável de níveis regional e local;

g) Apoiar tecnicamente as autarquias locais e as suas associações, em articulação com a Direcção-Geral das Autarquias Locais.

A área geográfica de actuação de cada CCDR corresponde à circunscrição territorial de nível II da Nomenclatura das Unidades Territoriais para Fins Estatísticos (NUTS) do continente, estabelecida pelo Decreto-Lei n.º 46/89, de 15 de Fevereiro, na redacção que lhe foi dada pelo Decreto-Lei n.º 317/99, de 11 de

Agosto. Para os efeitos do presente decreto-lei, as áreas geográficas de actuação das CCDR determinadas nos termos do número anterior são designadas por regiões e as subunidades territoriais de actuação são designadas por sub-regiões.

São instituídas as seguintes CCDR:

a) CCDR do Norte, com sede no Porto;
b) CCDR do Centro, com sede em Coimbra;
c) CCDR de Lisboa e Vale do Tejo, com sede em Lisboa;
d) CCDR do Alentejo, com sede em Évora;
e) CCDR do Algarve, com sede em Faro.

Para a prossecução das suas atribuições, as CCDR exercem os poderes da autoridade do Estado na área geográfica de actuação, nomeadamente no que respeita:

a) À liquidação e cobrança, voluntária ou coerciva, de taxas que lhe sejam devidas nos termos da lei e, bem assim, dos rendimentos provenientes da sua actividade;

b) À execução coerciva das decisões de autoridade, nos termos da lei geral;

c) À defesa dos bens do domínio público sob a sua administração;

d) À prevenção, ao controlo de infracções e à aplicação de sanções por actividades ilícitas, designadamente nos domínios do ambiente, da conservação da natureza e da biodiversidade, do ordenamento do território e da urbanização e edificação, de acordo com a legislação aplicável;

e) À protecção dos seus funcionários, designadamente quando em exercício de poderes de polícia administrativa;

f) À competência para requerer a declaração de utilidade pública, com ou sem carácter de urgência, para o efeito de expropriação de bens e direitos nos termos da lei;

g) Ao reconhecimento de capacidade judiciária para os efeitos da efectivação de responsabilidade civil extracontratual visando a reparação de danos causados ao ambiente ou aos interesses gerais do ordenamento do território, da conservação da natureza e da biodiversidade.

É usual a Junta de Freguesia de Mirandela socorrer-se do apoio jurídico da CCDRn, sendo essa estrutura da administração central bastante eficiente a esse nível.

DGAA – Direcção Geral da Administração Autárquica

Também é uma alternativa para solicitar apoio técnico-jurídico mas muitas vezes remete a decisão para a CCDRn.

Podia ler-se na sua página (www.dgal.pt), em 28 de Fevereiro de 2008, que a Direcção-Geral das Autarquias Locais (DGAL) é um serviço central do Estado, integrado na Presidência de Conselho de Ministros, responsável pela concepção, execução e coordenação de medidas de apoio à Administração Autárquica e pela cooperação técnica e financeira entre a Administração Central e a Administração Autárquica. As missões cometidas à DGAL foram genericamente prosseguidas, desde 1974, pelas seguintes instituições: Direcção-Geral da Administração Autárquica; Direcção-Geral da Acção Regional e Local; Direcção-Geral da Acção Regional; Direcção-Geral da Administração Local ([1]).

A DGAL desenvolve, nomeadamente, projectos legislativos, estudos e pareceres sobre matérias de interesse autárquico, acompanha os processos de modernização administrativa autárquica, identifica as potencialidades, os bloqueamentos e os desafios da Administração Local e emite pareceres sobre iniciativas legislativas da Assembleia da República relacionadas com as autarquias locais.

O desenvolvimento harmonioso do País e a realização da justiça distributiva tem exigido o estabelecimento e a avaliação de critérios de repartição dos recursos financeiros do Estado pelas autarquias locais, no âmbito dos fundos municipais e do fundo de financiamento das freguesias.

A DGAL pretende contribuir para a sustentabilidade económica da Administração Autárquica, procedendo, por isso, à análise do sistema financeiro das autarquias locais e ao acompanhamento das respectivas aplicações práticas de gestão, cujos resultados divulga. Por outro lado, a coordenação da aplicação dos novos instrumentos de gestão autárquica, como é o caso da aplicação do Plano Oficial de Contabilidade das Autarquias Locais (POCAL), constitui preocupação da DGAL no âmbito da sua missão pública. Na esfera da cooperação técnica e financeira entre o Estado e a Administração Local, cabe à DGAL o financiamento de obras respeitantes a vários domínios do desenvolvimento local e a gestão dos respectivos instrumentos de financiamento de natureza contratual. Neste sentido, vêm sendo celebrados, desde 1988, contratos-programa, acordos de colaboração e protocolos de auxílio financeiro com os municípios e suas associações de direito público. Em 1994, surge também a figura dos protocolos de modernização administrativa com a necessidade de modernizar os serviços prestados pelos municípios e suas associações aos seus munícipes, tendo, em 2002, esta possibilidade sido alargada às freguesias e respectivas associações. Por outro lado, esta Direcção-Geral vem criando, progressivamente, desde 1981, condições estruturais indispensáveis a um melhor funcionamento dos órgãos e serviços das freguesias, apoiando financeiramente a construção, reparação e aquisição dos respectivos edifícios-sede.

No domínio da organização e da qualificação do território e do desenvolvimento urbano, a DGAL financia, através do "Programa de Equipamentos Urbanos de Utilização Colectiva", a realização de numerosos projectos de construção,

---

1 Antes do 25 de Abril chamava-se Direcção-Geral da Administração Política e Civil.

reconstrução, ampliação, alteração ou conservação de equipamentos desportivos, culturais, recreativos e religiosos, promovidos por instituições privadas sem fins lucrativos, que prossigam fins de interesse público ou por freguesias e suas associações de direito público nas situações previstas no respectivo Regulamento, dando, assim, um impulso decisivo ao desenvolvimento das iniciativas locais, designadamente as da sociedade civil. Por sua vez, é responsável pela instrução dos processos relativos a pedidos de declaração de utilidade pública respeitantes a expropriações da iniciativa dos municípios.

A DGAL divulga a realização de práticas exemplares, inovadoras e emblemáticas de modernização administrativa autárquica promovendo a realização de um concurso anual de Boas Práticas de Modernização Administrativa Autárquica, destinado aos municípios, freguesias e às respectivas associações de direito público.

CEFA (Centro de Estudos e Formação Autárquica)

Segundo o seu portal (www.cefa.pt), o Centro de Estudos e Formação Autárquica (CEFA) é um Instituto Público dotado de personalidade jurídica e com autonomia administrativa e pedagógica. Em 2008, o CEFA completou 28 anos de actividade em prol do poder local, através da formação dos seus funcionários e colaboradores. Nos termos legais, o CEFA é o organismo central de formação para a Administração Local (formação inicial, formação contínua, formação para dirigentes e formação em sistema de e-learning). Tem organizado inúmeros seminários e acções de formação sobre temas sempre actuais e publicado obras de utilidade prática para eleitos locais, técnicos e restantes funcionários das autarquias locais.

Compete ao CEFA contribuir para o aperfeiçoamento e a modernização da administração autárquica, através da formação dos seus agentes, da investigação aplicada, da assessoria técnica e da edição de obras especializadas.

O CEFA tem a sua sede nacional em Coimbra na Rua do Brasil e exerce a sua actividade em todo o país. Tendo em vista aproximar o mais possível a actividade formativa dos seus destinatários, esta é parcialmente desenvolvida ou em pólos do CEFA (ou "centros desconcentrados de formação"), ou junto de um grande número de municípios e de associações de municípios."

Os principais órgãos do CEFA são o Conselho Geral e o Conselho Directivo. O Conselho Geral é constituído por um leque de 29 personalidades que são ou nomeadas pelo Governo (7) ou indicadas pela Associação Nacional de Municípios Portugueses (14), pela Associação Nacional de Freguesias (4) ou por diversas entidades representativas dos funcionários autárquicos (4). O Conselho Directivo é nomeado pelo Governo, ouvidos a Associação Nacional de Municípios e o Conselho Geral.

INA (Instituto Nacional de Administração)

O INA é um instituto público, com autonomia científica, administrativa, financeira (esta suspensa em 2003) e patrimonial. A sua lei orgânica, Decreto-Lei nº 85/2007, de 29 de Março, estabelece-lhe como missão "contribuir, através da formação, da investigação científica e da assessoria técnica, para a modernização da Administração Pública e para a actualização dos seus funcionários".

A Administração Pública constitui o campo nuclear das actividades do INA. Não está, porém, vedada a este instituto a intervenção em outros sectores, sempre que daí resulte, por um lado, o reforço das competências internas e, por outro lado, a optimização da utilização dos recursos existentes.

Realiza seminários, formação inicial, formação para dirigentes, diplomas de especialização, formação em e-learning, um congresso nacional, cursos de Alta Direcção em Administração Pública, etc. Possui o portal www.ina.pt.

DGAEP (Direcção-Geral da Administração e do Emprego Público)

A DGAEP (www.dgaep.pt) é o organismo da Administração Pública com responsabilidades no domínio da gestão dos recursos humanos. A sua lei orgânica, Decreto Regulamentar n.º 22/2007, de 29 de Março, estabelece-lhe como missão apoiar a definição das políticas para a Administração Pública nos domínios da organização e da gestão, dos regimes de emprego e da gestão de recursos humanos, assegurar a informação e dinamização das medidas adoptadas e contribuir para a avaliação da sua execução.

É um serviço transversal da Administração Directa do Estado, e integrado no Ministério das Finanças e da Administração Pública, dotado de autonomia administrativa, com funções de estudo, concepção, coordenação e apoio técnico ao governo na definição das políticas que respeitam à Administração Pública.

Exerce a sua actividade nas seguintes áreas:

- Modelos de gestão pública;
- Inovação e qualidade;
- Planeamento, avaliação e controlo do emprego público;
- Gestão, desenvolvimento e qualificação dos recursos humanos;
- Recrutamento e selecção de pessoal;
- Política salarial;
- Regime de emprego e condições de trabalho;
- Regime de protecção social;
- Difusão da informação sobre o emprego público.

Cumpre as seguintes atribuições:

- Apoiar a definição das políticas referentes à organização, gestão e avaliação dos serviços públicos, dinamizando e coordenando a sua aplicação, com vista ao aumento da sua eficiência;
- Apoiar a definição das políticas de recursos humanos na Administração Pública, nomeadamente no que se refere aos regimes de emprego e de condições de trabalho, regime de protecção social dos seus trabalhadores, independentemente do seu vínculo laboral, sistemas de planeamento, gestão, qualificação e desenvolvimento profissional e avaliação, dinamizando e coordenando a sua aplicação, com vista à satisfação do interesse público e motivação dos trabalhadores;
- Assegurar a coordenação técnica do sistema de protecção social da função pública, em articulação com os serviços e organismos responsáveis pela concretização do direito à respectiva protecção;
- Disponibilizar informação estatística sobre o emprego público, condições de trabalho e protecção social e, bem assim, sobre os recursos organizacionais da Administração Pública que permita sustentar as políticas.

22. ACESSO AOS DOCUMENTOS ADMINISTRATIVOS E O DIREITO À INFORMAÇÃO

A Comissão de Acesso aos Documentos Administrativos (CADA) tem sido confrontada, ao longo dos anos da sua existência, com variadas reclamações e queixas, apresentadas por eleitos locais. Para além das reclamações e queixas, têm sido apreciados pedidos de parecer, formulados por órgãos das autarquias, também sobre o acesso à informação pelos eleitos locais.

Gabriel Cordeiro e Sérgio Pratas (assessores da CADA) elaboraram um estudo sobre "O Acesso à Informação nas Autarquias Locais: As Prerrogativas dos Eleitos" que podia ser consultado em Março de 2008 no portal da CADA (www.cada.pt), além de outra informação muito valiosa, nomeadamente a relativa a pareceres da CADA. Esta publica anualmente um Relatório de Actividades que distribui por várias entidades (o referente a 2006 foi o 12º relatório).

Segundo esse estudo, entre 1995 e o final de 2004, foram elaborados 71 pareceres relacionados com o acesso à informação por eleitos locais, 54 na sequência de queixas (ou reclamações) – 17% do total de queixas contra autarquias – e 17 na sequência de pedidos de parecer – 13% do total de pedidos de parecer das autarquias.

O acesso dos cidadãos aos documentos administrativos é assegurado pela Administração Pública de acordo com os princípios da publicidade, da transparência, da igualdade, da justiça e da imparcialidade" (artigo 1.º da Lei nº 65/93, de 26 de Agosto – LADA).

A Comissão de Acesso aos Documentos Administrativos (CADA) é uma entidade pública independente, que funciona junto da Assembleia da República e tem como fim zelar, nos termos da Lei, pelo cumprimento das disposições legais referentes ao acesso à informação administrativa.

O direito de acesso aos arquivos e registos administrativos, consagrado no artigo 268º nº 2 da CRP, é uma consequência do princípio da administração aberta e está regulado na Lei n.º 46/2007, de 24 de Agosto.

São considerados documentos administrativos qualquer suporte de informação (não apenas "papéis", portanto) sob forma escrita, visual, sonora, electrónica ou outra forma material, na posse da Administração, ou detidos em seu nome, designadamente instruções, processos, relatórios, dossiers, pareceres, actas, autos, ordens de serviço, estudos, estatísticas.

Não são considerados documentos administrativos as notas pessoais, esboços, apontamentos e outros registos de natureza semelhante, bem como documentos cuja elaboração não revele da actividade administrativa, designadamente referentes à reunião do Conselho de Ministros e de secretários de Estado, bem como à sua preparação.

Como regra, nos termos do art. 5.º da Lei n.º 46/2007, de 24 de Agosto, qualquer pessoa, sem necessidade de enunciar qualquer interesse, tem direito de acesso aos documentos administrativos, o qual compreende os direitos de consulta, de reprodução e de informação sobre a sua existência e conteúdo.

O acesso aos documentos administrativos, ao abrigo do disposto no art. 11.º da lei mencionada, exerce-se através de:

- consulta gratuita, efectuada nos serviços que os detêm;
- reprodução por fotocópia, ou por qualquer meio técnico, designadamente visual ou sonoro;
- passagem de certidão pelos serviços da Administração.

O acesso aos documentos deve ser solicitado por escrito através de requerimento do qual constem os elementos essenciais à sua identificação, bem como o nome, morada e assinatura do requerente mas a entidade requerida pode também aceitar pedidos verbais e deve fazê-lo nos casos em que a lei assim o determine. Os órgãos e entidades a que se refere o artigo 4.º da Lei n.º 46/2007, de 24 de Agosto, prestarão, através dos seus funcionários, assistência ao público na identificação dos documentos pretendidos, designadamente informando sobre a forma de organização e utilização dos seus arquivos e registos.

Nos termos do artigo 6.º da lei supra referenciada, os documentos que contenham informações cujo conhecimento seja avaliado como podendo pôr em risco ou causar dano à segurança interna e externa do Estado ficam sujeitos a interdição de acesso ou a acesso sob autorização, durante o tempo estritamente necessário, através da classificação nos termos de legislação específica

Por sua vez, o acesso aos documentos administrativos preparatórios de uma decisão ou constantes de processos não concluídos pode ser diferido até à tomada de decisão, ao arquivamento do processo ou ao decurso de um ano após a sua elaboração. O acesso aos inquéritos e sindicâncias tem lugar após o decurso do prazo para eventual procedimento disciplinar.

No que concerne aos documentos nominativos um terceiro só a eles tem acesso se estiver munido de autorização escrita da pessoa a quem os dados digam respeito ou demonstrar interesse directo, pessoal e legítimo suficientemente relevante segundo o princípio da proporcionalidade.

Já no que respeita aos documentos administrativos que contenham segredos comerciais, industriais ou sobre a vida interna de uma empresa se estiver munido de autorização escrita desta ou demonstrar interesse directo, pessoal e legítimo suficientemente relevante segundo o princípio da proporcionalidade.

A resposta da Administração, facultando o acesso, recusando-o fundamentadamente, ou informando que não possui o documento e indicando, se for do seu conhecimento, qual a entidade que o detém, deve ser dada no prazo de 10 dias (art. 14.º da lei). Em cada departamento ministerial, secretaria regional, autarquia, instituto ou associação pública deve existir uma entidade responsável por assegurar o acesso dos cidadãos aos documentos administrativos.

No prazo de 20 dias úteis após a recusa de acesso, o interessado pode apresentar queixa à Comissão de Acesso aos Documentos Administrativos (CADA) contra o indeferimento expresso, a falta de decisão ou das decisões limitadoras do exercício do direito de acesso (artº. 15.º Lei 46/2007).

Poderá ainda o interessado lançar mão, no prazo de 20 dias, do meio judicial previsto nos artigos 104.º e ss. do CPTA: intimação para a prestação de informações, consulta de processos e passagem de certidões.

As queixas são apresentadas à CADA, por escrito e sem qualquer formalismo, com indicação dos elementos de identificação e localização bem como a assinatura dos seus autores ou procuradores.

No prazo de 40 dias a CADA enviará ao requerente e à entidade requerida o relatório de apreciação da situação e o parecer com as respectivas conclusões. A Administração deve, no prazo de 10 dias, comunicar ao interessado a sua decisão final fundamentada, sem o que se considera haver falta de decisão – tudo isto nos termos do art. 15.º da Lei 47/2007.

A Comissão de Acesso aos Documentos Administrativos (CADA) é uma entidade independente, que funciona junto da Assembleia da República e dispõe de serviços próprios de apoio técnico e administrativo.

Da decisão final ou da falta de decisão pode o interessado recorrer judicialmente, nos termos da legislação sobre os Tribunais Administrativos e Fiscais, aplicando-se, com as devidas adaptações, as regras do processo de intimação para consulta de documento ou passagem de certidões.

A CADA publica anualmente um Relatório de Actividades e o 15º refere-se ao ano de 2009. Durante esse ano a CADA realizou 13 sessões. De 2008 para 2009 transitaram 41 processos e, em 2009, foram iniciados 650 processos, tendo sido findos 594 processos. Aos 650 juntaram-se mais 11 que foram reabertos e de 2008, o que perfaz um total de 611, correspondendo a 195 pedidos de parecer e 466 queixas. A administração autárquica foi o sector de actividade da administração pública contra quem foram apresentadas mais queixas pelos particulares que viram recusado o acesso a documentos administrativos em 2009 (141), seguindo-se a saúde (60), a educação (52), o ordenamento do território (32) e a agricultura (30). Em relação aos sectores que mais solicitaram pareceres à CADA, lidera a saúde (88), logo seguida da educação (24) e das autarquias (20).

Em 2009, a CADA emitiu 382 pareceres, tendo-se pronunciado em sentido favorável ao acesso em 340 deles. Encontramos apenas um parecer em que a entidade requerida é o Presidente da Mesa da Assembleia Municipal de Portalegre (Parecer nº 318/2009, de 11 de Abril), senda a queixosa uma cidadã, sendo o tema a posse jurídica e o acesso a um relatório de actividades. A CADA deu um parecer no sentido da Câmara Municipal de Montalegre dever facultar o acesso à informação requerida de que tenha a posse material ou a posse jurídica. Foi cumprido o parecer da CADA.

A Comissão Nacional de Protecção de Dados (CNPD) é uma entidade administrativa independente com poderes de autoridade, que funciona junto da Assembleia da República. Tem como atribuição genérica controlar e fiscalizar o processamento de dados pessoais, em rigoroso respeito pelos direitos do homem e pelas liberdades e garantias consagradas na Constituição e na lei. A Comissão é a Autoridade Nacional de Controlo de Dados Pessoais.

A CNPD coopera com as autoridades de controlo de protecção de dados de outros Estados, nomeadamente na defesa e no exercício dos direitos de pessoas residentes no estrangeiro.

No seu site (www.cnpd.pt) pode ser recolhida informação variada, nomeadamente a seguinte:

Atribuições da CNPD

- Controlar e fiscalizar o cumprimento das disposições legais e regulamentares em matéria de protecção de dados pessoais.
- Emitir parecer prévio sobre quaisquer disposições legais, bem como sobre instrumentos jurídicos comunitários ou internacionais relativos ao tratamento de dados pessoais.
- Exercer poderes de investigação e inquérito, podendo para tal aceder aos dados objecto de tratamento.
- Exercer poderes de autoridade, designadamente o de ordenar o bloqueio, apagamento ou destruição dos dados, assim como o de proibir temporária ou definitivamente o tratamento de dados pessoais.

- Advertir ou censurar publicamente o responsável do tratamento dos dados, pelo não cumprimento das disposições legais nesta matéria.
- Intervir em processos judiciais no caso de violação da lei de protecção de dados.
- Denunciar ao Ministério Público as infracções penais nesta matéria, bem como praticar os actos cautelares necessários e urgentes para assegurar os meios de provas.

Competências da CPDP

- Emitir pareceres sobre disposições legais e instrumentos jurídicos nacionais, comunitários e internacionais, relativos ao tratamento de dados pessoais.
- Autorizar ou registar, consoante os casos, os tratamentos de dados pessoais
- Autorizar, em casos excepcionais, a utilização de dados pessoais para finalidades não determinantes da recolha.
- Autorizar, em casos excepcionais, a interconexão de tratamentos de dados pessoais.
- Autorizar a transferência internacional de dados pessoais.
- Fixar o prazo de conservação dos dados, em função da finalidade.
- Assegurar o direito de acesso, rectificação e actualização.
- Autorizar a fixação de custos ou de periodicidade para o exercício do direito de acesso.
- Fixar prazos máximos de cumprimento do exercício do direito de acesso em cada sector de actividade.
- Dar seguimento ao pedido efectuado por qualquer pessoa, ou por associação que a represente, para protecção dos seus direitos e liberdades, no que diz respeito ao tratamento de dados pessoais e informá-la do seu resultado.
- Verificar, a pedido de qualquer pessoa, a licitude de um tratamento de dados, no caso de acesso indirecto, e informá-la da realização da verificação.
- Apreciar reclamações, queixas ou petições dos particulares.
- Assegurar a representação junto de instâncias comuns de controlo de protecção de dados pessoais e exercer funções de representação e fiscalização no âmbito dos sistemas de Schengen e Europol.
- Deliberar sobre a aplicação de coimas.
- Promover e apreciar códigos de conduta.
- Promover a divulgação e esclarecimento dos direitos relativos à protecção de dados.
- Dar publicidade periódica à sua actividade.
- Emitir directivas para sectores de actividade, relativas ao prazo de conservação dos dados, às medidas de segurança e aos códigos de conduta.

Decisões da CPDP

As decisões da Comissão têm força obrigatória e são passíveis de reclamação e de recurso para o Tribunal Central Administrativo. No caso de processos de contra-ordenação, as decisões da CNPD são recorríveis para os tribunais de pequena instância criminal ou para os tribunais judiciais competentes.

Direitos dos Cidadãos

Os direitos relativos à utilização da informática estão consagrados na Constituição da República (art.º 35º) e desenvolvidos na Lei de Protecção de Dados é muito importante conhecê-los e exercê-los. Leia sempre com atenção os impressos de recolha de dados antes de fornecer os seus dados pessoais. Por princípio, não forneça dados que lhe pareçam excessivos ou que violem a sua privacidade.

Estes são os seus principais direitos:

- Direito de informação;
- Direito de acesso;
- Direito de rectificação e eliminação;
- Direito de oposição.

Para verificar quais os tratamentos de dados que se encontram notificados na CNPD, poderá consultar o Registo Público de entidades. Se de alguma forma lhe for negado o exercício dos seus direitos, ou sempre que considere que os seus direitos não estão garantidos, pode apresentar queixa à CNPD.

- Direito de informação

No momento em que os seus dados são recolhidos, ou caso a recolha dos dados não seja feita directamente junto de si, logo que os dados sejam tratados, tem o direito de ser informado sobre:
 – Qual a finalidade do tratamento?
 – Quem é o responsável pelo tratamento dos dados?
 – A quem podem ser comunicados os seus dados?
 – Quais as condições em que pode aceder e rectificar os seus dados?
 – Quais os dados que tem de fornecer obrigatoriamente e quais são facultativos?

- Direito de acesso

Tem o direito de aceder aos dados que sejam registados sobre si, sem restrições, sem demoras ou custos excessivos, bem como saber quaisquer informações disponíveis sobre a origem desses dados. Tem o direito de conhecer a finalidade para que os seus dados são tratados, qual a lógica subjacente ao tratamento desses dados e a quem podem ser comunicados. O exercício do direito de acesso deve ser feito directamente junto do responsável pelo tratamento dos dados. O direito de acesso a dados de saúde, incluindo os dados genéticos, é exercido por intermédio de médico escolhido pelo titular dos dados.

No caso de tratamento de dados policiais, relativos à segurança do Estado e à prevenção ou investigação criminal, o direito de acesso é exercido indirectamente, devendo para o efeito dirigir-se à CNPD.

No caso de tratamento de dados para fins exclusivamente jornalísticos ou de expressão artística ou literária, o direito de acesso é exercido indirectamente, devendo para o efeito dirigir-se à CNPD.

Nas situações que o direito de acesso é feito através da CNPD, se a comunicação de dados ao titular puder prejudicar a segurança do Estado, a prevenção ou investigação criminal, a liberdade de expressão ou a liberdade de imprensa, a CNPD limita-se a informar o titular dos dados das diligências efectuadas.

- Direito de rectificação e eliminação

Tem o direito de exigir que os dados a seu respeito sejam exactos e actuais, podendo solicitar a sua rectificação.

Tem o direito de exigir que os seus dados sejam eliminados dos ficheiros de endereços utilizados para marketing.

O exercício do direito de rectificação e eliminação é exercido directamente junto do responsável pelo tratamento.

- Direito de oposição

Tem o direito de se opor, a seu pedido e gratuitamente, ao tratamento dos seus dados pessoais para efeitos de marketing directo ou de qualquer outra forma de prospecção. Tem o direito de se opor a que os seus dados de cliente sejam utilizados para efeitos de marketing da empresa. Tem o direito de se opor a que os seus dados pessoais sejam comunicados a terceiros, salvo disposição legal em contrário. Tem o direito de se opor, nalguns casos previstos na lei, a que os seus dados não sejam objecto de tratamento, por razões ponderosas e legítimas relacionadas com a sua situação particular.

Outros direitos

- Exigir que os seus dados sejam recolhidos de forma lícita e leal.
- Exigir que os seus dados pessoais não sejam comunicados a terceiros sem o seu conhecimento e consentimento.
- Impedir que os seus dados pessoais sejam utilizados para finalidade incompatível com aquela que determinou a recolha.
- Não ficar sujeito a uma decisão tomada exclusivamente com base num tratamento de dados automatizado, destinado a avaliar, designadamente a sua capacidade profissional, o seu crédito ou o seu comportamento.

O portal da CNPD apresentava em Março de 2008 uma listagem da informação mais relevante:

Protecção de dados pessoais

- Artigo 35º da Constituição da República Portuguesa – utilização da informática;
- Lei nº 67/ 98, de 26 de Outubro – Lei da Protecção de Dados Pessoais;
- Lei nº 2/ 94, de 19 de Fevereiro – estabelece os mecanismos de controlo e fiscalização do Sistema de Informação Schengen;
- Lei nº 68/ 98, de 26 de Outubro – entidade nacional na Instância Comum de Controlo da EUROPOL;
- Lei nº 36/ 2003, de 22 de Agosto – regula o estatuto e competências do membro nacional da EUROJUST;
- Lei nº 43/ 2004, de 18 de Agosto – Lei da organização e funcionamento da CNPD.

Saúde

- Lei nº 12/2005, de 26 de Janeiro – Informação genética pessoal de saúde.

Comunicações electrónicas

- Lei nº 41/2004, de 18 de Agosto – Regula a protecção de dados pessoais no sector das Comunicações Electrónicas;
- Decreto-Lei nº 7/2004, de 7 de Janeiro – transpõe a Directiva do Comércio Electrónico e o artigo 13º da Directiva das Comunicações Electrónicas.

Videovigilância

- Decreto-Lei nº 35/ 2004, de 21 de Fevereiro – utilização de sistemas de videovigilância pelos serviços de segurança privada e de autoprotecção;
- Decreto-Lei nº 207/ 2005, de 29 de Novembro – Regula os meios de vigilância electrónica rodoviária utilizados pelas forças de segurança;
- Lei nº 51/ 2006, de 29 de Agosto – regula a utilização de sistemas de vigilância rodoviária pela EP e pelas concessionárias rodoviárias.

Criminalidade informática

- Lei nº 109/ 91, de 17 de Agosto – Lei da criminalidade informática.

No 15º Relatório de Actividades da CADA referente ao ano de 2009 está indicada legislação sobre o acesso aos documentos administrativos, a saber:

Regime de acesso

- Artigo 267º/ nº 3 da CRP: a lei pode criar entidades administrativas independentes;
- Artigo 268º/ nº 2 da CRP: princípio da administração aberta;
- Lei nº 46/2007, de 24 de Agosto: Lei de Acesso aos Documentos Administrativos;
- Lei nº 19/2006, de 12 de Junho: regula o acesso à informação sobre ambiente;
- Despacho nº 8617/2002, do Ministro das Finanças, publicado no DR, II série, nº 99, de 29.04.2002.

CADA

- Lei nº 8/95, de 29 de Março: Regulamento Orgânico da CADA;
- Regulamento Interno da CADA (DR, II série, nº 16, de 19.01.1995);
- Deliberação nº 532/2010, emitida pela CADA em 24.02.2010, publicada no DR, II série, nº 52, de 16.03.2010.

Outros diplomas

- Decreto-Lei nº 16/93, de 23 de Janeiro: regime geral dos arquivos e do património arquivístico;
- Lei nº 6/94, de 7 de Abril: segredo de Estado;
- Lei nº 67/98, de 26 de Outubro: Lei de Protecção dos Dados Pessoais;

- Decreto-Lei nº 372/98, de 23 de Novembro: Conselho Superior dos Arquivos;
- Lei nº 1/99, de 13 de Janeiro: Estatuto do Jornalista.
- Decreto Regulamentar nº 35/2007, de 29 de Março: Orgânica do Conselho Nacional de Cultura.

23. O PROTOCOLO AUTÁRQUICO

"A superficialidade esconde sempre algo de sério." AGUSTINA BESSA LUÍS

Esta frase profunda foi utilizada por José Bouza Serrano no prefácio do livro "Imagem e Sucesso – Guia de Protocolo para Empresas". Segundo ele, quando falamos em normas protocolares, estamos a pensar num conjunto de regras que permitem uma correcta relação entre as pessoas que participam em actos, através de convenções úteis que facilitam a comunicação, respeitando as inevitáveis hierarquias baseadas na urbanidade e na tradição cultural de cada país. Segundo a autora dessa obra, Isabel Amaral, o Protocolo é apenas um conjunto de regras de bom senso e de bom gosto, que visam tornar mais fácil a vida em sociedade ([1]).

O livro referido contém temas sobre o protocolo e a imagem da empresa, o ser e parecer (a comunicação directa), o escrever e responder (a comunicação escrita), o falar e escutar (a comunicação oral), o estar e participar (as relações públicas) e o receber e conviver (a organização de programas sociais).

Da leitura dessa obra recolhemos alguns conselhos que podem ser úteis:

- Um dos principais requisitos da boa imagem é a pontualidade, além da boa educação, da demonstração de consideração pelos outros, da aparência física, da maneira de vestir, do falar e escrever bem e do saber dizer "obrigado", "desculpe" e "se faz favor";
- Como a primeira impressão é duradoura, deve dar-se muita atenção ao modo como se atende o telefone; a voz não transmite apenas factos mas também atitudes como cortesia, interesse e encorajamento, desinteresse, agressividade e insegurança;

---

[1] Numa perspectiva mais universal, pode ser consultada a obra "Imagem e Internacionalização : Como ter êxito no mercado global" da autoria também de Isabel Amaral.

- Se se tratar de uma queixa, não comece logo a defender-se e ouça até ao fim; repita o que ouviu para mostrar que percebeu e que está interessado na resolução do problema;
- Tente reconhecer vozes de utentes e pessoas porque toda a gente gosta de ser reconhecido e tratado com mais deferência ou intimidade, mas sem exageros.

Organizar eventos ou receber individualidades exige o cumprimento de regras e de um cerimonial muito específico em que tudo deve ser previsto ao mais ínfimo pormenor para que nada falhe e para que quem nos visite fique com um boa impressão da freguesia e da instituição que representamos.

Em Novembro de 1990, o Ministério do Planeamento e da Administração do Território (Associação Nacional de Municípios Portugueses) publicou o "Guia do Protocolo Autárquico", da autoria de José Dias Coimbra, Orlando Perrain Dias e Luís Pancada Fonseca. São tratados diversos temas e ensinadas várias regras protocolares, sobre:

- Bandeira Nacional;
- Instalação da Câmara Municipal;
- Correspondências;
- Recepções;
- Refeições formais;
- Visita de um membro do Governo;
- Geminação;
- Inauguração de um Edifício de Utilidade Pública;
- Descerramento de uma Placa Toponímica;
- Lançamento da 1ª Pedra;
- Cortejos;
- Cerimónias Religiosas;
- Conferências;
- Sessões Solenes nos Paços do Concelho.

Dada a impossibilidade e a inconveniência de aprofundar o assunto porque sempre pode ser consultada a obra, vamos apenas dar conta de algumas questões que nos parecem essenciais para uma freguesia:

Bandeiras

– A Bandeira Nacional ocupa sempre o lugar de honra, mesmo quando presentes pavilhões de outros países.
– No caso de haver duas bandeiras, a Bandeira Nacional fica sempre do lado esquerdo de quem as olha de frente.

– Se houver um número fixo e ímpar de bandeiras, a Nacional fica sempre no lugar central; do lado direito dessa bandeira fica o Bandeira do Município e do seu lado esquerdo a Bandeira da CEE.
– Sempre que a Bandeira Nacional esteja isolada será colocada ao centro e, no caso de uma sessão solene, por cima da cabeça de quem preside.
– A Bandeira Nacional não deve servir para cobrir tampos, frentes ou ilhargas de qualquer tipo de mesas e deve ser substituída logo que o seu estado comece a deteriorar-se.
As regras que regem o uso da Bandeira Nacional estão contidas no Decreto--Lei n.º 150/87, de 30 de Março.

Correspondência

– Todas as cartas, requerimentos, reclamações, etc, devem ter resposta no mais curto espaço de tempo de modo a solucionar o problema que a motivou; quando se pretendem escrever cartas ou apenas os sobrescritos para cartões de visita, há determinadas regras que devem ser observadas.
– As fórmulas que devem ser usadas na correspondência oficial, ou sejas nas cartas, são as seguintes:
Dirigida ao Presidente da República, ao Presidente da Assembleia da República ou ao Primeiro-Ministro (embora se recomende nos dois primeiros casos o contacto com os chefes de gabinete)

CARTA/OFÍCIO ENVELOPE

Senhor Presidente da República Excelência	A Assembleia Municipal de ......
A Assembleia Municipal de ...... tem a honra de convidar Vossa Excelência	Sua Excelência o Presidente da República
Apresento a Vossa Excelência, Senhor Presidente, a expressão da minha mais alta consideração.	

Não deve ser utilizada as abreviaturas S.E ou Vª Exª quando nos dirigimos a esses órgãos de soberania.

Dirigida a um Ministro ou Secretário de Estado

CARTA/OFÍCIO ENVELOPE

Senhor Ministro Excelência A Assembleia Municipal de ...... tem a honra de convidar Vossa Excelência Com os melhores cumprimentos.	A Assembleia Municipal de...... Sua Excelência o Ministro ......

Dirigida a um Embaixador

CARTA/OFÍCIO ENVELOPE

Senhor Embaixador A A Assembleia Municipal de ...... tem a honra de convidar Vossa Excelência Queira aceitar, Senhor Embaixador, a expressão da minha mais alta consideração.	A Assembleia Municipal de ...... Sua Excelência o Embaixador de ......

Dirigida a um Bispo

CARTA/OFÍCIO ENVELOPE

Senhor Bispo Excelência Reverendíssima A Assembleia Municipal de ...... tem a honra de convidar Vossa Excelência Reverendíssima Peço aceite, Senhor Bispo, o testemunho da minha mais alta consideração.	A Assembleia Municipal de ...... Sua Excelência Reverendíssima o Bispo de ......

Dirigida a um Padre

CARTA/OFÍCIO ENVELOPE

Reverendo Padre	A Assembleia Municipal de ......
A Assembleia Municipal de ...... tem a honra de convidar Vossa Reverência	
	Reverendo Padre ...... (nome completo)
Queira aceitar, Reverendo Padre, o testemunho da minha mais alta consideração.	

Comunicações telefónicas

– Não se deve fazer esperar muito a pessoa a quem se chama.
– Devemos ser breves e precisos no que queremos transmitir nas chamadas oficiais.
– Quando se dá o nome não se devem evocar os títulos académicos ou hierárquicos, a não ser que a identificação completa seja necessária (caso de resposta a um convite, de um pedido de audiência, etc).

Convites

– Deve ser sempre elaborada uma lista de convidados ou ter em formato digital vários tipos de protocolo.
– O número de pessoas a convidar deve ser compatível com o espaço que se dispõe na sala e na mesa para que os convidados estejam à vontade e confortáveis.
– Os convites devem chegar aos destinatários com oito dias de antecedência, pelo menos.
– Deve estabelecer-se um contacto telefónico para assegurar as presenças.
– A pessoa a quem o convite é dirigido deverá sempre responder, tanto para aceitar como para recusar, de forma rápida para facilitar ao anfitrião a organização correcta e atempada da mesa.
– Os convites para almoços e jantares são dirigidos à pessoa e não ao cargo que está naquele momento a desempenhar; assim, ninguém poderá delegar a sua representação.

Recepções

– Geralmente são utilizadas quando se verifica um grande número de convidados, tornando difícil organizar refeições sentadas.
– Podem revestir a forma de porto de honra, de cocktail e de bufete.
– O cocktail ou o porto de honra poderá efectuar-se entre as 18 e as 20 horas; num porto de honra serão servidos aperitivos portugueses e vinho do porto e num cocktail é comum serviram-se canapés variados, salgados e bebidas diversas (whisky, porto, vermute, gin tónico, vodka, sumos, etc), podendo ser servidos vinhos da região.
– O bufete é servido no horário normal das refeições sentadas. Trata-se de uma refeição em pé. Podem ser colocadas mesas para apoio e as bebidas, copos e talheres serão dispostos em aparadores de fácil acesso para os convidados.

Refeições formais

– Nas refeições formais o procedimento protocolar é mais rigoroso e a sua realização exige uma cuidada organização, devendo ser tidas em conta a elaboração da lista de convidados, a emissão de convites, a esquematização da mesa e a colocação dos convidados nos lugares, de acordo com as precedências.
– No momento de ser anunciado o início do evento os convidados dirigem-se à mesa do banquete acompanhados pelos funcionários do protocolo e aguardam em pé junto dos respectivos lugares; só se sentam depois dos anfitriões se sentarem.
– Os brindes e discursos serão dados e proferidos quando for servida a sobremesa.
– Em primeiro lugar fala o anfitrião e depois o convidado de honra.
– Durante os dois discursos, os convidados permanecem sentados e em silêncio; no final de cada intervenção, todos os convidados se levantam para brindarem e aplaudirem os intervenientes.
– Nenhum dos convidados deverá sair antes dos convidados de honra se retirarem.

Inauguração de um Edifício de Utilidade Pública

– Os convidados devem chegar 15 minutos antes do acto de inauguração e devem aguardar a chegada da individualidade no exterior que será recebido pelo Governador Civil, pelo Presidente da Câmara, vereação e outros autarcas.
– No caso de edifícios pequenos como as sedes das juntas de freguesia, só deve ser permitida a entrada de um número reduzido de pessoas; os convidados locais deverão entrar quando o edifício estiver inaugurado.

– Sempre que for possível, um corpo de bombeiros prestará honras no momento em que a entidade oficial se dirigir ao edifício a inaugurar.

– Segue-se o descerramento da placa comemorativa que deve ser coberta com as Bandeiras Nacional e do Município.

– A entidade eclesiástica procede à cerimónia litúrgica da bênção das instalações e depois os convidados dirigem-se para o local onde vai ser efectuada a sessão alusiva ao acto.

– Caso não haja mesa de honra, o anfitrião chama para junto de si as pessoas que mais directamente intervieram na concretização da obra, assim como os convidados que entenda merecerem uma atenção especial.

– A sessão termina com uma visita às instalações, devendo ser evitadas aglomerações de pessoas ou visitas muito prolongadas.

Descerramento de uma placa toponímica

– Devem ser enviados com oito dias de antecedência e devem ser convidados também os familiares do homenageado e todas as entidades públicas e privadas que a ela estejam ligados.

– Deve ser colocada a Bandeira Nacional com a Bandeira o Município ou só com aquela e na base da placa ou na base da frontaria do edifício devem ser colocadas plantas.

– À direita fica uma escolta dos Bombeiros formada por um porta-estandarte e três bombeiros dos mais antigos e condecorados, armados com os machados de honra e perto fica uma banda de música.

– Frente à placa deve ser colocado um estrado forrado a alcatifa para os convidados de honra e a partir dele e até à placa uma passadeira delimitada com cordões.

– No estrado deverá ficar uma mesa adornada com um centro de flores e onde se colocará uma pasta com as armas do concelho gravadas, contendo o auto da cerimónia.

– Devem ser colocados estandartes com bandeiras no local onde vai decorrer o acto.

– Deve ser instalada a aparelhagem sonora num estrado mais baixo onde decorrerão os discursos.

– Os convidados devem chegar 15 minutos antes e serão recebidos por funcionários do gabinete de apoio ao Presidente da Câmara que os levarão ao local onde irá decorrer o acto.

– O Presidente da Câmara aguarda a entidade que irá presidir conduzindo-a depois para junto dos familiares ou representantes do homenageado e outras individualidades, decorrendo uma sessão de cumprimentos.

– Enquanto os convidados sobem para o estrado, o Presidente da Câmara e a entidade que preside à cerimónia, acompanhados pelos familiares ou representantes do homenageado, dirigem-se para junto da placa toponímica, procedendo-se ao seu descerramento; neste momento, a banda de música poderá executar o Hino da Maria da Fonte ou o Hino do Concelho ou uma marcha militar enquanto os bombeiros prestam continência.

– Após o descerramento, o Presidente do Município ou a entidade que preside ao acto e o homenageado ou seu representante dirigem-se ao estrado onde irão pronunciar-se três discursos:

1º Da entidade que convida para o acto (geralmente, o presidente da autarquia);
2º Do homenageado ou seu representante;
3º Da individualidade que preside à cerimónia.

– As intervenções não devem exceder dez minutos cada.

– Depois proceder-se-á à leitura e assinatura do acto da cerimónia, respeitando a listagem de precedências.

Conferências

– Os convites devem ser enviados com oito a dez dias de antecedência.

– Deverá ser realizada em local digno, com estacionamento e telefone.

– A sala deve dispor de uma mesa de honra e cadeiras para 3, 5 ou 7 individualidades colocadas sobre um estrado decorado com plantas ornamentais.

– É preciso também uma estante para o conferencista e cadeiras para os convidados que serão dispostas ao longo de uma sala com uma coxia central e duas laterais.

– Em lugar destacado à direita da sala ficarão as Bandeiras Nacional, do Município e da Freguesia.

– Deve ser colocado um microfone na mesa e outro na estante do conferencista e na mesa deve existir água e copos.

– Os convidados devem chegar ao local 15 minutos antes e as individualidades devem aguardar numa sala especialmente reservada para o efeito onde aguardam o início da conferência.

– O conferencista pode sentar-se na mesa de honra ou num dos lugares da 1ª fila de cadeiras.

– O representante eclesiástico ocupa um cadeirão colocado à direita da mesa de honra.

– Devem ser reservados sectores para a comunicação social e ser-lhe fornecido o texto do conferencista.

– Antes do início da conferência, o Presidente da Câmara apresenta o conferencista às individualidades que irão formar a mesa de honra.

– O Presidente da Câmara acompanha as individualidades que irão constituir a mesa de honra até aos seus lugares, previamente assinalados e traça depois em breves palavras os dados biográficos do conferencista, relevando a sua obra e referências curriculares.
– O conferencista apresenta então o seu trabalho e a sessão termina com a apresentação de cumprimentos e felicitações ao conferencista.

A Lei n.º 40/2006, de 25 de Agosto (Lei das precedências do Protocolo do Estado Português) dispõe sobre a hierarquia e o relacionamento protocolar das altas entidades públicas e sobre a articulação com tal hierarquia de outras entidades inseridas no esquema de relações do Estado e ainda sobre a declaração do luto nacional.

Em cerimónias oficiais e em outras ocasiões de representação do Estado, das Regiões Autónomas e do poder local deve ser assegurada a presença de titulares dos vários órgãos do âmbito correspondente à entidade organizadora, bem como do escalão imediatamente inferior.

A representação dos órgãos de composição pluripartidária deve incluir sempre membros da maioria e da oposição.

As cerimónias oficiais são presididas pela entidade que as organiza.

Para efeitos protocolares, as altas entidades públicas hierarquizam-se pela ordem seguinte:

1) Presidente da República;
2) Presidente da Assembleia da República;
3) Primeiro-Ministro;
4) Presidente do Supremo Tribunal de Justiça e Presidente do Tribunal Constitucional;
5) Presidente do Supremo Tribunal Administrativo e Presidente do Tribunal de Contas;
6) Antigos Presidentes da República;
7) Ministros;
......
41) Presidentes das câmaras municipais;
42) **Presidentes das assembleias municipais;**
......
53) **Presidentes das juntas de freguesia;**
54) **Membros das assembleias municipais;**
55) Presidentes das assembleias de freguesia e membros das juntas e das assembleias de freguesia;
56) Directores de serviço;
57) Chefes de divisão;
58) Assessores e adjuntos dos membros do Governo.

Entre as entidades de idêntica posição precede aquela cujo título resultar de eleição popular.

Entre entidades com igual título precede aquela que tiver mais antiguidade no exercício do cargo, salvo se outra regra resultar do disposto na lei das precedências.

Os presidentes das câmaras municipais, no respectivo concelho, gozam do estatuto protocolar dos ministros.

Os presidentes das câmaras municipais presidem a todos os actos realizados nos paços do concelho ou organizados pela respectiva câmara, excepto se estiverem presentes o Presidente da República, o Presidente da Assembleia da República ou o Primeiro-Ministro, nas Regiões Autónomas, têm ainda precedência o Representante da República, o Presidente da Assembleia Legislativa e o Presidente do Governo Regional.

Em cerimónias nacionais realizadas no respectivo concelho, os presidentes das câmaras municipais seguem imediatamente a posição das entidades com estatuto de ministro e, se mesa houver, nela tomarão lugar, em termos apropriados.

Em cerimónias das Regiões Autónomas realizadas no respectivo concelho, os presidentes das câmaras municipais seguem imediatamente a posição dos secretários regionais e, se mesa houver, nela tomarão lugar, em termos apropriados.

Os presidentes das assembleias municipais, no respectivo concelho, seguem imediatamente o presidente da câmara.

Os presidentes das assembleias municipais presidem sempre às respectivas sessões, excepto se estiverem presentes o Presidente da República, o Presidente da Assembleia da República ou o Primeiro-Ministro, e, nas Regiões Autónomas, ainda o Representante da República, o Presidente da Assembleia Legislativa ou o Presidente do Governo Regional.

Os presidentes das juntas e das assembleias de freguesia, como representantes democraticamente eleitos das populações, têm, na respectiva circunscrição, estatuto análogo ao dos presidentes das câmaras e das assembleias municipais, somando-se estes últimos às entidades a quem devem ceder a precedência.

Os governadores civis, no respectivo distrito, seguem imediatamente a posição do presidente da assembleia municipal do concelho onde se realizar a cerimónia, salvo quando se encontrarem em representação expressa de membro do Governo convidado para a presidir, caso em que assumirão a presidência.

Em cerimónias oficiais no âmbito da segurança, protecção e socorro, se não estiverem presentes membros do Governo, os governadores civis, no respectivo distrito, assumem a posição protocolar dos ministros, precedendo o presidente da câmara municipal do concelho onde tais cerimónias tenham lugar.

O Governo declara o luto nacional, sua duração e âmbito, sob a forma de decreto. O luto nacional é declarado pelo falecimento do Presidente da República, do Presidente da Assembleia da República e do Primeiro-Ministro e ainda dos antigos Presidentes da República. O luto nacional é ainda declarado pelo falecimento de personalidade, ou ocorrência de evento, de excepcional relevância.

Em Outubro de 2009, a Aletheia Editores publica a obra de Lídio Lopes "Protocolo Autárquico" que pretende ser um manual indispensável para as Autarquias Locais, Câmaras e Assembleias Municipais e Juntas e Assembleias de Freguesia de qualidade inegável.

O Protocolo passa pelo respeito de normas e tem cada vez mais actualidade a questão do **Acordo Ortográfico da Língua Portuguesa**. Ele foi assinado em Lisboa em 1990, aprovado pela Resolução da Assembleia da República nº 26/91 e ratificado pelo Decreto do Presidente da República nº 43/91, ambos de 23 de Agosto. Finalmente, a Resolução do Conselho de Ministros nº 8/2011, de 25 de Janeiro, determina que a partir de 1 de Janeiro de 2012 ele será obrigatório para o Governo e todos os serviços dele dependentes e que a publicação do DR se realizará conforme o Acordo. Mais determina que ele é aplicável ao sistema educativo no ano lectivo 2011-2012.

24. POLÍTICA NACIONAL

Os eleitos locais são pessoas inseridas num contexto geográfico, económico, social, cultural mas também político. De uma forma ou de outra, tudo aquilo que se faz a nível do Estado, da administração central e do Governo acaba por ter repercussões a nível local e pessoal. Como tal, exige-se aos eleitos locais o conhecimento mínimo da organização do Estado nas suas várias vertentes, mormente a nível das competências e da actuação dos órgãos de soberania.

Sendo o poder executivo um dos mais importantes, referenciaremos algumas das políticas, programas e projectos desenvolvidos pelo actual Governo, cuja maior profundidade e pormenorização poderão encontrar no endereço www.portugal.gov.pt:

- QREN 2007-2013 (Quadro de Referência Estratégica Nacional);
- Programa de Reestruturação da Administração Central do Estado (PRACE);
- Programa Nacional de Acção para o Crescimento e o Emprego (PNACE);
- Programa de Estabilidade e Crescimento (PEC);
- Programa Simplex;
- Programa Nacional de Acção para a Inclusão 2006-2008;
- Plano Tecnológico;
- Plano Tecnológico para a Educação;
- Novas Oportunidades;
- Programa Inov-Contacto;
- Plano Nacional de Leitura;
- Concretização das Cartas Educativas e Reorganização do Parque Escolar;
- Programa Operacional da Administração Pública;
- Casa Pronta;
- Automóvel on-line;
- Nascer Cidadão;

- Reforço da Rede de Julgados de Paz;
- Programa Nacional de Barragens com Elevado Potencial Hidroeléctrico;
- Estratégia Nacional para os Efluentes Agro-Pecuários e Agro-Industriais;
- Plano Estratégico para os Resíduos Sólidos Urbanos 2007-2016;
- Plano Nacional de Atribuição de Licenças de Emissão;
- Operações de Qualificação e Reinserção Urbana de Bairros Críticos;
- Programa Nacional para as Alterações Climáticas 2006;
- Programa Nacional da Política de Ordenamento do Território;
- Estratégia para o sector da água:
- Plano Estratégico Nacional do Turismo 2006-2015;
- Sistema de Incentivos a Projectos de Modernização do Comércio;
- Estratégia Nacional para a Energia;
- Programa de Investimentos em Infra-estruturas Prioritárias;
- Inov-Jovem – Programa Jovens Quadros para a Inovação nas PME;
- Programa de acesso a computadores e banda larga;
- Plano Estratégico Aeroportuário;
- Novo Código dos Contratos Públicos;
- Plano Portugal Logístico;
- Rede ferroviária de alta velocidade;
- Novo aeroporto de Lisboa;
- Dossier Flexigurança;
- Apoios às políticas de família e incentivo à natalidade;
- Reforma da formação profissional;
- Reforma da Segurança Social;
- Programa de Alargamento da Rede de Equipamentos Sociais (PARES);
- Plano de combate à fraude e evasão contributivas e prestacionais;
- Programa de Conforto Habitacional para Idosos (PCHI);
- Complemento Solidário para Idosos;
- Novo regime de apoio às artes;
- Projecto de Programa Nacional das Doenças Raras;
- Reconfiguração dos Centros de Saúde;
- Rede de Serviços de Urgência;
- Programa Nacional de prevenção e controlo do VIH/sida;
- Legislação de prevenção do tabagismo;
- Plano Nacional contra a Droga e a Toxicodependência 2005-2012;
- Rede de Cuidados Continuados Integrados de Saúde e Apoio Social;
- Modernização do parque escolar do ensino secundário;
- Regulamentação do Estatuto da Carreira Docente;
- Ensino profissionalizante;
- Estatuto do Aluno;

POLÍTICA NACIONAL

- Primeiro concurso para Professor Titular;
- Manuais Escolares;
- Plano de acção para a Matemática;
- Sistema de empréstimos a estudantes do Ensino Superior;
- Compromisso com a Ciência;
- Reforma do Ensino Superior;
- Programa Pagar a Tempo e Horas ([1]);
- Plano Nacional para a Eficiência Energética (2008-2015);
- Plano de Acção para o Litoral;
- Estratégia para a Incorporação de Biocombustíveis nos Combustíveis Fósseis;
- Acções preparatórias de Redes Urbanas para a Competitividade e a Inovação;
- Iniciativa Porta 65
- Política de Cidades, Pólis XXI;
- Programa de Valorização Económica dos Recursos Endógenos;
- Reforma do sistema dos Laboratórios de Estado
- Regime de mobilidade na administração pública
- Propostas de alteração do Estado da Carreira Docente
- Programa Legislar Melhor
- Medidas para redução do crescimento de efectivos na Administração pública
- Passaporte Electrónico Português
- Cartão do cidadão
- Segurança social Directa
- Documento Único Automóvel
- Criação da Entidade de Certificação Electrónica do Estado
- Lançamento do Programa Operacional da Administração Pública
- Resolução que determina a adopção do sistema da facturação electrónica pela Administração pública
- Colaboração entre Portugal e o Instituto de Tecnologia do Massachusetts
- Resolução sobre programas avançados com universidades dos EUA
- Alargamento das oportunidades aprendizagem ao longo da vida
- Marca na Hora
- Empresa On-line
- Portal NETemprego
- Serviço público de correio electrónico
- Ligar Portugal em banda larga
- Plano de acção para promover o sucesso na matemática

[1] Foi aprovado pela Resolução do Conselho de Ministros n.º 34/2008, de 22 de Fevereiro.

- Programa de enriquecimento curricular do1º ciclo do ensino básico
- Formação contínua em Português para professores do 1º ciclo
- Decreto-lei que regulamenta os Cursos de especialização tecnológica
- Documento de orientação "Compromisso com a ciência "
- Programa de simplificação administrativa e Legislativa
- Carregamento de cartões de transportes em Multibanco
- Projecto de webização da comunidade empresarial
- Dinamização do cluster das energias renováveis
- Novo prime, incentivos ás PME para o plano Tecnológico
- Desformalização e simplificação administrativa para as empresas
- Protocolo para uma unidade produtora de vacinas gripais
- Plano de descongestionamento dos tribunais
- Programa nacional para a sociedade de informação – LigarPortugal
- Programa de generalização do inglês no 1º ciclo do ensino básico
- Sistema de reconhecimento e acompanhamento dos projectos de potencial interesse nacional (PIN)
- Sistemas de incentivos fiscais em investigação e desenvolvimento empresarial
- Projectos de potencial interesse nacional
- Marca na hora
- Programa de privatizações para 2006-2007
- Novo Prime, Incentivo às PME para o Plano Tecnológico
- Desformalização e simplificação administrativa para as empresas
- Linhas orientadoras do Plano Estratégico Nacional de Turismo
- Criação da Entidade de Certificação Electrónica do Estado
- Medidas para a consolidação das contas públicas e o crescimento económico
- Medidas para desbloquear a Reforma da Acção Educativa
- Gabinete de Intervenção Integrada para a Reestruturação Empresarial
- Inov-Jovem – Programa Jovens Quadros para a Inovação nas PME
- Novo modelo de gestão financeira dos tribunais
- Contratos de desenvolvimento e autonomia para 24 escolas
- Contratos de desenvolvimento para escolas em meio social difícil
- Programa Territórios Educativos de Intervenção Prioritária
- Reconversão profissional dos docentes incapacitados
- Melhoria das condições de aprendizagem no 1º ciclo
- Plano para desenvolver hábitos de leitura nos alunos
- Plano Nacional de Leitura
- Assinatura do contrato plurianual entre o Ministério da Cultura e a PT Multimédia
- Inauguração do Museu da Língua Portuguesa

- Plano Nacional de Acção para a Inclusão 2006-2008
- Rede de Cuidados Continuados Integrados de Saúde e Apoio Social
- Plano para a integração das Pessoas com Deficiências ou Incapacidade
- Complemento Solidário para Idosos
- Reforma do Regime de Aposentações
- Reforço da convergência entre Caixa Geral de Aposentações e Segurança Social
- Plano de combate à fraude e evasão contributivas e prestacionais
- Combate à propagação de doenças infecto-contagiosas nas prisões
- Serviços partilhados: uma oportunidade para a saúde
- Requalificação dos serviços de urgência perinatal
- Relatório sobre o Plano Nacional de Saúde Materna e Neonatal
- Protocolo para uma unidade produtora de vacinas gripais
- "Indústria farmacêutica – melhor saúde, mais competitividade"
- Princípios de estruturação dos cuidados de saúde às pessoas idosas e dependentes
- Lei da Imigração
- Lei da Nacionalidade
- Programa Nacional de Juventude
- Programa nacional para as alterações climáticas 2006
- Plano de intervenção para resíduos sólidos urbanos e equiparados
- Reabilitação ambiental das áreas mineiras de urânio
- Modelo de gestão e financiamento do sector rodoviário
- Reforma do arrendamento urbano
- Estratégia Nacional para o Mar
- Financiamento sustentável para o transporte público
- Estratégia Nacional para as Florestas
- Protocolo Janela Única Portuária
- Plano Estratégico Aeroportuário
- Plano Estratégico Nacional para o Desenvolvimento Rural
- Programa para a recuperação da vitalidade dos montados de sobreiro e azinheira
- Acessibilidades a Trás-os-Montes e Alto Douro
- Infra-estruturas de transporte no Noroeste da Península
- Programa Belém Redescoberta
- Mobilidade sustentável e coesão social
- Estratégia Nacional para as florestas
- O Mar como factor estratégico do desenvolvimento de Portugal
- Vinho – reforma institucional
- Modelo de gestão e financiamento do sector rodoviário

- Linhas orientadoras do Plano estratégico Nacional de Turismo
- Plano de intervenção para resíduos sólidos Urbanos e Equiparados
- Apresentação de requisitos para as Auto-estradas do Mar
- Procedimento para a elaboração da estratégia Nacional de Desenvolvimento Sustentável
- Lei de Bases da actividade física e do desporto
- Congresso do Desporto
- Gabinete de Orientação ao Endividamento dos Consumidores
- Código do consumidor
- Lei das Finanças Locais
- Fim das subvenções vitalícias para os titulares de cargos políticos
- Regime Processual Civil Experimental simplifica trabalho judicial
- Sistema de mediação laboral
- Protocolo que cria o Observatório Permanente de Adopção
- Novo modelo de gestão financeira dos tribunais
- Responsabilidade Civil extracontratual do Estado
- Plano de Descongestionamento dos Tribunais
- Medidas para desbloquear a Reforma da Acção Executiva
- Auditores de segurança rodoviária
- Reforço da segurança dos explosivos
- Reforma do modelo de organização do sistema de segurança interna
- Passaporte Electrónico Português
- Projecto Táxi Seguro
- Polícia em Movimento
- Actuação de emergência em sismos e calamidades
- Programa de Apoio às Missões de Paz em África
- Não proliferação de armas de destruição maciça
- Dia das Forças Armadas
- Computador o Magalhães

Um dos temas que tem marcado a agenda política nacional tem a ver com a reestruturação do Estado e ainda e em Outubro de 2010 o ministro das Finanças anunciou que 50 organismos públicos estariam em 2011 sujeitos à fusão, reestruturação ou extinção, sendo esta uma medida orçamental com a qual o executivo espera poupar cem milhões de euros. Estamos em presença de um segundo pacote do Executivo PS em matéria de cortes, uma vez que em Março de 2006 o Programa de Reestruturação da Administração Central do Estado (PRACE) já propunha o "corte" de 120 organismos. A comissão técnica do PRACE, presidida por João Bilhim, apontava para uma redução do número de organismos da Administração central de 414 para 294.

Pela Resolução de Conselho de Ministros nº 124/2005, o governo criou o Programa de Reestruturação da Administração Central do Estado (PRACE) que tinha como Objectivos:

- Modernizar e Racionalizar a Administração Central;
- Melhorar a Qualidade de Serviços prestados aos Cidadãos pela Administração;
- Colocar a Administração Central mais próxima e dialogante com o Cidadão.

Para atingir esses Objectivos, o PRACE estabelecia as seguintes Linhas Estratégicas de Acção:

1. Reestruturar/Racionalizar a Administração Directa e Indirecta em função das Missões dos Ministérios, e respectivas entidades, e do Programa de Governo.
2. Reforçar as Funções Estratégicas, Estudo e Avaliação/Controlo de Resultados de Apoio à Governação.
3. Reforçar as Funções Normativa, Reguladora e Fiscalizadora do Estado.
4. Racionalizar, e eventualmente externalizar, as Funções Produtivas e de Prestação de Serviços.
5. Desenvolver Serviços Partilhados, de nível ministerial ou interministerial, de forma a reduzir estruturas e processos redundantes.
6. Flexibilizar, desburocratizar e aumentar a comunicação horizontal e vertical através da redução de cadeias de comando e criação de estruturas horizontais e matriciais de projecto e forte recurso a tecnologias de informação e comunicação.
7. Clarificar e uniformizar as Funções da Administração Directa do Estado de nível Regional, de acordo com o modelo NUTS II.
8. Reforçar a Proximidade aos Cidadãos quer através de processos de desconcentração e descentralização físicas, quer através de novos canais de comunicação e prestação de serviços (Call-centers, Internet, contratualização local de serviços) e desenvolver numa lógica de one-stopshoping, soluções estruturais que possibilitem respostas globais, e num só momento, aos Cidadãos (Balcões Únicos).
9. Melhorar as Qualificações de Processos, Trabalho e, consequentemente, dos Funcionários da Administração Central do Estado.
10. Implementar as novas Estruturas de acordo com uma estratégia de gradualismo e testagem em pilotos.

Na ordem do dia tem estado também o Programa de Estabilidade e Crescimento, procurando cumprir orientações comunitárias, centradas na redução do défice público por via da redução das despesas da máquina do Estado e do aumento de receitas. As políticas implementadas e a concretizar num futuro próximo afectam os cidadãos, as empresas e as autarquias locais. Estas vão ver as suas verbas recebidas do Estado substancialmente reduzidas, o que vão provocar provavelmente dificuldades de tesouraria, diminuição de investimentos e redução de apoios sociais, podendo conduzir até nalguns municípios a situações de ruptura financeira.

A ANMP publicou em 9 de Setembro de 2010 um documento intitulado "Os Municípios, o PE e o Défice Público – Enquadramento" com considerações prévias ao Orçamento de Estado para 2011, no qual se enquadram as principais preocupações dos Municípios, na actual conjuntura financeira.

Numa pesquisa ao *Diário da República Electrónico*, encontramos os seguintes diplomas relacionados com a temática, sem prejuízo da possibilidade da sua consulta no portal do Governo:

Resolução da Assembleia da República n.º 44/2005, de 29 de Junho:

A Assembleia da República, tendo apreciado o Programa de Estabilidade e Crescimento para 2005-2009, apresentado pelo Governo, e assumindo a relevância dos desafios que se colocam a Portugal, resolve, nos termos do n.º 5 do artigo 166º da Constituição, o seguinte:

1 – Apoiar os objectivos estabelecidos no Programa de Estabilidade e Crescimento, reconhecendo a necessidade de, até 2009, o País conseguir alcançar um crescimento do PIB de 3%, reduzir fortemente o défice dos actuais 6,8% para um valor abaixo dos 3% e baixar a dívida pública dos actuais 67% para 64,5%.

2 – Apoiar as medidas de contenção da despesa pública corrente primária, tendo sempre presentes os objectivos essenciais do crescimento económico e da criação de emprego.

3 – Assegurar que a consolidação orçamental seja prosseguida através de medidas de carácter estrutural, sem recurso a receitas extraordinárias e expedientes contabilísticos, que, no imediato, aparentam melhorar o saldo das contas públicas, mas, a prazo, degradam a situação orçamental do País.

4 – Garantir que o Programa de Estabilidade e Crescimento seja, de facto, um programa de estabilidade, mas também um programa de crescimento económico, no qual o investimento é dirigido, prioritariamente, para o conhecimento, a qualificação dos recursos humanos, o desenvolvimento tecnológico e a inovação, de acordo com os pressupostos definidos na Estratégia de Lisboa.

5 – Defender a compatibilização entre a diminuição das despesas com pessoal e a melhoria da qualidade dos serviços públicos essenciais prestados aos cidadãos, nomeadamente através de um novo sistema de carreiras e remunerações que premeie o mérito e responsabilize a Administração.

6 – Encarar o objectivo de contenção e controlo da despesa como algo que envolve o conjunto da sociedade portuguesa e implica em especial a administração central, regional e local, os funcionários públicos, os dirigentes administrativos, os gestores e os titulares de cargos políticos.

7 – Reconhecer que a sustentabilidade do sistema de segurança social passa pela aproximação progressiva ao regime geral, revendo ou eliminando os regimes de excepção referentes à idade de reforma, a fórmula de cálculo das pensões ou as prestações excepcionais.

Resolução da Assembleia da República n.º 29/2010, de 12 de Abril

A Assembleia da República resolve, nos termos do n.º 5 do artigo 166.º da Constituição, o seguinte:

1 – Apoiar a consolidação orçamental constante do Programa de Estabilidade e Crescimento (PEC) para 2010-2013, assumindo a necessidade da redução do défice para 2,8% do PIB até 2013 e do controlo do crescimento da dívida pública, bem como da promoção do crescimento sustentado da economia e do emprego e do reforço das condições estruturais de competitividade e de internacionalização da economia portuguesa.

2 – Reconhecer a prioridade conferida à redução da despesa pública, em particular a despesa corrente.

3 – Assumir que o esforço de investimento público e de iniciativa pública a realizar deverá ter em consideração a necessidade de assegurar a sustentabilidade da consolidação orçamental e de controlo do endividamento público e privado e contribuir para o reforço do potencial produtivo do País, a sua modernização e a sua competitividade numa perspectiva de crescimento sustentado.

Decreto-Lei n.º 70/2010, de 16 de Junho

Estabelece as regras para a determinação da condição de recursos a ter em conta na atribuição e manutenção das prestações do subsistema de protecção familiar e do subsistema de solidariedade, bem como para a atribuição de outros apoios sociais públicos, e procede às alterações na atribuição do rendimento social de inserção, tomando medidas para aumentar a possibilidade de inserção dos seus beneficiários, procedendo à primeira alteração ao Decreto-Lei n.º 164/99, de 13 de Maio, à segunda alteração à Lei n.º 13/2003, de 21 de Maio, à quinta alteração ao Decreto-Lei n.º 176/2003, de 2 de Agosto, à segunda alteração ao Decreto--Lei n.º 283/2003, de 8 de Novembro, e à primeira alteração ao Decreto-Lei n.º 91/2009, de 9 de Abril Decreto-Lei n.º 72/2010, de 18 de Junho

Estabelece medidas para reforçar a empregabilidade dos beneficiários de prestações de desemprego e o combate à fraude, procedendo à terceira alteração ao Decreto-Lei n.º 220/2006, de 3 de Novembro, e à quarta alteração ao Decreto--Lei n.º 124/84, de 18 de Abril

Decreto-Lei n.º 77/2010, de 24 de Junho

Regula a eliminação de vários regimes temporários, no âmbito da concretização de medidas adicionais do Programa de Estabilidade e Crescimento (PEC) 2010-2013.

Resolução da Assembleia da República n.º 29/2010, de 12 de Abril

A Assembleia da República resolve, nos termos do n.º 5 do artigo 166.º da Constituição, o seguinte:

1 – Apoiar a consolidação orçamental constante do Programa de Estabilidade e Crescimento (PEC) para 2010-2013, assumindo a necessidade da redução do défice para 2,8% do PIB até 2013 e do controlo do crescimento da dívida pública, bem como da promoção do crescimento sustentado da economia e do emprego e do reforço das condições estruturais de competitividade e de internacionalização da economia portuguesa.

2 – Reconhecer a prioridade conferida à redução da despesa pública, em particular a despesa corrente.

3 – Assumir que o esforço de investimento público e de iniciativa pública a realizar deverá ter em consideração a necessidade de assegurar a sustentabilidade da consolidação orçamental e de controlo do endividamento público e privado e contribuir para o reforço do potencial produtivo do País, a sua modernização e a sua competitividade numa perspectiva de crescimento sustentado.

Lei n.º 12-A/2010, 30 de Junho

Aprova um conjunto de medidas adicionais de consolidação orçamental que visam reforçar e acelerar a redução de défice excessivo e o controlo do crescimento da dívida pública previstos no Programa de Estabilidade e Crescimento (PEC).

O Conselho de Ministro de 8 de Outubro de 2010 tomou novas medidas para reforçar o PEC e o Orçamento de Estado para 2011 prevê outras medidas que vão alterar ou suspender normas jurídicas e diplomas relativos à gestão dos recursos humanos, grande parte delas já aqui referenciadas.

Esse Decreto-Lei, aprovado na generalidade para negociação, adopta um conjunto de medidas de consolidação orçamental adicionais às previstas no Programa de Estabilidade e Crescimento (PEC) para 2010-2013, cujos efeitos se pretende que se iniciem ainda no decurso de 2010.

Estas medidas representam um esforço adicional no sentido de assegurar o equilíbrio das contas públicas de modo a garantir o regular financiamento da economia e a sustentabilidade das políticas sociais.

No quadro de uma política comum adoptada na zona euro com vista a devolver a confiança aos mercados financeiros e aos seus agentes e fazer face ao ataque especulativo à moeda única, o Governo português reafirma o total empenhamento em atingir os compromissos assumido em matéria de redução do défice orçamental em 2010 e 2011, respectivamente, para 7,3% e 4,6% do PIB.

Neste contexto, as medidas adoptadas concentram-se principalmente na redução da despesa de modo a reforçar e a acelerar a estratégia de consolidação orçamental prevista no PEC 2010-2013.

Assim, prevê-se: i) a redução do valor das ajudas de custo e do subsídio de transporte para os trabalhadores que exercem funções públicas e situações equiparáveis, actualmente consagrado na Portaria n.º 1553-D/2008, de 31 de Dezembro, a qual será alterada em conformidade; ii) a extensão desse valor reduzido para o conjunto de situações em que existe o direito aos referidos subsídios; iii) o alargamento do âmbito subjectivo de aplicação dos regimes do trabalho extraordinário e do trabalho nocturno previstos no Regime do Contrato de Trabalho em Funções Públicas; iv) a eliminação da possibilidade de acumulação de vencimentos públicos com pensões do sistema público de aposentação; v) o aumento em um ponto percentual da contribuição dos trabalhadores da Administração Pública para a Caixa Geral de Aposentações.

Embora seja despicienda tal afirmação, arriscamos sugerir aos eleitos locais a leitura diária de jornais, sempre dentro de um espírito critico e questionador, assim como o visionamento de telejornais, de forma a que possa munir-se de argumentos que poderão revelar-se importantes no exercício da sua nobre função de membro de um órgão autárquico de fiscalização e acompanhamento da actividade das câmaras municipais.

25. BIBLIOGRAFIA

AA.VV., 50 Grandes Discursos da História, Edições Sílabo, 2005.

AA.VV., A Freguesia – Guia do Eleito Local, Açores, Direcção Regional de Organização e Administração Pública da Região Autónoma dos Açores, 2005.

AA.VV., A Nova Justiça Administrativa, Coimbra, Coimbra Editora, 2006.

AA.VV., Administrar a Freguesia, Coimbra, Fundação Bissaya-Barreto, 2003.

AA.VV., Código do Procedimento Administrativo – Anotado – Com Legislação Complementar, 6ª ed., Coimbra, Almedina, 2007.

AA.VV., Colecção Regulamentos 11 – Legislação Básica de Higiene, Segurança e Saúde no Trabalho, Porto, Porto Editora, 2008.

AA.VV., Direito do Urbanismo e do Ambiente, Quid Iuris, 2010.

AA.VV., Domínio Público Local, Braga, Centro de Estudos Jurídicos do Minho, 2006.

AA.VV., Estratégia e Planeamento na Gestão e Administração Pública, Fórum 2000, Lisboa, Instituto Superior de Ciências Sociais e Políticas, 1995.

AA.VV., Reforma do Contencioso Administrativo, Vol. I, II e III, Coimbra, Coimbra Editora/Ministério da Justiça, 2003.

AA.VV., Regionalização em Portugal e as Experiências na União Europeia [comunicações apresentadas no Seminário Regionalização em Portugal e as Experiências na União Europeia, a 2 de Junho de 1997], Coimbra, Centro de Estudos e Formação Autárquica, 1997.

ABREU, Fernando Jorge, Técnicas de Chefia e Liderança, Coimbra, Centro de Estudos e Formação Autárquica, 2004.

ADAIR, John, A Gestão Eficiente do Tempo, Lisboa, Publicações Europa-América, 1998.

AGUIAR, Joaquim, A Ilusão do Poder, Dom Quixote, 1983.

ALBERONI, Francesco, Altruísmo e a Moral, Bertrand Editora, 1993.

ALBUQUERQUE, Ana Paula, Deontologia Profissional, Coimbra, Centro de Estudos e Formação Autárquica, 2002.

ALEXANDRE, Joaquim, A Nova Lei das Finanças Locais. Manual para financeiros e não financeiros, Lisboa, Dislivro, 2007.

ALMEIDA, José Rui, Contabilidade de Custos para as Autarquias Locais, 2ª ed., Porto, Vida Económica, 2005.

ALMEIDA, Mário Aroso de, O Novo Regime do Processo nos Tribunais Administrativos, 4ª ed., Coimbra, Almedina, 2007.

ALMEIDA, Mário Aroso de e CADILHA, Carlos Alberto Fernandes, Comentário ao Código de Processo nos Tribunais Administrativos, Coimbra, Almedina, 2010.

ALMEIDA, Mário de, Álbum de Prata do Poder Local Democrático: 25 anos 1976-2001,

Coimbra, Associação Nacional de Municípios Portugueses, 2001.

ALQUIÉ, Ferdinand, A Filosofia de Descartes, Editorial Presença, 1980.

ALVES, Fátima, Aredes, José, Carvalho, José, Mini-Dicionário de Filosofia, Texto Editora, 2003.

ALVES, Jorge de Jesus Ferreira, Como Processar o Estado, Porto, Legis, 2007.

ALVES, Jorge de Jesus Ferreira, Convenção Europeia dos Direitos do Homem Anotada e Protocolos Adicionais Anotados, Porto, Legis, 2008.

AMARAL, Diogo Freitas do, Curso de Direito Administrativo – Vol. I e II, Coimbra, Almedina, 2008.

AMARAL, Diogo Freitas do, e Almeida, Mário Aroso de, Grandes Linhas da Reforma do Contencioso Administrativo, 3ª ed., Coimbra, Almedina, 2007.

AMARAL, Diogo Freitas do, Última Lição, Coimbra, Almedina, 2007.

AMARAL, Freitas, Governos de Gestão, 2ª ed., Lisboa, 2002.

AMORIM, Pessoa de, Antecipar a Mudança, Oeiras, Instituto Nacional de Administração, 1996.

ANDRADE, Maria Paula Gouveia, Prática de Direito Administrativo – Questões Teóricas e Hipóteses Resolvidas, Quid Iuris, 2010.

ANDRADE, José Carlos Vieira de, A Justiça Administrativa (Lições), 10ª ed., Coimbra, Almedina, 2009.

ANDRADE, José Carlos Vieira de, O Dever da Fundamentação Expressa de Actos Administrativos, Coimbra, Almedina, 2007.

ANDRADE, José Carlos Vieira de, Os Direitos Fundamentais na Constituição Portuguesa de 1976, Coimbra, Almedina, 2010.

ANDRADE, José Carlos Vieira de, e Ferrão, Ricardo da Veiga, Organização do Estado Português, Coimbra, Centro de Estudos e Formação Autárquica, 2003.

ANDRADE, Maria Paula Gouveia, Legislação Administrativa Essencial, Lisboa, Quid Iuris, 2008.

ANDRADE, Maria Paula Gouveia, Prática de Direito Administrativo – Questões Teóricas e Hipóteses Resolvidas, Lisboa, Quid Iuris, 2008.

ANDRÉ, Adélio, Vinculação da Administração e Protecção dos Administrados, Coimbra, Coimbra Editora, 1989.

ANTUNES, José Manuel Oliveira, Código dos Contratos Públicos – Regime de Erros e Omissões, Coimbra, Almedina, 2009.

ANTUNES, Luís Filipe Colaço, A Teoria do Acto e a Justiça Administrativa – O Novo Contrato Natural, Coimbra, Almedina, 2006.

ANTUNES, Luís Filipe Colaço, Direito Administrativo sem Estado – Crise ou Fim de um Paradigma?, Coimbra, Coimbra Editora, 2008.

ANTUNES, Luís Filipe Colaço, Direito Público do Ambiente, Diagnose e Prognose da Tutela Processual da Paisagem, Coimbra, Almedina, 2008.

ANTUNES, Luís Filipe Colaço, O Direito Administrativo sem Estado – Crise ou Fim de um Paradigma?, Coimbra, Coimbra Editora, 2008.

APEL, Karl-Otto, Ética e Responsabilidade, Instituto Piaget, 2007.

AQUINO, São Tomás de, Os Sete Pecados Capitais, Padrões Culturais Editora, 2007.

ARAGÃO, Alexandra, O Princípio do Poluidor Pagador, Coimbra, Coimbra Editora, 1997.

ARAGÃO, Maria Alexandra de Sousa, Código dos Resíduos, Coimbra, Almedina, 2004.

ARAGÃO, Maria Alexandra de Sousa, O Princípio do Nível Elevado de Protecção e a Renovação Ecológica do Direito do Ambiente e dos Resíduos, Coimbra, Almedina, 2006.

ARAÚJO, Fernando, A Tragédia dos Baldios e dos Anti-Baldios – O Problema Económico do Nível Óptimo de Apropriação, Coimbra, Almedina, 2008.

ARAÚJO, Joaquim Filipe, Gestão Pública em Portugal: Mudança e Persistência Institucional, Quarteto, 2002.

ARBLASTER, Anthony, A Democracia, Europa-América, 2004.
ARENDT, Hannah, A Promessa da Política, Relógio de Água, 2007.
ARENDT, Hannah, Entre o passado e o Futuro, Relógio de Água, 2006.
ARENDT, Hannah, Responsabilidade e Juízo, Dom Quixote, 2007.
ARENDT, Hannah, Verdade e Politica, Lisboa Editora, 2005.
ARISTÓTELES, Ética a Nicómaco, Livros Quetzal, 2009.
ARISTÓTELES, Política, Veja, 1998.
ARISTÓTELES, Retórica, Imprensa Nacional/Casa da Moeda, 2005.
ARISTÓTELES, Tópicos, Imprensa Nacional/Casa da Moeda, 2007.
AROSO, Mário, Studia Iuridica 86 – Colloquia – 15 – A Reforma da Justiça Administrativa, Coimbra, Coimbra Editora, 2006.
ASSIS, Rui, Contrato de Trabalho em Funções Públicas, Coimbra, Coimbra Editora, 2008.
AURÉLIO, José Alexandrino, e Hilário, Jacinto, Entrada, Permanência e Saída de Estrangeiros e Apátridas em Portugal, Aquisição e Perda da Nacionalidade Portuguesa, Lisboa, Edições Sílabo, 2008.
AZEVEDO, Alfredo, Administração Pública – tic Administrativa. Gestão e Melhoria dos Processos Administrativos. CAF e SIADAP, Porto, Vida Económica, 2008.
AZEVEDO, Bernardo, Servidão de Direito Público: Contributo para o seu Estudo, Coimbra, Coimbra Editora, 2005.

BALLADUR, Edouard, Maquiavel em Democracia, Casa das Letras, 2006.
BANDEIRA, Pedro, Código dos Contratos Públicos, Lisboa, Dislivro, 2008.
BARBALET, J.M., A Cidadania, Editorial Presença, 1989.
BARBOSA, Paula, A Acção de Condenação no Acto Administrativo Legalmente Devido, A.A.F.D., 2007.
BARRACHO, Carlos, Poder, Autoridade e Liderança, Universidade Lusíada Editora, 2008.

BAUDELAIRE, Balzac, D'Avrevilly, Manual do Dândi, Autêntica, 2009.
BDJUR, Código do Procedimento Administrativo, Coimbra, Almedina, 2009.
BDJUR, Código dos Contratos Públicos, 2ª ed., Coimbra, Almedina, 2008.
BDJUR, Distribuição e Armazenagem de Gás, Colecção Ambiente N.º 6, Coimbra, Almedina, 2008.
BDJUR, Exploração e Distribuição de Água, Colecção Ambiente N.º 4, Coimbra, Almedina, 2008.
BDJUR, Gestão e Tratamento de Resíduos, Colecção Ambiente N.º 7, Coimbra, Almedina, 2008.
BDJUR, Produção e Distribuição de Electricidade, Colecção Ambiente N.º 5, Coimbra, Almedina, 2008.
BDJUR, Segurança Contra Incêndios, N.º 4 da Colecção Construir, Coimbra, Almedina, 2008.
BERNARDES, Arménio Ferreira, Contabilidade Pública e Autárquica – POCP e POCAL, 2ª ed., Coimbra, Centro de Estudos e Formação Autárquica, 2003.
BILHIM, João, Ciência da Administração, Lisboa, Universidade Aberta, 2000.
BONNARD, André, A Civilização Grega, Edições 70, 2007.
BRAGA, Paulo, e Diniz, Fátima, Estatuto dos Eleitos Locais, Coimbra, Centro de Estudos e Formação Autárquica, 2002.
BRÁS, João Maurício, A Importância de Desconfiar, Veja, 2010.
BRAVO, Anabela Santos, e Sá, Jorge A. Vasconcelos, Autarquias Locais – Descentralização e Melhor Gestão, Lisboa, Verbo, 2000.
BRETON, David Le, Do Silêncio, Instituto Piaget, 1999.
BRITO, Wladimir, Lições de Direito Processual Administrativo, Coimbra Editora, 2008.
BRONZE, Fernando José, Lições de Introdução ao Direito, 2ª ed., Coimbra, Coimbra Editora, 2006.

CADILHA, Carlos Alberto Fernandes, Regime da Responsabilidade Civil Extracontratual do Estado e e demais Entidades Públicas -Anotado, Coimbra, Coimbra Editora, 2008.

CAETANO, Marcello, Manual de Direito Administrativo – Vol. I, 9ª reimp. da 10ª ed., Coimbra, Almedina, 2008.

CAETANO, Marcello, Manual de Direito Administrativo – Vol. II, 8.ª reimp. da 10ª ed., Coimbra, Almedina, 2007.

CAETANO, Marcelo, Manual de Ciência Política e Direito Constitucional, Tomo I, 6ª ed., Almedina, 1992, p. 362.

CAETANO, Marcelo, Princípios Fundamentais do Direito Administrativo, Almedina, 1996.

CALDEIRA, Jorge, Implementação do Balanced Scorecard no Estado, Coimbra, Almedina, 2009.

CALVÃO, Filipa Urbano, Rangel, Paulo Castro, e Portocarrero, Marta (coord.), Leis Fundamentais do Direito Administrativo, Porto, Universidade Católica Portuguesa, 2003.

CANAVARRO, José Manuel, Teorias e Paradigmas Organizacionais, Coimbra, Quarteto, 2000.

CANOTILHO, José Joaquim Gomes, Direito Constitucional, II Volume, Almedina, 1981.

Caracterização dos Eleitores da Freguesia de Mirandela durante o Estado Novo, Mirandela, Junta de Freguesia de Mirandela, 2005.

CARDOSO, Elionora, Os Serviços Públicos Essenciais – A Sua Problemática no Ordenamento Jurídico Português, Coimbra Editora, 2010.

CARDOSO, Luís, Gestão Estratégica. Enfrentar a Mudança, Lisboa, IAPMEI, 1992.

CARVALHO, João Baptista da Costa, Fernandes, Maria José, e Teixeira, Ana, POCAL – Plano Oficial de Contabilidade das Autarquias Locais – Comentado, 2ª ed., Lisboa, Rei dos Livros, 2006.

CARVALHO, Raquel, Lei de Acesso aos Documentos da Administração, Porto, Universidade Católica Portuguesa, 2000.

CARVALHO, Raquel, O Direito à Informação Administrativa Procedimental, Porto, Universidade Católica Portuguesa, 1999.

CARVALHO, Raquel, O Direito à Informação Administrativa Procedimental, Porto, Universidade Católica Portuguesa, 1999.

CASCARDI, A. e outros, Retórica e Comunicação, 2009.

CASTRO, Catarina Sarmento e, A Questão das Policias Municipais, Coimbra, Coimbra Editora, 2003.

Castro, Catarina Sarmento e, Competências dos Serviços de Polícia Municipal, Coimbra, Centro de Estudos e formação Autárquica, 2002.

CAUPERS, João, e Raposo, João, A Nova Justiça Administrativa – Legislação, Lisboa, Âncora Editora, 2002.

CAUPERS, João, Introdução à Ciência da Administração Pública, Lisboa, Âncora Editora, 2002.

CEDOUA, FDUC, Aménagement du Territoire, Urbanisme et Reseau Natura 2000 – Vol. II, Coimbra, Almedina, 2009.

CEDOUA, FDUC, IGAL, Recursos Humanos das Autarquias Locais e o Novo Regime Jurídico do Emprego Público, Coimbra, Almedina, 2009.

CEDOUA, FDUC, IGAT, Contratação Pública Autárquica, Coimbra, Almedina, 2006.

CEDOUA, FDUC, IGAT, Direito do Urbanismo e Autarquias Locais, Coimbra, Almedina, 2005.

CEDOUA, FDUC, Ordenamento do Território, Urbanismo e Rede Natura 2000, Volume I, Coimbra, Almedina, 2009.

CÍCERO, As Catalinárias, Edições 70, 2006.

CLARKSON, Petruska, Como Ultrapassar o Medo de Falhar, Lisboa, Publicações Europa-América, 1998.

CLEGG, Stewart, As Organizações Modernas, Oeiras, Celta Editora, 1998.

COIMBRA, José Dias, Dias, Orlando Perrain, e Fonseca, Luís, Guia do Protocolo Autárquico, Lisboa, Ministério do Planeamento e da Administração do Território e Associação Nacional de Municípios Portugueses, 1990.

COMOANE, Paulo Daniel, A Aplicação da Lei do Trabalho nas Relações de Emprego Público, Coimbra, Almedina, 2007.

CONDESSO, Fernando dos Reis, Ordenamento do Território – Administração e Políticas Públicas, Direito Administrativo e Desenvolvimento Regional, Lisboa, Dis-Livro, 2005.

CONDESSO, Fernando, Direito à Informação Administrativa, Lisboa, PF, 1995.

CORCUFF, Philippe, Filosofia Política, Europa-América, 2003.

CORDEIRO, António Menezes, Introdução ao Direito da Prestação de Contas, Coimbra, Almedina, 2008.

CORDEIRO, António, Arquitectura e Interesse Público, Coimbra, Almedina, 2008.

CORDEIRO, António, Direito da Arquitectura – Colectânea Anotada de Textos Legais, 7ª ed., Coimbra, Almedina, 2004.

CORREIA, Fernando Alves, Alguns Conceitos de Direito Administrativo, 2ª ed., Coimbra, Almedina, 2001.

CORREIA, Fernando Alves, Direito do Ordenamento do Território e do Urbanismo (Legislação Básica), 8ª ed., Coimbra, Almedina, 2008.

CORREIA, Fernando Alves, Manual de Direito do Urbanismo, Volume I, 4ª ed., Coimbra, Almedina, 2008.

Correia, José de Matos, A Fiscalização da Constitucionalidade e da Legalidade, 2ª ed., Lisboa, Universidade Lusíada Editora, 2007.

CORREIA, José de Matos, e PINTO, Ricardo Leite, A Responsabilidade Política, Universidade Lusíada Editora, 2010.

CORREIA, A Responsabilidade Política, Universidade Lusíada Editora, 2010.

CORTE-REAL, Isabel, Cidadão, Administração e Poder, [Lisboa], [s.n.], 1995.

COSTA, Adalberto, Licenciamento Industrial – Novo Regime Jurídico, Coimbra, Almedina, 2004.

COSTA, Emílio José da Costa e José Amaral da Costa, Da Responsabilidade civil do Estado e dos Magistrados por danos da função jurisdicional, Quid Juris, 2010.

COSTA, Paula Maria Reis, Contabilidade e Gestão Financeira, Coimbra, Centro de Estudos e Formação Autárquica, 2001.

COSTA, Paula Maria Reis, Finanças e Contabilidade Autárquica, Coimbra, Centro de Estudos e Formação Autárqica, 2003.

COSTA, Paulo Manuel, Legislação de Introdução ao Direito do Ambiente, Lisboa, Rei dos Livros, 2008.

COSTA, Salvador da, Código das Expropriações e Estatuto dos Peritos Avaliadores – Anotados e Comentados, Almedina, 2010.

CRUZ, José Maria Teixeira da, A Função Pública e o Poder Político, Lisboa, Instituto Superior de Ciências Sociais e Políticas, 2002.

CRUZ, José Neves, Economia e Política: uma Abordagem Dialéctica da Escolha Pública, Coimbra, Coimbra Editora, 2008.

CRUZ, Maria Antonieta, Eleições e Sistemas Eleitorais, Editora da Universidade do Porto, 2010.

CRUZ, Sebastião, Direito Romano, I – Introdução. Fontes, Dislivro, 4ª ed., 1984.

CULLEN, Gordon, Paisagem Urbana, Lisboa, Edições 70, 2008.

CUNHA, Estêvão Nascimento da, Impugnação Contenciosa de Actos Administrativos no CPTA, Porto, Universidade Católica Portuguesa, 2008.

CUNHA, Miguel Pina (coord.), Teoria Organizacional: Perspectivas e Prospectivas, Lisboa, Publicações Dom Quixote, 2000.

CUNHA, Miguel Pina, Arménio Rego e Rita Campos e Cunha, Organizações Positivas, Dom Quixote, 2007.

CUNHA, Paulo Ferreira da, Direito Constitucional Anotado, Lisboa, Quid Juris, 2008.

Curso de Formação de Polícia Municipal, Coimbra, Centro de Estudos e Formação Autárquica, 2002.

CURY, Augusto, A Saga de um Pensador, Pergaminho, 2005.

DELGADO, Ana, e Ribeiro, Ana, Legislação de Direito do Ordenamento do Território e do Urbanismo, Coimbra, Coimbra Editora, 2004.

DESCARTES, René, Discurso sobre o Método, Edições 70, 2008.

DIAS, Figueiredo, Tutela Ambiental e Contencioso Administrativo: da Legitimidade Processual e das suas Consequências, Coimbra, Coimbra Editora, 1997.

DIAS, José António Rajani Oliveira, Cartilha do Eleito Local, Odivelas, Nova Odivelas, 2002.

DIAS, José Eduardo Figueiredo, e Mendes, Joana Maria Pereira, Legislação Ambiental – sistematizada e comentada, 5ª ed., Coimbra, Coimbra Editora, 2006.

DIAS, José Eduardo Figueiredo, e Oliveira, Fernanda Paula, Noções Fundamentais de Direito Administrativo, Coimbra, Almedina, 2005.

DIAS, Pedro Branquinho Ferreira, O Dano Moral, Almedina, 2001.

DIRECÇÃO-GERAL DAS AUTARQUIAS LOCAIS, Estrutura e Funcionamento da Democracia Local e Regional, Lisboa, Direcção-Geral das Autarquias Locais, 2004.

DRUCKER, Peter, As Organizações sem Fins Lucrativos, Lisboa, Editorial Presença, 1997.

DRUCKER, Peter, Gerindo para o Futuro, Lisboa, Difusão Cultural, 1993.

DRUCKER, Peter, Inovação e Gestão, Lisboa, Editorial Presença, 1998.

DUARTE, David, A Norma de Legalidade Procedimental Administrativa – A Teoria da Norma e A Criação de Normas de Decisão na Discricionariedade Instrutória, Coimbra, Almedina, 2006.

DUARTE, David, Procedimentação, Participação e Fundamentação: Para uma Concretização do Princípio da Imparcialidade como Parâmetro Decisório, Coimbra, 1996.

DUARTE, Maria Luísa, Direito Administrativo da União Europeia, Coimbra, Coimbra Editora, 2008.

DUARTE, Maria Luísa, O Direito de Petição, Cidadania, Participação e Decisão, Coimbra Editora, 2008.

DUARTE, Ronnie Preuss, Garantia de Acesso à Justiça – Os Direitos Processuais Fundamentais, Coimbra, Coimbra Editora, 2007.

DUVERGER, Maurice, Os Partidos Políticos, F.C.E., 2002.

DUVERGER, Maurice, Sociologia da Política, Almedina, 1983.

EPICURO, Carta sobre a Felicidade ou a Conduta Humana para a Saúde do Espírito, Padrões Culturais Editora, 2008.

ESPINOZA, Bento de, Ética, Relógio de Água, 1992.

ESTRELA, Edite et al., Saber Escrever, Saber Falar, Lisboa, Círculo de Leitores, 2004.

EYRE Lucy, O Dia em que Sócrates vVestiu de Jeans, Casa das Letras, 2007.

FACHADA, M. Odete, Psicologia das Relações Interpessoais, 8ª ed., Lisboa, Edições Rumo, 2006.

FALCÃO, José, et. al., Noções Gerais de Direito, Porto, Rés Editora, 2007.

FERNANDES, António José, Introdução à Ciência Política, Porto Editora, 2009.

FERREIRA, Durval, Águas Subterrâneas e de Nascentes, Coimbra, Almedina, 2006.

FERREIRA, Isabel Soares e Sandra Cunha, Manual Prático da Contratação Pública, Áreas, 2010.

FERREIRA, J. M. Carvalho, et. al., Psicossociologia das Organizações, Lisboa, McGraw-Hill, 1996.

FERREIRA, João Pedro de Melo, Código das Expropriações – Anotado, 4ª ed., Coimbra, Coimbra Editora, 2007.

FERREIRA, João Pedro de Melo, Código das Expropriações – Anotado, 4ª ed., Coimbra, Coimbra Editora, 2007.

FERREIRA, Maria Edite Pacheco, Técnicas de Comunicação Escrita e Oral: manual de apoio ao curso de administração autárquica, Coimbra, Centro de Estudos e Formação Autárquica, 2002.

FERREIRA, Maria Edite Pacheco, Técnicas de Comunicação Escrita e Oral: manual de apoio ao curso de fiscal municipal e curso de polícia municipal, Coimbra, Centro de Estudos e Formação Autárquica, 2002.

FOLQUE, André, A Tutela Administrativa nas Relações entre o Estado e os Municípios, Coimbra, Coimbra Editora, 2004.

FOLQUE, André, Curso de Direito da Urbanização e da Edificação, Coimbra, Coimbra Editora, 2007.

FONSECA, Guilherme da, e Rodrigues, Lúcia, Direito Administrativo, Lisboa, Associação Académica da Faculdade de Direito de Lisboa, 2007.

FONSECA, Guilherme da, et al., Legislação Administrativa Básica, 7ª ed., Coimbra, Coimbra Editora, 2008.

FONSECA, Guilherme da, et al., Legislação Básica da Contratação Pública, Coimbra, Coimbra Editora, 2008.

FONSECA, Isabel Celeste M., Direito da Contratação Pública – Uma introdução em dez aulas, Isabel Celeste M. Fonseca, Coimbra, Almedina, 2009.

FONSECA, Isabel Celeste M., Dos Novos Processos Urgentes no Contencioso Administrativo, Lex, 2004.

FONTES, José, Curso Breve sobre o Código do Procedimento Administrativo, 3ª ed., Coimbra, Coimbra Editora, 2007.

FONTES, José, Do Controlo Parlamentar da Administração Pública – Teoria Geral e Instrumentos de Fiscalização, 2ª ed., Coimbra, Coimbra Editora, 2008.

FORNER, Rosetta, Os Segredos Fundamentais para uma Total Autoconfiança, Porto, Didáctica Editora, 2009.

FOUCAULT, Michel, Nascimento da Biopolítica, Edições 70, 2010.

FRANQUEIRA, Anabela, Sociologia da Função Pública e Deontologia Profissional, Coimbra, Centro de Estudos e Formação Autárquica, 2003.

FREITAS, Luís Conceição, Manual de Segurança e Saúde do Trabalho, Lisboa, Edições Sílabo, 2008.

FREITAS, Dinamene, O Acto Administrativo Inconstitucional, Coimbra Editora, 2010.

FREITAS, Luís Conceição, Manual de Segurança e Saúde do Trabalho, Lisboa, Edições Sílabo, 2008.

FREUD, Sigmund, Psicopatologia da Vida Quotidiana, Imago, 2003.

FUNDAÇÃO BISSAYA BARRETO, Administrar a Freguesia, 2003.

GAARDER, Jostein, O Mundo de Sofia, Editorial Presença, 2004.

GALBRAITH, John Kenneth, A Anatomia do Poder, Edições 70, 2007.

GAMBÔA, José Duarte, Ascensores e Elevadores, Lisboa, Rei dos Livros, 2005.

GAMBRA, Rafael, Noções de Filosofia, 10º ano, Livraria Tavares Martins, 1973.

GIDDENS, Anthony, Sociologia, Fundação Calouste Gulbenkian, 6ª ed., 2008.

GOMES, Carla Amado, As Operações Materiais Administrativas e o Direito do Ambiente, 2ª ed., Lisboa, Associação .Académica da Faculdade de Direito de Lisboa, 2005.

GOMES, Carla Amado, Contributo para o Estudo das Operações Materiais da Administração Pública e do seu Controlo Jurisdicional, Coimbra, Coimbra Editora, 1999.

GOMES, Carla Amado, e Antunes, Tiago (org.), Colectânea de Legislação de Direito Administrativo, Lisboa, Associação Académica da Faculdade de Direito de Lisboa, 2008.

GOMES, Carla Amado, Textos Dispersos de Direito do Ambiente (e matérias relacionadas) – II Vol., Lisboa, Associação Académica da Faculdade de Direito de Lisboa, 2008

GOMES, Carla Amado, Textos Dispersos de Direito do Ambiente, Lisboa, Associação Académica da Faculdade de Direito de Lisboa, 2005

GOMES, Carla Amado, Textos Dispersos do Contencioso Administrativo, Associação Académica da Faculdade de Direito de Lisboa, 2009.

GOMES, Carla Amado, Textos Dispersos de Direito do Património Cultural e de Direito do Urbanismo, Associação Académica da Faculdade de Direito de Lisboa, 2008.

GOMES, Carla Amado, Três Textos sobre o Novo Regime da Responsabilidade Civil Extracontratual do Estado e demais Entidades Públicas, Lisboa, Associação Académica da Faculdade de Direito de Lisboa, 2008.

GOMES, José Osvaldo, Fundamentação do Acto Administrativo, Coimbra, Coimbra Editora, 1981.

GOMES, Maria Teresa Salis (coord.), A Face Oculta da Governança: Cidadania, Administração Pública e Sociedade, Oeiras, Instituto Nacional de Administração, 2003.

GOMES, Pinharanda, Filosofia Grega Pré-Socrática, Guimarães Editores, 4ª ed., 1994.

GONÇALVES, Fernando, et al., O Novo Código do Processo nos Tribunais Administrativos, Coimbra, Almedina, 2004.

GONÇALVES, José Renato, Acesso à Informação das Entidades Públicas, Coimbra, Almedina, 2002.

GONÇALVES, Pedro (org.), Estudos de Contratação Pública – I, Coimbra, Coimbra Editora, 2008.

GONÇALVES, Pedro, e Oliveira, Rodrigo Esteves de, As Concessões Municipais de Distribuição de Electricidade, Coimbra, Coimbra Editora, 2001.

GONÇALVES, Pedro, Entidades Privadas com Poderes Públicos, Coimbra Editora, 2008.

GONÇALVES, Pedro, Regime Jurídico das Empresas Municipais, Almedina, 2007.

GONÇALVES, Pedro, Regulação, Electricidade e Telecomunicações – Estudos de Direito Administrativo da Regulação, Coimbra, Coimbra Editora, 2008.

GOURNAY, Bernard, Introdução à Ciência Administrativa, Lisboa, Publicações Europa-América, 1978.

GRÁCIO R., Racionalidade Argumentativa, Porto, Edições Asa, 1993

GRALHEIRO, Jaime, Comentário à Nova Lei dos Baldios, Coimbra, Almedina, 2002.

GUIA PRÁTICO DA LEI, Lisboa, Selecções Reader's Digest, 1996.

GUIA PRÁTICO DO IRS – 2008, Porto, Vida Económica, 2008.

HAWTHORNE, Jennie, Como Fazer Minutas e Actas de Reuniões, Mem Martins, Edições CETOP, 1998.

HEGEL, G. W.F., O Sistema da Vida Ética, Edições 70, 1991.

HEIDEGGER, Martin, Carta sobre o Humanismo, Guimarães Editores, 1987.

HOSTER, Heinrich Ewald, A Parte Geral do Código Civil Português, Almedina, 1992.

HUME, David, Tratado da Natureza Humana, Fundação Calouste Gulbenkian, 2ª ed., 2010.

INNERARITY, Daniel, O Novo Espaço Público, Teorema, 2006.

JENCKS, Charles, Movimentos Modernos em Arquitectura, Lisboa, Edições 70, 2006.

JESUÍNO, Jorge Correia, Processos de Liderança, Lisboa, Livros Horizonte, 1987.

KANT, Immanuel, Fundamentação da Metafísica dos Costumes, Lisboa Editora, 2003.

KANT, Immanuel, Lógica, Texto & Grafia, 2009

KREMER-MARIETTI, Angéle, A Moral, Edições 70, 1990.
LAIA, M. Roque, Como Decidir em Conjunto, 2ª ed., Livraria Petrony, 1977.
LAIA, M. Roque, Guia das Assembleias Gerais, 3ª ed., Caminho, 1968.
LAUPIES, Frédéric, A Liberdade, Europa-América, 2005
LEGROS, Robert, O Advento da Democracia, Instituto Piaget, 2001.
LEITÃO, Alexandra L. R. Fernandes, A Protecção Judicial dos Terceiros nos Contratos da Administração Pública, Coimbra, Almedina, 2002.
LEITE, Fátima Correia, e Nascimento, Esmeralda, Regime Jurídico dos Animais de Companhia, Coimbra, Almedina, 2004.
LOBO, Manuel da Costa, Administração Urbanística: Evolução Legal e Sua Prática, Lisboa, Instituto Superior Técnico, 2005.
LOCKE, John, Carta sobre a Tolerância, Edições 70, 2000.
LOGOS, Enciclopédia Luso-Brasileira de Filosofia, Editorial Verbo, 1997.
LOMBA, Pedro, Teoria da Responsabilidade Política, Coimbra, Coimbra Editora, 2008.
LOPES, José, Código do Procedimento Administrativo e Legislação Complementar, 3ª ed., Coimbra, Centro de Estudos e Formação Autárquica, 2003.
LOPES, Mário Filipe Monteiro, Nacionalidade (notas práticas), Coimbra, Almedina, 2008.
LOUREIRO, João, O Procedimento Administrativo entre a Eficiência e a Garantia dos Particulares, Coimbra, 1996.

MACHETE, Pedro, A Audiência dos Interessados no Procedimento Administrativo, Lisboa, 1995.
MACHETE, Pedro, Estado de Direito Democrático e Administração Paritária, Almedina, 2007.
MANSO, Luís Duarte Manso e ESTEVES, Leandro Caldas, Direito Administrativo – Casos Práticos Resolvidos, Quid Iuris, 2010.

MAQUIAVEL, Nicolau, O Príncipe, Editorial Presença, 2008.
MARÇALO, Ana Paula, e Meirim, José Manuel, Incompatibilidades e Impedimentos de Titulares de Altos Cargos Públicos e de Cargos de Direcção Superior – Regime Jurídico. Notas e Comentários, Coimbra, Coimbra Editora, 2007.
MARINA, José António, A Paixão do Poder, Esfera dos Livros, 2009.
MARINOFF, Lou, Mais Platão, Menos Prozac, Presença, 2010.
MARQUES, Francisco Paes, A Efectividade da Tutela de Terceiros no Contencioso Administrativo, Almedina, 2007.
MARQUES, Jorge, et al., Novas Perspectivas de Gestão, Lisboa, Editora Pergaminho, 1999.
MARTINS, Alcides, Legislação sobre Estrangeiros, Lisboa, Dislivro, 2008.
MARTINS, Alcides, Legislação da Segurança Social, Dislivro, 2011.
MARTINS, António Carvalho, Caminhos Públicos e Atravessadouros, Coimbra Editora, 1999.
MARTINS, J. Vieira, Construir sem Barreiras, Lisboa, DisLivro, 2005.
MARTINS, Manuel R., As Eleições Autárquicas e o Poder dos Cidadãos, Vega.
MARTINS, Mário Rui, As Autarquias Locais na União Europeia, Editora Asa, 2001.
MARTINS, Mário Rui, As Autarquias Locais na União Europeia, Porto, Asa, 2001.
MARTINS, Patrícia, e Ferreira, Sílvia Capinha, Regime Jurídico dos Instrumentos de Gestão Territorial, Lisboa, DisLivro, 2005.
MCGINN, Colin, Como se Faz um Filósofo, Bizâncio, 2007.
METELLO, Francisco Cabral, RJUE – Regime Jurídico da Urbanização e da Edificação, Coimbra, Almedina, 2008.
METTELO, Francisco Cabral, Manual de Reabilitação Urbana, Coimbra, Almedina, 2008.
MEYER M., Lógica, Linguagem e Argumentação, Lisboa, Torema, 1992

MILL, John Stuart, Sobre a Liberdade, Edições 70, 2006.
MILL, John Stuart, Utilitarismo, Gradiva, 2005.
MILTON, John, Aeropagítica – Discurso sobre a Liberdade de Expressão, Almedina, 2009.
MIRANDA, João, A Dinâmica Jurídica do Planeamento Territorial – A Alteração, a Revisão e a Suspensão dos Planos, Coimbra, Almedina, 2002.
MIRANDOLA, Giovanni Pico de, Discurso sobre a Dignidade do Homem, Edições 70, 2008.
MONCADA, Luís Cabral de, A Relação Jurídica Administrativa – Para um Novo Paradigma de Compreensão da Actividade, da Organização e do Contencioso Administrativos, Coimbra Editora, 2009.
MONCADA, Luís Cabral de, Lei e Regulamento, Coimbra, Coimbra Editora, 2002.
MONTEFIORE, Simon, Discursos que Mudaram o Mundo, Difel, 2009.
MONTEIRO, António Pinto (dir.), Noções Gerais de Direito, Coimbra, Centro de Estudos e Formação Autárquica, 2003.
MONTEIRO, Manuela, e Queirós, Irene, Psicossociologia, Porto, Porto Editora, 2003.
MOREIRA, José Manuel, Jalali, Carlos e Alves, André Azevedo (coord.), Estado, Sociedade Civil e Administração Pública – Para um Novo Paradigma do Serviço Público, Coimbra, Almedina, 2008.
MOREIRA, Vital, Administração Autónoma e Associações Públicas, Coimbra, Coimbra Editora, 2003.
MORGADO, Maria José, VEGAR, José, Fraude e Corrupção em Portugal, Dom Quixote, 2ª ed., 2003.
MORROW, John, História do Pensamento Político Ocidental, Europa-América, 2007.
MOUNIER, Immanuel, O Personalismo, Texto & Grafia, 2010.
MOUNIN, Georges, Maquiavel, Edições 70, 1984.

MOURA, Estêvão de, Gestão dos Recursos Humanos: Influências e Determinantes do Desempenho, Lisboa, Edições Sílabo, 2000.
MOURA, Paulo Veiga e, Arrimar, Cátia, Os Novos Regimes de Vinculação, de Carreiras e de Remunerações dos Trabalhadores da Administração Pública, Coimbra, Coimbra Editora, 2008.
MOZZICAFREDDO, Juan, Ética e Administração. Como Modernizar os Serviços Públicos?, Oeiras, Celta Editora, 2003.
MOZZICAFREDO, Juan, Estado-Providência e Cidadania em Portugal, Oeiras, Celta Editora, 2000.

NABAIS, José Casalta, Procedimento e Processo Administrativos, 5ª ed., Coimbra, Almedina, 2009.
NAMORADO, Rui, Cooperatividade e Direito Cooperativo, Almedina, 2005.
NAMORADO, Rui, Introdução ao Direito Cooperativo, Almedina, 2000.
NAMORADO, Rui, Horizonte Cooperativo, Almedina, 2001.
NEVES, Arminda, Gestão na Administração Pública, Lisboa, Pergaminho, 2002.
NEVES, Arminda, Impactes das Tecnologias de Informação na Administração Pública: inquérito à Administração Pública Central, Amadora, Instituto de Informática, 1994.
NEVES, Augusto Lobato, Motivação para o Trabalho. Dos Conceitos às Aplicações, Lisboa, Editora RH, 1998.
NEVES, José Gonçalves das, Clima Organizacional, Cultura Organizacional e Gestão de Recursos Humanos, Lisboa, Editora RH, 2000.
NEVES, Maria José Castanheira, Oliveira, Fernanda Paula, e Lopes, Dulce, Regime Jurídico da Urbanização e Edificação – Comentado, Coimbra, Almedina, 2006.
NEVES, Maria José L. Castanheira, Governo e Administração Local, Coimbra, Coimbra Editora, 2004.

NÓBREGA, António M. G., O Novo Regime Jurídico da Urbanização e da Edificação – Anotado e Comentado – Lei n.º 60/2007, de 4 de Setembro, Ed., de Autor, 2007.

NÓBREGA, João Ricardo, et al., Novo Regime Jurídico dos Empreendimentos Turísticos – Anotado e Comentado, Porto, Vida Económica, 2008.

NOZICK, Robert, Anarquia, Estado e Utopia, Edições 70, 2009.

NUNES, Joaquim Pintado, e Aurélio, José Alexandrino, Regime Legal para a Autorização do Exercício de Actividades Industriais, Comerciais e de Serviços, Lisboa, Rei dos Livros, 2007.

OLÉROM P., A Argumentação, Mem-Martins, Publicações Europa-América

OLIVEIRA, António Cândido de, A Democracia Local: Aspectos Jurídicos, Coimbra, Coimbra Editora, 2005.

OLIVEIRA, António Cândido de, As Assembleias Municipais Precisam de Reforma, 2006.

OLIVEIRA, César de, História dos Municípios e do Poder Local, Lisboa, Círculo de Leitores, 1995.

OLIVEIRA, Fernanda Paula, Contratos para Planeamento – Da consagração legal de uma prática, às dúvidas práticas do enquadramento legal, Coimbra, Almedina, 2009.

OLIVEIRA, Fernanda Paula, Portugal: Território e Ordenamento, Coimbra, Almedina, 2009.

OLIVEIRA, Fernanda Paula, O Urbanismo, O Ordenamento do Território e os Tribunais, Almedina, 2010.

OLIVEIRA, Fernanda Paula, Regime Jurídico dos Instrumentos de Gestão Territorial – Anotações ao Decreto-Lei n.º 316/2007 de 19 de Setembro, Coimbra, Almedina, 2008.

OLIVEIRA, José Ferreira de, A Manutenção da Ordem Pública em Portugal, Lisboa, Instituto Superior de Ciências Policiais e Segurança Interna, 2000.

OLIVEIRA, Mário Esteves de, Gonçalves, Pedro Costa, e Amorim, J. Pacheco, Código do Procedimento Administrativo – Comentado, 2ª ed., Coimbra, Almedina, 2007.

OLIVEIRA, Rodrigo Esteves de, et al. (coord.), Código dos Contratos Públicos e Legislação Complementar – Guias de Leitura e Aplicação, Coimbra, Almedina, 2008.

ORTIGÃO, Ramalho, Queiroz, Eça de, As Farpas, Principiae, 2004.

OTERO, Paulo, Conceito e Fundamento da Hierarquia Administrativa, Coimbra Editora, 1992.

OTERO, Paulo, Legalidade e Administração Pública – O Sentido da Vinculação Administrativa à Juridicidade, Almedina, 2011.

PAPPAS, Nikolas, A República de Platão, Edições 70, 1997.

PASCAL, Blaise, Do Espírito Geométrico e da Arte de Persuadir, Porto Editora, 2003,

PEASE, Allan e Barbara, Linguagem Corporal, Bizâncio, 3ª ed., 2009.

PEBERTOM, Maria, Falar com Eficácia, Europa-América, 2010.

PEMBERTON, Maria, Como Dirigir Uma Reunião, Lisboa, Publicações Europa América, 1992.

PEREIRA, A. M., Direitos do Homem. Publicações Dom Quixote, 1979.

PEREIRA, Manuel João, et al., A Sociedade da Informação e a Administração Pública, Oeiras, Instituto Nacional de Administração, 2005.

PERELMAN C., O Império Retórico. Retórica e Argumentação. Porto, Edições Asa, 1992.

PERELMAN, Chaim, A Arte da Argumentação, Instituto Piaget, 2006.

PERETTI, J. M., Recursos Humanos, Lisboa, Edições Sílabo, 2000.

PIMENTEL, Francisco José Duarte, O Novo Regime Jurídico de Férias, Faltas e Licenças na Função Pública – Comentado e Actualizado, Coimbra, Almedina, 2003.

PINTO, Mário Jorge Lemos, Impugnação de Normas e Ilegalidade por Omissão: No Contencioso Administrativo Português.

PINTO, Mota, Teoria Geral do Direito Civil, 2ª ed., actualizada, Coimbra Editora, 1983.
PIRES, A. Ramos, Qualidade: Sistemas de Gestão da Qualidade, 3ª ed., Lisboa, Edições Sílabo, 2004.
PLATÃO, Apologia de Sócrates e Críton, Edições 70, 2009.
PLATÃO, Fedro, Edições 70, 2009.
PLATÃO, Político, Europa-América
PLATÃO, República, Fundação Calouste Gulbenkian, 2001.
PLATÃO, Sofista, Abril Cultural, 1972.
PLATÃO, Teeteto, Fundação Caloustre Gulbenkian, 2005.
PLUTARCO, Como Tirar Partido dos Inimigos, Coisas de Ler, 2008.
PÓLIS, Enciclopédia Verbo da Sociedade e do Estado, Lisboa, Editorial Verbo, 1983-1987.
POPPER, Karl R., A Vida é uma Aprendizagem, Edições 70, 2001.
PORTO, Manuel Carlos Lopes, Investimentos em Vias de Concretização, Coimbra, Almedina, 2008.
POTOCARRERO, Marta, Modelos de Simplificação Administrativa – A Conferência Procedimental e a Concentração de Competências e Procedimentos no Direito Administrativo, Porto, Universidade Católica Portuguesa, 2002.
PRATAS, Sérgio, Lei do Acesso e da Reutilização dos Documentos Administrativos – Anotada, Lisboa, Dislivro, 2008.
PROENÇA, José João Gonçalves, e Gomes, Ana Sofia, Colectânea de Legislação de Arquitectura, Lisboa, Quid Juris, 2008.
PROENÇA, José João Gonçalves, Manual de Direito da Arquitectura – Ética, Deontologia e Legislação, Lisboa, Universidade Lusíada Editora, 2007.

QUEIRÓ, Afonso, O Poder Discricionário da Administração, Coimbra, 1944.
QUINTAS, Paula, O Novo Regime Jurídico de Instalação, Exploração e Funcionamento dos Empreendimentos Turísticos, Coimbra, Almedina, 2008.

RAIMUNDO, Miguel Assis, Estudos sobre Contratos Públicos, A.A.F.D. Lisboa, 2010.
RASCÃO, José, Sistemas de Informação para as Organizações. A Informação-Chave para a Tomada de Decisão, Lisboa, Edições Sílabo, 2001.
RATO, António Esteves Fermiano, Contencioso Administrativo – Novo Regime Explicado e Anotado, Coimbra, Almedina, 2004.
RATO, Helena, Baptista, Conceição, Ferraz, David, MANFOP – Manual de Avaliação das Necessidades de Formação em Organismos Públicos, Oeiras, Instituto Nacional de Administração, 2008.
REED, Mike, Sociologia da Gestão, Oeiras, Celta Editora, 1997.
REGO, Arménio, Justiça e Comportamentos de Cidadania nas Organizações, Lisboa, Edições Sílabo, 2000.
REIMÃO, Cassiano, Consciência, Dialéctica e Ética, Imprensa Nacional/Casa da Moeda, 1993.
REIS, A. Correia dos, Legislação sobre Projectos e Obras, Lisboa, ETL – Edições Técnicas, 2004.
REMEYER-DHERBEY, GILBERT, Os Sofistas, Edições 70, 1999.
RENAULT, Alain, A Filosofia, Instituto Piaget, 2010.
RIBEIRO, Maria T. M., O Princípio da Imparcialidade da Administração Pública, Almedina, 1996.
RIBEIRO, Vinício, Estatuto Disciplinar dos Funcionários Públicos – Comentado, 3ª ed., Coimbra, Coimbra Editora, 2006.
ROCHA, Graça, Auxiliário de Segurança Social, 2ª ed., Porto, Almeida & Leitão, 2008.
ROCHA, Isabel, Comunicação Social, Porto, Porto Editora, 2004.
ROCHA, Isabel, e Vieira, Duarte Filipe, Resíduos Legislação – Contencioso Contra-Ordenacional – Jurisprudência, 3ª ed., Porto, Porto Editora, 2002
ROCHA, J. A. Oliveira, Gestão da Qualidade: Aplicação aos Serviços Públicos, Lisboa, Escolar Editora, 2006.

ROCHA, J. A. Oliveira, Gestão Pública e Modernização Administrativa, INA, 2001.
ROCHA, J.A. Oliveira, e Filipe, António, Legislação Fundamental de Governo Local e Administração Autárquica, Coimbra, Coimbra Editora, 2003.
ROCHA, Joaquim Freitas, Oliveira, António Cândido de, e Viana, Cláudia, Legislação de Direito Regional e Local – Vol. 1, Centro de Estudos Jurídicos do Minho, 2008.
ROCHA, Manuel Lopes, Macara, Jorge Cruz, e Lousa, Filipe Viana, A Contratação Pública Electrónica e o RODRIGUES, António José, Loteamentos Ilegais: Áreas Urbanas de Génese Ilegal, Coimbra, Almedina, 2005.
RODRIGUES, Carlos, Oliveira, António, e Miranda, Nuno, A Tributação do Património, 2ª ed., Porto, Vida Económica, 2008.
RODRIGUES, José Alves, Regime Jurídico da Urbanização e da Edificação, 2ª ed., Lisboa, Rei dos Livros, 2008.
RODRIGUES, José Alves, Regulamento Geral dos Sistemas Públicos e Prediais de Distribuição de Água e de Drenagem de Águas Residuais, 5ª ed., Lisboa, Rei dos Livros, 2004.
RODRIGUES, Ricardo Fabrício, Organizações, Mudança e Capacidade de Gestão, Lisboa, Principia, 1999.
ROMAGNI, Patrick, 10 Instrumentos-Chave da Gestão, Lisboa, Publicações Dom Quixote, 1999.
ROQUE, Francisco, Desenvolvimento Individual e Interpessoal, Coimbra, Centro de Estudos e Formação Autárquica, 2005.
ROQUE, Francisco, Relações com o Público e Gestão de Conflitos, Coimbra, Centro de Estudos e Formação Autárquica, 2003.
ROSSA, Walter, A Urbe e o Traço Uma Década de Estudos Sobre o Urbanismo Português, Coimbra, Almedina, 2002.
ROUSSEAU, Jean-Jacques, Do Contrato Social, Martin Claret, 2003
RUIVO, Fernando, Poder Local e Exclusão Social, Quarteto, 2000.
RUSSELL, Bertrand, A Conquista da Felicidade, Guimarães Editores, 2001.
RUSSELL, Bertrand, Os Problemas da Filosofia, Edições 70, 2008.
SÁ, Luís, Razões do Poder Local, Editorial Caminho.
SANCHES, J.L. Saldanha, Justiça Fiscal, Fundação Francisco Manuel dos Santos, 2010.
SANSAVANI, Cesare, Saber Falar em Público, Lisboa, Editorial Presença, 2008.
SANTOS, J. A., Poluição Sonora – Novo Regime Legal – Anotado e Comentado, 2ª ed., Lisboa, Dislivro, 2003.
SANTOS, João de Almeida, Paradoxos da Democracia, Fenda, 1998.
SANTOS, José António, As Freguesias: História e Actualidade, Oeiras, Celta Editora, 1995.
SANTOS, Sofia, e Dias, Rita Almeida (coord.), Sustentabilidade, Competitividade e Equidade Ambiental e Social, Coimbra, Almedina, 2008.
SAVATER, Fernando, Ética para um Jovem, Dom Quixote, 16ª ed., 2009.
SCHMIDT, Luísa, et al., Autarquias e Desenvolvimento Sustentável Agenda 21 Local e Novas Estratégias Ambientais, Porto, Fronteira do Caos, 2005.
SECRETARIADO PARA A MODERNIZAÇÃO ADMINISTRATIVA, Indicadores e Padrões de Qualidade, 1994.
SECRETARIADO PARA A MODERNIZAÇÃO ADMINISTRATIVA, O Que se Deve Esperar e Exigir de um Serviço Público, 1994.
SENDIM, José de Sousa Cunhal, Responsabilidade Civil por Danos Ecológicos, Coimbra, Almedina, 2002.
SHOPENHAUER, Arthur, A Arte de Ter Razão, Martins Fontes, 2001.
SILVA, Jorge Andrade da, Código dos Contratos Públicos – Comentado e Anotado, Coimbra, Almedina, 2008.
SILVA, Jorge Andrade da, Regime Jurídico das Empreitadas de Obras Públicas, 10ª ed., Coimbra, Almedina, 2006.

SILVA, Jorge Carvalho da, Regime Jurídico das Empreitadas de Obras Públicas – Anotado com Jurisprudência, Coimbra, Coimbra Editora, 2006.
SILVA, Manuela e Alves, Dora, Noções de Direito Constitucional e Ciência Política, Editora Rei dos Livros, 2008, 2ª ed.,.
SILVA, Vasco Pereira da, Em Busca do Acto Administrativo Perdido, Almedina, 2003.
SILVEIRA, Paula, e Trindade, Nelson, A Gestão na Administração Pública, Lisboa, Editorial Presença, 1992.
SINGER, Peter, Ética Prática, Lisboa, Gradiva Publicações, 2000.
SKINNER, Quentin, Visões da Política, Difel, 2005.
SOARES, Albino, Lições de Direito Internacional Público, 4ª ed., reimpressão, Coimbra Editora, 1996.
SOUSA, António Francisco de, Código do Procedimento Administrativo, Anotado e Comentado, 2ª ed., Quid Iuris, 2010.
SOUSA, António Francisco de, Direito Administrativo, Prefácio, 2009.
SOUSA, Fernando de, O Princípio Ético, Edições Colibri, 2010.
SOUSA, Luís de e TRIÃES, João, Corrupção e os Portugueses, Rui Costa Pinto, 2008.
SOUSA, Luís Macedo de, Abanar o Poder Local: Problemas e Desafios, Lisboa, Ed., de Autor, 2006.
SOUSA, Marcelo Rebelo de, Direito Constitucional, I – Introdução à Teoria da Constituição, 1979.
SOUSA, Marcelo Rebelo de, e Matos, André Salgado de, Contratos Públicos – Direito Administrativo Geral – Tomo III, Lisboa, Dom Quixote, 2008.
SOUSA, Marcelo Rebelo de, e Matos, André Salgado de, Direito Administrativo Geral III – Actividade Administrativa, Lisboa, Dom Quixote, 2007.
SOUSA, Marcelo Rebelo de, e Matos, André Salgado de, Responsabilidade Civil Administrativa – Direito Administrativo Geral – Tomo III, Lisboa, Dom Quixote, 2008.

SOUSA, Marcelo Rebelo de, Lições de Direito Administrativo, Volume I, Lisboa, Lex Editora, 1999.
SOUSA, Rui Correia de, Estatuto Disciplinar dos Trabalhadores que Exercem Funções Públicas – Anotado e Comentado, Lisboa, Quid Juris, 2009.
SOUSA, Sérgio, RH & Tecnologias de Informação, Lisboa, FCA – Editora de Informática, 1999.
SOVERAL, Eduardo Abranches de, Ensaios sobre Ética, Imprensa Nacional/Casa da Moeda, 1993.
STEWART, Robert, Ideias que Mudaram o Mundo, Lisboa, Círculo de Leitores, 1998.
SUNSTEIN, Cass, A Verdade sobre os Boatos, Editora Campus, 2010.
SWIFT, Jonathan, A Arte da Mentira Política, Fenda, 1996.

TAVARES, Gonçalo Guerra, e Dente, Nuno Monteiro, Código dos Contratos Públicos – Âmbito da sua Aplicação, Coimbra, Almedina, 2008.
TAYLOR, Charles, Ética da Autenticidade, Edições 70, 2010.
TAYLOR, Charles, Imaginários Sociais Modernos, Texto & Grafia, 2009.
TIBÚRCIO, Tiago, O Direito de Petição perante a Assembleia da República, Coimbra Editora, 2010.
TOCQUEVILLE, Alexis de, Da Democracia na América, Relógio d'Água, 2008.
TOURAINE, Alain, O Que è a Democracia?, Instituto Jean Piaget, 1996.
TRAVANCA, Duarte, IVA na Construção Civil e no Imobiliário, Porto, Vida Económica, 2008.

VALLES, Edgar, Guia do Autarca, 3ª ed., Coimbra, Almedina, 2006.
VALLET, Odon, Administração e Poder, Instituto Piaget, 1998.
VASQUES, Sérgio, Regime das Taxas Locais – Introdução e Comentário, Cadernos IDEFF, n.º 8, Coimbra, Almedina, 2009.

VEIGA, Alexandre Brandão da, Acesso à Informação da Administração Pública pelos Particulares, Coimbra, Almedina, 2007.

VIANA, Cláudia, Actividade Administrativa de Formação dos Planos Directores Municipais, Associação Jurídica de Braga, 2002.

VIANA, Cláudia, Colectânea de Contratação Pública, Porto, Porto Editora, 2008.

VICENTE, Carla, A Urgência na Expropriação – Algumas Questões, 2º ed., Lisboa, Associação Académica da Faculdade de Direito de Lisboa, 2008.

VIEIRA, Iva Carla e Leão, Angelina Barbosa, Guia Prático das Assembleias-Gerais, Coimbra, Almedina, 2005.

VIEIRA, Iva Carla, Henriques, José, Castilho, Olímpio, Manual de Direito e Cidadania, Coimbra, Almedina, 2009.

VILLAFÂNE, Justo, Imagem Positiva, Lisboa, Edições Sílabo, 1998.

WESTON, Anthony, A Arte de Argumentar, Gradiva, 2ª ed., 2005.

WESTON, Anthony, Ética para o Dia-a-Dia, Ésquilo, 2008.

WOLFF, Jonathan, Introdução à Filosofia Política, Gradiva

ZANI, Bruna, e Bitti, Pio Ricci, A Comunicação como Processo Social, Lisboa, Editorial Estampa, 1997.

ZBYSZEWSKI, João Paulo, e Oliveira, Avelino, Manual de Despesas Públicas, Lisboa, Lex Editora, 2006.

ZBYSZEWSKI, João Paulo, O Financiamento das Autarquias Locais Portuguesas – Um Estudo sobre a Provisão Pública Municipal, Coimbra, Almedina, 2006.

ZBYSZEWSKI, João Paulo, Regime de Atribuições e Competências das Autarquias Locais, 2ª ed., Lisboa, Lex Editora, 2005.

ZBYSZEWSKI, João Paulo, Regime Jurídico da Reabilitação Urbana – Anotado e Comentado e Legislação Complementar, Quid Juris, 2010.

ZORRINHO, Carlos, Gestão da Informação, Lisboa, Editorial Presença, 1991.

ANEXOS

DECÁLOGO DO CORRUPTO
PRINCÍPIOS IDEOLÓGICOS DO SACO AZUL

I. Nunca te esquecerás que a ética kantiana é uma teoria impraticável e que são o poder e a ambição que ditam todas acções dos homens.

II. Terás sempre em atenção que deverás usar o teu poder para servir os que ainda estão acima de ti e para seres indispensável aos que estão abaixo de ti.

III. Jamais terás dúvidas de que o dinheiro que geras para ti e para os teus é o melhor atalho para consolidar e aumentar o teu poder.

IV. Realizarás todos os teus actos na sombra, em silêncio, sem provas, sem testemunhas, longe de documentos e especialmente ao lado de telemóveis;

V. Procurarás nunca desapontar os teus amos e nunca renegar os teus cúmplices, especialmente se estes forem família, ou tiverem tido acesso à tua intimidade.

VI. Estarás sempre vigilante em relação aos que te invejam e aos que, por formalismos legais ou suspeita, querem fiscalizar as tuas acções. Encontrarás meios para os desacreditar ou, em último caso, os eliminar.

VII. Construirás diariamente uma teia, com fios feitos por líderes que graças a ti treparão mais alto, por funcionários que de ti tirarão benefícios, por empregados que através de ti chegarão ao lucro, e por novas entidades que deixarás os teus liderarem.

VIII. Deverás estar atento a todas as oportunidades de mercado, sabendo que elas são infinitas, e estudarás especialmente as novas formas de negócios, ou seja, o modo de as usares a teu favor.

IX. Serás cirúrgico e asséptico no modo de contornar as leis, os regulamentos e os códigos, e atrairás a ti os melhores especialistas para te ajudarem a camuflar e a fazerem desaparecer todos os traços dos teus actos.

X. No caso extremamente improvável de seres apanhado, gritarás inocência até ao fim, marcarás conferências de imprensa para proclamar o teu horror e quando te confrontares com a tua consciência, dirás a ti próprio que fizeste tudo para bem do povo e dos teus representantes.

In "Fraude e Corrupção em Portugal"
MARIA JOSÉ MORGADO E JOSÉ VEGAR

REFERENDO LOCAL – ACÓRDÃOS DO TRIBUNAL CONSTITUCIONAL

REFERENDOS REALIZADOS

Acórdão	Requerente	Deliberação	Perguntas	Resultado	Abstenção
Acórdão nº 30/99	Assembleia de Freguesia de Serreleis	18 de Novembro de 1998	Concorda com a construção de um campo de jogos para desportos diversos (polidesportivo) na parte de trás do Salão Paroquial de Serreleis?	SIM: 351 NÃO: 366	63,8%
Acórdão nº 187/99	Câmara Municipal de Tavira	26 de Fevereiro de 1999	Concorda com a demolição do antigo reservatório de água do Alto de Santa Maria?	SIM: 2.671 NÃO: 4.122	23,33%
Acórdão nº 559/08	Assembleia Municipal de Viana do Castelo	5 de Novembro de 2008	Concorda que o Município de Viana do Castelo integre a Comunidade Intermunicipal Minho-Lima?	SIM: 9.934 NÃO: 16.347	69,24%

REFERENDOS NÃO REALIZADOS

Acórdão	Requerente	Deliberação	Perguntas	Fundamento
Acórdão nº 238/91	Assembleia Municipal de Peniche	30 de Abril de 1991	Deseja ver criada uma nova freguesia que abranja as povoações de Bufarda, Casal do Veríssimo, Alto Foz e Carqueja?	Falta de competência exclusiva
Acórdão nº 242/91	Assembleia de Freguesia de Arazede	20 de Maio de 1991	Quer continuar a pertencer à freguesia de Arazede? Quer fazer parte da nova freguesia do Tojeiro?	Falta de competência exclusiva
Acórdão nº 360/91	Assembleia Municipal de Torres Vedras	6 de Junho de 1991	Em que dia deve ser o feriado nacional: 3 de Fevereiro, 27 de Outubro ou 11 de Novembro?	Incorrecção na pergunta que só pode ter duas respostas: sim ou não
Acórdão nº 432/91	Assembleia de Freguesia de Riba D'Ave	28 de Setembro de 1991	Concorda com a construção na área da freguesia e vila de uma estação de tratamento de resíduos sólidos?	Falta de competência exclusiva

Acórdão	Requerente	Deliberação	Perguntas	Fundamento
Acórdão nº 498/94	Assembleia Municipal de Lousada	24 de Junho de 1994	Aceita ou não a integração da sua freguesia no eventual concelho de Vizela?	Falta de competência exclusiva
Acórdão nº 983/96	Assembleia Municipal de Estarreja	12 de Julho de 1996	1.ª Deve a Assembleia Municipal de Estarreja tomar posição favorável à construção de uma unidade de incineração e tratamento físico-químico de resíduos industriais no Município? 2.ª Deve a Câmara Municipal dar parecer favorável ou aprovar a instalação ou construção de uma unidade de incineração de tratamento físico-químico de resíduos industriais no Município em qualquer processo administrativo em que intervenha relativo a loteamento, obras de urbanização, obras de construção, Plano Municipal de urbanização ou licenciamento industrial?	Falta de competência exclusiva
Acórdão nº 390/98	Assembleia de Freguesia de Asseiceira	30 de Abril de 1998	Concorda com a criação da freguesia da Linhaceira?	Falta de competência exclusiva
Acórdão nº 391/98	Assembleia de Freguesia de Caramos	......	Concorda que a freguesia de Caramos seja integrada no futuro concelho da Lixa?	Falta de apresentação antecipada à assembleia de freguesia
Acórdão nº 113/99	Assembleia de Freguesia de Abação (S. Tomé)	6 de Fevereiro de 1999	Concorda com a criação da freguesia de Abação (S. Cristóvão), com os limites geográficos correspondentes à respectiva paróquia eclesiástica?	Falta de competência exclusiva

Acórdão	Requerente	Deliberação	Perguntas	Fundamento
Acórdão nº 398/99	Assembleia Municipal de Portimão	28 de Maio de 1999	Concorda com a construção de uma alameda na Praça da República, entre a Rua Diogo Tomé e a R. França Borges, com a criação de uma ampla zona verde e de lazer, o que implica a demolição do antigo "mercado de verdura"?	Falta de objectividade e clareza
Acórdão nº 485/99	Assembleia de Freguesia de Louredo	25 de Agosto de 1999	1.ª Concorda que as obras sejam efectuadas tal como constam do projecto aprovado pela Junta e Assembleia de Freguesia, ficando o cruzeiro no local onde já se encontra implantado? 2.ª Pretende que o cruzeiro seja colocado dentro da rotunda? 3.ª Pretende que o cruzeiro seja colocado no largo, junto à Escola de Vila Seca, de forma que possa ser contornado?	Impossibilidade de obtenção de uma resposta concludente ou inequívoca, em termos de "sim" ou "não", tal como o exige o nº 1 do artigo 7º da Lei nº 49/90
Acórdão nº 518/99	Assembleia de Freguesia de Moita	6 de Agosto de 1999	Concorda com a mudança da freguesia da Moita para o concelho da Marinha Grande?	Falta de competência exclusiva
Acórdão nº 694/99	Assembleia Municipal de Barcelos	3 de Dezembro de 1999	a) Sim ou não aos traçados propostos pela AENOR na A11/C14? b) Sim ou não a outras soluções?	Falta de apresentação atempada à assembleia de freguesia; subscrição por apenas um terço; falta de objectividade e imprecisão do âmbito territorial
Acórdão nº 01/00	Assembleia de Freguesia de Vascões	5 de Dezembro de 1999	Eventual criação de área protegida nos baldios e outras propriedades privadas, que a CM quer levar a efeito	Falta de uma verdadeira pergunta de sim ou não
Acórdão nº 02/00	Assembleia de Freguesia de Bico	6 de Dezembro de 1999	Está de acordo com a criação da Área Protegida do Corno do Bico?	Falta de apresentação antecipada à assembleia de freguesia

Acórdão	Requerente	Deliberação	Perguntas	Fundamento
Acórdão nº 93/00	Assembleia Municipal de Barrancos	7 de Janeiro de 2000	"Concorda que continuem a realizar-se as Festas de Agosto na sua integralidade, tal como é tradição, sem qualquer excepção?" "Concorda que se requeira a inconstitucionalidade por omissão ao Tribunal Constitucional através do Presidente da República, a fim de legalizar-se a morte dos touros no quadro das Festas de Agosto?" "Concorda que se requeira a fiscalização abstracta da constitucionalidade do Decreto nº 15355 que proíbe os touros de morte, sem excepção, ao Tribunal Constitucional, através do Presidente da República, do Procurador Geral da República ou de 1/10 dos deputados à Assembleia da República?"	Falta de objectividade e clareza das perguntas e falta de competência
Acórdão nº 94/00	Assembleia de Freguesia de Bico	16 de Janeiro de 2000	Está de acordo com a criação da Área Protegida do Corno do Bico?	Falta de objectividade, clareza e precisão
Acórdão nº 95/00	Assembleia de Freguesia de Vscões	16 de Janeiro de 2000	Está de acordo com a criação da Área Protegida do Corno do Bico?	Falta de objectividade, clareza e precisão
Acórdão nº 259/04	Assembleia de Freguesia de Gaula	1 de Março de 2004	Concorda com a retirada de todas as unidades de transformação (britadeiras, centrais de asfalto e de betão e outros equipamentos do género) existentes no Vale do Porto Novo – Gaula?	Violação dos limites temporais (art. 8º da Lei Orgânica nº 4/2000)
Acórdão nº 328/04	Assembleia Municipal da Guarda	......	Concorda com a localização do novo hospital do concelho?	Violação dos limites temporais (art. 8º)

Acórdão	Requerente	Deliberação	Perguntas	Fundamento
Acórdão nº 359/06	Assembleia de Freguesia da Costa da Caparica	17 de Maio de 2006	1.ª Concorda com a construção de qualquer tipo de habitação em terrenos da propriedade da Junta de Freguesia da Costa da Caparica, na Mata de Santo António? 2.ª Concorda com a construção de três campos de ténis, dois restaurantes, um parque de merendas, ringue de patinagem e área de piqueniques, na Mata de Santo António, propriedade da Junta de Freguesia da Costa da Caparica?	Violação do nº 1 do artigo 3º e da alínea b) do nº 1 do artigo 4º da Lei Orgânica nº 4/2000, de 24 de Agosto (falta de competências e matéria regulada por acto legislativo ou por acto regulamentar estadual que vincule as autarquias locais)
Acórdão nº 524/08	Assembleia Municipal de Viana do Castelo	......	Concorda que o Município de Viana do Castelo integre a Comunidade Intermunicipal Minho Lima a constituir pelos municípios da respectiva NUT III, – Arcos de Valdevez, Caminha, Melgaço, Monção, Paredes de Coura, Ponta da Barca, Ponte de Lima, Valença, Viana do Castelo e Vila Nova de Cerveira, no quadro da Lei nº 45/2008?	Falta de objectividade, clareza e precisão
Acórdão nº 100/09	Assembleia Municipal de Mirandela	16 de Fevereiro de 2009	"Concorda com a manutenção da Linha Ferroviária do Tua?"	Violação dos limites temporais estabelecidos no referido artigo 8.º da Lei Orgânica n.º 4/2000

ÍNDICE

Prefácio	5
1. Introdução	7
2. O Municipalismo e o Poder Local em Portugal	9
3. Noções Elementares de Direito Constitucional e de Ciência Política e Enquadramento Político das Assembleias Municipais	25
4. O Processo Eleitoral Português	69
5. O Acto de Instalação e a constituição da Assembleia Municipal e da Respectiva Mesa	83
6. Competências da Mesa, do Presidente e da Assembleia Municipal	93
7. Análise Concreta de Competências das Assembleias Municipais	103
8. A Acção Social desenvolvida pelos Municípios	233
9. As Atribuições e Competências a Nível do Património, da Cultura e do Desenvolvimento Local	237
10. O Apoio à Prática Desportiva e ao Associativismo em Geral e as Práticas de Promoção Turística	241
11. Os Municípios e a sua participação em medidas de emprego, formação, educação e ocupação	253
12. Os Municípios na sua relação com a Justiça	269
13. Política de Modernização, Inovação e Qualidade	271
14. Funcionamento e Condições de Validade das Assembleias Municipais	295
15. Intervenções nas Sessões das Assembleias Municipais	319
16. Participação dos Membros das Assembleias Municipais noutras Estruturas e Organizações	365
17. Estatuto e Qualidades dos Eleitos Locais	385

18. Princípios Orientadores da Actuação dos Órgãos Autárquicos	407
19. Criação ou Alteração de Municípios	431
20. Controlo das Finanças e da Legalidade da Actuação dos Municípios e Responsabilidade Política	437
21. Cooperação Técnica, Financeira, Formativa e Jurídica	461
22. Acesso aos Documentos Administrativos e o Direito à Informação	471
23. O Protocolo Autárquico	481
24. Política Nacional	493
25. Bibliografia	505
ANEXOS	521